Entscheidungen
des Reichsgerichts
in Zivilsachen

Sammlung der noch wichtigen Entscheidungen nach Fachgebieten geordnet

Herausgegeben

von

Professor Dr. **Leonhard Auerbach**, Berlin;
Präsident des Reichspatentamtes a. D. **Johannes Eylau**, München;
Rechtsanwältin **Charlotte Graf**, Berlin; Ministerialdirektor z. Wv. Senatspräsident Dr. **Ernst Knoll**, Berlin; Rechtsanwalt **Erich Kummerow**, Berlin; Rechtsanwalt **Hermann Reuss**, Berlin; Rechtsanwalt Dr. **Walter Schmidt**, Düsseldorf; Landgerichtsdirektor **Alexander Swarzenski**, Berlin; Rechtsanwalt Dr. **Werner Vahldiek**, Berlin.

Gruppe II Verfahrensrecht

Zivilprozeßordnung

Teil 2

Berlin 1953

Walter de Gruyter & Co.

vormals G. J. Göschen'sche Verlagshandlung / J. Guttentag, Verlagsbuchhandlung / Georg Reimer / Karl J. Trübner / Veit & Comp.

Zivilprozeßordnung

Bearbeitet

von

Prof. Dr. Leonhard Auerbach

Rechtsanwalt in Berlin

Teil 2

Berlin 1953

Walter de Gruyter & Co.

vormals G. J. Göschen'sche Verlagshandlung / J. Guttentag, Verlagsbuchhandlung / Georg Reimer / Karl J. Trübner / Veit & Comp.

Archiv-Nr. 28 17 53
Satz und Druck: A. W. Hayn's Erben, Berlin SO 36

Inhaltsverzeichnis

Verzeichnis

der aufgenommenen Entscheidungen aus der alten Sammlung

† Entscheidung ist gekürzt
* Entscheidung enthält nur Leitsatz

Die Entscheidungen sind grundsätzlich ungekürzt gebracht worden. Ausnahmsweise gekürzte Entscheidungen sind mit einem † gekennzeichnet.

Soweit eine Entscheidung mehrere Fachgebiete betrifft, ist sie nur in einem Fachgebiet aufgenommen worden. Die anderen Gebiete enthalten nur den Leitsatz der betreffenden Entscheidung mit einem Hinweis, wo der vollständige Abdruck erfolgt ist.

Um das Auffinden der Entscheidungen zu erleichtern, wird am Schluß der Gruppe ein Gesamt-Fundstellenregister erscheinen, in dem alle aufgenommenen Entscheidungen verzeichnet und nach der Fundstelle der alten und der neuen Sammlung zitiert sind.

Allgemeine Bestimmungen

Zustellungen

RGZ. 7, 371

Genügt bei der Zustellung eines Urteiles von Anwalt zu Anwalt (§ 181 ZPO.)*) die Beglaubigung der zuzustellenden Urteilsabschrift (§ 156 ZPO.) durch Stempeldruck des Beglaubigungsvermerkes nebst dem Namen des zustellenden Anwaltes?**

I. Zivilsenat. Urt. v. 12. Juli 1882.

I. Landgericht Hamburg. II. Oberlandesgericht daselbst.

Das Berufungsgericht hat die Berufung des Klägers als unzulässig zurückgewiesen, indem es die bestrittene Frage, ob das Urteil erster Instanz dem Anwalte des Klägers legal am 7. Dezember 1881 zugestellt sei, bejaht, im Falle der Bejahung aber die Berufungsschrift zu spät zugestellt war. Kläger legte Revision ein und focht die Legalität der Zustellung des ersten Urteiles an. Das Reichsgericht wies aber die Revision zurück, indem es ebenfalls die Zustellung für legal erachtete, und führte aus in den das nähere Sachverhältnis ergebenden

Gründen:

„Die Zustellung des ersten Urteiles ist von Anwalt zu Anwalt erfolgt. Der klägerische Anwalt hat unter der vom Beklagten vorgelegten Ausfertigung des Urteiles erster Instanz eigenhändig den Empfang der Urteilsabschrift, wie folgt, bekannt:

„Beglaubigte Abschrift vorstehenden Urteiles habe ich heute zugestellt erhalten

Hamburg, den 7. Dezember 1881.

Der Rechtsanwalt Dr. Josephson."

Unter der vom Kläger vorgelegten, dem Dr. Josephson am 7. Dezember 1881 von dem Anwalte des Beklagten zugestellten Urteilsabschrift befindet sich folgender Beglaubigungsvermerk, welcher nicht von dem Anwalte des Beklagten geschrieben, auch nicht von demselben

*) Jetzt § 198 ZPO.
**) Jetzt § 170 ZPO.

unterschrieben, sondern ganz, mit Einschluß des Namens des Anwaltes des Beklagten, mit Blaustempel gedruckt ist:

„Für richtige Abschrift
der Rechtsanwalt
Dr. Scharlach"

Der Kläger wendet nun ein, daß die zugestellte Urteilsabschrift nicht nach Vorschrift des § 156 ZPO. beglaubigt sei, indem der Beglaubigungsvermerk von dem Anwalte des Beklagten hätte eigenhändig unterschrieben werden müssen, und der bloße Druck, auch des Namens des Anwaltes, mit Blaustempel die vorschriftsmäßige Beglaubigung durch den Anwalt des Beklagten nicht zu ersetzen vermöge.

Der Berufungsrichter hat diesen Einwand bloß aus dem Grunde verworfen, weil der klägerische Anwalt Dr. Josephson in seiner Quittung vom 7. Dezember 1881 anerkannt habe, beglaubigte Abschrift des Urteiles erster Instanz zugestellt erhalten zu haben, und damit die den Beglaubigungsvermerk nur in Blaustempel aufweisende Abschrift als eine beglaubigte habe gelten lassen, daher eine nachträgliche Beanstandung der Form der Beglaubigung dem Kläger, für welchen die Quittung seines derzeitigen Anwaltes verbindlich sei, nicht gestattet werden könne. Dieser alleinige Grund des Berufungsgerichtes ist jedoch nicht als richtig anzuerkennen. Das Berufungsgericht hat nach § 497 ZPO. von Amts wegen zu prüfen, ob die Berufung in der gesetzlichen Form und Frist eingelegt sei, und in dessen Ermangelung die Berufung als unzulässig zu verwerfen. Da ferner nach § 477 ZPO. die Berufungsfrist eine, einen Monat betragende und mit der Zustellung des Urteiles beginnende, Notfrist ist, so liegt dem Berufungsrichter von Amts wegen ob, die Legalität der Zustellung des Urteiles zu prüfen. Auf Grund des § 181 ZPO. muß, wenn die Zustellung von Anwalt zu Anwalt erfolgt ist, das dem Abs. 2 des § 181 entsprechende Empfangsbekenntnis dem Berufungsgerichte genügen, solange dasselbe nicht von einer Partei angefochten wird. Aber eine Anfechtung hat durch § 181 keineswegs ausgeschlossen werden sollen. Eine solche Anfechtung ist nun im vorliegenden Falle erfolgt, und es ist zu prüfen, ob die dem Dr. Josephson zugestellte Urteilsschrift eine gemäß § 156 ZPO. beglaubigte sei; von dieser Prüfung konnte das Berufungsgericht nach § 497 ZPO. auch nicht durch einen in dem Empfangsbekenntnisse des Dr. Josephson möglicherweise zu findenden Verzicht befreit werden, da eine Dispensation von dem im § 156 aufgestellten Erfordernisse der Beglaubigung durch eine Partei nicht stattfindet. Die dem Dr. Josephson zugestellte Urteilsabschrift ist aber als eine gemäß § 156 ZPO. beglaubigte anzusehen. Nach § 156 Abs. 2

war im vorliegenden Falle die zuzustellende Urteilsabschrift durch den betreibenden Anwalt zu beglaubigen. Eine bestimmte Form für die Beglaubigung schreibt das Gesetz nicht vor, namentlich nicht, daß der Beglaubigungsvermerk von dem Anwalte eigenhändig unterschrieben werden müsse. Es ist daher eine Beglaubigung durch einen Blaustempel, wie solche vorliegend erfolgt ist, nicht als unbedingt ausgeschlossen anzusehen, wie ja auch durch Urkunden, auf welchen sich nicht eine Unterschrift befindet, welche vielmehr durch einen Stempelabdruck vollzogen sind, rechtliche Verpflichtungen begründet werden können. Es kann zugegeben werden, daß die Unterschrift ein zuverlässigeres, nur in geringerem Maße zu mißbrauchendes Beglaubigungsmittel ist, während von einem solchen Stempel leichter Mißbrauch gemacht werden kann. Davon aber ist im vorliegenden Falle keine Rede; der Anwalt des Klägers hat bei Ausstellung seiner Quittung vom 7. Dezember 1881 kein Bedenken gegen die Art der Beglaubigung gefunden, und auch im vorliegenden Prozesse ist nichts weiter von dem Kläger vorgebracht, als daß sich unter dem Beglaubigungsvermerk der Name des Dr. Scharlach nicht geschrieben, sondern nur gedruckt befinde. Das genügt aber nicht, um dem Beglaubigungsvermerke die Eigenschaft einer Beglaubigung im Sinne des § 156 ZPO. zu entziehen. Der vorliegende Fall ist von dem am 20. Dezember 1881 vom dritten Zivilsenate des Reichsgerichts entschiedenen[1]) wesentlich verschieden."

RGZ. 7, 404

Kann die Zustellung der Klage wirksam in der Weise geschehen, daß der Kläger dieselbe sich selbst als Vertreter des Beklagten zustellen läßt?

I. Zivilsenat. Urt. v. 18. Oktober 1882.

I. Landgericht I Berlin. II. Kammergericht daselbst.

Kläger, einer der vier Liquidatoren der beklagten Aktiengesellschaft, wollte Wechselklage gegen letztere erheben und ließ dieselbe zwei Tage vor Ablauf der Verjährungsfrist sich selbst namens der Beklagten zustellen. Eine wiederholte Zustellung der Klage an einen anderen Liquidator fand erst nach Ablauf der Verjährungsfrist statt. Das Berufungsgericht wies die Klage als verjährt ab, und die hiergegen eingelegte Revision wurde zurückgewiesen.

Aus den Gründen:

... „Kläger meint, daß durch die vor Ablauf der Verjährungsfrist am 24. Dezember 1880 bewirkte Zustellung der Klage an ihn selbst als Liquidator der beklagten Aktiengesellschaft der Verjährung der Wech-

[1]) Entsch. des RG. in Zivils. Bd. 6 Nr. 109 S. 361—364.

selklage unterbrochen worden sei. Allein die Zustellung der Klage an den Kläger selbst, als Vertreter der beklagten Partei, kann nicht als eine wirksame Zustellung im Sinne der Zivilprozeßordnung angesehen werden, mithin auch die Unterbrechung der Verjährung nicht bewirken. Es folgt aus dem Begriffe des Rechtsstreites und aus dem Erfordernisse des vor der richterlichen Entscheidung beiden Teilen zu gewährenden Gehörs, daß nicht nur die Parteien, sondern auch die für die Parteien handelnden Vertreter verschiedene Personen sein müssen, gleichviel ob es sich um *Prozeßbevollmächtigte oder sonstige gesetzliche oder freiwillig* bestellte Vertreter handelt. Daher kann nicht eine und dieselbe Person als Vertreterin beider Parteien und ebensowenig eine Person zugleich als Partei und als Vertreterin der Gegenpartei im Rechtsstreite auftreten. Dies Erfordernis der Personenverschiedenheit beschränkt sich nicht auf die vor Gericht stattfindende Verhandlung, sondern erstreckt sich auch auf diejenigen außergerichtlichen Handlungen, welche als notwendige Vorbereitung der gerichtlichen Verhandlung einen Bestandteil des Prozesses bilden, wie die Zustellung der Klage, mit welcher die Rechtshängigkeit der Streitsache beginnt (§ 235 ZPO.). Der Kläger kann daher, selbst wenn er im allgemeinen zur Vertretung der zu belangenden Person in Prozessen legitimiert ist, doch die Zustellung seiner Klage an die Gegenpartei nicht dadurch bewirken, daß er dieselbe sich selbst zustellen läßt. Vielmehr hat er die Zustellung der Klage an die Gegenpartei selbst oder, wenn sie nicht prozeßfähig ist, an einen anderen Vertreter derselben zu bewirken und, falls ein anderer Vertreter nicht vorhanden sein sollte, die behufs Bestellung eines solchen nach bürgerlichem Recht erforderlichen oder durch § 55 ZPO. gestatteten Schritte zu tun. Wenn das Reichsgericht (Entsch. desselben in Zivils. Bd. 6 S. 11) die Möglichkeit anerkannt hat, daß jemand mit sich selbst als Vertreter eines Anderen einen Vertrag schließe, so folgt hieraus nicht, daß auch die Möglichkeit anerkannt werden müsse, mit sich selbst als Vertreter eines Anderen einen Rechtsstreit zu führen. Denn wenn es beim Abschlusse eines Vertrages ungeachtet entgegengesetzter Interessen der Vertragschließenden als möglich erscheint, die Auffindung eines dem Interesse beider Teile entsprechenden Vertragsinhaltes dem Ermessen einer und derselben Person zu überlassen, so kann doch hiervon nicht die Rede sein, wenn es sich darum handelt, bei eingetretenem Streite die entgegengesetzten Ansprüche behufs richterlicher Entscheidung geltend zu machen. Im vorliegenden Falle hätte die Klage demnach einem der übrigen Mitliquidatoren zugestellt werden müssen, was erst nach Ablauf der Verjährungszeit geschehen ist." ...

RGZ. 10, 345

Kann im Falle, wenn der Anwalt zweiter Instanz, nach Verkündigung, jedoch vor Zustellung des Berufungsurteiles, die Anwaltschaft

niedergelegt hat, die Zustellung dieses Urteiles an den Anwalt erster Instanz mit der Wirkung, daß sie den Lauf der Revisionsfrist eröffnet, geschehen?

II. Zivilsenat. Urt. v. 2. März 1883.

I. Landgericht Aachen. II. Oberlandesgericht Köln.

Vorstehende Frage wurde vom Reichsgerichte verneint aus folgenden

Gründen:

„Was zunächst die Wahrung der gesetzlichen Frist — § 514 ZPO. — betrifft, so hängt diese von der Frage ab, ob die Zustellung des angegriffenen Urteils, welche unbestritten am 28. Mai v. J. an den erstinstanzlichen Anwalt der Beklagten geschehen ist, den gesetzlichen Vorschriften entsprach und den Lauf der Revisionsfrist eröffnete, da im bejahenden Falle das eingelegte Rechtsmittel als verspätet erachtet werden müßte.

Jene Frage ist indes bei richtiger Auffassung der hier maßgebenden gesetzlichen Vorschriften verneinend zu beantworten.

Die Zivilprozeßordnung hat in dem Verfahren von den Landgerichten sowie vor den höheren Gerichten, welches auf den Grundsätzen der Unmittelbarkeit der Verhandlung und des Prozeßbetriebes der Parteien beruht, um sowohl im öffentlichen Interesse als in dem der letzteren selbst unüberlegt und unrichtig begonnene und geführte Prozesse zu verhüten, die Vertretung durch Anwälte als unentbehrlich erachtet (Motive S. 97). Diese Vertretung erstreckt sich auf alle den Rechtsstreit betreffenden Prozeßhandlungen, soweit nicht das Gesetz eine Ausnahme zuläßt (§ 74 ZPO. Motive S. 98 u. 99), und der Anwalt ist dominus litis im vollen Umfange, namentlich auch zum Abschlusse von Vergleichen, zur Verzichtleistung auf den Streitgegenstand und zur Anerkennung des gegnerischen Anspruches ermächtigt (§ 77 ZPO.).

Als eine notwendige Konsequenz des Prinzips der Vertretung bestimmt dann § 162 ZPO., daß Zustellungen, welche in einem anhängigen Rechtsstreite geschehen sollen, an den für die Instanz bestellten Prozeßbevollmächtigten geschehen „müssen", und es folgt aus der imperativen Fassung dieser Vorschrift, daß eine andere Zustellung, auch die an die Partei selbst geschehene, unwirksam ist. Der Gesetzgeber wird hierbei von der Annahme geleitet, daß durch die Erteilung der Prozeßvollmacht die Partei sich des eigenen Prozeßbetriebes begeben habe, und auch vom praktischen Standpunkte aus durch die Zustellung an den Anwalt, da in den meisten Fällen sie doch wieder an diesen sich wenden müsse, das Interesse der Partei am besten besorgt sei (Motive S. 149 u. 150).

Hiernach bildet § 162 a. a. O., dessen Vorschrift ganz allgemein lautet, für alle während des Laufes der Instanz erfolgenden Zustellungen die ausnahmslose — Motive S. 149 — Regel, und daneben besteht dann, was die Einlegung der Rechtsmittel betrifft, mit denen eine neue Instanz beginnt, die besondere Bestimmung des § 164 a. a. O. Zur Instanz gehört nun aber — abgesehen von der speziellen Vorschrift des § 163 — begriffsmäßig das ganze Verfahren bis zum Schlusse derselben, und dieser tritt erst mit der Zustellung des Urteils ein, welche letztere die Fristen für die Einlegung der Rechtsmittel eröffnet. (§§ 477, 514, 540 ZPO.). Für die genannte Zustellung ist daher auch die Bestimmung des § 162 a. a. O. maßgebend.

Nach § 221 ZPO. wird nun das Verfahren unterbrochen, wenn in Anwaltsprozessen der Anwalt einer Partei unfähig wird, die Vertretung derselben fortzuführen, und eine solche Unterbrechung hat im vorliegenden Falle dadurch stattgefunden, daß der zweitinstanzliche Anwalt der Beklagten, nachdem das Urteil verkündet, aber bevor es zugestellt war, die Anwaltschaft niedergelegt hat. Somit bedurfte es der Ernennung eines neuen Anwaltes — § 221 ZPO. —, damit an diesen die Zustellung vorschriftsmäßig bewirkt werden könne. Es entsprach daher die Zustellung des angegriffenen Urteils, welche hier unmittelbar an den Anwalt erster Instanz stattgefunden hat, den gesetzlichen Bestimmungen nicht, und konnte also auch mit derselben der Lauf der Revisionsfrist nicht beginnen.

Vgl. Wilmowski-Levy, 2. Aufl. S. 205 u. 272; Seuffert, 2. Aufl. S. 200 u. 261.

Die weitere Frage aber, ob die Aufforderung zur Bestellung eines neuen Anwaltes, welche § 221 Abs. 2 ZPO. dem Gegner an die Hand gibt, der Partei selbst zugestellt werden mußte, oder mit Rücksicht auf die Vorschrift des § 77 a. a. O., nach welcher die erteilte Prozeßvollmacht zur Bestellung eines Vertreters für die höheren Instanzen ermächtigt, hier auch an den Anwalt erster Instanz erfolgen konnte, kann im vorliegenden Falle unerörtert bleiben."

RGZ. 17, 391

Ist der Gerichtsschreiber in den Fällen der §§ 458, 152 flg. ZPO.*) als Beauftragter der Partei anzusehen?

IV. Zivilsenat. Urt. v. 21. Juni 1886.

I. Landgericht Konitz. II. Oberlandesgericht Marienwerder.

Aus den Gründen:

„Es ist der Revision darin nicht beizutreten, daß der Gerichtsschreiber in den Fällen der §§ 458, 152 flg. ZPO. rechtlich als der Be-

*) Jetzt § 166 ZPO.

auftragte der Partei anzusehen ist. Das Gesetz macht von der Regel, daß die Zustellungen von den Parteien unmittelbar zu betreiben sind, für den amtsgerichtlichen Prozeß, sowie für alle Verfahren, in denen eine Vertretung der Parteien durch Anwälte nicht geboten ist, eine Ausnahme, indem es in diesen Fällen der Partei die Wahl läßt, ob sie die Zustellung direkt betreiben oder sich der Vermittelung des Gerichtes bedienen will. Diese Vorschrift hat das Interesse der Parteien im Auge, welche, obgleich sie nicht rechts- und geschäftskundig sind, den Rechtsstreit in Person führen. Zur Abwendung von Rechtsnachteilen für solche Parteien ist angeordnet, daß, wenn nicht die ausdrückliche Erklärung erfolgt, daß die Zustellung unmittelbar werde betrieben werden, die Vermittelung des Gerichtes einzutreten hat, und mit dieser vermittelnden Tätigkeit hat das Gesetz speziell den Gerichtsschreiber betraut. Dieser fungiert daher in den bezeichneten Fällen lediglich als Organ der Behörde, so daß zwischen ihm und der Partei, für welche er die Zustellung vermittelt, ein nach den Grundsätzen vom Mandate zu beurteilendes Rechtsverhältnis nicht besteht."

RGZ. 17, 392

Können im Anwaltsprozesse Zustellungen durch die Partei in eigener Person ohne Zutun ihres Anwaltes gültig betrieben werden?

Vereinigte Zivilsenate. Beschl. v. 3. Januar 1887.

I. Landgericht I Berlin. II. Kammergericht daselbst.

Gründe:

„Die von der Beklagten gegen das erstinstanzliche Urteil, welches ihrem damaligen Anwalte am 20. Juli 1885 durch einen nach Inhalt der Zustellungsurkunde von der Klägerin beauftragten Gerichtsvollzieher zugestellt worden war, am 15. August 1885 eingelegte Berufung wurde, nachdem die Beklagte in der Berufungsverhandlung eingeräumt hatte, daß in der Tat die Zustellung des Urteiles nicht auf Betreiben des erstinstanzlichen Anwaltes der Klägerin, sondern auf einen von der Klägerin selbst in eigenem Namen erteilten Auftrag vorgenommen sei, nach dem Antrage der Klägerin als „zur Zeit unzulässig" verworfen. Das Berufungsgericht führt in seinen Gründen aus: der Anwaltszwang befasse nach Vorschrift des § 74 Abs. 1 ZPO. den ganzen Prozeß und also auch alle den Prozeßgang betreffenden Prozeßhandlungen; somit habe auch die Zustellung des erstinstanzlichen Urteiles, welche wegen der mit ihr verknüpften prozessualen Bedeutung einen wesentlichen Akt des Prozeßbetriebes bilde, nur auf Betreiben des Instanzanwaltes mit Rechtswirksamkeit erfolgen können; da demnach eine gültige Zustellung des Urteiles nicht stattgefunden habe, so sei die Berufungseinlegung vorzeitig geschehen und nach § 477 wirkungslos. Auf die Revision der Beklagten wurde durch Beschluß des I. Zivilsenates des Reichsgerichtes die Sache in Gemäßheit des § 137 des Gerichtsverfassungsgesetzes zur Verhandlung und Entscheidung an die vereinigten Zivilsenate verwiesen, indem in den Gründen ausgesprochen wurde, daß der Senat mit den Gründen des angefochtenen Urteiles einverstanden sei, an der demgemäß zu erkennenden Zurückweisung der Revision aber durch die auf der entgegengesetzten Ansicht beruhenden Urteile des IV. Zivilsenates in Sachen Frantzki wider Frantzki Rep. IV. 493/82,

vgl. Seuffert, Arch. Bd. 38 Nr. 263 und Jurist. Wochenschrift Bd. 11 S. 110,

und in Sachen Gurt wider Vortriede Rep. IV. 867/81,

vgl. Jurist. Wochenschrift Bd. 10 S. 100,

sowie des V. Zivilsenates in Sachen Niederlich wider Leubus Rep. V. 322/83 sich behindert finde.

Die angeführten Urteile beschäftigen sich gleichfalls mit der Prüfung der Frage, ob durch die nur im eigenen Auftrage der Partei ohne Zutun ihres Anwaltes erfolgte Urteilszustellung die Berufungsfrist eröffnet worden sei, und bejahen dieselbe auf Grund der Annahme, daß der Anwaltszwang nur für die Verhandlung vor dem erkennenden Richter und die vorbereitenden Schriftsätze gelte und sich insbesondere auf die Zustellung von Urteilen nicht beziehe. Dagegen wird in den Urteilen des II. Zivilsenates in Sachen Greiner wider Buchmüller Rep. II. 341/81,

vgl. Entsch. des RG.'s in Zivils. Bd. 5 Nr. 100 S. 374,

und in Sachen Rötha wider Endert Rep. II. 547/82,

vgl. daselbst Bd. 9 Nr. 100 S. 346,

sowie in dem Urteile des III. Zivilsenates in Sachen Riesinger wider Riesinger Rep. III. 432/81,

vgl. Juristische Wochenschrift Bd. 10 S. 149,

bei Beurteilung der Gehörigkeit der Zustellung einer Berufungsschrift die Ansicht befolgt, daß nach § 74 Abs. 1 der Zustellungsauftrag von dem die Partei vertretenden Anwalte ausgehen müsse.

In Gemäßheit der Vorschrift des Gesetzes vom 17. März 1885, betreffend Abänderung des § 137 GVG. ist die Aufgabe der vereinigten Zivilsenate auf die Entscheidung der hiernach streitigen Rechtsfrage beschränkt.

Der sog. Anwaltszwang beruht auf der Vorschrift des § 74 Abs. 1 ZPO., welcher sagt:

„Vor den Landgerichten und vor allen Gerichten höherer Instanz müssen die Parteien sich durch einen bei dem Prozeßgerichte zugelassenen Rechtsanwalt als Bevollmächtigten vertreten lassen (Anwaltsprozeß)."

Es wird allgemein anerkannt, daß diese Vorschrift sich nicht bloß auf die mündliche Verhandlung des Rechtsstreites, sondern auch auf die sämtlichen Schriftsätze der Parteien bezieht; streitig ist nur, ob dieselbe auch das Zustellungsverfahren beherrsche, und zwar besonders in dem Sinne, daß im Anwaltsprozesse die Zustellung durch einen Gerichtsvollzieher nur auf Grund eines von dem Anwalte ausgegangenen Auftrages rechtswirksam erfolgen könne.

Die verneinende Ansicht wird in den zuerst angeführten Urteilen neben sonstigen, aus den Vorschriften über das Zustellungsverfahren entnommenen Gründen, hauptsächlich durch die Auffassung motiviert, daß die fragliche Gesetzesbestimmung nach ihren Worten „vor den Landgerichten" sich nur über die vor dem erkennenden Gerichte zu führenden Verhandlungen ausspreche, ein Standpunkt, von welchem aus auch die Ausdehnung des Anwaltszwanges auf die außerhalb des Gerichtes unter den Parteien gewechselten Schriftsätze ausreichend gerechtfertigt wird durch deren die mündliche Verhandlung vorbereitende Bedeutung, durch die deshalb getroffene Anordnung ihrer abschriftlichen Einreichung an das Gericht (§ 124), sowie auch durch die Vorschrift des § 121 Ziff. 6, daß im Anwaltsprozesse dieselben von dem Anwalte unterschrieben sein sollen. In betreff der Zustellung von Urteilen wird außerdem noch besonders geltend gemacht, daß die für die Verhandlung des Rechtsstreites gegebene Vorschrift auf die Zustellung eines Urteiles deswegen nicht bezogen werden könne, weil die Verhandlung in der Instanz bereits durch die Verkündung des Urteiles beendigt sei. Ueberhaupt aber wird, im Anschlusse an den Wortlaut des § 74 a. a. O. als der eigentliche Zweck des Anwaltszwanges nur die Sicherung eines geregelten (schriftlichen und mündlichen) Verkehres der Parteien mit dem erkennenden Gerichte angesehen.

Die bejahende Meinung bezieht die Vorschrift des § 74 Abs. 1 auf die Gesamtheit des Verfahrens in der Instanz, auch des außergerichtlichen in seinem ganzen Umfange, und macht hierfür geltend, daß die Worte „vor den Landgerichten" ebenso, wie in der Ueberschrift des ersten Abschnittes des zweiten Buches der Zivilprozeßordnung von dem landgerichtlichen Verfahren im Gegensatze zu dem amtsgerichtlichen Verfahren (Ueberschrift des 2. Abschnittes) verstanden werden müsse, was sich auch ergebe aus dem das Gebiet des Anwaltszwanges zusammenfassend bezeichnenden Ausdrucke „Anwaltsprozeß"; sie findet demnach in dieser Gesetzesstelle die Notwendigkeit einer Vertretung der Partei durch einen Instanzanwalt ausgesprochen sowohl in aktiver als in passiver Hinsicht für alle innerhalb der Instanz vorzunehmenden und namentlich also auch für alle den Prozeßbetrieb bezweckenden Prozeßhandlungen und unter letzteren befaßt sie auch das Betreiben der Zustellungen. Auch in

Betreff der Zustellung von Urteilen läßt sie eine Ausnahme nicht zu, nicht bloß wegen der mit derselben im Falle der Zulässigkeit von Rechtsmitteln verbundenen prozessualen Wirkung, sondern vor allem deswegen, weil auch die Zustellung eines Urteiles noch innerhalb der Instanz, in welcher dasselbe ergangen ist, erfolge. Eine Bestätigung der Richtigkeit ihrer Auffassung findet sie in dem Gegensatze der Vorschrift des § 74 Abs. 1 zu denjenigen der §§ 75 und 79 Abs. 2, nach welchen, soweit eine Vertretung durch Anwälte nicht geboten ist, die Partei selbst oder durch einen sonstigen Bevollmächtigten ihren Rechtsstreit führen und auch für einzelne Prozeßhandlungen Vollmacht erteilen kann, sowie in der dem die Partei vertretenden Anwalte beigelegten Eigenschaft eines Prozeßbevollmächtigten derselben („als Bevollmächtigter") in Verbindung mit den aus der Prozeßvollmacht nach § 77 sich ergebenden Befugnissen. Sie beruft sich auch auf die Motive zum Entwurfe der Zivilprozeßordnung, welche zum § 74 (§ 72 des Entwurfes) als Grund der Einführung des Anwaltszwanges anführen, daß derselbe

> „für ein Prozeßverfahren, welches auf den Grundsätzen der Unmittelbarkeit der Verhandlung vor dem erkennenden Richter und des Prozeßbetriebes, wenigstens in seinen wesentlichen Bestandteilen, durch die Parteien beruht, ganz unentbehrlich ist",

und weiterhin hinzufügen, daß bei dieser Einrichtung des Verfahrens

> „eine Gewähr dafür erforderlich ist, daß der Prozeßbetrieb in den Händen von Personen ruht, welche eine ähnliche Garantie für die Sorgsamkeit und Zuverlässigkeit ihrer Geschäftstätigkeit darbieten, wie die Richter".

Auch die erstere Meinung führt einen Ausspruch der Motive für sich an, nämlich daß

> „der Anwaltszwang nicht erfordert wird für Prozedurakte, welche sich nicht als grundsätzliche Bestandteile der mündlichen Verhandlung vor dem erkennenden Richter darstellen";

dieser Ausspruch will indessen nur motivieren, daß der Anwaltszwang nicht zu erstrecken ist auf die vor einem Gerichtsschreiber oder einem beauftragten oder ersuchten Richter vorzunehmenden Prozeßhandlungen, und es kann zugegeben werden, daß derselbe nach diesem Zusammenhange in der gegenwärtigen Streitfrage wohl nicht zu verwerten ist.

Man muß nun gewiß anerkennen, daß die Ausübung des den Parteien zustehenden Prozeßbetriebes bei dessen für die Herbeiführung der mündlichen Verhandlung des Rechtsstreites und für die Bestimmung des Gegenstandes derselben maßgebenden Bedeutung gleichfalls vollständig und ausschließlich in die Hand des die Partei in der Prozeßverhandlung vertretenden Anwaltes gelegt sein muß; der Prozeßbetrieb kann aber nicht anders als durch Schriftsätze, unter denen in dieser Beziehung die eine Ladung (§ 191) enthaltenden Schriftsätze die wichtigste Stelle einnehmen, oder in gewissen Fällen (vgl. §§ 202, 228) durch Akte der mündlichen Verhandlung ausgeübt werden, und da sich schon hieraus die Unterwerfung des Prozeßbetriebes unter den Anwaltszwang ergibt, so kann aus derselben eine Erstreckung des Anwaltszwanges auf das Zustellungsverfahren, insbesondere auf das Betreiben der Zustellungen, nicht erwiesen werden.

Es ist freilich auch weiter nicht in Abrede zu stellen, daß für den die Partei vertretenden Anwalt auch in betreff der gegenseitigen Zustellung der Schriftsätze eine gegen störende Einmischungen oder Hereinziehungen der eigenen Personen der Parteien vollständig gesicherte Machtstellung unentbehrlich ist; allein diese Stellung ist ihm auch im § 74 Abs. 1 a. a. O. dadurch gewährleistet, daß für ihn durch die Gesetzesworte „als Bevollmächtigter" zugleich die Eigenschaft eines Prozeßbevollmächtigten der Partei erfordert wird. Vermöge dieser Eigenschaft des Instanzanwaltes ist in betreff der Adressierung der Zustellungen durch die allgemeine Vorschrift des § 162 a. a. O., daß die Zustellungen an den Prozeßbevollmächtigten zu erfolgen haben, für den Anwaltsprozeß der Anwaltszwang gegeben. Die Sorge für das Betreiben der Zustellungen ist dem Instanzanwalte übertragen durch seine Prozeßvollmacht, welche ihn (§ 77) zu allen den Rechtsstreit betreffenden Prozeßhandlungen und somit auch zu den nach seinem Ermessen erforderlichen Zustellungen ermächtigt. Die Prozeßvollmacht schließt zwar an sich die Befugnis des Vollmachtgebers zum Handeln in eigener Person nicht aus und sie erhält auch eine solche ausschließliche Bedeutung keineswegs ihrem g a n z e n Umfange nach dadurch, daß der Prozeßbevollmächtigte zugleich der die Partei in der Prozeßverhandlung ausschließlich vertretende Anwalt ist; es braucht in dieser Beziehung nur darauf hingewiesen zu werden, daß die Partei durch den Anwaltszwang nicht behindert ist, in betreff der Bestellung eines Vertreters und Bevollmächtigten für die höheren Instanzen und im Zwangsvollstreckungsverfahren selbständig zu handeln. Allein der Weg einer Zustellung von Anwalt zu Anwalt steht begrifflich nur dem Anwalte zu Gebote und wenn durch einen Gerichtsvollzieher zugestellt werden soll, so muß demselben die Urschrift des zuzustellenden Schriftstückes (§ 155) übergeben sein, welche bei der Zustellung eines Schriftsatzes in einem mit der urschriftlichen Unterschrift des Anwaltes versehenen Exemplare derselben zu bestehen und auf welcher sich, wenn der Schriftsatz eine Ladung enthält, auch das Original der nur durch den Anwalt zu erwirkenden gerichtsseitigen Terminsansetzung zu befinden hat. Die der Gegenpartei zu behändigende Abschrift des Schriftstückes hat (§ 156) im Anwaltsprozesse regelmäßig in einer von dem Anwalte zu beglaubigenden Abschrift zu bestehen. Somit kann die Partei nur durch ihren Anwalt in den Besitz des zur Bewirkung der Zustellung eines Schriftsatzes erforderlichen Materiales gelangen. Wenn der Anwalt, welchem unbenommen ist, die Beauftragung des Gerichtsvollziehers durch beliebige Mittelspersonen und also auch durch die Partei selbst besorgen zu lassen, der Partei die zustellungsfertige Urschrift seines Schriftsatzes und sogar außerdem auch noch eine von ihm beglaubigte Abschrift desselben übergeben hat, so kann dies nur geschehen sein in der Absicht, der Partei die Zustellung desselben zu überlassen. Demnach ist im Anwaltsprozesse das Betreiben der Zustellung eines Schriftsatzes durch die Partei in eigener Person ohne Zutun und Willen ihres Anwaltes tatsächlich unausführbar; die Fälle, welche man sich dennoch ausdenken kann, um die Möglichkeit eines solchen eigenmächtigen Verfahrens der Partei zu belegen, haben keine praktische Bedeutung und keinen Anspruch auf legislatorische Berücksichtigung.

In betreff der Zustellung von Urteilen ist dagegen allerdings ein selbständiges Handeln der Partei dadurch ermöglicht, daß sie hierfür eine ihr von dem Anwalte nur zur Einsicht mitgeteilte oder auch eine bei der Gerichtsschreiberei auf ihr persönliches Betreiben (§ 271 Abs. 1, § 74 Abs. 2) erwirkte Ausfertigung des Urteiles verwenden kann. Allein es ist auch kein sachlicher Grund erfindlich, welcher es rechtfertigen könnte, daß die Partei von der Befugnis zur selbständigen Betreibung der Urteilszustellungen ausgeschlossen werde. Der bloß äußerlichen Frage, ob man die Urteilszustellung noch als einen der Urteilsinstanz angehörigen Prozeßakt zu betrachten habe, kann eine sachliche Bedeutung nicht zukommen. Mit der Verkündung des Urteiles ist der Zweck der Betreibung eines jeden Rechtsstreites, eine gerichtliche Entscheidung desselben herbeizuführen, für die Instanz erledigt; in der Zustellung des Urteiles ist noch nicht ein weiteres Betreiben der Prozeßverhandlung enthalten, ihre Wirkung besteht vielmehr nur darin, daß der Prozeß in die Lage versetzt wird, daß, wenn ein Rechtsmittel noch zulässig ist, ein etwa von der einen oder anderen Partei gewolltes weiteres Betreiben des Prozesses nunmehr innerhalb der gesetzlichen Frist stattfinden muß, und daß, wenn ein Rechtsmittel nicht zulässig ist oder nicht eingelegt wird, die Zwangsvollstreckung statthaft ist, und in beiden Beziehungen ist, wie schon bemerkt, wenngleich die präsumtive Vollmacht des bisherigen Anwaltes sich auch auf diese ferneren Stadien des Prozesses erstreckt, die Partei zum selbständigen Handeln berechtigt. Wenn der Anwalt einer Partei nach Verkündung des Urteiles vor Zustellung desselben gestorben ist, oder wenn eine beklagte Partei sich an der Zustellung eines gegen sie ergangenen Versäumnisurteiles wegen der erkannten Klagabweisung interessiert findet, so muß die Partei zur selbständigen Erwirkung der Zustellung berechtigt sein, denn man darf von dem Gesetze voraussetzen, daß dasselbe der Partei nicht lediglich wegen Besorgung der Urteilszustellung die Umstände und großen Kosten der Bestellung eines Anwaltes hat aufnötigen wollen.

Wenn das Gesetz bloß einer vermeintlichen theoretischen Konsequenz zuliebe den Anwaltszwang auch auf das Betreiben der Zustellungen ausgedehnt hätte, so wäre hiermit eine Bestimmung getroffen, welche, ohne irgendeinen Nutzen für das Prozeßverfahren, nur die Wirkung haben würde, das Zustellungswesen durch die Auferlegung formalistischer Rücksichtsnahmen zu erschweren und zu gefährden, hierdurch eine ausgiebige

Quelle von Prozeßschikanen und Prozeßverschleppungen zu eröffnen und in manchen Fällen das gute Recht einer Partei an der Klippe dieses Formalismus scheitern zu lassen. Mit einer solchen Bestimmung hätte das Gesetz den Ruhm verwirkt, welchen dasselbe sich in seinen Motiven a. a. O., sonst überall mit vollem Rechte, vindiziert, daß es „im Interesse einer freieren Gestaltung des Verfahrens nach Möglichkeit von erschwerenden Förmlichkeiten abgesehen habe".

Eine solche Ausdehnung des Anwaltszwanges ist aber auch in der maßgebenden Vorschrift des § 74 Abs. 1 nicht enthalten. Es mag bedenklich sein, ob man bei der Auslegung derselben die Worte „vor den Landgerichten usw." in dem Maße, wie es in den angeführten früheren Urteilen des Reichsgerichtes geschehen ist, strikt nach ihrem Wortlaute zu verstehen oder darin nicht vielmehr aus den von der gegenteiligen Meinung angegebenen Gründen eine Bezeichnung des gesamten Prozeßverfahrens in der Instanz zu erblicken hat; allein auch bei der letzteren Auslegung muß man im Resultate der Bedeutung beipflichten, in welcher jene Urteile die Gesetzesvorschrift auffassen. Die Vertretung der Partei durch den Anwalt kann jedenfalls nur bezogen werden auf die in dem Prozesse vorzunehmenden Handlungen und hierunter nur auf diejenigen Prozeßhandlungen, welche die einen Prozeß ohne Anwalt und Prozeßbevollmächtigten führende Partei in eigener Person wahrzunehmen vermag. Die Partei hat aber (abgesehen von den nach § 74 Abs. 2 hier nicht in Betracht kommenden Prozeßhandlungen, welche vor einem ersuchten oder beauftragten Richter oder einem Gerichtsschreiber vorzunehmen sind) in dem Prozesse nur aufzutreten vor dem erkennenden Richter und gegenüber der Partei, gegen welche sie ihren Rechtsstreit führt; der Vertretungszwang trägt auch das Mittel zu seiner Realisierung in sich selbst dadurch, daß die Partei vor Gericht, außer in den gesetzlich vorgesehenen Ausnahmefällen, in eigener Person nicht zum Worte zu verstatten ist und daß ihre nicht von dem Anwalte unterzeichneten Schriftsätze sowohl vom Gerichte als auch von der Gegenpartei als nicht vorhanden zu betrachten sind. Auf den Zustellungsakt des Gerichtsvollziehers ist die Vorschrift, daß die Partei sich durch einen Anwalt vertreten lassen müsse, nicht anwendbar, eben weil dieser Akt für die Partei nur durch den Gerichtsvollzieher wahrgenommen werden kann. Der Akt der Beauftragung des Gerichtsvollziehers wird durch den Anwaltszwang nicht berührt, weil derselbe keine Prozeßhandlung ist; die Beauftragung des Gerichtsvollziehers ist ganz ebenso wie die Bevollmächtigung eines Anwaltes eine einseitige und interne Handlung der Partei, welche von ihr außerhalb des Prozesses vorgenommen wird zum Zwecke der Engagierung eines für die Führung ihres Prozesses notwendigen Organes. Die Unanwendbarkeit des Vertretungszwanges auf die Beauftragung eines Gerichtsvollziehers zeigt sich auch daran, daß dem Gerichtsvollzieher nicht die Befugnis zugeschrieben werden kann, den ihm von der Partei in ihrem eigenen Namen erteilten Zustellungsauftrag aus dem Grunde unbefolgt zu lassen und zu ignorieren, weil ihm derselbe nur durch einen die Partei vertretenden Anwalt rechtswirksam erteilt werden könne.

Man könnte gegen diese Ausführung zwar den Einwand erheben wollen, daß die Zustellungshandlung, wenngleich sie physisch nur durch den Gerichtsvollzieher vorgenommen werden kann, sich doch zugleich im Rechtssinne als eine Handlung seines Auftraggebers, also der Partei selbst oder ihres Anwaltes, darstelle, und daß dieselbe somit keineswegs durch ihre Beschaffenheit der Anwendbarkeit des Anwaltszwanges entzogen sei. Allein dieser Einwand würde, da es hier nur auf das Verhältnis anzukommen hat, in welchem der zustellende Gerichtsvollzieher der Gegenpartei, an welche zugestellt wird, gegenübertritt, höchstens dann berechtigt sein, wenn nach der Vorschrift des Gesetzes dem Zustellungsempfänger durch den Zustellungsakt erkennbar gemacht werden müßte, in wessen Auftrage die Zustellung geschehe. Eine derartige Gesetzesvorschrift besteht aber nicht, das Gesetz schreibt vielmehr (§ 174 Ziff. 2) in dieser Beziehung nur vor, daß die Zustellungsurkunde zu enthalten hat:

> „die Bezeichnung der Person, für welche zugestellt werden soll; wenn die Zustellung von Amts wegen angeordnet ist, das Gericht, von welchem die Anordnung ausgeht".

Da die von seiten einer Partei betriebenen Zustellungen immer für die Partei selbst, die Herrin des Prozesses, erfolgen, so wird in diesen Fällen der Gesetzesvorschrift am präzisesten dadurch entsprochen, daß die nach Namen oder Parteirolle angeführte Person der Partei als diejenige Person, für welche zugestellt werden soll, bezeichnet wird; wenn statt dessen auch gesagt werden darf, daß die Zustellung im Auftrage der Partei oder für den Prozeßbevollmächtigten und Instanzanwalt der Partei oder in dessen Auftrage vollzogen werde, so sind diese Ausdrücke nur deshalb zulässig, weil sich auch aus ihnen ergibt, daß die Zustellung für die Partei vorgenommen wird.

In den neueren Prozeßordnungen für Hannover § 230 und für Bayern Art. 202 und auch in dem hannoverschen Entwurfe § 171 war vorgeschrieben, daß in den Zustellungsurkunden der Auftraggeber des Gerichtsvollziehers bezeichnet sein müsse; in dem preußischen Entwurfe § 166 und dem norddeutschen Entwurfe § 253 wurde diese Bestimmung gänzlich beseitigt, offenbar weil man davon ausging, daß durch den Zustellungsakt nur ersichtlich gemacht zu werden brauche, für wen zugestellt werde, daß dies sich aber schon aus dem Inhalte des zugestellten Schriftstückes genügend ergebe. Die jetzige, eine ausdrückliche Bezeichnung dieser Person erfordernde Bestimmung schreibt sich aus dem Entwurfe vom Jahre 1871 her. Obwohl es nun nicht bezweifelt werden kann, daß die Fassung derselben in ihrer Abweichung von den Vorschriften jener älteren Materialien mit vollem Vorbedacht gewählt worden ist, bedienen sich dennoch die Zustellungsurkunden der Gerichtsvollzieher infolge der von den Landesjustizverwaltungen vorgeschriebenen Formulare, vgl. preußische Geschäftsanweisung für Gerichtsvollzieher (JMBl. 1879 Anl. 1 zu Nr. 31 S. 56 flg. Formular 1—15),

regelmäßig der Bezeichnung desjenigen, in dessen Auftrage zugestellt wird. Diese Ausdrucksweise der Formulare („im Auftrage des ..."), ist ohne Zweifel dadurch veranlaßt, daß für die in bürgerlichen Rechtssachen auf Betreiben der Parteien und von Amts wegen vorzunehmenden Zustellungsurkunden der Gebrauch derselben Formulare vorgeschrieben ist,

vgl. Geschäftsanweisung a. a. O. §§ 20, 25 flg.,

und daß man deshalb in dieser Beziehung einen Ausdruck hat wählen müssen, welcher zur Bezeichnung sowohl der Person, für welche, als auch des Gerichtes, auf dessen Anordnung zugestellt wird, sich verwenden läßt; hätte man statt dessen für die beiden Kategorien der Zustellungen verschiedene sich strikt an die Gesetzesworte haltende Formulare gegeben, so würden dadurch die seitdem in zahlreichen Prozessen über die Frage, ob der Zustellungsauftrag von einer legitimierten Person erteilt worden sei, entstandenen Streitigkeiten und Weiterungen, wenn nicht sämtlich, so doch jedenfalls zum bei weitem größten Teile erspart geblieben sein.

Ergibt sich nun aus der Vorschrift des § 174 Ziff. 2, daß das Gesetz eine urkundliche Feststellung der Person des Auftraggebers nicht für erforderlich gehalten hat, so muß hieraus der Schluß gezogen werden, daß dasselbe dieser Feststellung, namentlich in der Richtung, ob der Auftrag von der Partei selbst oder von ihrem Anwalte ausgegangen sei, auch keine rechtliche Bedeutung hat beimessen wollen. Zu demselben Schlusse führt auch die Fassung des § 153, insbesondere in ihrem Gegensatze zu derjenigen des § 162 a. a. O. Wenn das Gesetz für den Anwaltsprozeß die Gültigkeit der Zustellungen dadurch bedingen wollte, daß der Zustellungsauftrag von dem Anwalte ausgegangen sei, so hätte dasselbe bei den schwer wiegenden Interessen, welche mit der Gültigkeit der vorgenommenen Zustellungen verknüpft sind, nicht unterlassen dürfen, sich hierüber in einer für alle Beteiligten klaren und unzweideutigen Weise auszusprechen, und man kann namentlich nicht bezweifeln, daß das Gesetz, welches im § 162 in betreff der Adressierung der Zustellungen ausdrücklich bestimmt hat, daß dieselbe sich an den Prozeßbevollmächtigten und nicht an die Partei selbst zu richten habe, ebenso auch in betreff der Befugnis zur Erteilung des Zustellungsauftrages ausdrücklich zwischen der eigenen Person der Partei und ihrem Anwalte unterschieden haben würde, wenn diese Befugnis ausschließlich dem Letzteren hätte beigelegt sein sollen; da nun aber der § 153 uneingeschränkt ausspricht, daß zur Bevollmächtigung des Gerichtsvollziehers

„die mündliche Erklärung einer Partei"

genügt, so muß man folgern, daß eine derartige Gesetzesabsicht nicht besteht. Der § 156 schreibt vor, daß die Beglaubigung der zu übergebenden Abschrift des zuzustellenden Schriftstückes

„geschieht durch den Gerichtsvollzieher, bei den auf Betreiben von Rechtsanwälten oder in Anwaltsprozessen zuzustellenden Schriftstücken durch den Anwalt";

wenn in den Anwaltsprozessen die Zustellungen rechtsnotwendig durch den die Partei vertretenden Anwalt betrieben werden müßten, so wäre in den Worten „oder in Anwaltsprozessen" nur ein leerer Pleonasmus enthalten, welcher aber der Gesetzesredaktion nicht zugetraut werden kann. Was endlich insbesondere die Zustellung von Urteilen anbelangt, so ist, da das Zwangsvollstreckungsverfahren dem Anwaltszwange nicht unterliegt, durch die Bestimmung des § 671, nach welcher das Urteil gleichzeitig mit dem Beginne der Zwangsvollstreckung zugestellt werden kann, ein Beleg dafür gegeben, daß die Partei in eigener Person zum Betreiben der Urteilszustellung berechtigt ist. Somit wird die richtige Auslegung der Vorschrift des § 74 Abs. 1 a. a. O. auch durch die Vorschriften über das Zustellungsverfahren mehrfach bestätigt.

Aus diesen Gründen rechtfertigt sich die Aufstellung des Rechtssatzes, daß

im Anwaltsprozesse die Gültigkeit einer Zustellung nicht dadurch beeinträchtigt wird, daß der Gerichtsvollzieher den Zustellungsauftrag von der Partei in ihrem eigenen Namen erhalten hat."

RGZ. 39, 416

Wird eine einstweilige Verfügung, durch welche der Partei persönlich eine Handlung oder Unterlassung bei Strafe aufgegeben wird, rechtlich wirksam, wenn sie dem (für den Hauptprozeß bestellten) Prozeßbevollmächtigten der Partei zugestellt ist?

III. Zivilsenat. Beschl. v. 7. Juli 1897.

I. Oberlandesgericht Jena.

In einem zwischen dem Rentner S. in Weimar, als Kläger, und dem Rittergutspachter W. in U. bei Weimar, als Beklagtem, wegen Erfüllung eines Fischereipachtvertrages anhängigen Prozesse war, während derselbe in der Berufungsinstanz schwebte, vom Oberlandesgerichte auf den Antrag des Beklagten unterm 12. Mai 1897 eine einstweilige Verfügung erlassen worden, durch welche, wenn Beklagter eine Sicherheit in Höhe von 100 M. leiste, dem Kläger die Ausübung der Fischerei in dem streitigen Fischwasser bei einer Strafe von 30 M. für jeden Zuwiderhandlungsfall untersagt wurde. Diese Verfügung wurde am 14., und der Nachweis der Sicherheitsleistung, mit dem die Verfügung vollziehbar wurde, am 18. Mai dem zweitinstanzlichen Prozeßbevollmächtigten des Klägers, Rechtsanwalt J. in Jena, zugestellt. Da der Kläger gleichwohl am 19. Mai abends gegen 6 Uhr, sowie ab 20. und 21. Mai weiter fischen ließ, so beantragte der Beklagte, ihn in die angedrohte Strafe zu verurteilen. Der Kläger, hierüber gehört, machte geltend, daß die einstweilige Verfügung ihm persönlich erst am Abend des 21. Mai zugestellt und erst am 22. Mai von ihm gelesen, darauf aber die Fischerei alsbald von ihm eingestellt worden sei. Das Oberlandesgericht verwarf im wesentlichen diese Entschuldigung und verurteilte den Kläger wegen der am 19., 20. und 21. Mai bewirkten Ausübung der Fischerei zu einer Strafe von zusammen (3 × 30 =) 90 M.

Die vom Kläger hiergegen eingelegte sofortige Beschwerde wurde vom Reichsgerichte zurückgewiesen aus folgenden

Gründen:

„Es ist dem Oberlandesgerichte darin beizutreten, daß die einstweilige Verfügung vom 12. Mai 1897 und die darin enthaltene Strafandrohung dem Kläger bereits mit der seinem Prozeßbevollmächtigten zweiter Instanz am 14. und 18. Mai 1897 geschehenen Zustellung der erwähnten Verfügung sowie des Nachweises erfolgter Sicherheitsleistung wirksam wurde, und daß sich daher der Kläger auf eine ihm persönlich erst am 21. oder 22. Mai 1897 gewordene Kenntnis von jener Verfügung nicht berufen kann.

Was zunächst die Ordnungsmäßigkeit der erwähnten Zustellung betrifft, so mag dahingestellt bleiben, ob dieselbe in dem vorliegenden, als Inzidentstreit zu dem Hauptprozesse hinzutretenden und nicht zur „Instanz" im Sinne von § 163 ZPO. gehörigen, Verfahren nach § 162 ZPO. an den Prozeßbevollmächtigten des Klägers geschehen m u ß t e, wie der vorige Richter annimmt; jedenfalls k o n n t e sie rechtsgültig an den Vertreter erfolgen, da nach § 78 ZPO. die Vollmacht für den Hauptprozeß auch die Vollmacht für das eine einstweilige Verfügung betreffende Verfahren umfaßt. Jene Zustellung aber mußte der Kläger gegen sich gelten lassen, als ob sie an ihn selbst erfolgt wäre, auch wenn die zugestellte Verfügung (wie z. B. auch die Ladung zu einem Schwörungstermin) eine ihm persönlich obliegende Handlung, bzw. Unterlassung erforderte.

Vgl. Motive zur Zivilprozeßordnung S. 149, 150; Entscheidung des jetzt erkennenden Senates bei R a s s o w u. K ü n t z e l, Beiträge Bd. 37 S. 425.

Allerdings konnte er die Verurteilung in die angedrohte Strafe durch den Nachweis abwenden, daß er ohne eigenes oder seines Anwaltes Verschulden durch unabwendbare Hindernisse in der Zeit von der Zustellung des Nachweises der Sicherheitsleistung an letzteren bis zu der für straffällig erachteten Ausübung der Fischerei von dem (rechtswirksam gewordenen) Fischereiverbot keine Kenntnis habe erhalten können. Allein eine derartige Entschuldigung steht dem Kläger hier nicht zur Seite; vielmehr muß nach den in Betracht kommenden räumlichen Entfernungen und Verkehrsverhältnissen angenommen werden, daß der Kläger von der am 18. Mai seinem Anwalte gewordenen Zustellung und der damit eingetretenen Wirksamkeit der Verfügung vom 12. Mai recht wohl bis zu der am 19. Mai abends 6 Uhr erfolgten Fischereiausübung Kenntnis erhalten konnte, zumal diese Sachlage seit der bereits am 14. Mai erfolgten Zustellung der mehrerwähnten Verfügung zu erwarten war." ...

RGZ. 46, 323

1. Ist der Gerichtsschreiber, wenn eine Zustellung unter seiner Vermittelung erfolgen soll, verpflichtet, die Post unmittelbar um Bewirkung der Zustellung zu ersuchen, weil dies in dem an ihn gerichteten Antrage ausdrücklich verlangt wird?

2. Liegt es ihm ob, wenn das Ersuchen um Vermittelung der Zustellung in einem Anwaltsprozesse oder von einem Rechtsanwalte ergeht, die Abschrift des zuzustellenden Schriftsatzes zu beglaubigen?

ZPO. §§ 166, 168, 170, 196, 207 (n. F.).

V. Zivilsenat. Beschl. v. 7. Februar 1900.

Das Sachverhältnis ergibt sich aus folgenden

Gründen:

„Der Gesuchsteller hat als Prozeßbevollmächtigter der Revisionsklägerin am 13. Januar 1900 der Gerichtsschreiberei des Reichsgerichts eine Revisionsschrift ... mit dem Ersuchen zugehen lassen, nach erfolgter Terminsbestimmung die Zustellung an den Prozeßbevollmächtigten der Revisionsbeklagten in der Weise zu vermitteln, daß der Gerichtsschreiber unmittelbar die Post um Bewirkung der Zustellung ersuchen solle. Beigefügt waren dem Gesuche zwei einfache (unbeglaubigte) Abschriften der Revisionsschrift mit dem Bemerken, daß die eine nach Hinzufügung der Terminsbestimmung durch den Gerichtsschreiber zu beglaubigen sein werde. Der Gerichtsschreiber des V. Zivilsenates des Reichsgerichts hat zwar die nachgesuchte Terminsbestimmung erwirkt, hat es aber in seiner Entscheidung vom 13. Januar 1900 abgelehnt, die Post unmittelbar um Bewirkung der Zustellung zu ersuchen,

da für das Reichsgericht besondere Gerichtsvollzieher bestellt seien, und die Entscheidung darüber, ob der Gerichtsschreiber von dem ihm zustehenden Rechte, die Post unmittelbar zu ersuchen, Gebrauch machen wolle, nur dem Gerichtsschreiber, nicht aber dem Parteivertreter zustehe.

Er hat es auch abgelehnt, die Abschrift der Revisionsschrift zu beglaubigen. ... Der Prozeßbevollmächtigte der Revisionsklägerin ... beschwert sich nun ... über die vom Gerichtsschreiber getroffene Entscheidung, mit dem Antrage, in Abänderung derselben den Gerichtsschreiber für verpflichtet zu erklären, seinem an ihn gerichteten Ersuchen um unmittelbare Bewirkung der Zustellung durch die Post stattzugeben.

Dieser Antrag ist ... unbegründet. Es handelt sich dabei in erster Reihe um die Frage, ob — wie der Antragsteller auszuführen sucht — der Gerichtsschreiber, wenn seine Vermittelung zum Zwecke einer Zustellung in Anspruch genommen wird (§ 166 Abs. 2 ZPO.), verpflichtet ist, der Anweisung der Partei oder ihres Vertreters, die Post unmittelbar um Bewirkung der Zustellung zu ersuchen, Folge zu geben, oder ob — wie der Gerichtsschreiber angenommen hat — dieser an eine solche Anweisung nicht gebunden, vielmehr verpflichtet und berechtigt ist, nach pflichtgemäßem Ermessen darüber zu befinden, ob er mit der Zustellung einen Gerichtsvollzieher beauftragen, oder um Bewirkung derselben unmittelbar die Post ersuchen will (§§ 168, 196 ZPO.). Von einer in das „reine Belieben" des Gerichtsschreibers gestellten Entscheidung kann auch dann, wenn besondere Anweisungen der vorgesetzten Behörden über die Art der Zustellung nicht vorliegen, selbstverständlich keine Rede sein, und in diesem Sinne ist auch die angefochtene Entscheidung nicht zu verstehen. Was aber die vorerwähnte Frage anlangt, so muß der vom Gerichtsschreiber vertretenen Auffassung beigepflichtet werden. Hierfür spricht vorerst die amtliche Stellung des Gerichtsschreibers, die sich in dieser Beziehung merkbar von der des Gerichtsvollziehers unterscheidet. Der Gerichtsschreiber ist Beamter des Gerichts; er hat als solcher innerhalb des ihm vom Gesetze zugewiesenen Geschäftskreises eine amtliche Tätigkeit auch da wahrzunehmen, wo er zu ihr unmittelbar durch Anträge der Parteien berufen wird; diesem amtlichen Charakter seiner Tätigkeit entspricht es, daß er bei ihr den Anweisungen der Partei nur insoweit unterworfen wird, als dies im Gesetz ausdrücklich vorgeschrieben ist. Dies ist nun aber hinsichtlich seiner Vermittelung bei Zustellungen nicht geschehen. Man wird im Gegenteil annehmen dürfen, daß, wenn das Gesetz in § 166 Abs. 2 a. a. O. davon spricht, daß die Partei den Gerichtsvollzieher unter Vermittelung des Gerichtsschreibers mit der Zustellung beauftragen könne, schon mit dieser Fassung des Gesetzes der Gegensatz gekennzeichnet werden sollte, der sich in dem Verhältnis beider Beamten der Partei gegenüber darstellt. Der Gerichtsvollzieher ist der Beauftragte; der Gerichtsschreiber vermittelt nur diesen Auftrag, ohne dadurch selbst zum Beauftragten der Partei zu werden. In diesem Sinne hat auch bereits der IV. Zivilsenat des Reichsgerichts in dem Urteil vom 21. Juni 1886,

Entsch. des RG.'s in Zivils. Bd. 17 S. 391,

das Rechtsverhältnis beurteilt, welches entsteht, wenn der Gerichtsschreiber in den Fällen, in denen dies damals zulässig war (§§ 152, 458 ZPO. a. F.), um seine Vermittelung behufs Ausführung einer Zustellung in Anspruch genommen wurde. Er hat ausdrücklich ausgesprochen,

> daß dieser in den bezeichneten Fällen lediglich als Organ der Behörde fungiere, so daß zwischen ihm und der Partei, für welche er die Zustellung vermittelt, ein nach den Grundsätzen vom Mandate zu beurteilendes Rechtsverhältnis nicht bestehe.

Mit dieser Auffassung ist die vom Antragsteller verlangte Befugnis, dem Gerichtsschreiber eine ihn bindende Weisung darüber erteilen zu dürfen, wie er die Zustellung zu vermitteln habe, unvereinbar. Unterstützend —

wenn auch nicht entscheidend — kommt hinzu, daß von einer seitens der Partei oder eines Anwaltes hierüber zu erteilenden Direktive auch in den neuerdings vom preußischen Justizminister erlassenen Geschäftsordnungen für die Gerichtsschreibereien der Landgerichte vom 27. November 1899 und der Oberlandesgerichte vom 29. November 1899 (JMBl. S. 475 flg. u. S. 563 flg.) keine Rede ist. Dieselben schreiben im Gegenteil in § 19 Ziff. 10 übereinstimmend dem Gerichtsschreiber vor, daß er „bei den von ihm vermittelten Zustellungen nur, wenn der Verzug Gefahr bringt, unmittelbar die Post um Bewirkung der Zustellung (§ 196 ZPO.) ersuchen soll", und daß als Gefahr im Verzuge es stets anzusehen sei, wenn bis zu dem anberaumten Termine nicht mehr als 5 Tage verbleiben. Der Antragsteller kann sich allerdings für die von ihm vertretene Auffassung auf die Meinung namhafter Kommentatoren der Zivilprozeßordnung berufen, so namentlich auf Struckmann u. Koch, 7. Aufl. Bem. 2 zu § 196; Petersen u. Anger, 4. Aufl. Bem. 2 zu § 168 und Bem. 1 zu § 196, sowie auf v. Wilmowski u. Levy, 7. Aufl. Bem. 4 a. E. zu § 152 a. F.; es fehlt aber andererseits auch nicht an Stimmen für die gegenteilige Meinung (z. B. Gaupp-Stein, 4. Aufl. Bem. I zu § 196 und S. 391 Note 30), so daß die Frage nur als eine in der Rechtslehre noch streitige bezeichnet werden kann. Und wenn endlich der Antragsteller geltend macht, es wäre, wenn die Auffassung des Gerichtsschreibers richtig sein sollte, kein Grund zu finden, warum überhaupt noch dessen Mitwirkung bei der Zustellung hätte erfordert werden oder wünschenswert erscheinen sollen, da man dann dem Anwalt von vornherein es hätte überlassen können, sich wegen der Zustellung durch die Post an den Gerichtsvollzieher zu wenden, und da man dann die (neue) Vorschrift des § 207 Abs. 2 ZPO. an die Einreichung beim Gerichtsvollzieher hätte anschließen können, so ist dabei wohl nicht beachtet, zu welchen Weiterungen, und vielleicht selbst zu welcher Rechtsunsicherheit es hätte führen müssen, wenn die Rechtzeitigkeit einer Zustellung von dem Nachweise darüber abhängig gemacht worden wäre, an welchem Tage der zuzustellende Schriftsatz dem Gerichtsvollzieher eingereicht worden sei. Ein solcher Nachweis läßt sich ohne Weiterungen und mit Sicherheit nur dann führen, wenn hierüber gerichtlich geführte Akten mit der dadurch gewährleisteten Zuverlässigkeit Auskunft geben, und dies dürfte wohl der für den Gesetzgeber entscheidende Grund gewesen sein, aus welchem er die Vorschrift des § 207 Abs. 2 auf die Einreichung des zuzustellenden Schriftsatzes beim Gerichtsschreiber abgestellt hat. Daß, wenn Gefahr im Verzuge ist, die Vorschrift auch dann noch ihre Bedeutung behält und die Wahrung der Notfrist nach Tunlichkeit ermöglicht, bedarf keiner Ausführung.

Was sodann die Ablehnung des Verlangens der Beglaubigung anlangt, so kann auch hier der vom Gesuchsteller vertretenen Ansicht, daß diese zu Unrecht erfolgt sei, nicht beigepflichtet werden. Derselbe hält es für ausgeschlossen, daß der Anwalt einen Schriftsatz, der erst noch mit einer

Terminsbestimmung versehen werden soll, beglaubigen könnte, weil die Terminsbestimmung einen wesentlichen Teil der Revisionsschrift bilde (§ 553 ZPO.), und er erachtet eine von verschiedenen Stellen ausgehende Beglaubigung — teils durch den Anwalt, teils durch den Gerichtsschreiber oder Gerichtsvollzieher — für irrationell und unzulässig. Richtig ist hiervon nur, daß die Terminsbestimmung einen wesentlichen Teil der Revisionsschrift bildet; daraus folgt aber nichts für die Frage, wie dieser wesentliche Teil herzustellen sei, und wer amtlich zu seiner Herstellung mitzuwirken habe. Der I. Zivilsenat des Reichsgerichts hat bereits in dem in S. Qu. w. F. u. Gen. (Rep. I. 6/00) ergangenen Beschlusse vom 8. Januar 1900 ausgesprochen, es sei, wenn ein Schriftstück aus verschiedenen Teilen besteht (auch in dem damaligen Falle aus einer Revisionsschrift und der Terminsbestimmung), nicht ersichtlich, warum nicht jeder dieser Bestandteile durch eine besondere Beglaubigung sollte gedeckt werden können, und er hat es für zulässig und den jetzt in Geltung stehenden Vorschriften der Zivilprozeßordnung (§§ 166, 170, 196) entsprechend erachtet, daß die Beglaubigung des mit der Terminsbestimmung noch nicht versehenen Schriftsatzes durch den Anwalt, die Beglaubigung der Terminsbestimmung aber, nachdem diese vom Gerichtsschreiber auf die zuzustellende Abschrift übertragen worden ist, von diesem oder vom Gerichtsvollzieher erfolge. In gleicher Weise hat sich der III. Zivilsenat des Reichsgerichts in dem in S. B. w. D. (Rep. III. 6/00) ergangenen Beschlusse vom 9. Januar 1900 geäußert, und dieselbe Auffassung liegt endlich auch den in S. F. w. B. (Rep. VI. 11/00) und Sch. w. F. (Rep. VI. 1/00) ergangenen Beschlüssen des VI. Zivilsenates zugrunde. Der gegenwärtig beschließende V. Zivilsenat hat keine Veranlassung, von derselben abzuweichen, und mußte es daher für richtig halten, daß der Gerichtsschreiber die Beglaubigung des zuzustellenden Schriftsatzes abgelehnt hat. Eine solche würde ihm (was zur Vermeidung eines Mißverständnisses hinzugefügt werden mag) selbst dann nicht obgelegen haben, wenn er die Post unmittelbar um Bewirkung der Zustellung ersucht hätte; denn auch dann würde für die Beglaubigung des Schriftsatzes die Vorschrift des § 170 Abs. 2 ZPO. eingreifen, die — zusammengehalten mit der Schlußvorschrift in § 196 daselbst — ersichtlich macht, daß unter der an der letzten Stelle erwähnten, dem Gerichtsschreiber obliegenden „erforderlichen Beglaubigung" nicht die der S c h r i f t s ä t z e gemeint sein kann. Eine Beglaubigung der auf den Schriftsatz zu übertragenden Terminsbestimmung würde dem Gerichtsschreiber obgelegen haben, wenn er die Post unmittelbar um Bewirkung der Zustellung ersucht hätte." ...

RGZ. 46, 391

Hat das Gericht, welchem eine Klage mit dem Gesuche um Bewilligung der öffentlichen Zustellung eingereicht ist, nur unter der Vor-

aussetzung sachlich auf das Gesuch einzugehen, daß es für die Klage örtlich zuständig ist?

ZPO n. F. §§ 203, 204.

I. Zivilsenat. Beschl. v. 18. Mai 1900.

I. Landgericht Berlin. II. Kammergericht daselbst.

Gründe:

„Klägerin überreichte die Klage dem Landgerichte II zu Berlin unter Beifügung einer an Eidesstatt abgegebenen Versicherung und einer Auskunft der Polizeidirektion zu Charlottenburg mit dem Antrage, die öffentliche Zustellung der Klage anzuordnen. Das Landgericht betrachtete nicht als nachgewiesen, daß der Aufenthalt des Beklagten unbekannt sei, und lehnte den Antrag ... ab. Klägerin erhob Beschwerde. Diese wurde durch ... Beschluß des Kammergerichtes unter Bezugnahme auf die §§ 13, 16 ZPO. in der Erwägung zurückgewiesen, daß nicht dargetan, daß für die in Aussicht genommene Klage ein Gerichtsstand bei dem Landgerichte II zu Berlin gegeben sei.

Die von der Klägerin eingelegte weitere Beschwerde ist prozessual zulässig. Während das Landgericht die Voraussetzungen der öffentlichen Zustellung (§ 203 ZPO.) als nicht gegeben ansieht, vermißt das Kammergericht die örtliche Zuständigkeit des Landgerichtes für den Antrag und hat aus diesem Grunde, ohne Prüfung der sachlichen Erfordernisse der beantragten Zustellungsart, die Beschwerde zurückgewiesen. Die Entscheidung des Beschwerdegerichtes ist hiernach, wenn dies auch in der Formel des Beschlusses nicht hervortritt, von der des ersten Richters völlig abweichend, enthält also einen neuen selbständigen Beschwerdegrund.

Die weitere Beschwerde erscheint auch als materiell begründet. Gegenüber einem Gesuche um Bewilligung der Zustellung durch öffentliche Bekanntmachung hat das Gericht seine örtliche Zuständigkeit für den Rechtsstreit nicht zu prüfen. Durch § 204 ZPO. ist die Entscheidung auf das Gesuch dem Prozeßgerichte übertragen. Als solches stellt sich, nachdem die Sache anhängig geworden ist, das Gericht der betreffenden Instanz, vorher aber das Gericht dar, welchem die Klage behufs Anberaumung eines Termins zur mündlichen Verhandlung und mit dem Antrage auf Bewilligung der öffentlichen Zustellung eingereicht ist. Ueber die Frage der Zuständigkeit ist demnächst durch Urteil zu entscheiden. Diejenigen prozessualen Maßnahmen aber, welche, wie die Anberaumung des Verhandlungstermines und die Ladung des Gegners, auch wenn diese durch Ersuchen der Behörden eines fremden Staates oder öffentlich zuzustellen ist, die Entscheidung des Rechtsstreites, einschließlich speziell der Frage des Gerichtsstandes, herbeizuführen und zu ermöglichen bestimmt sind, können nicht schon ihrerseits mit der Begründung versagt werden, daß dem angerufenen Gerichte die Zuständigkeit mangele; die Partei ist vielmehr befugt, die Entscheidung über die Zuständigkeitsfrage durch Urteil auf dem nach Lage der Sache gebotenen Wege herbeizuführen. Das Kammergericht hätte mithin, anstatt ein sachliches Eingehen auf den Antrag mit Hinweis auf den Mangel der Zuständigkeit des Landgerichtes zu unterlassen, sich der Prüfung, ob die in § 203 ZPO. vorgesehenen Erfordernisse gegeben sind, unterziehen und je nach dem Ergebnisse derselben durch Zurückweisung der Beschwerde oder Aufhebung des landgerichtlichen Beschlusses und Bewilligung der öffentlichen Zustellung, bzw. unter Anwendung des § 575 ZPO. Entscheidung treffen müssen." ...

RGZ. 47, 397

Ist eine Zustellung durch den Gerichtsvollzieher im Anwaltsprozesse deswegen unwirksam, weil der Gerichtsvollzieher unter Vermittelung des Gerichtsschreibers des Prozeßgerichtes beauftragt wurde, obgleich die Voraussetzungen des § 166 Abs. 2 Satz 2 ZPO. nicht vorgelegen hatten?

II. Zivilsenat. Beschl. v. 20. November 1900.

I. Oberlandesgericht Karlsruhe.

Der Prozeßbevollmächtigte der Beklagten in der Berufungsinstanz, Rechtsanwalt M., hatte mit Schrift vom 15. September 1900 bei dem Oberlandesgerichte eine Berichtigung des Tatbestandes in dessen am 12. Juli 1900 verkündeten Urteil beantragt. Der Aushang des Verzeichnisses, in dem jenes Urteil eingetragen war, ist am 6. September 1900 und die Zustellung des gedachten Urteiles am 10. September 1900 erfolgt.

Am Schlusse jener Schrift war der Vermerk enthalten: „Die Zustellung bitte ich durch die Gerichtsschreiberei zu veranlassen." Der Gerichtsschreiber des Oberlandesgerichtes übergab, diesem Ersuchen um seine Vermittelung entsprechend, die Schrift mit Terminsnote dem Gerichtsvollzieher, welcher dieselbe am 19. September 1900 an den Prozeßbevollmächtigten des Klägers in der Berufungsinstanz zugestellt hat. Die hierüber aufgenommene Zustellungsurkunde bezeichnet als Auftraggeber den Rechtsanwalt M. und entspricht den Vorschriften des § 191 ZPO.

In dem zur Verhandlung über diesen Antrag bestimmten Termin war der Kläger nicht vertreten. Das Oberlandesgericht hat mit dem angefochtenen Beschlusse jenen Antrag als unzulässig verworfen. Es erwog, daß die einwöchige Frist des § 320 (früher 291) Abs. 1 ZPO. keine Notfrist sei und danach wegen der Gerichtsferien und weil der 23. September ein Sonntag war, bei Anwendung der §§ 320 Abs. 2, 223 (früher 201) Abs. 1 Satz 2 und 222 (früher 200) Abs. 2 ZPO. erst mit Ablauf des 24. September erfolgte gültige Zustellung wäre daher, so führte es weiter aus, die Frist des § 320 Abs. 1 a. a. O. gewahrt worden. Es nahm aber an, die erfolgte Zustellung könne nicht für wirksam erachtet werden, weil der Prozeßbevollmächtigte des Beklagten sich dazu der Vermittelung des Gerichtsschreibers bedient habe, nach § 166 Abs. 2 Satz 2 ZPO. jedoch in Anwaltsprozessen der Gerichstvollzieher durch Vermittelung des Gerichtsschreibers nur in Ansehung von Zustellungen beauftragt werden könne, durch welche eine Notfrist gewahrt werden soll.

Dieser Beschluß ist auf die Beschwerde des Beklagten aufgehoben worden aus folgenden

Gründen:

„Der Zulässigkeit der erhobenen Beschwerde steht § 320 Abs. 4 ZPO. nicht entgegen, da dort eine sachliche Entscheidung vorausgesetzt wird, hier aber aus prozessualen Gründen der Antrag als unzulässig zurückgewiesen wurde. Der in erster Reihe geltend gemachte Beschwerdegrund, daß bei dem Ausbleiben des Gegners nicht von Amts wegen zu prüfen gewesen sei, ob der Antrag rechtzeitig zugestellt war, weil es sich nicht um eine Notfrist handele und danach eine Fristversäumnis nicht von Amts wegen zu berücksichtigen sei, vermag zwar die Beschwerde nicht zu rechtfertigen. Denn wenn auch nur eine nach § 224 (früher 202) Abs. 1 ZPO. der Disposition der Parteien unterstehende gesetzliche Frist vorliegt,

Entscheidung des IV. Zivilsenates vom 23. Januar 1899, Juristische Wochenschrift 1899 S. 92[18],

und demzufolge auch § 295 (früher 267) Abs. 1 ZPO. Anwendung findet, so begründet das einfache Ausbleiben, wie sich aus dem Wortlaute jener Vorschrift und aus anderen Bestimmungen der Zivilprozeßordnung, z. B. § 335 (früher 300) Abs. 1 Ziff. 2, ergibt, nicht die Folge des § 295 Abs. 1 a. a. O., der ein Versäumen der in der mündlichen Verhandlung erschienenen Partei voraussetzt.

Das Oberlandesgericht hatte daher ungeachtet des Ausbleibens des Gegners zu prüfen, ob die Frist des § 320 Abs. 1 a. a. O. durch jene Zustellung gewahrt sei. Allein dessen Annahme, daß die Zustellung vom 19. September unwirksam war, ist nicht gerechtfertigt. Sein Ausgangspunkt ist zwar zutreffend, daß hier keine Zustellung in Frage stand, auf welche § 166 Abs. 2 Satz 2 ZPO. angewendet werden könne. Die weitere Annahme aber, daß die Zustellung zufolge der dennoch erfolgten Vermittelung des Gerichtsschreibers unwirksam sei, ist nicht begründet. Die nach Form und Inhalt dem Gesetze entsprechende Zustellungsurkunde rechtfertigt zunächst die Annahme der Rechtmäßigkeit des Zustellungsaktes, insolange der Gegner denselben nicht beanstandet hat; eine solche Beanstandung ist nicht erhoben. Die Unwirksamkeit der Zustellung könnte danach nur daraus abgeleitet werden, daß dieselbe vom Gerichtsvollzieher ohne gehörigen Auftrag vorgenommen und demzufolge die Vermutung des § 167 (früher 153) Abs. 2 ZPO. zerstört sei, während eine Heilung dieses Mangels durch nachträgliche Genehmigung nicht behauptet wurde. Hier ist aber davon auszugehen, daß der Zustellungsauftrag nicht, wie der Zustellungsakt, ein Formalakt ist, und daß er auch im Anwaltsprozesse nicht dem Anwaltszwang unterliegt.

Beschluß der vereinigten Zivilsenate vom 3. Januar 1887, Entsch. des RG.'s in Zivils. Bd. 17 S. 392.

Der Zustellungsauftrag ist danach im Anwaltsprozesse auch dann gehörig erteilt, wenn der Prozeßbevollmächtigte oder die Partei irgend einem Dritten die zuzustellende Schrift zur Vermittelung des Zustellungsauftrages an einen bestimmten oder von diesem Dritten zu bestimmenden Gerichtsvollzieher übergeben haben, und der Dritte diesen Zustellungsauftrag durch Uebergabe an den ihm benannten Gerichtsvollzieher oder an einen Gerichtsvollzieher vermittelt hat. Vorliegend hätte der Gerichtsschreiber, weil kein Fall des § 166 Abs. 2 Satz 2 ZPO. gegeben war, seine Vermittelung ablehnen können. Hat er aber seine Vermittelung gewährt, sei es, daß er der Meinung war, es liege ein Fall des § 166 Abs. 2 Satz 2 a. a. O. vor, oder daß er von dem Fehlen jener Voraussetzung Kenntnis hatte, und hat er den Zustellungsauftrag an den Gerichtsvollzieher einmal vermittelt, so kann der Umstand allein, daß er diese Vermittelung hätte versagen können und versagen sollen, bei dem Fehlen einer positiven Gesetzesvorschrift nicht zureichen, der tatsächlich vollzogenen Vermittelung auch die Wirkung abzuerkennen, welche die von dem Gerichtsschreiber vorgenommene Handlung gehabt hätte, wenn sie in gleicher Weise von jedem Dritten vorgenommen worden wäre. Der Gerichtsschreiber hat lediglich den Zustellungsauftrag des Prozeßbevollmächtigten an den Gerichtsvollzieher vermittelt; es ist daher die Anwendung der Rechtsgrundsätze ausgeschlossen, wonach eine durch den Gerichtsschreiber von Amts wegen vorgenommene Zustellung deshalb ungültig ist, weil sie auf Betreiben der Partei vorgenommen werden mußte. Der Gerichtsschreiber hat den Zustellungsauftrag an den Gerichtsvollzieher in einem Falle vermittelt, auf den § 166 Abs. 2 ZPO. nicht anwendbar ist; es kommt danach auch nicht in Betracht, daß der Gerichtsschreiber, was dessen rechtliche Beziehungen zu der seine Vermittelung angehenden Partei anlangt, in den Fällen des § 166 Abs. 2 a. a. O. lediglich als Organ der Behörde handelt, und daß zwischen ihm und der Partei, für welche er die Zustellung vermittelt, ein nach den Grundsätzen vom Mandat zu beurteilendes Rechtsverhältnis nicht besteht. Wie endlich die Rechtslage, anlangend die Gültigkeit der Zustellung, sich gestaltet hätte, wenn der Gerichtsschreiber nicht bloß in einer Weise tätig gewesen wäre, wie jeder Dritte bei Vermittelung des Zustellungsauftrages tätig sein konnte, sondern bei dem Zustellungsakte mitgewirkt, z. B. die Post mit der Zustellung beauftragt hätte, bedarf nicht der Entscheidung.

Danach war der angefochtene Beschluß auf die Beschwerde aufzuheben. Ueber den Antrag auf Berichtigung des Tatbestandes dürfen sachlich nur diejenigen Richter entscheiden, die bei dem Urteil mitgewirkt haben (§ 320 Abs. 3 ZPO.); daher war die Sache zur materiellen Entscheidung an das Oberlandesgericht zurückzuverweisen.

RGZ. 52, 367

Ist die Zustellung eines Urteils, bei der vom Gerichtsvollzieher als Auftraggeber eine andere Person als die Partei oder ihr im Urteil benannter Prozeßbevollmächtigter angegeben wird, geeignet, den Beginn des Laufes der Notfrist zu bewirken?

VI. Zivilsenat. Beschl. v. 27. Oktober 1902.

I. Landgericht I Berlin. II. Kammergericht daselbst.

Der Beschwerdeführer hatte bei seiner Vernehmung als Zeuge und Sachverständiger die Aussage verweigert. Seine Weigerung wurde vom Landgericht durch Zwischenurteil vom 5. November 1901 für unberechtigt erklärt. Dieses Urteil, in dem als Prozeßbevollmächtigter der Klägerin der Rechtsanwalt S. in B., als der des Beklagten der Rechtsanwalt H. in B. angegeben war, wurde nach dem Vermerk des Gerichtsvollziehers auf der zugestellten beglaubigten Abschrift im Auftrage des Rechtsanwalts M. in B. am 10. April 1902 dem Beschwerdeführer zugestellt. Eine von diesem am 6. September 1902 eingelegte Beschwerde gegen das Urteil wurde durch Beschluß des Kammergerichts wegen Versäumung der Notfrist als unzulässig verworfen. Gegen diesen Beschluß wurde weitere Beschwerde eingelegt, die auch für begründet erachtet worden ist.

Gründe:

... Der Beschwerdeführer hat schon in der Vorinstanz bestritten, daß das Zwischenurteil vom 5. November 1901 ihm rechtswirksam zugestellt sei; denn da der Rechtsanwalt M. im Urteile nicht als Prozeßbevollmächtigter einer Parteien bezeichnet sei, so sei nicht ersichtlich, für wen zugestellt sei. Das Kammergericht hat diesen Einwand zurückgewiesen, weil gerichtskundig sei, daß der Rechtsanwalt M. mit dem Justizrat S. assoziiert sei, wie er denn auch in diesem Prozesse wiederholt für letzteren tätig gewesen sei. Darum sei er auch berechtigt gewesen, für seinen Gesellschafter die Zustellung an den Beschwerdeführer bewirken zu lassen, und es unterliege keinem Zweifel, daß diese Zustellung für die Klägerin erfolgt sei. Diese Ausführung geht jedoch fehl, weil nichts dafür vorliegt, daß der Beschwerdeführer von dem Gesellschaftsverhältnis zwischen dem Rechtsanwalt S. und dem Rechtsanwalt M. und dem Auftreten des letzteren in dem Prozesse Kenntnis gehabt hat. Ihm hat nur die beglaubigte Abschrift der Zustellungsurkunde vorgelegen, die er vom Gerichtsvollzieher erhielt, und in der gemäß § 191 Ziff. 2 ZPO. die Person bezeichnet war, für welche zugestellt werden sollte. Nach dieser Angabe allein konnte er beurteilen, ob die Zustellung von einem dazu befugten Auftraggeber ausging, oder nicht. Da er nun die von unbefugter Seite ausgehende Zustellung nicht zu beachten brauchte,

vgl. Entsch. des RG.'s in Zivils. Bd. 17 S. 414,

so war die vom Rechtsanwalt M. im eigenen Namen bewirkte Zustellung nicht geeignet, für den Empfänger die Rechtsmittelfrist in Lauf zu setzen. Dafür fehlte es an einer für ihn wirksamen Zustellung des Urteils.

Der angefochtene Beschluß war hiernach aufzuheben. . . .

RGZ. 63, 82

Verfahren bei der öffentlichen Zustellung eines Versäumnisurteils, wenn die Notwendigkeit der öffentlichen Zustellung sich erst nach Erlaß des Urteils herausstellt.

ZPO. § 339 Abs. 2.

V. Zivilsenat. Urt. v. 21. März 1906.

I. Landgericht Potsdam. II. Kammergericht Berlin.

Auf Antrag des Klägers wurde der Beklagte durch Versäumnisurteil zur Zahlung von 15 187,50 M. verurteilt. Da der Beklagte inzwischen unbekannt verzogen war, wurde dem Kläger auf seinen Antrag „für das Urteil und weiter notwendig werdende Schriftstücke" die öffentliche Zustellung bewilligt: Darauf wurde beglaubigte Abschrift des Versäumnisurteils vom 20. Juni 1904 behufs öffentlicher Zustellung an den Beklagten an die Gerichtstafel geheftet und am 5. Juli 1904 wieder abgenommen. Auf Antrag des Klägers wurde durch Beschluß vom 27. Juli 1904 die Einspruchsfrist auf zwei Wochen festgesetzt. Dieser Beschluß, der dem Kläger zugestellt wurde, hing vom 4.—19. August 1904 an der Gerichtstafel aus. Ein besonderer Antrag des Klägers auf Bewirkung des Aushangs lag nicht vor. Nachdem später die Wohnung des Beklagten bekanntgeworden war, ließ der Kläger ihm das Urteil am 21. Dezember 1904 zustellen. Am 4. Januar 1905 legte der Beklagte Einspruch ein. Vom Landgericht wurde der Einspruch als unzulässig verworfen, da das öffentlich zugestellte Versäumnisurteil zur Zeit der Einlegung des Einspruchs bereits rechtskräftig gewesen sei. Die Berufung des Beklagten wurde durch Versäumnisurteil zurückgewiesen. Dieses Urteil wurde auf eingelegten Einspruch aufrechterhalten.

Die Revision des Beklagten wurde zurückgewiesen, aus folgenden

Gründen:

„Entgegen der Ansicht des Berufungsrichters vertritt die Revision die Meinung, daß die öffentliche Zustellung immer nur für einen einzelnen Akt bewilligt werden könne, so daß die vom Landgericht erteilte Bewilligung „für weiter notwendig werdende Schriftstücke" unzulässig gewesen sei, daß der Beschluß, durch den die Einspruchsfrist festgesetzt worden ist, dem Beklagten nicht von Amts wegen, sondern nur auf Antrag des Klägers habe öffentlich zugestellt werden können, und daß die öffentliche Zustellung des Versäumnisurteils wirkungslos sei, weil damals eine Einspruchsfrist noch nicht bestimmt gewesen sei. Die Revision gründet ihre

Meinung auf die §§ 203 bis 207, 339 ZPO., die nach ihrer Ansicht verletzt sind. Die Angriffe der Revision erweisen sich jedoch teils als unerheblich, teils als unbegründet. Unerheblich, wenn auch an sich berechtigt, ist die Rüge, daß das Landgericht die öffentliche Zustellung nicht „für weiter notwendig werdende Schriftstücke" habe bewilligen dürfen. Die öffentliche Zustellung kann immer nur für einen schon den Gegenstand eines Antrags bildenden Fall, nicht für mögliche künftige Fälle bewilligt werden. Das folgt ohne weiteres daraus, daß die Voraussetzungen der öffentlichen Zustellung zu der Zeit vorhanden sein müssen, wo der einzelne Zustellungsakt beantragt wird. Im vorliegenden Falle aber ist jener im Beschlusse des Landgerichts enthaltene Zusatz unschädlich und daher unerheblich, weil in Wirklichkeit, wie aus den folgenden Ausführungen erhellt, nur eine einzige Zustellungshandlung in Frage steht, die sich freilich infolge nicht ganz ordnungsmäßigen Verfahrens in zwei Akten abgespielt hat.

Die Zivilprozeßordnung geht im § 339 Abs. 2 davon aus, daß die Notwendigkeit der öffentlichen Zustellung eines Versäumnisurteils bereits bei der Fällung des Urteils vorliegt, und ordnet an, daß das Gericht die Einspruchsfrist im Urteile zu bestimmen hat. Ist dies geschehen, dann bildet die Bestimmung einen Bestandteil des Versäumnisurteils. Ist es übersehen, oder ergibt sich die Notwendigkeit der öffentlichen Zustellung, wie im vorliegenden Falle, erst nach Erlaß des Urteils, so hat das Gericht die Einspruchsfrist nachträglich durch besonderen Beschluß, der ohne vorgängige mündliche Verhandlung erlassen werden kann, zu bestimmen. Der Beschluß stellt sich als eine Ergänzung des Versäumnisurteils dar, und zwar, wie sich aus dem Wortlaute des Gesetzes ergibt, als eine von Amts wegen vorzunehmende Ergänzung. Ein Versäumnisurteil, das weder die Einspruchsfrist enthält, noch auf die bezeichnete Art ergänzt worden ist, ist kein Urteil, dessen öffentliche Zustellung für sich allein bewilligt werden könnte. Bewilligt das Gericht für ein solchse Urteil die öffentliche Zustellung, so ist damit von selbst auch die öffentliche Zustellung des eine notwendige Ergänzung des Urteils bildenden Beschlusses bewilligt, durch den die Einspruchsfrist bestimmt wird. Ordnungsmäßig ist dieser Beschluß mit dem Beschlusse zu verbinden, durch den die öffentliche Zustellung bewilligt wird. Wird das übersehen, und der Beschluß über die Bestimmung der Einspruchsfrist erst später erlassen, so bedarf es nicht noch einer besonderen Bewilligung der öffentlichen Zustellung dieses Beschlusses; denn die erste Bewilligung umfaßt alles, was zur Zustellung des Versäumnisurteils nötig ist. Es handelt sich um die Bewilligung nur e i n e s öffentlichen Zustellungsaktes, nicht um künftig notwendig werdende öffentliche Zustellungen, also nicht um einen Fall, an den das Landgericht mit dem Zusatze „und weiter notwendig werdende Schriftstücke" gedacht haben mag.

Wie die Bewilligung, so umfaßt auch der Antrag auf Bewilligung der öffentlichen Zustellung alles zu dem betreffenden Zustellungsakte Erforderliche, mithin auch das Ersuchen um gleichzeitigen Erlaß des Beschlusses über die Bestimmung der Einspruchsfrist, der mitzuzustellen ist. Daher ist die Rüge der Revision, daß die öffentliche Zustellung dieses Beschlusses, wenn er erst nach dem ersten Bewilligungsbeschlusse gefaßt ist, nur auf besonderen Antrag der Partei bewilligt werden dürfe, verfehlt. Die Revision rügt aber ferner, daß der dem Kläger zugestellte Beschluß über Bestimmung der Einspruchsfrist ohne weiteren Antrag an die Gerichtstafel geheftet worden ist, während die Zustellung Sache des Parteibetriebs sei. Auch diese Rüge ist unbegründet. Darüber, ob der Beschluß über die Einspruchsfrist beiden Parteien, oder nur der Partei, die ein Versäumnisurteil zugestellt haben will, von Amts wegen zuzustellen ist, herrscht in der Literatur Streit. Es braucht aber zu dieser Frage nicht Stellung genommen zu werden; denn bei der öffentlichen Zustellung von Schriftstücken, die keine Ladung enthalten, beschränkt sich der Parteibetrieb auf den Antrag, das Schriftstück öffentlich zuzustellen, d. h. es an die Gerichtstafel anzuheften (ZPO. § 204). Dieser Mitwirkung hat sich im vorliegenden Falle der Kläger unterzogen, da er den Antrag auf öffentliche Zustellung des Versäumnisurteils und damit — nach den obigen Ausführungen — auch des Beschlusses über die Einspruchsfrist gestellt hat.

Endlich leitet die Revision noch daraus Bedenken her, daß das Versäumnisurteil und der nachträglich gefaßte Beschluß nicht gleichzeitig an der Gerichtstafel ausgehangen haben. Aber auch diese Bedenken können nicht für begründet erachtet werden. Das Versäumnisurteil war, nachdem es die gesetzlich vorgeschriebene Zeit hindurch ausgehangen hatte, dem Beklagten zugestellt. Freilich hatte diese Zustellung wegen des Mangels der Bestimmung einer Einspruchsfrist nicht die Wirkung der Inlaufsetzung einer Einspruchsfrist. Dieser Mangel ist aber dadurch geheilt, daß auch der Beschluß über die Bestimmung der Einspruchsfrist die vorgeschriebene Zeit hindurch an der Gerichtstafel ausgehangen hat, zumal da in diesem Beschlusse das Versäumnisurteil genau bezeichnet war. Nunmehr waren sowohl das Versäumnisurteil als auch der Beschluß dem Beklagten zugestellt, und mit der Zustellung des Beschlusses begann die Einspruchsfrist. Die nochmalige Anheftung auch des Versäumnisurteils würde keinen ersichtlichen Zweck gehabt haben. Der formalistische Standpunkt, auf dem die Revision steht, würde nur dann berechtigt sein, wenn das Gesetz den gleichzeitigen Aushang angeordnet hätte, was aber nicht der Fall ist." . . .

RGZ. 63, 413

Hat die in § 207 Abs. 2 ZPO. für die Zustellung des beim Gerichtsschreiber eingereichten Schriftsatzes bestimmte zweiwöchige Frist die Natur einer Notfrist, welche durch die Gerichtsferien nicht gehemmt wird?

III. Zivilsenat. Urt. v. 22. Juni 1906.

I. Landgericht Neiße. II. Oberlandesgericht Breslau.

Nachdem das zuungunsten des Klägers ergangene landgerichtliche Urteil am 28. Juni 1905 zugestellt worden war, hat der Kläger den die Berufungseinlegung enthaltenden Schriftsatz am 22. Juli 1905 bei der Gerichtsschreiberei des Oberlandesgerichts behufs Herbeiführung der Terminsbestimmung eingereicht, diesen Schriftsatz aber erst am 19. und sodann nochmals am 21. September 1905 den Beklagten zustellen lassen.

Von seiten der letzteren ist darauf die Rechtsgültigkeit der Berufung beanstandet, und dieselbe vom Oberlandesgericht als unzulässig verworfen. Diese Entscheidung wurde vom Reichsgericht aufrechterhalten, aus folgenden

Gründen:

„Mit dem Oberlandesgericht ist die Berufungsfrist als versäumt anzusehen, wenn die zweiwöchige Frist des § 207 Abs. 2 ZPO. innerhalb deren nach Einreichung des Rechtsmittelschriftsatzes dessen Zustellung zu erfolgen hat, als eine Frist anzusehen ist, die nach § 223 Abs. 2 ZPO. durch die Gerichtsferien nicht gehemmt wird. Mit Recht hat der genannte Gerichtshof dies angenommen. Es ist demselben darin beizutreten, daß schon nach der Fassung des angeführten § 207 die erwähnte Frist nicht als eine selbständige, neben der Notfrist hergehende Frist, sondern, wie auch bereits der IV. Zivilsenat des Reichsgerichts ausgesprochen hat (vgl. Gruchot, Beiträge Bd. 45 S. 1101), als eine Verlängerung oder Erweiterung der Notfrist zu gelten hat, welche zu dem Zwecke eingeführt ist, den das Rechtsmittel Einlegenden gegen eine, auf etwaiger Verzögerung der Zustellung beruhende Versäumnis der Notfrist möglichst zu schützen. Wie ferner vom Berufungsgericht bemerkt worden ist, spricht für diese Auffassung auch der Umstand, daß bei der Beratung der Kommission für die Prozeßnovelle vom 17. Mai 1898 (Prot. S. 76) die aus der Mitte dieser Kommission beantragte ausdrückliche Bezeichnung der zweiwöchigen Frist als Notfrist ohne Widerspruch der an der Beratung Teilnehmenden von seiten eines Regierungsvertreters als überflüssig bezeichnet wurde, „da es sich hier nur um Notfristen handle". Zutreffend hat endlich das Berufungsgericht erwogen, daß, wenn man die zweiwöchige Frist nicht als Notfrist gelten lassen wollte, die Parteien die Rechtsmittelfrist im Wege der Vereinbarung ins Ungewisse würden verlängern können, was dem Wesen einer solchen, im öffentlichen Interesse eingeführten Rechtsmittelfrist widersprechen würde. Die letztere Unzuträglichkeit würde auch eintreten, wenn die gedachte Frist, wie eine gesetzliche, nach § 223 Abs. 1 ZPO. der hemmenden Einwirkung der Gerichtsferien ausgesetzt wäre.

Die Revision macht dem Berufungsurteil Verletzung des § 223 Abs. 3 ZPO. zum Vorwurf, wonach Notfristen nur diejenigen Fristen sind, welche in der Zivilprozeßordnung ausdrücklich als solche bezeichnet werden, eine Voraussetzung, die hier nicht zutreffe. Allein wenn, wie ausgeführt, die in Frage stehende zweiwöchige Frist nur als eine Erweiterung der Notfrist zu gelten hat, bedurfte es nicht noch einer ausdrücklichen Bezeichnung als solche; vielmehr unterliegt auch ohne letztere die fragliche Frist den gleichen Vorschriften, wie die betreffende Notfrist.

Vgl. hierzu K u t t n e r, in der Zeitschrift für deutschen Zivilprozeß Bd. 32 S. 261.

Die Revision beruft sich ferner auf den Kommentar von G a u p p - S t e i n, 7. Aufl., wo zu § 207 ausgeführt sei, daß die dort bestimmte Frist keine Notfrist sei, und durch die Gerichtsferien nicht gehemmt werde. Allein in der jetzt im Erscheinen begriffenen Auflage 8/9 dieses Kommentars Bd. 1 § 207 Bem. V ist diese in den früheren Auflagen enthaltene Ansicht dahin berichtigt worden, daß die fragliche Frist, wenn auch keine selbständige Notfrist, doch eine Erweiterung der ursprünglichen Notfrist sei und demgemäß weder durch die Gerichtsferien noch durch die Vereinbarung der Parteien berührt werde. In diesem letzteren Punkte hat sich auch der im übrigen abweichende Kommentar von P e t e r s e n und A n g e r in seiner f ü n f t e n Auflage Bd. 1 § 207 Bem. 4 zustimmend geäußert.

Ist nach obigem die mehrerwähnte Frist als eine Erweiterung der Notfrist anzusehen, dann war sie im vorliegenden Falle, ungehemmt durch die Gerichtsferien, zwei Wochen nach der am 22. Juli 1905 erfolgten Einreichung des Berufungsschriftsatzes bei der Gerichtsschreiberei, also mit dem 5. August, abgelaufen; die erst am 19. und 21. September bewirkte Zustellung ist mithin verspätet, und die zweitinstanzlich ausgesprochene Verwerfung des Rechtsmittels gerechtfertigt."

RGZ. 64, 44

1. Bedarf es, wenn die öffentliche Zustellung der Klage bewilligt ist, zur öffentlichen Zustellung des demnächst gegen den Beklagten ergehenden Versäumnisurteils eines erneuten Gerichtsbeschlusses?

2. Kann ein Gerichtsbeschluß s t i l l s c h w e i g e n d erlassen werden?

ZPO. §§ 204, 329.

V. Z i v i l s e n a t. Urt. v. 11. Juli 1906.

I. Landgericht Breslau. II. Oberlandesgericht daselbst.

Gegen den Beklagten, der zu dem auf die Klage anberaumten Verhandlungstermin mittels öffentlicher Zustellung geladen war, erging, da er in dem Termine nicht erschien, auf Antrag des Klägers Versäumnisurteil. In dem letzteren wurde zugleich gemäß § 339 Abs. 2 ZPO. die (im vorliegenden Falle auf 4 Wochen bemessene) Einspruchsfrist festgesetzt. Demnächst beantragte Kläger, ihm auch für das Urteil die öffentliche Zustellung zu bewilligen. Auf Grund dieses Antrages veranlaßte, ohne daß über ihn ein Gerichtsbeschluß erging, der Gerichtsschreiber selbständig den öffentlichen zweiwöchigen Aushang einer beglaubigten Abschrift des Urteils. Nach Ablauf der Einspruchsfrist legte Beklagter Einspruch ein unter gleichzeitiger, auf § 233 Abs. 2 ZPO. gestützter Nachsuchung der Wiedereinsetzung in den vorigen Stand gegen die Fristversäumnis. Das Prozeßgericht gab dem Wiedereinsetzungsantrage statt und erkannte unter Aufhebung des Versäumnisurteils in der Sache zugunsten des Beklagten. Die Berufung des Klägers wurde, nachdem durch Zwischenurteil der erstinstanzliche Einspruch des Beklagten für zulässig erklärt worden war, aus sachlichen Gründen zurückgewiesen. Auch die vom Kläger noch eingelegte, insbesondere gegen das Zwischenurteil des Berufungsgerichts gerichtete Revision blieb ohne Erfolg.

Aus den Gründen:

„Der Berufungsrichter begründet die in seinem Zwischenurteil getroffene Entscheidung aus einem zwiefachen Gesichtspunkt. Einmal sei das Versäumnisurteil nicht ordnungsmäßig zugestellt und daher in Rechtskraft nicht übergegangen. Denn zur Wirksamkeit der öffentlichen Zustellung sei ein besonderer, diese Zustellungsform bewilligender Gerichtsbeschluß notwendig gewesen, und ein solcher sei nicht erlassen. Sodann sei glaubhaft gemacht, daß der Beklagte von der Zustellung des Versäumnisurteils ohne sein Verschulden erst nach Ablauf der Einspruchsfrist Kenntnis erlangt habe; es lägen also jedenfalls die Voraussetzungen für eine Wiedereinsetzung in den vorigen Stand nach § 233 Abs. 2 ZPO. vor. Ob die gegen den letzteren Entscheidungsgrund erhobenen Revisionsangriffe begründet sind, kann dahingestellt bleiben, da schon der an erster Stelle angeführte Grund ausreicht, die angefochtene Entscheidung zu tragen. Er wird von der Revision mit Unrecht als rechtsirrig bekämpft.

Die Revision ist der Meinung, es habe eines ausdrücklichen Gerichtsbeschlusses, der die öffentliche Zustellung des Versäumnisurteils bewilligte, nicht bedurft. Vielmehr sei die Bewilligung, für die das Gesetz irgendeine Form nicht vorschreibe, schon dadurch erfolgt, daß das Gericht bei Erlaß des Versäumnisurteils die Einspruchsfrist gemäß § 339 Abs. 2 ZPO. festgesetzt habe. Diese Fristbestimmung habe zur notwendigen Voraussetzung gehabt, daß das Versäumnisurteil öffentlich zugestellt werde; sie sei daher nicht bloß vorbereitende Maßregel für die künftige Bewilligung der öffentlichen Zustellung, sondern der Bewilligungsakt selbst gewesen. Eventuell müsse die unter Beweis gestellte Tatsache genügen, daß das Gesuch des Klägers um Bewilligung der öffentlichen Zustellung dem Gerichte vorgelegen habe. Daraus in Verbindung mit dem von dem Gerichtsschreiber demnächst tatsächlich bewirkten

Aushang des Urteils folge ohne weiteres, daß das Gericht den Aushang mindestens stillschweigend bewilligt habe, was zur Wirksamkeit der Bewilligung genüge und einen förmlichen Gerichtsbeschluß ersetze. Diesen Ausführungen konnte indessen nicht beigetreten werden. Ohne jede Bedeutung für die zu entscheidende Frage ist zunächst die Vorschrift des § 339 Abs. 2 ZPO. Sie gilt nicht bloß dann, wenn das Versäumnisurteil öffentlich zuzustellen ist, sondern auch für die Zustellung, die im Auslande zu erfolgen hat. Die letztere Zustellungsart aber bedarf keiner besonderen Bewilligung des Gerichts, sondern ist gemäß §§ 199, 202 Abs. 1 ZPO. durch den Vorsitzenden herbeizuführen. Danach erscheint es ausgeschlossen, die Fristbestimmung in dem einen Falle auf die ihr nach ihrem Inhalt zukommende Bedeutung zu beschränken, in dem anderen Falle in ihr den Ausdruck eines weiterreichenden richterlichen Willens zu finden. Auch die fernere Annahme der Revision, daß ein Gerichtsbeschluß stillschweigend, gewissermaßen durch konkludente Handlungen erlassen werden könne, hat keinen Anhalt im Gesetz. Letzteres kennt, wie sich aus § 329 Abss. 2, 3 ZPO. ergibt, nur zwei Arten der Bekanntmachung solcher gerichtlicher Entscheidungen, die nicht Urteilscharakter haben: die mündliche Verkündung, die in allen Fällen erfolgen muß, in denen der Beschluß auf Grund einer mündlichen Verhandlung ergeht, und die schriftliche Zustellung von Amts wegen. Diese greift überall Platz, wo keine Verkündung des Beschlusses stattgefunden hat. Formlose mündliche Mitteilung als Mittel, eine gerichtliche Entscheidung in Wirksamkeit zu setzen, ist der Zivilprozeßordnung fremd. Endlich ist es auch nicht angängig, die Entbehrlichkeit eines die öffentliche Zustellung des Versäumnisurteils bewilligenden Gerichtsbeschlusses daraus herzuleiten, daß das Gericht für die Klage die fragliche Bewilligung erteilt habe, und die Wirksamkeit dieser Bewilligung sich auf das demnächst ergehende Versäumnisurteil ohne weiteres miterstreckte. Denn wie der erkennende Senat bereits in dem zur Aufnahme in die amtliche Sammlung[1]) bestimmten Urteil vom 21. März 1906, Rep. V. 541/05, — inzwischen schon abgedruckt in der Jurist. Wochenschr. S. 312 Nr. 19 — ausgesprochen hat, kann die öffentliche Zustellung immer nur für einen schon den Gegenstand eines Antrags bildenden Fall, nicht aber im voraus für mögliche künftige Fälle bewilligt werden; es muß jedesmal, wenn der einzelne Zustellungsakt beantragt wird, geprüft werden, ob in diesem Zeitpunkte die Voraussetzungen für die öffentliche Zustellung, die früher als gegeben angenommen worden waren, noch fortdauern. Im vorliegenden Falle hat denn auch der Kläger das ihm für die Klage bewilligte Gesuch erneuert, als es sich später um die Zustellung des Versäumnisurteils handelte. Ueber dieses neue Gesuch hätte daher besondere Entscheidung ergehen müssen." . . .

RGZ. 70, 291

Erfordert die Anwendung des § 207 Abs. 1 ZPO., daß die Zustellung auf Grund des Gesuches erfolgt ist, oder genügt es, daß sie irgendwie erfolgt, während das Gesuch noch in der Schwebe ist? Ist die Zeit der Ueberreichung des ersten Gesuches maßgebend, wenn dieses ohne Verschulden des Zustellenden wegen Ablaufes der Ladungsfrist nicht erledigt werden kann, und ein weiteres Gesuch mit neuer Ladung erforderlich wird?

I. Zivilsenat. Urt. v. 17. Februar 1909.

I. Landgericht I Berlin, Kammer für Handelssachen. II. Kammergericht daselbst.

Die Klage gegen den ersten Beklagten, der bei der deutschen Botschaft in Konstantinopel angestellt war, stützte sich auf einen von ihm ausgestellten und im Domizile Berlin am 8. März 1907 protestierten Wechsel. Sie wurde in zweiter Instanz wegen Verjährung abgewiesen. In dieser Hinsicht kam folgendes in Betracht.

Am 17. Mai 1907 hatte der Kläger die Klageschrift dem Landgerichte mit dem Gesuche überreicht, die Zustellung an den ersten Beklagten gemäß §§ 200, 202 ZPO. zu bewirken. Es wurde Verhandlungstermin auf den 26. Juni 1907 anberaumt, und der Reichskanzler um Zustellung ersucht. Nach Mitteilung des Justizministers vom 21. Juni konnte aber die Zustellung bis dahin nicht bewirkt werden, weil der Beklagte bis zum 24. Juni beurlaubt war. Der Kläger reichte darauf am 27. Juni eine neue Ladung mit dem Gesuche um Zustellung ein, worauf Verhandlungstermin auf den 8. August anberaumt wurde. Die Zustellung hat aber nach Mitteilung des Justizministers vom 1. August bis dahin wiederum nicht bewirkt werden können, weil der Beklagte einen Nachurlaub auf unbestimmte Zeit erhalten habe, und deshalb die Einlassungsfrist nicht habe gewahrt werden können. Inzwischen hatte der Rechtsanwalt W. durch Schriftsatz vom 20. Juli angezeigt, daß er den Beklagten, der von der Einreichung der Klage erfahren habe, vertrete. Daraufhin erfolgte laut Zustellungserklärung des klägerischen Anwaltes vom 23. Juli und Empfangsbekenntnis des Anwaltes W. — der sich demnächst auch durch beglaubigte Vollmacht legitimierte — vom 24. Juli die Zustellung der Klageschrift nebst Ladung auf den 8. August von Anwalt zu Anwalt. Die Parteien waren über die Ordnungsmäßigkeit dieser Zustellung einverstanden. Am 8. August wurde unter den Anwälten streitig verhandelt, und es erging ein Gerichtsbeschluß, wonach der Beklagte sich über die Echtheit seiner Unterschrift zu erklären habe, und ihm der Wechsel zu diesem Zwecke vorzulegen sei. Nachdem dieser Beschluß erledigt war, wurde von Amts wegen neuer Termin auf den 19. Oktober anberaumt. Durch Schriftsatz vom 14. Oktober kündigte der Beklagte nunmehr die Verjährungseinrede an, weil die Klage später als drei Monate nach Protesterhebung zugestellt sei, und der Kläger von der Zustellungsart gemäß §§ 199 flg. ZPO. Abstand genommen habe, somit § 207 ZPO. nicht Platz greife. Am 19. Oktober wurde in der Sache nicht verhandelt, weil beiderseits eine beglaubigte Vollmacht verlangt wurde. Am 25. Oktober beantragte der Kläger, das Zustellungsverfahren fortzusetzen. Auf eine Zwischenverfügung reichte er am 12. November eine neue Ladung ein, wonach der Beklagte „von neuem zu Händen seines Prozeßbevollmächtigten" geladen wurde. Diese Ladung, auf der Verhandlungstermin zum 21. Dezember mit zweiwöchiger Einlassungsfrist angesetzt war, wurde dem Beklagten laut Bescheinigung des Reichskanzlers am 11. Dezember in Berlin persönlich zugestellt, nachdem laut Mitteilung des Justizministers eine Zustellung in Konstantinopel wegen Abreise des Beklagten nach Dresden erfolglos versucht worden war. Der Beklagte beanstandete die Zustellung vom 11. Dezember wegen Verstoßes gegen § 176 ZPO. als formwidrig.

Auf die Revision des Klägers wurde das Berufungsurteil aufgehoben aus folgenden

Gründen:

„Es ist fehlsam, die Worte „auf ein Gesuch" in § 207 ZPO. mit dem Berufungsgerichte dahin auszulegen, daß nur eine solche Zustellung die Wirkungen des § 207 auslöst, welche „auf Grund des Gesuches", also mittels Ersuchens anderer Behörden usw., bewirkt wird. Es mag sein, daß der Wortsinn der Bestimmung mehr für die Auslegung des Kammergerichts spricht. Die Bestimmungen der Zivilprozeßordnung sind aber im großen und ganzen technische Zweckmäßigkeitsvorschriften, darauf berechnet, den Rechtsstreit in angemessener Weise zu erledigen und dem materiellen Rechte, soweit möglich, zum Siege zu verhelfen. Bei ihrer Auslegung darf daher nicht am Wortlaute gehaftet werden, sondern es ist der gesetzgeberischen Idee nachzugehen. Diese besteht beim § 207 darin, daß bei den in Frage stehenden Zustellungen, besonders wenn sie im Auslande vorzunehmen sind, mannigfache Schwierigkeiten entstehen können, die die Erledigung der Zustellung ohne jedes Verschulden des Zustellenden, vielmehr wegen der in der Person des Gegners liegenden Verhältnisse außerordentlich verzögern, und daß es daher nicht gerechtfertigt wäre, den Zustellenden deswegen Schaden leiden zu lassen. Deswegen soll die Zustellung, wenn sie auf das Gesuch demnächst bewirkt wird, in gewissen Beziehungen, insbesondere bezüglich der Unterbrechung der Verjährung, auf die Einreichung des Gesuches zurückbezogen werden. Es mag sein, daß der Verfasser des Gesetzes hierbei nur mit solchen Fällen gerechnet hat, wo sich die nachgesuchte Zustellung, wenn auch mit Schwierigkeiten und unter großer Verzögerung, doch schließlich bewerkstelligen läßt, und daß er in diesem Zusammenhange nicht daran gedacht hat, daß das Gesuch, obwohl seine Voraussetzungen bei der Einreichung vorlagen, wegen veränderter Umstände nachträglich vielleicht gar nicht zu erledigen ist. Hier greift unter der Voraussetzung, daß die Zustellung trotz der veränderten Umstände noch im Auslande zu bewirken ist, § 203 Abs. 2 ein, welcher alsdann einen Ersatz durch öffentliche Zustellung zuläßt. Diese bedarf aber nach § 204 eines besonderen Gesuches und der Bewilligung durch das Prozeßgericht, und man wird daher nicht sagen können, daß die demnächst erfolgende öffentliche Zustellung „auf Grund" des vorhergehenden, die Zustellung im Auslande beantragenden Gesuches bewirkt ist. Nichtsdestoweniger kann es keinem Zweifel unterliegen, daß nach der gesetzgeberischen Idee auch in diesem Falle die erfolgte öffentliche Zustellung auf den Tag der Einreichung des ersten Gesuches zurückbezogen werden muß.

So auch Petersen-Remelé-Anger ZPO. § 207 Note 2 und 3. Anderer Ansicht Gaupp-Stein, ZPO. Bem. II a. E. zu § 207.

Wird man in einem solchen Falle der Auslegung des Berufungsgerichts nicht folgen können, daß die Zustellung „auf Grund" eines Gesuches nach § 199 bewirkt sein muß, um den § 207 anzuwenden, so kann die Sache nicht anders beurteilt werden, wenn sich weder eine Zustellung im Auslande infolge veränderter Umstände als möglich erweist, noch auch die Voraussetzungen der öffentlichen Zustellung gegeben sind, etwa weil der Insinuat einen bekannten Aufenthalt im Inlande genommen hat; er würde sonst nicht selten in der Lage sein, durch Aufenthaltswechsel im Auslande die Zustellung bis zum Ablaufe der Frist zu vereiteln und dann durch Niederlassung im Inlande die Rückbeziehung auf die Einreichung des Gesuches auszuschließen. Da dies unmöglich dem Gesetze entsprechen kann, ist anzunehmen, daß in derartigen Fällen auch die regelmäßige, im Inlande vorgenommene Zustellung auf den Tag der Einreichung des Gesuches im Sinne des § 207 zurückzubeziehen ist. Die Worte „auf das Gesuch" sind daher dahin auszulegen, daß es genügt, daß vor Erledigung des Gesuches irgendeine rechtsgültige Zustellung erfolgt. Hierfür spricht auch, daß es widersinnig wäre, den Zustellenden zu zwingen, wenn sich vor Erledigung seines Gesuches die Gelegenheit zu einer anderweiten rechtsgültigen Zustellung bietet, hierauf zu verzichten und die vielleicht gar nicht in naher Aussicht stehende Erledigung seines Gesuches abzuwarten, weil ihm sonst die Vorteile des § 207 entgehen würden. Mit einer derartigen Auslegung des Gesetzes würde der Absicht der Verjährungsvorschriften entgegengetreten, und es könnten damit auch erhebliche Nachteile für den Gegner verbunden sein. Wird dem Kläger die Unterbrechung der Verjährung gewährleistet, wenn eine erst später zu bewerkstelligende Zustellung auf Grund des Gesuches erfolgt, so muß dies um so mehr der Fall sein, wenn es ihm gelingt, eine anderweite ordnungsmäßige Zustellung noch früher zu bewirken, als es durch die Erledigung des Gesuches möglich wäre. Die Worte „auf das Gesuch" sind also dahin auszulegen, daß jede ordnungsmäßige Zustellung, welche, sei es infolge des Gesuches, sei es während das Gesuch in der Schwebe, d. h. noch unerledigt und nicht zurückgenommen oder sonst fallen gelassen ist, erfolgt, auf die Einreichung des Gesuches zurückbezogen wird. In ähnlicher Weise ist auch § 207 Abs. 2 ZPO. vom Reichsgericht ausgelegt worden (Entsch. in Zivils. Bd. 46 S. 390).

Für den vorliegenden Fall folgt daraus, daß die anerkannt ordnungsmäßige Zustellung unter den Anwälten vom 23./24. Juli 1907 auf den 17. Mai als den Tag des Gesuches um Zustellung nach §§ 200, 202 ZPO. zurückzubeziehen, und somit die dreimonatige Wechselverjährung rechtzeitig unterbrochen ist. Daß dieses Gesuch nicht deswegen außer Betracht zu bleiben hat, weil das erste Ersuchungsschreiben des Gerichts nach Mitteilung des Justizministers vom 21. Juni nicht rechtzeitig erledigt werden konnte, und daher eine neue Ladung mit neuem Ersuchungsschreiben erforderlich wurde, nimmt auch das Berufungsgericht mit Recht im Anschluß an ältere oberlandesgerichtliche Entscheidungen an. Das erste Gesuch um Zustellung der Klage wurde in dem zweiten Gesuche vom 27. Juni um Zustellung der neuen Ladung lediglich aufrechterhalten und ergänzt. Das erste Gesuch war also noch unerledigt und in der Schwebe, als sich durch das Auftreten des gegnerischen Anwaltes die Gelegenheit zu einer ordnungsmäßigen Zustellung im Inlande bot. Dies genügt zur Erfüllung der Voraussetzungen des § 207.

Die Zustellung vom 11. Dezember 1907 ist allerdings wegen Verstoßes gegen § 176 ZPO. ungültig; sie hätte auch nicht auf den 17. Mai 1907 zurückbezogen werden können, weil der Kläger inzwischen nach der nicht zu beanstandenden Feststellung des Berufungsgerichts auf die Erledigung des an diesem Tage gestellten Gesuches verzichtet hatte. Indessen bedurfte es dieser Zustellung nicht mehr, um die Verjährung zu unterbrechen. Vgl. Bd. 46 S. 390. . . .

RGZ. 79, 216

Tritt die Partei zu den Beamten der Verteilungsstelle für Gerichtsvollzieheraufträge, deren Vermittelung sie in Anspruch nimmt, in ein Vertragsverhältnis?

Preuß. Gerichtsvollzieherordnung vom 31. März 1900
(JMinBl. S. 345) § 49.

III. Zivilsenat. Urt. v. 12. April 1912.

I. Landgericht Düsseldorf. II. Oberlandesgericht daselbst.

Die Klägerin forderte von zwei Gerichtsvollziehern und von dem Justizfiskus Ersatz des Schadens, der ihr durch Verzögerung der Zustellung einer Pfändungsankündigung entstanden war. Der Gerichtsvollzieher K., der als zweiter Beamter der Verteilungsstelle für Gerichtsvollzieheraufträge bei dem Amtsgericht D. beschäftigt war, hatte als solcher die zuzustellenden Schriftstücke am 23. November 1906 mittags gegen 1 Uhr in Empfang genommen. Er wurde haftbar gemacht, weil er unterlassen habe, noch an demselben Tage selbst die Zustellung zu bewirken. Das Landgericht verurteilte den Beklagten K.; das Berufungsgericht wies dagegen die Klage gegen ihn ab. Die Revision der Klägerin hatte keinen Erfolg.

Aus den Gründen:

„Das Berufungsgericht hat die Klage gegen den Gerichtsvollzieher K. abgewiesen, weil dieser zu der Klägerin in kein Vertragsverhältnis getreten sei. Er hafte daher nur aus § 839 BGB. Diese Haftung könne aber, da ihm nur Fahrlässigkeit zur Last falle, nach Abs. 1 Satz 2 dieses Paragraphen nicht geltend gemacht werden. Denn der Klägerin stehe ein Ersatzanspruch wegen ihres Schadens gegen den mit dem Erlasse der Pfändungsankündigung beauftragten Rechtsanwalt W. zu, da auch diesen, oder doch seine Bureaubeamten, für die er nach § 278 BGB. einzustehen habe, ein Verschulden wegen der Verzögerung der Zustellung treffe.

Die Revision rügt, daß das Berufungsgericht zu Unrecht eine vertragliche Haftung des Beklagten K. verneint habe. Der Auftrag sei der Verteilungsstelle, deren Beamter K. gewesen, erteilt. Es habe ein Zwang zur Annahme des Auftrags bestanden; der Antrag sei auch angenommen, aber unrichtig ausgeführt. Diese Rüge geht fehl; sie scheidet nicht, wie notwendig geschehen muß, zwischen den Aufgaben des Gerichtsvollziehers und denen der Verteilungsstelle für Gerichtsvollzieheraufträge. Dieser Verteilungsstelle, wie sie nach § 49 Nr. 1 GVollzO. bei jedem Amtsgericht einzurichten ist, für dessen Bezirk mehrere Gerichtsvollzieher bestellt sind, liegt es lediglich ob, solche Aufträge in Parteisachen, bei denen eine Vermittelung des Gerichtsschreibers nicht zugelassen ist, entgegenzunehmen und an den zuständigen Gerichtsvollzieher zu befördern (§ 49 Nr. 2). Sie übernimmt nicht selbst die Erledigung der dem Gerichtsvollzieher zu übermittelnden Aufträge. Das Gegenteil ist auch nicht aus der Bestimmung des § 51 Nr. 1 GVollzO. zu folgern, wonach die Erteilung des Auftrags an die Verteilungsstelle unter Aushändigung der zur Ausführung des Auftrags erforderlichen Schriftstücke die gleiche Wirkung hat, als ob der Auftrag dem zuständigen Gerichtsvollzieher unmittelbar erteilt wäre. Diese Bestimmung bezieht sich vielmehr auf die Wirkungen des dem Gerichtsvollzieher erteilten Auftrags nach §§ 167, 754, 755 ZPO. Die Verteilungsstelle ist eine Einrichtung des Gerichts, ihre Geschäfte werden (§ 49 Nr. 1) einem oder mehreren Gerichtsschreibereibeamten übertragen. Die Verteilungsstellen als solche, nicht ihre einzelnen Beamten, übernehmen die Vermittelung des Verkehrs der Partei mit dem Gerichtsvollzieher. In ein Vertragsverhältnis zu ihnen tritt daher die Partei ebensowenig, wie zu dem Gerichtsschreiber, dessen Vermittelung sie sich in den Fällen der §§ 166 flg. ZPO. bedient (vgl. über die Stellung des Gerichtsschreibers Entsch. des RG.'s Bd. 17 S. 391, Bd. 46 S. 323, Bd. 47 S. 397).

Der Beklagte K. war im November 1906 als zweiter Beamter, Bürohilfsarbeiter, bei der Verteilungsstelle beschäftigt. Zugleich war er durch Verfügung des aufsichtführenden Richters dazu bestellt, eilige der Verteilungsstelle zugehende Aufträge, die aus irgendeinem Grunde nicht rechtzeitig in die Hände des zuständigen Gerichtsvollziehers gelangen oder von diesem nicht mehr rechtzeitig erledigt werden könnten, seinerseits auszuführen. Jedoch sollte er hierzu vorher die Zustimmung des ersten Beamten der Verteilungsstelle einholen. Er war also zunächst Beamter der Verteilungsstelle, hatte aber unter bestimmten Voraussetzungen auch den Dienst eines Gerichtsvollziehers zu versehen. Er hat nun am 23. November auf der Verteilungsstelle die von einem Schreiberlehrlinge des Rechtsanwalts W. überbrachten zuzustellenden Schriftstücke in Empfang genommen, den Eingangsstempel darauf gedrückt und sie in das Fach des zuständigen Gerichtsvollziehers gelegt. Diese Handlungen sind solche, welche er als Beamter der Verteilungsstelle vorzunehmen hatte, § 49 Nr. 2, § 51 Nr. 1 Satz 2, § 52 Nr. 2 GVollzO. Aufgabe der Verteilungsstelle war es auch, die Erledigung des Auftrags nötigenfalls einem anderen, als dem zuständigen Gerichtsvollzieher zu übertragen, § 49 Nr. 4. Es fiel daher auch in den Tätigkeitskreis des Beklagten K. in seiner Eigenschaft als Beamter der Verteilungsstelle, die Genehmigung des ersten Beamten dazu nachzusuchen, daß er die als eilig bezeichnete Zustellung selbst vornehme. Handelte er, wie das Berufungsgericht annimmt, schuldhaft, indem er dies unterließ, so beging er dies Verschulden nicht als Gerichtsvollzieher, sondern als Beamter der Verteilungsstelle.

Als Gerichtsvollzieher ist der Beklagte K. weder tätig geworden, noch hat er überhaupt den Auftrag zur Zustellung in dieser seiner Eigenschaft als Gerichtsvollzieher erhalten oder angenommen. Uebrigens würde ein Vertragsverhältnis auch dann nicht entstanden sein, wenn K. die Annahme des ihm zugegangenen Auftrags pflichtwidrig abgelehnt hätte." . . .

RGZ. 83, 414

1. Muß die aktienrechtliche Anfechtungsklage einem in seiner Wohnung nicht angetroffenen Aufsichtsratsmitglied im Geschäftslokale der Gesellschaft zugestellt werden?

2. . . .

ZPO. §§ 181, 182, 184 Abs. 2.

II. Zivilsenat. Urt. v. 2. Januar 1914.

Die Entscheidung ist abgedruckt unter „Handelsrecht, Handelsgesellschaften 1".

RGZ. 91, 179

Pflichten des Gerichtsvollziehers bei eiligen Zustellungsaufträgen, insbesondere Pflicht zur Ueberwachung der Zustellung durch die Post und zur Uebermittelung der Postzustellungsurkunde an die Partei.

ZPO. § 190 Abs. 4, § 195 Abs. 3.

Preuß. Geschäftsanweisung für den Gerichtsvollzieher vom 1. Dezember 1899 §§ 6, 23, § 35 Nr. 12, 13, neue Fassung vom 24. März 1914 §§ 7, 25, § 37 Nr. 4, § 38 Nr. 13.

III. Zivilsenat. Urt. v. 16. November 1917.

I. Landgericht Königsberg. II. Oberlandesgericht daselbst.

Dem Kläger war zum Bau des seine Besitzung durchschneidenden masurischen Schiffahrtskanals ein Geländestück enteignet und der die Entschädigung hierfür auf 8040,28 M. festsetzende Beschluß des Bezirksausschusses Königsberg vom 11. Januar 1913 am 24. desselben Monats zugestellt worden. Darauf hatte der Justizrat N. als Prozeßbevollmächtigter des Klägers eine vom 14. Juli 1913 datierte Klage auf Entschädigung in Höhe von 31 560 M. gegen den „Königlich Preußischen Fiskus, Staatsbauverwaltung, vertreten durch den Regierungspräsidenten in Königsberg", beim Landgerichte Königsberg eingereicht. Diese am 16. Juli bei Gericht eingelaufene Klageschrift enthielt auf der ersten Seite rechts oben den maschinenschriftlichen Vermerk „Eilt! Zustellung vor dem 23. Juli 1913" und links oben unter dem Rubrum die Worte „Wert des Streitgegenstandes 30 000 bis 32 000 M.". Sie war am 17. Juli vom Vorsitzenden mit Terminsbestimmung unter der Ueberschrift „Eilt" versehen und am 18. Juli dem Gerichtsvollzieher E. als dem Gerichtsvollzieher für schleunige Aufträge mit einem auf der ersten Seite aufgeklebten Zettel zugegangen worin es hieß „An den zuständigen Herrn Gerichtsvollzieher für schleunige Aufträge. Zuzustellen dem Beklagten vor dem 23. Juli 1913. Justizrat N. Königsberg." E. hatte am 18. Juli die Post in der Form des § 194 ZPO. um Zustellung ersucht, dies auch auf der letzten Seite der Klagschrift gemäß § 194 Abs. 2 bezeugt, aber bis zum 22. Juli der Erledigung durch die Post in keiner Weise nachgefragt. Erst an diesem Tage schrieb er dem Postamt unter dem Vermerk „Eilt sehr": „die Postzustellungsurkunde ist bisher nicht zurückgelangt, ich ersuche daher . . . nach dem Verbleibe derselben Ermittelungen anzustellen und das Ergebnis derselben baldgef. hierher mitteilen zu wollen. Sollte dieselbe verlorengegangen sein, so wird um Ausfertigung der anl. Doppelurkunde gebeten." Dieses Schreiben erhielt er am 23. Juli zurück mit der darunter gesetzten, mit Siegel versehenen Erklärung des das Journal und die Registratur für den Masurischen Kanal führenden technischen Eisenbahnsekretärs K.: „der vorbezeichnete Brief ist am 19. Juli zugestellt worden" und mit der Rückschrift des Postamts: „zurück . . . mit der vorstehenden Empfangsbestätigung". Noch am 23. Juli ersuchte E. das Postamt, „beiliegende Doppelurkunde durch den betreffenden Postboten nachträglich ausfüllen und von demselben in die Urkunde aufzunehmen, daß die Uebergabe des Briefes am 19. Juli erfolgt ist. Dieses ist erforderlich, da die Urkunde der Klage beigefügt werden muß, da sonst das Gericht den Verhandlungstermin nicht abhält". Darauf antwortete das Postamt mit dem am gleichen Tage dem E. zugegangenen Schreiben vom 24. Juli: „der in Rede stehende Brief ist der Empfangsstelle als gewöhnlicher Brief zugegangen, eine ordnungsmäßige Zustellung hat nicht stattgefunden. Ein Doppel der Urkunde kann daher nicht ausgefertigt werden."

Auf diese Zustellungsvorgänge hin war die Klage gegen den Fiskus, Staatsbauverwaltung, von den Instanzen rechtskräftig abgewiesen worden, weil mangels einer ordnungsmäßigen Klagzustellung die für Beschreitung des Rechtswegs im Enteignungsgesetze bestimmte sechsmonatige Frist nicht gewahrt worden sei. Der Kläger hatte dem Justizfiskus den Streit verkündet.

Die gegenwärtige Klage fordert von dem Justizfiskus Ersatz des hierdurch erwachsenen Schadens von 23 519,72 M. mit der Begründung, der Vorprozeß sei durch Verschulden des Gerichtsvollziehers E. verlorengegangen. Sie wurde vom Landgericht abgewiesen und die Berufung des Klägers zurückgewiesen, da den Gerichtsvollzieher kein Verschulden treffe. Die Revision des Justizrats N., der in zweiter Instanz dem Kläger beigetreten war, hatte Erfolg.

Gründe:

„Soweit der Beklagte entgegen der rechtskräftigen Entscheidung im Vorprozesse darzulegen sucht, daß die formlose Mitteilung der Klagschrift vom 14. Juli 1913 an den Regierungspräsidenten eine Zustellung sei oder als solche zu gelten habe, kann er nicht gehört werden, da ihm im Vorprozesse vom Kläger der Streit verkündet war (§§ 68, 74 ZPO.).

Der Berufungsrichter weist den Vorwurf, E. habe die Zustellung selbst besorgen müssen, deshalb zurück, weil bis zum Ablaufe des 22. Juli noch vier volle Tage zur Zustellung offenstanden; weil es sich ferner um eine Zustellung gehandelt habe, wie sie täglich vorkomme; und weil schließlich die Höhe des Streitwerts ohne Einfluß habe bleiben dürfen. Dieser Erwägung stehen Bedenken entgegen. Der Zustellungsauftrag war als ein eiliger und befristeter (bis zum Ablaufe des 22. Juli) erteilt. Es handelte sich deutlich erkennbar um eine befristete Sache, in der die Zulässigkeit des Streites um einen Wert von 30 000 bis 32 000 M. von Einhaltung der Zustellungsfrist abhing. Es handelte sich auch nicht um eine völlig einfache Zustellung, da sie an den Fiskus (ZPO. §§ 18, 51, 171, 184, Geschäftsanweisung für den Gerichtsvollzieher vom 1. Dezember 1899 § 29, neue Fassung vom 24. März 1914 § 32), nicht an eine Privatperson erfolgen sollte. Eine nicht seltene, dem E. unmöglich unbekannt gebliebene Erfahrung zeigt, daß den Postboten vermöge ihrer geringeren Schulung bei der Zustellung, und zwar auch bei Zustellungen einfacher Art, Irrtümer und Versehen unterlaufen, die bei Zustellung durch den eine bessere Fachausbildung besitzenden Gerichtsvollzieher selbst ausgeschlossen sind. Die Gefahr etwaiger Versehen eines Postboten durch eigene Zustellung zu vermeiden, lag um so näher, als die eigene Zustellung nur einen Gang zu der an demselben Orte befindlichen Amtsstelle des Regierungspräsidenten nötig machte. Bei Anwendung besonderer Sorgfalt mußte der gerade für schleunige Aufträge aufgestellte Gerichtsvollzieher zu dem Entschlusse kommen, selbst zuzustellen. Jedoch kann und soll dahinstehen, ob E. schon darum seine Amtspflicht verletzt hat. Denn sein Verhalten bei der von ihm gewählten Zustellung durch die Post ergibt zweifelsfrei eine Amtspflichtverletzung.

Die Zustellung hatte gemäß dem Auftrage „vor dem 23. Juli", spätestens am 22. Juli zu erfolgen. Es war also nicht rechtzeitig, sondern verspätet, als E. erst an diesem 22. Juli eine schriftliche Bitte um Ermittelungen nach dem Verbleibe der Zustellungsurkunde an das Postamt richtete. Die schriftliche Antwort darauf war erst am 23. Juli zu erwarten und lief denn auch erst an diesem Tage ein. Am 23. Juli aber war der Auftrag nicht mehr erfüllbar, falls die Antwort ergab, daß inzwischen die Zustellung gar nicht oder mangelhaft erfolgt war. Die durch § 35 Nr. 12 der Geschäftsanweisung von 1899 (neue Fassung § 38 Nr. 13) eingeschärfte Pflicht zur Kontrolle der rechtzeitigen Erledigung und der Inhalt des Auftrags (Zustellung vor 23. Juli) erforderten eine Erkundigung derart, daß die Nachholung der Zustellung noch am 22. Juli offenblieb. E. mußte also entweder persönlich beim Postamt und bei der Regierungsstelle klare Auskunft einholen, und zwar spätestens am 21. Juli, dem dritten Tage nach Beauftragung der Post, äußersten Falles am Morgen des 22. Juli. Oder er mußte, wenn er sich zunächst mit schriftlicher Anfrage beim Postamte begnügte, diese am 20. Juli, nicht erst am 22., ergehen lassen. Der Beklagte hatte auch zunächst in erster Instanz, irrtümlich geltend gemacht, E. habe schon am 20. Juli an das Postamt geschrieben. So hätte E. selbst am 21. oder am Morgen des 22. das Fehlen einer Zustellungsurkunde erkundet, oder es wäre ihm die Erklärung des K. am 21. (statt am 23.) und die Endmitteilung des Postamts, daß keine Zustellung stattgefunden habe, am 22. (statt am 24.) zugekommen. Bei derartiger Erkundigung und bei sofortigem Benehmen mit dem Revisionskläger als dem Auftraggeber hätte die rechtzeitige Nachholung der Zustellung stattgefunden, entweder noch am 22. Juli oder erst am 23. oder 24. Juli; noch an diesen beiden Tagen war die Zustellung zur Einhaltung der sechsmonatigen Frist genügend. Der Revisionskläger hatte nur vorsorglich, damit er die rechtzeitige Zustellung um so gewisser erreiche, die Zustellung schon vor dem 23. Juli vom Gerichtsvollzieher gefordert.

Es kommt nicht darauf an, ob E., wie der Berufungsrichter meint, der Erklärung des K. und ihrer Vorlegung als einer Empfangsbestätigung durch das Postamt vertrauen durfte. Er mußte in jedem Falle die Zustellungsurkunde selbst haben. Daher hat er sich auch mit der Erklärung des K. nicht begnügt, sondern sich durch Schreiben vom 23. Juli um Erlangung der Zustellungsurkunde bemüht. Dies war aber eben verspätet. Die Pflicht zu unverzüglicher Uebergabe der Zustellungsurkunde an den Auftraggeber ist durch § 34 Nr. 4, § 35 Nr. 13 GA. (neue Fassung § 37 Nr. 4, § 38 Nr. 13) besonders eingeschärft (vgl. § 190 Abs. 4, § 195 Abs. 3 ZPO.). Zu diesem Behufe mußte E. unbedingt dafür sorgen, daß die Postzustellungsurkunde der von ihm schon am 18. Juli beauftragten Post sofort in seine Hände gelangte und durch ihn dem Auftraggeber zukam, und dieses „sofort" bedeutete „spätestens am 22. Juli". Es stand eine im Auftrage befristete, an demselben Orte auszuführende Zustellung in einer eiligen und wichtigen Sache in Frage. Der Auftrag war schon am 18. Juli dem Gerichtsvollzieher und der Post zugegangen. Nach § 23, neu § 25 GA. („spätestens am Tage nach dem Empfange zu erledigen") hätte E. selbst bei eigener Zustellung auch ohne den Eilvermerk schon am 19. Juli zustellen müssen. Im Sinne dieses § 23 und des § 6, neu § 7 („die Erledigung darf nicht verzögert werden") hatte er die rechtzeitige Erledigung durch die Post zu kontrollieren. Der Eil- und Fristvermerk im Auftrage bezweckte selbstverständlich nicht, die dienstvorschriftliche Erledigungsfrist für alle Zustellungsaufträge („spätestens am Tage nach Empfang") zu verlängern, sondern sie bezweckte, schleunigste Erledigung und jedenfalls Erledigung innerhalb der Auftragsfrist einzuschärfen. E. mußte also die Postzustellungsurkunde mindestens am 22. Juli in die Hände des Auftraggebers bringen, sie sich selbst also spätestens am Morgen dieses 22. Juli verschaffen. Dieser Obliegenheit würde er, auch wenn er, statt am 22., schon am 20. Juli bei dem Postamte schriftlich nachgefragt und am 21. die Erklärung des K. erhalten hätte, keineswegs entbunden gewesen sein; um so weniger, als das Ausbleiben der Postzustellungsurkunde bis in den 21. Juli, obschon nach der Erklärung des K. die Zustellung schon am 19. erfolgt war, die Besorgnis einer Ordnungswidrigkeit erregen mußte. Eine solche Besorgnis hatte E. sogar schon vor Empfang der Erklärung des K. tatsächlich gehabt. Denn er hatte schon am 22. Juli dem Postamte geschrieben, sollte die Postzustellungsurkunde verlorengegangen sein, so werde um Ausfüllung der Doppelurkunde gebeten, und er wiederholte nach Empfang der Erklärung des K. eben diese Bitte um Fertigung der Doppelurkunde. Er durfte aber mit Erkundigung und Nachforschung nicht so lange zuwarten, bis ihm selbst wegen des Ablaufs von vollen drei Tagen die Besorgnis des Verlustes der Zustellungsurkunde aufstieg. Das war eine Verletzung seiner Kontrollpflicht (§ 35 Nr. 12 GA.). Aus diesem tatsächlichen Verhalten des E. geht auch hervor, daß er durchaus nicht, wie der Prozeßbevollmächtigte des Revisionsbeklagten einwendet, der Meinung war und sich darauf verließ, der formlose Einlauf der Klagschrift in die Hände des Regierungspräsidenten werde die Wirkung einer förmlichen Zustellung haben. Einer solchen Meinung durfte er auch nicht sein; die Frage, ob und welche Wirkung der formlose Einlauf haben könnte, ging ihn nichts an.

Die Pflicht des Gerichtsvollziehers, sich im Falle eines von ihm nicht zu hebenden Anstandes, insbesondere eines Anstandes bei der Zustellung durch die Post, sofort mit dem Auftraggeber ins Benehmen zu setzen, ist die Kehrseite und Ergänzung der Obliegenheit zu unverzüglicher Uebergabe der Zustellungsurkunde an den Auftraggeber. Kann die Zustellungsurkunde im richtigen Zeitpunkte nicht übergeben werden, so muß der Auftraggeber zu eben dieser Zeit erfahren, warum die Uebergabe nicht erfolgt. Die Uebergabepflicht sowohl als die Pflicht zur Mitteilung, daß und warum sie nicht erfüllt wird, ergeben sich aus dem Amtsverhältnisse zwischen Gerichtsvollzieher und Auftraggeber, kraft dessen folgerichtig auch die Kontrolle der Erledigung durch die Post eine Amtspflicht gegenüber dem Auftraggeber ist. Beide Obliegenheiten sind nur Ausflüsse dieses Amtsverhältnisses, welches den Gerichtsvollzieher im allgemeinen verbindet, dem Auftraggeber sofort alle erforderlichen Nachrichten, also auch über das Ergebnis der Kontrolle im Falle einer Zustellung durch die Post, zu geben, um ihm so die Wahrung seiner Interessen zu ermöglichen. E. mußte also bei dem Sachverlaufe, zu dem es durch sein Verschulden gekommen war, als er am 24. Juli aus der Zuschrift des Postamts das Fehlen einer Zustellung erfuhr, noch an eben diesem Tage ohne jeden Verzug dem Revisionskläger Mitteilung machen und ihm überlassen, ob eine Nachholung der Zustellung noch am 24. Juli möglich und zweckdienlich war.

Der Revision ist hiernach stattzugeben und festzustellen, daß der Gerichtsvollzieher E. sich einer für den vom Kläger behaupteten Schaden ursächlichen Amtspflichtverletzung schuldig gemacht hat."

RGZ. 98, 241

Wann ist die Zustellung eines Urteils von Anwalt zu Anwalt erfolgt, wenn der prozeßbevollmächtigte Anwalt das ihm vom Gegenanwalte behändigte Urteil in der irrtümlichen Annahme, er sei nicht mehr Prozeßbevollmächtigter, nicht annehmen zu wollen erklärt, demnächst aber nach Erkennung seines Irrtums das Empfangsbekenntnis ausgestellt hat?

ZPO. § 198.

V. Zivilsenat. Urt. v. 13. März 1920.

I. Landgericht Allenstein. II. Oberlandesgericht Königsberg.

Der Kläger, vertreten durch den Rechtsanwalt W. in A., klagte, weil der Beklagte ihm wegen einer beim Verkaufe seines Grundstücks durch Vertrag vom 11. Juli 1914 verübten arglistigen Täuschung schadensersatzpflichtig sei, auf Zahlung von 24 000 M. Im Termine zur mündlichen Verhandlung vom 26. Februar 1918 erklärte der Prozeßbevollmächtigte des Beklagten, Rechtsanwalt L. in A., daß er die Vertretung des Beklagten niederlege. Darauf erging auf Antrag des Klägers Versäumnisurteil auf Verurteilung des Beklagten nach dem Klagantrage. Hiergegen legte Rechtsanwalt L. namens des Beklagten am 12. April 1918 Einspruch ein. Das Urteil, das Rechtsanwalt W. durch Zustellung von Anwalt zu Anwalt an den Rechtsanwalt L. hatte zustellen lassen, war nach dem von Rechtsanwalt L. auf die Urteilsausfertigung gesetzten Empfangsbekenntnis am 3. April 1918 zugestellt worden. Der Kläger behauptete aber, das Urteil sei in Wirklichkeit bereits am 23. März 1918 dem Rechtsanwalte L. zugestellt worden, und beantragte, den Einspruch als verspätet zu verwerfen.

Der erste Richter verwarf den Einspruch als unzulässig. Auf die Berufung des Beklagten erklärte der Berufungsrichter unter Abänderung des erstinstanzlichen Urteils den Einspruch für zulässig und verwies die Sache zur weiteren Verhandlung und Entscheidung an die erste Instanz zurück.

Die Revision des Klägers wurde zurückgewiesen aus folgenden

Gründen:

„Gegenstand der Revisionsbeschwerde ist lediglich, daß der Berufungsrichter im Gegensatze zum ersten Richter den Einspruch des Beklagten gegen das erstinstanzliche Versäumnisurteil vom 26. Februar 1918 für rechtzeitig, also innerhalb der mit der Zustellung des Urteils begonnenen Frist von zwei Wochen (§ 339 Abs. 1 ZPO.) am 12. April 1918 eingelegt erachtet hat. Nach den teils auf Zugeständnisse des Beklagten, teils auf das Ergebnis der Beweisaufnahme vom Berufungsrichter getroffenen, von der Revision nicht angefochtenen und auch einwandfreien Feststellungen ist der Sachverhalt bezüglich der Zustellung des Versäumnisurteils folgender: In A. erfolgt die Zustellung von Anwalt zu Anwalt (§ 198 ZPO.) in der Weise, daß der Anwalt einem Angestellten das zuzustellende Schriftstück nebst einer Abschrift, auf der sich sein Zustellungsvermerk befindet, übergibt, daß beide Schriftstücke von dem Angestellten im Büro des Gegenanwalts abgegeben und dort nachher diesem vorgelegt werden, der das Empfangsbekenntnis auf der Ausfertigung ausstellt, und daß demnächst die Ausfertigung von einem Angestellten des zustellenden Anwalts abgeholt wird. Auf Anordnung des Rechtsanwalts W., des Prozeßbevollmächtigten des Klägers, wurde am 23. oder 24. März 1918 Ausfertigung des Versäumnisurteils vom 26. Februar 1918 nebst einer Abschrift, auf der sich der Zustellungsvermerk des Rechtsanwalts W. befand, im Büro des Rechtsanwalts L., des Prozeßbevollmächtigten des Beklagten, abgegeben. Am 25. März lag die Ausfertigung dem Rechtsanwalte L. vor. Dieser war wegen der von ihm in dem Verhandlungstermine dem Gerichte gegenüber abgegebenen Erklärung, daß er die Vertretung des Beklagten niederlege, sowohl in dem Termin als auch an jenem Tage irrtümlich (§ 87 Abs. 1 ZPO.) der Ansicht, daß seine Prozeßvertretung erloschen und er somit nicht mehr Prozeßbevollmächtigter des Beklagten sei. Er hatte, nachdem sein Antrag das Verfahren wegen Kriegsteilnahme des Beklagten auszusetzen abgelehnt worden war, gerade deshalb in dem Glauben, so die Interessen des Beklagten am besten zu wahren, die Niederlegung erklärt, und er glaubte daher auch, daß er in dem Urteile zu Unrecht als Prozeßbevollmächtigter aufgeführt sei, daß die Zustellung des Urteils gar nicht an ihn erfolgen könne, und daß das Urteil berichtigt werden müsse. Er erklärte deshalb sofort seinem Bürovorsteher, er nehme die Zustellung nicht an, weil er nicht mehr Parteivertreter sei, und beauftragte ihn, einen Berichtigungsantrag zu entwerfen und mit der Ausfertigung des Urteils dem Gericht einzureichen. Der Bürovorsteher tat dies und teilte dem Büro des Rechtsanwalts W. durch den Fernsprecher mit, daß Rechtsanwalt L. in dem Urteil irrtümlich als Prozeßbevollmächtigter aufgeführt sei. Der von Rechtsanwalt L. am 26. März unterzeichnete Berichtigungsantrag ging am 27. März beim Gericht ein. Der Gerichtsschreiber vermerkte darauf „unter Bezugnahme auf § 87 Abs. 1 ZPO. zurückgesandt" und sandte den Antrag an Rechtsanwalt L. zurück. Dort ging er am 30. März ein. Nun erkannte Rechtsanwalt L. seinen Irrtum und er setzte auf die Urteilsausfertigung das Empfangsbekenntnis vom 3. April 1918.

Nach diesem Sachverhalte hat der Berufungsrichter ohne Rechtsirrtum angenommen, daß der demnächst von Rechtsanwalt L. namens des Beklagten am 12. April 1918 gegen das Versäumnisurteil eingelegte Einspruch rechtzeitig war. Wird die Zustellung eines Urteils durch den Gerichtsvollzieher persönlich gemäß §§ 166 flg. oder vermittelst der Post gemäß §§ 193 flg. ZPO. im Auftrag einer Partei an den Prozeßbevollmächtigten der Gegenpartei (§ 176 ZPO.) bewirkt, so kann sie sich unter den Voraussetzungen der §§ 181, 182, 183 Abs. 2 ZOP. (Ersatzzustellungen im Falle des Nichtantreffens) ohne den Willen des Prozeßbevollmächtigten, im Falle des § 186 (Verweigerung der Annahme ohne gesetzlichen Grund) sogar wider seinen Willen vollziehen. Dagegen findet eine solche Vollziehung der Urteilszustellung ohne oder wider den Willen des Prozeßbevollmächtigten, dem das Urteil zugestellt werden soll, nicht statt bei der Zustellung von Anwalt zu Anwalt gemäß § 198 ZPO. Vielmehr vollzieht sich eine solche Zustellung als maßgebender prozessualer Akt nicht eher, als bis der prozeßbevollmächtigte Anwalt, dem zugestellt werden soll, nach der ihm überlassenen freien Entschließung den Willen geäußert hat, das betreffende ihm zugegangene Schriftstück, das ihm angeboten ist um es als ein im Wege der Zustellung von Anwalt zu Anwalt zugestelltes zu empfangen, diesem Angebot entsprechend anzunehmen (RGZ. Bd. 8 S. 331, auch Bd. 5 S. 415, Bd. 14 S. 349; Jur. Wochenschr. 1899 S. 176 Nr. 5; Seufferts Arch. Bd. 44 S. 95). Vorliegend aber hat Rechtsanwalt L., der Prozeßbevollmächtigte des Beklagten, in der Meinung, er sei infolge seiner im Termin erklärten Niederlegung der Vertretung nicht mehr Prozeßbevollmächtigter des Beklagten (während nach § 87 Abs. 1 ZPO. seine Kündigung des Vollmachtsvertrags erst durch die Anzeige der Bestellung eines andern Anwalts dem Gegner gegenüber rechtliche Wirksamkeit erlangt hätte), am 25. März 1918, nachdem ihm die in seinem Büro eingegangene Urteilsausfertigung nebst Abschrift vorgelegt worden war, sofort seinem Bürovorsteher erklärt, er nehme die Zustellung nicht an, weil er nicht mehr Parteivertreter sei; ferner hat er am 26. März die Urteilsausfertigung mit einem Antrag auf Berichtigung des Urteils, soweit er darin als Prozeßbevollmächtigter des Beklagten aufgeführt sei, dem Gericht eingereicht, und in seinem Auftrage hat sein Bürovorsteher dem Büro des Prozeßbevollmächtigten des Gegners, der die Zustellung von Anwalt zu Anwalt hatte bewirken wollen, durch Fernsprecher mitgeteilt, er sei in dem Urteil irrtümlich als Prozeßbevollmächtigter aufgeführt. Daraus ergibt sich deutlich der Ausdruck des Willens des Rechtsanwalts L., die Empfangnahme des Urteils, das ihm zugestellt werden sollte, abzulehnen. Es hatte sich daher der von dem Prozeßbevollmächtigten des Klägers angebotene prozessuale Akt einer Zustellung von Anwalt zu Anwalt nicht vollzogen. Erst nachdem der Berichtigungsantrag mit dem vorbezeichneten, vom Gerichtsschreiber darauf gesetzten Vermerke vom 30. März vom Gerichte zurückgekommen war, kam dadurch, daß Rechtsanwalt L. sich nunmehr von seinem Irrtum überzeugte, demgemäß den Entschluß faßte, das Angebot der Zustellung von Anwalt zu Anwalt anzunehmen, und diesen Entschluß durch Ausstellung eines Empfangsbekenntnisses gemäß § 198 Abs. 2 ZPO. zum Ausdruck brachte, eine wirksame Zustellung von Anwalt zu Anwalt zustande (RGZ. Bd. 8 S. 333, Bd. 14 S. 349, Bd. 19 S. 423, Bd. 51 S. 163)." . . .

RGZ. 99, 270

1. Voraussetzungen der Judikatsklage.

2. Ist die öffentliche Zustellung eines Urteils, in dem die beklagte Firma als offene Handelsgesellschaft bezeichnet ist, während der Inhaber dieser Firma, der das Urteil öffentlich zugestellt werden soll, in Wirklichkeit ein Einzelkaufmann ist, rechtswirksam?

ZPO. §§ 322, 319, 204.

I. Zivilsenat. Urt. v. 10. Juli 1920.

I. Landgericht Hamburg, Kammer für Handelssachen.
II. Oberlandesgericht daselbst.

Die Klägerin hatte in der Zeit vom Februar 1914 bis Juni 1914 mit der in London bestehenden Firma R., R. & Co. Börsentermingeschäfte getätigt. Den Saldo aus dieser Geschäftsverbindung hat sie auf 6383,53 M. berechnet und in einem Vorprozeß eingeklagt. Als Beklagte bezeichnete sie die offene Handelsgesellschaft in Firma R., R. & Co. in London. Die Klage wurde öffentlich zugestellt. Es erging sodann ein Versäumnisurteil, das gleichfalls öffentlich zugestellt wurde. In der jetzt zur Entscheidung stehenden Klage behauptet die Klägerin, der Beklagte Otto R. sei zur Zeit des Abschlusses der Geschäfte persönlich haftender Gesellschafter der Firma R., R. & Co. gewesen und müsse daher das rechtskräftige Urteil des Vorprozesses gegen sich gelten lassen. Sie fordert von ihm Zahlung der erwähnten Summe zuzüglich Kosten. Der Beklagte wendet ein, daß er die Firma R., R. & Co. als Einzelkaufmann geführt habe und deshalb von dem gegen die offene Handelsgesellschaft ergangenen Urteile nicht betroffen worden sei.

Das Landgericht gab der Klage statt. Die Berufung des Beklagten wurde zurückgewiesen. Die Revision hatte Erfolg.

Gründe:

„Das Berufungsgericht sieht die Klage als Judikatsklage an; der jetzt Beklagte sei unter seiner Firma R., R. & Co. im Vorprozesse verurteilt worden; seine Verpflichtung stehe rechtskräftig fest; die jetzige Klage habe nur die Bedeutung, die richtige Feststellung des Beklagten und so die Vollstreckung des gegen ihn ergangenen Urteils zu erreichen.

Gegen diese Ausführung erheben sich zwei Bedenken. Einmal ist für eine Judikatsklage nur dann Raum, wenn das mit einer solchen Klage erstrebte Ziel sich auf andere Weise nicht erreichen läßt. In Frage kommt, ob eine Aenderung des Passivrubrums im Vorprozesse nicht möglich ist. Das Berufungsgericht verneint die Frage, weil die Nachweise, die die Klägerin in Händen habe und die sich widersprächen, dazu nicht genügten. Allein es ist bis auf eine nähere Aufklärung, die die Klägerin und das Berufungsgericht bisher nicht gegeben haben, nicht ersichtlich, weshalb die Verhältnisse der Firma R., R. & Co. nicht im Vorprozeß in einem Verfahren nach § 319 ZPO. klargestellt werden könnten. Solange letzteres nicht als unmöglich feststeht, sei es, daß ein Antrag nach § 319 abgelehnt ist, sei es, daß die Aussichtslosigkeit eines solchen Antrags bündig dargetan wird, kann die Berechtigung zur Anstellung einer Judikatsklage nicht anerkannt werden.

Zweitens steht nicht fest, daß das im Vorprozeß ergangene Versäumnisurteil rechtskräftig ist. Das Reichsgericht hat anerkannt (RGZ. Bd. 86 S. 65), daß, wenn eine Firma unter der Bezeichnung offene Handelsgesellschaft verklagt worden ist, während in Wahrheit eine offene Handelsgesellschaft nicht besteht, sondern die Firma einem Einzelkaufmann zusteht, dann sachlich dieser Einzelkaufmann als verklagt gilt. Es fragt sich aber, wie in solchem Falle die Zustellung zu erfolgen hat. Diese Frage ist in der angeführten Entscheidung nicht erörtert worden, weil damals der Inhaber der Firma im Termin erschienen war. Die Zustellung, insbesondere die öffentliche Zustellung, wird nicht von materiellen, sondern von formellen Grundsätzen beherrscht. Das erfordert die Rücksicht auf die Rechtssicherheit. Soll eine Zustellung gegen eine Partei gelten, ohne daß — wie bei der öffentlichen Zustellung — Sicherheit besteht, daß die Partei das zuzustellende Schriftstück wirklich zu Gesicht bekommt, dann muß zum mindesten verlangt werden, daß die Partei richtig und genau bezeichnet worden ist. Daran fehlt es hier. Die Zustellung ist durch Anheftung an die Gerichtstafel erfolgt. Das auf diese Weise zuzustellende Urteil bezeichnete den Verurteilten unrichtigerweise als offene Handelsgesellschaft in Firma R., R. & Co. Die öffentliche Zustellung ist also an ein nicht vorhandenes Rechtsgebilde erfolgt. Das braucht der jetzt Beklagte, dem ja das zuzustellende Urteil nicht etwa irgendwie zu Händen gekommen ist, nicht gegen sich gelten zu lassen. Der Ausgangspunkt der Ausführungen des Berufungsgerichts, daß das Versäumnisurteil rechtskräftig geworden sei, kann also in bezug auf den jetzigen Beklagten nicht gebilligt werden."

RGZ. 109, 265

1. Können Zustellungen nach §§ 183, 184 ZPO. auch in einem Geschäftslokal bewirkt werden, das sich an einem anderen Orte als dem der Hauptniederlassung des Gewerbetreibenden befindet?

2. Können Mängel der Zustellungsurkunde dadurch geheilt werden, daß die Ordnungsmäßigkeit der Zustellung in anderer Weise nachgewiesen wird?

§§ 21, 171, 183, 184, 191 Nr. 4 ZPO.

I. Zivilsenat. Urt. v. 3. Dezember 1924.

I. Landgericht Köln, Kammer für Handelssachen. II. Oberlandesgericht daselbst.

Die Klägerin hat behauptet, die Beklagte habe durch ihre Filiale Köln an sie 22 Vollgummireifen verkauft. Auf Lieferung dieser Reifen hat sie Klage erhoben. Als beklagte Partei hat sie in der Klageschrift „die L.-Gummiwerke G. m. b. H. in Frankfurt a. Main — Filiale Köln" — bezeichnet. Die Zustellung der Klage erfolgte in dem Geschäftsraum der genannten Filiale in Köln durch Uebergabe der Klageschrift an den Angestellten M. In der Zustellungsurkunde bescheinigte der Gerichtsvollzieher, daß er den Geschäftsführer K. nicht angetroffen hätte. K. ist zwar Leiter der Kölner Filiale, aber nicht Geschäftsführer der L.-Gummiwerke G. m. b. H. in Frankfurt a. M. Als Prozeßbevollmächtigter der beklagten Partei meldete sich zu den Gerichtsakten der Rechtsanwalt W.

in Köln und erhob „die Einrede der mangelnden Passivlegitimation". Er führte aus, die in der Klageschrift bezeichnete Filiale sei keine selbständige Firma und stehe nicht im Handelsregister eingetragen. Das Landgericht verwarf die Einrede und erkannte nach dem Klagantrage.

Hiergegen legten die Rechtsanwälte B. und H. Berufung ein. Sie stellten sich auf den Standpunkt, daß die Klage unzulässig erhoben und zugestellt sei, daß höchstens die Frankfurter Firma hätte verklagt werden können, dieser aber die Klage nicht zugestellt worden sei, und daß die Kölner Filiale, deren Leiter bisher allein mit der Prozeßangelegenheit befaßt worden sei, der Prozeßfähigkeit ermangle. Das Oberlandesgericht wies die Klage ab.

Die Revision der Klägerin hatte Erfolg.

Aus den Gründen:

Das Berufungsgericht ist zur Abweisung der Klage aus folgenden rein prozessualen Erwägungen gelangt: Nach dem Inhalt der Klageschrift sei als Beklagte die Firma L.-Gummiwerke in Frankfurt a. M. anzusehen; der Zusatz „Filiale Köln" sei für die Parteibezeichnung selbst bedeutungslos und schließe nicht aus, daß die Gesellschaft mit beschränkter Haftung als solche verklagt sei. Dieser sei aber die Klage nicht zugestellt worden. Die Zustellung sei vielmehr an den Filialleiter K. erfolgt, der zur Vertretung der G. m. b. H. nicht befugt sei. K. habe auch bisher auf seiten der beklagten Partei allein den Rechtsstreit geführt, ohne daß seine Maßnahmen namens der G. m. b. H. von ihren gesetzlichen Vertretern genehmigt worden seien. Die Einrede der mangelnden gesetzlichen Vertretung greife daher durch.

Diese Ausführungen werden von der Revision mit Recht angegriffen. Beizupflichten ist dem Berufungsgericht darin, daß die Klage von vornherein gegen die parteifähige G. m. b. H. L.-Gummiwerke in Frankfurt a. M. gerichtet und die Hinzufügung des Hinweises auf die Kölner Filiale nur ein unschädlicher Zusatz war, der darin seinen Grund hatte, daß das in Rede stehende Kaufgeschäft von der Kölner Niederlassung der Beklagten ausgegangen war und deshalb das Landgericht in Köln als zuständiges Gericht gemäß § 21 ZPO. angerufen wurde. Die Zustellung der Klage hatte hiernach an einen der gesetzlichen Vertreter der beklagten G. m. b. H. zu erfolgen (§ 171 ZPO.), und zwar konnte sie, da die G. m. b. H. in Köln eine Geschäftsstelle für ihren Handelsbetrieb eingerichtet hatte und hier ein besonderes Geschäftslokal besaß, in diesem bewirkt werden (§§ 183, 184 ZPO.). Wenn die Beklagte die Ansicht vertritt, daß unter dem besonderen Geschäftslokal des § 183 ZPO. nur ein solches zu verstehen sei, das am Sitze des Hauptgeschäfts gelegen sei, so bietet der Wortlaut des Gesetzes für eine solche einschränkende Auslegung der Bestimmung keinen Anhalt. Auch bei der Zustellung in einem auswärtigen Geschäftslokal ist die hinlängliche Gewähr dafür vorhanden, daß das zugestellte Schriftstück, wenn es dort einem Angestellten ausgehändigt wird, in die Hände des Geschäftsinhabers gelangt. Der Gerichtsvollzieher konnte daher die Zustellung in dem Kölner Geschäftslokal an die Beklagte ausführen. Da einer ihrer gesetzlichen Vertreter im Geschäftsraum unzweifelhaft nicht angetroffen wurde, so war der Zustellungsbeamte nach § 184 ZPO. befugt, die Zustellung an einen anderen dort anwesenden Angestellten der G. m. b. H. zu bewirken. Ein solcher war der Handlungsgehilfe M., dem die Klageschrift vom Gerichtsvollzieher ausgehändigt wurde. Insoweit ist also die Zustellung der Klage an die Beklagte ordnungsmäßig erfolgt. Ein Bedenken gegen ihre Wirksamkeit könnte nur aus dem Umstande hergeleitet werden, daß der Gerichtsvollzieher in der Zustellungsurkunde die Uebergabe der Schrift an M. damit begründet hat, daß er den Geschäftsführer K. nicht persönlich angetroffen habe, während in Wirklichkeit K. nicht zu den Geschäftsführern der beklagten G. m. b. H. gehörte. Der Grund für die gewählte Art der Ersatzzustellung ist also nicht richtig angegeben und damit nicht genau der Vorschrift des § 191 Nr. 4 ZPO. entsprochen, der zufolge die Zustellungurkunde in den Fällen der §§ 183, 184 die Angabe des Grundes enthalten muß, durch den die Zustellung an die bezeichnete Person gerechtfertigt wird. Der Mangel betrifft jedoch nur den Inhalt der Zustellungsurkunde. Er ist, wie in der Rechtsprechung des Reichsgerichts bereits anerkannt worden ist (Warn. 1917 Nr. 185), unschädlich, wenn auf andere Weise in Verbindung mit dem sonstigen Inhalt der Zustellungsurkunde die Ordnungsmäßigkeit der Zustellung nachgewiesen wird. Das ist hier unbedenklich der Fall. Denn nach den unstreitigen Tatsachen war der Gerichtsvollzieher zur Aushändigung der Klageschrift an den im Kölner Geschäftslokal anwesenden Handlungsgehilfen M. befugt, da er einen der richtigen gesetzlichen Vertreter der beklagten G. m. b. H. dort nicht antraf. Dieser ist daher die Klageschrift von vornherein rechtswirksam zugestellt worden.

Es kommt noch hinzu, daß die Beklagte auch die Prozeßführung durch ihren Filialleiter K. und die von ihm veranlaßte Bestellung der Prozeßbevollmächtigten beider Vorinstanzen genehmigt hat. (Wird näher ausgeführt.)

RGZ. 112, 1

Zur Frage, durch welchen Anwalt bei den auf Betreiben von Rechtsanwälten zuzustellenden Schriftstücken die nach § 170 ZPO. erforderliche Beglaubigung zu erfolgen hat.

II. Zivilsenat. Urt. v. 9. Oktober 1925.

I. Landgericht Magdeburg, Kammer für Handelssachen.
II. Oberlandesgericht Naumburg a. S.

Der Kläger ist beim Landgericht Magdeburg als Rechtsanwalt zugelassen. Er hat die vorliegende aktienrechtliche Anfechtungsklage nicht selbst erhoben, sondern sich durch den bei demselben Gericht zugelassenen Rechtsanwalt Dr. H., mit dem er sich zur gemeinsamen Berufsausübung verbunden hat, vertreten lassen. Auch der Zustellungsauftrag wurde bei Erhebung der Klage von Dr. H. erteilt, die von dem beauftragten Gerichtsvollzieher den Zustellungsempfängern übergebenen Abschriften der Klageschrift waren aber nicht von Dr. H., sondern vom Kläger selbst beglaubigt. Die Beklagte wendete ein, daß die Klage danach nicht ordnungsmäßig zugestellt sei. Das Landgericht erachtete den Einwand für begründet, das Oberlandesgericht wies ihn zurück. Das Reichsgericht hat die Auffassung des Oberlandesgerichts gebilligt.

Gründe:

Dem Berufungsgericht ist darin beizutreten, daß die Klage nicht schon wegen des von der Beklagten gerügten Zustellungsmangels der Abweisung unterliegt. Allerdings hat das Reichsgericht schon mehrfach Zustellungen, bei denen die Beglaubigung der übergebenen Abschrift auf Grund von § 170 Abs. 2 ZPO. (§ 156 Abs. 2 der früheren Fassung) durch einen Rechtsanwalt erfolgt ist, deshalb für unwirksam erklärt, weil ein anderer Anwalt als derjenige, der die Zustellung betrieb oder sie — gemäß § 198 des Gesetzes — selbst bewirkte, die Beglaubigung vorgenommen hatte. So der vormalige VI. Zivilsenat in Urteilen vom 4. Juni 1894 (RGZ. Bd. 33 S. 399) und vom 30. Januar 1896 (Gruch. Bd. 41 S. 168, JW. 1896 S. 187), ferner der erkennende Senat in einem Urteil vom 28. Februar 1905 (Recht 1905 S. 136) und der III. Zivilsenat in Urteilen vom 14. Mai 1907 und vom 11. Dezember 1908 (JW. 1909 S. 72 Nr. 6). Diese Fälle lagen aber anders als der gegenwärtige. Das Reichsgericht hat sich dort dagegen gewendet, daß der mit der Zustellung befaßte Anwalt in der Weise eine Teilung vornimmt, daß er die ihm obliegende Beglaubigung einem anderen Anwalt überläßt und dann selbst die Zustellung betreibt oder bewirkt. Darum handelt es sich hier nicht. Der Kläger, der selbst Rechtsanwalt ist, leitet die Beglaubigungsmacht nicht aus irgendwelchen Befugnissen seines Prozeßbevollmächtigten Dr. H. ab, sondern hat sich dieses Anwalts bedient, um das zu übergebende Schriftstück an den Gerichtsvollzieher gelangen zu lassen. Warum in einem solchen Falle die zulässigerweise vorgenommene Beglaubigung nicht mehr wirksam sein soll, ist nicht abzusehen. . . .

RGZ. 124, 22

1. Gehört die Aufnahme einer Zustellungsurkunde zum Begriff und Wesen der Zustellung?

2. Liegt eine Zustellungsurkunde vor, wenn die Unterschrift des Gerichtsvollziehers unter der Urschrift fehlt?

3. Ist es in solchem Falle von Bedeutung, wenn die beglaubigte Abschrift der Zustellungsurkunde mangelfrei ist?

ZPO. § 190 Abs. 1, §§ 191, 170 Abs. 1, § 198 Abs. 2.

VI. Zivilsenat. Beschl. v. 21. März 1929.

I. Landgericht Düsseldorf. II. Oberlandesgericht daselbst

Der Sachverhalt ergibt sich aus nachstehenden

Gründen:

Im Auftrag des erstinstanzlichen Prozeßbevollmächtigten des Klägers übergab am 16. November 1928 der Gerichtsvollzieher G. einer Büroangestellten der erstinstanzlichen Prozeßbevollmächtigten des Beklagten eine beglaubigte Abschrift des landgerichtlichen Urteils vom 6. November 1928 zum Zwecke der Zustellung. Ueber den Hergang entwarf er eine entsprechende Zustellungsurkunde, unterließ es aber, sie mit seiner Unterschrift zu versehen. Diesen Entwurf verband er mit der Ausfertigung des zuzustellenden Urteils und sandte letztere seinem Auftraggeber zurück. Jedoch enthält die auf die beglaubigte Urteilsabschrift gesetzte beglaubigte Abschrift der „Zustellungsurkunde" die Unterschrift des Gerichtsvollziehers in der Form: „gez. G . . ."; der Beglaubigungsvermerk ist von G. eigenhändig unterschrieben. Am 28. Dezember 1928 legte der Kläger gegen das Urteil Berufung ein mit dem Bemerken, das Urteil sei noch nicht zugestellt; die am 16. November versuchte Zustellung sei mangels unterschriftlicher Vollziehung der „Zustellungsurkunde" durch den Gerichtsvollzieher nichtig. Der Beklagte begehrte Verwerfung der Berufung als unzulässig, da die Zustellung am 16. November ordnungsmäßig erfolgt und daher die Berufung verspätet eingelegt sei.

Diesem Antrag hat das Oberlandesgericht durch den angefochtenen Beschluß entsprochen. Zur Begründung ist im wesentlichen folgendes ausgeführt worden. Die Aufnahme der Zustellungsurkunde sei nicht ein Teil des Zustellungsaktes, sondern sie geschehe nur zur Schaffung einer öffentlichen Beweisurkunde über die erfolgte Zustellung. Infolge des Fehlens der Unterschrift des Gerichtsvollziehers liege zwar hier keine öffentliche Urkunde vor. Dies schließe jedoch nicht aus, die mangelhafte Zustellungsurkunde im Wege der freien Beweiswürdigung (§ 286 ZPO.) bei Prüfung der Frage, ob eine Zustellung stattgefunden habe, mit heranzuziehen und die Zustellung als bewirkt anzunehmen, wenn hierfür auch noch andere Umstände sprächen. Ein solcher Umstand sei hier die vorliegende formgerechte beglaubigte Abschrift der Zustellungsurkunde. Ueberdies behaupte auch der Kläger gar nicht, daß der eigentliche Zustellungsvorgang eine Ordnungswidrigkeit aufweise. Sei aber hiernach die Zustellung des angefochtenen Urteils am 16. November 1928 wirksam erfolgt, so sei die Berufung als unzulässig zu verwerfen.

Die gegen diesen Beschluß eingelegte sofortige Beschwerde ist begründet. In Frage steht, ob am 16. November 1928 eine Zustellung des angefochtenen Urteils im Sinne der §§ 166 flg. ZPO. stattgefunden hat, woraus sich bejahendenfalls die Verwerfung der Berufung ohne weiteres ergeben würde. Die Beantwortung dieser Frage hängt zunächst davon ab, ob im Sinne der Zivilprozeßordnung die Aufnahme der Zustellungsurkunde zum Begriff und Wesen der Zustellung gehört oder ob diese schon mit der Uebergabe des zuzustellenden Schriftstücks (unter Beachtung der dafür vorgeschriebenen zwingenden Formvorschriften, vor allem also durch eine zur Vornahme von Zustellungen zuständige Person) vollendet wird und die Aufnahme einer Urkunde nur zur Schaffung eines Beweismittels angeordnet ist, das zwar der Erleichterung des Beweises über eine erfolgte Zustellung dienen soll, das aber auch durch andere Beweise ersetzt werden kann.

Der Senat erachtet die Zustellung des Urteils, wie sie vorliegt, für unwirksam aus folgenden Erwägungen.

Der § 190 Abs. 1 ZPO. bestimmt: „Ueber die Zustellung i s t eine Urkunde aufzunehmen", und der § 191 schreibt vor, was die Zustellungsurkunde enthalten m u ß. Dieser Ausdrucksweise pflegen sich die neueren deutschen Gesetze und insbesondere die Zivilprozeßordnung zur Kennzeichnung solcher Vorschriften zu bedienen, die so wesentlich sind, daß ihre Nichtbeachtung die Unwirksamkeit der vorgenommenen Handlung nach sich zieht. Dafür, daß der Gesetzgeber etwa gerade in den § 190 Abs. 1, § 191 ZPO. den gewählten Worten „ist" und „muß" eine andere Bedeutung, den Sinn einer bloßen Sollvorschrift, hätte beilegen wollen, gibt die Entstehungsgeschichte der genannten Vorschriften (§§ 173, 174 alter Fassung) nicht den mindesten Anhalt. Im Gegenteil heißt es auf S. 141 der Begründung eines Entwurfs der ZPO. (H a h n Materialien Bd. I S. 221): „Unter Zustellung versteht der Entwurf: Mitteilung einer Abschrift oder einer Ausfertigung des zuzustellenden Schriftstückes unter Beurkundung der erfolgten Mitteilung (§§ 165, 166)" und auf S. 152 das. (H a h n S. 230) ist hinzugefügt: „Die §§ 166 bis 168 betreffen den Zustellungsakt selbst". Die §§ 166, 167 des Entwurfs entsprechen den §§ 173, 174 des Gesetzes a. F. und sind mit Aenderungen, die ohne Bedeutung sind, Gesetz geworden. Während der gesetzgeberischen Vorarbeiten ist gegen die mitgeteilte Grundauffassung des Entwurfs vom Wesen der Zustellung von keiner Seite Widerspruch erhoben worden (vgl. H a h n a. a. O. Bd. I S. 571, Bd. II S. 957).

Bei der grundlegenden Bedeutung, die dem Formalakt der Zustellung für das gesamte Prozeßverfahren, insbesondere auch gerade für den hier in Betracht kommenden Beginn der Notfristen innewohnt, erscheint es auch durchaus berechtigt, daß der Gesetzgeber die Wirksamkeit der Zustellung von der Aufnahme einer Urkunde abhängig gemacht hat. Ueber jene Bedeutung der Zustellung sagen die Motive S. 141, 142 (Hahn Bd. I S. 222): „Für ein mündliches Verfahren ist in jeder Lage des Rechtsstreits und in jeder Instanz der Zustellungsakt von höchster prozessualer Bedeutung. Die Zustellung bildet die erste und eigentliche Grundlage, auf der sich das ganze Verfahren aufbaut, und bedarf schon deshalb einer strengen gesetzlichen Form. Daß legaliter, prompt und sicher zugestellt werde, daß namentlich kein Streit über das Ob und Wie der Zustellung entstehe, erscheint als eine besondere Aufgabe der prozessualischen Legislation." Mit diesen zutreffenden Erwägungen wäre es unvereinbar, wenn der Gesetzgeber in der Aufnahme der Zustellungsurkunde nichts weiter als die bloße Schaffung eines Beweismittels gesehen hätte, dessen Nichtherstellung ohne Einfluß auf die Gültigkeit des Aktes wäre und das nur neben anderen Arten des Beweises stände.

Den für letztere Auffassung geltend gemachten Gründen vermag der Senat keine ausschlaggebende Bedeutung beizumessen. Es sind dies im wesentlichen die folgenden. Der § 170 Abs. 1 ZPO. schreibe vor, daß die Zustellung in der Uebergabe einer Ausfertigung oder einer beglaubigten Abschrift des zuzustellenden Schriftstücks bestehe; allein bei diesem Hinweis wird übersehen, daß der § 170 Abs. 1 ZPO. in § 190 Abs. 1 das. seine Ergänzung findet. Dem allenfalls für nicht ganz genau zu erachtenden Wortlaut des § 191 Nr. 4 ZPO., der von der Person spricht, „welcher zugestellt ist", kann kein entscheidendes Gewicht beigelegt werden. Der Satz der Motive S. 153 (Hahn Bd. I S. 231) endlich: „Daß die Zustellungsurkunde eine öffentliche ist und als solche beweist, daß ferner mangelhafte Zustellungsurkunden rücksichtlich ihrer Beweiskraft vom Richter frei zu würdigen sind, bedarf keines Ausspruchs" behandelt mit Mängeln behaftete Zustellungsurkunden, verhält sich jedoch über Nichtaufnahme solcher Urkunden überhaupt nicht.

Der Standpunkt, daß die Zivilprozeßordnung unter Zustellung die beurkundete Uebergabe versteht, ist auch in der bisherigen Rechtsprechung des Reichsgerichts — die sich, soweit festgestellt werden konnte, mit einem dem vorliegenden Fall gleichartigen Sachverhalt noch nicht zu beschäftigen hatte — zum mindesten überwiegend vertreten worden (vgl. u. a. RGZ. Bd. 11 S. 404 und Beschluß vom 28. Oktober 1902 VII B 163/02, insbesondere aber RGZ. Bd. 19 S. 423). Die Entscheidungen bei Gruch. Bd. 36 S. 126 und in RGZ. Bd. 52 S. 13 mögen vielleicht von einer anderen Grundanschauung ausgehen, diese ist jedoch nicht zur wesentlichen Grundlage jener Entscheidungen gemacht worden. Das Bayerische Oberste Landesgericht hat in den Entscheidungen in SeuffArch. Bd. 42 Nr. 327 und Bd. 54 Nr. 180 (von denen die letztere denselben Sachverhalt wie hier zu beurteilen hatte) die Zustellungsurkunde für ein bloßes Beweismittel erachtet. Die Rechtsprechung der Oberlandesgerichte ist geteilter Auffassung (vgl. die Nachweisungen bei

Stein-Jonas ZPO. Note 3 zu § 190). Wie hier ist u. a. in ROLG. Bd. 6 S. 394 und Bd. 29 S. 75 entschieden. Die Erläuterungswerke zur Zivilprozeßordnung vertreten fast durchweg die gegenteilige Meinung (vgl. Wilmowski-Levy Anm. 1 zu § 173 a. F. und Anm. 1 zu § 174 a. F.; Struckmann-Koch Anm. 3 zu § 190; Skonietzki-Gelpcke Anm. 1 zu § 191; Reincke Anm. 1 zu § 190; Petersen-Anger Anm. 1 zu § 190; Freudenthal Anm. 1 zu § 190; Baumbach Anm. 1 zu § 190). Dagegen halten Stein-Jonas Bem. I zu § 190, Neukamp Anm. 2 zu § 166 und Seuffert Anm. 1 zu § 190 die Aufnahme einer Zustellungsurkunde für einen notwendigen Bestandteil des Zustellungsaktes, ebenso auch grundsätzlich Förster-Kann Anm. 1 zu § 190, der es jedoch für ausreichend hält, wenn der Zustellungsbeamte in der Absicht, den Zustellungsakt zu beurkunden, eine Urkunde errichtet hat.

Es mag noch darauf hingewiesen werden, daß aus der Bejahung der hier erörterten Frage nichts für die Beantwortung zweier weiterer Fragen folgt. Einmal kann, sofern eine Zustellungsurkunde aufgenommen, die Zustellung also wirksam erfolgt ist, der Beweis der Ordnungsmäßigkeit der Zustellung auch durch sonstige Beweismittel geführt werden, wenn die Urkunde in Verlust geraten ist (JW. 1899 S. 163 Nr. 8) oder aus anderen Gründen nicht vorgelegt werden kann (RGZ. Bd. 46 S. 373). Denn die Zivilprozeßordnung schreibt nirgends vor, daß die Zustellung nur durch Vorlegung der Zustellungsurkunde nachgewiesen werden könne. Und ferner wird die Wirksamkeit einer Zustellung nicht dadurch beeinträchtigt, daß die Zustellungsurkunde unwesentliche Mängel aufweist. Ob ein Mangel als wesentlich oder als unwesentlich anzusehen ist, mag im Einzelfall zweifelhaft sein (vgl. u. a. RGZ. Bd. 17 S. 405 und S. 414, Bd. 24 S. 416, Bd. 52 S. 367, Bd. 109 S. 267; WarnRspr. 1917 Nr. 185; RG. in JW. 1906 S. 566, auch ROLG. Bd. 31 S. 36 und Stein-Jonas Bem. 1 zu § 191). Einer näheren Stellungnahme zu letzterer Frage bedarf es aber im vorliegenden Falle nicht.

Hier fehlt es an der Unterschrift des Gerichtsvollziehers unter der Urschrift der „Zustellungsurkunde“. Danach ist aber eine Urkunde über die Urteilsübergabe überhaupt nicht aufgenommen. Denn die in § 191 Nr. 7 ZPO. vorgeschriebene Unterzeichnung der Zustellungsurkunde durch den Zustellungsbeamten ist — ebenso wie die in § 198 Abs. 2 ZPO. vorgesehene Unterschrift des Rechtsanwalts unter dem Empfangsbekenntnis — für den Begriff der Zustellungsurkunde so wesentlich, daß ein solches ununterzeichnetes Schriftstück keine Urkunde darstellt. Ein derartiges Schriftstück ist der Entwurf zu einer Urkunde; infolge der Nichtunterzeichnung ist der Beurkundungsakt nicht zum Abschluß gelangt (RGZ. Bd. 46 S. 377). Die fehlende Beurkundung der Zustellung kann, wie kaum der Hervorhebung bedarf, nicht dadurch ersetzt werden, daß der Gerichtsvollzieher eine beglaubigte Abschrift einer in Wirklichkeit nicht vorhandenen Zustellungsurkunde angefertigt und dem Zustellungsempfänger ausgehändigt hat. Denn nicht die Herstellung einer beglaubigten Abschrift der Zustellungsurkunde, sondern die der Urschrift ist für die Wirksamkeit der Zustellung wesentlich, und eine Säumnis oder ein sonstiger Nachteil, die es etwa rechtfertigen könnten, der beglaubigten Abschrift der „Zustellungsurkunde" maßgebliche Bedeutung beizulegen, ist dem Beklagten durch die Uebergabe der beglaubigten Abschrift der Zustellungsurkunde nicht erwachsen (RGZ. Bd. 82 S. 427 und Stein-Jonas Bem. III zu § 190 und Bem. V zu § 170).

RGZ. 129, 339

Tritt die im § 693 Abs. 2 ZPO. angeordnete Rückbeziehung der Unterbrechung der Verjährung auf den Tag der Einreichung oder Anbringung des Gesuchs um Erlassung des Zahlungsbefehls auch dann ein, wenn dessen Zustellung an den Schuldner wegen der inzwischen wider ihn erfolgten Konkurseröffnung gegenüber der Konkursmasse wirkungslos ist, die Forderung aber demnächst zur Konkurstabelle angemeldet wird?

II. Zivilsenat. Urt. v. 4. Juli 1930.

I. Landgericht Köln. II. Oberlandesgericht daselbst.

Die Klägerin war durch Indossament legitimierte Inhaberin eines von der Aktiengesellschaft D. ausgestellten, auf die Firma Zigarettenfabrik A. gezogenen und von dieser akzeptierten, am 12. Juli 1924 verfallenen Wechsels über 500 000 RM. Am Verfalltag wurde der Wechsel im Auftrag der Klägerin protestiert. Am 8. Oktober 1924 beantragte die Klägerin beim Amtsgericht Köln gegen die Aktiengesellschaft D. die Erlassung eines Wechsel-Zahlungsbefehls über die Wechselsumme nebst Unkosten und Zinsen. Der Zahlungsbefehl wurde am 18. Oktober erlassen und am 21. dess. Monats der Schuldnerin zugestellt. Am gleichen Tage, dem 21. Oktober 1924, wurde um 13.45 Uhr über das Vermögen der Aktiengesellschaft D. das Konkursverfahren eröffnet. Die Klägerin meldete in diesem Verfahren den Wechselanspruch als unbevorrechtigte Konkursforderung an; diese wurde vom Konkursverwalter im Prüfungstermin bestritten.

Die Klägerin verlangt Feststellung dahin, daß sie wegen der bezeichneten Wechselforderung nebst Zinsen und Kosten als nicht bevorrechtigte Gläubigerin am Konkurse der Firma D. beteiligt sei. Der verklagte Konkursverwalter macht geltend: Der Wechselanspruch sei verjährt, und zwar sei die dreimonatige Verjährungsfrist des Art. 78 Nr. 1 WO. am 12. Oktober 1924 abgelaufen. Das am 8. Oktober 1924 beim Amtsgericht eingegangene Gesuch um Erlassung eines Zahlungsbefehls habe den Lauf der Verjährung nicht unterbrechen können, weil der Zahlungsbefehl der Firma D. am 21. Oktober 1924 erst nach 13.45 Uhr, also nach der Konkurseröffnung zugestellt worden sei. Der Konkursmasse gegenüber sei diese Zustellung ohne Bedeutung; § 693 Abs. 2 ZPO. könne daher hier keine Anwendung finden. Die Verjährung sei übrigens auch dann vollendet, wenn man annehme, daß der Zahlungsbefehl der D. noch vor der Konkurseröffnung zugestellt worden sei. Denn die Konkurseröffnung habe das Mahnverfahren unterbrochen. Damit sei ein Stillstand im Sinne des § 211 Abs. 2 BGB. eingetreten, die Klägerin hätte aber während dieses Stillstands das Verfahren weiter betreiben und die von der Zustellung des Zahlungsbefehls an neu laufende dreimonatige Verjährungsfrist durch Anmeldung ihrer Forderung im Konkurs unterbrechen müssen. Sie habe jedoch die Forderung erst am 18. Juni 1926 angemeldet, also lange nach Ablauf der neuen Verjährungsfrist. Die Klägerin vertritt den Standpunkt, daß die Verjährung in keinem Falle vollendet sei, möge der Zahlungsbefehl vor oder nach dem Zeitpunkt der Konkurseröffnung zugestellt worden sein. Denn nach Sinn und Zweck der Vorschrift des § 693 ZPO. müsse die Verjährung auch durch eine erst nach Konkurseröffnung bewirkte Zustellung als unterbrochen gelten. Da die Klägerin wegen des Amtsbetriebs auf eine etwa notwendige Beschleunigung der Zustellung des Zahlungsbefehls nicht habe hinwirken können, müsse der Tag der Einreichung des Gesuches maßgebend sein. Die Zustellung sei übrigens noch vor Konkurseröffnung erfolgt. Dadurch sei das Mahnverfahren unterbrochen worden und die Unterbrechung bestehe weiter, bis es nach den Vorschriften der Konkursordnung wieder aufgenommen oder das Konkursverfahren aufgehoben werde. Da dieses noch im Gang sei, dauere die Unterbrechung noch jetzt fort. Von einem Stillstand im Sinne des § 211 Abs. 2 BGB. könne nicht die Rede sein. Im übrigen habe die Klägerin die Forderung schon am 5. Dezember 1924 zur Tabelle angemeldet, wie sich aus der Tabelle ergebe; am 18. Juni 1926 habe sie nur eine Abschrift der früheren Anmeldung zu den Konkursakten eingereicht, weil die ursprüngliche Anmeldung offenbar verlorengegangen sei.

Das Landgericht wies die Klage ab, weil der Anspruch verjährt sei. Das Oberlandesgericht stellte den Anspruch in Höhe von 500 000 RM. nebst Nebenforderungen als nicht bevorrechtigte Konkursforderung der Klägerin fest. Die Revision des Beklagten führte zur Aufhebung und Zurückverweisung.

Gründe:

Die Verjährung des Regreßanspruchs der Klägerin gegen die Firma D. als Wechselausstellerin lief am 12. Oktober 1924 ab; denn der Wechsel wurde am 12. Juli 1924 (dem Verfalltag) protestiert. Am

8. Oktober 1924 wurde das Gesuch der Klägerin um Erlassung eines Zahlungsbefehls beim Amtsgericht Köln eingereicht. Erlassen wurde der Zahlungsbefehl am 18. Oktober, der Schuldnerin von Amts wegen zugestellt am 21. Oktober. An diesem Tag, und zwar um 13.45 Uhr, wurde das Konkursverfahren über das Vermögen der Firma D. eröffnet. Darüber, ob die Zustellung an sie vor oder nach dem Zeitpunkt der Konkurseröffnung stattgefunden hat, besteht Streit; die Klägerin behauptet das erstere, der Beklagte das letztere, beide unter Beweiserbieten. Das Berufungsgericht läßt die Frage offen, weil es annimmt, der Klägerin stehe die Vorschrift des § 693 Abs. 2 ZPO. auch dann zur Seite, wenn die Zustellung der Eröffnung des Konkurses nachgefolgt sei; die vom 12. Juli 1924 an laufende dreimonatige Verjährung sei auch dann durch die Einreichung des Gesuchs um Zahlungsbefehl unterbrochen worden.

Zu diesem Ergebnis gelangt das Berufungsgericht auf Grund folgender Erwägungen: Durch die Konkurseröffnung sei das mit der Einreichung des Gesuchs um Zahlungsbefehl eingeleitete Mahnverfahren unterbrochen worden. Dabei sei gleichgültig, ob der Zahlungsbefehl der jetzigen Gemeinschuldnerin vor oder nach dem Zeitpunkt der Konkurseröffnung zugestellt worden sei; denn schon von der Einreichung des Gesuchs an habe ein gegen die Firma D. gerichtetes Mahnverfahren vorgelegen. Eine nach Konkurseröffnung erfolgte Zustellung des Zahlungsbefehls sei allerdings der Konkursmasse gegenüber ohne rechtliche Wirkung gewesen. Es sei aber auch die angemessene Frist nicht gelaufen, die das Gesetz aufstelle, indem es im § 693 Abs. 2 ZPO. verlange, daß die Zustellung des Zahlungsbefehls „demnächst" bewirkt werde. Im übrigen müßte — so führt das Berufungsgericht weiter aus — auch die entsprechende Anwendung des § 249 ZPO. zur Annahme führen, daß die Zustellungsfrist unterbrochen sei. Diese Frist sei auch nicht nachträglich abgelaufen infolge von Ereignissen, die während des noch schwebenden Konkursverfahrens eingetreten seien. Da der Konkursverwalter dem Regreßanspruch widersprochen habe, sei freilich eine Aufnahme des Mahnverfahrens gegen ihn nicht möglich gewesen; denn ein Feststellungsantrag, wie ihn § 146 KO. verlange, sei nach § 688 ZPO. unzulässig. Daraus folge aber nicht, daß nun eine Unterbrechung der Verjährung durch nachfolgende Zustellung des Zahlungsbefehls überhaupt nicht mehr herbeigeführt werden könne. Durch Einführung des Amtsbetriebs habe das Gesetz die Zustellung im Mahnverfahren jeder Einwirkung der Partei entzogen. Die Zeit, welche die Geschäftsstelle zur Bewirkung der Zustellung brauche, dürfe jedoch der Partei nicht zum Nachteil gereichen. Wie beim Güteverfahren, so sei auch im Mahnverfahren grundsätzlich die Einreichung des Antrags der maßgebende Zeitpunkt für die Wahrung einer Frist und für die Unterbrechung der Verjährung. Beim Mahnverfahren fordere zwar das Gesetz (§ 209 Abs. 2 Nr. 1 BGB.) für die Unterbrechung der Verjährung die Zustellung des

Zahlungsbefehls. Damit habe aber nicht die förmliche Zustellung für so wesentlich erklärt werden sollen, daß ohne sie eine Unterbrechung der Verjährung nicht möglich wäre. Der Zweck der Vorschrift des § 693 Abs. 2 ZPO. sei nur der gewesen, dafür zu sorgen, daß der Schuldner innerhalb angemessener Frist durch die Zustellung von dem erhobenen Anspruch Kenntnis erlange. Allerdings werde nicht jede Verschaffung dieser Kenntnis, ohne formellen Akt, die Zustellung ersetzen können. Bei einer Unterbrechung des Mahnverfahrens durch Konkurseröffnung sei aber die Anmeldung der Forderung zur Tabelle geeignet, an die Stelle der Zustellung zu treten. Auf die Zeit der Anmeldung komme es nicht an, weil die Zustellungsfrist während des ganzen Konkursverfahrens unterbrochen bleibe. Möge daher die Anmeldung am 5. Dezember 1924 oder im Juni 1926 erfolgt sein, jedenfalls habe sie die Verjährung mit Rückwirkung auf den Tag der Einreichung des Gesuchs um Zahlungsbefehl unterbrochen. Uebrigens gelange man nach den Grundsätzen über die Aufnahme des Mahnverfahrens zum gleichen Ergebnis. Es stehe nichts im Wege, bei entsprechender Anwendung der §§ 239 flg. ZPO. die Klagerhebung gegen den Konkursverwalter wie eine Aufnahme des Mahnverfahrens wider ihn zu behandeln und die Zustellung der Feststellungsklage als die noch ausstehende Zustellung des Zahlungsbefehls anzusehen. Die Klagerhebung (im Herbst 1928) müsse auch als „demnächst erfolgt" im Sinne des § 693 Abs. 2 ZPO. gelten. Denn nach dem Widerspruch des Konkursverwalters im Prüfungstermin hätten die Parteien noch bis Ende Juli 1928 auch über die hier streitige Forderung verhandelt.

Dem Berufungsgericht ist insoweit beizutreten, als es die Verjährung des Wechselregreßanspruchs dann für ausgeschlossen hält, wenn der Zahlungsbefehl der Schuldnerin Firma D. am 21. Oktober 1924 noch vor der um 13.45 Uhr erfolgten Konkurseröffnung zugestellt worden ist. Dann trat die Wirkung der Unterbrechung der Verjährung nach § 693 Abs. 2 ZPO. schon mit dem 8. Oktober 1924 ein als dem Tag der Einreichung des Gesuchs um Zahlungsbefehl. Denn am 8. Oktober war die dreimonatige Verjährungsfrist, die seit dem 12. Juli 1924 lief, noch nicht abgelaufen. Diese Unterbrechung dauert nach § 213 Satz 1 in Verb. mit § 212 a Satz 1 BGB. bis zur „Erledigung" des Mahnverfahrens. Zur Erledigung des Mahnverfahrens kann es aber überhaupt nicht kommen, solange der Konkurs noch schwebt. Denn das Mahnverfahren wurde in dem hier angenommenen Fall der Zustellung vor Konkurseröffnung durch diese unterbrochen und bleibt nach § 249 ZPO. unterbrochen, bis es „nach den für den Konkurs geltenden Bestimmungen aufgenommen oder das Konkursverfahren aufgehoben wird". Eine Aufnahme des Mahnverfahrens in dem soeben erwähnten Sinne, also während des Konkurses, ist nicht möglich, wie sich aus § 688 Abs. 1 ZPO. in Verb. mit § 146 KO. ohne weiteres ergibt. Aufhebung des Konkursverfahrens kommt als Beendigungsmöglichkeit für die Unterbrechung des

Mahnverfahrens hier auch nicht in Frage, weil bei Erlassung des Berufungsurteils der Konkurs gegen die Firma D. noch im Gange war. Fortgesetzt und erledigt kann also das vor Konkurseröffnung nur bis zur Zustellung des Zahlungsbefehls gediehene Mahnverfahren erst dann werden, wenn der Konkurs beendet ist. Aus alledem folgt, daß die Unterbrechung der Verjährung bei Erlassung des angefochtenen Urteils noch fortdauerte.

Die Revision meint allerdings, die Regreßforderung sei auch dann verjährt, wenn der Zahlungsbefehl noch vor Konkurseröffnung zugestellt worden sein sollte. Denn durch die Konkurseröffnung sei ein Stillstand des Mahnverfahrens herbeigeführt worden, und die neue dreimonatige Verjährungsfrist, die vom 21. Oktober 1924 an gelaufen sei, habe keine Unterbrechung mehr erlitten, weil die Regreßforderung erst am 18. Juni 1926 zur Tabelle angemeldet worden sei. Diese Auffassung geht fehl. In gewissem Sinne liegt allerdings auch hier ein Stillstand des Mahnverfahrens vor, weil dieses während des Konkurses nicht weiterbetrieben werden kann. Aber diese Stockung im Mahnverfahren ist kein Stillstand im Sinne des § 211 Abs. 2 BGB., dessen Anwendung die Revision für möglich hält. Denn sie beruht weder auf Parteivereinbarung noch auf freiwilliger Untätigkeit des Gläubigers, sondern auf dem Gebot des Gesetzes, das während des Konkursverfahrens nur eine bestimmte Art der Rechtsverfolgung zuläßt. In solchem Falle kommt die Anwendung des § 211 Abs. 2 nicht in Frage.

Fand dagegen die Zustellung des Zahlungsbefehls erst nach der Eröffnung des Konkurses statt, so war sie — wie auch der Berufungsrichter annimmt — der Konkursmasse gegenüber ohne rechtliche Wirkung. Insbesondere konnte sie nicht die Verjährung des Wechselregreßanspruchs zugunsten der Klägerin unterbrechen und infolgedessen auch nicht eine Rückwirkung im Sinne des § 693 Abs. 2 ZPO. begründen. Zu der bestrittenen Frage, ob das Mahnverfahren durch die Konkurseröffnung auch dann unterbrochen werden konnte, wenn im Zeitpunkt der letzteren der Zahlungsbefehl noch nicht zugestellt war, nimmt der Senat im Anschluß an S t e i n - J o n a s Anm. IV zu § 692 ZPO. in verneinendem Sinne Stellung, weil vor der Zustellung von einem anhängigen Verfahren nicht wohl die Rede sein kann. Die dreimonatige Verjährungsfrist war in dem hier angenommenen Falle der (wirkungslosen) Zustellung nach Konkurseröffnung am 12. Oktober 1924 abgelaufen, wenn nicht irgendein Vorgang aus der Zeit nach Konkurseröffnung der „demnächstigen" Zustellung im Sinne des § 693 Abs. 2 ZPO. in der Wirkung der Rückbeziehung auf den Tag der Einreichung des Gesuchs um Zahlungsbefehl gleichgestellt werden kann. Der Berufungsrichter will im Anschluß an H e l l w i g System des Zivilprozeßrechts Bd. 2 S. 80 (§ 255 I 3 u. Note 4) die demnächstige Zustellung des Zahlungsbefehls mit der Wirkung nach § 693 Abs. 2 ZPO. durch die Anmeldung der Wechselregreßforderung im Konkurs ersetzen wobei er offenläßt, ob diese Anmeldung am 5. Dezember 1924 oder erst im Juni 1926 vorgenommen wurde. Hierin vermag ihm der erkennende Senat nicht zu folgen.

Soweit die Zivilprozeßordnung zur Wahrung einer Frist oder zur Unterbrechung der Verjährung (oder des Laufs einer Frist) die Rückbeziehung der Zustellung auf einen früheren Tag zuläßt (außer § 693 Abs. 2 vgl. § 207 Abs. 1, § 496 Abs. 3), handelt es sich um Ausnahmevorschriften, die schon wegen dieser ihrer Eigenschaft einer ausdehnenden Deutung nicht fähig sind. Was den § 693 Abs. 2 im besonderen angeht, so spricht nichts dafür, daß nach dem gegebenen Gesetz die Zustellung des Zahlungsbefehls dann, wenn der Schuldner vor ihrer Bewirkung in Konkurs fällt, durch die Anmeldung der Forderung zur Konkurstabelle sollte ersetzt werden können. Dieser Gedanke mag vielleicht als Gesetzesvorschlag beachtenswert sein; im Gesetze selbst ist er nicht berücksichtigt. Zur Auslegung der Vorschrift im Sinne des angefochtenen Urteils kann auch nicht die Erwägung führen, daß bei der Zustellung von Amts wegen die Möglichkeit einer Einwirkung der Partei ausgeschlossen sei und der Gläubiger daher in einem Falle wie dem vorliegenden ohne Verschulden hart getroffen werde, wenn zwischen Erwirkung und Zustellung des Zahlungsbefehls die Konkurseröffnung gegen den Schuldner trete. Einmal ist es, jedenfalls nach dem tatsächlichen Gang der Dinge, nicht richtig, daß die Ausführung der Zustellung von Amts wegen der Parteieinwirkung vollständig entzogen sei. Denn der Gläubiger, der einen Zahlungsbefehl erwirkt und an dessen beschleunigter Zustellung ein Interesse hat, kann immerhin durch Anbringung entsprechender — schriftlicher oder auch mündlicher — Gesuche auf Beschleunigung hinwirken. Sodann kommt aber der Klägerin im vorliegenden Fall auch nicht der von ihr betonte Grundsatz zugute, daß der Partei die von der Gerichtsschreiberei (Geschäftsstelle) zur Durchführung der Zustellung gebrauchte Zeit nicht zum Nachteil gereichen dürfe. Denn mit diesem Satze, der sich nach RGZ. Bd. 105 S. 424 schon in der amtlichen Begründung zum jetzigen § 496 Abs. 3 ZPO. findet, sollte nur der Grund angegeben werden für die Rückwirkung auf die Zeit der Einreichung oder Anbringung, wie sie in § 496 Abs. 3 und in § 693 Abs. 2 angeordnet ist. Der Satz läßt sich aber nicht entscheidend für die ganz andere Frage verwerten, ob dann, wenn vor Zustellung des Zahlungsbefehls gegen den Schuldner Konkurs eröffnet wurde, von dem Erfordernis der Zustellung des Zahlungsbefehls abgesehen und die Anmeldung der Forderung zur Tabelle an ihre Stelle treten kann. Diese Frage darf nicht auf Grund von Billigkeitserwägungen bejaht werden, wenn aus dem Gesetze nichts dafür zu entnehmen ist, daß unter gewissen Umständen an der Zustellung des Zahlungsbefehls als Voraussetzung für die in § 693 Abs. 2 bezeichnete Rückwirkung nicht festgehalten zu werden braucht.

Die Annahme, daß der Anspruch im Falle der Zustellung nach Konkurseröffnung nicht verjährt sei, kann auch nicht, wie der Berufungsrichter will, auf die für die Aufnahme des Mahnverfahrens „entsprechend" zu verwertenden Vorschriften der §§ 239 flg. ZPO. gestützt werden. Nach dem angefochtenen Urteil soll auf dieser Grundlage die gegen den Konkursverwalter gerichtete Feststellungsklage als Aufnahme des Mahnverfahrens gelten und die Zustellung der Feststellungsklage als die vom Gesetz geforderte, noch ausstehende Zustellung des Zahlungsbefehls anzusehen sein. Allein auch dieser Versuch, die Verjährung auszuschließen, läuft auf eine willkürliche, in der Zivilprozeßordnung in keiner Weise begründete Ausschaltung des Erfordernisses der demnächstigen Zustellung des Zahlungsbefehls hinaus. Außerdem geht es nicht an, der Erhebung der konkursrechtlichen Feststellungsklage die Wirkung einer Aufnahme des Mahnverfahrens und einer Zustellung des Zahlungsbefehls beizulegen, wenn das Mahnverfahren, wie der Berufungsrichter selbst nicht verkennt, während des Konkurses überhaupt nicht aufgenommen werden kann.

Nach dem Ausgeführten kommt es darauf an, ob der Zahlungsbefehl der Schuldnerin Firma D. vor oder nach dem Zeitpunkt der Konkurseröffnung zugestellt wurde.

RGZ. 152, 360

1. Ist § 187 ZPO. anwendbar auf die Zustellung von anderen Schriftstücken als Ladungen?

2. Wie ist die Ersatzzustellung an Krankenhausinsassen zu bewirken?

3. . . .

ZPO. § 181 Abs. 1, §§ 187, 287.

I. Landgericht Hannover. II. Oberlandesgericht Celle.

Gründe:

Das Berufungsgericht hat die Klägerin mit ihrem auf die §§ 7, 18, 10 Abs. 2 KFG. gestützten Anspruch auf Rente abgewiesen mit der Begründung: Zur Zeit des Unfalls sei die Ehe der Klägerin mit dem Getöteten schon durch Urteil des Landgerichts in H. vom 12. Dezember 1933 aus alleinigem Verschulden der Ehefrau geschieden gewesen. Dies Urteil sei allerdings wegen Unwirksamkeit der am 2. Januar 1934 bewirkten Zustellung nicht rechtskräftig geworden, und die Klägerin habe zur Einlegung der Berufung das Armenrecht nachgesucht, um die Scheidung auf die Klage anzufechten und ihrerseits Widerklage auf Scheidung aus alleinigem Verschulden des Mannes zu erheben. Aber die Klägerin habe nicht bewiesen, daß ihr in dem Ehescheidungsstreit der Nachweis der Verzeihung ihrer Eheverfehlungen gelungen sein würde. Daraus folge, daß das Scheidungsurteil des Landgerichts Bestand behalten hätte, falls sich der Scheidungsstreit nicht durch den Tod des Mannes in der Hauptsache erledigt hätte. Ob auf eine Widerklage der Klägerin hin die

Ehe auch aus Verschulden des Mannes geschieden worden wäre, sei unerheblich, da die Klägerin einen Unterhaltsanspruch gegen den Mann nur dann behalten hätte, wenn die Ehe aus alleinigem Verschulden des Mannes geschieden worden wäre. Von dem Zeitpunkt ab, in dem das Scheidungsurteil rechtskräftig geworden wäre — das sei spätestens vom 1. April 1934 ab — hätte danach die Klägerin keinen Unterhaltsanspruch mehr gegen den Mann gehabt, so daß sie auch vom 1. April 1934 ab keinen Anspruch gegen die Beklagten auf Schadensersatz wegen Verlustes ihres Unterhaltsanspruchs habe.

Die Revisionsbeklagten bekämpfen die Ansicht des Berufungsgerichts, daß die am 2. Januar 1934 bewirkte Zustellung des Ehescheidungsurteils nicht rechtswirksam gewesen sei. Sie meinen, da die Klägerin von dem Ehemann getrennt gelebt habe, habe sie, nachdem sie in das Krankenhaus aufgenommen worden sei, dort ihre Wohnung gehabt, und deshalb sei die Zustellung zu Händen eines Angestellten des Krankenhauses rechtswirksam gewesen. Es sei unzweckmäßig, in einem Falle wie hier, wo in der alten Wohnung niemand zurückgeblieben sei, nicht im Krankenhaus zuzustellen, sondern nach den Vorschriften des § 182 ZPO. in der leeren Wohnung etwa durch Niederlegung bei der Postanstalt. Jedenfalls sei aber die Zustellung nach § 187 ZPO. als mit dem Zeitpunkt bewirkt anzusehen, in dem die Klägerin nach ihren Erklärungen das Ehescheidungsurteil erhalten habe.

Die Anwendung des § 187 ZPO. scheitert daran, daß diese Bestimmung eine in die Hände der Partei gelangte Ladung voraussetzt, das der Klägerin zugegangene Urteil aber keine Ladung enthält. Der gegenteiligen, von Baumbach (Erläuterung 1 zu § 187 ZPO.) vertretenen Ansicht, daß die Vorschrift auf andere Schriftstücke entsprechend anzuwenden sei, kann nicht beigestimmt werden. Hätte der Gesetzgeber die Bestimmung für die Zustellung von Schriftstücken aller Art gelten lassen wollen, so hätte er keinen Grund gehabt, in § 187 nicht, wie z. B. in § 181 Abs. 2 ZPO., von einem Schriftstück, sondern nur von einer Ladung zu sprechen. Daß die durch das Abänderungsgesetz vom 17. Mai 1898 (RGBl. S. 256) eingeführte Vorschrift auf die Zustellung von Schriftstücken, die keine Ladung enthalten, nicht anwendbar sein sollte, ist in der Begründung des Entwurfs (zu § 170 a) hervorgehoben worden (Begr. S. 97). Auch leuchtet ohne weiteres ein, daß der Gesetzgeber geglaubt hat, es in das Belieben jeder Partei stellen zu können, einer ihr im Wege der Ersatzzustellung nicht ordnungsmäßig zugestellten Ladung dadurch, daß sie erklärt, die Ladung zu einem bestimmten Zeitpunkt erhalten zu haben, die Wirkung einer ihr in diesem Zeitpunkt ordnungsmäßig zugestellten Ladung zu geben, daß er aber keiner Partei die Befugnis hat einräumen wollen, der nicht ordnungsmäßig bewirkten Zustellung eines anderen Schriftstücks, insbesondere eines Ehescheidungsurteils, von dessen ordnungsmäßiger Zustellung der Zeitpunkt der Auflösung einer Ehe abhängt, durch eine entsprechende Erklärung Rechtswirksamkeit von einem im Belieben der Partei stehenden Zeitpunkt ab zu urteilen. An der von Baumbach bekämpften Rechtsprechung (RGZ. Bd. 82 S. 65 [67]) ist deshalb festzuhalten.

Aber auch die Vorschriften des § 181 ZPO. können bei entsprechender Anwendung auf den Fall eines Krankenhausaufenthalts nicht so ausgelegt werden, wie die Beklagten es wollen. Den in der Familie des Zustellungsempfängers wohnenden erwachsenen Personen können nicht die sämtlichen Angestellten des Krankenhauses gleichgestellt werden. Entsprechend anwendbar ist in solchem Fall nur die Vorschrift des § 181 Abs. 2. ZPO., wonach die Ersatzzustellung an den in demselben Hause wohnenden Hauswirt oder Vermieter erfolgen kann, wenn er zur Annahme des Schriftstücks bereit ist. Diesen Personen kann nur der Vorsteher des Krankenhauses gleichgestellt werden. Die Zustellung an irgendeinen Angestellten des Krankenhauses ist ebensowenig rechtswirksam wie die Zustellung an einen Angestellten des Hauswirts oder Vermieters. Danach hat das Berufungsgericht mit Recht verneint, daß das Ehescheidungsurteil rechtskräftig geworden sei.

RGZ. 159, 25

Wird die Berufungsfrist in Lauf gesetzt, wenn die bei der Zustellung des Urteils übergebene beglaubigte Abschrift insofern von der in abgekürzter Form erfolgten Ausfertigung des Urteils abweicht, als Unterschriften von Richtern fehlen und der Ausfertigungsvermerk des Urkundsbeamten der Geschäftsstelle weggelassen ist?

ZPO. §§ 170, 295, 317 Abs. 2, § 516.

V. Zivilsenat. Beschl. v. 8. Dezember 1938.

I. Landgericht Essen. II. Oberlandesgericht Hamm.

Der Sachverhalt ergibt sich aus den

Gründen:

Die am 6. August 1938 von Anwalt zu Anwalt erfolgte Zustellung des landgerichtlichen Urteils in abgekürzter Form ist in der Weise bewirkt worden, daß dem erstinstanzlichen Prozeßbevollmächtigten der Klägerin eine von dem erstinstanzlichen Prozeßbevollmächtigten der Beklagten beglaubigte Abschrift gegen Empfangsbescheinigung ausgehändigt worden ist. In der beglaubigten Abschrift heißt es nach Mitteilung der Urteilsformel: „gez. Dr. W., K.“. Der erste Name ist derjenige des Vorsitzenden, der zweite derjenige des Protokollführers. Der Ausfertigungsvermerk des Urkundsbeamten der Geschäftsstelle des Landgerichts fehlt.

Entgegen dem Wortlaut des § 317 Abs. 2 Satz 3 ZPO. kann auch die Zustellung eines Urteils in abgekürzter Form durch Uebergabe einer beglaubigten Abschrift erfolgen (RG. in JW. 1926 S. 2574 Nr. 1). Diese beglaubigte Abschrift muß mit der Ausfertigung des abgekürzten Urteils übereinstimmen. In der Rechtsprechung ist zwar anerkannt, daß offenbare Unrichtigkeiten der beglaubigten Abschrift in Nebenpunkten, wie z. B. in der Parteibezeichnung, die Wirksamkeit der Zustellung nicht beeinträchtigen (RGZ. Bd. 61 S. 394; vgl. auch RG. in JW. 1898 S. 661 Nr. 15). Um solche bedeutungslose Unrichtigkeiten handelt es sich aber hier nicht. Mit der Unterzeichnung des Urteils durch die mitwirkenden Richter soll die Uebereinstimmung der Formel mit dem verkündeten Urteilsspruch durch das Gericht bezeugt werden (vgl. Jonas-Pohle Anm. 1 zu § 315 ZPO.). Deshalb stellt das Fehlen einer Unterschrift oder die Unterschrift eines Richters, der bei der Entscheidung nicht mitgewirkt hat, einen wesentlichen Mangel des Urteils dar. Bei der Ausfertigung des Urteils genügt infolgedessen nicht der Vermerk „gez. Unterschriften", sondern es müssen die Namen angegeben sein (Jonas-Pohle Anm. III 1 zu § 317 und Fußnote Nr. 2 zu § 170 ZPO.). In der reichsgerichtlichen Rechtsprechung ist denn auch die Zustellung eines Urteils nicht für wirksam erachtet worden, in dessen Ausfertigung die Unterschriften sich nicht mit den Namen der im Eingang aufgeführten Richter decken (RGZ. Bd. 90 S. 173, RG. in Gruch. Bd. 46 S. 1078; vgl. auch Jonas-Pohle Anm. II 2 zu § 315 ZPO.). Dasselbe muß gelten, wenn in der zum Zwecke der Zustellung übergebenen beglaubigten Abschrift Unterschriften der Richter ausgelassen sind, weil dann jede Unterlage dafür fehlt, daß das Urteil ordnungsgemäß unterschrieben ist. Im gegebenen Falle wird nun zunächst der Anschein erweckt, als handele es sich bei dem Namen des Protokollführers um den Namen eines Richters, der mit den im Eingang des Urteils aufgeführten Namen nicht übereinstimmt. Ferner fehlen die Namen von zwei an der Entscheidung beteiligt gewesenen Richtern.

Aber auch daß der Ausfertigungsvermerk des Urkundsbeamten der Geschäftsstelle in der beglaubigten Abschrift weggelassen worden ist, kann nicht als nebensächliche Unrichtigkeit angesehen werden. Denn erst dieser Ausfertigungsvermerk verleiht der Ausfertigung die Eigenschaft einer öffentlichen Urkunde und bezeugt die Uebereinstimmung der Ausfertigung mit der Urschrift des Urteils.

Der Zustellungsempfänger darf sich darauf verlassen, daß die ihm übergebene beglaubigte Abschrift in den wesentlichen Punkten richtig ist. Es kann ihm nicht zugemutet werden, die Richtigkeit bei der Zustellung nachzuprüfen. Ebensowenig kann die Gültigkeit der Zustellung davon abhängig gemacht werden, ob der Zustellungsempfänger auf Grund einer solchen Prüfung die Unrichtigkeit der beglaubigten Abschrift erkannt hat. Damit würde in den formalen Zustellungsakt eine unerträgliche Quelle der Rechtsunsicherheit hineingetragen werden.

Da hiernach die Zustellung an wesentlichen Mängeln leidet, so ist sie rechtsunwirksam. Eine Heilung gemäß § 295 ZPO. kommt schon um deswillen nicht in Frage, weil es sich um eine Zustellung handelt, die eine Notfrist in Lauf setzen sollte (RGZ. Bd. 99 S. 140).

Ladungen, Termine, Fristen

RGZ. 81, 321

1. Bezieht sich § 217 ZPO. nur auf Parteiladungen oder auch auf solche Ladungen, die von Amts wegen bewirkt werden?

2. Unter welchen Umständen kann die unbegründete Ablehnung von Vertagungsanträgen eine Verletzung von wesentlichen Vorschriften des Verfahrens im Sinne des § 539 ZPO. darstellen?

VI. Zivilsenat. Urt. v. 13. Februar 1913.

I. Landgericht I Berlin. II. Kammergericht daselbst.

Aus den Gründen:

„Das Berufungsgericht hat das erste Urteil auf Grund des § 539 ZPO. um deswillen aufgehoben, weil das Landgericht einerseits den in der Verhandlung vom 26. Juni 1911 gestellten drei Vertagungsanträgen nicht stattgegeben habe, und weil anderseits der Tatbestand und die Entscheidungsgründe des ersten Urteils in einem Punkte Widersprüche aufwiesen.

Der Beklagte hatte zunächst die Vertagung der Verhandlung um deswillen beantragt, weil er erst am 19. Juni zu der auf den 26. Juni 1911 anberaumten Verhandlung geladen, somit die im § 217 ZPO. vorgesehene Ladungsfrist nicht innegehalten worden sei. Diesen Antrag hat das Landgericht ohne Angabe von Gründen abgelehnt. Das Berufungsgericht hat schon in dieser Ablehnung des Vertagungsantrags einen wesentlichen Mangel des Verfahrens im Sinne des § 539 ZPO. erblickt. Es ist zwar der Ansicht, daß die Vorschrift des § 217 ZPO. im vorliegenden Falle keine Anwendung finde, weil dieser sich nur auf Parteiladungen, nicht aber auf solche Ladungen beziehe, die durch das Gericht von Amts wegen erfolgen. Gleichwohl hält es die Ablehnung des Vertagungsantrags für ungerechtfertigt, da dem Beklagten mit Rücksicht auf den großen Umfang der dem Schlußtermine vom 26. Juni 1911 voraufgegangenen Beweisaufnahme und mit Rücksicht auf die Wichtigkeit der Sache für beide Teile eine angemessene Zeit hätte gelassen werden müssen, um das Beweisergebnis in Ruhe durcharbeiten und etwaige weitere Beweisanträge stellen zu können. Deshalb sei sein Vertagungsantrag sachlich gerechtfertigt gewesen und dieser hätte dem ersten Richter Anlaß geben müssen, von Amts wegen zu prüfen, ob die Vertagung sonstwie im Interesse der Sache geboten war.

Auch den zweiten in der Verhandlung vom 26. Juni 1911 gestellten Vertagungsantrag des Beklagten sieht das Berufungsgericht im Gegensatze zum ersten Richter für gerechtfertigt an. Diesen Antrag hatte der Beklagte gestellt, nachdem der Kläger aus einem in der Verhandlung überreichten umfangreichen Schriftsatze einen neuen Antrag verlesen hatte. Der erste Richter lehnte auch diesen Vertagungsantrag ohne Begründung ab. Das Berufungsgericht hat diese Ablehnung mißbilligt, indem es eingehend darlegt, daß der neue Antrag teils weiter, teils enger, als der ursprünglich gestellte Antrag war, und daß dem Beklagten nicht zugemutet werden konnte, zu diesem neuen Antrage sofort Stellung zu nehmen.

Endlich hält das Berufungsgericht auch die Ablehnung des dritten Vertagungsantrags, die der erste Richter mit der Begründung gerechtfertigt hat, die vom Kläger vorgetragenen Tatsachen seien teils nicht neu, teils unerheblich, um deswillen für unzulässig, weil das Gericht ein abschließendes Urteil darüber, ob die neuen Behauptungen des Klägers unwesentlich waren, erst dann hätte gewinnen können, wenn der Beklagte sich hierzu geäußert hatte. Das angefochtene Urteil erblickt demnach in dieser Ablehnung einen Verstoß gegen § 272 ZPO. und ist der Ansicht, daß die Ablehnung der drei Vertagungsanträge sowohl der angegebenen gesetzlichen Vorschrift, wie dem Geiste der Zivilprozeßordnung zuwiderlaufe.

Im Ergebnis ist diesem vom Berufungsgericht eingenommenen Standpunkte beizupflichten.

Zunächst erscheint es zweifelhaft, ob die Ansicht der Vorinstanz, § 217 ZPO. finde nur dann Anwendung, wenn es sich um sog. Parteiladungen handle, gebilligt werden kann. Diese Vorschrift ist nach der in der Rechtslehre neuestens überwiegend vertretenen Ansicht[1]) auch dann anzuwenden, wenn, wie im vorliegenden Falle, gemäß § 370 Abs. 2 ZPO. nach Beendigung der Beweisaufnahme ein Termin zur Fortsetzung der mündlichen Verhandlung von Amts wegen bestimmt und den Parteien bekanntgemacht wird. Für die Richtigkeit dieser Ansicht scheint auch der Zweck jener Vorschrift zu sprechen, die es den Parteien ermöglichen soll, sich auf jede neue mündliche Verhandlung durch Benehmen mit ihren Anwälten oder in sonstiger Weise genügend vorzubereiten, ein Zweck, der gerade dann besonders hervortritt, wenn nach dem Schlusse der Beweisaufnahme eine Fortsetzung der mündlichen Verhandlung stattfinden soll, die in den meisten Fällen eine Rücksprache der Partei mit ihrem Anwalt über das Ergebnis der Beweisaufnahme und das weite. einzuschlagende Verfahren erfordern wird. Endlich scheint auch die jetzige Gestaltung des Zivilprozesses darauf hinzuweisen, die Vorschrift des § 217 ZPO. nicht bloß auf die Parteiladungen zu beschränken. Denn die letzten Novellen zur Zivilprozeßordnung haben mehr und mehr

[1]) Vgl. Gaupp-Stein (10. Aufl.) Nr. V zu § 217; Vorbem. III vor § 214; Seuffert (11. Aufl.) Nr. I zu § 217; Weismann Bd. 1 S. 260, Skonietzki-Gelpcke Vorbem. 2 vor § 214 u. Anm. 2 zu § 217; Neukamp (2. Aufl.) Anm. 6 zu § 217. D. E.

zu einem Ersatze der Parteiladung durch den Amtsbetrieb geführt; dies zeigt sich für die hier vorliegende Frage besonders deutlich in den neuen Vorschriften der §§ 520 Abs. 2 und 555 Abs. 2 ZPO., die bei dem Betriebe von Amts wegen dieselben Einlassungsfristen vorsehen, welche nach § 262 beim Parteibetriebe vorgeschrieben sind.

Nimmt man also im Gegensatze zur Vorinstanz an, daß bei der gemäß § 370 Abs. 2 ZPO. erfolgten Bekanntmachung des nach Schluß der Beweisaufnahme am 19. Juni 1911 auf den 26. Juni 1911 zur Fortsetzung der mündlichen Verhandlung anberaumten Termins die einwöchige Ladungsfrist des § 217 hätte gewahrt werden müssen, so würde schon aus diesem Grund eine die Anwendung des § 539 ZPO. rechtfertigende Verletzung einer wesentlichen Vorschrift des Verfahrens vorliegen.

Aber auch wenn man diese Frage dahingestellt sein läßt, muß in Uebereinstimmung mit dem Berufungsgericht in der Ablehnung der drei vom Beklagten gestellten Vertagungsanträge im vorliegenden Falle die Verletzung einer wesentlichen Vorschrift des Verfahrens erblickt werden, indem in dieser Ablehnung die Versagung des rechtlichen Gehörs zu finden ist. Zwar unterliegt es im allgemeinen sowohl nach § 228 wie im Falle des § 272 ZPO. dem verständigen richterlichen Ermessen, ob dem von einer Partei gestellten Vertagungsantrage stattzugeben ist, wenn sie behauptet, auf neue Anträge oder auf neues Parteivorbringen des Gegners sich nicht sofort erklären zu können. Deshalb hat auch das Reichsgericht angenommen, daß — abgesehen von dem besonders geregelten, hier nicht vorliegenden Falle des § 335 ZPO. — die Ablehnung eines Vertagungsantrags einer Anfechtung mittels einer Beschwerde an das höhere Gericht nicht unterliegt (vgl. Entsch. des RG.'s in Zivils. Bd. 23 S. 368, Bd. 62 S. 207). Gleichwohl aber kann in einer solchen Ablehnung eine Verletzung des die Zivilprozeßordnung beherrschenden, in den Vorschriften der §§ 136, 139 141, 337 zum Ausdrucke gebrachten Grundsatzes der Gewährung erschöpfenden rechtlichen Gehörs dann erblickt werden, wenn die höhere Instanz nach der ganzen Sachlage die Ueberzeugung gewinnt, die Vorinstanz habe von ihrem Ermessen einen sachwidrigen Gebrauch gemacht, und zwar dergestalt, daß der die Vertagung beantragenden Partei die Möglichkeit entzogen ist, sich auf das Vorbringen des Gegners erschöpfend zu erklären. Daß dies hier der Fall ist, ergibt sich aus den oben mitgeteilten Darlegungen des Berufungsgerichts, die erkennen lassen, daß dem Beklagten durch das Verfahren des Landgerichts die Möglichkeit entzogen worden ist, sich sachgemäß und erschöpfend über das Ergebnis der Beweisaufnahme sowie über die neuen Anträge und das neue Vorbringen des Klägers zu erklären. In einem derartigen Verfahren ist aber eine Verletzung des Grundsatzes der Gewährung erschöpfenden rechtlichen Gehörs beider Parteien zu erblicken. Es fehlte also dem Urteile des ersten Richters an der erforderlichen prozeßordnungsmäßigen Sammlung des Streitstoffs, so daß das Berufungsgericht von der ihm nach § 539 ZPO. zustehenden Befugnis, das Urteil der ersten Instanz wegen eines wesentlichen Mangels des Verfahrens aufzuheben, mit Recht Gebrauch gemacht hat." . . .

RGZ. 86, 139

Muß gegenüber derjenigen Partei, welche Einspruch gegen ein Versäumnisurteil eingelegt hat, die Ladungsfrist eingehalten werden?

ZPO. §§ 217, 335 Nr. 2, 340 a.

IV. Zivilsenat. Urt. v. 21. Januar 1915.

I. Landgericht Göttingen. II. Oberlandesgericht Celle.

Die Ehe der Streitteile ist vom Landgericht entsprechend der Klage der Frau und der Widerklage des Mannes aus beiderseitigem Verschulden geschieden worden. Die von der Klägerin ergriffene Berufung wurde durch Versäumnisurteil zurückgewiesen, ihr dagegen eingelegter Einspruch durch weiteres Versäumnisurteil verworfen. Die Klägerin focht das zweite Versäumnisurteil mit der Revision an, weil der Fall der Versäumung nicht vorgelegen habe. Die Revision ist zurückgewiesen worden.

Aus den Gründen:

„Das erste Versäumnisurteil des Berufungsgerichts war der Klägerin am 4. Mai 1914 zugestellt worden. Der Einspruchsschriftsatz ist am 16. Mai beim Gericht eingegangen, durch Verfügung des Vorsitzenden vom 18. Mai wurde Verhandlungstermin auf den 27. Mai anberaumt; die Bekanntmachung des Termins an die Parteien erfolgte am 22. Mai. Da im bezeichneten Termine der Vertreter der Klägerin nicht zur Sache verhandelte, erging das den Einspruch der Klägerin verwerfende Versäumnisurteil. Die Revision bezeichnet dies als ungesetzlich. Sie meint, die Klägerin sei zum Termine vom 27. Mai nicht rechtzeitig geladen gewesen, so daß ein Versäumnisurteil gegen sie nicht habe ergehen dürfen (§ 335 Nr. 2 ZPO.); denn sie habe Anspruch auf Einhaltung der einwöchigen Ladungsfrist nach § 217 ZPO. gehabt. Das kann nicht als richtig anerkannt werden.

Es mag dahingestellt bleiben, ob die gemäß §§ 340, 340 a ZPO. erfolgende „Bekanntmachung" des von Amts wegen zu bestimmenden Termins, bei der die Wahrung einer Frist ausdrücklich jedenfalls nicht vorgeschrieben ist, überhaupt der „Ladung" im Sinne von §§ 217, 335 Nr. 2 gleichgestellt werden kann. Denn auch wenn man hiervon ausgeht, erscheint der Standpunkt der Revision nicht gerechtfertigt.

Wenn — wie es nach der früheren Fassung der Zivilprozeßordnung durchweg der Fall war — die Ladung zur mündlichen Verhandlung im Parteibetrieb erfolgt, kommt die Einhaltung einer Ladungsfrist nur gegenüber der geladenen, nicht gegenüber der ladenden Partei in Betracht; wer seinen Gegner ohne Einhaltung der Frist geladen hat, kann nicht gegenüber dem gleichwohl erschienenen und zur Verhandlung bereiten Gegner den Einwand erheben, daß er selbst nicht rechtzeitig geladen sei. Das steht zwar nicht ausdrücklich im Gesetz, ist aber unstreitig (vgl. die Zusammenstellung bei Gruchot Bd. 52 S. 99 flg.; ebenso die neueren Kommentare). Es fragt sich, welchen Einfluß nach dieser Richtung die Aenderungen geübt haben, die durch die Novellen zur Zivilprozeßordnung von 1905 und 1909 zunächst für die Einlegung der Revision und dann auch für die Einlegung der Berufung und des Einspruchs eingeführt worden sind und die darin bestehen, daß die Ladung zum ersten Verhandlungstermine nicht mehr im Parteibetrieb erfolgt, sondern der Termin von Amts wegen bestimmt und beiden Parteien bekanntgemacht wird. Da hinsichtlich dieser Bekanntmachung keinerlei Unterschied zwischen der Partei, die den Termin beantragt hat, und der Gegenpartei gemacht ist, so will man in der Rechtslehre den Schluß ziehen, daß für das Rechtsmittel- und Einspruchsverfahren der bisherige Unterschied zwischen ladender und geladener Partei völlig beseitigt sei und daß beim Einspruche beide Teile gleichmäßig Anspruch auf Einhaltung der Ladungsfrist hätten. Diese Schlußfolgerung ist jedoch nicht begründet.

Schon vor den erwähnten Novellen zur Zivilprozeßordnung hatte das Bayerische Landesgericht für das Gebiet des § 7 EinfG. zur ZPO. — wo schon damals bei der Einlegung der Revision nicht eine Ladung im Parteibetriebe, sondern eine Bekanntmachung des Termins von Amts wegen angeordnet war — ausgesprochen, daß die „Ladungsform" auf die prozeßrechtliche Stellung der Parteien keinen Einfluß ausübe; es hatte aus diesem Grunde dem Revisionskläger den Anspruch auf Einhaltung der Einlassungsfrist, um die es sich in jenem Falle handelte, versagt (Bl. f. Rechtsanw. Bd. 61 S. 399). Für die Novellen vom 5. Juni 1905 und vom 1. Juni 1909 ergibt ihre Entstehungsgeschichte nichts, was sich unmittelbar für die streitige Frage verwerten ließe; immerhin geht aus ihr soviel hervor, daß mit der Neuerung unter anderem eine Beschleunigung des Prozeßganges angestrebt wurde, und schon dies steht der Annahme entgegen, daß nunmehr Einhaltung der Ladungsfrist in einem weiteren Umfang als bisher erforderlich sein sollte. Dazu kommt folgendes. Für einen Teil des Verfahrens gilt auch jetzt noch die Vorschrift der Ladung durch die Partei. So hat, wenn infolge Ausbleibens beider Parteien ein Termin ausgefallen ist, die Partei, die das Verfahren weiter betreiben will, selbst zu laden, und ihr gegenüber kommt nach dem vorhin Gesagten die Einhaltung der Ladungsfrist nicht in Frage. Es ist nicht abzusehen, warum ihre Stellung in dieser Hinsicht eine andere sein sollte, wenn sie, nachdem sie allein ausgeblieben war, auf dem Wege des Einspruchs den neuen Termin herbeiführt; einer Vorbereitung des Termins, die durch eine Frist geschützt werden müßte, bedarf es für den das Verfahren weiter Betreibenden in dem einen Falle so wenig wie in dem anderen. Es läßt sich auch nicht annehmen, daß die Versagung der Ladungsfrist für den Einspruchskläger gegenüber dem früheren Zustande eine Verschlechterung seiner Lage bedeute, indem er sich damals gegen einen zu kurz anberaumten Termin selbst habe schützen können, und daß deshalb eine derartige Aenderung nur durch ausdrückliche Gesetzesvorschrift habe erfolgen können. Denn eine solche Verschlechterung der Stellung des Einspruchsklägers liegt in Wirklichkeit nicht vor. Freilich hatte er früher an sich die Möglichkeit, die Ladung zu einem ihm nicht passenden Termine nicht zustellen zu lassen; aber ein solches Verfahren verbot sich für die Regel ohne weiteres dadurch, daß er die Versäumung der Einspruchsfrist zu gewärtigen hatte.

Die Klägerin will (unter Berufung auf Stein 10. Auflage, Vorbem. III Abs. 3 vor § 214 ZPO.) aus dem Umstande, daß in §§ 520 Abs. 2, 555 Abs. 2 ZPO. die Einhaltung der Einlassungsfrist gegenüber dem Berufungs- und Revisionsbeklagten vorgeschrieben ist, die Schlußfolgerung gezogen wissen, daß gegenüber dem betreibenden Teile die Ladungsfrist einzuhalten sei. Es kann dahingestellt bleiben, ob für die Einlegung der Berufung und der Revision dieser Schluß zwingend ist. Für die hier in Rede stehende Einlegung des Einspruchs kann er sicher nicht verwertet werden. Hier ließe sich aber eher eine Schlußfolgerung auf einen abweichenden Standpunkt des Gesetzgebers aus dem Umstand entnehmen, daß eine derartige Vorschrift, wie in den bezeichneten Paragraphen, für das Einspruchsverfahren nicht getroffen ist.

Das Reichsgericht hat in dem Bd. 81 S. 321 der Entscheidungen in Zivilsachen abgedruckten Urteile die Frage der Ladungsfrist bei einem von Amts wegen bekanntgemachten Termine gestreift, aber unentschieden gelassen. Der dort behandelte Fall lag anders; es handelte sich um die ohne Parteiantrag stattfindende Anberaumung eines Verhandlungstermins nach beendigtem Beweisverfahren (§ 370 a. E. ZPO.), wobei von einem Unterschiede zwischen ladender und geladener Partei überhaupt nicht die Rede sein könnte. Auch ist in jenem Urteile das Hauptgewicht auf die erforderliche Vorbereitung des Termins gelegt, welche beim Einspruche nicht in Frage kommt. Das Urteil ist daher nicht geeignet, den von der Revision vertretenen Standpunkt zu stützen." . . .

Folgen der Versäumung
Wiedereinsetzung in den vorigen Stand

RGZ. 96, 322

Zum Begriff des unabwendbaren Zufalls in § 233 ZPO. Kann ein Verschulden eines Büroangestellten des Prozeßbevollmächtigten der Partei einen solchen Zufall darstellen?

III. Zivilsenat. Beschl. v. 23. September 1919.

Sachverhalt und Entscheidung ergeben sich aus den

Gründen:

„Am 30. Juni 1919 lief die Revisionsbegründungsfrist ab. Dem Antrage des Prozeßbevollmächtigten der Revisionsklägerin vom 25./26. Juni, sie um einen Monat zu verlängern, wurde nicht in vollem Umfange stattgegeben. Die Frist wurde nur bis zum 12. Juli verlängert. Dieser Bescheid des Senatsvorsitzenden wurde nicht dem Justizrat X. persönlich, sondern am 28. Juni im Wege der Ersatzzustellung seiner seit länger als vierzehn Jahren bei ihm in Stellung befindlichen Büroangestellten, dem vierzig Jahre alten Fräulein L. ausgehändigt. Noch vor Ablauf der Begründungsfrist erkundigte sich Justizrat X. bei Fräulein L. nach dem Schicksale seines Antrags vom 25./26. Juni, worauf er von dieser die Auskunft erhielt, die Frist sei um einen Monat verlängert. Dieser Auskunft entsprechend hatte sie auch das Ende der Frist für den 30. September in den Fristenkalender eingetragen. Bald darauf trat Justizrat X. seine Ferienreise an. Erst im Laufe des August wurde das Versehen in seinem Büro bemerkt. Der Brief, welcher Justizrat X. davon in Kenntnis setzte, gelangte am 14. August in seine Hände. Am 23. August beantragte er unter Nachholung der Revisionsbegründung Wiedereinsetzung in den vorigen Stand. Er hat glaubhaft angegeben, daß Fräulein L. während ihrer langjährigen Dienstzeit bei ihm die Bürogeschäfte stets zu seiner vollsten Zufriedenheit geführt und sich niemals ein Versehen hat zu Schulden kommen lassen. Fräulein L. selbst hat eidesstattlich versichert, daß sie den Bescheid des Senatsvorsitzenden hinsichtlich der Fristverlängerung genau durchgelesen habe und sich nicht erklären könne, wie sie zu der falschen Eintragung und Auskunft gekommen sei.

Dem Wiedereinsetzungsantrage war stattzugeben.

Um dem Interesse des Staates und der Allgemeinheit an einer geordneten Prozeßführung und der Verhinderung einer Prozeßverschleppung Rechnung zu tragen, hat der Gesetzgeber die Zulässigkeit einzelner wichtiger Prozeßhandlungen derart an bestimmte der Parteiwillkür entzogene Fristen geknüpft, daß deren Nichteinhaltung ohne weiteres den endgültigen Verlust der Prozeßhandlung zur Folge hat. Zur Vermeidung unbilliger Härten, die bei schuldloser Versäumung solcher Fristen eintreten können, soll im Rahmen des § 233 ZPO. die Wiedereinsetzung in den vorigen Stand dienen. Der Gesetzgeber hat aber als alleinige Wiedereinsetzungsgründe nur Naturereignisse oder andere unabwendbare Zufälle genannt.

Das Reichsgericht hat nun in dem Beschlusse der vereinigten Zivilsenate vom 22. Mai 1901 (RGZ. Bd. 48 S. 411) den unabwendbaren Zufall im besonderen Sinne des § 233 ZPO. als ein Ereignis bezeichnet, das unter den gegebenen, nach der Besonderheit des Falles zu berücksichtigenden Umständen auch durch die äußerste, diesen Umständen angemessene und vernünftigerweise zu erwartende Sorgfalt weder abzuwehren noch in seinen schädlichen Folgen zu vermeiden ist. Damit hat es einerseits eine Begriffsbestimmung nach festen, unverrückbaren Regeln abgelehnt, anderseits aber der Rechtsprechung freie Bahn geschaffen, den Begriff der dem Säumigen im Einzelfalle billigerweise anzusinnenden äußersten Sorgfalt und damit den Begriff des unabwendbaren Zufalls fortzubilden und auf der angegebenen Grundlage den Bedürfnissen des Rechtslebens entsprechend weiter zu entwickeln. Diese Fortentwicklung hat das Reichsgericht allmählich dazu geführt, bei der Prüfung der Unabwendbarkeitsfrage die Anforderungen an die Umsicht und Sorgsamkeit des Einzelnen mit den persönlichen Verhältnissen, unter denen er zu arbeiten und zu schaffen gezwungen ist, immer mehr in Einklang zu bringen. So hat es in einer Reihe von Entscheidungen der durch den Krieg hervorgerufenen Ueberlastung der Anwälte in weitgehendem Maße Rechnung getragen und einzelne auf sie zurückzuführende Fristversäumungen als Folgen eines unabwendbaren Zufalls behandelt (vgl. Urteil des I. Zivilsenats vom 11. Dezember 1915, Jur. Wochenschr. 1916 S. 422 Nr. 17; Beschluß des III. Zivilsenats vom 18. März 1919 III 542/18; Urteile des IV. Zivilsenats vom 30. April 1917 IV 51/17 und vom 3. Mai 1918 IV 448/18). Diesem Gedankengange folgend, gelangt man mit Notwendigkeit zu der Forderung, das, was als unabwendbarer Zufall im Sinne des § 233 ZPO. aufzufassen ist, lediglich nach subjektivem Maßstabe und die nach Lage des Falles vernünftigerweise zu erwartende Sorgfalt im Sinne des Beschlusses vom 22. Mai 1901 nach rein subjektiven Gesichtspunkten zu bestimmen. Der Senat spricht mit dieser Forderung nur ausdrücklich aus, was dem Sinne und dem Geiste nach bereits in der bisherigen Rechtsprechung des Reichsgerichts enthalten war und was, ohne den Zweck der Notfristen (und der Revisionsbegründungsfrist) zu beeinträchtigen, dem Sinne und Zwecke des § 233 ZPO. durchaus gerecht wird. Ein „unabwendbarer" Zufall ist eben ein solcher, dessen Eintritt oder Folgen von demjenigen, dem die Vornahme einer Prozeßhandlung oblag und der sie versäumt hat, bei Anwendung der gerade ihm nach Lage des Falles gerechterweise zuzumutenden Sorgfalt nicht „abgewendet" werden konnte.

Danach schließt Fahrlässigkeit der Partei die Annahme eines unabwendbaren Zufalls naturgemäß aus. Das gleiche gilt auch von einem Verschulden ihres Prozeßvertreters, das sie nach § 232 Abs. 2 ZPO. sich wie ihr eigenes zurechnen lassen muß. Anders steht es mit dem Verschulden der Angestellten ihres Prozeßbevollmächtigten. Diese sind weder dessen Vertreter noch die der Partei. Soweit sie als Erfüllungsgehilfen des Prozeßbevollmächtigten bei Ausführung des Dienstvertrags in Betracht kommen, haftet der Rechtsanwalt nach § 278 BGB. zwar privatrechtlich. Diese Haftung läßt sich aber mangels einer positiven Vorschrift nicht auf das öffentlichrechtliche Gebiet des Zivilprozesses übertragen und daher auch nicht aus § 232 Abs. 2 ZPO. herleiten (vgl. die Urteile vom 1. Dezember 1913, Jur. Wochenschr. 1914 S. 314 Nr. 16, vom 8. April 1914 IV 704/18, vom 3. Mai 1919 IV 448/18, vom 30. Juni 1918 III 154/16, vom 22. November 1918 VII 177/18). Eine durch ein Versehen des Büropersonals eines Rechtsanwalts herbeigeführte Fristversäumung kann sich daher für diesen als Folge eines unabwendbaren Zufalls darstellen, für den er prozeßrechtlich nicht verantwortlich ist und der somit auch der Partei zugute kommt.

Nun hat zwar jeder Rechtsanwalt Fristsachen mit der größten Peinlichkeit und Genauigkeit zu behandeln; er hat Anordnungen und Einrichtungen zu treffen, die deren leichte Uebersehbarkeit und Ueberwachung ermöglichen und geeignet sind, die Parteien, soweit das in menschlichen Kräften steht, vor den Gefahren einer Fristversäumung zu schützen. Zu solchen Schutzmaßregeln gehört insbesondere die Anlegung eines Kalenders, worin der Fristablauf für jede einzelne Sache vermerkt wird und dessen tägliche Einsicht die Einhaltung der laufenden Fristen sichert. Anderseits aber sind die Anwälte gezwungen, gewisse einfache Verrichtungen, die keine besondere Geistesarbeit oder juristische Schulung verlangen, ihrem Büro zu überlassen, damit sie imstande sind, ihre eigentlichen Berufspflichten und die ihnen von der Rechtsordnung zugewiesenen bedeutsamsten und wichtigsten Aufgaben, die Beratung und Belehrung der Parteien, die Bearbeitung des Prozeßstoffes und die Vertretung der Parteien vor Gericht, sachgemäß und in vollem Umfange zu erfüllen. Unter die Geschäfte dieser Art, deren Erledigung der Rechtsanwalt im Berufsinteresse seinen Angestellten überlassen darf und muß, fällt auch die Führung des Fristenkalenders, wie denn auch von Gerichts- und anderen Staatsbehörden die Bearbeitung ähnlicher Register dem Büropersonal anvertraut wird und anvertraut werden muß. Eingänge von Fristsachen sind in jedem Anwaltsbüro alltägliche, sich immer und immer wiederholende Begebenheiten, die Büroangestellten sind von der Bedeutung der ordnungsmäßigen Wahrnehmung von Prozeß-, insbesondere von Rechtsmittelfristen bald unterrichtet und es handelt sich bei deren Berechnung und Eintragung nach einiger Uebung nur um eine Art mechanischer Tätigkeit. Das führt aber zu dem Ergebnis, daß die Rechtsanwälte, abgesehen von ihrer Pflicht zu gelegentlichen Nachprüfungen, bei geübtem und ihnen als gewissenhaft bekanntem Büropersonal auf dessen Fristeneinträge und damit zusammenhängende mündliche Auskünfte sich in der Regel verlassen dürfen. Eine jedesmalige Nachprüfung dieser Angaben ohne besonderen Anlaß kann und darf den Rechtsanwälten verständigerweise nicht zugemutet werden. Sie würde namentlich bei beschäftigten Anwälten ihre Zeit und Arbeitstätigkeit oft fast ebenso in Anspruch nehmen und sie dadurch in der Ausübung ihrer eigentlichen Berufspflichten ebenso beschränken und behindern wie die persönliche Führung des Fristenkalenders selbst. Unter diesen Umständen wird nicht nur die absichtliche falsche Führung des Registers und die mündliche absichtliche Täuschung eines Anwalts durch seine Büroangestellten über einen Fristablauf als ein für diesen unabwendbarer Zufall gelten müssen, sondern es muß folgerichtig auch jede unabsichtliche, versehentliche Irreführung des Anwalts über einen Fristablauf durch sein — bisher zuverlässiges — Büropersonal für diesen in der Regel einen unabwendbaren Zufall darstellen.

Die Betrauung des Fräuleins L. mit der Führung des Fristenregisters war obigem nach ein durch den Anwaltsberuf des Justizrats X. und durch ihre bisherige Zuverlässigkeit durchaus gerechtfertigter Akt. Was den vorliegenden Fall anlangt, so hat der Justizrat X. sich bei Fräulein L. rechtzeitig nach dem Bescheide des Senatsvorsitzenden erkundigt. Es fragt sich nur, ob er verpflichtet war, sich diesen Bescheid in Urschrift vorlegen zu lassen. Das muß bei dessen kurzem, einfachem, jeden Zweifel ausschließendem Inhalte, den jeder Erwachsene verstehen kann, verneint werden. Justizrat X. durfte darauf vertrauen, daß Fräulein L. diese einfache und klare Verfügung richtig gelesen und richtig wiedergegeben habe. Hätte er übrigens, anstatt Fräulein L. zu fragen, den Fristenkalender eingesehen, so wäre das Ergebnis das gleiche gewesen. Mit einem plötzlichen Versagen der Auffassungskraft des Fräulein L. konnte er nicht rechnen. Für ihn war die falsche Auskunft seiner langjährigen und gewissenhaften Mitarbeiterin ein auch bei größter Aufmerksamkeit unvorhersehbares und unabwendbares Ereignis im Sinne des § 233 ZPO., so daß wie geschehen zu entscheiden war."

RGZ. 99, 272

1. Darf der Auftrag zur Einlegung eines an eine Notfrist gebundenen Rechtsmittels dem bei dem übergeordneten Gerichte zugelassenen Rechtsanwalte mit einfachem Briefe oder Pakete zugesandt werden?

2. Hat der Prozeßbevollmächtigte der unteren Instanz zu prüfen, ob der vom Rechtsanwalte der höheren Instanz zugesandte Auftrag zur Einlegung des Rechtsmittels bei diesem eingetroffen ist?

ZPO. § 234.

II. Zivilsenat. Urt. v. 18. Mai 1920.

I. Landgericht Trier. II. Oberlandesgericht Köln.

Die Klägerinnen haben auf Feststellung der Nichtigkeit gewisser mit dem Beklagten abgeschlossener Verträge geklagt. Das Landgericht Trier hat die Entscheidung des Rechtsstreits von der Leistung eines dem Beklagten auferlegten Eides abhängig gemacht. Dieses Urteil ist den Prozeßbevollmächtigten der Klägerinnen am 24. Januar 1919 zugestellt worden. Am 19. Februar 1919 haben diese ihre Handakten nebst Urteilsausfertigung und brieflichem Auftrage zur Einlegung der Berufung an den Rechtsanwalt Dr. L. in Köln, und zwar in einfachem Pakete gesandt. Das Paket ist beim Adressaten nicht eingetroffen. Am 29. März 1919 erfuhren die Prozeßbevollmächtigten der Klägerinnen von diesem Sachverlaufe. In ihrem Auftrage legte nunmehr Dr. L. durch einen am 4. April 1919 beim Oberlandesgericht Köln eingegangenen Schriftsatz Berufung gegen das landgerichtliche Urteil ein und beantragte am gleichen Tage Wiedereinsetzung in den vorigen Stand gegen die Versäumung der Berufungsfrist. Das Berufungsgericht hat jedoch die Berufung als unzulässig verworfen. Auch die Revision der Klägerin blieb erfolglos.

Aus den Gründen:

. . . „Wenn das Berufungsgericht und die Revision die Frage erörtern, ob es der äußersten, den Prozeßbevollmächtigten der Klägerinnen zuzumutenden Sorgfalt entsprach, die Handakten nebst dem Auftrage zur Einlegung des Rechtsmittels erst am 19. Februar, d. h. also 5 Tage vor Ablauf der Rechtsmittelfrist abzusenden, so ist dieser Ausgangspunkt nicht richtig gewählt. Eine verspätete Postbestellung kommt vorliegend nicht in Frage. Das Paket ist vielmehr bei Dr. L. überhaupt nicht eingetroffen. Da nun unstreitig bei Versendung des Pakets am 19. Februar ein rechtzeitiges Eintreffen desselben beim Adressaten möglich gewesen wäre, so ist eine Erörterung der Frage, ob die Anwälte der Klägerinnen die Absendung erst am 19. Februar vornehmen durften, gegenstandslos. Es kann sich vielmehr nur darum handeln, ob die Absendung in der Form, wie sie vorgenommen worden ist, zulässig war. Das aber ist zu verneinen. Schon in normalen Zeiten pflegt man wichtige Briefe oder sonstige Sendungen nicht ohne die zur Verfügung stehenden Verkehrssicherungen zur Post zu geben. Während des Krieges und noch weit mehr in den nachfolgenden unruhigen Zeiten gebot dies die einfachste Vorsicht in noch weit höherem Grade. Jedermann weiß, daß einfache Briefe und Pakete sehr häufig ihre Bestimmung nicht erreichen.

Dabei braucht nicht einmal an Beraubung gedacht zu werden, die ja im vorliegenden Falle nicht in Betracht käme. Es war eine Fahrlässigkeit der Anwälte, eine so wichtige Sendung nicht als Wertpaket oder aber die Urteilsausfertigung nebst dem den Auftrag zur Einlegung des Rechtsmittels enthaltenden Schreiben als eingeschriebenen Brief zu befördern. Lag aber eine derartige Fahrlässigkeit vor, so kann auch bei Zugrundelegung der in der reichsgerichtlichen Rechtsprechung niedergelegten Grundsätze nicht von einem unabwendbaren Zufalle die Rede sein.

Dem Berufungsgericht ist ferner darin beizutreten, daß auch die Verstreichung der in § 234 ZPO. vorgeschriebenen Frist den Anwälten der Klägerinnen als Verschulden anzurechnen ist. Sie waren verpflichtet, sich davon zu überzeugen, ob der dem Dr. L. erteilte Auftrag von diesem angenommen werde. Wie es einerseits üblich ist, daß der beauftragte Anwalt alsbald die Annahme des Auftrags bestätigt, so war es anderseits geboten, wenn die Bestätigung ausblieb, den Sachverhalt durch eine demnächstige Anfrage aufzuklären (vgl. Urt. des RG. v. 13. April 1904 I/04 und RG. in Warneyer 1909 Nr. 168). Die von der Revision angezogene Entscheidung des Reichsgerichts v. 5. Dezember 1919 II 252/10 behandelt einen tatsächlich völlig anders gelagerten Fall. Die Anwälte der Klägerinnen haben im vorliegenden Falle die Angelegenheit wochenlang auf sich beruhen lassen. Erst als sie am 29. März ohne ihr Zutun erfuhren, daß das Paket bei Dr. L. nicht eingetroffen war, unternahmen sie Schritte zugunsten ihrer Auftraggeber. Dieses Verfahren war fahrlässig. Mit Recht auch hat das Berufungsgericht angenommen, daß die Anwälte den wirklichen Sachverhalt schon Ende Februar, Anfang März hätten in Erfahrung bringen müssen, und daß von diesem Zeitpunkt an der Lauf der Frist des § 234 ZPO. beginne (vgl. RGZ. Bd. 67 S. 186, Bd. 78 S. 121)."

RGZ. 105, 8

1. Zum Begriff des unabwendbaren Zufalles in § 233 ZPO.

2. Welche Bedeutung haben eine dem telegraphischen Vertragsangebot beigefügte Verweisung auf einen nachfolgenden Brief und der Inhalt des gleichzeitig mit dem Telegramm abgesandten Briefes für den Vertragsschluß?

II. Zivilsenat. Urt. v. 16. Mai 1922.

I. Landgericht II Berlin, Kammer für Handelssachen. II. Kammergericht daselbst.

Auf eine Zeitungsanzeige der Klägerin betreffend den Ankauf von Gasröhren telegraphierte ihr die Beklagte am 27. Januar 1920: „anbieten freibleibend 20 tons neue prima Gasröhren." (Folgt Preisangabe.) Am 29. Januar erwiderte die Klägerin durch dringendes Telegramm: „... kaufen hierdurch drahtlich offerierte 20 Tonnen Gasröhren Brieffolge." Am gleichen Tage — 29. Januar — schrieb sie an die Beklagte einen Eilbrief des Inhalts: „bestellen wir Ihnen auf Grund umstehender Lieferungsbedingungen, im übrigen gemäß Ihrem Telegramm vom 27. d. M. und unserem heutigen dringenden Telegramm die von Ihnen telegraphisch angebotenen 20 Tonnen Gasröhren. Mit wendender Post hoffen wir Ihre Versandanzeige zu erhalten." In den auf der Rückseite des Schreibens abgedruckten „Lieferungsbedingungen" ist unter anderem gesagt: nur schriftliche, mit Unterschrift zeichnungsberechtigter Herren der Klägerin versehene Bestellungen oder Abmachungen hätten Gültigkeit, und ferner: der Auftrag gelte als nach den Bedingungen der Klägerin angenommen, wenn er nicht innerhalb vier Tagen als Ganzes abgelehnt sei; bezüglich der Zahlung endlich heißt es dort: „Schluß des Liefermonats, nach unserer Wahl, 30 Tage mit 2 % Skonto oder 3 Monate nach Schluß des Liefermonats netto; als Liefermonat gilt der Monat des Rechnungseingangs bei uns." Unbestrittenermaßen sind Telegramm und Brief am 30. Januar 1920 bei der Beklagten eingetroffen. Mit Telegramm vom 2. Februar 1920 erbat sodann die Klägerin umgehende Absendung und Rechnungsstellung. Am gleichen Tage sandte die Beklagte der Klägerin folgendes bei dieser am 3. Februar eingegangene Telegramm: „akzeptieren Bestellung auf 20 Tonnen Gasröhren mit unseren Zahlungsbedingungen, 1/3 sofort, Rest durch unwiderrufliches Akkreditiv bei Deutscher Bank Berlin, auszahlbar gegen Duplikatfrachtbrief, Versand erfolgt sofort nach überwiesener Anzahlung." Hierauf antwortete die Klägerin mit Telegramm vom 3. Februar: sie übernehme die telegraphisch gekauften Rohre franko Waggon sogleich persönlich am Versandort gegen sofortige Scheckbezahlung. Vor Empfang dieser Depesche telegraphierte die Beklagte an die Klägerin: sie annulliere ihre gestrige Drahtzusage, da ihr Lieferant nachträglich seine Preise um 50 % erhöht habe, die Klägerin möge drahten, ob sie mit dem Mehrpreis und mit den Zahlungsbedingungen der Beklagten einverstanden sei. Diese Einverständniserklärung wurde von der Klägerin mit dem Hinweis darauf, daß das Geschäft perfekt sei verweigert. Nach weiteren Verhandlungen, die hier nicht interessieren, setzte die Klägerin der Beklagten am 9. Februar 1920 mit dem Anfügen, daß ein Akkreditiv in voller Höhe bei der Deutschen Bank in Berlin gestellt sei, gemäß § 326 BGB. zur Lieferung der 20 Tonnen Rohre eine Nachfrist bis zum 20. Februar, nach deren fruchtlosem Ablauf sie Deckungskauf vornehmen und die Beklagte für den entstehenden Schaden haftbar machen werde. Die Frist lief fruchtlos ab. Nunmehr verlangt die Klägerin, die sich wegen der 20 Tonnen Rohre zu einem um insgesamt über 100 000 M. höheren Kaufpreise anderweitig eingedeckt zu haben behauptet, Schadensersatz wegen Nichterfüllung zunächst im Teilbetrage von rund 26 800 M. Die Beklagte bestreitet, daß es zwischen ihr und der Klägerin zum Vertragsabschluß gekommen sei.

Das Landgericht hat die Klage abgewiesen, das Kammergericht dagegen hat den Klaganspruch dem Grunde nach für gerechtfertigt erklärt. Die Revision, gegen deren verspätete Einlegung der Beklagten Wiedereinsetzung in den vorigen Stand gewährt wurde, hatte Erfolg.

Gründe:

1. Der Antrag der Beklagten auf Wiedereinsetzung in den vorigen Stand gegen die Versäumung der Revisionsfrist ist am 19. August 1921 beim Reichsgericht eingegangen, also innerhalb der zweiwöchigen Frist des § 234 ZPO., gerechnet von dem Tage an, da Rechtsanwalt Dr. L. in Berlin, der Prozeßbevollmächtigte der Beklagten in I. Instanz, durch das ihm am 6. August 1921 zugegangene Schreiben des Justizrat A. in Leipzig vom 5. jenes Monats erfuhr, daß bei diesem ein Auftrag zur Revisionseinlegung nicht eingetroffen sei. Hieraus zog Dr. L. zunächst den Schluß, daß das für Justizrat A. bestimmte, auch den vom 7. Juli 1921 datierten Auftrag zur Revisionseinlegung enthaltende Aktenpaket nach seiner — wie angenommen wurde — am 11. Juli erfolgten Aufgabe zur Postbeförderung in Verlust geraten sei. Später stellte sich die Unrichtigkeit dieser Annahme heraus. Denn durch die vorgelegten eidesstattlichen Versicherungen ist glaubhaft gemacht, daß ein bei den Rechtsanwälten Justizrat C. und Dr. L. in Berlin beschäftigter Registraturlehrling, dem das Paket — vermutlich am 11. Juli — zur Verbringung nach der Post übergeben worden war, es nicht dort aufgegeben, sondern beiseite geschafft und das Porto unterschlagen hat. Dieser Sachverhalt gelangte erst am 31. August 1921 zur Kenntnis des Dr. L. Käme als Ursache für die Versäumung der (am 1. August 1921 abgelaufenen) Revisionsfrist lediglich die Hinterziehung des Pakets durch den Lehrling P. in Betracht, so könnte die Bewilligung der Wiedereinsetzung nicht zweifelhaft sein; denn dafür, daß P. sich schon vorher als untreu oder unzuverlässig erwiesen und daß ihm daher die Verbringung des Pakets zur Post nicht hätte anvertraut werden dürfen, liegt nichts vor. Gerade weil für Dr. L. kein Anlaß gegeben war, dem Lehrling P. irgendwie zu mißtrauen, und außerdem mit Rücksicht darauf, daß bis zum Ablauf der Revisionsfrist noch etwa drei Wochen Zeit war, kann auch in der (beabsichtigten) Absendung der Akten als gewöhnliches, nicht eingeschriebenes Paket ein schuldhaftes Handeln des Dr. L. nicht erblickt werden. Ueberdies ist nach den glaubhaften Erklärungen der Anwälte bei den wieder normal gewordenen Beförderungsverhältnissen und dem erheblich gesteigerten Porto das Einschreiben derartiger Sendungen nicht mehr allgemein in Uebung. Die Frage ist aber, ob nicht die Versäumung der Revisionsfrist auf ein in die Zeit vor der Entdeckung der Untreue des Lehrlings P. fallendes Verschulden des Justizrats C. zurückzuführen ist. Diesem Anwalt, der den Rechtsanwalt Dr. L. während dessen Ferienabwesenheit — vom 17. Juli bis zum 12. August 1921 — in der Hauptsache vertrat, wurden nämlich nach der eidesstattlichen Versicherung

des Dr. L. die den vorliegenden Rechtsstreit betreffenden Akten am 19. Juli vom Bürovorsteher vorgelegt mit dem Entwurf einer die Wiedervorlage zum 22. Juli anordnenden Verfügung. Justizrat C. unterzeichnete denn auch diese Verfügung und ebenso am 22. Juli, nach Wiedervorlegung der Akten, eine weitere vom Bürovorsteher oder Registrator entworfene Verfügung, welche die Wiedervorlage der Akten zum 2. August 1921, also auf den ersten Tag nach Ablauf der Notfrist, bestimmte. Als am 2. oder 3. August ein Bestätigungsschreiben des Justizrat A. noch nicht eingegangen war, wurde bei ihm angefragt, ob Revision eingelegt sei; auf seine Antwort hin, daß er überhaupt keinen Auftrag hierzu erhalten habe, veranlaßte Dr. L. die nachträgliche Einlegung des Rechtsmittels und die Stellung des Antrags auf Wiedereinsetzung in den vorigen Stand.

Wie sich aus der Darlegung des Dr. L. in dessen eidesstattlicher Versicherung ergibt, war auf dem Büro der Rechtsanwälte Justizrat C. und Dr. L. die Einrichtung getroffen, daß die Notierung von Fristen und die Ueberwachung ihres Laufs im allgemeinen durch den Bürovorsteher und Registrator zu geschehen hatte, und die Anwälte selbst sich durch gelegentliche Stichproben von der ordnungsmäßigen Besorgung dieser Verrichtungen seitens des Büropersonals überzeugten. Für die Annahme, daß der schon seit vielen Jahren bei den genannten Anwälten beschäftigte Bürovorsteher oder der wenigstens seit 1919 dort tätige Registrator, welch letzterer in Vertretung des damals beurlaubten Bürovorstehers die Verfügungen vom 19. und 22. Juli 1921 entworfen hat, in der Erfüllung ihrer Pflichten überhaupt oder der gerade hier fraglichen Verrichtungen jemals unsorgfältig und unzuverlässig gewesen wären, oder daß sich schon früher Unstimmigkeiten der hier erörterten Art ergeben hätten, fehlt es an jedem Anhalt. Der Zustand, wie er bezüglich der Sorge für die Wahrung laufender Fristen bei den Rechtsanwälten C. und Dr. L. herrschte, entsprach also den in RGZ. Bd. 96 S. 322 entwickelten Grundsätzen, von denen auch der erkennende Senat ausgeht. Es ist insbesondere auch dagegen nichts einzuwenden, daß die gelegentlichen Stichproben im Wege der aus Anlaß der Vorlegung von Verfügungsentwürfen dann und wann vorzunehmenden näheren Nachprüfung erfolgen. Gerade dadurch, daß sich der Anwalt derartige Verfügungsentwürfe, wie hier, regelmäßig vorlegen läßt, um von Fall zu Fall eine eingehende Prüfung eintreten lassen zu können, wird ein gewisses Mehr an Kontrolle erreicht, als wenn die gesamte auf die Wahrung von Fristen gerichtete Tätigkeit grundsätzlich dem (zuverlässigen) Büropersonal überlassen bleibt und nur gelegentlich eine Durchsicht des Fristenkalenders unter Heranziehung einzelner Akten stattfindet. Am 19. und namentlich am 22. Juli ist nun allerdings eine nähere Prüfung vor Unterzeichnung der Verfügungsentwürfe unterblieben; sonst hätte Justizrat C. darauf kommen müssen, daß die Bestätigung des

Empfangs des Auftrags zur Revisionseinlegung von Justizrat A. immer noch fehlte und daß, was die Verfügung vom 22. Juli angeht, das Ende der dort vorgesehenen Vorlegungsfrist schon jenseits der mit dem 1. August ablaufenden Revisionsfrist lag. Allein zum Verschulden, das die Annahme eines unabwendbaren Zufalls im Sinne des § 233 ZPO. ausschließen würde, läßt sich diese Unterlassung dem Justizrat C. nicht anrechnen, eben weil er, zumal als vielbeschäftigter Anwalt, nach dem Ausgeführten nicht zur näheren Nachprüfung in jedem einzelnen Falle der Vorlegung von Verfügungsentwürfen in Fristsachen, sondern nur zur Ueberwachung seiner Büroangestellten im Wege gelegentlicher Stichproben verpflichtet war. Daß er in der Erfüllung dieser Pflicht im allgemeinen zu wenig sorgfältig gewesen wäre, ist in keiner Weise dargelegt. Gereicht aber die Unterzeichnung der beiden Verfügungsentwürfe ohne vorherige nähere Prüfung dem Justizrat C. nicht zum Vorwurf, so kann es sich um ein Verschulden seinerseits auch nicht aus dem Grunde handeln, daß er vor dem Ablauf der Revisionsfrist nichts unternommen hat, um den Justizrat A. zu einer Erklärung über den Empfang des Auftrags zur Revisionseinlegung zu veranlassen. Die Entscheidung des erkennenden Senats in RGZ. Bd. 99 S. 272, die in einer derartigen Unterlassung des Anwalts ein Verschulden erblickt hat, trifft daher auf den vorliegenden Fall nicht zu; dies um so weniger, als Justizrat C. erst seit dem 17. Juli 1921, als Vertreter seines an diesem Tage in die Ferien abgereisten Sozius Dr. L., mit der Sache befaßt war. Außerdem beruht jene Entscheidung auf der hier nicht eingreifenden Erwägung, daß die betreffenden Anwälte während einer Zeit von mehr als fünf Wochen seit der Absendung des Auftrags zur Einlegung des Rechtsmittels die Angelegenheit völlig auf sich beruhen ließen und erst nach der ohne ihr Zutun erlangten Kenntnis vom Nichteintreffen des Pakets an seinem Ziele Schritte zugunsten ihrer Auftraggeber unternommen haben.

Nach alledem war der Beklagten die nachgesuchte Wiedereinsetzung in den vorigen Stand gegen die Versäumung der Revisionsfrist gemäß § 233 Abs. 1 ZPO. zu erteilen.

2. In der Sache selbst ist dem Berufungsgericht darin beizutreten, daß das „freibleibende" Angebot der Beklagten vom 27. Januar 1920 gerade wegen dieses Vorbehalts rechtlich nur die Bedeutung einer Aufforderung an die Klägerin zur Abgabe einer Offerte hatte und das eigentliche Vertragsangebot erst in der Erklärung der Klägerin vom 29. Januar 1920 betreffend den Ankauf der „drahtlich offerierten" 20 Tonnen Gasrohre zu erblicken ist. Daraus folgt, daß frühestens durch die Annahme des Kaufangebots vom 29. Januar ein Kaufvertrag zwischen den Parteien zustande kommen konnte, vorausgesetzt, daß ein fester Abschluß von ihnen gewollt war, bevor man über die Lieferungsbedingungen im übrigen und besonders über Zeit und Art der Bezahlung des Kaufpreises irgendwie verhandelt hatte. Die Auffassung,

daß die Parteien alle diese Dinge als Nebenpunkte behandelt wissen wollten, deren Behandlung beim Fehlen späterer besonderer Einigung lediglich nach gesetzlichen Vorschriften zu erfolgen habe, liegt im Hinblick darauf, daß es sich um Ware im Kaufpreisbetrag von rund 128 000 M. handelte, von vornherein nicht gerade nahe. Wie sich das aus der Nichterwähnung eben dieser Punkte in den Telegrammen vom 27. und 29. Januar ergeben soll, ist nicht einzusehen. Mag dem aber sein, wie ihm wolle, keinesfalls durfte das Telegramm der Klägerin vom 29. Januar und im besonderen dessen Schlußwendung „Brieffolge" (gleich „Brief folgt") dahin gewertet werden, daß der Inhalt des klägerischen Vertragsangebots sich ausschließlich nach diesem Telegramm, zusammengehalten mit dem vom 27. Januar, bestimme, der Wendung „Brieffolge" aber nur die Bedeutung der Ankündigung einer brieflichen Bestätigung des eigenen Telegramms der Klägerin zukomme. Mit dieser Würdigung und der daran sich anschließenden Ausführung, daß die Beklagte durch die Unterlassung alsbaldiger Erklärung auf das am 30. Januar bei ihr eingegangene Telegramm vom 29. Januar nach Treu und Glauben ihr Einverständnis mit dessen Inhalt kundgegeben habe und sich deshalb ohne Rücksicht auf das auch am 30. Januar empfangene Schreiben der Klägerin vom 29. Januar als annehmend behandeln lassen müsse, wird das Berufungsgericht der Bedeutung der Klausel „Brieffolge" nicht gerecht. Allerdings muß, wie das Reichsgericht schon wiederholt ausgesprochen hat, die Entscheidung über einen Telegrammzusatz wie „Brief folgt" grundsätzlich auf die Würdigung des einzelnen Falles abgestellt werden (vgl. Urteil des I. Zivilsenats vom 11. Mai 1921 I 387/20 und Seuff. Arch. Bd. 46 Nr. 177). Nicht minder richtig ist aber, daß im Zweifel auch dann, wenn über Ware und Kaufpreis Einverständnis herrscht, der Erklärende sich durch den Zusatz Abweichungen und Ergänzungen aller Art vorbehält und demgemäß die Annahme eines nur in der Vereinbarung über Ware und Preis begründeten festen Kaufvertrags mit der Maßgabe, daß bezüglich aller weiteren Punkte beim Ausbleiben einer Einigung die gesetzlichen Vorschriften maßgebend sein sollen, nicht gerechtfertigt erscheint (vgl. S t a u b - K o e n i g e, Anhang zu § 361 Anm. 59 und Urteil des erkennenden Senats vom 11. April 1922 II 598/21). Nur wenn die Umstände des Falles deutlich die Absicht der Vertragschließenden erkennen lassen, daß der Kaufabschluß als solcher schon auf Grund der Einigung über Ware und Preis ohne Rücksicht auf den Inhalt des vorbehaltenen Briefes und auf das Ergebnis der über die weiteren Punkte noch zu pflegenden Verhandlungen perfekt sein solle, ist es zulässig, der Klausel die abgeschwächte Bedeutung der bloßen Ankündigung brieflicher Bestätigung des Telegramms beizulegen. Im vorliegenden Falle sind Umstände, aus denen auf eine solche Absicht beider Vertragsteile zu schließen wäre, nicht festgestellt oder aus dem Telegramm- und Briefwechsel ersichtlich; im Gegenteil: der Wert des

Kaufgegenstandes und die Tatsache, daß in den Telegrammen vom 27. und 29. Januar von weiterem als der Art und Menge der Ware und dem Kaufpreis nicht die Rede ist, sprechen eher gegen als für eine derartige Absicht der Parteien. Es läßt sich auch nicht sagen, daß die Absendung eines Telegramms dann, wenn es für den Vertragsabschluß als solchen noch auf den Inhalt des vorbehaltenen Briefes ankommen sollte, nutzlos war. Denn für die Beklagte war schon die Kenntnis davon, daß die Klägerin mit Kaufpreis und Warenart und -menge zunächst einverstanden sei, von erheblicher Bedeutung: nach dieser Mitteilung konnte sie mit ziemlicher Wahrscheinlichkeit auf das Zustandekommen des Vertrags rechnen und sie war in der Lage, alsbald für diesen Fall ihre Maßnahmen zu treffen. Auf der anderen Seite wäre nicht zu verstehen, warum die Klägerin die Wendung „Brieffolge" in das Telegramm aufnahm, wenn damit nur auf die ohnehin jedem Kaufmann bekannte Uebung der brieflichen Wiederholung des Inhalts abgesandter Telegramme hingewiesen und nicht vielmehr der Vorbehalt weiterer für den Vertragsabschluß selbst erheblicher brieflicher Erklärungen zum Ausdruck gebracht werden sollte. Angesichts des über die Bedeutung dieses Vorbehalts Ausgeführten geht es nicht an, auf die auch an sich doch recht blasse Wendung „kaufen hierdurch" usw. entscheidenden Wert zu legen in dem Sinne, daß damit der Wille, es für den Kaufabschluß einzig und allein auf das beiderseitige Einverständnis über Ware und Kaufpreishöhe ankommen zu lassen, dem Gegner erkennbar verlautbart sei.

Demgemäß darf, wenn es sich um die Bedingungen handelt, unter denen die Klägerin die Gasrohre von der Beklagten kaufen zu wollen erklärt hat, der Brief der ersteren vom 29. Januar 1920 nicht unberücksichtigt bleiben; dies um so weniger, als er der Beklagten am gleichen Tage wie das Telegramm vom 29., nämlich am 30. Januar zugegangen ist. Denn wenn der Abschluß durch Schweigen der Beklagten zustande gekommen sein soll, so ist nicht einzusehen, weshalb die schweigende Zustimmung nicht auch auf den Inhalt des am gleichen Tage eingetroffenen Schreibens zu beziehen ist. In diesem Schreiben sagt aber die Klägerin ausdrücklich, daß sie „auf Grund umstehender Lieferungsbedingungen" bestelle, und unter den auf der Rückseite abgedruckten Bedingungen finden sich auch solche bezüglich der Kaufpreiszahlung, die von den gesetzlichen Zahlungsbedingungen zuungunsten des Verkäufers ganz erheblich abweichen und deren Annahme durch die Beklagte sich daher keineswegs von selbst verstand. Außerdem heißt es dort unter der Rubrik „Auftragsbestätigung": der Auftrag gelte als nach den Bedingungen der Klägerin angenommen, wenn er nicht innerhalb vier Tagen als Ganzes abgelehnt sei. Die Beklagte hatte daher vom 30. Januar ab vier Tage Zeit zur Erklärung; nur wenn innerhalb dieses Zeitraumes die Ablehnung nicht erfolgt war, konnte es sich darum handeln, daß sie sich als Annehmende behandeln lassen mußte. Nun ging aber am

3. Februar, also am vierten Tage nach dem 30. Januar 1920, bei der Klägerin das Telegramm der Beklagten vom 2. Februar ein, in dem diese die Bestellung auf 20 Tonnen Gasrohre zwar akzeptierte, aber unter ihren eigenen Zahlungsbedingungen, wonach 1/3 des Kaufpreises sofort und der Rest durch unwiderrufliches Akkreditiv, auszahlbar gegen Duplikatfrachtbrief, zu begleichen war. Durch die Stellung dieser Zahlungsbedingungen, die im Vergleich zu denen der Klägerin für die Beklagte wesentlich günstiger waren, hat die Beklagte den Auftrag der Gegenseite „als Ganzes" abgelehnt (BGB. § 150 Abs. 2). Das Berufungsgericht meint nun freilich, die Ablehnung des Angebots der Klägerin durch Telegramm vom 2. Februar sei verspätet gewesen, da die Bestimmung der Lieferungsbedingungen betreffend die Ablehnung innerhalb vier Tagen als außer Kraft gesetzt zu gelten habe und die Beklagte die Bestellung der Klägerin unverzüglich nach Eingang des Briefes vom 29. Januar, zum mindesten mit umgehendem Schreiben, hätte zurückweisen müssen. Dies wird daraus gefolgert, daß neben den abgedruckten Lieferungsbedingungen der Klägerin nach dem Text des Briefes vom 29. Januar „im übrigen" die Vereinbarung gemäß den Telegrammen vom 27. und 29. Januar gegolten habe; hiernach sei aber Erklärung durch dringendes Telegramm von der Beklagten selbst verlangt und von der Klägerin auch abgegeben worden, außerdem habe diese zugleich mit ihrem Antworttelegramm auch den Brief vom 29. Januar durch Eilboten abgesandt und darin schon die „Versandanzeige mit wendender Post" gefordert. Alles dies kann jedoch, jedenfalls von dem Standpunkt aus, daß die Beklagte Telegramm und Brief vom 29. Januar als eine einheitliche Verlautbarung der Klägerin aufzufassen berechtigt war und sich nur auf beides zusammen zu erklären hatte, nicht zu dem Ergebnis führen, daß der Beklagten die Berufung auf das in den Lieferungsbedingungen der Klägerin eingeräumte Recht der Ablehnung binnen vier Tagen zu versagen sei. Denn die Klägerin muß ihre Lieferungsbedingungen auch gegen sich gelten lassen. Daß die hier fragliche Bedingung außer Kraft gesetzt sein solle, war für die Beklagte aus den vom Vorderrichter angeführten Umständen nicht, zum mindesten nicht zweifelfrei, erkennbar. Wollte die Klägerin der Beklagten das Recht, innerhalb vier Tagen abzulehnen, nehmen, so mußte sie das ausdrücklich sagen; keinesfalls durfte sie dann die Bedingung „Auftragsbestätigung" so stehen lassen, wie sie lautet. Der Versuch, diese Bedingung auszuschalten, ist mit Treu und Glauben im Verkehr nicht vereinbar.

Dadurch, daß die Beklagte auf Telegramm und Brief der Klägerin vom 29. Januar sich erst durch Depesche vom 2. Februar erklärte, ist demnach ein Kaufvertrag zwischen den Parteien nicht zustande gekommen. Bei dieser Rechtslage bedarf es nicht des Eingehens auf das Vorbringen der Revision: schon die Bestellung der Klägerin mit Telegramm vom 29. Januar sei im Hinblick auf das in der Depesche der

Beklagten vom 27. Januar geäußerte Verlangen nach „dringdrahtlicher“ Erklärung verspätet gewesen. Es mag nur bemerkt werden, daß die Beklagte ausweislich der Akten diese Behauptung in den Vorinstanzen nicht aufgestellt hat.

Ob die Beklagte, wie das Berufungsgericht ausführt, nach Empfang des Briefes vom 29. Januar der Meinung war, der Vertrag sei nunmehr fest abgeschlossen, ist angesichts des oben Gesagten unerheblich. Keinesfalls konnte dies aber daraus abgeleitet werden, daß die Beklagte nach Eintreffen jenes Schreibens mit ihrem Lieferanten R. in Kattowitz ihrerseits fest abgeschlossen hatte. Denn diesem Abschluß brauchte nicht notwendig die Ueberzeugung der Beklagten vom Vorliegen eines fertigen Kaufvertrags zwischen ihr und der Klägerin zugrunde zu liegen. Gerade deshalb, weil für den Kaufabschluß der Beklagten mit R. die verschiedensten Beweggründe denkbar sind, kann darin auch nicht ohne weiteres mit dem Vorderrichter ein „äußerlich in die Erscheinung getretener Annahmeentschluß“ gegenüber dem im Telegramm vom 29. Januar enthaltenen Kaufangebot der Klägerin erblickt werden. Damit entfällt die Grundlage für die Annahme, der Kaufvertrag zwischen den Parteien sei durch den Abschluß des am 1. Februar 1920 mit R. getätigten Deckungsgeschäft perfekt geworden. Demgemäß erübrigt sich eine Stellungnahme zu der Darlegung des Berufungsgerichts, daß das Telegramm der Klägerin vom 29. Januar nach Sachlage ein Angebot mit Verzicht auf Erklärung der Annahme (§ 151 BGB.) darstelle.

Es erweisen sich sonach die verschiedenen Begründungen, auf welche das Berufungsgericht die Annahme, es sei zwischen den Parteien zum Kaufabschluß gekommen, stützt, als unhaltbar. Hieraus ergibt sich die Aufhebung des angefochtenen Urteils. . . . (Folgt die Ausführung, daß das Berufungsgericht eine weitere Möglichkeit des Zustandekommens des Kaufvertrags offengelassen und deshalb Zurückverweisung einzutreten habe.)

RGZ. 115, 71

Kann ein die Wiedereinsetzung in den vorigen Stand begründender unabwendbarer Zufall angenommen werden, wenn die Fristversäumung auf das Verschulden einer Person zurückzuführen ist, der die Partei die Führung des Verkehrs mit dem Prozeßbevollmächtigten übertragen hatte? Macht es einen Unterschied, ob der Verkehrsvertreter ein Anwalt oder ein Nichtanwalt ist? Ist das Verschulden eines Angestellten des Verkehrsvertreters einem eigenen Verschulden des Verkehrsvertreters gleichzustellen?

ZPO. §§ 85, 232, 233.

IV. Zivilsenat. Beschl. v. 2. Dezember 1926.

I. Oberlandesgericht Darmstadt.

Sachverhalt und Entscheidung ergeben sich aus den

Gründen:

Durch den angefochtenen Beschluß war der Antrag der Klägerin zurückgewiesen worden, ihr die Wiedereinsetzung in den vorigen Stand gegen die Versäumung der Frist zum Nachweise der Zahlung der für die Berufungsinstanz erforderten Prozeßgebühr zu erteilen. Die dagegen erhobene sofortige Beschwerde ist gemäß § 238 Abs. 2 Satz 1, § 519 b Abs. 2 ZPO. zuzulassen (RGZ. Bd. 108 S. 347, 384 Abs. 2); sie erweist sich aber als unbegründet. Denn das Berufungsgericht hat die Annahme eines unabwendbaren Zufalls im Sinne des § 233 Abs. 1 ZPO. mit Recht um deswillen verneint, weil die Unterlassung rechtzeitiger Zahlung der Prozeßgebühr auf einem von der Klägerin zu vertretenden Versehen der U. AGes. beruhe. Die vorliegenden Urkunden ergeben hierüber folgendes:

Die U., eine Maklergeschäfte für das Versicherungsgewerbe betreibende Aktiengesellschaft, die den für den Rechtsstreit in Betracht kommenden örtlichen Verhältnissen näherstand als die Klägerin, war von dieser ersucht worden, ihre Interessen im Rechtsstreit wahrzunehmen. Sie tat das schon im ersten Rechtszug und erteilte, nachdem das Landgericht die Klage abgewiesen hatte, im Einverständnis mit der Klägerin einem Rechtsanwalt beim Oberlandesgericht den Auftrag zur Einlegung der Berufung. Der Anwalt holte durch ihre Vermittlung die Prozeßvollmacht der Klägerin ein, verkehrte auch sonst nur mit der U. Demgemäß teilte er ihr auch die ihm zugestellte Fristbestimmung aus § 519 Abs. 6 ZPO. und die entsprechende Kostenanforderung mit, und zwar in einer Form, daß der Empfänger der Mitteilung nicht im unklaren über ihre Bedeutung sein konnte. Bei der U. wurde auf diese Mitteilung infolge eines angeblichen Büroversehens nichts veranlaßt.

Bei dieser Sachlage muß mit dem Oberlandesgericht davon ausgegangen werden, daß die Klägerin die U. beauftragt hat, den Verkehr mit dem zum Prozeßbevollmächtigten für die Berufungsinstanz bestellten Rechtsanwalt zu führen. Ein solcher Auftrag umschloß die Ermächtigung, gegenüber dem Prozeßbevollmächtigten im Namen der Auftraggeberin zu handeln. Die U. war damit von der Klägerin zu ihrer Vertreterin für die Verkehrsführung bestellt. Ob die Uebernahme dieser Vertretung sich als eine bloße „unter Geschäftsfreunden übliche" Gefälligkeit darstellte, ist unerheblich. Ein Verschulden dieser Vertreterin muß sich die Klägerin bei der Beurteilung ihres Wiedereinsetzungsantrags gemäß § 232 Abs. 2 ZPO. wie ein eigenes Verschulden anrechnen lassen. Der Senat hat allerdings in dem Beschluß vom 3. Juni 1926 (JW. 1926 S. 2574 Nr. 2) grundsätzlich ausgesprochen, daß das Vorhandensein eines Vertreters im Sinne des § 232 Abs. 2, abgesehen von den Fällen einer gesetzlichen Vertretung (§§ 51, 53 ZPO.) und der Zulassung eines Vertreters ohne Vollmacht (§ 89 ZPO.), die Erteilung einer gültigen Vollmacht voraussetze, und er hat diese Voraussetzung für einen Fall verneint, in dem eine Partei ihre Vertretung für die Berufungsinstanz einem Manne übertragen hatte, von dem sie in den falschen Glauben versetzt worden war, er sei Rechtsanwalt und zur Durchführung des von ihm übernommenen Prozeßführungsmandats befähigt. In jenem Falle war die einem Nichtanwalt erteilte Prozeßvollmacht nach § 78 Abs. 1 ZPO. unwirksam. Die Gültigkeit der hier in Rede stehenden Vollmacht aber ist nicht zu bezweifeln. Denn es handelt sich hier nicht um eine Vollmacht zur Prozeßführung, sondern um eine Vollmacht zur Verkehrsführung mit dem Prozeßbevollmächtigten. Eine solche Vollmacht kann auch im Anwaltsprozeß einem nicht beim Prozeßgericht zugelassenen Rechtsanwalt oder einer anderen Person als einem Rechtsanwalt erteilt werden. Daß ein sogenannter Verkehrsanwalt als Vertreter im Sinne des § 232 Abs. 2 anzusehen ist, hat das Reichsgericht oft anerkannt (vgl. JW. 1923 S. 835 Nr. 12, WarnRspr. 1926 Nr. 124 und den das Verschulden eines ausländischen Verkehrsanwalts der Partei anrechnenden Beschluß vom 18. September 1926 IV 456/26). Einen den Verkehr führenden Nichtanwalt in dieser Beziehung anders zu behandeln als einen Anwalt, ist weder nach dem Wortlaute des § 232 Abs. 2 noch innerlich gerechtfertigt. Auf die Gleichstellung weist auch der schon im Beschluß vom 3. Juni 1926 hervorgehobene Zusammenhang des § 232 Abs. 2 mit § 85 ZPO. hin. Dort wird der Grundsatz der unmittelbaren Stellvertretung mit den Worten aufgestellt: „Die von dem Bevollmächtigten vorgenommenen Prozeßhandlungen sind für die Partei in gleicher Art verpflichtend, als wenn sie von der Partei selbst vorgenommen wären.“ Ebensowenig wie dieser Grundsatz in Fällen, in denen eine Vertretung durch Anwälte nicht geboten ist, auf einen Anwalt als Bevollmächtigten zu beschränken ist (vgl. § 79 ZPO.), liegt eine solche Beschränkung im Sinne des § 232 Abs. 2.

Ein der Klägerin anzurechnendes Verschulden der U. ist freilich noch nicht ohne weiteres damit gegeben, daß bei dieser ein „Büroversehen“ vorgekommen ist. Die Angestellten eines Sachwalters sind weder dessen Vertreter noch die der Partei. Soweit sie als Erfüllungsgehilfen des Sachwalters bei Ausführung der von ihm übernommenen Geschäftsbesorgung in Betracht kommen, haftet der Sachwalter nach § 278 BGB. zwar privatrechtlich; diese Haftung ist aber nach feststehender Rechtsprechung auf das öffentlichrechtliche Gebiet des Zivilprozesses nicht zu übertragen (RGZ. Bd. 96 S. 324, JW. 1923 S. 14 Nr. 3). Schuldhaftes Verhalten des Büropersonals der U. könnte deshalb einen unabwendbaren Zufall darstellen, für den die U. prozeßrechtlich nicht verantwortlich wäre und der somit auch der Klägerin zugute käme. Der Fall müßte dann aber so liegen, daß die U. selbst oder genauer ihre Vorstandsmitglieder als ihre gesetzlichen Vertreter das Hindernis für die Einhaltung der Frist durch Anwendung der nach Lage der Sache angemessenen und vernünftigerweise zu erwartenden äußersten Sorgfalt nicht haben abwenden können. Daß der Fall so liege, hätte zur Begründung des Wiedereinsetzungsgesuchs dargelegt werden müssen. Das ist nicht geschehen. In der mit dem Wiedereinsetzungsgesuch überreichten eidesstattlichen Versicherung eines Vorstandsmitglieds der U. wird die Versäumung zwar darauf zurückgeführt, daß ein Buchhalter infolge eines „ganz unverständlichen" Versehens die in Rede stehende Kostenanforderung als bereits durch eine andere Kostenzahlung erledigt angesehen habe. Aber es wird nichts darüber gesagt, ob sich dieser Buchhalter sonst als zuverlässig erwiesen hat und ob er in einer der Verkehrsführung im Prozeß entsprechenden Weise angeleitet und beaufsichtigt worden ist ....

RGZ. 115, 411

Kann der Umstand, daß eine Partei sich während des Prozesses in einer Strafanstalt befunden hat und deshalb weder die Tätigkeit ihres Armenanwalts überwachen noch sonstwie in die Prozeßführung eingreifen konnte, als ein unabwendbarer Zufall im Sinne des § 233 Abs. 1 ZPO. angesehen werden?

II. Zivilsenat. Beschl. v. 13. Januar 1927.

I. Landgericht Leipzig. II. Oberlandesgericht Dresden.

Auf die Klage der Ehefrau hat das Landgericht durch Urteil vom 8. Oktober 1926 die Ehe der Parteien geschieden und den Beklagten für allein schuldig an der Scheidung erklärt. Dem ihm als Armenanwalt beigeordneten Rechtsanwalt Dr. St. ist das Urteil am 19. Oktober 1926 zugestellt worden. Dieser hat dem Beklagten, der sich schon zur Zeit der Klagerhebung in einer Strafanstalt befand, die Urteilsausfertigung erst am 19. November 1926 dorthin zugesandt.

Das Gesuch des Beklagten vom 25. November 1926 um Wiedereinsetzung in den vorigen Stand gegen die Versäumung der Berufungsfrist ist vom Oberlandesgericht zurückgewiesen und die zugleich eingelegte Berufung als unzulässig verworfen worden. Die hiergegen eingelegte Beschwerde des Beklagten hatte Erfolg.

Gründe:

Das Oberlandesgericht hat seinen Beschluß darauf gestützt, daß der erstinstanzliche Prozeßbevollmächtigte, Rechtsanwalt St., nicht die „größtmöglichste Sorgfalt" bei der Wahrung der Berufungsfrist beobachtet habe (§ 232 Abs. 2 ZPO.), daß sohin die Versäumung der Berufungsfrist nicht auf einem unabwendbaren Zufall (§ 233 Abs. 1 ZPO.) beruhe.

Der Beschwerdeführer hat hiergegen geltend gemacht: Die Vorschrift des § 232 Abs. 2 ZPO. finde ihre innere Rechtfertigung in dem

Umstand, daß die Partei normalerweise jederzeit in der Lage sei, ihren Prozeßbevollmächtigten zu überwachen und ihm unter Umständen den Auftrag zu entziehen, falls sie den Eindruck bekomme, daß der Anwalt nicht die erforderliche Zuverlässigkeit gewährleiste. Im vorliegenden Falle aber sei der Beklagte während der ganzen Dauer der Instanz in Strafhaft gewesen und befinde sich noch jetzt darin. Es sei ihm also vollkommen unmöglich gewesen, irgendwie seinen Anwalt ausreichend zu überwachen oder ihm, da ein Armenanwalt in Frage stehe, den Auftrag zu entziehen und einen anderen Anwalt zu beauftragen.

Die rechtliche Würdigung der Sache ergibt folgendes:

Nach § 232 Abs. 2 ZPO. wird eine Versäumung, die in der Verschuldung eines Vertreters ihren Grund hat, als eine unverschuldete nicht angesehen. Diese Prozeßvorschrift ist, wie alle anderen, nicht um ihrer selbst willen geschaffen worden, sondern soll dem materiellen Rechte und der Gerechtigkeit dienen. Bei ihrer Auslegung und Anwendung müssen deshalb stets die Besonderheiten des Einzelfalls berücksichtigt werden.

Wenn, wie im vorliegenden Falle, der Vertreter im Sinne des § 232 Abs. 2 ZPO. ein beim Prozeßgericht zugelassener Anwalt ist, so kann für die Regel davon ausgegangen werden, daß die von ihm vertretene Partei in der Lage ist, seine Handlungen zu beaufsichtigen, § 85 Abs. 1 Satz 1 ZPO.; § 164 Abs. 1 § 166, Abs. 2, §§ 168, 675 und 627 BGB. Dieses Recht und diese Pflicht der Partei zur Ueberwachung ihres Anwalts ergeben sich aus dem zwischen ihnen bestehenden Rechtsverhältnis. Nur auf dieser Grundlage kann die Verschuldung des Vertreters im Sinne des § 232 Abs. 2 auch als eine Verschuldung der Partei angesehen werden.

Nun war aber der Beklagte im vorliegenden Falle außerstande, seinen Armenanwalt zu beaufsichtigen. Die tatsächlichen Feststellungen des Oberlandesgerichts lassen hierüber keinen Zweifel aufkommen. Der Beklagte war in der Strafanstalt, seine an den Vertreter gerichteten Briefe wurden entweder zu spät oder überhaupt nicht beantwortet, das dem Anwalt übersandte Prozeßmaterial wurde im Prozeß nicht vorgetragen, obgleich der Beklagte dem Klagevorbringen den Einwand der Verzeihung entgegengesetzt hatte. Der Beklagte hatte seinen Armenanwalt um die sofortige Einsendung des Urteils gebeten, dieses wurde ihm aber in der angegebenen Weise verspätet eingehändigt. Er war seinem Anwalt gegenüber vollkommen wehr- und hilflos; er konnte ihn von der Strafanstalt aus nicht überwachen, ihm auch nicht kündigen oder die Beiordnung eines anderen Anwalts beantragen. Ist dies richtig, dann sind die Voraussetzungen des § 232 Abs. 2 ZPO. im vorliegenden Falle seiner Besonderheiten wegen nicht gegeben. Die Tatsache, daß der Beklagte sich während des Rechtsstreits in der Strafanstalt befunden hat und deshalb die Tätigkeit seines Armenanwalts weder überwachen noch durch Kündigung oder Beiordnung eines anderen Armenanwalts beenden konnte, ist als ein unabwendbarer Zufall im Sinne des § 233 Abs. 1 ZPO. anzusehen.

RGZ. 120, 243

1. Bedeutung der von Amts wegen bewirkten Zustellung nicht verkündeter Urteile.

2. Wie ist eine Erklärung zu bewerten, durch die ein Rechtsmittel unter Angabe des Grundes zurückgenommen wird?

3. Steht der Umstand, daß ein Rechtsmittel zunächst ordnungsmäßig eingelegt, dann aber irrtümlich zurückgenommen worden ist, der Wiedereinsetzung in den vorigen Stand entgegen, wenn nach Ablauf der Berufungsfrist das Rechtsmittel erneut eingelegt wurde?

4. In welchem Umfang muß der Prozeßbevollmächtigte sein Kanzleipersonal über die Zustellung nicht verkündeter Urteile und den Beginn der Rechtsmittelfrist belehren und persönlich eine Nachprüfung vornehmen?

Bekanntm. zur Entlastung der Gerichte vom 9. September 1915/13. Mai 1924 § 7. ZPO. §§ 211, 212, 515, 232 Abs. 2, §§ 233, 234.

VI. Zivilsenat. Urt. v. 1. März 1928.

I. Landgericht Kassel. II. Oberlandesgericht daselbst.

Das Landgericht hat den Beklagten — im Einverständnis der Parteien ohne mündliche Verhandlung — durch Teilurteil verurteilt, an die Kläger 4052 RM. nebst Zinsen gegen Rückauflassung eines Grundstücks zu zahlen. Auf Verfügung vom 5. Februar 1927 wurde dieses Urteil mit Gründen den Parteivertretern am 18. Februar 1927 von Amts wegen durch die Post zugestellt. Am 21. Februar 1927 wurde es dann dem Prozeßbevollmächtigten der Kläger von dem des Beklagten zugestellt. Der Beklagte legte zweimal Berufung ein, zunächst am 16. März 1927 (Aktenz. 1 U 73/27) und dann am 31. Mai 1927 (Aktenz. 1 U 143/27), nachdem das Urteil seinem Prozeßbevollmächtigten am 30. Mai 1927 nochmals von Amts wegen zugestellt worden war. Unterm 24. Juni 1927 richtete der Prozeßbevollmächtigte des Beklagten folgenden (auch dem gegnerischen Anwalt zugestellten) Schriftsatz an das Berufungsgericht: „In Sachen H. gegen K. — 1 U 73/27 — wird die eingelegte Berufung, die mangels amtlicher Zustellung des Urteils wirkungslos war, hiermit zurückgenommen und beantragt: die durch Einlegung der Berufung entstandenen Kosten niederzuschlagen, da sie durch unrichtige Behandlung der Sache seitens des Gerichts 1. Instanz entstanden sind. Das Teilurteil hätte von Amts wegen zugestellt werden müssen."

Mit Schriftsatz vom 6. Juli, eingegangen am 8. Juli 1927, beantragte der Beklagte „weiter vorsorglich", ihm gegen die Versäumung der Berufungsfrist die Wiedereinsetzung in den vorigen Stand zu erteilen. In der mündlichen Verhandlung stellte er den Antrag aus der ersten Berufungsschrift, da er nunmehr die erste Berufungseinlegung für rechtswirksam hielt, hilfsweise den aus der zweiten Berufungsschrift und aus dem Schriftsatz vom 6. Juli 1927. Die Kläger beantragten, den Berufungskläger des Rechtsmittels der Berufung 1 U 73/27 für verlustig zu erklären, hilfsweise: diese Berufung zurückzuweisen; die zweite Berufung, vom 31. Mai 1927, baten sie als unzulässig zu verwerfen, hilfsweise: als unbegründet zurückzuweisen. Das Oberlandesgericht erklärte den Beklagten der ersten Berufung für verlustig und verwarf die am 31. Mai 1927 eingelegte Berufung als unzulässig. Die Revision des Beklagten wurde zurückgewiesen.

Gründe:

Da das landgerichtliche Teilurteil im Einverständnis der Parteien ohne mündliche Verhandlung erlassen war, mußte es gemäß § 7 der Bekanntmachung zur Entlastung der Gerichte vom 9. September 1915 in der Fassung der Bekanntmachung vom 13. Mai 1924 (RGBl. 1924 I S. 552) an Stelle der Verkündung den Parteien schriftlich mitgeteilt werden, und zwar durch Zustellung der Urteilsformel. Fehlt es an dieser ausdrücklich vorgeschriebenen Zustellung, so ist das Urteil überhaupt noch nicht nach außen in die Erscheinung getreten; es gilt dann in sachlicher Beziehung als nicht vorhanden, auch wenn den Parteien Ausfertigungen ohne Zustellung der Urteilsformel erteilt und von ihnen zugestellt worden waren. Hieran wird dadurch nichts geändert, daß das Reichsgericht in einem anders liegenden Falle (JW. 1915 S. 592 Nr. 26) die zum Zweck der Aufhebung eines nicht ordnungsmäßig verkündeten Urteils erhobene Berufung für begründet erklärt hat (vgl. dazu RGZ. Bd. 90 S. 295). Im gegenwärtigen Falle war das ganze Urteil schon am 18. Februar 1927 den Parteien von Amts wegen und dann am 21. Februar 1927 nochmals dem Beklagten von den Klägern zugestellt worden. Die am 16. März 1927 erfolgte Einlegung der Berufung — 1 U 73/27 — war also in jedem Falle rechtswirksam, mag man die Berufungsfrist mit der Zustellung von Amts wegen oder erst mit der Parteizustellung beginnen lassen. Dagegen durfte der zweitinstanzliche Prozeßbevollmächtigte des Beklagten davon ausgehen, daß ein Urteil, das mit einer zur sachlichen Nachprüfung führenden Berufung angefochten werden konnte, vor Zustellung der Urteilsformel von Amts wegen nicht vorhanden war, und er konnte die Zurücknahme der dann wirkungslosen Berufung und die Einlegung einer neuen Berufung nach ordnungsmäßiger Zustellung der Urteilsformel für geboten erachten.

Diese Zurücknahme hat der Beklagte, wie das Berufungsgericht ohne Rechtsirrtum annimmt, in seinem dem Gegner zugestellten Schriftsatz vom 24. Juni 1927 rechtswirksam erklärt.

Der hiergegen gerichtete Angriff der Revision kann nicht durchgreifen. Er geht dahin: Der Beklagte habe auf Grund der Mitteilung des Vorsitzenden des Berufungsgerichts und des Fehlens der Zustellungsurkunden in den Akten angenommen, die Urteilsformel sei nicht von Amts wegen zugestellt und die erste Berufungseinlegung daher wirkungslos. Nur die „mangels amtlicher Zustellung des Urteils wirkungslose“ Berufung habe er im Schriftsatz vom 24. Juni 1927 zurückgenommen. Das sei aber bedeutungslos und ohne Wirkung gewesen; denn eine solche wirkungslose Berufung habe gar nicht vorgelegen. Die Revision will hiernach die Zurücknahme-Erklärung dahin auslegen, daß der Beklagte damit nicht eine bestimmte Berufung unbedingt zurückgenommen habe, sondern nur eine solche, die wirkungslos gewesen sei. Da sich aber die Zurücknahme-Erklärung auf die erste Berufungseinlegung vom 16. März 1927 bezog, wie die Anführung des Aktenzeichens 1 U 73/27 und die nachherige erneute Berufungseinlegung zweifelsfrei ergeben, so kann die Ausführung des Beklagten nur so verstanden werden, wie sie auch das Berufungsgericht verstanden hat, nämlich dahin, daß der Beklagte die Zurücknahme nur unter der Bedingung der Wirkungslosigkeit der Berufung erklärt habe. Diese Auslegung ist jedoch abzulehnen. Der Wortlaut spricht nicht für sie, er läßt vielmehr erkennen, daß der Beklagte durch den Zusatz wegen der Wirkungslosigkeit der Berufung nur eine Begründung für ihre Zurücknahme hat geben wollen (vgl. RGZ. Bd. 68 S. 166). Dafür spricht auch die Erwägung, daß eine bedingte Zurücknahme-Erklärung in jedem Falle ohne Bedeutung wäre, da derartige Prozeßerklärungen das Hinzufügen einer Bedingung nicht dulden, und daß dies dem Erklärenden als Rechtsanwalt bekannt war.

Zutreffend hat das Berufungsgericht darauf hingewiesen, daß eine Anfechtung der Zurücknahme-Erklärung wegen Irrtums nicht in Frage kommt, da Prozeßerklärungen nicht nach den Vorschriften des bürgerlichen Rechts, sondern nur insoweit angefochten werden können, als die Zivilprozeßordnung es zuläßt; letzteres trifft aber hier nicht zu. Ohne Rechtsirrtum verneint der Vorderrichter auch, daß hier einer der Fälle vorliege, wo eine offenbare, durch Verschreiben, Versprechen oder ähnliches entstandene Unrichtigkeit berichtigt werden solle.

Es kann sich hiernach nur noch fragen, ob das Berufungsgericht dem Beklagten für die zweite Berufungseinlegung die Wiedereinsetzung in den vorigen Stand gegen den Ablauf der Berufungsfrist mit Recht versagt hat. Diese Berufungseinlegung war trotz der Zurücknahme-Erklärung vom 24. Juni 1927 an sich rechtswirksam geblieben. Denn jene Erklärung bezog sich ersichtlich nur auf die erste Berufungseinlegung, deren Aktenzeichen auch allein angegeben war, nicht auf das Rechtsmittel der Berufung als solches (RGZ. Bd. 96 S. 188 und Bd. 102 S. 364). Mit der Zurücknahme verlor die erste Berufungseinlegung gemäß § 515 ZPO. ohne weiteres ihre Kraft. Dadurch wurde die zweite Berufungseinlegung wirksam, die zunächst wegen des Schwebens der ersten Berufung wirkungslos war. Sie war aber verspätet, da damals die Berufungsfrist sowohl seit der Zustellung von Amts wegen als auch seit der Parteizustellung abgelaufen war. Das Berufungsgericht meint nun, an der Voraussetzung für die Wiedereinsetzung in den vorigen Stand aus § 233 ZPO. fehle es deshalb, weil die erste Berufung rechtzeitig eingelegt sei und daher eine Versäumung der Berufungsfrist nicht in Frage kommen könne. Damit wird es jedoch dem Sinn und Zweck der Vorschrift bei der hier vorhandenen eigenartigen Sachlage nicht gerecht. Für die Entscheidung der Frage, ob eine Partei durch Naturereignisse oder andere unabwendbare Zufälle verhindert worden ist, eine Notfrist einzuhalten, muß von der Sachlage ausgegangen werden, wie sie bestand, als das Hindernis behoben wurde. Das war hier der Zeitpunkt, in dem der Prozeßbevollmächtigte des Beklagten durch den Vorsitzenden des Berufungsgerichts erfuhr, daß das erste Urteil, entgegen der früheren Annahme, doch schon am 18. Februar 1927 von Amts wegen zugestellt worden sei. Damals lag aber keine die Berufungsfrist wahrende Berufungseinlegung mehr vor. Denn die erste Berufungseinlegung, welche diese Wirkung gehabt hatte, war durch die Zurücknahme-Erklärung endgültig außer Kraft getreten und hatte jede Bedeutung für die Fristwahrung verloren. Es war also damals tatsächlich infolge der Zurücknahme-Erklärung die Frist versäumt. Gerade diese Erklärung in Verbindung mit der irrtümlichen Annahme, das Teilurteil sei erst am 30. Mai 1927 von Amts wegen zugestellt worden, war das Ereignis, das die Einhaltung der Berufungsfrist verhindert hatte. Die Frist war also ursprünglich eingehalten, aber nunmehr war diese Einhaltung endgültig hinfällig geworden, sie war nicht mehr vorhanden, die Frist war also nicht mehr eingehalten. Und das genügt. Wie die eidesstattliche Versicherung des Gerichtsassessors F. ergibt, hat er als Vertreter des zweitinstanzlichen Prozeßbevollmächtigten des Beklagten erst am 27. Juni 1927 durch Mitteilung des Vorsitzenden des Berufungsgerichts erfahren, daß das erste Urteil schon am 18. Februar 1927 von Amts wegen zugestellt worden war. Dann hat der Beklagte fristgerecht (§ 234 ZPO.) die Wiedereinsetzung beantragt. Der Antrag ist demnach ordnungsmäßig gestellt.

Es fragt sich also, ob die Nichteinhaltung der Berufungsfrist auf einen unabwendbaren Zufall zurückzuführen ist. Das kann unter den vorliegenden Umständen nicht als glaubhaft gemacht angesehen werden. Nach der Feststellung des Berufungsgerichts ist das erste Urteil den beiden erstinstanzlichen Prozeßbevollmächtigten, für den Beklagten dem Rechtsanwalt F. in W., ordnungsmäßig zugestellt worden. Diese Zustellung wurde gemäß §§ 211, 212 ZPO. so ausgeführt: Das Urteil war in einem mit Anschrift, Geschäftsnummer und dem Vermerk „vereinfachte Zustellung" versehenen Briefumschlag der Post zur Beförderung übergeben und dann vom Postboten der Vorsteherin des Büros des Rechtsanwalts F. für diesen überliefert worden, wobei der Postbote den Tag der Zustellung auf dem Umschlag vermerkte. Ob zu den Handakten des Rechtsanwalts F. mit dem Urteil auch der Briefumschlag gekommen ist, aus dem sich die Tatsache und der Tag der Zustellung von Amts wegen ergab, läßt sich nicht mehr feststellen. Es kommt aber für die Frage der Wiedereinsetzung auch nicht entscheidend darauf an. Wenn der Umschlag bei den Handakten war, so ergab sich daraus ohne weiteres die Zustellung des Urteils von Amts wegen, da die Handakten stets dem zweitinstanzlichen Prozeßbevollmächtigten übersandt werden, jedenfalls aber bei Zweifeln wegen der Förmlichkeiten durch ihn hätten eingefordert werden müssen. War jedoch der Umschlag versehentlich nicht zu den Akten gekommen, so ist doch, auch wenn man das nur auf ein Versehen des Büros zurückführt, in keiner Weise dargetan, daß Rechtsanwalt F. sein Büro über Art und Bedeutung der Zustellung von Amts wegen sowie über die Notwendigkeit der Aufbewahrung der betreffenden Briefumschläge belehrt und die Durchführung seiner Anordnungen nachgeprüft hat. Das war aber erforderlich, und es ist anzunehmen, daß im Falle solcher Belehrung und Nachprüfung der Umschlag zu den Akten gekommen wäre (vgl. RGUrt. vom 6. Februar 1906 II 453/05, vom 8. April 1914 IV 704/13 und vom 3. Mai 1919 IV 448/18). Es ist also nicht dargetan und kann auch wegen Ablaufs der Wiedereinsetzungsfrist nicht mehr dargetan werden, daß der erstinstanzliche Prozeßbevollmächtigte des Beklagten, für dessen Versehen dieser einstehen muß, jede nach den Umständen des Falles mögliche und erforderliche äußerste Sorgfalt angewendet hat. Es wäre auch Sache des zweitinstanzlichen Prozeßbevollmächtigten des Beklagten gewesen, vor Einlegung der Berufung zu ermitteln, ob die Urteilsformel von Amts wegen zugestellt war. Dasselbe hätte auch Rechtsanwalt F. tun müssen, als ihm selbst das Urteil zugestellt wurde. Denn die Wirksamkeit der Einlegung der Berufung hing ja von der amtlichen Zustellung ab. Wäre die Ermittlung alsbald durch die Nachfrage beim Landgericht und durch Akteneinsicht angestellt worden, so hätte sich die Tatsache der amtlichen Zustellung voraussichtlich feststellen lassen, auch wenn die Zustellungsurkunden versehentlich nicht in die Akten eingeheftet waren, sondern lose lagen und bei Uebersendung der Akten an das Berufungsgericht beim Versendungsbeleg zurückbehalten worden waren. Wäre aber die amtliche Zustellung festgestellt worden, dann hätte der Beklagte nicht die Berufung zurückgenommen und dadurch die Fristversäumung herbeigeführt. Es kann hiernach unerörtert bleiben, ob der Beklagte und seine Vertreter im weiteren Verfahren die äußerste zu erfordernde Sorgfalt gewahrt haben und inwieweit die Zurücknahme der Berufung auch dadurch veranlaßt worden ist, daß dem Prozeßbevollmächtigten des Beklagten auf Grund der nachlässig geführten Akten eine unrichtige, irreführende amtliche Auskunft erteilt worden war. Hiernach ist die Wiedereinsetzung mit Recht nicht gewährt worden. Daraus ergibt sich, daß die am 31. Mai 1927 eingelegte Berufung verspätet, also unzulässig ist.

RGZ. 131, 261

1. Unterliegt die Wahrung der für einen Wiedereinsetzungsantrag vorgeschriebenen Form und Frist dem Parteiverzicht?

2. Muß eine Partei, die durch den ihr für das Einspruchsverfahren beigeordneten Rechtsanwalt die Wiedereinsetzung gegen die Versäumung der Einspruchsfrist beantragt, zur Darlegung der Rechtzeitigkeit des verspätet beschiedenen Armenrechtsgesuchs innerhalb der für den Wiedereinsetzungsantrag vorgeschriebenen Frist den Tag der Zustellung des Versäumnisurteils angeben?

ZPO. §§ 234, 236, 295.

IV. Zivilsenat. Urt. v. 2. Februar 1931.

I. Landgericht Görlitz. II. Oberlandesgericht Breslau.

Die Klägerin hat bei dem Landgericht das der Klage entsprechende Versäumnisurteil vom 1. März 1929 erwirkt, durch das der Beklagte zur Zahlung einer Geldsumme an sie verurteilt wurde. Das Versäumnisurteil wurde von ihr dem Beklagten am 9. März 1929 zugestellt. In einer beim Landgericht am 18. März 1929 (Montag) eingegangenen Eingabe vom 16. März suchte der Beklagte die Bewilligung des Armenrechts für das Einspruchsverfahren nach. Das Armenrecht wurde ihm durch Beschluß vom 26. März 1929 bewilligt. Der Beschluß wurde dem ihm beigeordneten Rechtsanwalt am 5. April 1929 zugestellt. An demselben Tage legte der Anwalt namens des Beklagten gegen das Versäumnisurteil Einspruch ein mit dem Antrage, 1. für den Fall der Versäumung der Einspruchsfrist dem Beklagten Wiedereinsetzung in den vorigen Stand zu gewähren, 2. das Versäumnisurteil aufzuheben und die Klägerin mit der Klage abzuweisen. Das Landgericht erkannte auf Aufhebung des Versäumnisurteils und Abweisung der Klage. Es sprach aus, daß dem Beklagten wegen Versäumung der Einspruchsfrist die Wiedereinsetzung in den vorigen Stand zu gewähren sei, da er das Armenrecht für das Einspruchsverfahren vor Ablauf der Einspruchsfrist beantragt habe und sich die Versäumung der Frist infolge späterer Bewilligung des Armenrechts für ihn als unabwendbarer Zufall darstelle. Auf die Berufung der Klägerin wurde beim Oberlandesgericht zunächst sachlich über den Rechtsstreit verhandelt. Dann aber beanstandete die Klägerin die Zulässigkeit des Einspruchs gegen das erstinstanzliche Versäumnisurteil, weil der Wiedereinsetzungsantrag nicht den Erfordernissen des § 236 Nr. 1 und 2 ZPO. entspreche. Das Berufungsgericht erkannte dahin, daß der Einspruch des Beklagten gegen das Versäumnisurteil vom 1. März 1929 als unzulässig verworfen werde.

Auf die Revision des Beklagten wurde das Berufungsurteil aufgehoben und der Rechtsstreit zur sachlichen Verhandlung und Entscheidung an die Vorinstanz zurückverwiesen.

Gründe:

Wird gegen die Versäumung einer Notfrist die Wiedereinsetzung in den vorigen Stand beantragt, so muß der Antrag nach § 236 Abs. 1 ZPO. enthalten: 1. die Angabe der die Wiedereinsetzung begründenden Tatsachen; 2. die Angabe der Mittel für deren Glaubhaftmachung; 3. wenn die versäumte Prozeßhandlung noch nicht nachgeholt ist, ihre Nachholung. Der Schriftsatz vom 5. April 1929, in dem der Beklagte für den Fall der Versäumung der Einspruchsfrist die Wiedereinsetzung in den vorigen Stand beantragt hat, erfüllt von diesen Erfordernissen nur das dritte, die Nachholung des Einspruchs. Die unter Nr. 1 und 2 vorgeschriebenen Angaben fehlen. Liegt darin ein die Unzulässigkeit des Wiedereinsetzungsantrags begründender Mangel, so ist dieser nicht etwa gemäß § 295 Abs. 1 ZPO. dadurch geheilt, daß die Klägerin im ersten und zunächst auch im zweiten Rechtszuge zur Sache verhandelt hat, ohne den Mangel zu rügen, der ihr aus der Zustellung des Schriftsatzes vom 5. April 1929 bekannt war oder bekannt sein mußte. Denn die Voraussetzungen der Wiedereinsetzung, von der die Zulässigkeit des Einspruchs abhängt, sind gemäß § 341 ZPO. von Amts wegen zu prüfen. Diese Prüfung hat sich nicht nur auf das Vorhandensein eines Wiedereinsetzungsgrundes nach § 233 ZPO., sondern auch auf die Wahrung der für den Wiedereinsetzungsantrag in § 234 das. vorgeschriebenen Frist und der in § 236 Abs. 1 das. vorgeschriebenen Form zu erstrecken. Die Befolgung von Verfahrensvorschriften, deren Wahrung von Amts wegen zu prüfen ist, unterliegt aber keinem Parteiverzicht (§ 295 Abs. 2 ZPO.).

Die in § 236 Abs. 1 Nr. 1 und 2 ZPO. vorgeschriebenen Angaben sind indessen nicht schlechthin notwendig. Von ihnen kann, so wenig empfehlenswert auch ein solches Verfahren der Partei ist, nach feststehender Rechtsprechung dann abgesehen werden, wenn sich die Tatsachen, welche die Wiedereinsetzung begründen sollen, aus den Akten des Gerichts ergeben. Das läßt auch der Berufungsrichter gelten. Er führt dazu aus: Aus den Akten könne zwar entnommen werden, daß am 1. März 1929 dem Anwalt der Klägerin eine vollstreckbare Ausfertigung des Versäumnisurteils erteilt worden und am 18. März das Armenrechtsgesuch des Beklagten vom 16. März 1929 eingegangen sei. Was aber aus den Akten nicht festgestellt werden könne, sei die für die Frage der Fristwahrung grundlegend wichtige, dem Parteibetrieb überlassene Zustellung des Versäumnisurteils; ferner sei daraus nicht zu entnehmen, welche Umstände, wenn das Versäumnisurteil bald zugestellt worden sei, den Beklagten verhindert hätten, vor dem 16. März 1929 das Armenrechtsgesuch zu verfassen. Dem ist entgegenzuhalten: Ueber einen die Versäumung der Einspruchsfrist betreffenden Wiedereinsetzungsantrag wie über die Zulässigkeit des Einspruchs überhaupt kann nach den §§ 238, 340 a, 341 ZPO., anders als gemäß §§ 519 b, 554 a das. über die Zulässigkeit der Berufung oder der Revision, nicht ohne mündliche Verhandlung durch Beschluß, sondern nur auf Grund mündlicher Verhandlung durch Urteil entschieden werden. In der Verhandlung hatte das Gericht, ehe es dem für den Fall der Versäumung der Einspruchsfrist gestellten Wiedereinsetzungsantrag nähertrat, von Amts wegen die Rechtzeitigkeit des Einspruchs zu prüfen und deshalb den Tag der Zustellung des Versäumnisurteils festzustellen. Erst als sich aus dieser Feststellung die Versäumung der Einpruchsfrist ergab, hatte es über den Wiedereinsetzungsantrag zu befinden. Dieser Antrag war begründet, da, wie nun feststand, der Beklagte sein Armenrechtsgesuch bei dem zuständigen Gericht, in dessen Hand sich die Prozeßakten befanden, fünf Werktage vor dem Tage des Ablaufs der Einspruchsfrist, also so rechtzeitig gestellt hat, daß er mit der Wahrung der Einspruchsfrist durch den ihm beizuordnenden Rechtsanwalt rechnen durfte. Die späte Erlassung und Zustellung des Armenrechtsbeschlusses stellen für ihn, wie das Landgericht mit Recht angenommen hat, einen unabwendbaren Zufall dar. Als Wiedereinsetzungsgrund können allerdings grundsätzlich nur solche Tatsachen verwertet werden, welche innerhalb der zweiwöchigen Frist des § 234 ZPO. gemäß § 236 Abs. 1 Nr. 1 und 2 das. geltend gemacht worden oder gerichtsbekannt sind. Zur Zeit der mündlichen Verhandlung über den Einspruch, in welcher der Tag der Zustellung des Versäumnisurteils festgestellt wurde, war die mit der Zustellung des Armenrechtsbeschlusses an den beigeordneten Anwalt in Lauf gekommene zweiwöchige Frist schon abgelaufen. Den während dieser Frist gerichtsbekannten Tatsachen ist aber die hier in Rede stehende Tatsache deshalb gleichzustellen, weil schon innerhalb der Frist feststand, daß sie vor der Entscheidung über die Wiedereinsetzung von Amts wegen festgestellt werden mußte.

Aus diesen Gründen ist dem Beklagten die Wiedereinsetzung zu gewähren und sein Einspruch gegen das landgerichtliche Versäumnisurteil zuzulassen. . . .

RGZ. 138, 247

Bedeutet die zu späte Ablehnung des für die Berufungsinstanz nachgesuchten Armenrechts auch dann einen unabwendbaren Zufall nach § 233 ZPO., wenn die Partei, objektiv betrachtet, nicht arm im Sinne des § 114 ZPO. ist, sich aber für arm hielt und halten durfte?

III. Zivilsenat. Urt. v. 11. Oktober 1932.

I. Landgericht Hirschberg. II. Oberlandesgericht Breslau.

Die Erblasserin der jetzigen Revisionskläger erlitt am 10. September 1929 einen Unfall im Sanatorium der Beklagten, das sie zu ihrer Erholung aufgesucht hatte. Sie hat von den Beklagten Schadensersatz verlangt, ist aber durch Urteil des Landgerichts mit ihrer Klage abgewiesen worden. Nachdem ihr dies Urteil am 23. Februar 1931 zugestellt worden war, hat sie am 11. März beim Oberlandesgericht das Armenrecht, das ihr dieses in der Beschwerdeinstanz bereits für den ersten Rechtszug bewilligt gehabt hatte, auch für die Berufungsinstanz nachgesucht. Das Oberlandesgericht hat das Gesuch wegen Aussichtslosigkeit der weiteren Rechtsverfolgung durch einen am 26. März zugestellten Beschluß vom 24. März abgelehnt. Darauf hat die damalige Klägerin am 7. April 1931 Berufung eingelegt und gleichzeitig um Wiedereinsetzung in den vorigen Stand gegen die Versäumung der Berufungsfrist gebeten. Das Berufungsgericht hat unter Zurückweisung des Wiedereinsetzungsantrags die Berufung als unzulässig verworfen.

Die Revision der Klägerin hat für ihre Erben, die nach ihrem Tode den Rechtsstreit aufgenommen haben, zur Gewährung der Wiedereinsetzung und zur Zurückverweisung der Sache an das Berufungsgericht geführt.

Gründe:

Der Lauf der einmonatigen Berufungsfrist hat am 23. Februar 1931, dem Tage der Zustellung des Berufungsurteils, begonnen. Die erst am 7. April, also nach Ablauf der Frist eingelegte Berufung ist deshalb nur zulässig, wenn der von der Klägerin formgerecht gestellte Antrag, ihr wegen Versäumung der Berufungsfrist die Wiedereinsetzung in den vorigen Stand zu gewähren, nach § 234 ZPO. rechtzeitig und nach § 233 das. begründet war, so daß die Berufung als rechtzeitig zu gelten hat.

Einen Wiedereinsetzungsgrund bildet nach § 233 ZPO. nur ein unabwendbarer Zufall, durch den die Partei an der Einhaltung der Notfrist gehindert worden ist. Die Klägerin hat solchen Zufall, der sie an der Innehaltung der Berufungsfrist gehindert habe, in der Verzögerung des Bescheides des Oberlandesgerichts auf ihr Armenrechtsgesuch gefunden. Das Hindernis war für sie erst mit Empfang des ihr Gesuch ablehnenden Bescheides, also mit dem 26. März 1931, behoben, so daß die zweiwöchige Frist des § 234 für den Wiedereinsetzungsantrag vom 7. April gewahrt worden ist.

Das Armenrechtsgesuch war am 11. März 1931 eingegangen. Da die Berufungsfrist erst mit dem 23. März ablief, war dies so frühzeitig, daß die Klägerin erwarten konnte, im ordentlichen Geschäftsgang so rechtzeitig auf ihr Gesuch beschieden zu werden, daß die Berufungseinlegung innerhalb der Berufungsfrist noch möglich wäre. Die Verzögerung des erst nach Ablauf der Berufungsfrist am 26. März ihr zugegangenen Bescheides stellt deshalb an sich einen unabwendbaren Zufall dar, der sie an der Innehaltung der Berufungsfrist hinderte.

Das Berufungsgericht hat jedoch in der Verzögerung des Bescheides im vorliegenden Fall unter Berufung auf die Rechtsprechung des Reichsgerichts gleichwohl keinen solchen unabwendbaren Zufall gesehen, weil die Klägerin in der Lage gewesen, auch ohne Armenrecht rechtzeitig Berufung einzulegen, und deshalb nicht im gesetzlichen Sinn arm sei. Es führt aus, die Klägerin habe nach dem Armutszeugnis vom 3. März 1930 Hinterbliebenenbezüge im monatlichen Reinbetrage von 389 RM. gehabt, die sich später nur unbedeutend verringert haben könnten, habe daneben nach ihrem eigenen Klagevorbringen Nebeneinnahmen aus schriftstellerischer Tätigkeit bezogen; sie habe ferner eine teure 5-Zimmerwohnung innegehabt und sei imstande gewesen, ein kostspieliges Sanatorium aufzusuchen. Trotz ihrer Schulden von 4546 RM., denen kein Vorrang vor den Prozeßkosten zukomme, und trotz der Unterhaltskosten für ihren jüngsten Sohn müsse sie danach noch über ausreichende Mittel zur Prozeßführung, wenn auch nur im Wege des Kredits, haben verfügen können, wie sie dies durch die Einlegung und Betreibung der Berufung auch bewiesen habe. Weil zur Zeit ihres Armenrechtsgesuchs kein vollstreckbarer Schuldtitel gegen sie vorgelegen habe, müsse sie sich auch bewußt gewesen sein, daß sie die zur Einlegung der Berufung erforderlichen Mittel besitze.

Die Revision wendet sich hiergegen in zweifacher Richtung. Einmal findet sie den Begriff der Unabwendbarkeit im Sinne des § 233 ZPO. insofern verkannt, als das Berufungsgericht, wie es betone, die Entscheidung ausschließlich darauf abgestellt wissen wolle, ob die Klägerin nach objektiven Gesichtspunkten im gesetzlichen Sinn arm sei. Zweitens sieht sie bei den Feststellungen, auf Grund deren das Berufungsgericht ihr Unvermögen zur Aufbringung der Prozeßkosten verneint hat, die §§ 286, 139 ZPO. in mehrfacher Hinsicht als verletzt an.

Schon der erste Angriff der Revision muß Erfolg haben. Die Auffassung des Berufungsgerichts, daß die Unabwendbarkeit der Fristversäumung nur unter objektiven Gesichtspunkten zu beurteilen sei, hat in der Rechtsprechung längst einer anderen Ansicht Platz gemacht, die dabei auch die subjektiven Verhältnisse der Partei in Rücksicht zieht, und hat in strenger Allgemeinheit wohl niemals Anwendung gefunden. Es ist nicht notwendig, daß die Frist überhaupt nicht innegehalten werden konnte. Allerdings genügt zur Annahme eines unabwendbaren Zufalls auch nicht, daß die säumige Partei die im Verkehr erforderliche Sorgfalt beobachtet, also nicht schuldhaft nach § 276 BGB. gehandelt hat. Aber die Versäumung der Frist gilt dann als unabwendbar, wenn die Partei das nach Lage des Falls und nach ihrer Persönlichkeit vernünftigerweise zu erwartende größtmögliche Maß von Vorsicht und Sorgfalt betätigt hat (RGZ. Bd. 71 S. 322, Bd. 73 S. 57, Bd. 77 S. 161, Bd. 94 S. 343).

Geht man davon aus, daß die Partei auf ein rechtzeitiges Armenrechtsgesuch grundsätzlich die Entscheidung abwarten darf, so bedeutet dies, daß die verspätet, nämlich erst nach Ablauf der Rechtsmittelfrist, beschiedene Partei durch einen unabwendbaren Zufall an der Innehaltung der Frist gehindert worden ist, wenn sie mit der Bewilligung des Armenrechts rechnen durfte. Dabei kommt es zunächst in der Regel nicht darauf an, ob das Gesuch wirklich begründet ist. Denn im allgemeinen ist jede Partei von ihrem Recht überzeugt und darf es sein, es sei denn, daß die erstrebte Rechtsverfolgung ausnahmsweise wegen der auch der Partei erkennbaren, ihr ungünstigen Rechtslage als mutwillig gelten muß. Anderseits darf die Partei, wenn sie objektiv betrachtet im gesetzlichen Sinne nicht arm ist, regelmäßig von vornherein nicht mit der Bewilligung des Armenrechts rechnen. Sie kann meist selbst am besten beurteilen, ob sie ohne Beeinträchtigung des für sie und ihre Familie notwendigen Unterhalts die Kosten der erstrebten Rechtsverfolgung zu bestreiten imstande ist. Doch werden auch hier die Umstände des Einzelfalls nicht selten zu einer anderen Auffassung nötigen, nämlich stets dann, wenn die Partei trotz gewissenhaftester Prüfung von dem ihr im Armutszeugnis bescheinigten Unvermögen zur Bestreitung der Prozeßkosten überzeugt sein durfte. Dies wird gerade in der Entscheidung vom 19. März 1929 II 586/28 (JW. 1929 S. 1654 Nr. 12), welche das Berufungsgericht für seine strengere Auffassung anführt, mit aller Deutlichkeit ausgesprochen und ist der weiter vom Berufungsgericht angezogenen Entscheidung vom 19. September 1910 IV 198/10 (Gruch. Bd. 55 S. 121) ebenfalls schon zu entnehmen.

So lag die Sache auch bei der früheren Klägerin. Sie war verschuldet und hatte nach Ablehnung ihres Armenrechtsgesuchs, wie das Berufungsgericht feststellt, die Kosten für die Weiterführung des Rechtsstreits von anderer Seite erhalten. Das für die Entscheidung über ihr Gesuch zuständige Oberlandesgericht hatte ihr als Beschwerdegericht das Armenrecht für den ersten Rechtszug bereits bewilligt. Es hatte dabei kein Bedenken getragen, auf Grund desselben Armutszeugnisses, das später auch dem Armenrechtsgesuch für die Berufungsinstanz zugrunde gelegen hat, das Unvermögen der Klägerin zur Bestreitung der Prozeßkosten zu bejahen, und hat Bedenken dagegen offensichtlich selbst bei Ablehnung des Armenrechts für den zweiten Rechtszug noch nicht gehabt. Denn es hat seine Ablehnung, ebenso wie seinerzeit beim erstinstanzlichen Armenrechtsgesuch geschehen war, nur auf die Aussichtslosigkeit der Rechtsverfolgung gestützt. Dafür, daß sich nachträglich die Einkommens- und Vermögensverhältnisse der Klägerin zu ihren Gunsten verändert haben sollten, oder daß sie diese zur Erlangung des Armutszeugnisses etwa absichtlich falsch dargestellt hätte, fehlt es an jedem Anhalt. Auch das Berufungsgericht nimmt beides nicht an. Dann konnte die Klägerin aber, als sie für die Berufungsinstanz das Armenrecht nachsuchte, unbedenklich davon ausgehen, gemäß dem ihr ausgestellten Armutszeugnis arm im Sinne des § 114 ZPO. zu sein. Ja, es konnten ihr in dieser Richtung irgendwelche Zweifel kaum noch kommen. Daran ändert nichts die — noch dazu nur durch eine bedenkliche Schlußfolgerung vom Berufungsgericht getroffene, für dieses nach seiner Grundauffassung überflüssige — Feststellung, die Klägerin habe gewußt, daß ihr die Mittel zur Führung des Rechtsstreits zur Verfügung ständen. Gemeint ist, daß sie sich diese Mittel von anderer Seite beschaffen konnte. Denn das Bewußtsein, zwar nicht aus eigenen Mitteln, aber durch Unterstützung anderer die Prozeßkosten aufbringen zu können, schließt nicht aus, daß die Klägerin überzeugt war, im gesetzlichen Sinn arm zu sein, und allein auf diese mit jenem Bewußtsein durchaus vereinbare Ueberzeugung kommt es an. Da die Klägerin nun, wie ausgeführt, nach der ganzen Sachlage die Ueberzeugung von ihrer Armut im gesetzlichen Sinne haben durfte, ja wohl sogar haben mußte, bildet die Verspätung der Entscheidung auf ihr Armenrechtsgesuch, die vom Berufungsgericht nicht verschuldet sein mag, mit der aber die Klägerin nicht zu rechnen brauchte, für sie einen unabwendbaren Zufall, der sie an der Innehaltung der Berufungsfrist gehindert hat und ihren Wiedereinsetzungsantrag rechtfertigt (vgl. auch RGBeschl. vom 4. März 1931 V B 4/31 und vom 13. Juni 1931 V B 17/31).

RGZ. 149, 379

Wann beginnt die Frist des § 234 ZPO. zur Stellung des Wiedereinsetzungsantrags zu laufen, wenn eine arme Partei nach Ablehnung ihres ersten Armenrechtsgesuches ein zweites Armenrechtsgesuch einreicht, das auf neue, der armen Partei ohne ihr Verschulden bisher unbekannt gebliebene Tatsachen gestützt ist und auf Grund dessen ihr das Gericht in Abänderung seines früheren Beschlusses das Armenrecht bewilligt?

ZPO. §§ 233, 234.

IV. Zivilsenat. Urt. v. 16. Dezember 1935.

I. Landgericht Stettin. II. Oberlandesgericht daselbst.

Die Klägerin hat Klage, der Beklagte Widerklage auf Scheidung der Ehe erhoben. Das Landgericht hat auf die Klage die Ehe aus Verschulden des Beklagten geschieden und Widerklage abgewiesen. Das Urteil des Landgerichts ist am 29. Oktober 1934 beiden Parteien zugestellt worden. Am 24. November 1934 hat der Beklagte das Armenrecht für die Berufung erbeten. Durch Beschluß vom 7. Dezember 1934 hat das Oberlandesgericht dem Beklagten das nachgesuchte Armenrecht versagt; dieser Beschluß ist am 13. Dezember dem Beklagten zugestellt worden. Mit Schriftsatz vom 13. Dezember, bei Gericht eingegangen am 14. Dezember 1934, hat der Beklagte zur Begründung seines Armenrechtsgesuchs die neue Tatsache vorgebracht, daß die Klägerin durch eine Anzeige bei der Kreisleitung der NSDAP. in St. versucht habe, ihn um seine Stellung bei der SA. zu bringen. Nachdem ihm durch den Berichterstatter eröffnet worden war, daß die Sache als erledigt angesehen werde, da inzwischen der das Armenrecht versagende Beschluß ergangen sei, hat der Beklagte am 19. Dezember 1934 ein neues ausführlicher begründetes Armenrechtsgesuch beim Oberlandesgericht eingereicht, in welchem ausgeführt wird, der Beklagte habe erst nachträglich feststellen können, daß die Klägerin gegen ihn bei der Kreisleitung in St. eine Anzeige wegen kommunistischer Umtriebe erstattet habe, um seinen Ausschluß aus der Partei herbeizuführen. Darauf hat das Oberlandesgericht Ermittelungen angestellt und dann durch Beschluß vom 31. Januar unter Aenderung des Beschlusses vom 7. Dezember 1934 dem Beklagten und Widerkläger das Armenrecht für die Berufungsinstanz bewilligt. Der Beklagte hat am 5. Februar 1935 Berufung eingelegt und den Antrag auf Wiedereinsetzung in den vorigen Stand gegen die Versäumung der Berufungsfrist gestellt. Nach streitiger Verhandlung hat das Oberlandesgericht durch Urteil vom 14. Mai 1935 unter Ablehnung des Wiedereinsetzungsantrags die Berufung des Beklagten als unzulässig verworfen. Die Revision des Beklagten hatte keinen Erfolg.

Aus den Gründen:

Das Reichsgericht hat zur Frage der Wiedereinsetzung in den vorigen Stand wegen verzögerter Entscheidung über ein Armenrechtsgesuch von jeher folgenden Standpunkt eingenommen: Das Unvermögen einer Partei, ohne Beeinträchtigung des für sie und ihre Familie notwendigen Unterhalts die Kosten des Rechtsstreits zu bestreiten, ist für sie zunächst ein unabwendbarer Zufall im Sinn des § 234 ZPO., durch den sie verhindert wird, die Berufungsfrist einzuhalten. Dieses Unvermögen der Partei kann aber nicht auf unabsehbare Zeit hinaus, bis die arme Partei etwa in den Besitz von Mitteln kommt, als unabwendbarer Zufall gelten. Zur Beseitigung des aus ihrer Armut entspringenden Hindernisses hat das Gesetz vielmehr der armen Partei ein bestimmtes Mittel an die Hand gegeben; sie kann um Bewilligung des Armenrechts nachsuchen. Die arme Partei muß dieses Gesuch um Bewilligung des Armenrechts so frühzeitig vor dem Ablauf der Berufungsfrist einreichen, daß bei Bewilligung des Armenrechts der bestellte Armenanwalt noch rechtzeitig die Berufung einlegen kann und daß bei Versagung des Armenrechts ihr selbst noch die Möglichkeit offenbleibt, für die Einlegung der Berufung durch Aufstellung eines Prozeßbevollmächtigten zu sorgen. Ist das Armenrechtsgesuch rechtzeitig gestellt, so darf die arme Partei mit der Einlegung der Berufung solange warten, bis ihr die auf dieses Gesuch ergehende Entscheidung bekanntgegeben wird. Wenn die Bekanntmachung der Entscheidung über ihr Armenrechtsgesuch erst nach Ablauf der Berufungsfrist erfolgt, so erwächst der armen Partei aus diesem

Umstand ein Wiedereinsetzungsgrund gegen den inzwischen erfolgten Ablauf der Berufungsfrist. Die Fortdauer der Armut als solche begründet aber vom Zeitpunkt der Bekanntgabe der Entscheidung über das Armenrechtsgesuch an keinen unabwendbaren Zufall mehr für die arme Partei und liefert ihr weiterhin keinen Grund mehr zum Antrag auf Wiedereinsetzung. Daher läuft seit der Bekanntgabe der Entscheidung über das Armenrechtsgesuch grundsätzlich für die arme Partei die zweiwöchige Frist des § 234 ZPO. zur Stellung des Antrags auf Wiedereinsetzung und zur Nachholung der versäumten Berufungseinlegung (vgl. RGZ. Bd. 70 S. 121 [124], Bd. 117 S. 304).

Hat das Gericht das Armenrecht versagt, so muß die Partei sich darauf einstellen, daß ein Anwalt ihr von Amts wegen nicht beigeordnet werde, und sie muß nun ihrerseits Maßnahmen treffen, um die rechtzeitige Stellung des Wiedereinsetzungsantrags und die Nachholung der versäumten Rechtsmitteleinlegung auf ihre eigenen Kosten zu ermöglichen und zu sichern. Die neuere Rechtsprechung der Mehrzahl der Zivilsenate des Reichsgerichts billigt der armen Partei noch eine kurze angemessene Frist zur Beschaffung der nötigen Geldmittel und zum Aufsuchen eines Anwalts zu (RGZ. Bd. 141 S. 399; Beschluß vom 7. November 1935 VI B 34/1935). Dann aber beginnt für sie die Frist des § 234 ZPO. zum Wiedereinsetzungsantrag und zur Nachholung der Berufungseinlegung zu laufen. Es genügt nicht, daß die Partei innerhalb dieser Frist ein neues, sich wieder als unbegründet erweisendes Armenrechtsgesuch stellt; denn es kann der armen Partei nicht gestattet sein, durch Wiederholung unbegründeter Armenrechtsgesuche den Ablauf der Berufungsfrist und den Eintritt der endgültigen Rechtskraft des Urteils beliebig hinauszuschieben; deshalb hat das Reichsgericht in Fällen, in denen das neuerliche Armenrechtsgesuch der Partei vom Gericht wegen mangelnder Begründung wiederum abgelehnt ist, stets die Wiedereinsetzung in den vorigen Stand für unzulässig erklärt (JW. 1929 S. 3152 Nr. 5, 1930 S. 3311 Nr. 7).

Anders hat das Reichsgericht stets den Fall beurteilt, wenn auf das zweite Armenrechtsgesuch der armen Partei oder auf ihre Gegenvorstellungen das Gericht seine frühere Auffassung berichtigt und deshalb seinen ersten, versagenden Beschluß aufgehoben und in einem neuen Beschluß das Armenrecht bewilligt hat. In einem solchen Fall, wo also der neue, das Armenrecht bewilligende Beschluß des Gerichts nicht auf Grund eines neuen tatsächlichen Vorbringens der Partei ergangen ist, sondern deswegen, weil das Gericht bei unveränderter Sachlage sich davon überzeugt hat, daß es den Sachverhalt in seinem ersten Beschluß unrichtig beurteilt hatte, hat sich das Reichsgericht bereits in seinen Entscheidungen vom 9. Oktober 1895 und vom 9. Oktober 1911 (JW. 1895 S. 518 Nr. 4, 1911 S. 988 Nr. 25) dahin ausgesprochen, daß dieser Tatbestand nicht anders zu beurteilen sei, als wenn ein das Armenrecht versagender Beschluß auf eingelegte Beschwerde vom Beschwerdegericht aufgehoben worden ist; daß daher in einem solchen Fall die anfängliche Ablehnung, die auf einer falschen Beurteilung durch das Gericht beruhte, als unabwendbarer Zufall im Sinn des § 233 ZPO. anzusehen sei. An dieser Auffassung hat das Reichsgericht auch später festgehalten (JW. 1930 S. 3312 Nr. 8).

Wiederum einer anderen Beurteilung aber müssen diejenigen Fälle unterliegen, bei denen das Berufungsgericht seinen ersten, das Armenrecht versagenden Beschluß aufgehoben hat und zur nachträglichen Bewilligung des Armenrechts gelangt ist auf Grund neuer Tatsachen, welche die Partei in einem zweiten Armenrechtsgesuch vorgebracht hat. Der erkennende Senat ist der Auffassung, daß in solchem Falle eine Wiedereinsetzung in den vorigen Stand gegen den inzwischen erfolgten Ablauf der Berufungsfrist nicht stattfinden kann. Und zwar erscheint es dem Senat nicht angängig, hier einen Unterschied zu machen, ob es sich bei den neuen Tatsachen um solche handelt, welche die arme Partei bei Anwendung der erforderlichen Sorgfalt schon früher hätte vorbringen können, oder um solche, die erst nachträglich eingetreten oder doch der armen Partei erst nachträglich bekanntgeworden sind. Der erkennende Senat vermag sich also der Ansicht des VII. Zivilsenats nicht anzuschließen, der in seiner Entscheidung vom 22. Januar 1935 (JW. 1935 S. 1493 Nr. 9 = WarnRspr. 1935 Nr. 44) die Meinung geäußert hat, es komme darauf an, ob die Verspätung des neuen tatsächlichen Vorbringens, das zur nachträglichen Bewilligung des Armenrechts geführt hat, auf einem Verschulden der armen Partei beruht oder nicht. In dem einen wie in dem anderen Fall würde eine unter Berücksichtigung der neuen Tatsachen erfolgende Wiedereinsetzung der armen Partei in den vorigen Stand gegen den Ablauf der Berufungsfrist eine durch nichts gerechtfertigte Besserstellung der armen Partei im Vergleich mit einer nicht armen Partei bedeuten. Denn eine nicht arme Partei kann, wenn einmal die Berufungsfrist abgelaufen ist, auf neue, erst später eingetretene oder ihr erst später bekanntgewordene Tatsachen, welche die ohne sie keinen Erfolg versprechende Berufung aussichtsreicher erscheinen lassen, zweifellos niemals einen Antrag auf Wiedereinsetzung in den vorigen Stand stützen. Der Ausgangspunkt muß, wie weiter oben bereits ausgeführt, der sein, daß nach der Bekanntgabe der ablehnenden Entscheidung über das erste Armenrechtsgesuch — und nach Ablauf einiger weiterer Tage, welche die oben erwähnte neuere Rechtsprechung des Reichsgerichts der armen Partei zur Geldbeschaffung usw. zubilligt — die Fortdauer der Armut für die arme Partei keinen unabwendbaren Zufall mehr bildet; daß also die arme Partei von diesem Zeitpunkt an einer nicht armen Partei gleichzustellen ist. In diesem Zeitpunkt beginnt daher für die arme Partei die Frist des § 234 ZPO. zur Stellung des Wiedereinsetzungsantrags und zur Nachholung der versäumten Berufungseinlegung zu laufen. Die arme Partei muß, wie das Berufungsgericht richtig erkannt hat, binnen dieser Frist unter allen Umständen die Berufungseinlegung nachholen und den Antrag auf Wiedereinsetzung stellen. Es genügt nicht, daß sie innerhalb dieser Frist ein zweites Armenrechtsgesuch einreicht, auch wenn ihr zur erfolgreichen Begründung dieses zweiten Armenrechtsgesuch neu eingetretene Tatsachen oder Tatsachen, die ihr bisher ohne ihr Verschulden unbekannt geblieben sind, zur Verfügung stehen. Daher kann sich im vorliegenden Fall der Beklagte nicht darauf berufen, daß er erst kurz vor dem 13. Dezember 1934 Kenntnis davon erhalten habe, daß die Klägerin durch eine Anzeige bei der Kreisleitung der NSDAP. in St. versucht habe, ihn um seine Stellung bei der SA. zu bringen, und daß er diese Tatsache zur Begründung seines Armenrechtsgesuchs durch Schriftsatz vom 13. Dezember 1934 unverzüglich zur Kenntnis des Gerichts gebracht habe. Der Beklagte, dem der auf sein erstes Armenrechtsgesuch ergangene ablehnende Beschluß des Berufungsgerichts vom 7. Dezember 1934 am 13. Dezember 1934 zugestellt worden war, hätte den Erfolg seines Schriftsatzes vom 13. Dezember 1934 und seines nachfolgenden erneuten Gesuches vom 17. Dezember 1934 nicht abwarten dürfen. Es hätte, nachdem ihm die ablehnende Entscheidung am 13. Dezember 1934 bekanntgeworden war, nach der mehrerwähnten neueren Rechtsprechung der Zivilsenate des Reichsgerichts zwar noch eine Frist von wenigen Tagen für sich in Anspruch nehmen können, um die nötigen Geldmittel zu beschaffen und einen Anwalt mit der Berufungseinlegung zu beauftragen. Dann aber war im Sinn des § 234 Abs. 2 ZPO. das Hindernis der unverschuldeten Anwaltlosigkeit für ihn beseitigt, und von da an begann für ihn die zweiwöchige Frist des § 234 Abs. 1 ZPO. zu laufen, innerhalb deren er, ohne Rücksicht auf den Erfolg seiner weiteren Bemühungen um das Armenrecht, die Wiedereinsetzung in den vorigen Stand gegen den bereits am 29. November eingetretenen Ablauf der Berufungsfrist beantragen und die Berufungseinlegung nachholen mußte. Die sich aus § 234 ZPO. ergebende Frist ist also etwa Ende Dezember 1934 abgelaufen. Mit Recht hat daher das Berufungsgericht den erst am 5. Februar 1935 eingegangenen Wiedereinsetzungsantrag des Beklagten wegen Versäumung der Frist des § 234 ZPO. abgelehnt und die Berufung des Beklagten auf Grund des § 519 b ZPO. als unzulässig verworfen.

RGZ. 160, 378

Kann einer armen Partei, über deren Armenrechtsgesuch noch nicht entschieden worden ist, das Verschulden des Anwalts, der für sie Berutung eingelegt, aber nicht die Verlängerung der Begründungsfrist erwirkt hat, auch dann entgegengehalten werden, wenn der Anwalt im Laufe der Begründungsfrist die Vertretung ausdrücklich niedergelegt hat?

ZPO. § 232 Abs. 2, § 233.

IV. Zivilsenat. Beschl. v. 15. Juni 1939.

I. Landgericht Berlin. II. Kammergericht daselbst.

Der Sachverhalt und die Entscheidung ergeben sich aus den folgenden

Gründen:

Die Beschwerdefrist ist am 5. Mai 1939 abgelaufen. Die am 30. Mai 1939 beim Reichsgericht eingegangene sofortige Beschwerde ist daher verspätet. Dem Beklagten ist jedoch die von ihm erbetene Wiedereinsetzung in den vorigen Stand gegen die Versäumung der Beschwerdefrist zu erteilen. In seiner Eingabe vom 28. April 1939, die am 2. Mai beim Kammergericht eingegangen ist, hatte er erklärt, daß er gegen den seine Berufung als unzulässig verwerfenden Beschluß des Kammergerichts vom 18. April 1939 Beschwerde einlege; zugleich hatte er auf sein früheres Armenrechtsgesuch Bezug genommen und erneut um Bestellung eines beim Kammergericht zugelassenen Anwalts gebeten. Die Eingabe stellte zwar keine zulässige sofortige Beschwerde dar; doch war sie als Gesuch um Bewilligung des Armenrechts für das Beschwerdeverfahren und auf Beiordnung eines Armenanwalts aufzufassen. Da sie 3 Tage vor Ablauf der Beschwerdefrist eingegangen war, hätte sie im ordnungsmäßigen Geschäftsgange vom Kammergericht noch so rechtzeitig beschieden werden können, daß die sofortige Beschwerde bei diesem Gericht fristgemäß eingelegt werden konnte. Das Kammergericht hat auf das in der Eingabe enthaltene Armenrechtsgesuch keine Entschließung gefaßt, sondern die Eingabe dem Reichsgericht als — wenn auch unzulässige — sofortige Beschwerde vorgelegt. Wenn nunmehr das Reichsgericht erst am 22. Mai 1939 auf das Armenrechtsgesuch Entschließung fassen konnte, so beruhte dies auf einem für den Beklagten unabwendbaren Zufall.

Die sofortige Beschwerde ist auch sachlich begründet. Das Kammergericht hat durch den angefochtenen Beschluß die Berufung des Beklagten gegen das Urteil des Landgerichts in Berlin vom 28. Dezember 1938 als unzulässig verworfen, weil der Beklagte es versäumt habe, die Berufung rechtzeitig zu begründen. Daß die Begründungsfrist versäumt war, ist an sich richtig. Rechtsanwalt Dr. R. hatte am 10. Februar 1939 für den Beklagten Berufung eingelegt und sodann mit seiner Eingabe vom 8. März die Verlängerung der Frist zur Begründung der Berufung bis zum 25. März 1939 erwirkt. Bis zu diesem Tage ist weder die Berufungsbegründung eingegangen noch ist von Dr. R. ein Antrag auf weitere Fristverlängerung gestellt worden. Er hat am 11. März und nochmals am 4. April 1939 dem Kammergericht angezeigt, daß er den Beklagten nicht mehr vertrete. Gleichwohl konnte die Berufung nicht als unzulässig verworfen werden, solange die Möglichkeit bestand, daß dem Beklagten gegen die Versäumung der Begründungsfrist die Wiedereinsetzung in den vorigen Stand erteilt wurde. Er war an der Wahrung der Begründungsfrist durch einen unabwendbaren Zufall, nämlich durch seine Armut verhindert, die er dem Landgericht in einer diesem zur Bewilligung des Armenrechts ausreichenden Weise dargetan hatte und die ersichtlich auch das Kammergericht als dargetan angesehen hat, da es in sachliche Erörterungen über das Armenrechtsgesuch des Beklagten eingetreten ist. Die Armut des Beklagten war so lange als ein die Einreichung der Berufungsbegründung hindernder unabwendbarer Zufall anzusehen, als nicht die vom Beklagten am 6. Februar und am 10. Februar 1939 eingereichten Armenrechtsgesuche — sei es durch Bewilligung, sei es durch Versagung des Armenrechts — beschieden worden waren. Dadurch, daß der Beklagte zunächst einen Anwalt gefunden hatte, der für ihn die Berufung einlegte und einen Antrag auf Verlängerung der Begründungsfrist stellte, war das Hindernis noch nicht endgültig beseitigt, wie sich daran gezeigt hat, daß dieser Anwalt noch während des Laufes der Begründungsfrist die Vertretung des Beklagten niedergelegt hat. Rechtsanwalt Dr. R. wäre zwar durch seine Kündigung des Vollmachtsvertrags nicht gehindert gewesen, für den Beklagten so lange zu handeln, bis für die Wahrnehmung der Rechte des Beklagten in anderer Weise gesorgt war (§ 87 Abs. 2 ZPO.). Er hätte also insbesondere noch einen Antrag auf weitere Verlängerung der Begründungsfrist bis zur Bescheidung der vom Beklagten eingereichten Armenrechtsgesuche stellen können. Ob er auf Grund des Vollmachtsvertrags dem Beklagten gegenüber hierzu auch verpflichtet war, kann dahingestellt bleiben. Auch wenn dies zu bejahen wäre, so würde ein vertragliches Verschulden des Rechtsanwalts Dr. R. dem Beklagten nicht nach § 232 Abs. 2 ZPO. entgegengehalten werden können, da Dr. R., nachdem er die Vertretung des Beklagten ausdrücklich niedergelegt hatte, nicht mehr als dessen Vertreter im Sinne dieser Vorschrift angesehen werden konnte. Insofern ist der Sachverhalt anders als in den Entscheidungen RGZ. Bd. 145 S. 228, RAG. Bd. 16 S. 359, WarnRspr. 1934 Nr. 196, 1937 Nr. 139, JW. 1935 S. 2287 Nr. 26 und 1937 S. 1437 Nr. 49. Auch in den beiden zuletzt angeführten Entscheidungen ist übrigens hervorgehoben, daß eine Verpflichtung des Anwalts, der einmal die Vertretung der Partei übernommen hat, zur Wahrnehmung der Parteirechte nur so lange angenommen werden kann, als er die Vertretung tatsächlich ausübt, so daß die Partei also auch nur so lange eine Versäumnis des Anwalts nach § 232 Abs. 2 ZPO. gegen sich gelten lassen kann.

Die Gesuche des Beklagten um Bewilligung des Armenrechts für das Berufungsverfahren sind bisher unbeschieden geblieben. Erst mit ihrer Bescheidung — im Falle der Versagung des Armenrechts unter Hinzurechnung einer angemessenen Frist zur Beschaffung der nötigen Geldmittel und zum Aufsuchen eines Anwalts (RGZ. Bd. 141 S. 399) — würde das bisher die Einreichung der Berufungsbegründung entgegenstehende Hindernis als behoben anzusehen sein und die Frist des § 234 ZPO. zu laufen beginnen. Das Kammergericht durfte mithin, bevor es zu den Armenrechtsgesuchen des Beklagten Stellung genommen hatte, dessen Berufung nicht als unzulässig behandeln. Aus diesem Grunde muß der angefochtene Beschluß aufgehoben werden.

RGZ. 162, 84

1. Ueber den Begriff des unabwendbaren Zufalls im Sinne des § 233 Abs. 1 ZPO.

2. Unter welchen Voraussetzungen muß eine Partei das Verschulden eines Assessors, der ihrem Prozeßbevollmächtigten zur Ableistung des anwaltlichen Probedienstes überwiesen ist (Probeassessor), gemäß § 232 Abs. 2 ZPO. gegen sich gelten lassen?

ZPO. § 232 Abs. 2, § 233 Abs. 1. Reichs-Rechtsanwaltsordnung vom 21. Februar 1936 (RGBl. I S. 107) — RRAnwO. — §§ 6, 13, 29 Abs. 1.

V. Zivilsenat. Beschl. v. 6. November 1939.

I. Landgericht Dresden. II. Oberlandesgericht daselbst.

Der Sachverhalt ergibt sich aus den

Gründen:

Gegen das dem Prozeßbevollmächtigten des Beklagten am 4. Juli 1939 zugestellte Urteil des Landgerichts hat der Beklagte, vertreten durch Rechtsanwalt Dr. G., am 5. August 1939 Berufung eingelegt und gleichzeitig beantragt, gegen die Versäumung der Berufungsfrist die Wiedereinsetzung in den vorigen Stand zu erteilen. Zur Begründung dieses Antrags hat er vorgetragen, der Vertreter des Beklagten beim Landgericht habe den Auftrag zur Einlegung der Berufung am 3. August 1939 mündlich auf der Kanzlei des Rechtsanwalts Dr. G. erteilt, und zwar dem bei diesem im Probedienst beschäftigten Assessor H. Dieser habe auch sofort der Angestellten Sch. die Berufung diktiert und sie angewiesen, den Schriftsatz alsbald in Reinschrift zu übertragen, damit er am Vormittage des 4. August noch eingereicht werden könne. Am 3. August 1939 abends 7 Uhr habe er zu einer Besprechung mit einer Auftraggeberin gehen müssen, die nicht in der Lage gewesen sei, in die Kanzlei zu kommen. Rechtsanwalt Dr. G. selbst sei durch seine Tätigkeit als Notar bis 10 Uhr abends in Anspruch genommen worden. Da Assesor H. mit der von ihm geführten Verhandlung wider Erwarten erst gegen $^3/_4$11 Uhr zu Ende gekommen sei, habe er seine Absicht, am Abend nochmals die Kanzlei aufzusuchen und dort mit Dr. G. zusammenzutreffen, nicht mehr ausführen können. Am folgenden Tage sei er zur Teilnahme an einer Beerdigung in F. beurlaubt gewesen. Am 4. August 1939 habe der Vater der Angestellten Sch. fernmündlich mitgeteilt, daß seine Tochter mit Fieber krank im Bett liege. Rechtsanwalt Dr. G. habe von dem Berufungsauftrag infolgedessen erst am 5. August 1939 Kenntnis erlangt und dann sofort den Berufungsschriftsatz eingereicht.

Mit dem Antrag auf Wiedereinsetzung in den vorigen Stand sind je eine eidesstattliche Versicherung des Assessors H. und des Kanzleiangestellten Ho. überreicht worden. Die ihn selbst betreffenden Tatsachen hat Rechtsanwalt Dr. G. an Eides Statt versichert.

Das Oberlandesgericht hat durch den angefochtenen Beschluß die Berufung als unzulässig verworfen. Die Wiedereinsetzung in den vorigen Stand hat es abgelehnt. Es hat erwogen, Schwierigkeiten im Kanzleibetriebe, hervorgerufen durch die Einziehung des Vorstehers zum Heeresdienst und eines zweiten Angestellten zum Arbeistdienst, hätten für Rechtsanwalt Dr. G. eine gesteigerte Pflicht zur Ueberwachung begründet. Er habe deshalb Vorsorge treffen müssen, daß er über die Vorgänge während seiner Abwesenheit noch an demselben Tag unterrichtet werde, indem er sich von einem dafür Verantwortlichen mündlich oder durch Hinterlassung schriftlicher Vermerke Bericht erstatten ließ. An einer solchen Vorkehrung habe es hier gefehlt. Als Assessor H. und die Angestellte Sch. am 4. August nicht zum Dienste gekommen seien, habe für Dr. G., nachdem auch die mit H. vorgesehene Besprechung am Abend des 3. August nicht zustande gekommen war, Veranlassung bestanden, die Arbeitsunterlagen sowohl des Assessors als auch der Angestellten Sch. gründlich zu durchsuchen. Zur ordnungmäßigen Entgegennahme des Berufungsauftrags hätte eine entsprechende sofortige Niederschrift des Assessors H. gehört, die bei sachgemäßer Anleitung durch Dr. G. gewiß auch aufgenommen worden wäre und sich dann in den Arbeitsunterlagen H.s oder der Angestellten Sch. gefunden haben würde. Rechtsanwalt Dr. G. habe daher weder vorbeugend noch auch zum Ausgleich bestehender Hemmungen jenes Maß besonderer Sorgfalt angewandt, das allein die Annahme eines unabwendbaren Zufalls im Sinne des § 233 Abs. 1 ZPO. zu rechtfertigen vermöge.

Die an sich zulässige (§ 519 b Abs. 2, § 547 Nr. 1 ZPO.), auch ordnungsmäßig eingelegte sofortige Beschwerde ist begründet.

Das Oberlandesgericht geht zunächst zutreffend davon aus, daß von einem unabwendbaren Zufall im Sinne des § 233 Abs. 1 ZPO. nur gesprochen werden kann, wenn es sich um ein Ereignis handelt, das nach den Umständen des Falles auch nicht durch die äußerste verständigerweise aufzuwendende Sorgfalt vermieden werden konnte. Ebenso zutreffend stellt das Oberlandesgericht in dieser Hinsicht nur auf das Verhalten des Dr. G. selbst ab. Assessor H. war nicht Vertreter des Berufungsklägers im Sinne des § 232 Abs. 2 ZPO. Während dem Anwaltsassessor gemäß § 13 RRAnwO. die anwaltlichen Befugnisse des Rechtsanwalts zustehen, dem er überwiesen ist, und er infolgedessen auch als Vertreter der von diesem vertretetenen Partei zu gelten hat (RAG. Bd. 20 S. 165; RGZ. Bd. 157 S. 359 [362]), kommt dem Probeassessor diese Vertretungsbefugnis nur dann zu, wenn er gemäß § 29 Abs. 1 RRAnwO. zum Vertreter des

Rechtsanwalts bestellt worden ist, oder wenn dieser Rechtsanwalt ihm seine Vertretung in einem bestimmten Geschäfte gemäß § 6 daselbst überträgt. Keine dieser Voraussetzungen traf im gegebenen Fall auf den Assessor H. zu. Die Vertretung in der Berufungseinlegung konnte ihm auch nicht übertragen werden, weil diese Prozeßhandlung dem Anwaltszwang unterliegt (vgl. Noack Reichs-Rechtsanwaltsordnung Bem. 3 zu § 6; ferner Rundschreiben des Präsidenten der Reichs-Rechtsanwaltskammer Nr. 20/36 vom 25. Mai 1936 in Mitt. der Reichs-Rechtsanwaltskammer 1936 S. 69). Assessor H. war daher nur Gehilfe des Anwalts, so daß sein Verschulden von dem Berufungskläger ebensowenig zu vertreten ist wie ein Verschulden der Angestellten Sch. oder eines sonstigen Angestellten des Anwalts.

Bei der Beurteilung des Verhaltens des Rechtsanwalts Dr. G. hat indessen das Oberlandesgericht die Anforderungen an die Sorgfaltspflicht des Anwalts überspannt. Dem Anwalt kann nicht angesonnen werden, nach einem Tage der Abwesenheit die Arbeitsunterlagen seiner Angestellten daraufhin zu durchsuchen, ob sich bei ihnen eine nicht erledigte eilbedürftige Sache befindet. Er darf sich vielmehr darauf verlassen, daß er von seinem als zuverlässig bekannten Vorsteher entsprechend unterrichtet wird, wenn während seiner Abwesenheit eine Sache eingegangen ist, die fristgmäß erledigt werden muß. Im vorliegenden Falle konnte nun aber der Angestellte Ho., der den zum Heeresdienst eingezogenen Vorsteher vertrat, dem Rechtsanwalt Dr. G. keine Mitteilung davon machen, daß die Berufungsschrift noch am 4. August bei Gericht eingereicht werden mußte, da er nach seiner eidesstattlichen Versicherung nicht wußte, wann die Frist ablief. Der Vertreter des Beklagten beim Landgericht hatte nur mit dem Assessor H. verhandelt, und H. hatte weder dem Ho. eine Mitteilung über den bevorstehenden Fristablauf gemacht noch auch einen für den Rechtsanwalt Dr. G. bestimmten schriftlichen Vermerk darüber hinterlassen. Es kann nicht anerkannt werden, daß Dr. G. den Assessor hätte dahin anleiten müssen, daß er einen eingehenden Berufungsauftrag sofort selbst schriftlich erledigte. Wohl aber hätte Assessor H. auch ohne besondere Anleitung durch mündliche oder schriftliche Mitteilung an Ho. oder durch Hinterlassung eines für den Rechtsanwalt Dr. G. bestimmten Vermerks dafür sorgen müssen, daß die rechtzeitige Einreichung der Berufungsschrift im Auge behalten wurde, zumal da er wußte, daß er selbst am kommenden Tage nicht anwesend sein werde. Zu einer entsprechenden, gegebenenfalls fernmündlichen Benachrichtigung des Rechtsanwalts Dr. G. hätte spätestens dann Veranlassung vorgelegen, als es am Abend des 3. August 1939 nicht mehr zu der in Aussicht genommenen Begegnung mit ihm auf der Anwaltskanzlei gekommen war. Daß Rechtsanwalt Dr. G. von dem Berufungsauftrag erst verspätet Kenntnis erlangt hat, beruht hiernach auf einer Verkettung von Umständen, die er selbst bei Anwendung äußerster Sorgfalt nicht vermeiden konnte. Demnach liegt ein unabwendbarer Zufall vor, der die Wiedereinsetzung in den vorigen Stand rechtfertigt.

Unterbrechung und Aussetzung des Verfahrens

RGZ. 45, 359

Werden die wahren Rechtsnachfolger einer im Laufe des Prozesses gestorbenen Partei dadurch, daß andere Personen sich als die Rechtsnachfolger gemeldet haben und vom Gerichte als solche zugelassen sind und den Rechtsstreit fortgesetzt haben, vom Prozesse ausgeschlossen, oder können sie noch in den Prozeß eintreten, und in welchem Zeitpunkte? Sind sie insbesondere berechtigt, in zweiter Instanz in den Prozeß einzutreten, wenn das Urteil erster Instanz zwischen den falschen Rechtsnachfolgern, die darin als die wahren Rechtsnachfolger anerkannt worden sind, und dem Gegner ergangen ist?

VI. Zivilsenat. Urt. v. 9. November 1899.

I. Landgericht Berlin. II. Kammergericht daselbst.

Im Laufe der ersten Instanz war der ursprüngliche Kläger, Ingenieur P. F., gestorben. Das Urteil erster Instanz erging darauf zwischen dessen Witwe und dem minderjährigen E. P. K. F. als Klägern und der verklagten Gesellschaft dahin, daß die letztere zur Zahlung eines Teiles der Klagesumme verurteilt, die Kläger mit der Mehrforderung abgewiesen, und die Kosten des Rechtsstreites der Beklagten auferlegt wurden. Inhalts des erstrichterlichen Tatbestandes haben die Witwe F. und der Sohn E. P. K. F. als Erben des Ingenieurs F. das Verfahren „aufgenommen". Eine Unterbrechung oder Aussetzung des Verfahrens hatte indes nicht stattgefunden, da der Kläger F. durch den Rechtsanwalt G. vertreten und ein Antrag auf Aussetzung von keiner Seite gestellt worden war.

Die Beklagte legte Berufung ein und bestritt die Rechtsnachfolge der Witwe F. und des E. P. K. F., da sie der Erbschaft in den Nachlaß des Ingenieurs P. F. innerhalb der gesetzlichen Frist entsagt hätten. Im Verhandlungstermin waren die Genannten unvertreten, und es erging gegen sie als Berufungsbeklagte ein Versäumnisurteil, in welchem sie, unter Abänderung des ersten Urteiles, mit dem Antrage, die Beklagte zur Zahlung der eingeklagten Summe zu verurteilen, gänzlich abgewiesen wurden.

Im Termine meldete sich jedoch als Vertreter des Pflegers der unbekannten Erben des F., Geometers A. B., der Rechtsanwalt O. M. mit der Erklärung, daß der Pfleger den Rechtsstreit aufnehme. Er machte geltend, daß die Benennung der Witwe F. und des Sohnes E. P. K. F. im ersten Urteile lediglich auf einer irrtümlichen Angabe des Rechtsanwaltes G. beruhe, der dazu keinen Auftrag gehabt habe, und beantragte, die gegnerische Berufung zurückzuweisen. Zugleich schloß er sich der Berufung mit dem Antrage an, die Beklagte zur Zahlung der Klagesumme und Tragung der Kosten zu verurteilen.

Das Berufungsgericht erkannte mit Bezug auf diese Anträge entsprechend dem Verlangen der Beklagten:

„Die Anschlußberufung des Pflegers der unbekannten Erben des verstorbenen Ingenieurs P. F., Geometers A. B. zu P., wird als unzulässig verworfen."

Von den Kosten erster Instanz sind die „nach dem Eintritt der Witwe A. F. geb. K. und des minderjährigen E. P. K. F." entstandenen diesen beiden auferlegt. Die Entscheidung über die übrigen Kosten der ersten Instanz ist „der Entscheidung durch das künftige Endurteil zwischen den Rechtsnachfolgern des verstorbenen Ingenieurs F. und der Beklagten" vorbehalten. Die Kosten der zweiten Instanz sind der Witwe und dem Sohne des F. zu einem Drittel, dem Pfleger der unbekannten Erben zu zwei Dritteln auferlegt.

Der Pfleger der unbekannten Erben des F. legte hiergegen Revision ein und stellte den Antrag, das Urteil aufzuheben und nach seinem Antrage in der Berufungsinstanz zu erkennen, eventuell die Sache zur anderweiten Verhandlung und Entscheidung an das Berufungsgericht zurückzuverweisen.

Die Beklagte beantragte die Zurückweisung der Revision.

Gründe:

„Das Berufungsgericht erwägt: als Erben und Rechtsnachfolger des ursprünglichen Klägers F. seien in erster Instanz die Witwe F. und der E. P. K. F. aufgetreten und hätten den Rechtsstreit fortgesetzt. Seien sie nicht die Erben und Rechtsnachfolger, so könne aus ihrem Eintritte den wahren Erben zwar kein Nachteil erwachsen; diese seien berechtigt, den Prozeß nach Beseitigung des ersten Urteiles von da ab, wo ihn die unrichtigen Erben übernommen haben, weiter zu führen, so als ob die unrichtigen Erben nicht eingetreten wären. Die Anschließung des Pflegers aber sei unzulässig, da er gegen ein zwischen anderen Parteien ergangenes Urteil Berufung nicht einlegen könne, vielmehr den angedeuteten Weg einschlagen und in den Prozeß in erster Instanz eintreten müsse.

Aus dieser Begründung ergibt sich zunächst, daß durch die Verwerfung der Anschließung als unzulässig auch der vom Pfleger als vermeintlichen Berufungsbeklagten gestellte Antrag auf Zurückweisung der Berufung gegenüber den unbekannten Erben des F. hat getroffen werden sollen. Das Berufungsgericht erachtet die Berufung der Beklagten, die nur gegen die im ersten Urteile genannten Kläger gerichtet sei und habe gerichtet werden können, durch das diesen gegenüber ergangene Versäumnisurteil für erledigt (unbeschadet des ihnen zustehenden Einspruches) und lehnt ein Eingehen auf die Anträge des Pflegers überhaupt ab.

Die Revision meint, einer Berichtigung des Irrtumes in der Person der Rechtsnachfolger habe nichts im Wege gestanden, und wenn dieselbe erfolgte, so würde damit der Pfleger der unbekannten Erben Berufungsbeklagter geworden, und auch die Anschließung zulässig gewesen sein.

Der Ansicht des Berufungsrichters ist indes beizutreten. Wenn eine Partei im Laufe des Prozesses stirbt, so geht der Rechtsstreit auf den Rechtsnachfolger über. Ob diejenigen, die sich als Rechtsnachfolger melden, die wirklichen Rechtsnachfolger und daher zur Fortsetzung des Rechtsstreites berechtigt sind, ist eine zwischen ihnen und dem Gegner zu entscheidende Zwischenfrage; die Entscheidung ergeht, wenn die Zulassung der Gemeldeten ausgesprochen wird, entweder in dem in der Sache selbst entscheidenden Urteile, oder durch Zwischenurteil nach § 275 (303 n. F.) ZPO., anderenfalls — wenn die Zulassung verweigert wird — durch Endurteil.

Vgl. Entsch. des RG.'s in Zivils. Bd. 32 S. 428, Bd. 34 S. 427, 428, Bd. 40 S. 370, 371; Jurist. Wochenschr. von 1896 S. 147 Nr. 9.

Im vorliegenden Falle hat das Landgericht die Rechtsnachfolge der Witwe und des Sohnes des Klägers F. in dem die Sache selbst entscheidenden Urteil anerkannt und deren Zulassung ausgesprochen. In der Berufungsinstanz ist von der Beklagten und Berufungsklägerin die Rechtsnachfolge bestritten, und geltend gemacht worden, daß die Genannten der Erbschaft in den Nachlaß des F. rechtswirksam entsagt haben. Darauf folge der Genannten — und zwar nur über diese — dahin entschieden worden ist, daß deren Antrag auf Verurteilung der Beklagten zur Zahlung zurückgewiesen wurde. In den Gründen wird hervorgehoben, daß damit nicht über die Klage, sondern nur über den Anspruch der Witwe F. und des Sohnes E. P. K. F., d. h. über deren Rechtsnachfolge, habe entschieden werden sollen. Durch die getroffene Entscheidung ist das erste Urteil, zunächst was die Rechtsnachfolge angeht, in weiterer Folge aber auch sachlich beseitigt, da es nur zwischen den dort anerkannten Rechtsnachfolgern und der Beklagten ergangen ist und den wirklichen Rechtsnachfolgern gegenüber keinen Bestand hat. Es ist daher, wie das Berufungsgericht auch nicht verkennt, für den Eintritt der wirklichen Rechtsnachfolger in den Prozeß allerdings Raum geschaffen. Aber der Eintritt kann nicht vor der Rechtskraft des gegen die falschen Rechtsnachfolger ergangenen Urteiles erfolgen, und er ist ferner, worin der Vorinstanz beigetreten werden muß, nicht in der Berufungsinstanz zulässig, da schon in erster Instanz die falschen Rechtsnachfolger aufgetreten sind, und der Rechtsstreit in erster Instanz zwischen diesen als den wahren Rechtsnachfolgern und dem Gegner entschieden ist. Der Eintritt der wahren Rechtsnachfolger in der Berufungsinstanz mit dem Verlangen, daß das erste Urteil als für und gegen sie ergangen angesehen werden soll, hat zu seiner Voraussetzung eine Aneignung fremder Prozeßführung, die weder in den materiellen Grundsätzen über die Geschäftsbesorgung, noch in den Bestimmungen der Zivilprozeßordnung eine Stütze findet. Denn die letztere kennt zwar eine Genehmigung der Prozeßführung durch einen ohne Vollmacht handelnden Vertreter der genehmigenden Partei mit der Wirkung, daß diese die Prozeßführung gegen sich gelten lassen muß (§§ 85, 542 Nr. 4), nicht aber den willkürlichen Eintritt eines Dritten als Hauptpartei in den von anderen Parteien geführten Prozeß an Stelle der einen oder anderen Partei mittels Genehmigung der bisherigen Prozeßführung. Die für gewisse Fälle der Streitverkündung in den §§ 72, 73 ZPO. zugelassene Uebernahme des Rechtsstreites durch einen Dritten ist an besondere Voraussetzungen geknüpft, die hier nicht zutreffen.

Hiernach war es dem Pfleger der unbekannten Erben zwar unverwehrt, in dem Streite über die Rechtsnachfolge der Witwe und des Sohnes des F. als Nebenintervenient nach § 63 ZPO. der Beklagten beizutreten; im übrigen aber ist mit dem Berufungsgerichte anzunehmen, daß der Pfleger die Entscheidung jenes Streites abzuwarten und sodann den Rechtsstreit in erster Instanz fortzusetzen hatte. Durch die Entscheidung, wie sie hier ergangen ist, war der Prozeß in das Stadium vor dem Auftreten der falschen Rechtsnachfolger zurückversetzt.

Unerheblich ist es hierbei, daß der Prozeß durch den Tod des Klägers nicht unterbrochen wurde, da der Rechtsanwalt G. Prozeßbevollmächtigter war (§ 223 ZPO.), dessen Vollmacht durch den Tod des Klägers nicht erlosch (§ 82 daselbst), und daß auch eine Aussetzung des Verfahrens nicht beantragt und nicht erfolgt ist. Zur Fortsetzung des Prozesses bedurfte es allerdings einer Meldung der Rechtsnachfolger und einer Aufnahme des Verfahrens durch diese nicht. Nachdem aber die Meldung geschehen, der Prozeß auch tatsächlich zwischen den Gemeldeten und dem Gegner weiter geführt, und das erste Urteil zwischen diesen Parteien ergangen ist, ist der Rechtsstreit in dieselbe Lage gebracht, als wäre eine Unterbrechung des Verfahrens eingetreten, und das Verfahren sodann durch die als Rechtsnachfolger aufgetretenen Personen aufgenommen worden.

Aus demselben Grunde ist es auch unerheblich, daß, wie behauptet ist, die Benennung der Witwe und des Sohnes des F. als dessen Erben lediglich auf einem Irrtume des Rechtsanwaltes G. beruhte. Eine Unrichtigkeit im Urteile, die sich ohne weiteres nach § 290 ZPO. berichtigen ließe, liegt nicht vor. Denn es handelt sich nicht um einen Irrtum des Gerichtes, sondern um eine unrichtige Angabe der Parteien.

Die Revision war daher zurückzuweisen."

RGZ. 51, 94

Aufnahme des durch Konkurs unterbrochenen Verfahrens. Wirksamkeit der während der Unterbrechung vorgenommenen Prozeßhandlungen.

ZPO. §§ 240, 249, 250, 295. KO. (a. F.) §§ 126 flg., 134.

IV. Zivilsenat. Urt. v. 17. März 1902.

I. Landgericht Kottbus. II. Kammergericht Berlin.

Aus den Gründen:

„Klägerin hat die offene Handelsgesellschaft W. St. mittels der derselben am 10. Oktober 1899 zugestellten Klage auf Zahlung von 6120 M. nebst Zinsen in Anspruch genommen. Die Klage war darauf begründet, daß Klägerin der Beklagten 15 300 M. als Darlehn gegeben, daß dann über das Vermögen dieser Gesellschaft Konkurs ausgebrochen, daß in diesem Konkurse ihre erwähnte, von ihr angemeldete Forderung von dem damaligen Konkursverwalter J. anerkannt, und daß dieser Konkurs schließlich durch einen rechtskräftig bestätigten Zwangsvergleich beendigt worden, nach welchem auf die Forderung der Klägerin 60 Prozent des Nennwertes der Forderung gezahlt werden sollten. Am 6. November 1899 ist im Laufe des gegenwärtigen Rechtsstreites wiederum über das Vermögen der offenen Handelsgesellschaft W. St. Konkurs ausgebrochen, und ist der Kaufmann Tr. zum Verwalter der Konkursmasse bestellt worden. Durch Versäumnisurteil des Landgerichts vom 2. November 1900 war die offene Handelsgesellschaft W. St. nach dem Klagantrage verurteilt worden. Gegen dieses Urteil hat der Konkursverwalter Tr. im Namen der Beklagten Einspruch eingelegt. Daraufhin erging am 15. Februar 1901 ein weiteres erstinstanzliches Urteil, durch welches die Klägerin mit ihrer Klage abgewiesen wurde. Gegen dieses dem Konkursverwalter am 2. März 1901 zugestellte Urteil legte Klägerin mittels des ebendemselben am 11. März 1901 zugestellten Schriftsatzes Berufung ein. Im Laufe des in der Berufungsinstanz anhängigen Rechtsstreites hat die Klägerin, und zwar am 26. August 1901, zur Konkursmasse 9180 M. nebst Zinsen Darlehnsforderung angemeldet. Ihre Forderung ist bestritten worden. Als Gegner sind in dem Auszuge der Tabelle der Verwalter, der Gemeinschuldner St. und der Gläubiger R. bezeichnet. Klägerin hat in der Schlußverhandlung der Berufungsinstanz beantragt, unter Abänderung des Vorderurteils vom 15. Februar 1901 die aus dem Tabellenauszug hervorgehende Forderung in Gemäßheit der erfolgten Anmeldung festzustellen. Durch Urteil vom 26. Oktober

1901 hat das Berufungsgericht die Berufung der Klägerin als unzulässig zurückgewiesen.

Das Berufungsgericht erachtet die eingelegte Berufung für unzulässig und wirkungslos. Eine gesetzmäßige Zustellung des angefochtenen Urteiles liege nicht vor. Denn zur Zeit der Zustellung sei das Verfahren unterbrochen gewesen. Es könne nicht in das Belieben des Gegners gestellt werden, ob er eine solche Zustellung gelten lassen wolle, oder nicht. Könne die geschehene Urteilszustellung nicht den Lauf der Berufungsfrist in Bewegung setzen, so handle es sich um eine vor Zustellung des Urteiles eingelegte Berufung, welche nach § 516 ZPO. wirkungslos sei.

Die Revision ist begründet....

Nach § 240 ZPO. wird im Falle der Eröffnung des Konkurses über das Vermögen einer Partei das Prozeßverfahren, wenn es die Konkursmasse betrifft, unterbrochen, bis dasselbe nach den für den Konkurs geltenden Bestimmungen aufgenommen, oder das Konkursverfahren aufgehoben wird. Der vorliegend anhängig gemachte Prozeß betrifft das Gesellschaftsvermögen, nicht das Privatvermögen der Gesellschafter. Der über das Vermögen der verklagten Handelsgesellschaft eröffnete, noch schwebende Konkurs bewirke daher eine Unterbrechung des Verfahrens für die Zeit bis zur Aufnahme des Prozeßverfahrens.

Vgl. Entsch. des RG.'s in Zivils. Bd. 34 S. 363.

Maßgebend für diese Aufnahme des Verfahrens bleiben gemäß Art. V des Einführungsgesetzes zu der Konkursnovelle die Bestimmungen der Konkursordnung vom 10. Februar 1877, da das Konkursverfahren vor dem 1. Januar 1900 eröffnet worden. Nach Maßgabe der §§ 126 flg. derselben hat die Aufnahme des Prozeßverfahrens zur Voraussetzung, daß die im Prozesse anhängige Forderung als Konkursforderung nach Betrag und Grund zum Konkurse angemeldet, und daß hierüber im Prüfungstermine verhandelt worden. Wird die angemeldete Forderung im Prüfungstermine bestritten, so ist gemäß § 134 a. a. O. die Feststellung der anhängigen Forderung durch Aufnahme des Rechtsstreites mit der Maßgabe zu betreiben, daß die Feststellung nur auf den Grund gestützt und auf den Betrag gerichtet werden kann, welcher in der Anmeldung oder dem Prüfungstermine angegeben worden ist. Diese Prozeßvoraussetzungen sind nach der Fassung des Gesetzes zwingend und von Amts wegen zu berücksichtigen. Ein ausdrücklicher oder stillschweigender Verzicht der Prozeßparteien ist insoweit unzulässig. Eine rechtswirksame Aufnahme des Prozesses konnte hiernach erst auf Grund und nach Prüfung der am 26. August 1901 zum Konkurse gemeldeten Forderung stattfinden. Zu einer solchen Aufnahme waren alsdann aber sowohl die Klägerin als auch die widersprechende Partei berechtigt. Möchte auch der im Konkurse angemeldeten Forderung ein vollstreckbarer Schuldtitel aus dem früheren Konkurse zur Seite gestanden haben, und in solchem Falle § 134 Abs. 6 a. a. O. die Aufnahme des anhängigen Rechtsstreites dem Widersprechenden auflegen, so ist doch dadurch der Gläubiger nicht gehindert, selbst den Rechtsstreit aufzunehmen.

Vgl. Entsch. des RG.'s in Zivils. Bd. 34 S. 409—412.

Die Klägerin war auch weiter berechtigt, den Prozeß nur gegen den bestreitenden Konkursverwalter, nicht auch gegen die übrigen Bestreitenden aufzunehmen, sollte auch im Verhältnis der Bestreitenden zueinander der Fall der notwendigen Streitgenossenschaft aus § 62 ZPO. gegeben sein.

Vgl. Entsch. des RG.'s in Zivils. Bd. 5 S. 414.

Der Konkursverwalter kann hieraus nicht die Einrede der mangelnden Passivlegitimation herleiten. Hinsichtlich der Form der Aufnahme bestimmt zwar § 250 ZPO., daß letztere durch Zustellung eines Schriftsatzes erfolge. Mit Recht jedoch läßt es das Berufungsgericht dahingestellt, ob Klägerin unter Einhaltung dieser Form den Rechtsstreit aufgenommen hat. Sofern nur der Wille, den Prozeß fortzusetzen, bestimmt und unzweideutig im weiteren Verfahren zum Ausdruck gekommen ist, ist das Verfahren als aufgenommen anzusehen. Allerdings war die davon betroffene Partei der geschehenen Aufnahme des Rechtsstreites gegenüber berechtigt, gemäß § 249 ZPO. geltend zu machen, daß die bis dahin vorgenommenen Prozeßhandlungen wirkungslos seien. Die Bestimmungen des § 249 sind jedoch nicht öffentliches Prozeßrecht. Auf den Eintritt jener Wirkungen kann vielmehr von seiten der Parteien, sei es ausdrücklich, sei es in Gemäßheit des § 295 ZPO. stillschweigend, verzichtet werden.

Vgl. Entsch. des RG.'s in Zivils. Bd. 10 S. 69.

Zu Unrecht nimmt das Berufungsgericht an, daß dergestalt die Wirkungslosigkeit der während der Unterbrechung geschehenen Zustellung des mittels der Berufung angefochtenen Urteiles nicht geheilt werden könne. Es handelt sich insoweit nicht etwa um einen Verzicht auf die Förmlichkeiten der Berufung als solche, auf welche freilich nicht verzichtet werden kann, sondern nur um die Wirkungen der gegenüber dem Konkursverwalter an sich legal geschehenen Zustellung. Diese aber unterliegen der Disposition der Parteien. Die vom Berufungsgericht zur Unterstützung seiner Ansicht herangezogene Entscheidung in den Entsch. des RG.'s in Zivils. Bd. 10 S. 401 ist in diesem Sinne schon durch die Entsch. des RG.'s in Zivils. Bd. 14 S. 334 modifiziert worden." ...

RGZ. 54, 94

Ist bei der Lebensversicherung und der Unfallversicherung auf den Todesfall der von dem Versicherungsnehmer mit dem Versicherer über das Bestehen des Versicherungsvertrages geführte Rechtsstreit im Falle des Todes des Versicherungsnehmers von dem Dritten, zu dessen Gunsten der Versicherungsvertrag geschlossen ist, oder von den Erben des Versicherungsnehmers fortzusetzen? Begriff des Rechtsnachfolgers im Sinne des § 239 ZPO.

VII. Zivilsenat. Urt. v. 6. März 1903.

I. Landgericht Colmar. II. Oberlandesgericht daselbst.

Der Gutspächter W., der bei der Beklagten sein Leben zugunsten seiner Ehefrau versichert hatte, hatte eine fällige Prämie nicht berichtigt, und es hatte daher die Beklagte die Versicherung für erloschen erklärt. W. erhob darauf Klage gegen sie mit dem Antrage, festzustellen, daß der Versicherungsvertrag noch zu Recht bestehe. Begründet war die Klage mit der Ausführung, daß den Kläger ein Verschulden wegen der Nichtzahlung der Prämie nicht treffe, da die Beklagte unterlassen habe, dem Schwager des Klägers, der seit langen Jahren mit Wissen und Willen der Beklagten die Prämie für den Kläger bezahle, vor der Fälligkeit der letzten Prämie die bisher stets erfolgte Erinnerung hieran zu übersenden, die um so notwendiger sei, als erst aus diesem Erinnerungsschreiben sich ergebe, wie groß die dem Kläger zukommende Dividende sei, und welcher Betrag daher noch nach deren Abzug zu entrichten sei. Die Beklagte widersprach der Klage. Der erstinstanzliche Richter gab indes der Klage statt. Nach Erlaß des erstinstanzlichen Urteils starb der Kläger. In der von der Beklagten beschrittenen Berufungsinstanz erklärte die Witwe des Klägers nicht als dessen Erbin, sondern als diejenige, zu deren Gunsten die Versicherung geschlossen sei, den Rechtsstreit fortsetzen zu wollen, und änderte gleichzeitig die Feststellungsklage in eine Leistungsklage auf Zahlung der Versicherungssumme um, nur eventuell die Feststellungsklage aufrecht erhaltend. Trotz des Widerspruchs der Beklagten gegen den Eintritt der Witwe als Singular-Rechtsnachfolgerin in den Rechtsstreit erklärte das Berufungsgericht diesen Eintritt für zulässig und verurteilte die Beklagte, unter gewissen Abzügen, zur Zahlung der Versicherungssumme an die Witwe. Auf die Revision der Beklagten ist das Berufungsurteil aufgehoben, und die Sache zur anderweitigen Verhandlung und Entscheidung in die Berufungsinstanz zurückverwiesen.

Aus den Gründen:

... „Der verstorbene Versicherungsnehmer war nicht nur in erster Instanz durch einen Prozeßbevollmächtigten vertreten, sondern er hatte auch bereits für die zweite Instanz einen solchen bestellt, als er starb. Eine Unterbrechung des Verfahrens trat daher durch seinen Tod nicht ein (§ 246

ZPO.); auch ist eine Aussetzung des Verfahrens von keiner Seite beantragt worden. Allein wenn eine andere Persönlichkeit in den Prozeß eintreten und ihn fortsetzen wollte, so konnte dies nur unter der Voraussetzung geschehen, daß sie als Rechtsnachfolgerin des Verstorbenen im Sinne des § 239 ZPO. anzusehen ist. Nun steht allerdings außer Zweifel, daß unter der „Rechtsnachfolge" im Sinne dieser Bestimmung nicht nur die Universalnachfolge, sondern jedenfalls in gewissen Fällen auch die Singularnachfolge zu begreifen ist. Indessen ist andererseits wiederum gewiß, daß, mag bei solcher Singularnachfolge durch diese auch eine Modifikation des Rechts in der Hand des neuen Inhabers gegenüber der Gestaltung des Rechts in der Hand der bisher Berechtigten herbeigeführt werden, doch stets das eine Erfordernis unerläßlich erscheint, daß es im wesentlichen ein und dasselbe Recht sein muß, welches früher der Verstorbene inne hatte und in dem bisherigen Rechtsstreit geltend machte, und welches nunmehr derjenige, der den Rechtsstreit fortsetzen will, als das seinige beansprucht. Denn anderenfalls kann begrifflich von einer Nachfolge in ein Recht des Verstorbenen nicht die Rede sein. Die Frage ist daher hier dahin zu stellen: folgt bei der Lebens- oder der Unfallversicherung auf den Todesfall der Dritte, zu dessen Gunsten die Versicherung geschlossen ist, beim Eintritt des Todes des Versicherungsnehmers diesem in dessen Recht nach, erlangt er dessen Recht? Diese Frage ist zu verneinen. Das Recht, welches der Versicherungsnehmer besaß, und das Recht, welches der Dritte, zu dessen Gunsten die Versicherung geht, durch den Tod des Versicherungsnehmers endgültig erhält, sind verschiedene Rechte; sie sind überhaupt nicht, und daher auch nicht modifiziert, identische Rechte. Der Versicherungsnehmer hatte, abgesehen von dem Fall einer Vertragsänderung oder von besonderen Vertragsbestimmungen, bei solcher Versicherung kein anderes Recht, als das, von der Versicherungsgesellschaft zu verlangen, daß sie nach seinem Tode an den Dritten die Versicherungssumme zahle; er selbst hatte bei solcher Versicherung kein Bezugsrecht. Der Dritte hat dagegen das Recht, zu verlangen, daß an ihn gezahlt werde. Dieses Recht findet allerdings seine Quelle und seinen Ursprung in dem Rechte des Versicherungsnehmers und in dem von diesem mit der Versicherungsgesellschaft geschlossenen Vertrage; allein dadurch verliert es nicht den Charakter eines von dem Rechte des Versicherungsnehmers verschiedenen selbständigen Rechts. So wenig wie bei einem unter Lebenden zu erfüllenden Vertrage zugunsten Dritter davon gesprochen werden kann, daß der Dritte in Ansehung seines Rechts Rechtsnachfolger des Versprechensempfängers sei, ebensowenig kann dies bei einem für den Todesfall geschlossenen Vertrage zugunsten Dritter zutreffen. Die Rechtslage ist auch nicht etwa so gestaltet, daß das Recht des Versicherungsnehmers mit dessen Tode unterginge, und daher eine Rechtsnachfolge überhaupt ausgeschlossen erscheinen könnte; vielmehr bleibt das Recht, welches der Versicherungsnehmer hatte, bestehen und geht auf seine Erben über, nur daß es insofern durch seinen Tod beeinflußt wird, als es in gewissem Sinne eine Erweiterung erfährt, indem seine Erben nicht mehr auf die Feststellungsklage beschränkt sind, sondern an deren Stelle zur Leistungsklage, d. h. zur Klage, daß die Versicherungsgesellschaft an den Dritten leiste, greifen dürfen. Es sind also allein die Erben des Versicherungsnehmers diejenigen, die als Nachfolger in dessen Recht den Prozeß fortsetzen können und müssen. Namentlich dieser letzte Punkt ist für die in Betracht kommenden Verhältnisse kennzeichnend. Wäre der Dritte berechtigt, den Prozeß fortzusetzen bzw. aufzunehmen, so müßte er umgekehrt hierzu auch für verpflichtet erachtet werden; eine solche Verbindlichkeit würde aber der Rechtsstellung, die der Dritte dem ohne seine Mitwirkung geschlossenen Versicherungsvertrage gegenüber einnimmt, nicht entsprechen. Aus dem Vorstehenden ergibt sich als weitere die Sachlage beleuchtende Tatsache, daß, wenn der Dritte, zu dessen Gunsten die Versicherung genommen ist, nach dem Tode des Versicherungsnehmers die Leistungsklage gegen die Gesellschaft anstellte, diese nicht mit Rücksicht auf den schwebenden Prozeß den Einwand der Rechtshängigkeit erheben könnte. Von seiten der Revisionsbeklagten ist versucht worden, ihren Eintritt in den Rechtstreit in der Weise zu rechtfertigen, daß ausgeführt ist, ihr verstorbener Ehemann habe den Prozeß in ihrem Interesse und zugleich in ihrer Vertretung angestrengt. Daß der Prozeß in ihrem Interesse geführt worden ist, ist zuzugestehen; dagegen kann, ganz abgesehen von der Frage der rechtlichen Möglichkeit einer solchen Mitklägerschaft, nicht anerkannt werden, daß der verstorbene Ehemann tatsächlich die Klage nicht nur für sich, sondern zugleich als ihr Vertreter, also als Vertreter der zukünftig Berechtigten angestellt habe. Dafür gebricht es an jeglichem Anhalt. Das Berufungsurteil und das Verfahren, soweit darin mit der Revisionsbeklagten verhandelt ist, mußte aus diesen Gründen aufgehoben, und die Sache an die Vorinstanz zurückverwiesen werden, damit nunmehr das Verfahren von den wirklichen Rechtsnachfolgern des verstorbenen Klägers bzw. gegen sie fortgesetzt werde."

RGZ. 66, 399

1. Ist eine Vereinbarung der Prozeßparteien darüber, daß die eine derselben ein gemäß § 246 Abs. 1 ZPO. ausgesetztes Verfahren aufzunehmen habe, oder eine in die Revisionsschrift aufgenommene, vor Einreichung derselben bei dem Revisionsgerichte (§ 553 ZPO. n. F.) nicht zugestellte Erklärung des Revisionsklägers, daß das ausgesetzte Verfahren von ihm aufgenommen werde, geeignet, die in § 250 ZPO. vorgeschriebene Parteizustellung einer Aufnahmeerklärung zu ersetzen?

2. Begründet der Umstand, daß in einem ausgesetzten Verfahren die Revision vor der Zustellung der Aufnahmeerklärung eingelegt worden ist, auch dann die Unzulässigkeit der Revision, wenn dieser

Mangel nicht gemäß der Vorschrift des § 295 Abs. 1 ZPO. rechtzeitig gerügt worden ist?

II. Zivilsenat. Urt. v. 22. Oktober 1907.

I. Landgericht Mainz. II. Oberlandesgericht Darmstadt.

Aus den Gründen:

„Was die zunächst gemäß § 554 a ZPO. von Amts wegen zu prüfende Frage betrifft, ob die Einlegung der Revision, die unbedenklich als an sich statthaft und in der gesetzlichen Form eingelegt anzusehen ist, auch in der gesetzlichen Frist erfolgt sei, so kommt hierfür folgendes in Betracht.

Nachdem das am 25. Januar 1907 bei Lebzeiten des ursprünglichen Klägers D. verkündete Urteil des Oberlandesgerichts am 6. Februar 1907 zugestellt worden war, ist am 14. Februar 1907 der genannte D. gestorben. Auf den Antrag seines Prozeßbevollmächtigten zweiter Instanz ist durch Beschluß des erkennenden Senats vom 1. März 1907, zugestellt am folgenden Tage, die Aussetzung des Verfahrens angeordnet worden. Dieses hatte nach § 249 ZPO. die Wirkung, 1. daß der Lauf der begonnenen, aber noch nicht beendigten Revisionsfrist aufhörte, 2. daß die während der Aussetzung von einer Partei in Ansehung der Hauptsache vorgenommenen Prozeßhandlungen der andern Partei gegenüber ohne rechtliche Wirkung waren. Als eine in Ansehung der Hauptsache vorgenommene Prozeßhandlung ist aber die Einlegung der Revision gegen das oberlandesgerichtliche Urteil seitens der Erben des ursprünglichen Klägers D. anzusehen, welche Einlegung gemäß § 553 ZPO. n. F. durch die am 18. Mai 1907 stattgehabte Einreichung der Revisionsschrift bei dem Reichsgerichte erfolgt ist.

Es fragt sich daher zunächst, ob diese Einlegung im Hinblick auf den erwähnten Aussetzungsbeschluß als an sich den gesetzlichen Vorschriften entsprechend zu erachten ist. Dies ist zu verneinen, da zur Zeit der Einlegung der Revision die Aussetzung des Verfahrens in Wirklichkeit noch nicht beendigt war, sondern fortdauerte. Zwar haben die Revisionskläger sich auf eine (formlose) Vereinbarung berufen, die vor der Einreichung ihrer Revisionsschrift zwischen ihnen und dem Beklagten über die Aufnahme des ausgesetzten Verfahrens ihrerseits dahin getroffen worden sei, daß sie gegen Zurückziehung des von dem Beklagten gestellten Antrags auf Aufnahme des Verfahrens als Erben des ursprünglichen Klägers durch Einlegung der Revision in den Prozeß eintreten würden. Eine solche Vereinbarung würde aber, selbst wenn sie bewiesen wäre, nicht für geeignet zu erachten sein, eine Aufnahme des Verfahrens und somit die Beendigung der Aussetzung unmittelbar zu bewirken; denn nach § 250 ZPO. hat die Aufnahme eines ausgesetzten Verfahrens dadurch zu erfolgen, daß die aufnehmende Partei der anderen einen Schriftsatz zustellen läßt. An diesem formellen Erfordernisse ist in

Uebereinstimmung mit der seitherigen Rechtsprechung des Reichsgerichts,

vgl. Entsch. des RG.'s in Zivils. Bd. 13 S. 316, Bd. 14 S. 334, Bd. 30 S. 409, Bd. 38 S. 416, Bd. 41 S. 405,

aus den in dem letzten Urteil dargelegten Gründen festzuhalten. Von den Revisionsklägern wird aber nicht behauptet, daß ihrerseits dem Beklagten eine Aufnahmeerklärung zugestellt worden sei. Nun ist zwar in der Revisionsschrift von den Revisionsklägern erklärt worden, daß sie das ausgesetzte Verfahren aufnähmen. Diese Erklärung in der bei dem Reichsgerichte eingereichten Revisionsschrift genügte aber nach der hervorgehobenen Bedeutung des § 250 ZPO. nicht, um die nach dieser Vorschrift erforderliche Parteizustellung einer solchen Erklärung an den Beklagten zu ersetzen. Durch die erstere Erklärung ist daher die Aufnahme des ausgesetzten Verfahrens nicht herbeigeführt worden. Die Einreichung des sowohl die Aufnahme- als auch die Revisionserklärung enthaltenden Schriftsatzes bei dem Reichsgerichte hat aber nach § 553 ZPO. n. F. die Einlegung der Revision bewirkt. Diese ist also zu einer Zeit erfolgt, in der mangels der Zustellung einer Aufnahmeerklärung die Aufnahme des Verfahrens noch nicht in gültiger Weise stattgefunden hatte. Die unter der Herrschaft der alten Zivilprozeßordnung vorhandene Möglichkeit, durch die Einfügung der Aufnahmeerklärung in die Revisionsschrift und durch die auf diese Weise erfolgende gleichzeitige Zustellung der Aufnahme- und Revisionserklärung zu bewirken, daß die Aufnahme als gleichzeitig mit der Einlegung der Revision und somit rechtzeitig erklärt gelten könnte (vgl. Entsch. des RG.'s in Zivils. Bd. 30 S. 410), besteht seit dem Inkrafttreten der Novelle zur Zivilprozeßordnung vom 5. Juni 1905 nicht mehr, da nach § 553 ZPO. n. F. die Einlegung der Revision durch Einreichung der Revisionsschrift bei dem Revisionsgerichte, somit in wesentlich anderer Weise erfolgt als die nach § 250 ZPO. mittels Parteizustellung zu bewirkende Erklärung der Aufnahme des Verfahrens.

Der Umstand, daß hiernach die in der Revisionsschrift enthaltene Aufnahmeerklärung nicht in der gesetzlichen Form des § 250 ZPO. erfolgt ist, erscheint aber als Verletzung einer das Verfahren und insbesondere die Form einer Prozeßhandlung betreffenden Vorschrift im Sinne des § 295 Abs. 1 ZPO.

Vgl. Entsch. des RG.'s in Zivils. Bd. 10 S. 69, Bd. 14 S. 334.

Diese Gesetzesverletzung kann daher nach dieser Bestimmung nicht mehr gerügt werden, wenn die Partei bei der nächsten mündlichen Verhandlung, welche auf Grund des betreffenden Verfahrens stattgefunden hat, den Mangel nicht gerügt hat, obgleich sie erschienen war, und ihr der Mangel bekannt sein mußte. Diese Voraussetzungen liegen aber im gegebenen Falle bezüglich des hier in Rede stehenden Mangels vor; denn bei der nächsten mündlichen Verhandlung, welche auf Grund des mangelhaften Aufnahmeverfahrens stattgefunden hat, ist der Mangel der Zustellung der Aufnahmeerklärung seitens des Revisionsbeklagten nicht rechtzeitig gerügt worden, obgleich diesem der Mangel einer an ihn erfolgten Zustellung dieser Erklärung hätte bekannt sein müssen. Insbesondere ist auch der zu Beginn der mündlichen Verhandlung seitens des Revisionsbeklagten abgegebenen Erklärung, bezüglich der Formalien der Revision sei alles in Ordnung, zu entnehmen, daß damals seinerseits eine Rüge des fraglichen Mangels, der ja auch die Formalien der Revision betraf, nicht beabsichtigt war. Durch diese Unterlassung einer rechtzeitigen Rüge ist aber gemäß § 295 ZPO. für ihn ein Verlust des bezüglichen Rügerechts eingetreten, der durch die spätere Beanstandung der Aufnahmeerklärung und der Zulässigkeit der Revision nicht wieder rückgängig gemacht werden konnte.

Hierbei handelt es sich auch in Wirklichkeit nicht um einen Verzicht auf die Förmlichkeiten der Revision als solcher, der nach §§ 554 a und 295 Abs. 2 ZPO. ohne Bedeutung sein würde, sondern um einen Verzicht auf eine nur zur Sicherung der Interessen der beteiligten Partei bestimmte und daher dem Verzicht derselben unterliegende Wirkung der Aussetzung des Verfahrens.

Vgl. Entsch. des RG.'s in Zivils. Bd. 14 S. 134, Bd. 51 S. 98.

Daher kann der Umstand, daß die Revision zu einer Zeit eingelegt worden ist, in der die Aufnahme des ausgesetzten Verfahrens noch nicht in einer der Vorschrift des § 250 ZPO. entsprechenden Form erklärt war, gegenwärtig nicht mehr dazu führen, die Revision als unzulässig zu verwerfen." ...

RGZ. 71, 155

Tritt Unterbrechung des Verfahrens ein, wenn nach Einlegung der Revision der Revisionsbeklagte, der in der Berufungsinstanz durch einen Anwalt vertreten war, stirbt, ohne einen Vertreter für die Revisionsinstanz bestellt zu haben?

Vereinigte Zivilsenate. Beschl. v. 13. Mai 1909.

I. Landgericht I Berlin. II. Kammergericht daselbst.

Die vorstehende Rechtsfrage, die zwischen dem I. Senate einerseits und dem II., IV. und V. Zivilsenate andrerseits streitig geworden war, wurde von den Vereinigten Zivilsenaten im bejahenden Sinne entschieden.

Gründe:

„Durch den Tod einer Partei wird nach § 239 ZPO. das Verfahren unterbrochen. Hiervon macht § 246 ZPO. eine Ausnahme für den Fall, daß „eine Vertretung durch einen Prozeßbevollmächtigten stattfand". In der

Rechtsprechung des Reichsgerichts ist die Frage streitig geworden, was unter Vertretung durch einen Prozeßbevollmächtigten im Sinne des § 246 ZPO. zu verstehen ist. Der V. Zivilsenat hat durch Beschluß vom 17. Mai 1899 (Entsch. in Zivils. Bd. 44 S. 358) entschieden, unter einer Vertretung durch einen Prozeßbevollmächtigten im Sinne des § 223 (jetzt 246) sei an eine für eine bestimmte Instanz bestellte Vertretung gedacht, so daß gemäß § 219 (239) ZPO. eine Unterbrechung des Verfahrens in einer höheren Instanz durch den Tod einer Partei stets, also auch bei Vorhandensein eines Prozeßbevollmächtigten der unteren Instanz, dann eintrete, wenn die Partei in derjenigen Instanz, in der das Verfahren schwebe, nicht durch einen für diese Instanz bestellten Prozeßbevollmächtigten vertreten werde. Dieselbe Auffassung ist in einem Urteile des IV. Zivilsenats vom 28. März 1904 (Rep. IV. 364/03) vertreten. Im Gegensatze hierzu hat der I. Zivilsenat durch Urteil vom 3. April 1901 (Rep. I. 480/00) in einem Falle, wo nach Einlegung der Revision der Revisionsbeklagte gestorben war, ohne einen Prozeßbevollmächtigten für die Revisionsinstanz bestellt zu haben, den Eintritt der Unterbrechung des Verfahrens verneint, weil der Revisionsbeklagte durch die Prozeßbevollmächtigten der beiden unteren Instanzen mit Rücksicht auf die ihnen nach § 81 ZPO. zustehende Ermächtigung, den Prozeßbevollmächtigten für die Revisionsinstanz zu bestellen, im Sinne des § 246 vertreten gewesen sei. In einem gleichliegenden Falle hat auch der IV. Zivilsenat durch Beschluß vom 22. März 1906 (Rep. IV. 13/06) die Aussetzung des Verfahrens angeordnet. Bei diesem Widerstreite der Entscheidungen hat der II. Zivilsenat, der in einem Falle gleicher Art ein Gesuch um Aussetzung des Verfahrens im Gegensatze zum I. Zivilsenate wegen Unterbrechung des Verfahrens ablehnen zu müssen glaubte, gemäß § 137 GVG. die Entscheidung der Vereinigten Zivilsenate über die streitige Rechtsfrage eingeholt.

Durch die Unterbrechung des Verfahrens, die im Falle des Todes einer Partei nach § 239 ZPO. eintritt, soll verhütet werden, daß eine Partei der anderen unvertreten gegenüberstehe. Grund zu solcher Besorgnis liegt nicht vor, wenn eine Partei durch einen Prozeßbevollmächtigten vertreten ist. Denn die Prozeßvollmacht erlischt nicht mit dem Tode des Vollmachtgebers und ermächtigt nach § 81 ZPO. zu allen den Rechtsstreit betreffenden Prozeßhandlungen mit der Wirkung, daß die Zustellungen nach Maßgabe der §§ 176 und 179 ZPO rechtswirksam nur an den Prozeßbevollmächtigten, nicht an die Partei selbst erfolgen können. Im Falle einer Vertretung durch einen Prozeßbevollmächtigten betrachtet das Gesetz die Interessen aller Beteiligten dadurch als genügend gewahrt, daß es sowohl dem Bevollmächtigten der verstorbenen Partei als auch dem Gegner unbeschränkt das Recht einräumt, die Aussetzung des Verfahrens zu beantragen, und das Prozeßgericht dem Antrage stattgeben muß (§ 246 Abs. 1).

Die Meinung, daß eine Partei während der Anhängigkeit des Verfahrens in einer höheren Instanz schon durch das bloße Vorhandensein eines Prozeßbevollmächtigten einer unteren Instanz im Sinne des § 246 Abs. 1 hinreichend vertreten sei, stützt sich hauptsächlich auf die §§ 81 und 248 ZPO., wonach der Prozeßbevollmächtigte zur Bestellung eines Bevollmächtigten für die höheren Instanzen ermächtigt ist und das Gesuch um Aussetzung des Verfahrens zu Protokoll des Gerichtsschreibers des Prozeßgerichts, also von jedwedem Prozeßbevollmächtigten, erklärt werden kann. Als praktischer Vorzug dieser Gesetzesauffassung wird angeführt, damit würden die Nachteile einer Unterbrechung des Verfahrens vermieden, die gemäß § 249 durch den sofortigen Stillstand des Verfahrens mit der Wirkung verursacht würden, daß die während und selbst in Unkenntnis der Unterbrechung von einer Partei in Ansehung der Hauptsache vorgenommenen Prozeßhandlungen der anderen Partei gegenüber unwirksam seien.

Es kann jedoch nicht anerkannt werden, daß diese Auslegung dem § 246 entspricht und daß damit der Zweck des Gesetzes, den Interessen der verstorbenen Partei den erforderlichne Schutz angedeihen zu lassen, mit hinreichender Sicherheit erreicht wird. Zwar kann das Gesuch um Aussetzung des Verfahrens auch von einem Prozeßbevollmächtigten der unteren Instanz zu Protokoll des Gerichtsschreibers des Prozeßgerichts erklärt werden. Allein dieser formellen Befugnis ist entscheidende Bedeutung nicht beizumessen. Maßgebend ist vielmehr, daß die Frage, ob ein Gesuch um Aussetzung des Verfahrens angemessen ist, als eine von den Umständen des Falles abhängige Zweckmäßigkeitsfrage am besten von demjenigen Prozeßbevollmächtigten beurteilt werden kann, der die derzeitige Prozeßlage vollständig und klar zu übersehen vermag, d. h. dem Prozeßbevollmächtigten derjenigen Instanz, in der das Verfahren anhängig ist. Er ist es auch, der durch den Tod der Partei vor eine neue Entschließung gestellt wird, nämlich vor die Frage, ob er das Mandat für die ihm zur Zeit nicht einmal bekannten Rechtsnachfolger seines Vollmachtgebers fortführen oder kündigen soll und ob er im Falle der Fortführung des Auftrages neuer Instruktionen bedarf. Gerade mit Rücksicht auf dergleichen Umstände ist das Recht, die Aussetzung des Verfahrens zu beantragen, dem Bevollmächtigten zugleich als ein e i g e n e s Recht eingeräumt. Daher liegt es in der Natur der Sache, daß die Entschließung, ob die Aussetzung des Verfahrens zu beantragen ist, nicht nur am zweckmäßigsten dem Prozeßbevollmächtigten der betreffenden Instanz überlassen wird, sondern auch jedenfalls insoweit, als seine eigenen Interessen dabei in Betracht kommen, seinem Ermessen allein vorbehalten bleiben muß.

Wenn nun auch weiter zuzugeben ist, daß § 81 den Prozeßbevollmächtigten zur Bestellung eines Bevollmächtigten für die höheren Instanzen ermächtigt, so darf doch nicht unberücksichtigt bleiben, daß § 81 ihn hierzu bloß ermächtigt, aber nicht verpflichtet. Eine Verpflichtung hierzu besteht nach Maßgabe der Zivilprozeßordnung nicht, da diese grundsätzlich die Beurteilung der inneren Seite des Vollmachtgebers, das Rechtsverhältnis zwischen dem Machtgeber und dem Bevollmächtigten, dem materiellen Rechte überläßt. Eine solche Verpflichtung läßt sich daher nur aus besonderen Umständen nach dem bürgerlichen Rechte begründen (vgl. Hahn, Materialien S. 191). Hierzu kommt, daß der Prozeßbevollmächtigte der unteren Instanz zur Wahrung der Interessen der verstorbenen Partei vielfach, namentlich dann nicht in der Lage sein wird, wenn sein Verhältnis zu dem im Prozesse unterlegenen Vollmachtgeber ein gespanntes geworden und ihm das Schicksal der in der höheren Instanz anhängigen Sache unbekannt geblieben ist. Unter solchen Umständen kann eine Partei durch einen Prozeßbevollmächtigten der unteren Instanz nicht noch als hinreichend vertreten angesehen werden, mag auch die Vollmacht formell noch zu Recht bestehen. Ausschlaggebend ist in dieser Beziehung der § 244 ZPO. Hiernach tritt, wenn in Anwaltsprozessen der Anwalt einer Partei, d. h. der Anwalt der betreffenden Instanz, stirbt oder zur Fortführung der Vertretung der Partei unfähig wird, eine Unterbrechung des Verfahrens unter allen Umständen ein, also unabhängig davon, ob sein Vollmachtgeber noch durch einen Prozeßbevollmächtigten einer unteren Instanz vertreten ist. Diese Bestimmung dient als sicherer Beweis dafür, daß das Gesetz während der Anhängigkeit des Verfahrens in einer höheren Instanz die Interessen der Partei durch das Vorhandensein eines Prozeßbevollmächtigten einer unteren Instanz nicht als genügend vertreten ansieht. Mangels eines Prozeßbevollmächtigten in derjenigen Instanz, in der das Verfahren anhängig ist, erweist sich somit die Unterbrechung des Verfahrens als das einzig wirksame Schutzmittel der Interessen der verstorbenen Partei. Bloß an ihren Schutz, nicht an die mit der Unterbrechung des Verfahrens für die Gegenpartei verbundenen Nachteile ist in den §§ 239 und 246 gedacht.

Ebensowenig läßt sich aus der Stellung des § 246 unter den allgemeinen Bestimmungen über das Verfahren ein Beweisgrund für die Gegenmeinung herleiten. Der § 246 bezieht sich offenbar nicht auf eine einzelne bestimmte Instanz, sondern auf alle Instanzen und hat deshalb mit Recht seine Stellung unter den allgemeinen Bestimmungen über das Verfahren. Hieraus folgt indes nichts für die Frage, was unter einer Vertretung durch einen Prozeßbevollmächtigten im Sinne des § 246 zu verstehen ist. Auch der § 244 steht unter den allgemeinen Bestimmungen über das Verfahren, und doch beschränkt sich seine Anwendbarkeit unverkennbar auf den Anwalt derjenigen Instanz, in der das Verfahren anhängig ist.

Der allgemeinen Bedeutung einer auf alle Instanzen anwendbaren Vorschrift entspricht die allgemeine Ausdrucksweise des § 246 Abs. 1 „eine Vertretung durch einen Prozeßbevollmächtigten", zumal § 84 die Vertretung durch mehrere Prozeßbevollmächtigte zuläßt. Die nähere Bestimmung, in welchem Sinne der allgemeine Wortlaut je nach Verschiedenheit der Instanz zu verstehen ist, ergibt sich aus dem Grunde und Zwecke, sowie aus dem sonstigen Inhalte des Gesetzes, seiner Entstehungsgeschichte und aus den allgemeinen Grundsätzen über das Verfahren.

Daß im § 246 Abs. 1 lediglich an die Vertretung durch einen Prozeßbevollmächtigten der betreffenden Instanz gedacht ist, erhellt klar aus § 246 Abs. 2, wonach in den Fällen des Todes und der Nacherbfolge der die Ladung zur Aufnahme des Verfahrens enthaltende Schriftsatz auch dem Bevollmächtigten zuzustellen ist. Die hierin vorgeschriebene Zustellung der Ladung an den Bevollmächtigten wird in den Motiven zu § 215 des Entwurfs (§ 246 d. Ges.) damit begründet, daß erfahrungsgemäß in den meisten Fällen derselbe Prozeßbevollmächtigte beibehalten wird. Die Beibehaltung desselben Prozeßbevollmächtigten, die als die Regel gedacht ist, kann nur bezüglich des Prozeßbevollmächtigten derjenigen Instanz in Frage kommen, in der das Verfahren anhängig ist. Nur seine Ladung, nicht die eines Prozeßbevollmächtigten einer unteren Instanz, kann überhaupt einen Zweck haben. Zudem bestimmt § 176 ausdrücklich, daß Zustellungen, die in einem anhängigen Rechtsstreite geschehen sollen, an den für die Instanz bestellten Prozeßbevollmächtigten erfolgen müssen.

Die hier vertretene Auslegung des § 246 wird bestätigt durch die weiteren Ausführungen der Motive zum § 215 des Entwurfs, welche lauten:

> „Während in den Fällen der §§ 209, 211" (jetzt §§ 239, 241 d. Ges.) „die Partei dem Gegner unvertreten und unverteidigt gegenüberstehen würde, falls keine Unterbrechung des Verfahrens einträte, läßt sich dies nicht sagen, wenn ein Prozeßbevollmächtigter bestellt war. Die Vollmacht wird weder durch den Tod des Vollmachtgebers noch durch eine Veränderung in betreff seiner Prozeßfähigkeit oder seiner gesetzlichen Vertretung aufgehoben (§ 80). Der Bevollmächtigte bleibt zur Fortführung des Rechtsstreits berechtigt und verpflichtet. Gleichwohl bleibt die Veränderung, welche in der Person einer Partei durch Tod usw. eintritt, ein folgenschweres Ereignis, selbst wenn nicht Handlungen in Frage stehen, die nur persönlich von dem Vollmachtgeber ausgerichtet werden können. Wie einerseits die Vorschrift des § 80" (§ 86 d. Ges.) „nicht soweit gehen kann, den Bevollmächtigten ein für allemal zur Fortführung des Prozesses für verbunden zu erklären und ihm die Befugnis zur Kündigung des Mandats zu entziehen, so muß dem Bevollmächtigten auch die Möglichkeit gewahrt bleiben, den Prozeß nicht eher fortzusetzen, als bis er die neue Vollmacht und die nötige Instruktion von dem ihm zur Zeit vielleicht noch nicht einmal bekannten Rechtsnachfolger seines Mandanten erhalten hat. Ohne eine Unterbrechung ipso facto zu statuieren, hat der Entwurf deshalb die anzuordnende Aussetzung des Verfahrens auf den Antrag des Bevollmächtigten gestellt. Das Gericht ist verpflichtet, demselben stattzugeben."

Nach einem Blicke auf andere Zivilprozeßgesetzgebungen wird dann noch weiter bemerkt:

„Es ist jedoch nicht einzusehen, warum die Unterbrechung auch dann statthaben soll, wenn der Bevollmächtigte zur Fortführung gewillt und gehörig informiert ist. Die Rücksicht auf den Gegner ... erfordert nur so viel, daß, wie der Entwurf im Falle des Todes getan, ihm unabhängig von der Einwilligung des Bevollmächtigten das gleiche Recht eingeräumt wird, die Aussetzung des Verfahrens zu verlangen."

Hahn, Materialien zur Zivilprozeßordnung S. 249—251.

Diese Ausführungen der Motive, die in den späteren Stadien der Beratung keinen Widerspruch gefunden haben, finden ihre natürliche Erklärung einzig und allein in ihrer Beziehung auf den Prozeßbevollmächtigten derjenigen Instanz, in der das Verfahren schwebt und noch fortgesetzt werden kann. Insbesondere gilt dies von den Ausdrücken: Fortführung des Prozesses, Kündigung des Mandats, Einholung einer neuen Vollmacht und der nötigen Instruktion.

Zu demselben Ergebnis führt der Zusammenhang zwischen den §§ 78 und 246 ZPO. Das Zivilprozeßverfahren ist auf der Abstufung des Rechtsstreits in verschiedene Instanzen und auf der Lokalisierung der Rechtsanwaltschaft aufgebaut. Dieser Gestaltung des Verfahrens entsprechend stellt der § 78 an der Spitze der Bestimmungen den Grundsatz auf:

„Vor den Landgerichten und vor allen Gerichten höherer Instanz müssen die Parteien sich durch einen bei dem Prozeßgerichte zugelassenen Rechtsanwalt als Bevollmächtigten vertreten lassen (Anwaltsprozeß)."

Mit diesem Grundsatze würde § 246 ZPO. nicht im Einklange stehen, wenn er unter einer Vertretung durch einen Prozeßbevollmächtigten unterschiedslos jeden Prozeßbevollmächtigten verstände, ohne Rücksicht darauf, ob dieser zur Vertretung bei dem Prozeßgerichte zugelassen wäre oder nicht. Für eine derartige Abweichung von dem Grundprinzipe des Verfahrens müßte ein bestimmter Grund erkennbar gemacht sein. Hieran fehlt es nicht bloß, vielmehr sprechen alle die angeführten Gründe und Motive dagegen."

RGZ. 75, 363

Unter welchen Voraussetzungen ist der Nacherbe zur Aufnahme des durch den Tod des Vorerben unterbrochenen Verfahrens verpflichtet?

ZPO. §§ 239, 242, 326 Abs. 2.

IV. Zivilsenat. Urt. v. 9. März 1911.

I. Landgericht Görlitz. II. Oberlandesgericht Breslau.

Der Kläger stritt in seiner Eigenschaft als Testamentsvollstrecker des mütterlichen Nachlasses mit dem Beklagten, seinem Bruder und Miterben, darüber, welche Vorempfänge sich der Beklagte bei der Verteilung des Nachlasses auf seinen Erbteil anrechnen zu lassen habe. Das Landgericht erklärte ihn mit 134 006,67 M. für anrechnungspflichtig. Das Oberlandesgericht wies seine Berufung mit der Maßgabe zurück, daß der Kläger dem Beklagten 117 006,57 M. als Ausgleich und 17 000 M. als Forderung an ihn anrechnen dürfe.

Der Beklagte legte Revision ein, verstarb aber nach Eröffnung der Revisionsinstanz. Seine Kinder, Ernst W. und Gertrud W., die zugleich als Nacherben auf den jetzt streitigen Erbteil ihres Vaters berufen waren, schlugen die väterliche Erbschaft in ihrer Eigenschaft als gesetzliche Erben aus. *Der Rechtsanwalt A. wurde hierfür als Nachlaßpfleger bestellt.* Der Kläger beantragte, die Nacherben als zur Aufnahme des Rechtsstreits für verpflichtet zu erklären; diese, vertreten durch den bisherigen Prozeßbevollmächtigten ihres Vaters, verlangten Zurückweisung des Antrags. Das Reichsgericht gab durch Zwischenurteil dem Antrage statt.

Gründe:

„Der mit § 326 Abs. 2 im engsten Zusammenhange stehende § 242 der ZPO. durchbricht den Grundsatz des § 239, wonach im Falle des Todes einer Partei ihre Rechtsnachfolger, im Streitfalle die gesetzlichen Erben des Vorerben, zur Aufnahme des Rechtsstreites verpflichtet sind. Obwohl der Nacherbe nicht Rechtsnachfolger des Vorerben, sondern des Erblassers ist, soll er dennoch, falls während des Rechtsstreites der Fall der Nachfolge eintritt, zur Aufnahme verpflichtet sein, wenn der Rechtsstreit „über einen der Nacherbfolge unterliegenden Gegenstand" geführt wird, und zwar über einen Gegenstand, „über den zu verfügen der Vorerbe ohne Zustimmung des Nacherben befugt war". Offensichtlich knüpft damit die Prozeßvorschrift an die Grundsätze des materiellen Rechts an, wonach der Vorerbe grundsätzlich frei und mit Wirkung auch gegenüber dem Nacherben über die zur Erbschaft gehörenden Gegenstände verfügen darf (§ 2112 BGB.), während in den besonderen Fällen der §§ 2113 bis 2115 gewissen Verfügungen des Vorerben die Wirksamkeit gegenüber dem Nacherben abgesprochen ist. In diesen besonderen Fällen versagt konsequenterweise § 326 Abs. 2 ZPO. auch dem Urteile, das zwischen dem Vorerben und einem Dritten über einen der Verfügungsmacht des Vorerben nicht unterliegenden Gegenstand ergangen ist, die Wirkung gegen den Nacherben. Den Rechten des Nacherben kann mithin durch einen hierüber geführten Rechtsstreit niemals Eintrag geschehen, und deshalb wäre es nicht gerechtfertigt, ihn bei Wegfall des Vorerben an dessen Stelle zum Eintritt in den Rechtsstreit nötigen zu wollen. Anders, wenn es sich dabei um einen Gegenstand handelt, welcher der freien Verfügungsmacht des Vorerben unterliegt. Muß der Nacherbe jeden Verfügungsakt des Vorerben und somit auch den Ausgang eines hierüber geführten Rechtsstreites hinnehmen (§ 326 ZPO.), so ist er auch der Nächstbeteiligte, wenn der Vorerbe während des Laufes des Rechtsstreits aufhört, Erbe zu sein (§ 2139 BGB.) und damit sowohl die Verfügungsmacht, als die Prozeßlegitimation verliert und wenn der Nacherbe infolge Anfalls der Erbschaft nunmehr deren alleiniger und unbeschränkt verfügungsberechtigter Herr geworden ist.

Diese auch den Gesetzesmaterialien zu entnehmenden Gesichtspunkte

vgl. § 1830 I. Entw. z. BGB., Mot. Bd. 5 S. 117 flg., Protokolle der zweiten Kommission Bd. 5 S. 130, XIV. Bd. 6 S. 661/662, 664 c, §§ 219 a und 293 d der Novelle zur ZPO. von 1898 und die hierzu gegebene Begründung

treffen insbesondere zu, wenn der Streit eine einzelne Sache oder ein Recht betrifft, die ein Aktivum des Nachlasses bilden, wie denn auch an zahlreichen Stellen des Bürgerlichen Gesetzbuches in diesem Sinne von Erbschafts- oder Nachlaßgegenständen, von zur Erbschaft gehörenden Sachen, Forderungen, Rechten oder von Erbschaftssachen die Rede ist. Je nach Art dieser Gegenstände ist dem Vorerben, wie die §§ 2112 flg. BGB. ergeben, hierüber die unbeschränkte oder bloß eine beschränkte, nach § 2120 an die Einwilligung des Nacherben geknüpfte Verfügungsmacht eingeräumt. Es wäre aber nicht gerechtfertigt, die Anwendbarkeit des § 242 ZPO. mit der herrschenden Meinung auf die Fälle der vom Vorerben über eigentlichen Nachlaßaktiven geführten Prozesse zu beschränken.

Im vorliegenden Falle wird darüber gestritten, ob der Vorerbe seinen Miterben gegenüber verpflichtet ist, bei Ermittelung seines Erbteils sich gewisse Vorempfänge und einen der Erblasserin als Darlehn geschuldeten Betrag anrechnen zu lassen. Der Streit betrifft also nicht ein eigentliches Aktivum des Nachlasses, sondern den Umfang des Erbteils selbst, das Bestehen einer Schuld des Vorerben an den Nachlaß und die Frage, wie es bei Gelegenheit der Auseinandersetzung mit deren Tilgung gehalten werden soll. Es mag sein, daß die Entscheidung über diese Fragen, zum mindesten über die Höhe des zunächst dem Vorerben und nunmehr ihnen selbst anfallenden Erbteils, für die Nacherben nicht verbindlich wäre, wenn der Rechtsstreit ohne ihre Beteiligung mit den Erben des Vorerben, zur Zeit vertreten durch den Nachlaßpfleger, zu Ende geführt würde. Es kann sogar zugegeben werden, daß die Erben des Vorerben an der Frage, ob eine Darlehnsschuld ihres Erblassers an dem mütterlichen Nachlasse besteht, nicht unwesentlich interessiert sind und daß die Frage des Umfangs des Erbteils sowohl bezüglich des Umfangs ihrer Herausgabepflicht gegenüber den Nacherben (§ 2130), als auch bezüglich des Umfangs der ihrem Erblasser vom Nachlasse gebührenden Nutzungen (§§ 2111 Abs. 1, 2038 Abs. 2) für sie nicht ohne Bedeutung ist. Allein erstens ist nicht zu bezweifeln, daß der Vorerbe über die Erbschaft oder den Erbteil, wenn auch unbeschadet der Sukzessionsrechte des Nacherben, ohne dessen Zustimmung frei verfügen, sich in der Eigenschaft als Miterbe an der Erbauseinandersetzung beteiligen und die Teilung selbst in Vollzug setzen kann, soweit nicht hierzu einzelne Verfügungsakte notwendig werden, bezüglich deren er nach §§ 2113—2115 verb. mit § 2120 der Einwilligung des Nacherben bedarf. Vor allem aber zwingt § 242 ZPO. nicht dazu, unter einem „der Nacherbfolge unterliegenden Gegenstand" nur Gegenstände im Sinne von einzelnen zur Erbschaft gehörenden Sachen oder Rechten, also von Aktivposten der Erbschaft, zu verstehen. Der Wortlaut bietet kein Hindernis, in einem weiteren Sinne hierunter auch den der Nacherbfolge unterliegenden Streitgegenstand zu verstehen. Gerade das Erbrecht, hier der Anteil an der Erbschaft, ist der eigentliche Gegenstand der Vor- wie der Nacherbfolge, gerade über den Umfang dieses Erbteils ist bisher im Prozesse gestritten worden, gerade die Nacherben sind an der richterlichen Entscheidung hierüber, wenn nicht ausschließlich, so doch in vorderster Reihe beteiligt. Es würde zu einer zwecklosen Häufung von Prozessen führen, wenn der durch den Eintritt der Nacherbfolge unterbrochene Prozeß formell nur mit den gesetzlichen Erben des Vorerben zu Ende zu führen wäre, der eigentliche Streitgegenstand aber materiell in einem neuen Prozesse zwischen dem Testamentsvollstrecker und den Nacherben zur Erledigung gebracht werden müßte. Demgemäß waren dem klägerischen Antrage entsprechend die Nacherben zur Aufnahme des Rechtsstreites für verpflichtet zu erklären."

RGZ. 103, 334

1. Ist das in der Berufungsinstanz gegen eine Partei nach Wegfall ihres zweitinstanzlichen Prozeßbevollmächtigten erlassene Versäumnisurteil an die Partei selbst oder an ihren erstinstanzlichen Prozeßbevollmächtigten zuzustellen?

2. Hat die Nichtausübung des Rügerechts gemäß § 295 ZPO. dessen Verlust zur Folge, wenn ein Verzichtwille erweislich ausgeschlossen war?

3. Kann auf die Rüge eines wesentlichen Mangels der Zustellung eines Versäumnisurteils verzichtet werden?

4. Sind im Falle des § 244 Abs. 2 Satz 1 ZPO. die Vorschriften der §§ 174 Abs. 2, 175 ZPO. anwendbar?

IV. Zivilsenat. Urt. v. 30. Mai 1921.

I. Landgericht Breslau. II. Oberlandesgericht daselbst.

Der Kläger, ein Kaufmann aus Czernowitz, der während des Krieges in Wien wohnte, erhob im Jahre 1916 bei dem Landgericht in B. gegen die Beklagte eine Klage auf Zahlung von 14 592 M. nebst Zinsen aus ungerechtfertigter Bereicherung. Das Landgericht wies die Klage durch Urteil vom 23. Oktober 1917 ab. Der Kläger legte durch den Rechtsanwalt Dr. S. in B. Berufung ein. Nachdem in der Berufungsinstanz Beweisaufnahme stattgefunden hatte, wurde das Verfahren dadurch unterbrochen, daß der Rechtanwalt Dr. S. in der Liste der beim Oberlandesgericht B. zugelassenen Rechtanwälte gelöscht wurde. Die Beklagte lud darauf den

Kläger in Person zur Verhandlung der Hauptsache zu dem vom Vorsitzenden auf den 15. Mai 1920 anberaumten Termin mit der Aufforderung, einen beim Oberlandesgericht in B. zugelassenen Rechtsanwalt zu seiner Vertretung zu bestellen. In diesem Termin erschien für den Kläger niemand; die Beklagte wies nach, daß die Ladung an den Kläger persönlich unter dessen bisheriger Adresse Wien, Hahngasse 34, vom Gerichtsvollzieher am 23. April 1920 als Einschreibebrief zur Post gegeben sei, und das Oberlandesgericht erkannte gemäß dem Antrage der Beklagten durch Versäumnisurteil auf Zurückweisung der Berufung. Eine Ausfertigung dieses Versäumnisurteils wurde zwecks Zustellung an den Kläger am 31. Mai 1920 im Auftrage der Beklagten durch den Gerichtsvollzieher unter der gleichen Adresse wie die vorausgegangene Ladung als Einschreibesendung zur Post gegeben. Gegen das Versäumnisurteil legte der Geh. Justizrat Dr. H. namens des Klägers am 23. Juli 1920 Einspruch ein, indem er gleichzeitig die Wiedereinsetzung in den vorigen Stand gegen den Ablauf der Einspruchsfrist beantragte und zur Begründung dieses Antrags geltend machte, daß der Kläger, der im Dezember 1919 wieder nach Czernowitz übergesiedelt sei, weder von der Löschung seines Prozeßbevollmächtigten, noch von der Ladung zum Termin am 15. Mai 1920, noch von dem Erlaß des Versäumnisurteils Kenntnis erlangt habe, daß diese Tatsachen vielmehr erst am 21. Juli 1920 von dem neuen Prozeßbevollmächtigten auf Nachfrage im Bureau des Anwalts der Gegenpartei in Erfahrung gebracht seien. Das Oberlandesgericht verwarf den Einspruch des Klägers unter Versagung der erbetenen Wiedereinsetzung als unzulässig. Die Revision hatte Erfolg.

Aus den Gründen:

Das Berufungsgericht nimmt an, das Versäumnisurteil vom 15. Mai 1920 sei gemäß § 175 ZPO. mit der am 31. Mai 1920 erfolgten Aufgabe zur Post als an den Kläger zugestellt anzusehen, die Einspruchsfrist daher mit dem 14. Juni 1920 abgelaufen und der erst am 23. Juli 1920 eingelegte Einspruch verspätet gewesen. Ein Wiedereinsetzungsgrund liege nicht vor, da die angebliche Unkenntnis des Klägers von Zustellung des Versäumnisurteils, auch wenn das Vorbringen des Klägers als richtig unterstellt werde, keine unverschuldete gewesen wäre, es übrigens auch an ausreichender Glaubhaftmachung für die Behauptungen des Klägers fehle. Die Revision bekämpft lediglich die Annahme, daß eine wirkliche Zustellung des Versäumnisurteils an den Kläger stattgefunden habe, da dieses Urteil dem für die erste Instanz bestellten Prozeßbevollmächtigten des Klägers habe zugestellt werden müssen, was nicht geschehen sei. Die Rüge ist begründet.

Nach § 176 ZPO. müssen Zustellungen, welche in einem anhängigen Rechtsstreite geschehen sollen, an den für die Instanz bestellten Prozeßbevollmächtigten erfolgen. Bei dieser Vorschrift ist jedoch der regelmäßige Fall vorausgesetzt, daß die Partei für jede Instanz einen Prozeßbevollmächtigten bestellt. Für diesen Fall soll durch die §§ 176, 178 geregelt werden, an welchen der mehreren Prozeßbevollmächtigten die einzelnen Zustellungen zu geschehen haben. Dagegen hat die Ermächtigung des für die untere Instanz bestellten Prozeßbevollmächtigten zur Entgegennahme von Zustellungen dann nicht auf den Rahmen der unteren Instanz beschränkt werden sollen, wenn für die höhere Instanz kein Prozeßbevollmächtigter vorhanden ist. Die Zivilprozeßordnung steht, wie in den Motiven zu den §§ 155 flg. des Entwurfs (jetzt §§ 176, 178) bemerkt ist, auf dem Standpunkte, daß Zustellungen nach eingetretener Abhängigkeit des Rechtsstreits nicht mehr an die Partei selbst, sondern nur an deren Prozeßbevollmächtigten, wenn ein solcher bestellt sei, zu erfolgen hätten, weil die Partei durch Erteilung der Prozeßvollmacht sich des eigenen Prozeßbetriebes begeben habe. Hieraus in Verbindung mit den Vorschriften des § 81 ZPO. über den Umfang der Prozeßvollmacht und des § 210 a ZPO. über die Zustellung von Rechtsmittelschriften ist vom Reichsgericht in ständiger Rechtsprechung gefolgert werden, daß die Vollmacht des Prozeßbevollmächtigten der unteren Instanz keineswegs mit Erlaß und Zustellung des Endurteils erlischt, vielmehr auch weiterhin noch wirksam ist und nur so weit und so lange außer Kraft bleibt, als die Prozeßtätigkeit eines für die höhere Instanz bestellten Prozeßbevollmächtigten Platz greift, und daß deshalb, wenn die Partei einen Prozeßbevollmächtigten nur für die untere Instanz bestellt hat, das in der höheren Instanz ergangene Versäumnisurteil an diesen und nicht an die Partei persönlich zuzustellen ist (RGZ. Bd. 8 S. 425, Bd. 9 S. 329; Urt. vom 24. Juni 1918 VI 105/18). Nach den Erwägungen, auf denen diese Rechtsprechung beruht, kann es aber keinen Unterschied machen, ob die Partei für die höhere Instanz überhaupt keinen Prozeßbevollmächtigten bestellt hat, oder ob der bestellte Prozeßbevollmächtigte der höheren Instanz weggefallen und an seine Stelle kein neuer Bevollmächtigter getreten ist. Denn mit dem Wegfall des Prozeßbevollmächtigten höherer Instanz ist auch die durch seine Bestellung herbeigeführte Suspension der Vollmacht des Prozeßbevollmächtigten der unteren Instanz in Wegfall gekommen und dieser auch zum Prozeßbetrieb in der höheren Instanz im Rahmen des § 81 ZPO. als voll ermächtigt anzusehen.

Hiernach hätte das Versäumnisurteil vom 15. Mai 1920, solange der Kläger an Stelle des durch Löschung in der Liste der Rechtsanwälte zur Fortführung der Vertretung unfähig gewordenen Rechtsanwalts Dr. S. keinen neuen Prozeßbevollmächtigten für die Berufungsinstanz bestellt hatte, dem Rechtsanwalt Dr. L. in B. als dem erstinstanzlichen Prozeßbevollmächtigten des Klägers zugestellt werden müssen. Die Beklagte kann sich für die Zulässigkeit des von ihr eingeschlagenen Verfahrens weder auf die §§ 174 Abs. 2, 175 noch auf § 244 Abs. 2 ZPO. berufen. Eine Verpflichtung des Klägers, einen Zustellungsbevollmächtigten gemäß § 174 Abs. 2 zu benennen, bestand nicht, weil er einen am Sitze des Prozeßgerichts wohnenden Prozeßbevollmächtigten, den Rechtsanwalt L. bestellt hatte, der trotz seiner Bestellung für die erste Instanz zur Empfangnahme aller Zustellungen in der Berufungsinstanz berechtigt war, solange kein Prozeßbevollmächtigter für die Berufungsinstanz vorhanden war. Die Vorschriften des § 244 Abs. 2 ZPO. enthalten in Satz 1 eine Ausnahme von dem allgemeinen Grundsatze, daß Zustellungen beim Vorhandensein eines Prozeßbevollmächtigten an diesen und nicht an die Partei persönlich zu bewirken sind. Dort ist bestimmt, daß in dem gesetzten Falle die Ladung zur Verhandlung oder die Aufforderung zur Bestellung eines neuen Anwalts binnen bestimmter Frist an die Partei selbst zu richten ist. Da diese Vorschrift schlechthin und ohne Unterscheidung, ob der Wegfall des Prozeßbevollmächtigten in der unteren oder einer höheren Instanz erfolgt, zur Anwendung kommen muß, so folgt daraus, daß die dort behandelte Ladung oder Aufforderung auch beim Vorhandensein eines für die untere Instanz bestellten Prozeßbevollmächtigten nur wirksam ist, wenn sie der Partei persönlich zugestellt wird (JW. 1905 S. 178 Nr. 22). Das gilt aber auch für die Zustellung des in Satz 1 bezeichneten, die Aufnahme des Verfahrens betreibenden Schriftsatzes, nicht auch für die folgenden in dem aufgenommenen Verfahren zu bewirkenden Zustellungen, für die es bei der allgemeinen Regel verbleibt, daß sie, solange kein neuer Prozeßbevollmächtigter der höheren Instanz bestellt ist, an den für die untere Instanz bestellten Prozeßbevollmächtigten zu geschehen haben. Die Vorschriften von Satz 2 und 4 des § 244 Abs. 2 beziehen sich ihrem klaren Wortlaut nach nur auf den Fall, daß die Aufnahme des Verfahrens auf dem in Satz 1 zugelassenen zweiten Wege durch die Aufforderung zur Bestellung eines neuen Anwalts binnen der vom Vorsitzenden bestimmten Frist betrieben wird. Bei dem gegenwärtig von der Beklagten eingeschlagenen Wege, daß der Gegner zur Verhandlung der Hauptsache geladen ist, kommen die Vorschriften von Satz 2 und 3 nicht zur Anwendung.

Die an den Kläger persönlich erfolgte Zustellung des Versäumnisurteils vom 15. Mai 1920 war hiernach unwirksam und nicht geeignet, die Einspruchsfrist in Lauf zu setzen. Da eine Zustellung des Versäumnisurteils an den Prozeßbevollmächtigten des Klägers bis zur Einlegung des Einspruchs überhaupt nicht bewirkt worden war, war auch in diesem Zeitpunkte die Einspruchsfrist noch nicht abgelaufen, der Einspruch also nicht verspätet. Daß der Einspruch auch vor der Zustellung des Versäumnisurteils wirksam eingelegt werden darf, ist in feststehender Rechtsprechung anerkannt.

Die Revisionsbeklagte macht geltend, der Kläger habe das Recht, sich auf die Unwirksamkeit der an ihn persönlich vorgenommenen Zustellung des Versäumnisurteils zu berufen, nach § 295 ZPO. durch Unterlassung einer darauf gerichteten Rüge in der Berufungsinstanz verloren. Das ist unrichtig. Allerdings hat der Kläger in der Berufungsinstanz die Unwirksamkeit der Zustellung nicht ausdrücklich geltend gemacht, vielmehr bei der Einlegung des Einspruchs die Wiedereinsetzung gegen den Ablauf der Einspruchsfrist nachgesucht und damit zu erkennen gegeben, daß er die Zustellung vom 31. Mai 1920 zur Inlaufsetzung der Einspruchsfrist für geeignet ansah. Wenn aber hiernach auch der der Zustellung des Versäumnisurteils anhaftende Mangel bei der mündlichen Verhandlung über die Zulässigkeit des Einspruchs vom Kläger nicht gerügt worden ist, so folgt doch daraus nicht, daß der Mangel nach § 295 als geheilt gelten müßte. § 295 stellt den Grundsatz auf, daß der von einer Partei erklärte Verzicht auf Befolgung einer *an sich verzichtbaren Verfahrensvorschrift* bindend sei und eine spätere Rüge der Verletzung der Vorschrift ausschließe. Wenn dem Verzichte der Partei die Nichtausübung des Rügerechts bei der nächsten mündlichen Verhandlung gleichgestellt ist, so erklärt sich das damit, daß der Verzicht nicht ausdrücklich erklärt zu werden braucht und daß die Nichtausübung des Rügerechts in der Regel einen stillschweigenden Verzicht enthalten wird. Daraus folgt, daß der Nichtausübung des Rügerechts die gleiche Wirkung wie einem ausdrücklichen Verzichte nicht beigelegt werden darf, wenn sich aus den Umständen ergibt, daß ein Verzichtwille der Partei ausgeschlossen gewesen ist (JW. 1899 S. 742 Nr. 9). Das ist aber im gegenwärtigen Falle ohne weiteres anzunehmen. Es muß als ausgeschlossen gelten, daß der Kläger, der durch seinen Wiedereinsetzungsantrag bemüht war, sich gegen den ihm aus der am 31. Mai 1920 vorgenommenen Zustellung des Versäumnisurteils drohenden Nachteil zu schützen, den Willen gehabt haben könnte, auf das Recht, die Unwirksamkeit dieser Zustellung zu rügen, zu verzichten. Aber ganz abgesehen hiervon steht der Annahme der Revisionsbeklagten die Vorschrift des § 295 Abs. 2 entgegen, nach der die Bestimmung des Abs. 1 nicht zur Anwendung kommt, wenn Vorschriften verletzt sind, auf deren Befolgung eine Partei wirksam nicht verzichten kann. Das Reichsgericht hat bereits oft ausgesprochen, daß ein wesentlicher Mangel der Zustellung bei der Einlegung eines Rechtsmittels durch Verzicht nicht heilbar ist (RGZ. Bd. 15 S. 373, Bd. 30 S. 389, Bd. 99 S. 140; JW. 1902 S. 182 Nr. 6; Gruchot Bd. 38 S. 1220, Bd. 60 S. 1031). Diese auf § 224 ZPO. gestützte Ansicht, an der festzuhalten ist, muß dazu führen, auch einen Mangel bei der Zustellung eines Versäumnisurteils für unverzichtbar zu erklären, wenn es sich um die Frage der Rechtzeitigkeit des Einspruchs handelt. Nach § 339 ist die Einspruchsfrist eine Notfrist und beginnt mit der Zustellung des Versäumnisurteils. Sie kann daher nach § 224 Abs. 1 durch Vereinbarung der Parteien weder verlängert noch abgekürzt werden, und deshalb kann ihr Lauf nicht vor der Zustellung des Versäumnisurteils beginnen. Die Prüfung der Zustellung des Versäumnisurteils gehört daher zu der nach § 341 dem Gericht von Amts wegen obliegenden Prüfung, ob der Einspruch in der gesetzlichen Frist eingelegt ist. Als wirksam kann aber die Zustellung nur angesehen werden, wenn dabei die gesetzlichen Vorschriften beobachtet sind. Die Zulassung einer Heilung von Mängeln der Urteilszustellung auf Grund des § 295 Abs. 1 würde eine Abkürzung der Einspruchsfrist im Wege der Parteivereinbarung bedeuten, die nach § 224 Abs. 1 unzulässig ist und daher auch der Vorschrift des § 295 Abs. 2 widerspricht. Die Zustellung des Urteils an die Partei selbst anstatt an ihren Prozeßbevollmächtigten ist aber ein Verstoß gegen die zwingende Vorschrift des § 176, der die Unwirksamkeit der Zustellung zur Folge hat, den Beginn des Laufes der Einspruchsfrist ausschließt und von Amts wegen zu berücksichtigen ist.

Das angefochtene Urteil ist hiernach aufzuheben, der Einspruch des Klägers gegen das Versäumnisurteil vom 15. Mai 1920 für zulässig zu erklären und die Sache gemäß §§ 565, 538 Nr. 1 ZPO. an das Berufungsgericht zur weiteren sachlichen Verhandlung und Entscheidung zurückzuverweisen. Bei der gemäß § 344 vorzunehmenden Prüfung, ob das Versäumnisurteil vom 15. Mai 1920 in gesetzlicher Weise ergangen ist, wird zu prüfen sein, ob der Kläger zu dem Termin vom 15. Mai 1920 vorschriftsmäßig geladen war. Die Zustellung der an ihn gemäß § 244 Abs. 2 Satz 1 ZPO. ergangenen Ladung mußte, wie bereits ausgeführt, an ihn selbst erfolgen. Indem § 244 Abs. 2 Satz 1 für den dort gesetzten Fall die Zustellung ohne Einschränkung an die Partei selbst vorschreibt, schließt er die Zustellung an einen gemäß § 174 etwa bestellten Zustellungsbevollmächtigten aus. Die Vorschriften der §§ 174 Abs. 2, 175, wonach bei dem Mangel eines im Bezirk des Prozeßgerichts wohnhaften Zustellungsbevollmächtigten alle an eine im Ausland wohnende Partei bewirkenden Zustellungen durch Aufgabe zur Post geschehen können, kommen daher gegenüber der in § 244 Abs. 2 Satz 1 enthaltenen Sondervorschrift nicht zur Anwendung. Demgemäß mußte die Zustellung der gemäß § 244 Abs. 2 Satz 1 ergehenden Ladung an den in Oesterreich wohnenden Kläger durch Ersuchen der zuständigen Behörde oder, wenn der Kläger seinen Wohnsitz in Czernowitz hatte, nach den für dort zu bewirkende Zustellungen maßgebenden Vorschriften geschehen (JW. 1905 S. 178 Nr. 22). Auf Grund einer gemäß § 175 geschehenen Zustellung der Ladung hätte beim Ausbleiben des Klägers ein Versäumnisurteil gegen ihn nicht erlassen werden dürfen.

RGZ. 109, 47

Ist die Frau zur Fortführung des Rechtsstreites befugt, in dem der verstorbene Mann ein zum eingebrachten Gut gehörendes Recht der Frau im eigenen Namen geltend gemacht hat?

§§ 239, 265 ZPO. § 1380 BGB.

V. Zivilsenat. Urt. v. 4. Oktober 1924.

I. Landgericht III Berlin. II. Kammergericht daselbst.

Die Frage wurde bejaht aus folgenden

Gründen:

Durch den nach Einlegung der Revision eingetretenen Tod des Klägers ist, da er für die Revisionsinstanz noch keinen Prozeßbevollmächtigten bestellt hatte, gemäß §§ 239, 246 ZPO. eine Unterbrechung des Verfahrens eingetreten (RGZ. Bd. 71 S. 155). Die Ehefrau des verstorbenen Klägers hat in der mündlichen Verhandlung vom 4. Oktober 1924 den anwesenden Beklagten gegenüber die Erklärung abgegeben, daß sie das Verfahren als Rechtsnachfolgerin *ihres Ehemannes aufnehme, und zwar nicht in ihrer* Eigenschaft als Miterbin nach dem von ihr und ihrer Tochter beerbten Ehemanne, sondern als Inhaberin des mit der Klage geltend gemachten Rechtes. Gegen die Wirksamkeit der in der mündlichen Verhandlung abgegebenen Aufnahmeerklärung bestehen in prozessualer Hinsicht keine Bedenken (RGZ. Bd. 52 S. 347, Bd. 78 S. 344, Bd. 86 S. 240). Fraglich kann nur sein, ob die Witwe in der von ihr angegebenen Eigenschaft als Rechtsnachfolgerin ihres verstorbenen Ehemannes im Sinne des § 239 ZPO. anzusehen ist. Das ist indessen zu bejahen. Das Reichsgericht hat in ständiger Rechtsprechung angenommen, daß der Ausdruck „Rechtsnachfolger" in § 265 ZPO., der den Fall einer während des Rechtsstreits erfolgenden Veräußerung der im Streit befangenen Sache oder des geltend gemachten Anspruchs behandelt, im weitesten Sinne zu verstehen ist und jeden Inhaber des Rechts, das vorher der Kläger oder der Beklagte inne hatte, umfaßt ohne Rücksicht auf die Art der Veräußerung, durch die das Recht erlangt ist, gleichviel ob es auf dem Wege der Ableitung von dem Rechte des Vorgängers oder in originärer Weise, ob es durch freiwilligen Rechtsakt oder durch Zwangsvollstreckung oder Enteignung erworben ist (RGZ. Bd. 40 S. 339, Bd. 53 S. 10, Bd. 56 S. 244, Bd. 82 S. 38, Bd. 89 S. 80). In gleichem Sinne ist der Begriff der Rechtsnachfolge im § 239 ZPO. mit Rücksicht darauf, daß die unnütze, mit Kosten und Zeitverlust verbundene Vervielfältigung von Rechtsstreitigkeiten vermieden werden muß, vom Reichsgericht aufgefaßt und ausgesprochen worden, es komme nicht darauf an, daß der Eintritt in die Rechtsstellung der verstorbenen Partei auf Grund eines Rechtes erfolgt sei, das die bisherige Partei gehabt hat, oder das aus dem Rechte der bisherigen Partei abgeleitet wird, sondern lediglich darauf, daß der Eintretende infolge des Todes der bisherigen Partei deren Rechtsstellung erlangt hat (Warn. 1916 Nr. 91), daß demnach zu den Rechtsnachfolgern im Sinne des § 239 ZPO. nicht nur Gesamtrechtsnachfolger gehören, sondern auch Sonderrechtsnachfolger, die infolge des Todes in das Recht oder die Pflicht des Verstorbenen eintreten (RGZ. Bd. 26 S. 141, Bd. 31 S. 334, Bd. 34 S. 427).

Der Ehemann G. hat mit der vorliegenden Klage auf Grund des § 1380 BGB., der den im gesetzlichen Güterstande lebenden Ehemann für berechtigt erklärt, ein zum eingebrachten Gute gehörendes Recht der Frau im eigenen Namen gerichtlich geltend zu machen, auf Feststellung der

Nichtigkeit des von seiner Ehefrau abgeschlossenen Grundstückskaufvertrags geklagt. Der Ehefrau stand die Klagebefugnis in Ansehung des geltend gemachten Rechtes während des Bestehens des ehemännlichen Verwaltungs- und Nutznießungsrechts nach § 1400 Abs. 2 BGB. nur mit Zustimmung des Mannes zu. Mit dem Tode des Ehemannes und dem damit eintretenden Wegfall seines Verwaltungsrechts am Frauenvermögen ist die aus diesem Recht sich ergebende Beschränkung der Klagebefugnis erloschen und hat die Frau die freie, unbeschränkte Klagebefugnis erlangt. Der Tod des Mannes hat demnach zur Folge, daß die bis dahin dem Manne zustehende Befugnis zur gerichtlichen Geltendmachung des Rechtes der Frau auf diese selbst übergegangen ist, daß sie insoweit ein bis dahin dem Manne zustehendes Recht erlangt hat. Sie ist daher insoweit als Rechtsnachfolgerin des Mannes in dem oben dargelegten Sinne des § 239 ZPO. und daher zur Fortführung des ihr Vermögen betreffenden Rechtsstreits als befugt anzusehen. Diese Auffassung steht nicht im Widerspruch mit dem Standpunkt, den das Reichsgericht in den Urteilen RGZ. Bd. 58 S. 38 und JW. 1915 S. 1011 Nr. 18 eingenommen hat. Bei den diesen beiden Entscheidungen zugrunde liegenden Tatbeständen handelte es sich um einen von dem vorliegenden wesentlich verschiedenen Sachverhalt. Dort hatte die Frau ohne Zustimmung des Mannes in Ansehung von Gegenständen des eingebrachten Gutes vertragliche Verpflichtungen übernommen, die gemäß §§ 1395, 1396 BGB. dem Manne gegenüber unwirksam waren und sein Recht zum Besitz dieser Gegenstände aus § 1373 BGB. unberührt ließen. Das Reichsgericht hat ausgesprochen, daß dieses aus dem ehemännlichen Verwaltungsrecht folgende Recht zum Besitz der betreffenden Gegenstände, das der Mann den Vertragsgegnern der Frau gegenüber mit Erfolg geltend machen konnte, mit seinem Tode erloschen sei, da die ehemännlichen Verwaltungs- und Nutznießungsrechte höchstpersönlicher Natur seien. Es handelte sich also damals um die Geltendmachung persönlicher Rechte des Mannes im Gegensatz zu den mit ihnen im Widerspruch stehenden Verfügungen der Frau. Anders verhält sich die Sache im Falle des § 1380 BGB. Hier bildet den Gegenstand des Rechtsstreits ein Recht der Frau, das der Mann im eigenen Namen geltend macht, das aber trotzdem immer ein Bestandteil des Vermögens der Frau bleibt und in seinem Bestande durch den Tod des Mannes oder den sonstigen Wegfall des seine Klagebefugnis begründenden Verwaltungs- und Nutznießungsrechts nicht berührt wird. Während im ersten Falle das im Rechtsstreit geltend gemachte Recht selbst mit dem Tode des Mannes erlischt, hat im zweiten Falle der Tod des Mannes nur das Erlöschen seiner Klagebefugnis und den Wegfall der Beschränkung der Klagebefugnis der Frau zur Folge, dagegen keinerlei Wirkung auf den Bestand des den Gegenstand des Rechtsstreits bildenden Rechtes. Daraus rechtfertigt sich die unterschiedliche Behandlung beider Fälle hinsichtlich der Frage, ob die Frau zur Fortführung des Rechtsstreits berechtigt ist. ...

RGZ. 130, 337

Ist der zwischen Verkündung des Urteils eines Landgerichts und Einlegung der Berufung gefaßte, aber erst nach dem letzteren Zeitpunkt zugestellte Beschluß, durch den das Landgericht die Aussetzung des Verfahrens wegen Todes einer Partei anordnet, für das Berufungsgericht so lange wirksam, als er nicht auf Beschwerde aufgehoben wird, oder ist er von vornherein unwirksam?

ZPO. §§ 246, 248, 249.

IV. Zivilsenat. Beschl. v. 13. November 1930.

I. Landgericht II Berlin. II. Kammergericht daselbst.

Die Frage wurde im letzteren Sinne entschieden aus folgenden

Gründen:

Die beiden Beklagten sind durch Urteil des Landgerichts vom 17. April 1930, das ihnen am 12. Mai 1930 zugestellt worden ist, zur Zahlung von 525 RM. verurteilt worden. Am 10. Juni 1930 zeigte ihr erstinstanzlicher Prozeßbevollmächtigter dem Landgericht an, daß der Zweitbeklagte B. am 23. Mai 1930 verstorben sei, und beantragte die Aussetzung des Verfahrens gegen diesen Beklagten. Das Landgericht entsprach diesem Antrag durch Beschluß vom 10. Juni 1930, der den erstinstanzlichen Prozeßbevollmächtigten der Parteien am 17. Juni 1930 zugestellt wurde. Schon vorher, nämlich am 12. Juni 1930, dem letzten Tage der Berufungsfrist, hatte der zweitinstanzliche Bevollmächtigte der beiden Beklagten Berufung für diese eingelegt. Der Vorsitzende des Berufungssenats bestimmte durch Verfügung vom 21., zugestellt am 26. Juni 1930, die Frist zum Nachweis der Zahlung der Prozeßgebühr bis zum 14. Juli 1930. Die Prozeßgebühr wurde innerhalb dieser Frist nicht gezahlt. Am 12. Juli 1930 ging beim Landgericht ein Schriftsatz des erstinstanzlichen Prozeßbevollmächtigten des verstorbenen Beklagten ein, worin der Anwalt erklärte, daß er das ausgesetzte Verfahren namens der Witwe und Alleinerbin dieses Beklagten aufnehme. Das gleiche erklärte der zweitinstanzliche Prozeßbevollmächtigte der beiden Beklagten in einem am 17. Juli 1930 dem Berufungsgericht zugegangenen Schriftsatz, in dem er gleichzeitig bat, der Witwe und Alleinerbin des Zweitbeklagten das Armenrecht zu bewilligen. Außerdem beantragte er am 22. Juli 1930 beim Berufungsgericht Wiedereinsetzung in den vorigen Stand für den Fall, daß die Nachweisfrist versäumt sein sollte.

Das Kammergericht hat durch Beschluß von 22. September 1930 unter Zurückweisung des Antrags auf Bewilligung des Armenrechts und auf Wiedereinsetzung in den vorigen Stand die Berufung beider Beklagten als unzulässig verworfen, weil die Aussetzung des Verfahrens durch das Landgericht für die Berufungsinstanz nicht wirksam geworden, die Nachweisfrist daher versäumt sei, auch kein Grund zur Wiedereinsetzung vorliege.

Die gegen diesen Beschluß gerichtete sofortige Beschwerde ist nicht begründet. (Es wird ausgeführt, daß die Beschwerde nur von der Zweitbeklagten erhoben ist, und fortgefahren:) Der Erfolg der Beschwerde hängt davon ab, ob der nach Einlegung der Berufung zugestellte Aussetzungsbeschluß des Landgerichts die Aussetzung des Verfahrens vor dem Berufungsgericht bewirkte und infolgedessen die während dieser Aussetzung erfolgte Bestimmung der Nachweisfrist unwirksam war, verneinendenfalls, ob der Wiedereinsetzungsantrag begründet ist.

Da eine Aussetzung des Verfahrens erst mit der Zustellung (oder Verkündung) des Aussetzungsbeschlusses eintritt, so konnte der Beschluß des Landgerichts, der am 17. Juni 1930 zugestellt ist, vorher überhaupt keine Wirkung äußern. Am 12. Juni aber war bereits Berufung eingelegt und damit das Berufungsgericht für einen Aussetzungsantrag zuständig geworden. Es ist zwar seit der Entscheidung der Vereinigten Zivilsenate in RGZ. Bd. 68 S. 247 ständige Rechtsprechung des Reichsgerichts, daß bis zur Einlegung eines Rechtsmittels das Gericht der unteren Instanz zuständig ist, die in § 246 ZPO. geregelte Aussetzung des Verfahrens zu beschließen. Es entspricht auch dieser Rechtsprechung, daß die Aussetzung ohne Wirkung bleibt, wenn der Beschluß, der sie anordnet, erst nach Ablauf der Rechtsmittelfrist zugestellt worden ist. Denn dann stünde der Wirksamkeit der Aussetzung die Rechtskraft des Urteils entgegen. Wäre also der Aussetzungsbeschluß des Landgerichts hier vor der Rechtsmitteleinlegung nicht nur erlassen, sondern auch zugestellt worden, so hätte er für die zweite Instanz Wirksamkeit erlangt und es hätten nicht nur alle Fristen zu laufen aufgehört (§ 249 Abs. 1 ZPO.), sondern es wären auch alle von einer Partei in Ansehung der Hauptsache vorgenommenen Prozeßhandlungen sowie alle Handlungen des Gerichts wirkungslos gewesen (§ 249 Abs. 2, 3 das.). Hier war aber das Landgericht im Zeitpunkt der Zustellung, auf den es allein ankommt, nicht mehr zuständig, die Aussetzung zu beschließen, da mittlerweile das Oberlandesgericht Prozeßgericht geworden war. Es fragt sich daher, ob die vom Landgericht als unzuständigem Gericht beschlossene Aussetzung für das zuständige Gericht, das Rechtsmittelgericht, wirksam war, solange der Aussetzungsbechluß nicht auf Beschwerde aufgehoben wurde (eine Ansicht, die im Schrifttum [vgl. Stein-Jonas § 248 Anm. 1; Baumbach § 248 Anm. 3] vertreten wird), oder ob sie von vornherein für das Rechtsmittelgericht unwirksam war.

Die Frage ist im letzteren Sinne zu beantworten (RG. in Seuff.Arch. Bd. 45 Nr. 276; RGZ. Bd. 60 S. 126 Anm. 1). Die Wirkung der Aussetzung des Verfahrens hat nur ein Beschluß, der in dem für seine Wirksamkeit maßgebenden Zeitpunkt der Zustellung oder Verkündung vom Prozeßgericht ausgeht (§§ 248, 249 ZPO.). Er wirkt daher im allgemeinen nur für die Instanz, in der er erlassen worden ist. Daß der Aussetzungsbeschluß eines Landgerichts für die Berufungsinstanz wirkt, ist als Ausnahme von der Regel nur dann der Fall, wenn die Aussetzung zwischen den Instanzen notwendig wird, wo es streng genommen an einem Prozeßgericht fehlt. Die erste Instanz ist nach aller Regel nicht mehr Prozeßgericht, die zweite noch nicht. Diese Lücke hat die Rechtsprechung ausgefüllt, indem sie bis zur Einlegung der Berufung das Landgericht als das bisherige Prozeßgericht für zuständig erklärt. Wird ein solcher landgerichtlicher Beschluß erst nach Einlegung der Berufung zugestellt, so bedeutet das einen Eingriff in die Zuständigkeit des Prozeßgerichts. Ihn will auch die Gegenmeinung nicht dulden. Sie meint nur, der Beschluß sei so lange wirksam, bis er auf Beschwerde des Gegners wegen Unzuständigkeit des Gerichts aufgehoben werde. Allein der von einem unzuständigen Gericht ausgehende Beschluß wirkt so wenig wie andere Aussetzungsbeschlüsse, welche die erste Instanz erlassen hat, für die zweite Instanz. Denkt man sich den Fall, daß während des Berufungsverfahrens ein Aussetzungsantrag beim Landgericht angebracht wird und dieses das Verfahren aussetzt, so wird das niemand als bindend für das Berufungsgericht ansehen, auch wenn die Einlegung einer Beschwerde unterbleibt. Hier liegt es nicht anders. Denn es kommt nicht darauf an, ob das Landgericht noch zuständig war, als der Antrag gestellt wurde. Verfahrensrechtlich erheblich ist nur, ob es zuständig war, als sein Beschluß zugestellt wurde. Der Beschluß des Landgerichts hatte daher für die zweite Instanz keine Wirkung. Wenn eine Aussetzung erreicht werden sollte, mußte sie vielmehr dort erneut betrieben werden. Das ist nicht geschehen. Die Frage, ob die Zivilprozeßordnung eine absolute Nichtigkeit von gerichtlichen Entscheidungen kennt, bleibt hiervon unberührt; denn der Beschluß hat nach dem Gesetz nicht die Wirkung einer Aussetzung des Verfahrens zweiter Instanz. Er wirkt also nicht über die erste Instanz hinaus. Daß er für diese keine Bedeutung haben kann, ist nicht erheblich. Es kommt daher noch auf den Wiedereinsetzungsantrag an. (Es wird ausgeführt, daß er unbegründet sei.)

RGZ. 155, 224

Tritt Unterbrechung des Verfahrens ein, wenn die in der unteren Instanz durch einen Anwalt vertretene Partei nach Zustellung des erstinstanzlichen Urteils stirbt und die Sache dann durch das Rechtsmittel des Gegners an die höhere Instanz gebracht wird, wo die Rechtsnachfolger der verstorbenen Partei noch nicht durch einen Anwalt vertreten sind?

ZPO. §§ 239, 246.

IV. Zivilsenat. Beschl. v. 29. Juli 1937.

I. Landgericht Bautzen. II. Oberlandesgericht Dresden.

Die Frage ist bejaht worden aus folgenden den Sachverhalt und die Entscheidung ergebenden

Gründen:

Das Urteil des Landgerichts war am 28. November 1936 zugestellt worden. Die Klägerin zu 8, Frau S. ist am 21. Dezember 1936 verstorben. Ihren Tod hat ihr erstinstanzlicher Anwalt, Dr. St., dem Landgericht mit dem am 26. Dezember eingegangenen Schriftsatz vom 24. Dezember 1936 angezeigt und den Antrag gestellt, das Verfahren, soweit es diese Klägerin betreffe, auszusetzen. Am 23. Dezember 1936 war von dem beim Oberlandesgericht zugelassenen Rechtsanwalt Dr. G. für die Kläger zu 6, 7 und 10 gegen das landgerichtliche Urteil Berufung eingelegt worden. Am 28. Dezember 1936 hat der beim Oberlandesgericht zugelassene Rechtsanwalt Dr. K. auch für den Beklagten zu 1 in Richtung wider alle zehn Kläger Berufung gegen das landgerichtliche Urteil eingelegt. Durch Beschluß vom 22. Februar 1937 hat das Oberlandesgericht auf den vom Landgericht weitergegebenen Antrag des Rechtsanwalts Dr. St. vom 24. Dezember 1936 beschlossen, das Verfahren, soweit es die Klägerin zu 8 betraf, gemäß § 246 ZPO. bis zur Aufnahme durch deren Rechtsnachfolger auszusetzen. Mit Schriftsatz vom 15. Mai 1937, der am gleichen Tag beim Oberlandesgericht einging, hat Rechtsanwalt Dr. G. erklärt, daß er für die Rechtsnachfolger der verstorbenen Klägerin zu 8 das Verfahren aufnehme und Berufung gegen das landgerichtliche Urteil einlege. Das Oberlandesgericht hat diese Berufung durch Beschluß vom 5. Juni 1937 als unzulässig verworfen, weil die Berufungsfrist bereits am 28. Dezember 1936, wie auch zur Zeit des am 22. Februar 1937 ergangenen Aussetzungsbeschlusses abgelaufen gewesen sei.

Gegen den Beschluß des Oberlandesgerichts vom 5. Juni 1937 haben die Rechtsnachfolger der Klägerin zu 8 frist- und formgerecht sofortige Beschwerde eingelegt. Die Beschwerde ist begründet. Zur Zeit des Todes der Klägerin zu 8 war das erstinstanzliche Urteil bereits verkündet. Es war aber gegen dieses Urteil noch von keiner Partei Berufung eingelegt. Die Sache war also damals noch in der ersten Instanz anhängig. Für diese Instanz war auch die verstorbene Klägerin zu 8 ausreichend vertreten durch ihren erstinstanzlichen Prozeßbevollmächtigten St. Eine Unterbrechung des Verfahrens war daher mit ihrem Tode nicht eingetreten; es waren vielmehr zunächst nur die Voraussetzungen für einen Antrag auf Aussetzung des Verfahrens gegeben (§ 246 ZPO.). Die prozessuale Lage änderte sich jedoch dadurch, daß der Erstbeklagte am 28. Dezember 1936 Berufung einlegte, die sich, wie aus der Berufungsschrift ersichtlich war, gegen alle Kläger richtete und auch später, wie sich aus seiner Berufungsbegründung ergibt, zum mindesten im Kostenpunkt gegen alle Kläger aufrechterhalten worden ist. Durch diese Berufungseinlegung des Erstbeklagten war die Sache hinsichtlich aller Kläger, also auch der Rechtsnachfolger der Klägerin zu 8, in der zweiten Instanz anhängig geworden. Für die zweite Instanz war von der Klägerin zu 8 und ihren Rechtsnachfolgern ein Prozeßbevollmächtigter noch nicht bestellt. Die früher streitige Frage, ob in solchen Fällen wegen des Vorhandenseins eines erstinstanzlichen Prozeßbevollmächtigten die Rechtsnachfolger der verstorbenen Partei auch in der zweiten Instanz als im Sinn des § 246 ZPO. durch einen Prozeßbevollmächtigten vertreten anzusehen sind, ist durch die Entscheidung der Vereinigten Zivilsenate vom 13. Mai 1909 (RGZ. Bd. 71 S. 155) dahin entschieden worden, daß im § 246 ZPO. lediglich an die Vertretung durch einen Prozeßbevollmächtigten derjenigen Instanz gedacht sei, in der sich die Sache anhängig befindet. Nach dieser Entscheidung bedarf es daher keines Aussetzungsantrags oder Aussetzungsbeschlusses in dem Falle, daß der Rechtsmittelbeklagte — wenn er auch in der unteren Instanz durch einen Anwalt vertreten war — nach Einlegung des Rechtsmittels stirbt, ohne einen Vertreter für die Rechtsmittelinstanz bestellt zu haben, vielmehr tritt in einem solchen Falle gemäß § 239 ZPO. die Unterbrechung des Verfahrens ohne weiteres kraft Gesetzes ein. Das gleiche muß gelten, wenn die in der unteren Instanz durch einen Anwalt vertretene Partei nach Zustellung des erstinstanzlichen Urteils stirbt und dann durch Rechtsmitteleinlegung des Gegners die Sache in die höhere Instanz gebracht wird, wo die Rechtsnachfolger der verstorbenen Partei noch nicht vertreten sind. In diesem Fall muß sinngemäß mit der Rechtsmitteleinlegung des Gegners die Unterbrechung des Verfahrens eintreten. Denn auch dann sind die beiden Voraussetzungen erfüllt, an deren Zusammentreffen sich die Unterbrechungswirkung knüpft, nämlich einerseits der Tod der Partei und anderseits das Anhängigwerden des Prozesses in der höheren Instanz, in der die Belange der Erben der verstorbenen Partei nach der in dem Beschluß der Vereinigten Zivilsenate zum Ausdruck gelangten Auffassung durch das Vorhandensein eines Prozeßbevollmächtigten einer unteren Instanz nicht als genügend vertreten anzusehen sind. Daher „erweist sich auch in diesem Fall die Unterbrechung des Verfahrens als das einzig wirksame Schutzmittel der Interessen der verstorbenen Partei" (a. a. O. S. 159).

Ein Aussetzungsantrag brauchte also für die Rechtsnachfolger der Klägerin zu 8 nicht gestellt zu werden, und der Beschluß des Oberlandesgerichts, durch den am 22. Februar 1937 dem gestellten Aussetzungsantrag entsprochen wurde, war gegenstandslos. Die Unterbrechung des Verfahrens, die mit dem Anhängigwerden der Sache in der Berufungsinstanz am 28. Dezember 1936 kraft Gesetzes eintrat, hatte die Wirkung, daß die an diesem Tage noch nicht abgelaufene Berufungsfrist zu laufen aufhörte. Die Berufungsfrist begann gemäß § 249 Abs. 1 ZPO. für die Rechtsnachfolger der Klägerin zu 8 von neuem zu laufen erst mit der Aufnahme des Verfahrens durch diese, die gemäß § 250 ZPO. durch Zustellung des Aufnahmeschriftsatzes an den Gegner im Parteibetrieb zu erfolgen hatte. Demnach ist der Beschluß des Oberlandesgerichts vom 5. Juni 1937, wodurch die Berufung der Rechtsnachfolger der Klägerin zu 8 als unzulässig verworfen wurde, weil diese Berufung nicht innerhalb der Frist von einem Monat seit der am 28. November 1936 erfolgten Zustellung des landgerichtlichen Urteils eingelegt worden sei, zu Unrecht ergangen und daher aufzuheben.

RGZ. 157, 379

Hat die Aenderung der Vorschriften über das Ruhen des Verfahrens (ZPO. §§ 251, 251 a) den Anwendungsbereich des § 211 Abs. 2 BGB. beschränkt?

§ 211 Abs. 2 BGB.

II. Zivilsenat. Urt. v. 16. März 1938.

I. Landgericht Berlin. II. Kammergericht daselbst.

Der Kläger war Aktionär, die Beklagten waren Mitglieder des Aufsichtsrats der D.-O. Zinkindustrie-Aktiengesellschaft. Die Generalversammlung der Gesellschaft vom 10. Februar 1927 hatte die Zusammenlegung des Grundkapitals auf 1 000 000 RM. und die Umwandlung in Vorzugsaktien für diejenigen zusammengelegten Stammaktien beschlossen, auf die eine Zuzahlung von 100 % geleistet werde. Der Kläger hatte auf seinen Aktienbesitz diese Zuzahlung im Betrage von 150 000 RM. im April 1927 geleistet. Im Mai 1929 wurde über das Vermögen der Gesellschaft Konkurs eröffnet.

Im Januar 1932 erhob der Kläger gegen die Beklagten Klage auf Schadensersatz. Er berief sich auf § 314 HGB., § 826 BGB. und behauptete, der Generalversammlung vom Februar 1927 sei mit Wissen der Beklagten eine zu günstige Bilanz vorgelegt worden; diese hätten später auch ihm persönlich bewußt unwahre Angaben über den Stand des Unternehmens gemacht; dadurch sei er getäuscht und zur Leistung der Zuzahlung bestimmt worden. Die Beklagten bestritten die Klagebehauptungen und wandten Verjährung des Anspruchs ein.

Das Verfahren ist mit Rücksicht auf eine schon länger anhängige gleichartige Klage eines anderen Aktionärs zunächst nicht weiter betrieben worden. Im Termine zur mündlichen Verhandlung vom 4. Juli 1932 war zufolge einer Vereinbarung der Prozeßbevollmächtigten keine Partei erschienen. Das wurde in der Sitzungsniederschrift festgestellt. Mit Schriftsatz vom 12. März 1936 lud der Kläger die Beklagten zur Fortsetzung des Verfahrens. Diese stützten nunmehr die Einrede der Verjährung auch darauf, daß die Frist des § 852 BGB. seit dem 4. Juli 1932 abgelaufen sei.

Das Landgericht hat die Einrede der Verjährung nicht durchgreifen lassen, die Klage aber aus anderen Gründen abgewiesen. Das Berufungsgericht hat die Abweisung bestätigt, aber mit der Begründung, daß die Klageforderung in der Zeit nach dem 4. Juli 1932 verjährt sei. Die Revision des Klägers ist zurückgewiesen worden, zur Frage der Verjährung aus folgenden

Gründen:

Nach der Auffassung des Berufungsgerichts greift die Berufung der Beklagten auf Verjährung der Forderung während des Rechtsstreits durch. Unter Hinweis auf die Entscheidung in RGZ. Bd. 145 S. 241 führt der Berufungsrichter dazu aus, der Anwendungsbereich des § 211 Abs. 2 BGB. sei durch die Verordnung über das Verfahren in bürgerlichen Rechtsstreitigkeiten vom 13. Februar 1924 (RGBl. I S. 135) nicht beschränkt worden. Es sei unstreitig, daß der Rechtsstreit mit Rücksicht auf den anderen, bereits laufenden Prozeß mehr als drei Jahre nicht betrieben worden sei. Der Stillstand sei spätestens eingetreten mit der Feststellung im Protokoll vom 4. Juli 1932, daß niemand erschienen sei. Spätere Anfragen des Gerichts an die Parteien seien stets dahin beantwortet worden, daß der Rechtsstreit zur Zeit nicht betrieben werden solle. Im Zeitpunkte der Ladung vom 12. März 1936 sei, wie auch der Kläger nicht verkenne, die dreijährige Verjährungsfrist bereits abgelaufen gewesen.

Die Revision hält dieses Ergebnis für rechtsirrig. Sie meint, der bloße Stillstand des Verfahrens infolge Nichtbetreibung durch die Parteien sei nach der Aenderung des § 251 ZPO. durch die vorerwähnte Verordnung nicht mehr geeignet, die durch die Klage bewirkte Unterbrechung der Verjährung (§ 209 Abs. 1 BGB.) zu beenden, weil das Ruhen des Verfahrens nach § 251 ZPO. einen Beschluß des Gerichts voraussetze. Die Vorschrift des § 211 Abs. 2 BGB. müsse deshalb jetzt sinngemäß dahin angewendet werden, daß die Unterbrechung der Verjährung erst durch die richterliche Anordnung des Ruhens des Verfahrens beendet werde. Dem ist nicht zu folgen.

Die Revision kann sich für ihre gegenteilige Meinung nicht auf das Urteil des Senats vom 29. April 1932 (RGZ. Bd. 136 S. 193) berufen. Der Senat hat gerade in diesem Urteil, das allerdings einen Fall des Ruhens des Verfahrens auf Grund eines Gerichtsbeschlusses nach § 251 a ZPO. betraf, darauf hingewiesen, daß zwischen den sachlich-rechtlichen Bestimmungen des Bürgerlichen Gesetzbuchs über die Anspruchsverjährung und den durch die Verordnung vom 13. Februar 1924 neu geregelten Vorschriften der Zivilprozeßordnung über Ruhen des Verfahrens zu unterscheiden sei. Dazu war in Uebereinstimmung mit den Motiven zum Bürgerlichen Gesetzbuch Bd. 1 S. 291 („Grund und Zweck der Anspruchsverjährung") dargelegt, die Anspruchsverjährung diene dem öffentlichen Interesse. Grundsatz des sachlichen Verjährungsrechts sei die Bestimmung des § 225 BGB., daß die Verjährung rechtsgeschäftlich weder ausgeschlossen noch erschwert werden könne. Die Bestimmung des § 211 Abs. 2 BGB. wolle verhüten, daß dieser Erfolg auf Umwegen erreicht werde, nämlich durch

Erhebung einer Klage, die dann nicht betrieben werde. Es war auf die Motive zum Bürgerlichen Gesetzbuch Bd. 1 S. 332 verwiesen. Dort ist ausgeführt, die Zivilprozeßordnung enthalte keine Vorschrift über die Beendigung der Wirkungen der Rechtshängigkeit infolge Untätigkeit der Parteien. Die Rechtshängigkeit bestehe der Regel nach fort, bis der Rechtsstreit erledigt sei. Der materiell-rechtlichen Frage nach der Dauer der Unterbrechung der Verjährung bei Stillstand des Rechtsstreits werde durch diesen verfahrensrechtlichen Grundsatz selbstverständlich nicht vorgegriffen. Das Prozeßrecht könne guten Grund haben, den Fortgang des Rechtsstreits vom Willen der Parteien abhängig zu machen; das bürgerliche Recht müsse im Auge behalten, daß die Verjährung, soweit möglich, dem Parteiwillen entzogen werde. Der Senat hatte daraus gefolgert, es müsse (materiellrechtlich) gleichgültig sein, ob die Untätigkeit der Parteien den Stillstand des Prozesses unmittelbar oder durch einen auf ihr beruhenden Gerichtsbeschluß herbeiführe.

Dieser Rechtsauffassung hat sich der V. Zivilsenat im Urteil vom 27. Oktober 1934 (RGZ. Bd. 145 S. 241) unter Ablehnung der abweichenden Ansicht der in RGZ. Bd. 128 S. 191 (196) abgedruckten Entscheidung angeschlossen. Auch er kommt (allerdings auch in einem Fall der gerichtlichen Anordnung des Ruhens des Verfahrens) zu dem Ergebnis, die Aenderung des Verfahrensrechts in den §§ 251, 251 a ZPO. habe den Anwendungsbereich der sachlich-rechtlichen Vorschrift des § 211 Abs. 2 BGB. nicht beschränkt. Der V. Senat stimmt der Meinung des erkennenden Senats bei, auch im Falle der gerichtlichen Anordnung des Ruhens des Verfahrens sei schließlich der übereinstimmende Antrag der Parteien (§ 251 ZPO.) oder ihr tatsächliches Nichtverhandeln (§ 251 a ZPO.) der Grund des Stillstandes des Prozesses, dem das bürgerliche Recht mit der Vorschrift begegne, daß nunmehr die Unterbrechung der Verjährung (durch die Klageerhebung, § 209 Abs. 1 BGB.) ende. An dieser Rechtsauffassung ist festzuhalten. Daß die Verordnung vom 13. Februar 1924 dem § 211 Abs. 2 BGB. nicht Abbruch tun wollte, ergibt sich rein äußerlich schon daraus, daß sie an den Vorschriften des Bürgerlichen Gesetzbuches nicht etwa vorübergegangen ist. Denn durch Art. IV der Verordnung sind die Bestimmungen der §§ 209, 210, 213 BGB. geändert und § 212 a BGB. ist neu geschaffen worden, um so den Einklang der Vorschriften des sachlichen und der des Verfahrensrechts wiederherzustellen. Die Tatsache, daß zu einer Aenderung des § 211 Abs. 2 BGB. kein Grund gefunden wurde, spricht dafür, daß die Bestimmung von der Aenderung des Verfahrensrechts unberührt blieb.

Es lag auch sachlich kein Grund zu einer Aenderung vor, und ebensowenig ist die Ansicht begründet, § 211 Abs. 2 BGB. sei auch nur teilweise wirkungslos geworden. Die Aenderung der verfahrensrechtlichen Bestimmungen über das Ruhen des Verfahrens hebt die freie Herrschaft der Parteien über den Rechtsstreit im Sinne des § 251 ZPO. a. F. auf. Zur

Beschleunigung und rascheren Erledigung der Prozesse ist den Parteien die Möglichkeit genommen worden, nach Belieben das Ruhen des Verfahrens zu vereinbaren oder durch Untätigkeit herbeizuführen. Nach der neuen Regelung soll das Gericht darüber entscheiden, ob die vorgebrachten Gründe den gemeinsamen Antrag der Parteien auf Anordnung des Ruhens des Verfahrens (§ 251 ZPO.) rechtfertigen oder ob bei Untätigkeit einer oder beider Parteien diese Anordnung zweckmäßig ist. Mißbräuchlicher Verwendung der Verfahrensruhe sollte auch die Erschwerung der Fortsetzung des ruhenden Verfahrens (§ 251 Abs. 2 ZPO.) entgegenwirken. Die Bestimmung des § 211 Abs. 2 BGB. verfolgt auf dem Gebiete des sachlichen Rechts einen gleichlaufenden Zweck, wenn sie, wie oben dargelegt, verhüten will, daß die Klagerhebung dazu mißbraucht wird, die vom Gesetz gewollte Anspruchsverjährung zu umgehen. Der Gesetzgeber der Verordnung von 1924 hätte geradezu dem von ihm verfolgten Zwecke selbst entgegengehandelt, wenn er zugleich mit der Verschärfung der Verfahrensbestimmungen die sachlich-rechtlichen Wirkungen des Stillstandes des Verfahrens im Sinne des § 211 Abs. 2 BGB. eingeschränkt hätte. Das ist nicht anzunehmen. Er kann aber auch unmöglich gewollt haben, daß die Wirkungen dieser Gesetzesbestimmung auf den Fall des beschlußmäßig angeordneten Ruhens des Verfahrens beschränkt blieben. Denn dann wäre eine Aenderung der Fassung des § 211 Abs. 2 BGB. notwendig gewesen, der ganz allgemein darauf abstellt, daß der Prozeß infolge einer Vereinbarung oder dadurch, daß er nicht betrieben werde, in Stillstand gerät, also schon jeden Fall tatsächlichen Stillstandes erfaßt. Wenn auch die §§ 251, 251 a ZPO. davon ausgehen mögen, daß das Ruhen des Verfahrens im Sinne dieser Bestimmungen einen Gerichtsbeschluß erfordert, so läßt sich doch nicht in Zweifel ziehen, daß das Prozeßverfahren auch dann zum Stillstand im Sinne des § 211 Abs. 2 BGB. gelangt, wenn beide Parteien vereinbart haben, in dem bestimmten Verhandlungstermine nicht zu erscheinen, und das Gericht die ihm bekannte Absicht der Parteien, das Verfahren so zum Stillstande zu bringen, stillschweigend dadurch billigt, daß es weder eine Entscheidung erläßt, noch einen neuen Termin zur mündlichen Verhandlung bestimmt.

Die Revision ist allerdings der Meinung, auch wenn man im gegebenen Fall einen Stillstand des Rechtsstreits annehme, weil die Parteien von der Möglichkeit, ihn nach der Umgehung des Termines vom 4. Juli 1932 durch Ladung weiter zu betreiben, keinen Gebrauch gemacht hätten, so habe das Berufungsgericht gleichwohl die Beendigung der Verjährungsunterbrechung durch jenen Stillstand nicht feststellen können, weil mindestens bis zum Ende des Jahres 1935 noch Prozeßhandlungen des Gerichts stattgefunden hätten, nämlich in den Anfragen des Gerichts an die Parteien vom 19. April 1933, 3. April und 16. Oktober 1934, 26. April und 13. Dezember 1935. Dieser Angriff der Revision greift nicht durch. War, wie das Berufungsgericht darlegt, die Aufnahme des Sitzungsprotokolls vom 4. Juli 1932 mit der Feststellung, daß bei Aufruf der Sache niemand erschienen sei, die letzte Handlung des Gerichts, mit der der Rechtsstreit zum Stillstand gekommen ist, dann könnten die Anfragen nach dem Stande der Sache, die anscheinend von der Geschäftsstelle später an die Prozeßbevollmächtigten der Parteien gerichtet worden sind, die Beendigung der Unterbrechung der Verjährung nicht wieder beseitigt haben. Denn ganz abgesehen davon, ob solche Anfragen überhaupt als Prozeßhandlungen im Sinne des § 211 Abs. 2 BGB. betrachtet werden könnten, wird die nach der Beendigung der Unterbrechung beginnende neue Verjährung nach Satz 2 dieser Gesetzesbestimmung nur durch eine den Prozeß weiter betreibende Parteihandlung wieder unterbrochen. Die Antworten der Rechtsanwälte lauteten aber immer dahin, der Rechtsstreit werde vorerst nicht weiter betrieben; sie waren also zweifellos keine auf Führung und Erledigung des Rechtsstreits gerichteten Handlungen.

Verfahren im ersten Rechtszuge

Verfahren bis zum Urteil

RGZ. 9, 337

Die Beweislast bei der negativen Feststellungsklage

ZPO. §§ 231, 253*).

III. Zivilsenat. Urt. v. 13. April 1883.

I. Landgericht Braunschweig. II. Oberlandesgericht daselbst.

Nachdem eine unter den Parteien bestandene offene Handelsgesellschaft durch Eröffnung des Konkurses aufgelöst und das Konkursverfahren schon seit mehreren Jahren beendigt war, stellte der Kläger gegen den Beklagten eine Klage an, in welcher er unter Darlegung der näheren Umstände ausführte: er habe von dem Beklagten aus diesem Gesellschaftsverhältnisse nach Maßgabe des Geschäftsanteils noch 13 267,55 M. zu fordern, nämlich von einem Darlehn, welches er, Kläger, der Gesellschaft vorgestreckt habe, 10 000 M., an sonstigen Vorschüssen 1156,80 M., sein vertragsmäßiges Geschäftsleitungshonorar mit 600 M. und für von ihm bezahlte Gesellschaftsschulden 1510,75 M.; von dieser seiner Gesamtforderung wolle er jedoch zur Zeit nur 300 M. einklagen, zu deren Zahlung er den Beklagten zu verurteilen bitte. Der Beklagte beantragte die Klage abzuweisen, erhob auch zugleich Widerklage auf Grund des § 253 ZPO. mit dem Antrage, festzustellen, daß er dem Kläger die in der Klage gedachten 13 267,55 M. nicht schuldig sei, und trug zur Begründung beider Anträge vor: die erste Klageforderung sei an sich richtig, jedoch durch Verjährung und Verzicht erloschen und eventuell mit größeren Gegenforderungen zu kompensieren; die drei übrigen Forderungen stelle er ihrem Grunde nach in Abrede unter Ableugnung aller vom Kläger zur Substanziierung derselben behaupteten Tatsachen, eventuell seien auch sie durch dieselben Einreden elidiert. Die erste Instanz verurteilte den Beklagten nach dem Klagantrage unter Abweisung seiner Widerklage. Die zweite Instanz wies die vom Beklagten eingelegte Berufung als unbegründet zurück und motivierte diese Entscheidung dahin: die gegen die erste Klageforderung

*) Jetzt §§ 256, 280.

vorgebrachten Einreden seien unbegründet; da diese sonach liquide Forderung dem eingeklagten Betrag schon übersteige, so sei für die Entscheidung über die Klage eine Prüfung der übrigen Klageforderungen nicht erforderlich; die Widerklage sei in betreff der ersten Klageforderung durch die Liquidität derselben widerlegt; in betreff der übrigen Klageforderungen sei davon auszugehen, daß der Beklagte und Widerkläger den Grund der Widerklage, der in der Nichtexistenz dieser Forderungen bestehe, zu beweisen habe, sein bloßes Ableugnen derselben könne die Widerklage nicht begründen; es komme also nur noch auf die Prüfung der von ihm vorgeschützten Einreden an, und dieselben seien auch hier als unbegründet anzusehen.

Auf die Revision des Beklagten wurde das Urteil des Berufungsgerichtes in betreff der Widerklage aufgehoben und die Sache zur anderweiten Verhandlung und Entscheidung an das Berufungsgericht zurückverwiesen aus folgenden

Gründen:

„Der Beklagte und Widerkläger hat die hier in Rede stehenden drei Klageforderungen ihrem Grunde nach bestritten, indem er sämtliche vom Kläger zur Begründung derselben behaupteten Tatsachen in Abrede stellt. Die Vorinstanz ist der Meinung, daß dieses Leugnen der angeblichen Ansprüche des Widerbeklagten die Widerklage nicht zu tragen vermöge, indem sie davon ausgeht, daß der Widerkläger zur Begründung der von ihm angestellten negativen Feststellungsklage die Nichtexistenz der von ihm bestrittenen Forderungen des Widerbeklagten zu beweisen habe.

Diese Annahme ist rechtsirrtümlich.

Die vorliegende Widerklage ist die im § 253 ZPO. zugelassene sogenannte Präjudizial-Inzidentklage. Die Frage der Beweislast ist aber für diese Klage, wie auch die Vorinstanz annimmt, nach denselben Grundsätzen zu beurteilen, wie für die Feststellungsklagen des § 231 ZPO. Die Bestimmung des § 253 ist nur eine besondere Anwendung der im § 231 a. a. O. getroffenen allgemeinen Vorschrift; das nach § 231 a. a. O. die Zulässigkeit der Feststellungsklage bedingende rechtliche Interesse des Klägers an der alsbaldigen richterlichen Feststellung ist für die Inzidentklagen des § 253 a. a. O. immer schon von selbst dadurch gegeben, daß dieselben ein Rechtsverhältnis, von dessen Bestehen oder Nichtbestehen die Entscheidung des unter den Parteien bereits obschwebenden Hauptprozesses abhängig ist, zum Gegenstande haben.

Die Frage der Beweislast, welche gleichbedeutend ist mit der Behauptungslast, gehört dem materiellen Rechte an. Der § 231 a. a. O. greift in diese Frage nicht ein; dies erkennen auch die

Motive an, indem sie es als selbstverständlich bezeichnen, „daß durch die Zulassung der Feststellungsklage eine Aenderung in der Beweislast rücksichtlich der Existenz oder Nichtexistenz des Rechtsverhältnisses, bzw. der Echtheit oder Unechtheit der Urkunde nicht herbeigeführt wird". Das Gebiet des materiellen Rechtes wird in dem § 231 a. a. O. nur dadurch berührt, daß derselbe eine Bestimmung trifft über die an sich gleichfalls dem materiellen Rechte angehörigen Voraussetzungen, unter welchen eine Klage angestellt werden kann.

Die Lehre von der Behauptungs- und Beweislast wird beherrscht von dem Grundsatze, daß derjenige, welcher einen Anspruch geltend macht, die den Anspruch begründenden Tatsachen, und derjenige, welcher die Aufhebung eines Anspruches seines Gegners geltend macht, die den Anspruch aufhebenden Tatsachen zu behaupten und zu beweisen hat. Die prozessuale Parteirolle ist für die Verteilung der Beweislast ohne Bedeutung. Wenn man den maßgebenden Grundsatz in bezug auf den Kläger, wie von der Vorinstanz geschehen, dahin ausdrückt, daß der Kläger den Grund seiner Klage zu beweisen habe, so darf man unter dem Grunde der Klage nur den Grund des durch die Klage geltend gemachten Anspruches verstehen und die materielle Behauptungs- und Beweislast nicht mit der prozessualen Darlegungspflicht identifizieren. Jede Partei kann durch die Rücksichtnahme auf den Zusammenhang ihres Vortrages und insbesondere die klagende Partei auch durch die ihr infolge ihres Vorganges im Parteivortrage obliegende Bezeichnung des Streitgegenstandes zu mannigfachen tatsächlichen Anführungen sich genötigt sehen, welche außerhalb des Bereiches ihrer Beweislast liegen; bei den auf Abwehr eines Anspruches des Beklagten gerichteten Klagen bringt es außerdem schon die an den Klagantrag, wie an jeden prozessualischen Antrag, zu stellende Anforderung der Bestimmtheit und die nötige Motivierung des Klagantrages mit sich, daß der Kläger sich über die Beschaffenheit des angeblichen Anspruches des Beklagten bestimmt auszusprechen und das Vorhandensein desselben in Abrede zu stellen hat. In dieser Weise wird auch bei der negativen Feststellungsklage der Kläger sowohl zum Zwecke der Formulierung und Motivierung seines Klagantrages als auch zum Zwecke des ihm obliegenden Nachweises seines rechtlichen Interesses an der alsbaldigen richterlichen Feststellung genötigt, mit der Bezeichnung und Verneinung des vom Beklagten in Anspruch genommenen Rechtes voranzugehen, ohne daß man hieraus den Schluß ziehen darf, daß er auch den Beweis aller seiner somit benötigten positiven und negativen Anführungen zu übernehmen schuldig sei.

Die Feststellungsprozesse des § 231 a. a. O. kann man sich zerlegt denken in ein Vorverfahren, welches die Zulässigkeit der Klage zum Gegenstande hat, und ein gleichzeitiges Hauptverfahren, welches die Verhandlung über das Bestehen oder Nichtbestehen des Rechtsverhältnisses befaßt. Der den positiven und negativen Feststellungsklagen gemeinsam zugrunde liegende Klaganspruch ist durch die Vorschrift des § 231 a. a. O. gegeben; er richtet sich auf die Zulassung der Klage und somit auf die Verpflichtung der Beklagten, sich auf die Verhandlung über das Bestehen oder Nichtbestehen des Rechtsverhältnisses einzulassen. Er ist in dieser seiner bloß formellen Richtung mit dem Anspruche verwandt, welcher den gemeinrechtlichen Provokationsklagen ex lege diffamari und ex lege si contendat, die die Zivilprozeßordnung durch die Feststellungsklagen überflüssig machen will, zugrunde liegt und dahin geht, daß der Provokationsbeklagte schuldig sei, sein angebliches Recht gegen den Provokationskläger durch Klage geltend zu machen. Der Grund des durch die Feststellungsklage verfolgten Anspruches besteht, der Vorschrift des § 231 a. a. O. gemäß, nur darin, daß der Kläger ein rechtliches Interesse an der alsbaldigen richterlichen Feststellung habe. Dieser Klagegrund ist, soweit das bezeichnete Vorverfahren in Betracht kommt, der einzige Gegenstand der Behauptungs- und Beweislast des Klägers. Durch die Erbringung dieses Beweises — und infolge der Gleichzeitigkeit der Verhandlung über die Hauptsache schon durch die Erhebung der Klage für den Fall der Erbringung dieses Beweises — wird der Beklagte zur Einlassung auf die Verhandlung über die Hauptsache verpflichtet. Wie die Beweislast in betreff der Hauptsache sich verteilt, hängt dem obigen nach nicht von der Parteirolle, sondern nur von der materiellen Sachlage ab. Hieraus folgt, daß, wenn die Klage gerichtet ist auf die Feststellung des Nichtbestehens eines vom Beklagten in Anspruch genommenen Rechtsverhältnisses, der Beklagte, sofern er überhaupt bei der Geltendmachung dieses Rechtsverhältnisses beharren will, den Beweis der Begründung desselben zu führen hat. Diese Beweislast des Beklagten kann jedoch durch den Inhalt des Klagevortrages bereits ihre tatsächliche Erledigung gefunden haben. Wenn der Klagevortrag ergibt, daß der Kläger die Entstehung des Rechtsverhältnisses nicht in Abrede stellt, vielmehr die Bestreitung der Existenz desselben nur durch Behauptung von Umständen, durch welche dasselbe wieder aufgehoben worden sei, begründen will, so erübrigt nur noch die Verhandlung und Entscheidung über die von dem Kläger zu behauptende und zu beweisende Wiederaufhebung des Rechtsverhältnisses.

Mit dieser Auffassung der Frage der Beweislast stimmen auch die Schriftsteller, welche sich mit derselben näher beschäftigt haben, fast durchweg überein.

Degenkolb, Einlassungszwang S. 328, sagt in prinzipieller Erfassung der Frage:

„An die Stelle der formellen provocatio ad agendum setzt die negative Feststellungsklage den materiellen Zwang ad probandum."

Auf derselben Grundanschauung beruht der die konkrete Gestaltung der Beweislast ins Auge fassende Ausspruch von Weißmann, Feststellungklage S. 104:

„Beruht die negative Feststellungsklage auf Negation der Entstehung eines Rechtsverhältnisses, so ist dieselbe vom Beklagten zu erweisen; gründet sie sich auf Einredetatsachen, so liegt der Beweis dem Kläger ob."

In gleichem Sinne sprechen sich aus: Dernburg, Preußisches Privatrecht 3. Aufl. Bd. 1 S. 278, und von den Kommentatoren zur Zivilprozeßordnung in ihren Anmerkungen zum § 231: Petersen, Endemann, Bülow und Seuffert (2. Aufl.), während Struckmann sich unbestimmt äußert und nur Gaupp, Bd. 2 S. 15, die entgegengesetzte Ansicht vertritt. (Die übrigen Kommentatoren begnügen sich mit der Wiederholung des oben angeführten Ausspruches der Motive zur Zivilprozeßordnung.)

Auch das von der Vorinstanz angeführte Urteil des V. Zivilsenates des Reichsgerichtes vom 15. Juni 1881 (abgedruckt auszugsweise in Seuffert, Archiv Bd. 37 Nr. 2 und vollständig in Gruchot, Beiträge Bd. 26 S. 839) steht, selbst abgesehen davon, daß der daselbst in Bezug genommene § 2 preuß. AGO. I. 32 den vorliegenden gemeinrechtlichen Fall nicht berührt, mit der obigen Ansicht nicht in Widerspruch. Denn dasselbe kommt im allgemeinen nur zu dem Resultate, daß bei der negativen Feststellungsklage dem Beklagten nicht schlechthin der Beweis der Nichtexistenz des Rechtsverhältnisses obliege, und im einzelnen begründet es die Abweisung der damaligen Klage damit, daß der Beklagte teils den Beweis seines rechtlichen Interesses nicht erbracht habe, teils es an der bestimmten Bezeichnung des betreffenden Rechtsverhältnisses habe fehlen lassen, und daß endlich ein ihm obliegender, nach der Sachlage präjudizieller Beweis seiner Vertragserfüllung nicht geführt worden sei*).

Die Unrichtigkeit der Ansicht der Vorinstanz zeigt sich aber auch noch an der Unzulässigkeit der praktischen Ergebnisse, zu welchen dieselbe führen könnte, wenn auf die angestellte negative Feststellungsklage der Beklagte die positive Widerklage erheben würde. Wenn nach der Ansicht der Vorinstanz der Kläger zur Begründung seiner Klage die Nichtexistenz des Rechtsverhältnisses und der Widerkläger zur Begründung seiner Widerklage die Existenz desselben beweisen müßte, so könnte nicht bloß der Fall eintreten, daß beim Mißlingen beider Beweise beide Klagen abzuweisen wären, und würde sonach der § 231 a. a. O. nicht einmal die Sicherheit bieten, durch Verbindung von Klage und Widerklage ein die Frage des Bestehens oder Nicht-

*) Dagegen findet sich ein mit der Ansicht des Berufungsgerichtes übereinstimmender, jedoch nur beiläufiger Ausspruch in dem in den Entsch. des R.G.'s in Zivils. Bd. 7 Nr. 116 S. 375 mitgeteilten Urteile des I. Zivilsenates des Reichsgerichtes.

bestehens des Rechtsverhältnisses nach beiden Seiten hin erledigendes Urteil herbeiführen zu können; es würde sogar, wenn beide Teile ihren Beweis nur durch Eideszuschiebung anträten, das Gericht in die Lage kommen können, jedem Teile einen Eid aufzuerlegen, welcher dem Inhalte des gleichzeitig dem anderen Teile auferlegten Eides widersprechend wäre, und die Abweisung der beiderseitigen Klagen durch die Ableistung der sich widersprechenden Eide begründen zu müssen.

Für den vorliegenden Fall einer auf Grund des § 253 ZPO. angestellten Feststellungsklage ergibt sich aber noch aus dem Inhalte dieses Paragraphen ein besonderer Grund für die Unrichtigkeit der vorinstanzlichen Ansicht. Die Inzidentklagen des § 253 a. a. O. können nur gerichtet werden auf die Feststellung eines Rechtsverhältnisses, von dessen Bestehen oder Nichtbestehen die Entscheidung der Hauptsache abhängig ist. Dieselben können also nur gerichtet werden auf die Abgabe einer Entscheidung, welche, da sie für die Entscheidung des Hauptprozesses präjudiziell ist, auch ohne die Inzidentklage schon durch die Verhandlung der Hauptsache erfordert, jedoch, bei der Bestimmung des § 293 über den Umfang der Rechtskraft der Urteile, an sich und ohne die Inzidentklage der Rechtskraft nicht fähig sein würde. Der Zweck der Inzidentklage ist demnach nur darauf gerichtet, daß die schon an sich erforderliche Entscheidung in der Form eines der Rechtskraft fähigen Urteiles abgegeben werde. Daraus folgt aber, daß die über das Bestehen oder das Nichtbestehen des Rechtsverhältnisses abzugebende Entscheidung für die Hauptklage und für die Inzidentklage, soweit der Antrag der letzteren reicht, eine identische sein muß und demnach nur auf Grund desselben tatsächlichen Materials ergehen kann." . . .

RGZ. 21, 382

Ist es bei prinzipalen Schadensersatzklagen zulässig, auf Verurteilung des Beklagten zum Ersatze des entstandenen Schadens, unter Vorbehalt der Feststellung des Betrages des zu ersetzenden Schadens in einem besonderen Verfahren, zu klagen?

Vereinigte Zivilsenate. Beschl. v. 28. Juni 1888.

I. Landgericht Hannover. II. Oberlandesgericht Celle.

Die vereinigten Zivilsenate haben die zwischen dem III. und V. Zivilsenate streitig gewordene Rechtsfrage dahin entschieden:

„Klagen auf Leistung von Schadensersatz unter Vorbehalt der Feststellung des Betrages des zu ersetzenden Schadens in einem besonderen Verfahren sind nur zulässig, wenn die Voraussetzungen des § 231 ZPO.*) vorliegen.

Anderenfalls muß der Anspruch in der Weise substanziiert werden, daß in demselben Prozesse sowohl über den Grund, als auch über den Betrag desselben verhandelt und entschieden werden kann."

Gründe:

„Der Beklagte und Widerkläger hat gegen das Urteil des Oberlandesgerichtes zu Celle vom 9. März 1887, durch welches seine Widerklage als nicht substanziiert abgewiesen worden ist, weil dieselbe als eine prinzipale Schadensersatzklage sich darstelle, und daher Beklagter seinen Schadensersatzanspruch nicht nur hätte bezeichnen, sondern auch liquidieren müssen, die Revision eingelegt, und über die Abweisung der Widerklage sich beschwert, weil es auch bei prinzipalen Schadensersatzklagen statthaft sei, die Liquidation des Schadensbetrages einem Nachverfahren vorzubehalten.

Der III. Zivilsenat war der Ansicht, daß die Revision des Beklagten zurückzuweisen sei, sah sich jedoch verhindert, dementsprechend zu erkennen, weil der V. Zivilsenat in dem in Sachen des Rittergutsbesitzers Gr.-L. zu Haus Brügge, Klägers, wider den Königl. preußischen Fiskus, Beklagten (Rep. V. 278/83) am 19. Dezember 1883 erlassenen Urteile,

vgl. Entsch. des RG.'s in Zivils. Bd. 10 S. 413,

den Grundsatz ausgesprochen hat, daß eine Klage auf Schadensersatz in bestimmtem Umfange, vorbehaltlich der Feststellung des Betrages in einem besonderen Prozesse, zulässig sei.

Auf Grund der Vorschrift des Gesetzes vom 17. März 1886, betreffend Abänderung des § 137 GVG., hat daher der III. Zivilsenat beschlossen, die Entscheidung der vereinigten Zivilsenate über die Rechtsfrage einzuholen:

„Ist es auch bei prinzipalen Schadensersatzklagen zulässig, auf Verurteilung des Beklagten zum Ersatze des entstandenen Schadens unter Vorbehalt der Feststellung des Betrages des zu ersetzenden Schadens in einem besonderen Verfahren, zu klagen, oder muß die Klage in der Art substanziiert sein, daß in diesem Verfahren auch über den Betrag des Schadens erkannt werden kann?"

Die vereinigten Zivilsenate haben . . . die gestellte Frage in der oben angegebenen Weise aus folgenden Erwägungen beantwortet.

Der Annahme, daß es auch bei Klagen, deren Hauptgegenstand der Ersatz eines erlittenen Schadens ist (bei prinzipalen Schadensersatzklagen) unbeschränkt zulässig sei, den Antrag auf Verurteilung des Beklagten zum

*) Jetzt § 256 ZPO.

Ersatze des entstandenen Schadens, unter Vorbehalt der Liquidation und Festsetzung des Betrages des zu ersetzenden Schadens in einem besonderen Prozesse zu richten, so daß es lediglich von dem Belieben des Klägers abhängt, ob er die Frage der Verpflichtung des Beklagten zum Ersatze eines ihm erwachsenen Schadens und die Festsetzung des Betrages des vom Beklagten zu ersetzenden Schadens in einem oder in zwei Prozessen zur Verhandlung und Entscheidung bringen will, steht der prozessualische Grundsatz entgegen, daß im allgemeinen jede auf eine Leistung gerichtete Klage das Streitverhältnis seinem Grunde und dem schließlichen Antrage nach vollständig angeben muß, daß, dem Zwecke des Prozesses entsprechend, der Richter den zwischen den Parteien bestehenden Streit durch das abzugebende Urteil definitiv entscheiden soll, und daß es dem Kläger nicht gestattet ist, willkürlich die mehreren Streitpunkte auseinanderzureißen und den Beklagten, obgleich er sein ganzes Recht in einem Prozesse durchführen kann, unnötigerweise in zwei Prozesse zu verwickeln. Dieser als Regel geltende prozessualische Grundsatz ist auch für das Verfahren nach der Zivilprozeßordnung maßgebend und dadurch in derselben zum Ausdrucke gelangt, daß sie ein Verfahren und eine Entscheidung über das Bestehen oder das Nichtbestehen eines Rechtsverhältnisses, die Vorabentscheidung über den Grund eines Anspruches in einem besonderen Verfahren, nur unter der in § 231 ZPO. aufgestellten Vorausetzung, daß der Kläger ein rechtliches Interesse hat, daß das Rechtsverhältnis durch richterliche Entscheidung alsbald festgestellt werde, gestattet.

Von dieser Regel ist allerdings in der gemeinrechtlichen Doktrin und Praxis*) sowie in der Praxis der preußischen Gerichte**) eine Ausnahme gemacht nicht allein bei den Universal- und generellen Klagen, durch deren besondere Natur eine solche Ausnahme geboten erscheint, sondern auch bei den Schadensersatzklagen, indem man Klagen mit dem Antrage auf Verurteilung des Beklagten zum Ersatze eines entstandenen Schadens, unter Vorbehalt der Liquidation des Schadens in einem besonderen Verfahren, vielfach zugelassen hat. Allein, abgesehen davon, daß die gemeinrechtliche Doktrin und Praxis keineswegs allgemein für die Zulässigkeit derartiger Klagen sich ausgesprochen, vielmehr die überwiegende Zahl

*) Vgl. Claproth, Einleitung in den ordentlichen bürgerlichen Prozeß Bd. 2 §§ 108, 1139; Danz, Grundsätze des gemeinen ordentlichen bürgerlichen Prozesses § 73; Glück, Kommentar Bd. 3 S. 623; Gensler, Kommentar über Martins Zivilprozeßlehrbuch Bd. 2 S. 107; Guyet zu Genslers Kommentar § 136; Brackenhöft, Erörterungen S. 471 u. A.; Seuffert, Archiv Bd. 5 Nr. 315, Bd. 14 S. 441 und Kierulff, Entsch. Bd. 4 S. 687, 694 (Oberappellationsgericht Lübeck); Strippelmann, Neue Sammlung der Entscheidungen des Oberappellationsgerichtes zu Kassel Bd. 1 S. 279; Seuffert, Archiv Bd. 31 Nr. 72 (Obertribunal zu Berlin); Entsch. des Reichsoberhandelsgerichtes Bd. 4 S. 418, Bd. 14 S. 371.

**) Striethorst, Archiv Bd. 57 S. 93; Koch, Der preuß. Zivilprozeß § 162 S. 338, § 295 S. 545; Eccius, Preuß. Privatrecht Bd. 1 S. 544.

der obersten deutschen Gerichtshöfe deren Zulässigkeit verneint hat*), haben bei den Schadensersatzklagen nur Zweckmäßigkeitsrücksichten, welche in dem vor der deutschen Zivilprozeßordnung geltenden Verfahren ihren Grund hatten, zu einer Abweichung von der angegebenen Regel geführt. Man wies darauf hin, daß, wenn nicht nur der Betrag des zu ersetzenden Schadens, sondern auch der Grund des Schadensersatzanspruches, die Schadensersatzpflicht, streitig sei, es sich empfehle, zunächst über die letztere zu verhandeln und zu entscheiden, die Verhandlung über den Betrag des Schadens einem späteren Liquidationsverfahren vorzubehalten, weil erfahrungsmäßig gerade die Ermittelung und die Feststellung der Art, des Umfanges und des Betrages des Schadens weitläufige und kostspielige Beweisaufnahmen notwendig mache, welche völlig nutzlos seien, wenn demnächst in dem ergehenden Urteile die Verpflichtung zum Schadensersatze, der Grund des Anspruches, verneint werde, und daß es daher sich empfehle, eine solche Trennung des Verfahrens eintreten zu lassen.

Inwieweit diese Erwägungen geeignet waren, die erwähnte Praxis nach den früher geltenden Prozeßnormen zu rechtfertigen, kann dahingestellt bleiben, für das jetzt geltende Prozeßverfahren treffen sie nicht zu. Abgesehen davon, daß das Verfahren über die Ermittelung und Feststellung der Höhe des Schadensbetrages nach den dem Gerichte in dem § 259 und namentlich in § 260 ZPO. gegebenen Befugnissen im Verhältnis zu den bisher geltenden Grundsätzen über das Beweisverfahren wesentlich vereinfacht und abgekürzt ist, hat die deutsche Zivilprozeßordnung zur Beseitigung der zur Rechtfertigung der Trennung des Verfahrens geltend gemachten, nach dem bisherigen Verfahren anderenfalls eintretenden Unzuträglichkeiten und Mißstände ein anderes Mittel gegeben, indem nach § 276 ZPO. dem Richter die Befugnis beigelegt ist, in jedem Falle, in welchem ein Anspruch nach Grund und Betrag streitig

*) Wetzell, System des ordentlichen Zivilprozesses 3. Auflage S. 555; Bayer, Vorträge über den gemeinen ordentlichen Zivilprozeß 10. Aufl. S. 409; Martin, Zivilprozeß §§ 146, 166; Busch, Blätter für Rechtspflege in Thüringen Bd. 3 S. 114 flg. u. A.; Seuffert, Archiv Bd. 12 Nr. 307; Blätter für Rechtspflege in Thüringen Bd. 3 S. 152 (Oberappelationsgericht Jena); Seuffert, Bd. 12 Nr. 199; Archiv für praktische Rechtswissenschaft Bd. 6 S. 118 flg., 312 (Oberappellationsgericht Darmstadt); Seuffert, Bd. 14 Nr. 269 (Oberappellationsgericht Oldenburg), Bd. 15 Nr. 215 (Oberappellationsgericht München), Bd. 20 Nr. 187 (Oberappellationsgericht Wiesbaden), Bd. 26 Nr. 272, Bd. 14 S. 189 Note 1 (Oberappellationsgericht Dresden), Bd. 30 Nr. 186 (Appellationsgericht Celle), Bd. 33 Nr. 291 (Oberappellationsgericht Wolfenbüttel); Buchka und Budde, Entsch. des Oberappellationsgerichtes zu Rostock Bd. 3 Nr. 27 S. 99. Vgl. auch Seuffert, Archiv Bd. 37 Nr. 181, 355; Zeitschrift für Rechtspflege in Braunschweig Bd. 21 S. 76, Bd. 26 S. 15, 184; Protokolle der Kommission zur Beratung einer allgemeinen Zivilprozeßordnung für die deutschen Bundesstaaten (hannoverscher Entwurf) S. 1433, 1455 flg., 1630 flg., 6125; Protokolle der Kommission zur Ausarbeitung des Entwurfes einer Zivilprozeßordnung für die Staaten des Norddeutschen Bundes S. 579.

ist, über den Grund vorab zu entscheiden, die Verhandlung und Entscheidung über den Betrag desselben bis dahin auszusetzen, daß über den Grund rechtskräftig entschieden ist. Bei ordnungsmäßiger Prozeßleitung — und es muß vorausgesetzt werden, daß der Richter von der ihm im Gesetze gegebenen Befugnis, dem Zwecke des Gesetzes gemäß, in jedem Falle Gebrauch machen wird, in welchem durch gleichzeitige Verhandlung über den Grund und den Betrag des Anspruches irgendwelche Unzuträglichkeiten zu besorgen sind — können also gegenwärtig diejenigen Nachteile und Unzuträglichkeiten nicht mehr entstehen, welche nach dem bisherigen Verfahren bei einer gleichzeitigen Verhandlung und Entscheidung über den Grund und den Betrag eines streitigen Schadensersatzanspruches hervorgetreten sind. Damit ist aber auch jeder Grund verschwunden, die Schadensersatzklagen bezüglich ihrer Begründung und ihres Antrages anders zu behandeln, wie die sonstigen Klagen.

Der Zulassung von Klagen auf Schadensersatz, unter Vorbehalt der Festsetzung des Betrages des zu ersetzenden Schadens in einem besonderen Verfahren, steht aber auch die Vorschrift in § 230 Abs. 2 ZPO. entgegen. Nach dieser muß die Klageschrift die bestimmte Angabe des Gegenstandes und des Grundes des erhobenen Anspruches, sowie einen bestimmten Antrag enthalten. Ein bestimmter Antrag bildet also, dem Wesen und Zwecke der Klage entsprechend, einen wesentlichen Bestandteil des Schriftsatzes, durch dessen Zustellung die Klage erhoben wird. Bei den auf eine Leistung gerichteten Klagen ist der Antrag aber nur dann ein bestimmter, wenn er erkennen läßt, was der Kläger qualitativ und quantitativ von dem Beklagten fordert, wenn er nicht nur auf die Verurteilung zu einer Leistung im allgemeinen gerichtet ist, sondern zugleich den Anspruch nach Art und Umfang bezeichnet.

Vgl. Entsch. des RG.'s in Zivils. Bd. 10 S. 353, Bd. 12 S. 388.

Folgt daraus zwar nicht mit Notwendigkeit, daß der Anspruch bereits in der Klageschrift der Summe nach genau bezeichnet werden, der Antrag auf Zuerkennung einer bestimmten, ziffermäßig angegebenen Summe gerichtet sein müsse; genügt es vielmehr, wenn nach dem Antrage in Verbindung mit den über den Gegenstand und Grund des Anspruches gemachten Angaben der erhobene Anspruch in der Art individualisiert ist, daß über dessen Identität ein Zweifel nicht besteht, und daß der Betrag durch richterliches Ermessen, nötigenfalls mit Hilfe von Sachverständigen, festgestellt werden kann, so müssen doch die für die quantitative Feststellung des Anspruches erforderlichen tatsächlichen Grundlagen, die Unterlagen für die qualitative und quantitative Abgrenzung des erhobenen Anspruches, angegeben werden. Der Anspruch muß in der Klageschrift, bzw. in der mündlichen Verhandlung in der Art substanziiert werden, daß in einem und demselben Verfahren sowohl über den Grund, als auch über den Betrag des Anspruches verhandelt und entschieden werden kann; es müssen also bei Schadensersatzklagen die tatsächlichen Grundlagen über Art und Umfang des erlittenen und ersetzt verlangten Schadens in der Art angegeben werden, daß das Gericht, sei es auf Grund der erhobenen Beweise, sei es ohne Beweiserhebung unter Anwendung der Vorschrift in § 260 ZPO. in demselben Prozesse, falls es die Verpflichtung des Beklagten zum Ersatze des Schadens angenommen hat, über den Betrag des von diesem dem Kläger zu ersetzenden Schadens erkennen kann, so daß ein Urteil ergeht, auf welches die Zwangsvollstreckung erfolgen kann, und durch welches der unter den Parteien bestehende Streit über die Verpflichtung des Beklagten zum Ersatze eines bestimmten, dem Kläger entstandenen Schadens definitiv zum Austrage gebracht wird.

Muß danach die Zulässigkeit der Klagen auf Leistung von Schadensersatz, unter Vorbehalt der Feststellung des Betrages des vom Beklagten zu ersetzenden Schadens in einem besonderen Verfahren, als Regel verneint werden, so sind derartige Klagen doch für zulässig zu erachten, wenn die Voraussetzungen des § 231 ZPO. vorliegen, wenn also der Kläger ein rechtliches Interesse an der alsbaldigen Feststellung der Verpflichtung des Beklagten zum Ersatze eines ihm zugefügten Schadens durch richterliche Entscheidung hat. Denn mit dem Antrage, den Beklagten zum Ersatze eines entstandenen Schadens, unter Vorbehalt der Liquidation des Betrages desselben in einem besonderen Verfahren, zu verurteilen, wird in der Tat die Feststellung eines Rechtsverhältnisses (einer rechtlichen Beziehung der Parteien zueinander), aus welchem für den Beklagten die Verpflichtung zur Entschädigung des Klägers erwachsen ist, bezweckt. Der Kläger, welcher eine solche Verurteilung des Beklagten begehrt und beantragt, will nur die Feststellung der Schadensersatzpflicht; er verlangt in diesem Verfahren keine Leistung. Der Regel nach wird zwar ein rechtliches Interesse an der alsbaldigen Feststellung der Schadensersatzpflicht nicht vorliegen, wenn bereits ein Schade entstanden ist, da der Kläger dann meist in der Lage sein wird, die Leistungsklage, die Klage auf Verurteilung des Beklagten zur Leistung eines bestimmten, wenn auch in der Klageschrift noch nicht ziffermäßig bezeichneten, Schadens zu erheben, die Unterlagen für diese Bestimmung des Betrages des Schadens anzugeben. Allein es lassen sich Fälle denken, in welchen der Kläger nicht in der Lage sich befindet, eine Klage auf Erstattung eines bestimmten Schadens in dieser Art zu substantiieren, dennoch aber ein rechtliches Interesse an der alsbaldigen richterlichen Feststellung der Verpflichtung des Beklagten zum Schadensersatze oder desjenigen Rechtsverhältnisses, aus welchem die Verbindlichkeit des Beklagten zum Schadensersatze sich ergibt, hat. In solchen Fällen ist dem Kläger gestattet, seinen Klagantrag auf Feststellung der Verpflichtung des Beklagten zum Schadensersatze zu beschränken und die Ermittelung und Festsetzung des Schadensbetrages einem besonderen Verfahren vorzubehalten."

RGZ. 25, 398

Welches Gericht ist, wenn gegen einen Teil des im Mahnverfahren erlassenen Zahlungsbefehles Widerspruch erhoben wird, für den Prozeß über den noch streitigen Teil sachlich zuständig?

ZPO. §§ 633—637, 235 (jetzt 693—697, 263).

IV. Zivilsenat. Urt. v. 24. Februar 1890.

I. Landgericht Frankfurt a. O. II. Kammergericht Berlin.

Der Kläger hat wegen einer ihm gegen den Beklagten zustehenden Forderung von angeblich 321,20 M. für käuflich gelieferte Feldsteine dem Beklagten durch das zuständige Amtsgericht am 13. März 1889 einen Zahlungsbefehl zustellen lassen. Der Beklagte hat am 15. März 301 M. bezahlt und im übrigen Widerspruch erhoben. Der Kläger hat dann wegen der 321,20 M. nebst 5 Prozent Zinsen seit dem 13. März 1889 abzüglich der am 15. März gezahlten 301 M. bei dem dem Amtsgerichte übergeordneten Landgerichte die Klage angestellt, gegen welche der Beklagte unter Verweigerung der Einlassung auf die Hauptsache den Einwand der Unzuständigkeit erhoben hat. Beide Vorderrichter haben den Einwand für begründet erklärt; das Reichsgericht hat ihn verworfen.

Gründe:

„Die hier vorliegende Frage, wie in dem Falle, wenn gegen einen Teil des im Mahnverfahren zugestellten Zahlungsbefehles Widerspruch erhoben wird, die sachliche Zuständigkeit des Gerichtes für den Prozeß über den noch streitigen Teil des Zahlungsbefehles sich bestimmt, beantworten die beiden Vorderrichter dahin, daß allein der noch für den Prozeß streitige Betrag zu berücksichtigen sei, während die Revision die auch in den meisten Kommentaren zur Zivilprozeßordnung ausgesprochene Ansicht vertritt, daß es auf den ganzen Betrag des zugestellten Zahlungsbefehles ankomme*).

Die letztere Ansicht ist für die richtige zu erachten. Maßgebend sind die Bestimmungen der §§ 633, 635, 636, 637, 235, 239 ZPO.

Hiernach treten mit der Zustellung des Zahlungsbefehles die Wirkungen der Rechtshängigkeit ein und bleiben auch bei Erhebung des Widerspruches bestehen. Eine Beschränkung auf die materiell-rechtlichen Wirkungen der Rechtshängigkeit ist aus dem Umstande, daß nach § 235 die Erhebung der Klage die Rechtshängigkeit und diese die dort genannten prozeßrechtlichen Wirkungen begründet, nicht zu entnehmen, weil die Wirkungen der Rechtshängigkeit nach der Vorschrift

*) Vgl. die Kommentare von Seuffert, 4. Aufl., § 637, Anm. 7; v. Wilmowski und Levy, 5. Aufl., § 636, Anm. 1 und § 637, Anm. 4; Struckmann und Koch, 5. Aufl., § 637, Anm. 1; Förster, § 636, Anm. 2, § 637, Anm. 1 u. 6 Abs. 2; Reincke, § 635, Anm.; Petersen, §§ 634—638, Anm. 2; Sarwey, § 637, Anm. 2; Hellmann, Lehrbuch, S. 930.

des § 633 mit der Zustellung des Zahlungsbefehles eintreten, in dieser Beziehung also die Zustellung des Zahlungsbefehles die Erhebung der Klage ersetzt. Sowohl die allgemeine Fassung des Gesetzes, wie auch die Erwägung, daß, weil im § 235 die prozeßrechtlichen Wirkungen der Rechtshängigkeit einzeln aufgeführt sind und wegen der sonstigen (materiellrechtlichen) Wirkungen im § 239 nur auf die Vorschriften des bürgerlichen Rechtes verwiesen ist, die in der Prozeßordnung erwähnte Folge des Eintrittes der Wirkungen der Rechtshängigkeit sich auch auf die in der Prozeßordnung aufgeführten prozeßrechtlichen, nicht aber lediglich auf die unbestimmt gelassenen materiellrechtlichen beziehe, schließen die Beschränkung auf die materiellrechtlichen Wirkungen der Rechtshängigkeit aus. Ist somit der Eintritt der prozeßrechtlichen Wirkungen der Rechtshängigkeit, wie sie der § 235 aufführt, mit der Zustellung des Zahlungsbefehles verknüpft, dann gehört dazu namentlich auch die unter Nr. 2 bezeichnete Wirkung, daß die Zuständigkeit des Prozeßgerichtes durch eine Veränderung der sie begründenden Umstände nicht berührt wird, also dasjenige Prozeßgericht zuständig bleibt, welches bei Zustellung des Zahlungsbefehles zuständig war. Dem gegenüber kann die vom Berufungsrichter zur Begründung der abweichenden Meinung gemachte Ausführung, daß die §§ 636, 637 den Nachdruck auf die wegen des Anspruches zu erhebende Klage legen und somit der Zeitpunkt der Klagerhebung für die Zuständigkeit im Falle des § 637 maßgebend sei, nicht ins Gewicht fallen. Denn wenn der Anspruch durch die Zustellung des Zahlungsbefehles rechtshängig wird und dieser Zeitpunkt für die Zuständigkeit entscheidend bleibt, so ist eben auch im §§ 636, 637 dieser Zeitpunkt für die Frage entscheidend, ob die wegen des Anspruches zu erhebende Klage vor die Amtsgerichte oder vor die Landgerichte gehört. Ebensowenig kann dem vom ersten Richter angeführten Umstande, daß im Eingange des § 637 ausdrücklich von „Landgerichten", am Schlusse desselben aber allgemein vom „zuständigen Gerichte" gesprochen werde, eine Bedeutung für die Unterstützung der abweichenden Ansicht beigemessen werden; denn wenn im Eingange des § 637 gesagt ist: „Gehört die wegen des Anspruches zu erhebende Klage vor die Landgerichte", so kann das am Schlusse des § 637 erwähnte „zuständige Gericht", bei welchem die Klage erhoben wird, auch nur ein Landgericht und nicht ein Amtsgericht sein. Endlich würde auch daraus, daß, wie viele Kommentatoren wollen, in betreff der örtlichen Zuständigkeit im Falle des § 637 die Zeit der Erhebung der Klage für maßgebend erachtet werden möchte, kein Grund entnommen werden können, die sachliche Zuständigkeit ebenso zu beurteilen; denn, wenn man auch die nicht ausdrücklich im Gesetze gemachte Ausnahme in betreff der örtlichen Zuständigkeit gelten lassen will, was hier dahingestellt bleiben kann, so sind doch die für die Berechtigung dieser Ausnahme vorgebrachten Gründe ausschließlich dem Gebiete der für die örtliche Zuständigkeit in Betracht kommenden Rücksichten entnommen und für die sachliche Zuständigkeit ohne Bedeutung.

Im vorliegenden Falle war bei Zustellung des Zahlungsbefehles unstreitig das Landgericht sachlich zuständig. Die sachliche Zuständigkeit desselben bleibt also bestehen, wenn auch der streitige in der erhobenen Klage geforderte Betrag die sachliche Zuständigkeit des Amtsgerichtes rechtfertigen würde."

RGZ. 32, 407

Kann die Partei, die im Prozesse ein vom Gegner behauptetes Rechtsverhältnis anerkannt hat, dieses Anerkenntnis nur unter den Voraussetzungen des § 263 ZPO.*) widerrufen?

VI. Zivilsenat. Urt. v. 21. Dezember 1893

I. Landgericht Halberstadt. II. Oberlandesgericht Naumburg a. S.

Kläger beanspruchen Schadensersatz für 26 im Auftrage der Beklagten abgehauene Obstbäume, mit der Angabe, daß diese Bäume ihr Eigentum gewesen seien. Das Berufungsgericht hat den Entschädigungsanspruch dem Grunde nach für gerechtfertigt erklärt, indem es das Eigentum der Kläger an 23 von jenen Bäumen auf Grund des in einem Vorprozesse ergangenen Urteiles vom 18. April 1888, an den übrigen drei (Pflaumen-) Bäumen auf Grund eines Zugeständnisses der Beklagten als feststehend ansieht. Wegen der 23 Bäume ist die Revision des Beklagten zurückgewiesen, wegen der drei zuletzt gedachten Bäume das Berufungsurteil aufgehoben worden.

Aus den Gründen:

... „Dagegen kann das angefochtene Urteil in Ansehung der drei Pflaumenbäume, auf die sich das Urteil vom 18. April 1888 nach der getroffenen Feststellung nicht bezieht, für rechtlich begründet nicht erachtet werden. Der Vorderrichter sieht hier das Eigentum der Kläger „auf Grund des von der Beklagten jetzt in erster Instanz abgegebenen Zugeständnisses" als feststehend und den in zweiter Instanz erfolgten Widerruf dieses Geständnisses als unbeachtlich an, weil nicht anzunehmen sei, daß dem Geständnisse ein wirklicher Irrtum des erklärenden Prozeßbevollmächtigten zugrunde liege, dessen Erklärung vielmehr, auch wenn die Beklagte selbst nach der erteilten Information ein Geständnis nicht hätte abgeben wollen, als eine vollbewußte und beabsichtigte aufgefaßt werden müsse. Ob der von der Revision hiergegen erhobene Vorwurf der mangelnden Begründung zutreffen möchte, kann dahingestellt bleiben, und ebensowenig bedarf es eines Eingehens auf die schon früher vom Reichsgerichte berührte, aber

*) Jetzt § 290 ZPO.

unentschieden gelassene Frage, auf wessen Seite der nach § 263 ZPO. zu beweisende Irrtum stattgefunden haben müsse, auf seiten der Partei oder des Vertreters derselben oder beider zugleich.

Vgl. Entsch. des RG.'s in Zivils. Bd. 11 S. 405 flg.

Denn die Voraussetzungen für die Anwendung des § 263 ZPO. liegen überhaupt nicht vor. Nach dem erstrichterlichen Tatbestande hatten Kläger zur Begründung der Klage vorgetragen, ihr Vorbesitzer B. habe 24 Bäume (und zwar die im Vorprozesse umstrittenen, wovon später einer abgehauen)... pflanzen lassen; die übrigen drei (Pflaumen-) Bäume ... seien von den Wurzeln der gepflanzten Bäume ausgeschlagen. „Die Beklagte", heißt es dann wörtlich, „hat kostenfällige Abweisung der Klage beantragt. Sie erkennt das Eigentum der Kläger an den in der Taxe (unter Nr. 1—22) aufgezählten Bäume an, nimmt aber das Eigentum der letzten vier Apfelbäume (Nr. 23—26) für sich in Anspruch und bestreitet diesbezüglich die Klagebehauptungen." Daß die Beklagte die von den Klägern mit Bezug auf die Bäume Nr. 1—22 behaupteten Tatsachen zugestanden habe, ist somit nicht aus dem Tatbestande zu ersehen; vielmehr liegt danach nur vor ein Anerkenntnis des Eigentumes der Kläger an 22 Bäumen, darunter den jetzt noch streitigen drei Pflaumenbäumen. Wäre dieses Anerkenntnis außerhalb des Prozesses abgegeben worden, so könnten darauf allein die Kläger ein Eigentumsrecht, welches ihnen nicht schon vorher zustand, nicht stützen. Daß andererseits hier der § 278 ZPO. keine Anwendung finden konnte, liegt klar zu tage. Durfte nun auch das Landgericht das Eigentum der Kläger, soweit das Anerkenntnis der Beklagten reichte, ohne weitere Beweisaufnahme als feststehend ansehen, so gestaltete sich doch die Sache für den Berufungsrichter anders, nachdem die Beklagte ihr Anerkenntnis widerrufen hatte. Ueber den Unterschied zwischen dem Zugestehen der vom Gegner behaupteten Tatsachen §§ 255, 261 ZPO.) und dem Anerkennen eines Rechtsverhältnisses hat sich das Reichsgericht bereits in einem Urteile vom 29. Mai 1883,

vgl. Entsch. des RG.'s in Zivils. Bd. 10 S. 364,

ausgesprochen. Nach den dort entwickelten Grundsätzen ist auch die Frage wegen der Zulässigkeit des Widerrufes zu beurteilen. Wo es sich um so einfache und gemeinverständliche Rechtsbegriffe handelt, daß in dem Anerkennen des Rechtsverhältnisses ohne weiteres ein Zugestehen der das Rechtsverhältnis begründenden Tatsachen gefunden werden muß, da wird ein Widerruf des Anerkenntnisses nur unter den in § 263 ZPO. angegebenen Voraussetzungen Beachtung finden können. Wo dagegen die wesentliche Bedeutung des Anerkenntnisses darin zu erblicken ist, daß die vom Gegner aus seinen Behauptungen gezogenen rechtlichen Folgerungen für richtig erklärt werden, muß der Widerruf einer derartigen Erklärung ohne weitere Beschränkungen zulässig erscheinen. Ob der eine oder der andere Fall vorliegt, kann nur nach den Umständen der einzelnen Sache entschieden werden, da derselbe Rechtsbegriff je nach Lage der Verhältnisse einfach oder durch streitige rechtliche Folgerungen verwickelt sein kann. Im gegenwärtigen Prozesse läßt sich nun der Begriff des Eigentumes nicht als ein so einfacher ansehen, daß er einer „Tatsache" im Sinne der Zivilprozeßordnung (§§ 261, 324 Ziff. 1, 338, 410, 437 usw.) gleichgeachtet werden könnte*). Dies geht schon daraus hervor, daß nach der Darstellung des Berufungsgerichtes der Prozeßbevollmächtigte der Beklagten in erster Instanz zu dem Anerkennen des Eigentumes der Kläger dadurch gelangt ist, daß er aus der ihm von der Beklagten erteilten tatsächlichen Information andere rechtliche Folgerungen gezogen hat als die Beklagte selbst. Wenn aber der § 81 ZPO. in Satz 2 neben Geständnissen die „anderen tatsächlichen Erklärungen" des Bevollmächtigten als für die Partei bindend besonders hervorhebt, so ist schon damit zum Ausdrucke gelangt, daß die Partei durch die rechtlichen Ausführungen ihres Prozeßbevollmächtigten nicht verpflichtet wird, wie sie auch berechtigt wäre, die von ihr selbst in einem früheren Zeitpunkte des Prozesses gezogenen rechtlichen Folgerungen später für unrichtig zu erklären.

Da nun der Vorderrichter seine Entscheidung in betreff dieser drei Pflaumenbäume lediglich auf das Anerkenntnis des Prozeßbevollmächtigten gestützt, dagegen nicht untersucht hat, ob die von den Klägern mit Bezug hierauf angeführten Tatsachen als unbestritten gelten können und ob sie an sich geeignet sind, den Schadensanspruch dem Grunde nach zu rechtfertigen, so muß insoweit das Urteil aufgehoben und die Sache in die Instanz zurückverwiesen werden." . . .

RGZ. 33, 359

Kann die Einrede, daß die zur Erneuerung des Rechtsstreites erforderliche Erstattung der Kosten des früheren Verfahrens noch nicht erfolgt sei (§ 247 Ziff. 5 ZPO.)), auch dann geltend gemacht werden, wenn die von neuem angestellte Klage nicht von dem früheren Kläger, sondern von einem Gläubiger desselben, welchem die Forderung gemäß § 736 ZPO.***) zur Einziehung überwiesen worden, erhoben ist?**

IV. Zivilsenat. Urt. v. 22. Februar 1894.

I. Landgericht I Berlin. II. Kammergericht daselbst.

Gründe:

„Der Beklagte hat im Auftrage des Zimmergesellen B. wegen einer vollstreckbaren Forderung desselben gegen den Zimmermeister K. im

*) Vgl. hiergegen v. Wilmowski-Levy, Zivilprozeßordnung Anm. 3 zu § 261, und die dort Angeführten, namentlich v. Canstein in Busch, Zeitschrift für Zivilprozeß Bd. 1 S. 340 Note 120.

**) Jetzt § 274 Ziff. 5 ZPO.

***) Jetzt § 835 ZPO.

Wege der Zwangsvollstreckung eine Pfändung bewirkt, demnächst einen der gepfändeten Gegenstände, einen Richtebaum, verkauft und den Erlös mit 37,80 M. an den Gläubiger B. abgeführt. Auf die von der Handlung K. & Co. gegen den Gläubiger B. erhobene Interventionsklage ist dieser zur Rückzahlung der 37,80 M. nebst Zinsen verurteilt worden. Die Zwangsvollstreckung gegen ihn ist jedoch fruchtlos ausgefallen. Hierauf hat die Handlung K. & Co. eine Regreßklage gegen den Beklagten in Höhe der 37,80 M. erhoben, jedoch die Klage wieder zurückgenommen und ist in die Kosten des Rechtsstreites verurteilt worden. Für den Kläger, den Rechtsanwalt H., ist wegen eines Teilbetrages von 45 M. seiner Gebührenforderung an die Handlung K. & Co. der dieser gegen den Beklagten angeblich zustehende Regreßanspruch von 37,80 M. gepfändet und ihm zur Einziehung überwiesen worden. Er hat nunmehr für seine Person auf Grund dieser Pfändung und Ueberweisung dieselbe Regreßklage auf Zahlung von 37,80 M. nebst 5 Prozent Zinsen seit dem 19. September 1891 gegen den Beklagten angestrengt.

Der Beklagte hat die prozeßhindernde Einrede erhoben, die Erstattung der Kosten des früheren Verfahrens sei noch nicht erfolgt. Das Landgericht hat durch Zwischenurteil vom 6. Februar 1893 erkannt: die Einrede des Beklagten, daß die zur Erneuerung des Rechtsstreites erforderliche Erstattung der Kosten des früheren Verfahrens in Sachen K. & Co. gegen B. noch nicht erfolgt sei, wird verworfen. Die Berufung des Beklagten gegen dieses Urteil ist zurückgewiesen. Die gegen das Berufungsurteil eingelegte Revision war für begründet zu erachten.

Nach § 243 ZPO. kann der Beklagte, wenn die Klage nach erfolgter Zurücknahme von neuem angestellt wird, die Einlassung verweigern, bis die Kostenerstattung erfolgt ist, und § 247 rechnet demgemäß zu den prozeßhindernden Einreden unter Ziff. 5 die Einrede, daß die zur Erneuerung des Rechtsstreites erforderliche Erstattung der Kosten des früheren Verfahrens noch nicht erfolgt sei. Das Berufungsgericht hält diese Vorschrift in folgender Begründung für unanwendbar: zwar müsse der Gläubiger bei der Einklagung einer ihm zur Einziehung überwiesenen Forderung die dem Drittschuldner gegen den Schuldner zustehenden Einreden sich entgegensetzen lassen; allein dies gelte nur von „materiellen Einwendungen, die das geltend gemachte Recht selbst betreffen". Dagegen wirkten die „prozessualischen Einreden" nur gegen denjenigen, dem gegenüber sie unmittelbar begründet seien; denn sie seien nicht sowohl gegen den geltend gemachten Anspruch, als vielmehr gegen die prozessualische Geltendmachung des Rechtes gerichtet. Dieser für die Zession anzuerkennende Grundsatz müsse bei der Pfändung und Ueberweisung einer Forderung zur Einziehung analoge Anwendung finden. Denn wenngleich der Pfändungsgläubiger, welchem die gepfändete Forderung zur Einziehung überwiesen ist, nicht Rechtsnachfolger des Exequenden, sondern zur Einziehung der Forderung ermächtigt sei, so handle er doch kraft Gesetzes in eigenem Namen und für eigene Rechnung, nicht als Vertreter des Exequenden, und darum erscheine die analoge Anwendung der für die Zession aufgestellten Rechtsgrundsätze auf das vorliegende Rechtsverhältnis geboten.

Diese Begründung ist rechtsirrtümlich. Sie verkennt Inhalt und Zweck der prozeßhindernden Einrede des § 247 Ziff. 5. Die Vorschrift des § 243 Abs. 4 und die entsprechende Vorschrift des § 247 Ziff. 5 bezwecken, „den Beklagten vor Vexationen des Klägers zu schützen" (Begründung des Entwurfes zur Zivilprozeßordnung S. 192). Sie würden aber diesen Zweck nur unvollkommen erfüllen, wenn die Einrede des § 247 Ziff. 5 dem Beklagten versagt wäre, obgleich die „von neuem angestellte" Klage — genau so, wie § 243 Abs. 4 die Befugnis zur Verweigerung der Einlassung seitens des Beklagten normiert — die zurückgenommene ist, zwar nicht von dem Kläger selbst erhoben, sondern von dem Gläubiger desselben, aber vermöge einer richterlichen Ueberweisung, die nach dem Gesetze (§ 737 ZPO.) „die förmlichen Erklärungen des Schuldners ersetzt, von welchem nach den Vorschriften des bürgerlichen Rechtes die Berechtigung zur Einziehung der Forderung abhängig ist". Eine über diese Berechtigung, die Forderung des Schuldners einzuziehen, hinausgehende Wirkung hat die Ueberweisung einer gepfändeten Forderung zur Einziehung nach § 737 ZPO. nicht. Die dem Beklagten als Drittschuldner gegenüber der Handlung K. & Co. als der Schuldnerin nach § 247 Ziff. 5 zustehende Einrede, daß die zur Erneuerung des Rechtsstreites erforderliche Erstattung der Kosten des früheren Verfahrens noch nicht erfolgt sei, steht daher auch dem auf Grund der erlangten Ueberweisung zur Einziehung klagenden Gläubiger der Handlung K. & Co., d. i. dem Kläger, entgegen, und gleichgültig ist, ob die Klage vor oder nach der Ueberweisung zurückgenommen ist. Das Berufungsgericht hat die Bedeutung und die Wirkungen, welche das Gesetz in den §§ 736, 737 ZPO. der Ueberweisung zur Einziehung beilegt, verkannt und ist hierdurch zur Verwerfung der Einrede des § 247 Ziff. 5 gelangt. Die auf Verletzung dieser Rechtsnormen beruhende Entscheidung war daher aufzuheben und unter Abänderung des landgerichtlichen Urteiles die Klage auf Grund der nach vorstehendem begründeten prozeßhindernden Einrede abzuweisen.

RGZ. 39, 12

Findet § 236 Abs. 2 ZPO.*) auch im Anfechtungsprozesse Anwendung, wenn der Kläger während des Prozesses die Forderung, wegen deren er eine Rechtshandlung des Schuldners anficht, abtritt? Insbe-

*) Jetzt § 265 ZPO.

sondere auch dann, wenn er sie an einen Bürgen, von welchem er im Laufe des Prozesses befriedigt ist, abtritt?

VI. Zivilsenat. Urt. v. 18. März 1897.

I. Landgericht Neuruppin. II. Kammergericht Berlin.

Aus den Gründen:

„Der Kläger ist im Laufe des Prozesses mit seinen Forderungen gegen W. St., wegen deren er die vorliegende Anfechtungsklage gegen dessen Witwe angestellt hat, von einem als Bürgen Mitverpflichteten — dem F. G. — befriedigt worden und hat demselben durch die Zession vom 29. April 1893 seine Forderungen mit dem Anfechtungsanspruche abgetreten. F. G. ist nicht in den Prozeß eingetreten; dieser ist vielmehr vom Kläger fortgeführt. Das Berufungsgericht führt aus: nach § 236 Abs. 2 ZPO. habe die Abtretung der im Streite befangenen Forderung auf den Prozeß allerdings keinen Einfluß; der Kläger bleibe Prozeßpartei und habe den Prozeß in seinem Namen fortzusetzen. Allein die Berechtigung des erhobenen Anspruches sei nach dem Rechte des Klägers zu beurteilen, und Kläger stütze denselben auf sein Anfechtungsrecht. Dieses stehe ihm nicht mehr zu, nachdem er von einem Mitverpflichteten befriedigt worden sei. Forderung und Anfechtungsrecht könnten nur in einer Hand vereinigt sein. Durch Abtretung der Forderung begebe sich der Zedent des Anfechtungsrechtes. In seiner Person gehe es dadurch unter; auf den Bürgen, der an Stelle des Hauptschuldners den Kläger befriedigte, gehe es nicht über. Dieser erlange durch die Bezahlung der Schuld ein eigenes Recht gegen den Hauptschuldner, zu dessen Schutze er auch ein eigenes Anfechtungsrecht, nicht dasjenige des bezahlten Gläubigers habe.

Es bleibt bei dieser Argumentation unklar, ob das Berufungsgericht die Anwendbarkeit des § 236 Abss. 2, 3 ZPO. im Anfechtungsprozesse allgemein, oder nur für den Fall ausschließen will, daß die Abtretung der Forderung, wegen deren das Anfechtungsrecht ausgeübt wird, an einen zahlenden Bürgen erfolgt. Beides kann nicht als richtig anerkannt werden.

Dem Berufungsgerichte ist zwar darin beizutreten, daß der Anfechtungsanspruch von der Forderung, wegen deren er dem Gläubiger zusteht, sich nicht ablösen läßt. Eine selbständige Existenz, vermöge deren er nach der Befriedigung des Gläubigers noch fortdauern könnte, besitzt er nicht. Es herrscht auch, soweit ersichtlich, kein Streit darüber, daß er ohne die Forderung nicht zediert werden kann.

Vgl. Cosack, Das Anfechtungsrecht der Gläubiger S. 305; Jaeckel, Die Anfechtung von Rechtshandlungen zahlungsunfähiger Schuldner 2. Aufl. S. 199; Petersen u. Kleinfeller, Konkursordnung und Reichsgesetz vom 21. Juli 1879 3. Aufl. Bem. II zu § 1 des Gesetzes vom 21. Juli 1879 S. 655; Entsch. des RG.'s in Zivils. Bd. 30 S. 74.

Unrichtig ist aber, daß durch die Abtretung der Forderung das Anfechtungsrecht in der Person des Zedenten untergehe. Das Anfechtungsrecht steht dem Gläubiger als solchem zum Zwecke seiner Befriedigung zu (§ 1 des Gesetzes vom 21. Juli 1879), und ein Wechsel in der Person des Gläubigers, wie er durch die Zession der Forderung eintritt, hat daher nicht den Untergang des Anfechtungsrechtes, sondern dessen Uebergang auf den Zessionar, auch ohne ausdrückliche Mitabtretung, zur Folge (§ 402 ALR. I. 11). Das vom Zessionar auszuübende Anfechtungsrecht ist kein neues, in seiner Person erst entstehendes, sondern dasselbe Recht, das bis dahin dem Zedenten zustand. Daher bedarf der Zessionar keines neuen vollstreckbaren Titels und keiner auf seine Person lautenden Vollstreckungsklausel,

vgl. Petersen u. Kleinfeller, a. a. O. Bem. II zu § 2 des Gesetzes vom 21. Juli 1879, am Schlusse, S. 663,

und ebenso behält die vom Zedenten nach § 4 des Gesetzes erlassene Ankündigung ihre Wirkung auch nach der Zession zugunsten des Zessionars.

Vgl. Cosack, a. a. O. S. 228; Jaeckel, a. a. O. S. 167; Petersen u. Kleinfeller, a. a. O. Bem. III zu § 4 des Gesetzes vom 21. Juli 1879 S. 674.

Es erscheint als eine völlig unannehmbare Konsequenz der gegnerischen Meinung, daß das Anfechtungsrecht trotz der rechtzeitig erfolgten Ankündigung nicht mehr geltend gemacht werden dürfe, wenn die Forderung nach Ablauf der im § 3 Ziff. 2—4 des Gesetzes bestimmten Fristen zediert wird.

Unter diesen Umständen kann es sich nur fragen, ob für die Anwendung des § 236 Abss. 2, 3 ZPO. im Anfechtungsprozesse etwa deshalb kein Raum sei, weil der nicht zessible Anfechtungsanspruch als der im Anfechtungsprozesse geltend gemachte Anspruch im Sinne des § 236 ZPO. anzusehen sei. Das Anfechtungsrecht steht dem Gläubiger der Hauptforderung, und nur diesem, zu; durch die Zession der Hauptforderung tritt daher von selbst ein Wechsel in der Person des Anfechtungsberechtigten ein, und andererseits gibt es ohne eine Veränderung in der Person des Gläubigers keinen Uebergang des Anfechtungsrechtes auf einen Anderen. Nicht mit Unrecht läßt sich daher sagen, daß der Anfechtungsanspruch als solcher nicht zessibel sei. Die Zession ist entweder unwirksam, oder, wenn sie mit der Hauptforderung zusammen erfolgt, rechtlich doch bedeutungslos, weil der Uebergang des Anfechtungsanspruches nicht durch diese Zession, sondern lediglich durch die Zession der Hauptforderung vermittelt wird. Wäre nun der Anfechtungsanspruch, losgelöst von der Hauptforderung, der im Anfechtungsprozesse geltend gemachte Anspruch, so könnte allerdings mit anscheinender Berechtigung aus dem Gesagten wegen des Mangels der Zessibilität dieses Anspruches die Unanwendbarkeit des § 236 ZPO. im Anfechtungsprozesse gefolgert werden. Dies scheint der Gedanke des Berufungsgerichtes zu sein, der zu seiner Voraussetzung hat, daß der Anfechtungsanspruch in der Geltendmachung eine gewisse Selbständigkeit beweist, indem das dem Gläubiger zustehende Forderungsrecht zwar die Vorbedingung des Anfechtungsanspruches bildet, dieser letztere jedoch für sich allein und ohne die Hauptforderung im Anfechtungsprozesse verfolgt wird. Es kann aber dahingestellt bleiben, ob nicht, selbst die Richtigkeit dieser Voraussetzung angenommen, die Anwendbarkeit des § 236 ZPO. im Anfechtungsprozesse daraus folgt, daß der Anfechtungsanspruch kein in der Person des Zessionars der Forderung neu entstehender ist, sondern infolge der Zession auf ihn mit übergeht und in der Zession mit enthalten ist. Es ist, davon abgesehen, nicht zuzugeben, daß der Anfechtungsanspruch und die Forderung derartig als getrennt zu denken wären, daß nur der erstere, und nicht die letztere, im Anfechtungsprozesse geltend gemacht würde. Der Anfechtungsanspruch des Gläubigers ist nichts anderes, als das unter gewissen Voraussetzungen ihm zustehende Recht, die Befriedigung wegen seiner Forderung aus fremdem Vermögen zu suchen und dessen Hergabe zum Zwecke seiner Befriedigung zu fordern (§§ 1, 7 des Gesetzes vom 21. Juli 1879). Mit der Anfechtungsklage macht also der Gläubiger seine Forderung in der durch das Gesetz ihr gegebenen Richtung auf fremdes Vermögen geltend, ganz ebenso wie der Gläubiger, der Befriedigung aus einem in den Händen eines Dritten befindlichen Pfande fordert, damit seine Forderung gegen den Pfandschuldner geltend macht. Daß es sich im Anfechtungsprozesse regelmäßig nicht mehr um das Bestehen der Forderung handelt, Einwendungen dagegen vielmehr ausgeschlossen sind, beweist nichts für das Gegenteil.

Denn dies hat seinen Grund darin, daß das Gesetz das Vorhandensein eines vollstreckbaren Schuldtitels für erforderlich, aber auch für ausreichend erklärt, um das Forderungsrecht und zugleich dessen Vollstreckbarkeit im Anfechtungsprozesse als bestehend anzusehen, so daß, wenn der vollstreckbare Titel vorhanden ist, nur noch zu prüfen bleibt, ob die sonstigen im Anfechtungsgesetze bestimmten Voraussetzungen der Verfolgbarkeit der Forderung in fremdes Vermögen vorliegen.

Die Abtretung der Forderung, wegen deren das Anfechtungsrecht ausgeübt wird, hat sonach, wenn sie während des Anfechtungsprozesses erfolgt, als Zession des in diesem geltend gemachten Anspruches der Bestimmung des § 236 Abs. 2 ZPO. gemäß keinen Einfluß auf den Prozeß. Dem den Anfechtungsprozeß fortsetzenden Zedenten kann der Einwand der mangelnden Sachlegitimation nicht entgegengesetzt werden.

Hieran ändert sich nichts, wenn die Zession an einen Zahlung leistenden Bürgen erfolgt. Macht der Bürge von dem ihm zustehenden Rechte auf Zession der bezahlten Forderung Gebrauch (§§ 238 flg. ALR. I. 14), so geht die Forderung durch die Befriedigung des Gläubigers nicht unter, sondern besteht in der Person des Bürgen fort, und einen Unterschied zwischen freiwilliger und notwendiger Zession (§ 442 ALR. I. 11) macht der § 236 ZPO. nicht. Ob der Bürge auch ohne Zession der Forderung Regreßansprüche gegen den Schuldner erlangt, wegen deren er ein eigenes Anfechtungsrecht geltend machen könnte, kommt hier, wo es sich nur um seine Stellung als Zessionars der Forderung handelt, nicht in Frage.

Das Berufungsgericht äußert der Bemerkung des Klägers gegenüber, daß er den Prozeß fortführe, um dem F. G. zur Hilfe zu kommen, das Bedenken, daß auf solche Weise der Beklagten die Einwendungen entzogen werden würden, die sie aus dem der Bürgschaft zugrunde liegenden Rechtsverhältnisse dem F. G. etwa entgegensetzen könnte. Wenn hierin ein Argument gegen die Anwendbarkeit des § 236 Abs. 2 ZPO. liegen soll, so schießt es augenscheinlich über das Ziel hinaus, da Einwendungen aus der Person des Zessionars dem Beklagten in allen Fällen zustehen können, ohne daß das Gesetz hierin ein Hindernis erblickt hätte, die Bestimmung zu treffen, daß die Zession keinen Einfluß auf den Prozeß haben soll. Die Frage kann nur sein, ob diese Bestimmung derartige Einwendungen im Prozesse ausschließt, oder ob die Einwendungen nicht auch dem den Prozeß fortsetzenden Zedenten entgegengesetzt werden können. Auf diese, in der Literatur streitige, Frage ist hier nicht einzugehen, weil Einwendungen aus der Person des Zessionars nicht erhoben sind." . . .

RGZ. 40, 331

Ist die Erhebung einer eventuellen Widerklage, nämlich nur für den Fall, daß nicht nach dem prinzipalen Antrage des Beklagten auf Abweisung der Klage erkannt werde, zulässig?

VI. Zivilsenat. Urt. v. 7. Oktober 1897.

I. Landgericht Essen. II. Oberlandesgericht Hamm.

Die vorstehende Frage ist vom Reichsgerichte verneint worden.

Aus den Gründen:

. . . „Nach den §§ 230, 235 ZPO. muß die Klage die bestimmte Angabe des Gegenstandes und des Grundes des erhobenen Anspruches und einen bestimmten Antrag enthalten. Es ist dies erforderlich, damit der Richter und der Beklagte ersehen können, worüber eine Entscheidung verlangt wird, und damit feststeht, welche Streitsache rechtshängig geworden ist.

Die materiellen Erfordernisse der Widerklage sind dieselben, wie die jeder Klage. Der Widerkläger muß daher auch bestimmt, also auch unbedingt das angeben, bezüglich dessen er eine Verurteilung oder Feststellung verlangt. Der in der Widerklage erhobene Anspruch wird nach § 254 a. a. O. in dem Zeitpunkte rechtshängig, in welchem der Anspruch in der mündlichen Verhandlung geltend gemacht wird. Es muß deshalb von Anfang an feststehen, ob in einer mündlichen Verhandlung eine Widerklage wirklich erhoben ist. Eine solche Feststellung würde nicht erfolgen können, wenn die Widerklage nur für den Fall erhoben sein soll, daß nicht nach dem prinzipalen Antrage des Beklagten auf Anweisung der Klage erkannt wird. Es würde sich in diesem Falle vielmehr erst nach dem Urteile des ersten Richters, bzw. nach dem rechtskräftigen Urteile herausstellen, ob die Bedingung, unter welcher die Widerklage erhoben sein soll, eingetreten ist, oder nicht. Bis dahin würde also auch ungewiß sein, ob die in der Widerklage geltend gemachte Forderung rechtshängig geworden ist. Dies erscheint aber wegen der Wirkungen, welche sich an die Rechtshängigkeit knüpfen, nicht zulässig.

Wollte man dagegen annehmen, daß die Rechtshängigkeit schon durch eine in vorstehender Weise bedingt erhobene Widerklage begründet wird, so würde, wenn die Klage abgewiesen, und deshalb über die Widerklage nicht erkannt wird, diese Rechtshängigkeit fortdauern, und dadurch der Widerkläger verhindert werden, die fragliche Forderung anderweitig geltend zu machen. Hierzu kommt, daß für die höheren Instanzen besondere Schwierigkeiten entstehen können. Hat z. B. der erste Richter den Beklagten nach dem Klagantrage und den Kläger nach dem Antrage der Widerklage verurteilt, so würde, wenn nur Beklagter Berufung einlegt, und die Klage hierauf abgewiesen wird, die Verurteilung des Klägers auf die Widerklage bestehen bleiben, obwohl sie für diesen Fall gar nicht gewollt ist. In der Literatur verneinen die Zulässigkeit einer derartig bedingten Widerklage die Kommentatoren G a u p p, Anm. 26 zu § 230, S e u f f e r t, Bem. 5 zu § 33, F ö r s t e r, Note 3e zu § 230, v. W i l m o w s k i u. L e v y, Bem. 2 Abs. 2 zu § 230, und außerdem namentlich E c c i u s in G r u c h o t's Beiträgen Bd. 33 S. 144, P e t e r s e n in B u s c h's Zeitschrift für Zivilprozeß Bd. 16 S. 517, L ä m m e r t, das. S. 517, P f i z e r, das. Bd. 21 S. 384, L ö n i n g, das. Bd. 4 S. 133. Nur S t r u c k m a n n u. K o c h, Bem. 7 zu § 232, bejahen die Zulässigkeit einer derartig bedingten Widerklage." . . .

RGZ. 43, 418

Ermittelungspflicht des Richters bezüglich der Verkündigung inländischer Polizeiverordnungen.

VI. Zivilsenat. Urt. v. 20. März 1899.

I. Landgericht Beuthen O.S. II. Oberlandesgericht Breslau.

Die Klägerin war nach ihrer Behauptung am 21. Januar 1896 vormittags auf dem vor dem Hause des Beklagten zu K. liegenden Bürgersteige über eine glatte Eiskruste gefallen. Sie wollte durch den Fall eine Fußverrenkung erlitten haben und infolge der Verletzung auf die Dauer von 3 Monaten gänzlich erwerbsunfähig und andauernd erwerbsbeschränkt geworden sein. Sie machte den Beklagten für den Schaden verantwortlich, da er die durch die Polizeiverordnung der Stadt K. vom 6. März 1883 ihm als Hauseigentümer auferlegte Verpflichtung zur Reinhaltung des anliegenden Bürgersteiges vernachlässigt habe.

In erster Instanz wurde der Beklagte nur zu einem kleineren Betrage verurteilt, im übrigen die Klage abgewiesen, und die von der Klägerin erhobene Berufung wurde zurückgewiesen. Auf die Revision der Klägerin wurde das Berufungsurteil aufgehoben, und die Sache zur anderweiten Verhandlung und Entscheidung an das Berufungsgericht zurückverwiesen, aus folgenden

Gründen:

„Das Gericht erster Instanz hat die Entschädigungspflicht des Beklagten anerkannt, den ursächlichen Zusammenhang zwischen der Verletzung und einer Minderung der Erwerbsfähigkeit der Klägerin aber nicht für dargetan erachtet. Das Berufungsgericht erachtet einen Anspruch überhaupt nicht für begründet da der Nachweis der Rechtsgültigkeit der Polizeiverordnung vom 6. März 1883 nicht geführt sei; die Verbindlichkeit einer solchen Verordnung hinge auch davon ab, daß sie vor der Anwendung gehörig verkündet worden sei; dieser Nachweis sei aber nicht erbracht, weil der Aushang am Rathause oder an der hierfür bestimmten Stelle nicht nachgewiesen werden könne. Gemäß der vom Regierungspräsidenten zu Oppeln auf Grund des § 5 des Gesetzes über die Polizeiverwaltung vom 11. März 1850 erlassenen Bekanntmachung vom 30. April 1881 sei ein Anschlag oder Aushang zur ordnungsmäßigen Verkündung unter allen Umständen vorgeschrieben, möge die Verkündung im Kreisblatt, oder in einem Stadt- oder Lokalblatt erfolgen. Die zur Zeit der Verkündung bestehende Vorschrift über die Verkündigungsart sei aber die maßgebende. Am Tage des Unfalles sei daher dem Beklagten eine rechtsgültige Verpflichtung zur Reinhaltung des Bürgersteiges nicht auferlegt gewesen, da auch aus Gesetz und allgemeinen Grundsätzen eine solche Verpflichtung nicht abgeleitet werden könne, insbesondere § 82 ALR. I. 8 in dieser Beziehung auf die besonderen Polizeigesetze jedes Ortes verweise. Die Revision versucht die Unrichtigkeit der Auslegung der Verordnung vom 30. April 1881 darzutun und macht eventuell geltend, es würde in Frage kommen, ob nicht in Fällen wie in dem vorliegenden die Wahrscheinlichkeit, daß der Aushang erfolgt sei, als hinreichend für die Bildung der richterlichen Ueberzeugung anzusehen sei. Endlich sei auch nicht genügend geprüft, ob die Verpflichtung des Grundstücksbesitzers zur Erhaltung des Bürgersteiges in einem für die Passanten ungefährlichen Zustande nicht schon aus der Zweckbestimmung des Bürgersteiges und seinem Verhältnisse zum Grundstück auch dann zu entnehmen sei, wenn der Grundstückseigentümer nicht zugleich Eigentümer des Bürgersteiges sei.

Die Revision war als begründet zu erachten.

Gemäß §§ 5, 6 des Gesetzes über die Polizeiverwaltung vom 11. März 1850 sind die mit der örtlichen Polizeiverwaltung beauftragten Behörden befugt, nach Beratung mit dem Gemeindevorstande hinsichtlich der in § 6 aufgeführten Gegenstände ortspolizeiliche, für den Umfang der Gemeinde gültige Vorschriften zu erlassen und gegen die Nichtbefolgung derselben Geldstrafen bis zum Betrage von 3 Taler anzudrohen. Gemäß Abs. 2 des § 5 war den Bezirksregierungen vorgeschrieben, über die Art der Verkündigung der ortspolizeilichen Vorschriften, sowie über die Formen, von deren Beobachtung die Gültigkeit derselben abhängt, die erforderlichen Bestimmungen zu erlassen.

Nach der Feststellung des Berufungsgerichtes hat der Regierungspräsident zu Oppeln in einer durch eine neuere Verordnung vom 11. Juli 1884 aufgehobenen Verordnung vom 30. April 1881 angeordnet, die Verkündung der von städtischen Polizeiverwaltungen ergehenden Erlasse müsse in denjenigen Städten, in welchen ein Stadt- oder Lokalblatt als amtliches Organ der städtischen Behörde anerkannt sei, durch dieses, in Ermangelung eines solchen aber durch das Kreisblatt und durch dreitägigen Anschlag — Aushang am Rathause oder an der hierfür bestimmten Stelle — erfolgen. Das Berufungsgericht legt diese Bestimmung dahin aus, ein Anschlag oder Aushang sei zur ordnungsmäßigen Verkündung unter allen Umständen vorgeschrieben.

Die auf Grund der §§ 5, 6 des Gesetzes über die Polizeiverwaltung vom 11. März 1850 und des § 79 des Organisationsgesetzes vom 26. Juli 1880 unter Einhaltung der vorgeschriebenen Formen für den Stadtbezirk K. erlassene Polizeiverordnung vom 6. März 1883 ist von der Polizeiverwaltung K. unterm 15. Mai 1883 in der nach Mitteilung der Polizeiverwaltung der Stadt K. damals zum amtlichen Publikationsorgane bestimmten „K.'er Zeitung“ zur amtlichen Kenntnis und Nachachtung gebracht. Der Aushang läßt sich aber in den Akten der Polizeiverwaltung der Stadt K. nicht mehr feststellen, da die bescheinigte Bekanntmachung nicht aufzufinden ist.

Der Wortlaut der Verordnung vom 30. April 1881 ließe wohl die Auslegung zu, daß die beiden Publikationsformen nur für den Fall vorgeschrieben seien, daß nicht ein Stadt- oder Lokalblatt als Amtsblatt bestimmt wäre. Anscheinend spräche die Erwägung hierfür, daß bei der nicht allgemeinen Zugänglichkeit eines Kreisblattes in kleinen Orten die Veröffentlichung in einem wenig gelesenen Blatte nicht zureichend erschiene, während die Veröffentlichung im Lokalblatt mehr Beachtung fände, als der Aushang am Rathause. Aber auch die Auslegung des Berufungsgerichtes ist weder mit dem Wortlaute unvereinbar, noch an sich widersinnig. Als Auslegung einer nicht revisiblen Rechtsnorm ist sie weiterer Nachprüfung entzogen.

Gemäß des in § 265 ZPO. ausgesprochenen Grundsatzes muß der Richter das im eigenen Staate geltende Recht mit Ausnahme der Gewohnheitsrechte und Statuten kennen. Das Recht des Inlandes bedarf somit keines Beweises. Dem Richter liegt vielmehr die selbsttätige Ermittelungspflicht ob. Diese Ermittelungspflicht erstreckt sich selbstverständlich auf die Publikation des Gesetzes als den die Inkraftsetzung des Gesetzes bedingenden Akt. Eine mit Strafandrohung ausgestattete Polizeiverordnung, also ein auf der Delegation der staatlichen Gesetzgebungsgewalt beruhendes Strafgesetz, fällt aber trotz seines beschränkten Geltungsbereiches nicht unter den Begriff eines Statutes im Sinne des § 265 ZPO., selbst wenn dieser Begriff nicht streng auf die für einzelne Interessenkreise zulässigen privatautonomischen Festsetzungen zu beschränken und auf sogenannte statutarische Rechte auszudehnen wäre.

Vgl. v. Wilmowski u. Levy, Zivilprozeßordnung 7. Aufl. Bd. 1 S. 471 Bem. 2; Seuffert, Zivilprozeßordnung 6. Aufl. zu § 265; Gaupp, Zivilprozeßordnung 3. Aufl. Bd. 1 S. 586; Entsch. des RG.'s in Zivils. Bd. 21 S. 75; Rosin, Das Polizeiverordnungsrecht in Preußen § 12.

Soweit sich die selbsttätige Erforschungspflicht des Richters erstreckt, kann der Mangel eines Nachweises von seiten der Partei nicht in Betracht kommen. Bezieht sich die Erwägung des Berufungsgerichtes, der Nachweis der Rechtsgültigkeit der Verordnung sei nicht geführt, auf die Parteitätigkeit, so beruht diese Ausführung auf rechtsirrtümlicher Auffassung der Aufgabe des Richters hinsichtlich der Ermittelung der Gültigkeit einer Polizeiverordnung.

Eine nicht gehörig verkündete Polizeiverordnung ist zweifellos nichtig.

Vgl. Rosin, a. a. O. S. 265.

Die gehörig verkündete wird aber nicht dadurch unwirksam, daß der Vermerk der Publikation zu Verlust geht Damit, daß „die bescheinigte Bekanntmachung", also die mit dem Vermerk des Aushanges versehene, nicht aufzufinden ist, steht noch keineswegs fest, daß am Tage des Unfalles dem Beklagten eine rechtsgültige Verpflichtung zur Unterhaltung des Bürgersteiges nicht auferlegt gewesen sei. Durch die Beseitigung des ausgehängten, mit dem Aushangsvermerk versehenen Exemplars ist aber die Möglichkeit des Nachweises, daß der Vorschrift des Aushanges entsprochen worden, keineswegs ausgeschlossen.

Die Polizeiverordnungen stehen unter der direkten Kontrolle der Verwaltung und der indirekten des Strafrichters und des Verwaltungsrichters.

Vgl. Rosin, a. a. O. S. 270—300.

Gemäß § 8 des Gesetzes über die Polizeiverwaltung vom 11. März 1850 ist von jeder ortspolizeilichen Verordnung eine Abschrift an die zunächst vorgesetzte Staatsbehörde einzureichen; gemäß § 9 dieses Gesetzes ist der Regierungspräsident befugt, jede ortspolizeiliche Vorschrift außer Kraft zu setzen. Der Strafrichter aber hat die Rechtsgültigkeit der Verordnung, und damit auch die Frage der gehörigen Publikation zu prüfen. Nach dem Gegenstande der seit 16 Jahren zweifellos in tatsächlicher Wirksamkeit stehenden Verordnung ist nun wohl anzunehmen, daß ihre Anwendung mehrfach der Kognition der Gerichts- und Verwaltungsbehörden unterstellt gewesen, und daß insbesondere Uebertretungen derselben mehr als einmal den Gegenstand strafrechtlicher Einschreitung gebildet und demgemäß auch den Strafgerichten Anlaß gegeben haben, die Rechtsgültigkeit der Verordnung zu prüfen und festzustellen. Es muß demnach als sehr wahrscheinlich erachtet werden, daß durch Vernehmung von Beamten und Recherchen bei Verwaltungsbehörden, insbesondere der Regierung zu Oppeln, sowie bei dem Amtsgerichte zu K. und dem Landgerichte zu B., die Einhaltung der erforderlichen Publikationsform noch festgestellt werden kann. Eine Forschung hiernach anzustellen, ist aber Pflicht des Richters. Das Berufungsgericht hat in dieser Beziehung keine weitere Tätigkeit entwickelt, als daß es eine Anfrage an den Magistrat in K. gestellt hat.

Dies kann nach dem Erörterten nicht für genügend erachtet werden. Dieser Mangel führt zur Aufhebung des Urteils, während die weiteren Ausführungen des Berufungsurteiles, daß aus Gesetz und allgemeinen Grundsätzen eine Verpflichtung zur Reinhaltung des Bürgersteiges nicht herzuleiten sei, nicht zu beanstanden waren." . . .

RGZ. 45, 379

Darf das Gericht sich einer Entscheidung über die Zulässigkeit des Rechtsweges deshalb enthalten, weil die Verwaltungsbehörde bereits mit der den Gegenstand des Rechtsstreites bildenden materiellen Frage befaßt gewesen ist, und das Gericht die letztere in gleicher Art wie die Verwaltungsbehörde beurteilt?

VII. Zivilsenat. Urt. v. 28. November 1899.

I. Landgericht Altona. II. Oberlandesgericht Kiel.

In der Sache der gegenwärtigen Parteien wegen Feststellung der Entschädigung für ein behufs Durchführung eines Fluchtlinienplanes erforderliches Grundstück des Klägers hat der Bezirksausschuß zu S. durch

Beschluß vom 24. Oktober 1893 bestimmt, daß der Magistrat zu A. dem St. als Entschädigung für die Abtretung des Grundstückes die Summe von 271 400 M. zu gewähren verpflichtet ist. Zugleich ist mit Bezug auf § 29 Schlußsatz und § 34 des Gesetzes über die Enteignung von Grundeigentum vom 11. Juni 1874 angeordnet, daß die Enteignung des Grundstückes nach Zahlung oder Hinterlegung der Entschädigungssumme vor Erledigung des Rechtsstreites erfolgen soll. Der Magistrat hat die Entschädigungssumme bei der Regierungshauptkasse zu S. hinterlegt. Auf Antrag des Magistrates ist sodann durch Beschluß des Bezirksausschusses vom 14. Februar 1894 auf Grund des § 32 des Enteignungsgesetzes mit dem Bemerken, daß das gesetzlich vorgeschriebene Verfahren in allen Teilen den Bestimmungen entsprechend durchgeführt, namentlich auch die festgesetzte Entschädigung hinterlegt sei, das Grundstück zugunsten der Stadt A. dem Eigentümer für dauernd entzogen erklärt. Im Rechtswege ist die Entschädigung um den Betrag von 8600 M. erhöht. Die Gesamtsumme ist mit den bei der Hinterlegungsstelle erwachsenen Zinsen ausgezahlt. Kläger hat nun behauptet, die Beklagte sei zur Hinterlegung der Entschädigungssumme nur zum Betrage der hypothekarischen Belastung des Grundstückes berechtigt gewesen, den ganzen Rest aber hätte sie bar auszahlen und mit 5 Prozent vom Tage der Enteignung an verzinsen müssen. In erster Instanz ist die Beklagte zur Zahlung von Zinsen von dem Betrage von 8600 M. verurteilt, im übrigen aber die Klage abgewiesen. Die Berufung des Klägers ist zurückgewiesen. Auf die Revision desselben hat das Reichsgericht das Berufungsurteil aufgehoben aus folgenden

Gründen:

„Der erste Richter hat von einem weiteren Eingehen auf die von ihm erörterte materiell-rechtliche Frage, ob der Unternehmer bei Vorhandensein von Hypotheken die Entschädigungssumme in deren ganzem Umfange oder nur in Höhe der Belastung zu hinterlegen befugt ist, Abstand genommen, indem er erwägt, die Entscheidung dieser Frage sei Sache der Enteignungsbehörde, auch sei die Entscheidung bereits erfolgt durch den Enteignungsbeschluß vom 14. Februar 1894, der eine rechtsgültige Hinterlegung zur Voraussetzung habe. Dabei ist noch bemerkt, eine Nachprüfung der Frage sei den Gerichten deshalb entzogen, weil nach § 37 Abs. 3 des Enteignungsgesetzes über die Rechtmäßigkeit der Hinterlegung ein gerichtliches Verfahren ausgeschlossen sei; die Frage aber, ob der Beklagte rechtmäßig hinterlegt habe, sei für diesen Prozeß entscheidend. Als Grundlage des erstinstanzlichen Urteiles ergibt sich mithin die Annahme, daß die Entscheidung über die materiell-rechtliche Frage dem Rechtswege entzogen sei.

Der zweite Richter schlägt in seinem die Berufung zurückweisenden Urteile den umgekehrten Weg ein. Er erachtet die Frage, ob der Rechtsweg zulässig sei, für zweifelhaft. Einerseits lasse sich nach dem Verlaufe der Verhandlungen in der Kommission des Abgeordnetenhauses nicht unbedingt verneinen, daß die Kommission den Rechtsweg habe ausschließen wollen, anderseits aber sei der Wortlaut des Gesetzes nicht zweifellos zwingend in diesem Sinne, vielmehr sei die Auslegung möglich, daß der von der Enteignungsbehörde auf Grund der von ihr für zulässig erachteten Hinterlegung ausgesprochene Enteignungsbeschluß in bezug auf die materielle Wirksamkeit, die Enteignung, nicht im Rechtswege anzufechten sei, daß dagegen, sofern der Enteignete infolge der Hinterlegung eine Einbuße an Zinsen gegen die im § 36 a. a. O. gewährleisteten 5 Prozent erleide, die Geltendmachung des Verlustes im Rechtswege zulässig sei. Einer Entscheidung der Zweifelsfrage enthält der Berufungsrichter sich dann aber, er erklärt ausdrücklich, daß es einer solchen vorliegend nicht bedürfe, und geht dann auf die materielle Rechtsfrage ein, die er zugunsten der Beklagten entscheidet. Dies Verfahren ist unstatthaft. Eines Eingehens auf die zweifelhaft gewordene Frage, ob für einen Anspruch der Rechtsweg offen steht, kann sich der Richter nicht entschlagen, ihre Bejahung bildet die notwendige Voraussetzung für die Entscheidung des sachlichen Streites; muß sie verneint werden, was hier vom Standpunkte des Berufungsrichters aus möglich bleibt, so ergibt eine nichtsdestoweniger erfolgende Entscheidung des materiellen Streites einen direkten Widerspruch, eine Entscheidung durch den Richter kann nicht erfolgen, ohne daß die gesetzliche Befugnis der Gerichte zum Erlaß derselben vom Richter anerkannt wird.

Unzulässig ist aber auch eine, wie der Berufungsrichter anscheinend will, in dem Sinne bedingte Entscheidung der materiellen Rechtsfrage, daß sie für den Fall und nur für den Fall erfolgt, daß die Zulässigkeit des Rechtsweges bei zutreffender Gesetzesauslegung anzuerkennen sein würde. Der Richter kann seine Entscheidung nicht von einer, seine Befugnis zum Erlaß derselben betreffenden Bedingung abhängig machen, er selbst muß prüfen und zuerst prüfen, ob die Bedingung im konkreten Falle gegeben ist oder nicht. Durch ein entgegengesetztes Verfahren erhält die Entscheidung den Charakter der Unbestimmtheit, es bleibt hinsichtlich der Tragweite des Urteiles zweifelhaft, ob über die materielle Streitfrage entschieden und die Forderung als unbegründet abgewiesen ist, da der Richter selbst seine Befugnis zum Erlaß der Entscheidung im ungewissen gelassen hat. Die Revision mußte daher Erfolg haben. Es bedarf einer Entscheidung darüber, ob für die materielle Frage in ihrer hier vorliegenden Gestalt der Rechtsweg zulässig ist oder nicht. Im Falle der Verneinung ist die Berufung gegen das Urteil des ersten Richters unbegründet. Nur wenn die Frage eine bejahende Beantwortung findet, darf eine Entscheidung über den materiellen Streitpunkt getroffen werden.

Nach § 527 ZPO. war das Berufungsurteil daher aufzuheben. Entscheidung in der Sache selbst kann nicht erfolgen, da weder die Nr. 1 noch die Nr. 2 des § 528 Abs. 3 a. a. O. zutrifft, insbesondere die Bestimmung der Nr. 2, daß das Revisionsgericht in der Sache selbst zu entscheiden hat, wenn die Aufhebung wegen Unzulässigkeit des Rechtsweges erfolgt, auf den vorliegenden Fall Anwendung nicht erleidet. Nach dem ersten Absatze des § 528 a. a. O. war die Sache deshalb zur anderweiten Verhandlung und Entscheidung*) in die Berufungsinstanz zurückzuverweisen.

RGZ. 46, 39

Kann, wenn die verklagte offene Handelsgesellschaft im Laufe des Prozesses ohne Liquidation zu bestehen aufhört, der Prozeß gegen einen (oder einen Teil) der früheren Gesellschafter fortgesetzt werden?

VII. Zivilsenat. Urt. v. 20. März 1900.

I. Landgericht Magdeburg. II. Oberlandesgericht Naumburg a. S.

Die Klage war gegen die Firma H. & R. W., eine aus dem Kommerzienrat R. W. und dem Kaufmann J. bestehende offene Handelsgesellschaft, erhoben. In erster Instanz wurde die verklagte Gesellschaft zur Zahlung bestimmter Beträge verurteilt. Während das Verfahren in der Berufungsinstanz anhängig war, zeigte der Prozeßbevollmächtigte der Beklagten an, daß die Gesellschaft durch den Tod des Gesellschafters J. aufgelöst, das Geschäft aber mit allen Aktiven und Passiven auf den Gesellschafter R. W. übergegangen sei. Die Klägerin stellte danach zunächst dem bisherigen Gesellschafter R. W. und der Witwe J. Ladung zur Fortsetzung des Prozesses zu, gab aber, nachdem die verklagte Partei dies als unzulässig bezeichnet hatte, die Erklärung ab, daß sie den Rechtsstreit nur gegen R. W. fortsetze. Durch das angefochtene Berufungsurteil, dessen Rubrum lautet: „In Sachen des Kommerzienrates R. W. als Rechtsnachfolgers der früheren offenen Handelsgesellschaft in Firma H. & R. W." usw., wurde die Berufung zurückgewiesen, und die Kosten dem Beklagten auferlegt. Die von dem Kommerzienrat R. W. eingelegte Revision ist zurückgewiesen worden.

Aus den Gründen:

„Die Parteien sind darüber einig, daß die ursprünglich unter ihrer Firma verklagte offene Handelsgesellschaft aufgelöst, und die Auseinandersetzung unter den Gesellschaftern ohne förmliche Liquidation dadurch beendigt worden ist, daß der Gesellschafter R. W. das Geschäft mit der Firma und allen Aktiven und Passiven übernommen hat. Es ist ferner unzweifelhaft, daß die Urteile des Berufungsgerichtes vom 1. Juli 1898 und 17. Oktober 1899 sich gegen den jetzigen Revisions-

*) Durch diese hat das Berufungsgericht den Rechtsweg für unzulässig erklärt, und das Reichsgericht ist dem beigetreten durch Urteil v. 12. Juni 1900, VII. 73/00.

kläger W. als den alleinigen Beklagten richten, wenngleich dies in der Formel des Endurteiles nur bezüglich des Kostenpunktes, nicht auch bezüglich der Hauptsache klaren Ausdruck gefunden hat. Der Revisionskläger bekämpft in erster Linie die Entscheidung des Berufungsgerichtes insoweit, als sein in der Schlußverhandlung erhobener Einwand der mangelnden Passivlegitimation zurückgewiesen worden ist. Er führt unter Berufung auf Staub's Kommentar zum Handelsgesetzbuch (5. Aufl.), § 6 der Anmerkungen zu Art. 111 (jetzt § 124), aus, daß dann, wenn die aufgelöste Gesellschaft durch Beendigung oder Wegfall der Liquidation vollständig zu existieren aufgehört habe, der für oder gegen die Gesellschaft erhobene Prozeß überhaupt nicht fortgesetzt werden könne, daß es vielmehr der Anstrengung eines neuen Prozesses für oder gegen die Rechtsnachfolger bedürfe. Dieser Ansicht konnte nicht beigetreten werden, wenngleich die Gründe, mit denen der Berufungsrichter sie zu widerlegen versucht, nicht durchweg für haltbar erachtet werden können.

Richtig ist, daß nach dem Aufhören oder der Vollbeendigung der Gesellschaft — so mag, im Gegensatze zur Auflösung mit nachfolgender Liquidation, der Kürze halber das Rechtsverhältnis nach Beendigung oder beim Wegfall der Liquidation bezeichnet werden — die Fortsetzung des Prozesses gegen die Gesellschaft als solche nicht möglich ist. Die Meinung aber, daß der Rechtsstreit überhaupt nicht fortgesetzt werden könne, beruht auf Verkennung des Wesens der offenen Handelsgesellschaft. Diese ist nicht ein selbständiges Rechtssubjekt — auch Staub nimmt dies nicht an —, sondern die einzelnen Gesellschafter sind die Subjekte der unter dem Kollektivnamen der Gesellschaft für sie, die Gesellschafter, erworbenen Rechte und eingegangenen Verbindlichkeiten. Dementsprechend sind auch in Prozessen der Gesellschaft die Gesellschafter (als Gesamtheit, in ihrer Zusammenfassung unter der Firma der Gesellschaft) Prozeßpartei. Diese Prozeßpartei aber fällt durch das Aufhören der Gesellschaft nicht weg; vielmehr stehen die Gesellschafter nach wie vor der anderen Partei als Prozeßgegner gegenüber, allerdings nicht mehr in ihrer früheren, durch das Gesellschaftsband hergestellten Verbindung, nicht mehr als geschlossene Gesamtheit, sondern als gewöhnliche Streitgenossen.

Vgl. Entsch. des RG.'s in Zivils. vom 29. März 1884, 2. Januar 1890, 7. März 1895 (Jur. Wochenschrift 1884 S. 171 Nr. 14; Bolze, Praxis des Reichsgerichts Bd. 9 Nr. 470; Entsch. des RG.'s in Zivils. Bd. 35 S. 389).

Daraus folgt, daß mit dem Aufhören der Gesellschaft deren Parteirolle auf die sämtlichen früheren Gesellschafter als Streitgenossen übergeht, und daß der Prozeß für und gegen alle Streitgenossen anhängig bleibt.

Kann nun ein solcher Prozeß für oder gegen einen einzelnen Streitgenossen fortgesetzt werden? Die Frage, wie es sich verhält, wenn die Gesellschaft Klägerin war, ist hier nicht zu entscheiden. Für den Fall einer gegen die Gesellschaft gerichteten Klage ist folgendes zu erwägen.

Das in einem derartigen Falle ergehende Endurteil kann und darf sich nicht mehr gegen die frühere, vollbeendigte Gesellschaft richten, sondern nur gegen die früheren Gesellschafter als Einzelpersonen und als Gesamtschuldner gemäß Art. 112 (jetzt § 128) HGB. Dies folgt ohne weiteres aus der Natur der Sache; es ist bei der vorausgesetzten Sachlage undenkbar, daß ein nur gegen die Gesellschaft als solche vollstreckbares Urteil erginge, wie bei bestehender Gesellschaft; das gegen die Streitgenossen ergehende Urteil muß selbstverständlich gegen diese vollstreckbar sein. Die Sachlage ist demnach dieselbe, wie in dem Falle, daß ein Gläubiger bei bestehender Gesellschaft nicht diese, sondern die einzelnen Gesellschafter als Gesamtschuldner nach Art. 112 (§ 128) a. a. O. belangt. So gut es ihm in diesem Falle freisteht, die Klage nur gegen einen oder einige der Gesellschafter zu erheben oder fortzusetzen, d. h. so wenig in diesem Falle eine notwendige Streitgenossenschaft aller Gesellschafter besteht, so wenig besteht eine solche hinsichtlich der Fortsetzung eines gegen die Gesellschaft begonnenen, gegen die früheren Gesellschafter fortsetzbaren Rechtsstreites. Da jeder Gesellschafter für sich dem Gläubiger für die ganze Schuld haftet, und da an der Identität der Schuld dadurch, daß sie nur gegen einen Teil der Gesamtschuldner geltend gemacht wird, nichts geändert wird, so ist der Gläubiger nicht gehindert, den gegen alle früheren Gesellschafter anhängigen Rechtsstreit nur gegen einen oder einige fortzusetzen. Freilich bleibt in diesem Falle die Klage gegen die übrigen Streitgenossen, solange sie nicht gegen diese zurückgenommen ist, anhängig, was für die Entscheidung über die Kosten von Bedeutung sein kann. Dieses Bedenken fällt aber im vorliegenden Falle deshalb nicht ins Gewicht, weil . . . der Beklagte W. damit einverstanden war, daß der Rechtsstreit gegen die Erben des verstorbenen Gesellschafters J. fallengelassen und, vorausgesetzt daß die gegen die Gesellschaft erhobene Klage nach deren Aufhören überhaupt weiter verfolgt werden könne, gegen ihn allein fortgesetzt werde. Diese Erwägungen führen dazu, die Entscheidung des Berufungsgerichtes aufrechtzuerhalten. Dagegen läßt sie sich nicht darauf stützen, daß W. durch Uebernahme des Geschäftes Rechtsnachfolger der Gesellschaft geworden sei. Eine derartige Rechtsnachfolge ist stets Singularsukzession; durch sie kann der Uebernehmer Gläubiger oder Schuldner, nicht aber Prozeßpartei werden (§ 265 [früher 236] ZPO.)." . . .

RGZ. 49, 419

Ist in dem Falle, daß gegen eine offene Handelsgesellschaft eine Klage bei einem zuständigen Gerichte erhoben war, und nach Auflösung

der Gesellschaft der Kläger einen der Gesellschafter zur Fortsetzung des Verfahrens hat laden lassen, dieser berechtigt, indem er seine Pflicht zur Uebernahme der Parteistellung bestreitet, aus seiner Person die Einrede der örtlichen Unzuständigkeit vorzuschützen?

ZPO. § 263.

VII. Zivilsenat. Urt. v. 25. Oktober 1901.

I. Landgericht Magdeburg. II. Oberlandesgericht Naumburg a. S.

In erster und zweiter Instanz ist die Einrede für unbegründet erachtet. Die Revision ist zurückgewiesen aus folgenden

Gründen:

„Die Verwerfung der Unzuständigkeitseinrede rechtfertigt sich schon im Hinblick auf die prozessuale Lage der Sache.

Daß zur Zeit der Anstellung der Klagen gegen die Handelsgesellschaft H. & R. W. das Landgericht zu Magdeburg örtlich zuständig war, bestreitet der Revisionskläger nicht, und wenn die Zuständigkeit gefehlt hätte, so würde sie, da die Beklagte, ohne die Unzuständigkeit geltend zu machen, zur Hauptsache verhandelt hat, nach den §§ 38, 39 ZPO. als durch stillschweigende Vereinbarung geschaffen anzusehen sein. Die einmal begründete Zuständigkeit aber bleibt gemäß § 263 Abs. 2 Nr. 2 a. a. O. bis zum Schluß des Rechtsstreites erhalten und erstreckt sich auf alle Verhandlungen, die einen Teil desselben darstellen. Um eine solche aber handelt es sich hier.

Nach Auflösung der verklagten Handelsgesellschaft ist die Klägerin nicht etwa zur Erhebung einer neuen Klage gegen den Kommerzienrat W. geschritten, sondern hat denselben in dem anhängigen Rechtsstreite mit dem Bemerken, daß er nach Auflösung der Handelsgesellschaft deren Aktiven und Passiven übernommen habe, und daß sie daher die drei Klagen gegen ihn richte, zu einem neuen Verhandlungstermine, der unter Aufhebung eines anstehenden anberaumt wurde, geladen. Könnten über die Bedeutung dieses prozessualen Schrittes aber auch Zweifel entstehen, so würden sie dadurch beseitigt sein, daß Klägerin im Verhandlungstermine ausdrücklich hervorgehoben hat, es handele sich nicht um eine neue Klage, sondern nur um eine Fortsetzung des schon seit Jahren anhängigen Prozesses. Hiernach hat Klägerin den Kommerzienrat W. lediglich als zum Eintritt in den Rechtsstreit verpflichtet, als gegenwärtigen Träger der Parteirolle, in Anspruch genommen. Ohne Belang ist daher, ob auch ihm gegenüber ein Gerichtsstand sich begründen lassen würde.

Bei Prüfung der Inkompetenzeinrede muß aber die Frage ganz ausscheiden, ob das Verlangen der Klägerin, den Rechtsstreit mit dem Revisionskläger als neuem Prozeßgegner fortzuführen, berechtigt ist. Diese Frage, ebenso wie diejenige nach dem jetzigen Träger der Schuldverbindlichkeit, gehört zu denjenigen Gegenständen, über welche eine Entscheidung herbeizuführen die Aufgabe des Rechtsstreites ist; der Revisionskläger kann die Unzuständigkeit des Gerichtes nicht auf die Behauptung stützen, daß er nicht Träger der Parteistellung, nicht passiv legitimiert sei; denn dies berührt nicht die Zuständigkeitsfrage, sondern die Sache selbst. Er ist nicht berechtigt zu begehren, daß die Frage aus dem schwebenden Rechtsstreite ausgesondert, und daß über sie in einem nach seinem Wohnsitze oder Aufenthalte oder kraft besonderer Zuständigkeitsgründe sich bestimmenden Gerichtsstande entschieden werde, so zwar, daß erst, wenn dort seine Verbindlichkeit zur Uebernahme der Parteistellung im gegenwärtigen Rechtsstreite rechtskräftig festgestellt wäre, der letztere in der Richtung gegen ihn fortgesetzt werden dürfte. Die Frage, wie sie nach dem oben Bemerkten sich gestaltet, und wie sie also dahingeht, ob der Revisionskläger Parteistellung in dem anhängigen Rechtsstreite erlangt hat, ist mit Notwendigkeit ein Teil eben dieses Streites und wird von der für ihn begründeten örtlichen Zuständigkeit umfaßt.

Hieraus folgt zugleich, daß die bezeichnete Frage, auf welche der Berufungsrichter schon in Anlaß der Inkompetenzeinrede eingegangen ist, der weiteren Verhandlung und Entscheidung in der Sache selbst vorbehalten bleiben muß. Das gleiche gilt von der Frage, ob in dem weiteren Verfahren die Erben des verstorbenen Gesellschafters J. gemäß § 63 ZPO. geladen werden müssen."

RGZ. 49, 340

Begründet ein Rechtsstreit, der gegen eine offene Handelsgesellschaft wegen einer Gesellschaftsschuld anhängig gemacht worden ist, für den später in einem zweiten Prozesse wegen derselben Gesellschaftsschuld belangten einzelnen Gesellschafter die Einrede der Rechtshängigkeit? Einrede der Rechtshängigkeit auf Grund eines im Auslande anhängigen Rechtsstreites.

I. Zivilsenat. Urt. v. 13. April 1901.

I. Landgericht Hamburg, Kammer für Handelssachen.
II. Oberlandesgericht daselbst.

Die im Jahre 1899 erhobene, auf Zahlung von 76 000 M. gerichtete Klage wurde in erster Linie darauf gestützt, daß von der Gesellschaftsfirma M. Gl. & Co. in Concepcion (Chile), deren Mitinhaber der am 2. Mai 1899 verstorbene M. Gl. war, während der Zeit vom 1. Juli 1895 bis zum 1. September 1899 ohne Zustimmung des Klägers eine von diesem gemachte und durch ein chilenisches Patent geschützte Erfindung, betreffend ein Verfahren zwecks Raffinierung von Zucker, benutzt worden sei. In zweiter Linie gründete sich die Klage auf einen

Anstellungsvertrag, auf Grund dessen der Kläger bis zum 1. Juli 1895 als technischer Leiter in der Fabrik der genannten Gesellschaftsfirma tätig gewesen sein wollte. Aus einer von ihm angeführten Bestimmung dieses Vertrages folgerte der Kläger ebenfalls die Verpflichtung der Firma, ihm für die Benutzung der Erfindung während der angegebenen Zeit eine Entschädigung zu gewähren.

Die Beklagten setzten unter Verweigerung der Verhandlung zur Hauptsache der Klage die Einrede der Rechtshängigkeit entgegen auf Grund der Behauptung, daß der Kläger wegen des jetzt geltend gemachten Anspruches bereits im Jahre 1895 eine Klage gegen die Firma M. Gl. & Co. bei dem chilenischen Gerichte in Concepcion erhoben habe.

Diese Einrede bekämpfte der Kläger zunächst mit der Behauptung, daß die bei dem chilenischen Gerichte erhobene Klage zurückgenommen worden sei. Außerdem machte er geltend, daß die Einrede deshalb hinfällig sei, weil für die Vollstreckung von Urteilen chilenischer Gerichte in Deutschland und von deutschen Gerichten in Chile die Gegenseitigkeit nicht verbürgt sei.

Die Beklagten wollten die Zurücknahme der in Chile erhobenen Klage nicht gelten lassen, weil dieser Zurücknahme von der verklagten Seite widersprochen worden sei. Letzteres bestritt der Kläger nicht. Er behauptete aber, daß nach chilenischem Prozeßrecht die Wirksamkeit der Zurücknahme von der Zustimmung des Gegners nicht abhängig sei, während Beklagte das Gegenteil behaupteten. Gegenüber dem zweiten Gegeneinwand des Klägers beriefen sich die Beklagten darauf, daß die Gl.'schen Erben zur Befriedigung des Klägers hinreichendes Vermögen in Chile hätten und jetzt Mitinhaber der Firma M. Gl. & Co. seien.

Vom Landgerichte wurde die Einrede der Rechtshängigkeit verworfen, und vom Oberlandesgerichte die Berufung der Beklagten zurückgewiesen.

Die Revision wurde zurückgewiesen aus folgenden

Gründen:

„1. In dem gegenwärtigen Rechtsstreite beansprucht der Kläger die geforderten 76 000 M. in erster Linie auf Grund der Behauptung, daß eine ihm geschützte Erfindung widerrechtlich von der offenen Handelsgesellschaft M. Gl. & Co. benutzt worden sei, in zweiter Linie auf Grund eines Vertrages. In dem bei dem chilenischen Gerichte anhängig gewordenen Prozesse dagegen ist, wie die von den Beklagten selbst vorgelegte Abschrift der Klageschrift ersehen läßt, der Klaganspruch lediglich aus widerrechtlicher Benutzung der Erfindung seitens der genannten Gesellschaft hergeleitet worden. Es ergibt sich daraus, daß auf Grund des in Chile anhängig gewordenen Prozesses der gegenwärtig verfolgten Klage, soweit sie auf Vertrag gestützt ist, keinenfalls die Einrede der Rechtshängigkeit entgegengesetzt werden, und sich demnach nur fragen kann, ob im übrigen diese Einrede begründet ist.

2. Wie das Berufungsgericht in prozessualisch nicht zu beanstandender Weise festgestellt hat, sind die Gl.'schen Erben an Stelle ihres Erblassers Mitglieder der in Chile verklagten offenen Handelsgesellschaft M. Gl. & Co. geworden und sind dies noch jetzt. Die Frage, ob der in Chile gegen diese Gesellschaft anhängig gemachte Prozeß, das noch gegenwärtige Bestehen der Rechtshängigkeit vorausgesetzt, deshalb, weil die Gl.'schen Erben zu den Gesellschaftern gehören, auch gegen sie als anhängig anzusehen ist, würde nach chilenischem Rechte zu beantworten und folglich zu verneinen sein, wenn etwa, wie nach manchen ausländischen Handelsrechten, auch nach chilenischem Rechte die offene Handelsgesellschaft eine juristische Person wäre. Das Berufungsgericht unterstellt, weil eine gegenteilige Behauptung nicht aufgestellt ist, daß hinsichtlich der bezeichneten Frage das chilenische Recht mit dem deutschen übereinstimmt, verwirft aber dennoch die Einrede der Rechtshängigkeit und gibt dafür zwei voneinander unabhängige Entscheidungsgründe. Der erste Entscheidungsgrund beruht auf der Ansicht, daß nach deutschem Rechte ein Rechtsstreit, der gegen eine offene Handelsgesellschaft wegen einer Gesellschaftsschuld anhängig gemacht sei, für den später in einem zweiten Prozeß wegen der nämlichen Gesellschaftsschuld belangten einzelnen Gesellschafter die Einrede der Rechtshängigkeit nicht zu begründen vermöge, weil es in den beiden Prozessen an der Identität der Parteien und an der Identität des streitigen Rechtsverhältnisses fehle. Dieser Ansicht ist indes, obwohl sie auch in der Literatur von mehreren Seiten vertreten wird,

vgl. Petersen, Kommentar zur Zivilprozeßordnung 4. Aufl. S. 539; Staub, Kommentar zum Handelsgesetzbuch 6. und 7. Aufl. Anm. 5 zu § 129; Makower, Kommentar zum Handelsgesetzbuch 12. Aufl. S. 252,

nicht beizupflichten.

Die offene Handelsgesellschaft kann zwar unter ihrer Firma klagen und verklagt werden, und sie ist daher ein formell parteifähiges Rechtsgebilde. Sie ist aber nach deutschem Rechte keine juristische Person, keine von den Gesellschaftern verschiedene Person. Daraus folgt materiellrechtlich, daß eine Gesellschaftsschuld nichts anderes ist, als eine Schuld der Gesellschafter, für welche diese sowohl mit dem Gesellschaftsvermögen wie mit ihrem Privatvermögen haften, und prozeßrechtlich, daß, wenn eine offene Handelsgesellschaft klagt oder verklagt wird, Prozeßpartei auf der klagenden oder verklagten Seite nur die Gesellschafter sind. Wenn deshalb, wie vom Reichsgerichte in feststehender Rechtsprechung angenommen ist*), und jetzt auch aus den Bestimmungen im § 129 des neuen Handelsgesetzbuches abgeleitet werden kann, das Urteil, welches in einem mit der offenen Handelsgesellschaft geführten Prozeß über das Bestehen oder Nichtbestehen einer Gesellschaftsschuld ergeht, insoweit, als es sich um die Feststellung der Gesellschaftsschuld handelt, auch Rechtskraftwirkung gegen und für die einzelnen Gesellschafter hat, so muß in demselben Umfange, in welchem danach dem einzelnen Gesellschafter gegebenen Falles die Einrede der rechtskräftig entschiedenen Sache zustehen würde, ihm auch die Einrede der Rechtshängigkeit zustehen.

Vgl. Wach, Handbuch des deutschen Zivilprozeßrechts § 46 unter III 1 b (S. 523).

Es läßt sich nach dem vorher Ausgeführten nicht wohl bestreiten, daß, wenn wegen einer Gesellschaftsschuld zuerst die offene Handelsgesellschaft, und demnächst in einem zweiten Prozeß ein einzelner Gesellschafter verklagt wird, dieser in beiden Prozessen Partei ist und in beiden Prozessen ein und derselbe Anspruch geltend gemacht wird. Damit sind gegenüber der zweiten Klage die Voraussetzungen der Einrede der Rechtshängigkeit gegeben, und auch der Grund, weshalb überhaupt die Einrede gewährt wird, daß die Gefahr einander widersprechender Entscheidungen vermieden und ein doppelter Aufwand von Mühe und Kosten erspart werden soll, trifft hier zu. Allerdings ist, wie sich nunmehr auch aus der Vorschrift des § 129 Abs. 4 HGB. ergibt, das gegen eine offene Handelsgesellschaft ergangene Urteil nicht vollstreckbar in das Privatvermögen der Gesellschafter. Davon wird aber so wenig die Frage der Rechtshängigkeit wie die der Rechtskraftwirkung berührt, und nichts steht dem entgegen, wegen einer Gesellschaftsschuld die Klage gegen die offene Handelsgesellschaft, d. h. gegen die Gesellschafter in ihrer Vereinigung als Gesellschaft, und zugleich gegen die Gesellschafter als einzelne zu erheben, wogegen dahingestellt bleiben mag, ob es nicht ebenfalls für zulässig erachtet werden müßte, eine gegen die offene Handelsgesellschaft erhobene Klage im Laufe des durch sie anhängig gewordenen Prozesses auch gegen die einzelnen Gesellschafter zu richten.

Vgl. Wach, a. a. O. S. 527, andererseits Entsch. des RG.'s in Zivils. Bd. 36 S. 141.

3. Zutreffend aber ist der zweite, auf den § 328 Nr. 5 ZPO. gestützte Entscheidungsgrund, aus welchem das Berufungsgericht zu ungunsten der Beklagten erkannt hat. Einer im Inlande erhobenen Klage kann auf Grund eines im Auslande anhängigen Rechtsstreites die Einrede der Rechtshängigkeit nur dann entgegengesetzt werden, wenn das

*) Vgl. Entsch. des R.G.'s in Zivils. Bd. 3 S. 57, Bd. 5 S. 55, 70, 71, Bd. 13 S. 96, Bd. 17 S. 367, Bd. 34 S. 365, Bd. 35 S. 389, Bd. 36 S. 60; Urteil des VII. Zivilsenates vom 20. März 1900, Rep. VI a. 442/99.

in diesem Rechtsstreite ergehende Urteil im Inlande als Urteil anzuerkennen ist. Die Anerkennung des ausländischen Prozesses und seine Wirkung für andere Prozesse kann nicht weiter reichen als die Anerkennung des ausländischen Urteiles*).

In dem Urteile Seuffert's Archiv Bd. 47 Nr. 296 wird freilich die Frage offengelassen, ob sich dies dann anders verhalte, wenn mit der Klage im Auslande ein Arrestschlag verbunden sei, oder überhaupt der Beklagte im Auslande Vermögen habe, das dem Kläger die Befriedigung aus dem ausländischen Urteil sichere. Dieser Zweifel, den auch die Revision unter Hinweis auf die entsprechende Schutzbehauptung der Beklagten geltend gemacht hat, kann jedoch nicht für begründet erachtet werden, weil es ja ungewiß ist, ob der Kläger in dem ausländischen Prozeß ein obsiegliches Urteil erlangen und nicht vielmehr mit seiner Klage abgewiesen werden wird, hierauf aber der Kläger dann sich zu berufen befugt ist, wenn das ausländische Urteil für das Inland nicht bindend und deshalb, falls es die Klage als unbegründet abweist, nicht geeignet sein wird, dem Beklagten für das Inland die Einrede der rechtskräftig entschiedenen Sache zu verschaffen.

Nach § 328 Nr. 5 ZPO. ist nun die Anerkennung des Urteiles eines ausländischen Gerichtes ausgeschlossen, wenn die Gegenseitigkeit nicht verbürgt ist, und es fehlt der Nachweis dafür, daß die chilenischen Gerichte das Urteil eines deutschen Gerichtes anzuerkennen haben.

Vgl. Koppers Zusammenst. usw. S. 101; Leske und Loewenfeld, Die Rechtsverfolgung im internationalen Verkehr S. 821.

Insbesondere ist auch nichts dafür beigebracht, daß in Chile auf Grund eines deutschen Urteiles die Einrede der rechtskräftig entschiedenen Sache erhoben werden kann." . . .

RGZ. 49, 363

Unter welchen Voraussetzungen kann aus § 265 Abs. 3 ZPO. der Einwand erhoben werden, daß Kläger durch Abtretung des Klaganspruches die Aktivlegitimation verloren habe?

ZPO. §§ 265 Abs. 3, 325 Abs. 2. BGB. §§ 892, 1138.

V. Zivilsenat. Urt. v. 12. Juni 1901.

I. Landgericht Beuthen O.S. II. Oberlandesgericht Breslau.

Für den Kläger stand zur Zeit der Klagerhebung (und steht anscheinend auch noch gegenwärtig) auf vier Grundstücken der Beklagten eine Kaufgeldhypothek von 22 000 M. nach vierteljähriger Kündigung

*) Vgl. Wach, a. a. O. S. 226, 227, 246; Kohler, Ges. Beiträge zum Zivilprozeß S. 554; Entsch. des R.G.'s in Zivils. Bd. 8 S. 385; Urteile des Reichsgerichts, abgedruckt in Seuffert's Archiv Bd. 47 Nr. 296 und in der Jurist. Wochenschr. 1893 S. 350 Nr. 31.

rückzahlbar eingetragen, welche, wenn die Zinsen innerhalb zehn Tagen nach der Fälligkeit gezahlt wurden, bis zum 1. Oktober 1903 unkündbar sein sollte. Wegen dieser Forderung wurden die Beklagten als persönliche und dingliche Schuldner vom Kläger mit der Behauptung in Anspruch genommen, daß sie auf die am 1. Oktober 1899 fällig gewesene Zinsrate des 3. Quartales im Gesamtbetrage von 247 M. 50 Pf. bis zum 10. desselben Monats nur 140 M. gezahlt hätten, und daß er ihnen daher das Kapital am 13. Oktober zur Rückzahlung nach drei Monaten gekündigt habe. Die Beklagten bestritten, daß Kläger zur Kündigung berechtigt gewesen sei, weil ihnen ein Verzug in der Zinszahlung nicht zur Last falle. Die Zinsen seien teils durch Aufrechnung, teils durch Zahlung rechtzeitig beglichen worden.

Im Laufe der ersten Instanz hat Kläger die Hypothek an Frau Anna Kl. abgetreten, und demzufolge sind auf seinen Antrag die Beklagten vom ersten Richter zur Zahlung der eingeklagten 22 000 M. an die Zessionarin verurteilt worden.

Sie haben hiergegen Berufung mit dem Antrage auf Abweisung der Klage eingelegt, indem sie nun ausführlich unter Beweis stellen, in welcher Weise eine Tilgung der am 1. Oktober 1899 fällig gewesenen Zinsrate ohne Verzug stattgefunden habe. Die hierauf bezüglichen Behauptungen sind zwischen den Parteien streitig. Unstreitig ist, daß inzwischen die Beklagten die belasteten Grundstücke verkauft und aufgelassen haben, und daß auch die eingeklagte Hypothek von Frau Kl. weiter an den Baumeister G. abgetreten worden ist. Von letzterem hat Kläger den Hypothekenbrief behufs Vorlegung vor dem Berufungsgerichte geliehen erhalten. Er hat ihn auch vorgelegt und nun beantragt, die Berufung mit der Maßgabe zurückzuweisen, daß die Beklagten zur Zahlung nicht an Frau Kl., sondern an den Baumeister G. verurteilt würden. Die Beklagten haben dem widersprochen, weil Kläger nicht mehr Gläubiger der Forderung sei.

Mit diesem Sachstande schloß die letzte mündliche Verhandlung vor dem Berufungsgerichte. Dieses beraumte Termin zur Verkündung der Entscheidung auf den 26. Januar 1901 an. In letzterem Termine beantragte der Prozeßbevollmächtigte des Klägers mit Rücksicht darauf, daß nunmehr die Hypothek wieder auf den Kläger gediehen sei, Wiedereröffnung der mündlichen Verhandlung; der Vertreter der Beklagten widersprach diesem Antrage, und das Berufungsgericht lehnte ihn ab. Es verkündete das Urteil dahin, daß unter Abänderung der erstrichterlichen Entscheidung die Klage kostenpflichtig abgewiesen werde. Dieses Urteil ist auf Revision des Klägers aufgehoben und die Sache an das Berufungsgericht zurückverwiesen worden aus folgenden

Gründen:

„Der Revision war stattzugeben, obwohl die von ihr gegen das Berufungsurteil erhobenen Angriffe nicht zutreffen. Die Beklagten sind dadurch, daß sie in erster Instanz, nachdem Kläger die Hypothek an Frau Kl. abgetreten hatte, den Einwand der mangelnden Aktivlegitimation nicht erhoben haben, nicht gehindert, ihn jetzt in zweiter Instanz dem Kläger entgegenzusetzen. Auch jetzt gründet er sich auf die Tatsache, daß Kläger im Laufe des Prozesses die eingeklagte Hypothek abgetreten hat; es ist daher nicht richtig, wenn die Revision die Frage dahinstellt, ob Kläger durch die Zession, die seitens der Frau Kl. an den Baumeister G. stattgefunden hat, seine Sachlegitimation verloren habe. Nicht um die Einwirkung dieser Zession handelt es sich, sondern um die Rechtsfolgen, die sich an die im Laufe der ersten Instanz erfolgte Abtretung des Klaganspruches knüpfen. Der erste Revisionsangriff ist daher nicht begründet.

Zweifelhaft ist der zweite. Mit ihm verneint der Revisionskläger, daß ein Fall, in welchem § 265 Abs. 3 ZPO. Anwendung finden könnte, überhaupt vorliege. Denn — so wird ausgeführt — nicht die Rechtsbeständigkeit und der Betrag der Hypothek ständen in Frage, sondern die Fälligkeit, die abhängig sei von den Tatfragen, ob die Beklagten mit der Zinszahlung zum 1. Oktober 1899 mehr als zehn Tage im Verzug gewesen seien, und ob daher die vom Kläger behauptete Kündigung rechtliche Wirkung habe. Ueber diese Tatfragen ergebe das Grundbuch nichts, und könne darüber auch nichts ergeben. Sei dies aber der Fall, so finde auch § 892 BGB. keine Anwendung. Das ergehende Urteil würde vielmehr auch für und gegen den Zessionar gelten, und somit sei die Voraussetzung, unter der nach § 265 Abs. 3 a. a. O. der dort gedachte Einwand erhoben werden könne, nicht gegeben. Wollte man dieser Ausführung folgen, so würde der Einwand aus § 265 Abs. 3 ZPO., der Einwand nämlich, daß der Kläger zur Geltendmachung des nach der Klagerhebung von ihm abgetretenen Anspruches nicht mehr befugt sei, nur dann mit Erfolg erhoben werden können, wenn diejenige Rechtsbeziehung zwischen den Parteien, wegen deren das zu erwartende Urteil dem Zessionar gegenüber nicht gelten soll, aus der bisherigen Prozeßlage ersichtlich ist oder von dem Beklagten bei Erhebung des Einwandes ersichtlich gemacht würde. Daß § 265 Abs. 3 in diesem Sinne zu verstehen sei, muß verneint werden. Nicht darauf kommt es an, ob der Beklagte schon einen Einwand erhoben hat, mit Rücksicht auf welchen das künftige Urteil dem Zessionar gegenüber nicht Geltung haben würde, sondern darauf, ob zwischen den Parteien ein Rechtsverhältnis im Prozeß befangen ist, welches dem Beklagten die Erhebung eines solchen Einwandes e r m ö g l i c h t. Ist dies der Fall, so soll der Beklagte nicht genötigt sein, sich weiter mit einem Kläger einzulassen, dessen Abweisung ihn doch gegen eine neue Inanspruchnahme seitens des Zessionars nicht schützen würde. Zu diesem Zwecke gibt ihm § 265 Abs. 3 den Einwand, daß dem Kläger nunmehr die Aktivlegitimation mangele. Der Berufungsrichter hat daher mit Recht allerdings — wie noch zu erörtern sein wird — nur in Beziehung auf die dingliche Klage) den aus § 265 Abs. 3 ZPO. erhobenen Einwand als den Beklagten zustehend erachtet, wenngleich bisher zwischen den Parteien nur über die Fälligkeit der Hypothek gestritten worden ist, und für diesen Streit, so wie er sich bisher entwickelt hat, der Glaube des Grundbuches nicht in Betracht kommt. Denn daß in das Rechtsverhältnis der Beklagten zu dem Zessionar der Hypothek der Glaube des Grundbuches eingreifen würde, oder — wie es in § 325 Abs. 2 ZPO. heißt — daß für dieses Rechtsverhältnis die Vorschriften des bürgerlichen Rechtes zugunsten derjenigen, welche Rechte von einem Nichtberechtigten herleiten, Anwendung finden würden, ist unbedenklich, und dies allein genügt, um die Beklagten zu dem Einwande der nunmehr mangelnden Aktivlegitimation gemäß § 265 Abs. 3 zu berechtigen. Wäre daher nur die dingliche Klage erhoben, so würde die Revision ohne Erfolg sein. Sie wäre auch damit nicht zu begründen, was übrigens von ihr auch nicht versucht wird, daß der Berufungsrichter die Wiedereröffnung der mündlichen Verhandlung abgelehnt hat.

Vgl. Entsch. des RG.'s in Zivils. Bd. 16 S. 417.

Nun ist aber nicht bloß die dingliche, sondern auch die persönliche Klage erhoben, wie nach den Klaganträgen in erster und zweiter Instanz nicht zweifelhaft sein kann, und dies ist der Punkt, welchen der Berufungsrichter übersehen hat, und bei welchem die Revision durchdringt. Denn soweit die Beklagten als persönliche Schuldner der eingetragenen Kaufgelderforderung von 22 000 M. in Anspruch genommen werden, steht ihnen der Einwand, daß Kläger durch Abtretung dieser Forderung die Befugnis zu ihrer Geltendmachung verloren habe, nicht zu. Dies ergibt sich aus § 265 Abs. 1 und Abs. 2 Satz 1 ZPO. Auch aus § 1138 BGB. läßt sich etwas Gegenteiliges nicht entnehmen. Denn der Glaube des Grundbuches wird in dieser Vorschrift nicht schlechthin, sondern nur „für die Hypothek", also nur soweit das dingliche Recht in Betracht kommt, auf die persönliche Forderung ausgedehnt. Auf diese Vorschrift könnte sich daher der Zessionar einer Hypothekenforderung, der nur die persönliche Klage erhebt, nicht berufen, und eben deshalb kann sie auch nicht herangezogen werden, um aus ihr die Unwirksamkeit eines die persönliche Klage des Zedenten abweisenden Urteiles gegen den Zessionar herzuleiten. Muß aber der Zessionar ein solches Urteil gegen sich gelten lassen, so entfällt die Voraussetzung, unter welcher der Beklagte mit Rücksicht auf die Zession die Aktivlegitimation des Klägers bestreiten kann. Und was endlich den Antrag anlangt, so ist dieser, wie er hier gestellt ist, nämlich die Beklagten zur Zahlung der abgetretenen Forderung nicht an den Kläger, sondern an den Zessionar zu verurteilen, vom Reichsgerichte bereits in einem ähnlich liegenden Falle zugelassen worden;

vgl. Urt. des VI. Zivils. des RG.'s vom 2. Mai 1898 bei Gruchot, Beiträge Bd. 42 S. 956;

der vorliegende Fall bietet um so weniger Veranlassung, hiervon abzugehen, als nach dieser Richtung hin von den Beklagten nichts erinnert worden ist. Ob die persönliche Klage begründet ist, darüber hat sich der Berufungsrichter nicht ausgelassen. Wollte man sie aber mit Rücksicht auf die notdürftige Substanziierung, die der persönliche Anspruch in den bisherigen Ausführungen gefunden hat, für nicht genügend begründet halten, so durfte doch dieser Abweisungsgrund in der Revisionsinstanz nicht substituiert werden, schon deshalb nicht, weil ohne Verletzung des § 139 ZPO. aus diesem Grunde eine Abweisung der Klage nicht hätte ausgesprochen werden können, und dem Kläger in der Revisionsinstanz die Möglichkeit benommen war, seine tatsächlichen Ausführungen zu ergänzen." . . .

RGZ. 49, 376

Wird eine mangelhaft erhobene Klage durch Berichtigung oder Ergänzung in der mündlichen Verhandlung in Ermangelung einer rechtzeitigen Rüge seitens des Beklagten rechtswirksam? Tritt eine solche Heilung des Mangels auch dann ein, wenn der Klagantrag bei der mündlichen Verhandlung gegen einen anderen Beklagten gerichtet wird, als denjenigen, gegen den sich die durch Zustellung eines Schriftsatzes erhobene Klage richtete?

ZPO. §§ 253, 295 Abs. 2.

I. Zivilsenat. Urt. v. 26. Juni 1901.

I. Landgericht Halle a. S., Kammer für Handelssachen.
II. Oberlandesgericht Naumburg a. S.

Klägerin hatte als legitimierte Inhaberin der am 25. September 1900 fälligen, bei der Firma K. & Co. in Berlin domizilierten Tratte auf Grund des nachstehenden Akzeptes:

„Elektrische Kleinbahn im Mansfelder Bergrevier:
Betriebsdirektion
E. F."

Klage auf Zahlung der Wechselsumme nebst Zinsen und Wechselunkosten erhoben gegen

„die Elektrische Kleinbahn im Mansfelder Bergrevier, Betriebsdirektion zu Bahnhof Mansfeld".

Diese Klage wurde dem Betriebsdirektor E. F. zu Mansfeld zugestellt. Im ersten Termine zur mündlichen Verhandlung erschien für die Beklagte ein von F. mit Prozeßvollmacht versehener Anwalt, der sich als dessen Vertreter meldete und Abweisung der Klage beantragte, weil die ursprüngliche Beklagte nur eine unselbständige Abteilung der inzwischen in Konkurs geratenen Firma K. & Co. zu Berlin sei und sich mangels eigener Rechtspersönlichkeit wechselrechtlich nicht habe verpflichten können. Die Verhandlung wurde vertagt, und es stellte nunmehr Klägerin dem gegnerischen Anwalte einen Schriftsatz zu, worin unter Bezugnahme auf dessen im Termine abgegebene Erklärung ausgeführt wird, daß F. hiernach das Akzept unbefugt abgegeben haben müsse und gemäß Art. 95 WO. persönlich hafte. Demnach werde die Klage gegen ihn persönlich mit dem ursprünglich gestellten Antrage gerichtet. In der folgenden mündlichen Verhandlung ließ Klägerin die Klage gegen die Elektrische Kleinbahn fallen und beantragte, den F. nach der Klage zu verurteilen. Dieser Beklagte erklärte darauf durch seinen Prozeßbevollmächtigten, er beantrage Abweisung der Klage, weil Art. 95 WO. auf den vorliegenden Fall keine Anwendung finde. Der erste Richter hat auf Grund sachlicher Prüfung des gegen den Beklagten F. erhobenen Anspruches die Klage kostenpflichtig abgewiesen. Das Berufungsgericht hat die von der Klägerin eingelegte Berufung, ohne sich auf eine Prüfung der Sache selbst einzulassen, zurückgewiesen, weil gegen den Beklagten F. eine den Vorschriften des § 253 ZPO. entsprechende Klage nicht erhoben sei. Auf eingelegte Revision wurde das Berufungsurteil aufgehoben aus folgenden

Gründen:

„Das angefochtene Urteil beruht auf Verletzung der §§ 253, 295 Abs. 2 ZPO.

Es geht davon aus, daß an sich in der Hereinziehung eines in der Klageschrift nicht benannten Beklagten in den Prozeß eine Klagänderung liegt, daß aber die Vorschriften des § 253 ZPO. über die Klagerhebung solche sind, auf deren Befolgung die Partei wirksam nicht verzichten kann. Hieraus wird gefolgert, daß, da gegen den Beklagten F. eine vorschriftsmäßige Klage nicht erhoben ist, die Klage gegen ihn abgewiesen werden muß.

Die Aenderung in der Person der Prozeßsubjekte ist allerdings wiederholt auch vom Reichsgerichte unter den Gesichtspunkt der Klagänderung gebracht worden.

Vgl. Entsch. des RG.'s in Zivils. Bd. 11 S. 341, Bd. 19 S. 185; Bolze, Praxis Bd. 12 Nr. 648 und 702, Bd. 13 Nr. 648 a, Bd. 14 Nr. 598 c.

Es kommt aber hierauf nicht an. Entscheidend ist vielmehr die Frage, ob eine mangelhaft erhobene Klage durch Berichtigung oder Ergänzung in der mündlichen Verhandlung in Ermangelung einer rechtzeitigen Rüge seitens des Beklagten in Gemäßheit des § 295 ZPO. rechtswirksam wird, und ob eine solche Heilung des Mangels auch dann eintritt, wenn der Klagantrag bei der mündlichen Verhandlung gegen einen anderen

Beklagten gerichtet wird, als gegen denjenigen, gegen den sich die durch Zustellung eines Schriftsatzes gemäß § 253 ZPO. erhobene Klage richtete.

Durch die Annahme, daß die Vorschriften der Zivilprozeßordnung über die Klagerhebung absolut zwingender Natur seien, so daß auf deren Befolgung parteiseitig nicht verzichtet werden könne, setzt sich der Vorderrichter nicht nur in Widerspruch mit der ständigen Judikatur des Reichsgerichts, an der festzuhalten ist, sondern auch mit der fast einstimmigen Meinung der Schriftsteller, wonach das Fehlen der gesetzlichen Klagerfordernisse durch den ohne Widerspruch des Beklagten erfolgten mündlichen Vortrag geheilt wird.

Entsch. des RG.'s in Zivils. Bd. 13 S. 337, Bd. 22 S. 420, Bd. 39 S. 292; Bolze, Praxis Bd. 7 Nr. 955; Jurist. Wochenschr. 1894 S. 62 Nr. 5, S. 278 Nr. 4.

Auch der vom Vorderrichter selbst angezogene Kommentar von v. Wilmowski u. Levy (Bem. 2 zu § 230 a. F.; vgl. § 240 Bem. 1) hält eine Ergänzung der wesentlichen Klagebestandteile in der mündlichen Verhandlung mit Einwilligung des Beklagten für zulässig und behandelt die Substituierung eines anderen Beklagten als Klagänderung. Auf dem entgegengesetzten Standpunkte steht allerdings die gleichfalls vom Vorderrichter angeführte Entscheidung des Oberlandesgerichts Kassel (Seuffert, Archiv Bd. 48 S. 460) — anders Oberlandesgericht Braunschweig (ebenda S. 222) —, welche sich ihrerseits auf Reincke, Zivilprozeßordnung, und Fitting in der Zeitschrift für Zivilprozeßordnung Bd. 11 S. 33 beruft. Reincke hält aber in der 4. Aufl. zu § 253 Note Cb den Rügeverzicht des § 295 ZPO., vorausgesetzt, daß eine dem Gesetze entsprechende Klagerhebung an sich vorliegt, auf den Eintritt „eines an derselben nicht beteiligten Dritten" in den Rechtsstreit für anwendbar, und Fitting (a. a. O. S. 31) erkennt selbst an, daß er mit seiner Aufstellung gegen eine ganz allgemeine Ansicht verstoße.

Wie Fitting ferner Schwalbach im Archiv für Zivilprozeß Bd. 44 S. 276, und Nessel, Beiträge zur Erläuterung des deutschen Rechts Bd. 30 S. 179.

Fitting's Gründe sind nicht überzeugend, insbesondere führt die herrschende Ansicht nicht, wie er meint, zu der Konsequenz, daß die Parteien kraft Uebereinkunft im Anwaltsprozesse ebenso, wie im Parteiprozesse (§ 500 ZPO.), auch ohne jede schriftliche Klagerhebung zur Verhandlung des Rechtsstreites vor Gericht erscheinen könnten. Denn ohne Terminsansetzung ist eine Verhandlung im Anwaltsprozesse ausgeschlossen, und jene findet nur im anhängigen Rechtsstreite auf der einzureichenden Ladung, oder für den anhängig zu machenden auf der einzureichenden Klageschrift statt. Unstichhaltig ist auch der vom Oberlandesgerichte Kassel selbst angegebene Grund, daß die Tatsache der Klagerhebung wegen der daraus entspringenden Rechtswirkungen feststehen müsse. War der Anspruch in der zugestellten Klageschrift noch nicht erhoben, so tritt seine Rechtshängigkeit gemäß § 281 ZPO. mit der Geltendmachung in der mündlichen Verhandlung ein.

Vgl. Hellmann, Lehrbuch des deutschen Zivilprozeßrechts S. 419, 420.

Geht man aber davon aus, daß die Mängel der Klagerhebung durch widerspruchslosen Vortrag in der mündlichen Verhandlung geheilt werden können, so ist auch die Folgerung nicht abzuweisen, daß in der mündlichen Verhandlung eine Aenderung der Prozeßsubjekte herbeigeführt werden, ein neuer Kläger in den Rechtsstreit eintreten, ein neuer Beklagter in ihm hineingezogen werden kann.

Das Reichsgericht hat denn auch bereits in wiederholten Entscheidungen, zum Teil unter dem Gesichtspunkte der Klagänderung, die Substituierung einer anderen Prozeßpartei sowohl auf seiten des Klägers, wie auch auf seiten des Beklagten mit Einwilligung des letzteren zugelassen.

Vgl. Entsch. des RG.'s in Zivils. Bd. 33 S. 372; Bolze, Praxis Bd. 13 Nr. 648 a, Bd. 23 Nr. 748, Bd. 2 Nr. 1810.

Auf den ersten Blick scheint abzuweichen die Entscheidung des V. Zivilsenates bei Gruchot, Beiträge Bd. 30 S. 440, insofern gesagt wird, „es widerspreche den Vorschriften der Zivilprozeßordnung, insbesondere dem § 230, nach welchem eine Partei die Rechte des Klägers nur durch Zustellung der Klage erwirbt, daß die Geschwister F. als Mitkläger zugelassen werden wollten". Für den konkreten Fall traf es aber zu, daß die Geschwister F. die Rechte des Klägers nur mit Zustellung der Klage hätten erwerben können, weil ihr Beitritt erst in zweiter Instanz und gegen den Widerspruch der Beklagten erfolgt war. Die Abweichung ist daher in Wirklichkeit nicht vorhanden.

Auch in der Literatur wird der Ansicht des Reichsgerichts überwiegend zugestimmt.

Vgl. außer den bereits Angeführten: die Kommentare von Gaupp-Stein zu § 268 Note 8; Petersen-Anger zu § 253 Bemerkung 14; Seuffert, zu § 240 Note 2, und Schmidt, Klagänderung S. 210.

Kleinfeller (in der Jurist. Monatsschrift Bd. 3 S. 139 flg.) führt allerdings aus, daß, wenn auch der Eintritt eines anderen Klägers in den Prozeß mit Einwilligung des Beklagten zuzulassen sein dürfte, dies doch nicht umgekehrt gelte von der Hereinziehung eines anderen Beklagten in den Prozeß, da ein solcher Personenwechsel sich nur durch Klagezurücknahme und Erhebung einer neuen Klage vollziehen könne.

Hierauf ist aber zu erwidern, daß einerseits die Hereinziehung eines neuen Beklagten nicht notwendig die Zurücknahme der Klage gegen den alten Beklagten voraussetzt, vielmehr letztere Klage dabei aufrechterhalten werden kann, anderseits auch die einfache Klagänderung rechtlich die Erhebung einer neuen Klage, d. h. die gerichtliche Geltendmachung eines bisher nicht erhobenen Anspruches bedeutet.

Wenn endlich vom Oberlandesgerichte Kassel (Seuffert, Archiv Bd. 48 Nr. 289) eingewendet wird, daß gegen eine solche Erstreckung des Begriffes der Klagänderung die absurde Konsequenz spreche, daß dann auch das Gericht Gegenstand der Klagänderung sein müßte, so daß es den Parteien freistände, einen Prozeß von einem Gerichte zum anderen hinüberzuspielen, so ist das gänzlich abwegig. Denn der Klaganspruch hat weder in subjektiver Beziehung, noch inhaltlich irgend etwas zu tun mit dem Gerichte, bei dem er anhängig gemacht wird. Er kann bei verschiedenen Gerichten, gleichzeitig oder nacheinander, anhängig gemacht werden (vorbehaltlich der Einrede der Rechtshängigkeit); es entsteht dann aber jedesmal ein besonderer Rechtsstreit.

Im vorliegenden Falle wurde die Klage bei der zweiten mündlichen Verhandlung erster Instanz gegen den Beklagten F. persönlich gerichtet. Derselbe hat, ohne den Mangel der Klagerhebung zu rügen noch einer Klagänderung zu widersprechen, sich auf die gegen ihn erhobene Klage sachlich eingelassen, obwohl ihm der Mangel bekannt sein mußte. Damit ist er rechtswirksam als Beklagter in den Prozeß eingetreten (§ 295 Abs. 1 ZPO.)" . . .

RGZ. 52, 136

Kann die örtliche Zuständigkeit des angerufenen Gerichts auch auf Tatumstände gestützt werden, die erst nach der Zustellung der Klageschrift eingetreten sind?

ZPO. § 263 Abs. 2 Ziff. 2.

III. Zivilsenat. Urt. v. 8. Juli 1902.

I. Landgericht Neustrelitz. II. Oberlandesgericht Rostock.

Aus den Gründen:

„Der Kläger hat gegen den Beklagten wegen verschiedenartiger Forderungen Klage auf Bezahlung von 1610,10 M. nebst Zinsen bei dem Landgerichte zu Neustrelitz erhoben. Der Beklagte hat die Einrede der Unzuständigkeit geltend gemacht, weil er erst nach der Zustellung der Klage — allerdings vor der ersten mündlichen Verhandlung — seinen Wohnsitz im Bezirke des angerufenen Gerichts genommen habe. Der Kläger hat als ausreichend erachtet, daß der Beklagte vor der mündlichen Verhandlung dahin verzogen sei. Das Berufungsgericht hat die Einrede verworfen, da es zur Begründung des allgemeinen Gerichtsstandes (§ 13 ZPO.) genüge, daß der Beklagte vor der ersten mündlichen Verhandlung seinen Wohnsitz in den Bezirk des angerufenen Gerichts verlegt habe, der § 263 Abs. 2 Nr. 2 ZPO. stehe dieser Annahme nicht entgegen. Diesen Ausführungen des Berufungsgerichts ist beizutreten.

Der von einer Anzahl Kommentatoren für die gegenteilige Ansicht angezogene § 263 Abs. 2 bestimmt allerdings:

Die Rechtshängigkeit hat folgende Wirkungen.

Nr. 2. Die Zuständigkeit des Prozeßgerichts wird durch eine Veränderung der sie begründenden Umstände nicht berührt.

Allein der Wortlaut dieser Bestimmung beschränkt sich auf die einmal begründete Zuständigkeit des angerufenen Gerichts, d. h. auf den positiven Fall, daß zur Zeit der Rechtshängigkeit ein bestimmter Gerichtsstand bei dem angerufenen Gerichte begründet war, und umfaßt nicht auch den negativen Fall, daß die Zuständigkeit des angerufenen Gerichts zur Zeit der Rechtshängigkeit nicht begründet war. Nur für den ersteren bestimmt er, daß die Zuständigkeit durch Veränderung der sie begründenden Umstände nicht berührt werde, nicht aber auch für den letzteren, daß die Unzuständigkeit fortdauere. Die Motive zu § 227 des Entwurfs der Zivilprozeßordnung (Beilage zu den Reichtagsverhandlungen S. 466) verweisen denn auch auf den Grundsatz des gemeinen Zivilprozesses l. 30 Dig. de jud. 5, 1: ubi semel coeptum est judicium, ibi et finem accipere debet, in welchem nur von dem positiven Falle die Rede ist, und bringen im Anschlusse hieran einzelne der nach den Motiven mit der Bestimmung der Zivilprozeßordnung übereinstimmende Entwürfe und Gesetze, so § 227 Abs. 2 des preußischen Entwurfs und die württembergische Zivilprozeßordnung Art. 38 Abs. 3 den Satz dahin zum Ausdruck, daß die „Zuständigkeit", der „Gerichtsstand" fortdauere, auch wenn die Verhältnisse, welche ihn begründeten, weggefallen seien. Es ist auch nicht anzunehmen, daß die Zivilprozeßordnung als Wirkung der Rechtshängigkeit die Fortdauer der Unzuständigkeit, also das Nichtrechtshängigwerden des Rechtsstreits hat bezeichnen wollen.

Ist aber eine positive entgegenstehende Bestimmung der Zivilprozeßordnung nicht gegeben, so ist die nachträgliche Heilung der Unzuständigkeit — jedenfalls vor der ersten mündlichen Verhandlung — für zulässig zu erachten. Denn daß die Zuständigkeit des angerufenen Gerichts zur Zeit der Klagerhebung keine schlechterdings unabänderliche Prozeßvoraussetzung ist, ergibt sich schon aus der Zulassung der stillschweigenden Prorogation, sowie aus der Tatsache, daß die Unzuständigkeit auf dem Wege der Einrede geltend zu machen und diese Einrede in der Regel verzichtbar ist. Im übrigen aber treffen für die Zulassung der Heranziehung von Tatumständen, welche nach der Klagerhebung eingetreten sind, zur Begründung der Zuständigkeit im wesentlichen gleichartige Gründe zu, wie für die Berücksichtigung materiellrechtlicher, nicht den Klagegrund selbst betreffender, Veränderungen des streitigen Rechts oder Rechtsverhältnisses im Laufe des Prozesses (z. B. rücksichtlich der Fälligkeit, Kündigung usw.) sprechen. Insbesondere fällt auch hier ins Gewicht,

Entsch. des RG.'s in Zivils. Bd. 8 S. 416,

das Bestreben der Zivilprozeßordnung, die Zahl der Prozesse zu vermindern, ein Bestreben, das vor allem auch gerade in der Bestimmung des § 263 Abs. 2 Ziff. 2 ZPO. Ausdruck gefunden hat. Einer Schädigung des Beklagten ist auch hier durch die Einrede der Klagänderung und den § 92 ZPO. vorgebeugt. Daß die diesseitige Entscheidung, Bd. 3 S. 392 Entsch. des RG.'s in Zivils,. nicht entgegensteht, vielmehr den umgekehrten Fall, die Fortdauer der einmal begründeten Zuständigkeit, betrifft, ist vom Berufungsgericht zutreffend hervorgehoben."

RGZ. 53, 359

Kann der Berufungsrichter, nachdem er entschieden, daß in einem Vorbringen des Klägers in der Berufungsinstanz eine Aenderung der Klage nicht enthalten sei, und über diese Klage durch Urteil erkannt hatte, dieses Urteil in der Revisionsinstanz aber wegen unrichtiger Beurteilung der Verteidigung des Beklagten gegen diese Klage aufgehoben, und die Sache an das Berufungsgericht zurückverwiesen worden war, die Klage abweisen, weil eine Aenderung der Klage vorliege?

ZPO. §§ 270, 523.

I. Zivilsenat. Urt. v. 28. Januar 1903.

I. Landgericht Bochum, Kammer für Handelssachen.
II. Oberlandesgericht Hamm.

Die Frage ist verneint aus den nachfolgenden, den Sachverhalt ergebenden

Gründen:

„Die Klage ist von dem Verwalter im Konkurse der Kommanditgesellschaft gegen die Kommanditisten dahin erhoben, daß sie der Konkursmasse die Grundstücke und das Abholzungsrecht verschaffen, durch welche nach dem Gesellschaftsvertrage der in der Eintragung angegebene Betrag ihrer Einlage von zusammen 250 000 M., von der jeder Kommanditist 31 250 M. übernommen hatte, gedeckt werden sollte.

Nachdem der erste Richter durch sein Urteil vom 10. Januar 1901 die Klage abgewiesen hatte, weil der Vertrag bezüglich der mitverklagten Geschwister Sch. wegen mangelnder Genehmigung des Vormundschaftsgerichts und im übrigen wegen Irrtums und arglistiger Täuschung nichtig sei, hat der Kläger in seiner gegen die Geschwister Sch. nicht mitgerichteten Berufung die Verurteilung der übrigen Beklagten zur Zahlung des eingetragenen Betrages der Einlage mit je 31 250 M. nebst Zinsen auf Grund der §§ 171, 172 HGB. beantragt. Auf die Einrede der Beklagten, daß darin Klagänderung enthalten sei, hat der Berufungsrichter in seinem Urteil vom 1. Juli 1901 entschieden, daß eine Aenderung der Klage nicht vorliege, nur eine nach § 268 Nr. 2 ZPO. zulässige Erweiterung oder Beschränkung des Klagantrages, und hat die Beklagten auf Grund der §§ 171, 172 HGB. zur Zahlung nach dem Antrage der Berufung verurteilt, weil ihre Haftung den Gläubigern gegenüber durch den eingetragenen Geldbetrag ihrer Einlage ohne Rücksicht auf die Nichtigkeit des Vertrages bestimmt werde. Gegen den Beklagten W. Zw. ist das Urteil rechtskräftig geworden.

In dem früheren Revisionsurteil*) ist erwogen, daß nach §§ 270, 523 ZPO. die Frage, ob der in der Berufungsinstanz gestellte Antrag statthaft, nicht zu prüfen sei, daß vielmehr nur die Frage in Betracht komme, ob dem durch den Verwalter geltend gemachten Rechte der Gläubiger der Kommanditgesellschaft die Nichtigkeit des Gesellschaftsvertrages entgegenstehe. Diese Frage ist, in Uebereinstimmung mit dem Berufungsrichter, verneint, und die Sache unter Aufhebung des Berufungsurteils vom 1. Juli 1901 nur um deswillen an das Berufungsgericht zurückverwiesen, weil die Verteidigung der Beklagten nicht richtig und genügend gewürdigt war, es seien Schulden, für welche sie als Kommanditisten hafteten, und zu deren Deckung die eingeklagten Einlagen erforderlich wären, nicht vorhanden.

Das angefochtene Urteil weist die Klage jetzt, abweichend vom früheren Berufungsurteil, lediglich aus dem Grunde ab, daß unzulässige Klagänderung vorliege. Dadurch sind, wie die Revision mit Recht rügt, die §§ 270, 523 ZPO. verletzt.

Der § 270 ZPO., der nach § 523 daselbst auch für die Berufungsinstanz gilt,

vgl. Entsch. des RG.'s in Zivils. Bd. 3 S. 371, 372, Bd. 4 S. 391, 413,

schreibt vor, daß die Anfechtung der Entscheidung, daß eine Aenderung der Klage nicht vorliege, oder daß die Aenderung gemäß § 264 daselbst zuzulassen sei, nicht stattfindet. Die Vorschrift bezweckt nach ihrer Entstehungsgeschichte,

vgl. Protokolle der Reichstagskommission S. 541; Hahn, Materialien zu den Reichsjustizgesetzen Bd. 2 S. 1002,

die Abschneidung unnützer Weiterungen über eine Frage, die man nicht für wichtig genug hielt, um ihr mehr als eine Instanz zu eröffnen, und die Verhütung der Vermehrung der Prozesse. Erwogen wurde insbesondere, daß die ganze materielle Verhandlung und Entscheidung einer Sache vergeblich gemacht werde, wenn zugelassen würde, daß in einer höheren Instanz erklärt werden könne, es liege Klagänderung vor. Deshalb soll jede Nachprüfung einer Entscheidung, daß Klagänderung nicht

*) Mitgeteilt in dieser Sammlung Bd. 51 S. 33.

vorliege, ausgeschlossen, eine solche Entscheidung der Anfechtung entzogen sein, ohne Unterschied, ob demnächst in der Sache selbst über die zugelassene Klage zugunsten, oder zuungunsten der Beklagten entschieden ist.

Vgl. Entsch. des RG.'s in Zivils. Bd. 4 S. 412.

Die Entscheidung darüber, ob eine Klagänderung vorliegt, oder nicht, kann nach § 303 ZPO. durch Zwischenurteil oder in den Gründen des Endurteils in der Sache selbst erfolgen.

Vgl. Entsch. des RG.'s in Zivils. Bd. 3 S. 372, Bd. 4 S. 393.

Das nur mit dem Rechtsmittel gegen das Endurteil anfechtbare Zwischenurteil ist nach der unzweideutigen Vorschrift in § 270 ZPO. unanfechtbar, wenn es das Vorliegen einer Klagänderung verneint, und bleibt deshalb bestehen, auch wenn das Endurteil in der Sache selbst aufgehoben wird.

Vgl. Entsch. des RG.'s in Zivils. Bd. 4 S. 412.

Daß etwas anderes eintreten soll, wenn die Entscheidung, daß Klagänderung nicht vorliege, in den Gründen des Endurteils ergangen ist, läßt sich angesichts der Vorschrift des § 270, der beide Fälle nicht scheidet, nicht rechtfertigen.

Der erkennende Senat hat sich bereits in seinem Urteil in den Entsch. des RG.'s in Zivils. Bd. 4 S. 412 über die Bedeutung und Tragweite des § 242 ZPO., dem der § 270 in der neuen Fassung des Gesetzes wesentlich entspricht, dahin ausgesprochen, daß die Vorschrift von dem sonst festgehaltenen Grundsatz über die Rechtskraft der Entscheidungsgründe abweiche. Die Ausschließung der Anfechtung eines Urteils, das auf der Annahme beruhe, eine Klagänderung liege nicht vor, setze voraus, daß das Aussprechen dieses Grundes als eine selbständige Entscheidung aufgefaßt werde, der für den betreffenden Prozeß sofortige Rechtskraft beigelegt werde.

Daran ist festzuhalten. Für den vorliegenden Fall folgt daraus, daß die Beklagten in der neu eröffneten Berufungsinstanz den Einwand der Klagänderung nicht mehr erheben konnten, und daß der Berfungsrichter von seiner Entscheidung in dem früheren Berufungsurteil nicht abweichen durfte. Es leuchtet ein, daß dies Zulassen den Zweck des § 270 vereiteln hieße, dessen Zweckmäßigkeit sich gerade hier zeigt, wo die Sache selbst in drei Instanzen verhandelt und abgeurteilt ist, und diese ganze Verhandlung unnütz gewesen wäre, wenn zugelassen würde, daß der Berufungsrichter in der vierten Verhandlung der Sache erklärt, es sei wegen Klagänderung in der Sache nicht zu entscheiden, vielmehr eine neue Klage erforderlich. Das hat gerade im Interesse einer geordneten Rechtspflege und im Interesse der Parteien verhindert werden sollen.

Durch die Aufhebung des Berufungsurteils in der Revisionsinstanz und die Zurückverweisung der Sache an das Berufungsgericht wird grundsätzlich die Berufung von neuem eröffnet (§ 565 Abs. 1 § 537

ZPO.) soweit nicht rechtskräftig bereits erkannt ist. Gegenstand der Verhandlung und Entscheidung sind alle einen zuerkannten oder aberkannten Anspruch betreffenden Streitpunkte, über welche in Gemäßheit der Anträge eine Verhandlung und Entscheidung erforderlich ist. Die Entscheidung des Berufungsrichters über die behauptete Klagänderung in dem früheren Berufungsurteil bedeutete sachlich, daß der Anspruch des Klägers auf Zahlung der eingetragenen Bareinlage schon mit der Klage vom 14. Dezember 1900 erhoben, kein neuer Anspruch sei. In dem früheren Revisionsurteil ist rechtsgrundsätzlich und nach § 565 Abs. 2 ZPO. für den Berufungsrichter maßgebend, übrigens mit dem früheren Berufungsurteil übereinstimmend, ausgesprochen, daß die Beklagten sich gegenüber der Klage auf Erfüllung des Gesellschaftsvertrages durch Hergabe der einzubringenden Liegenschaften und Gerechtsame auf die festgestellte und nicht bestrittene Nichtigkeit des Vertrages berufen können, nicht aber gegenüber der aus dem Rechte der Gläubiger auf die eingetragene Bareinlage erhobenen Klage auf Zahlung derselben. Zur Verhandlung und Entscheidung über diese Klage ist die Sache an das Berufungsgericht zurückverwiesen. In Wahrheit handelte es sich in der neuen Berufungsinstanz nur noch um diese Klage und nach dem Grundsatze der §§ 270, 523 ZPO. konnte sich der Berufungsrichter dieser Verhandlung und Entscheidung nicht mit der Begründung entziehen, daß diese Klage erst in der Berufungsinstanz erhoben sei.

Das Berufungsurteil hat deshalb aufgehoben und die Sache zur Verhandlung und Entscheidung an das Berufungsgericht zurückverwiesen werden müssen." . . .

RGZ. 54, 49

Kann daraus, daß die Minderungsklage auf Teillöschung einer Kaufgelderhypothek erhoben worden ist, die Einrede der Rechtshängigkeit gegenüber der Klage des Hypothekengläubigers auf Zahlung desselben Teils der Hypothek hergeleitet werden?

ZPO. § 263 Abs. 2 Ziff. 1.

V. Zivilsenat. Urt. v. 21. Februar 1903.

I. Landgericht Ostrowo. II. Oberlandesgericht Posen.

Die Klägerin, für die auf dem Rittergute des Beklagten eine aus dem Verkaufe des Guts an den letzteren herrührende Kaufgeldforderung von 160 000 M. hypothekarisch eingetragen stand, klagte einen Teilbetrag dieser Hypothek von 30 000 M. im Urkundenprozeß ein. Der Beklagte erhob unter Berufung darauf, daß er in einem anderen, zwischen den Parteien in umgekehrter Parteirolle anhängigen Prozeß auf Minderung des durch die Hypothek gesicherten Kaufpreises um den gleichen Betrag und Löschung eines entsprechenden Teils der Hypothek geklagt habe, die Einrede der Rechtshängigkeit. Die Einrede wurde in beiden Vorinstanzen verworfen. Auch die Revision des Beklagten blieb ohne Erfolg aus folgenden

Gründen:

„Die Revision glaubt die übereinstimmende Rechtsauffassung der Vorinstanzen hauptsächlich mit dem Hinweis darauf bekämpfen zu können, daß eine in dem anderen Prozeß zugunsten des Beklagten ergehende rechtskräftige Entscheidung für den gegenwärtigen Prozeß die Einrede der Rechtskraft begründen würde, und daß der Umfang der letzteren Einrede sich mit dem Umfang der Einrede der Rechtshängigkeit decke. Letzteres ist indessen nicht richtig. Wie das Reichgericht bereits in dem Urteil vom 24. Februar 1902 (Entsch. des RG.'s in Zivils. Bd. 50 S. 419) ausgesprochen hat, besteht eine solche Gleichheit des Umfangs beider Einreden nicht, sondern kann die Einrede der Rechtskraft gegeben sein, obwohl es an einer Identität der Streitsache im Sinne des § 263 Abs. 2 Ziff. 1 ZPO. fehlt. Entscheidend dafür, ob die letztere Vorschrift Anwendung findet, ist lediglich die Beschaffenheit der in beiden Prozessen erhobenen Ansprüche. Fehlt es in diesem Punkte an der Identität, so entfällt die Einrede der Rechtshängigkeit, gleichviel welche Wirkung das in dem anderen Prozeß ergehende Urteil auf den ersten Prozeß ausübt. Wie danach z. B. die Einrede versagt, wenn in dem einen Prozeß eine Leistungsklage, in dem anderen Prozeß eine Feststellungsklage erhoben ist,

vgl. Entsch. des RG.'s in Zivils. Bd. 21 S. 392, Bd. 40 S. 362,

so muß dasselbe auch bei Verschiedenheit der Leistungsansprüche gelten. Auf diesem Standpunkte stehen ebenfalls bereits frühere reichsgerichtliche Urteile.

Vgl. außer dem angeführten Urteil vom 24. Februar 1902 noch die Urteile vom 28. März 1890, Entsch. des RG.'s in Zivils. Bd. 26 S. 367, und vom 2. Februar 1894, in Gruchot's Beiträgen Bd. 38 S. 1214.

Hiervon abzugehen liegt keine Veranlassung vor. Die Revision ist nun freilich der Meinung, daß auch dem Erfordernis der Anspruchsidentität im vorliegenden Falle genügt sei. Sie weist darauf hin, daß der Klagantrag in dem anderen Prozeß nicht etwa auf Löschung eines beliebigen Teils der Kaufgeldhypothek gehe, sondern gerade den besonderen, durch seinen Fälligkeitstermin gekennzeichneten Teilbetrag von 30 000 M. zum Gegenstande habe, dessen Zahlung im gegenwärtigen Prozesse verlangt werde. Die Ansicht der Revision läuft also darauf hinaus, daß Identität der Ansprüche nicht bloß bei Geltendmachung desselben Anspruchs durch dieselbe Partei, sondern allemal auch dann gegeben sei, wenn eine Partei einen Anspruch, der das kontradiktorische Gegenteil des von der anderen Partei geltend gemachten Anspruchs darstellt, erhebt. Dieser Auffassung ist indessen das Reichsgericht ebenfalls schon entgegengetreten, und zwar in einem Falle, in dem es sich in dem einen Prozeß um Bezahlung einer Wechselschuld, in dem anderen Prozeß um Herausgabe des Wechsels wegen Nichtbestehens der Wechselschuld handelte (vgl. das oben erwähnte Urteil vom 24. Februar 1902). Daß der gegenwärtige Fall — Bezahlung einer Teilhypothek einerseits und Bewilligung der Löschung dieser Teilhypothek andererseits — hiervon begrifflich nicht verschieden ist, bedarf keiner näheren Ausführung. Demgemäß hat auch das Urteil vom 2. Februar 1894 in einem dem gegenwärtigen fast gleichliegenden Falle, wo der Hypothekengläubiger nach früherem Landesprivatrecht auf Herausgabe des Pfandgrundstücks zum Zweck der Zwangsvollstreckung, der Schuldner negatorisch auf Löschung der Hypothek geklagt hatte, Identität der beiderseitigen Ansprüche verneint. Daß die Festhaltung dieses Gesichtspunktes etwa zu Härten und zur Beeinträchtigung materieller Parteiinteressen führt, kann nicht zugegeben werden und trifft namentlich dann nicht zu, wenn, wie vorliegend, der eine Prozeß als Urkundenprozeß angestellt ist. Letzterer soll dem Gläubiger dazu verhelfen, seine urkundlich nachgewiesene Forderung in einem beschleunigten Verfahren v o r Erledigung der Sache im ordentlichen Rechtsgange zur Vollstreckung zu bringen. Dieser Zweck würde aber, wie bereits in dem reichsgerichtlichen Urteil vom 3. Juli 1888 (Entsch. des RG.'s in Zivils. Bd. 21 S. 393, 394) hervorgehoben ist, vereitelt werden, wenn es im Belieben des Schuldners stünde, der erwarteten Klage des Gläubigers mit der Erhebung einer das Nichtbestehen der Forderung behauptenden Feststellungs- oder Leistungsklage zuvorzukommen und mittels der auf diese Weise gewonnenen Rechtshängigkeitseinrede den Urkundenprozeß lahm zu legen. Umgekehrt erleidet der Schuldner durch die Zurückweisung der Rechtshängigkeitseinrede keinen Nachteil. Denn es bleibt ihm unbenommen, seine Einwendungen gegen das Bestehen der klägerischen Forderung auch gegenüber der im Urkundenprozeß erhobenen Klage vorzubringen und eine Entscheidung über sie schlimmstenfalls in dem gemäß §§ 599, 600 ZPO. stattfindenden Nachverfahren herbeizuführen." . . .

RGZ. 55, 293

Welchen Einfluß hat die mit rückwirkender Kraft vorgenommene Veräußerung des vermieteten Grundstücks auf einen anhängigen Prozeß über eine fällige Mietsrate?

BGB. § 571. ZPO. § 265.

VI. Zivilsenat. Urt. v. 21. September 1903.

I. Landgericht Magdeburg. II. Oberlandesgericht Naumburg a. S.

Der Kläger erhob gegen die Beklagte Klage auf Zahlung der Miete für die Zeit vom 1. Oktober 1900 bis zum 31. März 1901 und erweiterte im Laufe des Prozesses den Antrag dahin, daß die Beklagte auch zur Zahlung der am 1. April 1901 fällig gewordenen Miete verurteilt werde. Danach veräußerte er das vermietete Grundstück an die Gesellschaft G., und zwar mit Wirkung vom 1. April 1901 ab, und stellte nun in der nächsten Verhandlung den veränderten Antrag, daß die Beklagte verurteilt werde, die erste Halbjahrsmiete an ihn, die zweite an die Gesellschaft G. zu zahlen. Die Beklagte bestritt, daß der Kläger nach der Veräußerung des Mietegrundstücks noch berechtigt sei, auf die Zahlung der Miete für die Zeit nach dem 1. April 1901 an seinen Rechtsnachfolger zu klagen. Ueber diesen Einwand heißt es in den

Gründen:

. . . „Der Kläger war zu der Zeit, als er seinen Antrag auf die am 1. April 1901 fällig gewordene Miete ausdehnte, noch Eigentümer des Grundstückes. Mit dessen Veräußerung hörte er allerdings nach § 571 BGB. auf, Vermieter zu sein, und der neue Erwerber trat an seine Stelle. Aber dieser Wechsel in der Person des Berechtigten ist nach § 265 ZPO. auf den Prozeß über den bereits rechtshängigen Anspruch ohne Einfluß. Die Abtretung des Anspruchs, von der das Gesetz spricht, liegt nicht nur dann vor, wenn die Uebertragung der Forderung auf einen neuen Gläubiger der unmittelbare Gegenstand des Vertrages ist (§§ 398 flg. BGB.), sondern auch dann, wenn der Uebergang des Anspruchs auf den anderen die notwendige Rechtsfolge eines anderen vom Gläubiger abgeschlossenen Rechtsgeschäftes ist. Die Veräußerung des Mietegrundstückes schließt darum die Abtretung der Mietforderung an den Erwerber des Grundstückes in sich. Ist deswegen die Vorschrift des § 265 ZPO. hier anwendbar, so folgt daraus, daß der Kläger zur Fortsetzung des Prozesses über die abgetretene Forderung berechtigt ist. Die Frage nach der Zulässigkeit der Aenderung, daß Zahlung an den Rechtsnachfolger, statt an den Kläger, gefordert wird, scheidet hier aus, weil die Beklagte der Aenderung nicht widersprochen hat." . . .

RGZ. 57, 416

Ist im Falle des § 275 Abs. 2 ZPO. gegen die Ablehnung des Antrags, die Verhandlung zur Hauptsache anzuordnen, die Beschwerde allgemein oder wenigstens dann zulässig, wenn nach Verwerfung einer prozeßhindernden Einrede eine zweite durch ein neues Urteil verworfen worden ist?

VII. Zivilsenat. Beschl. v. 6. Mai 1904.

I. Landgericht Halle a. S. II. Oberlandesgericht Naumburg a. S.

Die Frage ist verneint aus folgenden

Gründen:

„Die Beklagte erhob gegenüber der auf die Herausgabe von Sachen gerichteten Klage ihres Ehemannes die prozeßhindernden Einreden der mangelnden Prozeßfähigkeit des Klägers und der sachlichen Unzuständigkeit des Landgerichts und verweigerte wegen der letzteren die Einlassung zur Hauptsache. Die Einrede der Unzuständigkeit wurde durch Urteil vom 6. November 1903 verworfen. Demnächst, nachdem für dieses Urteil das Zeugnis der Rechtskraft erteilt war, verweigerte die Beklagte in dem Termine zur mündlichen Verhandlung vom 15. Februar 1904 die Einlassung zur Hauptsache auch wegen der Einrede der mangelnden Prozeßfähigkeit. Diese wurde durch Urteil vom 15. ged. Mts. gleichfalls verworfen. Vor Ablauf der Berufungsfrist lud der Anwalt des Klägers die Beklagte zur mündlichen Verhandlung, in welcher er unter Widerspruch der letzteren beantragte, daß das Gericht die Verhandlung zur Hauptsache anordne. Der Antrag wurde abgelehnt. Die vom Kläger eingelegte Beschwerde ist vom Oberlandesgericht als unzulässig verworfen. Die weitere Beschwerde ist zwar zulässig . . .; aber sie ist unbegründet. Mit der Erlassung des die prozeßhindernde Einrede der mangelnden Prozeßfähigkeit verwerfenden Zwischenurteils vom 15. Februar 1904 trat bis zur Rechtskraft dieses Urteils ein Stillstand des Verfahrens ein. Die Fortsetzung konnte nur auf A n t r a g dergestalt angeordnet werden, daß zur Hauptsache zu verhandeln sei (§ 275 Abs. 2 ZPO.). Es steht hierbei eine die Parteirechte erheblich berührende Maßregel in Frage, indem vor rechtskräftiger Feststellung der Prozeßvoraussetzungen über die Hauptsache verhandelt werden soll. Daß sie ohne mündliche Verhandlung über den Antrag getroffen werden könne, ist nirgends bestimmt. Deshalb greift der Grundsatz des § 128 ZPO. durch, und es erfordert die Entscheidung über das Begehren, daß zur Hauptsache verhandelt werde, gleichfalls eine mündliche Verhandlung. Dies ist auch in dem Beschlusse des VI. Zivilsenats vom 2. Januar 1890 (Jurist. Wochenschr. S. 47) angenommen.

Vgl. ferner Entsch. des RG.'s in Zivils. Bd. 40 S. 373 flg.

Dort ist weiter ausgesprochen, daß es sich hierbei nicht um eine Aussetzung des Verfahrens im Sinne des § 252 ZPO. handelt; in dem Verfahren ist von selbst nach Erlassung des Zwischenurteils ein Stillstand eingetreten. Daraus ergibt sich, daß der den Antrag auf Fortsetzung des Verfahrens erledigende Beschluß der Beschwerde unzugänglich ist (§ 567 Abs. 1 ZPO.). Die weitere Beschwerde sucht auszuführen, daß die Erlassung des Zwischenurteils unzulässig gewesen, und dieses deshalb nicht zu beachten sei. Dabei ist unterstellt, daß, wie dies auch das Oberlandesgericht annimmt, das Verfahren des Landgerichts der Prozeßordnung nicht entsprochen habe. Indessen hatte die Beklagte nach dem Tatbestande des Zwischenurteils vom 6. November 1903 b e i d e prozeßhindernden Einreden gleichzeitig vorgeschützt und nur erklärt, daß sie wegen der Einrede der mangelnden Prozeßfähigkeit die Einlassung zur Hauptsache nicht verweigern wolle. Ob es zweckmäßig war, die Einreden in getrennten Verhandlungen und Urteilen zu erledigen, kann dahingestellt bleiben. Jedenfalls war das Gericht an die Erklärung der Beklagten, die Einlassung nur wegen der Unzuständigkeit des Landgerichts zu verweigern, nicht gebunden. Es konnte nach Verwerfung der ersten Einrede über die zweite abgesondert verhandeln lassen und entscheiden (§ 275 Abs. 1 ZPO.), und es hat dies getan. Das Zwischenurteil vom 15. Februar 1904 war somit — und darauf allein kommt es an — in betreff der Rechtsmittel als Endurteil anzusehen, und darum erheischte die Verhandlung zur Hauptsache das in § 275 Abs. 2 ZPO. vorgeschriebene Verfahren. Von einem Zwischenurteil, das selbständig der Berufung nicht unterlag, und das kein Hindernis bot, das Verfahren fortzusetzen, war keine Rede." . . .

RGZ. 58, 57

1. Ist die Erlassung eines Teilurteils erforderlich, wenn mit der Klage auf Vorlegung eines Vermögensverzeichnisses und auf Leistung des Offenbarungseides die Klage auf Zahlung der geschuldeten Summe verbunden ist, und die Klage begründet erscheint?

2. Sind die Voraussetzungen der Feststellungsklage erforderlich für eine Verurteilung zur Zahlung unter Vorbehalt der Feststellung des Betrages und für die Feststellung einer nicht ziffermäßig bestimmten Geldforderung?

3. Bedarf es zur Feststellung der nicht ziffermäßig bestimmten Forderung eines Pflichtteilsberechtigten auch der Entscheidung über die Anrechnung von Zuwendungen und über die Aufrechnung von Gegenforderungen?

ZPO. §§ 254, 256. BGB. §§ 2303, 2315, 389.

IV. Zivilsenat. Urt. v. 21. April 1904.

I. Landgericht II Berlin. II. Kammergericht daselbst.

Der Kläger erhob als Pflichtteilsberechtigter Klage mit dem Antrage, den Beklagten zu verurteilen,

a) ihm ein Verzeichnis über den Bestand des Nachlasses vorzulegen und auf sein Verlangen den Offenbarungseid dahin zu leisten, daß er nach bestem Wissen den Bestand so vollständig angegeben habe, als er dazu imstande sei,

b) an ihm $^{3}/_{8}$ des Werts des nach a zu bestimmenden Nachlasses auszuzahlen.

Die ziffermäßige Bestimmung des Herausgabeanspruchs behielt sich Kläger bis nach Vorlegung des Verzeichnisses vor.

Der Beklagte legte nach Erhebung der Klage ein Verzeichnis vor. Darauf erklärte der Kläger, sein Anspruch auf Vorlegung des Verzeichnisses sei erledigt; er behauptete aber, das Verzeichnis sei unvollständig.

Das Landgericht erkannte:

„1. Der Beklagte wird verurteilt,

a) auf Verlangen des Klägers den Offenbarungseid zu leisten . . .

b) an den Kläger $^3/_8$ des Werts des nach dem beschworenen Verzeichnis zu bestimmenden Nachlasses auszuzahlen,

2. Die Kosten des Rechtsstreits werden dem Beklagten auferlegt."

Auf Berufung des Beklagten entschied das Berufungsgericht:

„Die Berufung des Beklagten wird mit der Maßgabe zurückgewiesen, daß zu 1 b der Formel des Urteils anstatt der Verurteilung zur Zahlung das Recht des Klägers festgestellt wird, vom reinen Nachlaß der am 28. Oktober 1901 verstorbenen Frau R. $^3/_8$ als Pflichtteil zu fordern. Die Kosten der Berufungsinstanz fallen dem Beklagten zur Last."

Auf Revision des Beklagten ist das Berufungsurteil aufgehoben worden.

Aus den Gründen:

. . . „Von dem Berufungsgericht ist . . . ausgeführt:

„Das Landgericht hat, indem es den Beklagten außer zur Leistung des Offenbarungseides zugleich verurteilt hat, $^3/_8$ des Wertes des nach dem zu beschwörenden Inventar zu bestimmenden Nachlasses an den Kläger zu zahlen, unrichtig prozediert. Es hat sich damit auf eine Entscheidung beschränkt, auf Grund deren der Kläger, wenn es dabei verbleibt, erst in einem besonderen Prozesse die Festsetzung des ziffermäßigen Betrages seines Pflichtteils betreiben muß. Das widerspricht der Intention des § 254 ZPO. Denn danach soll die Möglichkeit eröffnet werden, die verbundenen Klagen in demselben Verfahren vollständig zu erledigen. Das Landgericht hätte daher zunächst nur durch Teilurteil über die Verpflichtung des Beklagten zur Leistung des Offenbarungseides entscheiden und erst nach erfolgter Ausführung dieses Urteils über den Anspruch auf Auszahlung des nunmehr ziffermäßig zu bestimmenden Pflichtteils verhandeln dürfen."

Dieser Auffassung des Berufungsgerichts ist beizutreten. Die Klage war nach § 254 ZPO. erhoben. Mit der Klage waren drei Ansprüche geltend gemacht worden: 1. der Anspruch auf Vorlegung des Verzeichnisses, 2. der Anspruch auf Leistung des Offenbarungseides, 3. der Anspruch auf Herausgabe desjenigen, was der Beklagte aus dem zugrunde liegenden Rechtsverhältnisse schulde. Nachdem der erste Anspruch in Wegfall gekommen war, hätte das Landgericht, wie das Berufungsgericht richtig dargelegt hat, durch Teilurteil auf Leistung des Offenbarungseides erkennen und erst nach Erledigung dieser Verurteilung über den Anspruch auf Zahlung des nunmehr bestimmt zu bezeichnenden Geldbetrags verhandeln sollen.

Vgl. die Begründung zu § 254 ZPO., auch Kommissionsprotokoll Bd. 2 S. 792 flg.

Dagegen können die übrigen Ausführungen des Berufungsgerichts keine Billigung finden. Das Berufungsgericht fährt fort:

„Allein der Kläger hat trotz des Hinweises auf diesen Mangel der Entscheidung, welche so wie sie erlassen trotz des Wortlauts nur die Feststellung enthält, daß der Kläger 3/8 des Nachlasses zu beanspruchen habe, ausdrücklich die Aufrechterhaltung des landgerichtlichen Urteils begehrt. Er will sich also hinsichtlich seines zweiten Anspruchs in diesem Prozeß mit der Feststellung begnügen, daß sein Pflichtteil 3/8 des reinen Nachlasses beträgt. Und es sieht sich daher das Berufungsgericht im Hinblick auf die §§ 525, 536 ZPO. außerstande, dem Mangel abzuhelfen, und es hat nur, um Irrtümer zu vermeiden, der Entscheidung des ersten Richters zu 1 b die Form gegeben, die sie unzweideutig als das, was sie sein sollte, erkennen läßt, als Feststellung des Anspruchs des Klägers an dem Nachlasse der Quote nach. Für die vorbezeichnete Feststellung aber erübrigt es, auf den Anrechnungseinwand und den Aufrechnungseinwand des Beklagten einzugehen."

Die Bestimmungen der §§ 525, 536 ZPO. hätten das Berufungsgericht nicht gehindert, dem von ihm erkannten Mangel des Verfahrens abzuhelfen. Der Antrag des Klägers lautete allerdings auf Zurückweisung der Berufung, also auf Aufrechterhaltung der landgerichtlichen Entscheidung; aber der Antrag des Beklagten ging auf Abweisung der Klage. Innerhalb der durch diese Anträge bestimmten Grenzen hätte sich eine dem Gesetze entsprechende Entscheidung treffen lassen. Schon die Erlassung eines Teilurteils in der Berufungsinstanz wäre geeignet gewesen, eine ordnungsmäßige Behandlung der Sache herbeizuführen.

Das Berufungsgericht hat durch seine Entscheidung gegen die Vorschrift des § 256 ZPO. verstoßen; denn es hat auf Feststellung des Bestehens eines Rechtsverhältnisses erkannt, ohne zu prüfen, ob der Kläger ein rechtliches Interesse daran habe, daß das Rechtsverhältnis durch richterliche Entscheidung alsbald festgestellt werde. Diese Prüfung wäre schon für die landgerichtliche Entscheidung unter 1 b — Verurteilung zur Zahlung unter Vorbehalt der Feststellung des Betrages — erforderlich gewesen.

Vgl. Beschluß der vereinigten Zivilsenate vom 28. Juni 1888, Entsch. des RG.'s in Zivils. Bd. 21 S. 384; Urteile vom 11. März und 22. April 1897, Jurist. Wochenschr. S. 286 Nr. 3 und 331 Nr. 28, vom 22. Februar 1901, Jurist. Wochenschr. S. 206 Nr. 3.

Die Prüfung, ob ein Fall nach § 256 ZPO. gegeben sei, lag sodann dem Berufungsgericht ob, das die Entscheidung des ersten Richters auch in die Form der Feststellung gebracht hat. Da der Kläger in der ersten Instanz selbst Verurteilung zur Zahlung beantragt hatte, auch in der zweiten Instanz seinen Anspruch auf dem in § 254 ZPO. vorgezeichneten Wege verfolgen konnte, ist nicht ohne weiteres ersichtlich, daß er ein rechtliches Interesse daran haben sollte, die Feststellung des seinem Anspruche zugrunde liegenden Rechtsverhältnisses zu betreiben, anstatt Erfüllung zu verlangen. Der Umstand, daß der Kläger ablehnte, den in der Berufungsinstanz gestellten Antrag zu ändern, konnte das Berufungsgericht nicht von der Prüfung der Voraussetzungen einer Feststellungsklage entbinden. Wollte der Kläger den Zahlungsanspruch fallen lassen und nur eine Feststellung begehren, so war, wenn die Voraussetzungen des § 256 ZPO. nicht vorlagen, die Feststellungsklage — dem Antrage des Beklagten gemäß — abzuweisen.

Vgl. die Urteile des Reichsgerichts vom 31. Januar 1889, Entsch. des RG.'s in Zivils. Bd. 23 S. 232, vom 2. Dezember 1899, Jurist. Wochenschrift 1900 S. 49 Nr. 9, vom 21. Mai und 7. Juni 1901, Jurist. Wochenschr. S. 514 Nr. 3 und 537 Nr. 3, vom 29. September 1903, Jurist. Wochenschr. S. 384 Nr. 7.

Zu beanstanden ist ferner die Annahme des Berufungsgerichts, für die Feststellung des Rechts des Klägers, 3/8 des Wertes des Nachlasses zu fordern, erübrige es, auf den Anrechnungseinwand und den Aufrechnungseinwand des Beklagten einzugehen. Der Beklagte hatte geltend gemacht, der Kläger habe sich Zuwendungen der Erblasserin auf den Pflichtteil anrechnen zu lassen, auch habe er, Beklagter, Forderungen an den Kläger, diese Forderungen bringe er zur Aufrechnung. Auf diese Einwände mußte das Berufungsgericht eingehen, bevor es feststellen konnte, daß der Kläger 3/8 des Werts des Nachlasses von dem Beklagten zu fordern habe. Daß dem Kläger diese Forderung zusteht, ist noch nicht gewiß. Wenn die Behauptungen des Beklagten begründet sind, hat der Kläger nicht 3/8 des Werts des Nachlasses zu fordern, ist vielmehr möglicherweise mit der ganzen Forderung abzuweisen.

Vgl. die Urteile des Reichsgerichts vom 1. Mai 1895, Jurist. Wochenschrift S. 294 Nr. 10, vom 14. Juni 1901, Jurist. Wochenschr. S. 579 Nr. 19, vom 13. Juni 1902, Entsch. des RG.'s in Zivils. Bd. 52 S. 28, vom 20. November 1902, Jurist. Wochenschr. 1903 S. 6 Nr. 11." . . .

RGZ. 58, 259

1. Kann die Einrede des § 274 Ziff. 6 ZPO. auch in dem Falle geltend gemacht werden, wenn die Klage nicht freiwillig zurückgenommen (§ 271 ZPO.), sondern gemäß § 113 ZPO. für zurückgenommen erklärt ist?

2. Können die prozeßhindernden Einreden des § 274 ZPO., insbesondere Ziff. 6 das., nicht nur gegenüber Klagen, sondern auch gegenüber Widerklagen erhoben werden?

III. Zivilsenat. Urt. v. 7. Juni 1904.

I. Landgericht Lissa. II. Oberlandesgericht Posen.

Aus den Gründen:

„Das Berufungsgericht hat die Widerklage des Beklagten auf Grund der prozeßhindernden Einrede — § 274 Ziff. 6 ZPO. — abgewiesen, daß die zur Erneuerung des Rechtsstreites erforderliche Erstattung der Kosten des früheren Verfahrens noch nicht erfolgt sei. Es hatte nämlich der Beklagte den jetzt mit der Widerklage verfolgten Anspruch bereits früher klageweise geltend gemacht; diese Klage war aber gemäß § 113 ZPO. für zurückgenommen erklärt, weil Beklagter als damaliger Kläger die von ihm als Ausländer erforderte Sicherheit für die Prozeßkosten nicht geleistet hatte, und die dem jetzigen Kläger als damaligem Beklagten aus diesem Prozesse zu erstattenden, auf 65,85 M. festgesetzten Kosten sind ihm unstreitig noch nicht bezahlt. Die Revision erhebt gegen diese Entscheidung zunächst den Einwand, daß die prozeßhindernde Einrede des § 274 Ziff. 6 ZPO. den vorliegenden Fall überhaupt nicht treffe, da der § 271 daselbst, die Voraussetzung des § 274 Ziff. 6, nur von der freiwilligen Zurücknahme der Klage handle, im vorliegenden Falle aber Beklagter die damalige Klage nicht zurückgenommen habe, sondern dieselbe vom Gericht für zurückgenommen erklärt sei. Der Angriff kann aber nicht für begründet erachtet werden, da, wenn das Gesetz verordnet, daß eine Klage für zurückgenommen zu erklären ist, dies nur dahin verstanden werden kann, daß es so angesehen werden soll, als wenn die Klage zurückgenommen wäre, daß also, weil anderenfalls der Ausspruch bedeutungslos wäre, auch diejenigen Folgen eintreten müssen, welche mit der Zurücknahme der Klage gesetzlich verbunden sind. Ebenso unbegründet ist der zweite Angriff der Revision, daß die prozeßhindernden Einreden des § 274 und insbesondere auch die hier in Frage stehende Nr. 6 desselben nur bei Klagen, nicht aber auch bei Widerklagen in Betracht kommen könnten. Denn die Widerklage ist sachlich nichts anderes als eine Klage und kann daher auch hinsichtlich der Prozeßvoraussetzungen, soweit nicht aus besonderen Bestimmungen, wie hinsichtlich der Nr. 5 des § 274 aus § 110 Ziff. 3 ZPO., sich etwas anderes ergibt, nicht anders behandelt werden, als diese, und insbesondere ist hinsichtlich der hier fraglichen Nr. 6 des § 274 kein Grund erfindlich, bei der Widerklage eine nochmalige Belästigung durch Verfolgung desselben Anspruchs ohne Erstattung der Kosten des früheren Prozesses zuzulassen, wenn man sie bei der Klage ausschließt. Dies ist auch die in der Theorie herrschende Ansicht.

Vgl. v. Wilmowski u. Levy, Bem. 1 zu § 247 (jetzt § 274); Struckmann u. Koch, Bem. 1 Abs. 2 zu § 274; Petersen, Bem. 15 zu § 274; Seuffert, Bem. 13 zu § 274, und jetzt auch, unter Aufgabe ihrer früheren Ansicht, Gaupp-Stein, Bem. VI zu § 274 ZPO.“ ...

RGZ. 61, 405

Kann der Kläger, der mit der Klage auf Rechnungslegung die Klage auf Herausgabe dessen verbunden hat, was der Beklagte aus dem zugrunde liegenden Rechtsverhältnisse ihm schuldet, nach der rechtskräftigen Verurteilung des Beklagten zur Rechnungslegung, wenn der Beklagte trotz versuchter Zwangsvollstreckung keine Rechnung gelegt hat, den Anspruch auf das Interesse an dem Ausbleiben der urteilsgemäßen Rechnungslegung in der Berufungsinstanz neu erheben?

ZPO. §§ 254, 259, 268 Ziff. 3.

VI. Zivilsenat. Urt. v. 26. Oktober 1905.

I. Landgericht Münster. II. Oberlandesgericht Hamm.

Die Klägerin hatte 1897 dem Beklagten aus Anlaß der Uebertragung einer Gutsverwaltung 5000 M. mit dem Auftrage gegeben, dafür Kühe anzukaufen und in die Gutswirtschaft einzustellen. Nachdem der Beklagte die Verwaltung aufgegeben hatte, erhob die Klägerin gegen ihn Klage mit dem Antrage, ihn zu verurteilen, über die Verwendung der 5000 M. und die Verwaltung der angeschafften Kühe Rechnung zu legen, die für jene Summe angeschafften Sachen herauszugeben und insbesondere darein zu willigen, daß der hinterlegte Erlös aus der Versteigerung der Kühe an sie ausbezahlt werde. Eventuell wurde die Verurteilung des Beklagten zur Zahlung von 5000 M. beantragt.

Das Berufungsgericht verurteilte den Beklagten nach dem ersten Antrage; das Urteil wurde aber in der Revisionsinstanz aufgehoben, soweit es den Beklagten verurteilte, angeschaffte Sachen herauszugeben und in die Auszahlung des Erlöses aus den Kühen zu willigen, und insoweit die Sache zur anderweiten Entscheidung an das Berufungsgericht zurückverwiesen. Die Verurteilung des Beklagten zur Rechnungslegung blieb bestehen. Die Klägerin leitete die Zwangsvollstreckung ein, aber ohne Erfolg. Der Beklagte ließ die Strafandrohung des Vollstreckungsgerichts unbeachtet.

In der erneuten Verhandlung vor dem Berufungsgericht nahm die Klägerin daraus Anlaß, den veränderten Antrag zu stellen: den Beklagten zu verurteilen, an die Klägerin 5000 M. nebst Prozeßzinsen zu zahlen, eventuell: in die Auszahlung des hinterlegten Auktionserlöses zu willigen. Das Berufungsgericht wies den ersten Antrag ab und verurteilte den Beklagten, darein zu willigen, daß von dem Auktionserlöse 2334,70 M. der Klägerin ausbezahlt würden. Die Entscheidung über weitere 933,80 M. wurde von einem Eide des Beklagten abhängig gemacht. Die in der Revisionsinstanz von der Klägerin erhobene Beschwerde über die Zurückweisung ihres prinzipalen Antrags blieb erfolglos, aus folgenden

Gründen:

. . . „Das Berufungsgericht hat den in der letzten Verhandlung an die Spitze gestellten Antrag der Klägerin auf Verurteilung des Beklagten zur Zahlung von 5000 M. als prozessual unzulässig zurückgewiesen und eine materielle Entscheidung nur über den eventuellen Antrag gegeben. Es geht dabei von der Auffassung aus, daß der Anspruch auf die 5000 M. ein neuer, daher bei dem Widerspruch des Beklagten nach § 529 ZPO. unzulässiger Anspruch sei. Denn die Klägerin stütze ihn auf die Tatsache, daß der Beklagte der rechtskräftigen Verurteilung zur Rechnungslegung nicht nachgekommen sei, auch nicht, nachdem im Wege der Zwangsvollstreckung eine Geldstrafe gegen ihn festgesetzt worden sei. Sie beanspruche nach der von ihr gegebenen Begründung jenen Betrag als das Interesse, das in der hingegebenen Summe von 5000 M. nebst Zinsen bestehe, und das sei ein neuer Anspruch. Die Klägerin hat bei der Begründung ihrer Anschließung diese Anwendung des § 529 ZPO. als rechtsirrig beanstandet und ausgeführt, der im Laufe der Berufungsinstanz vorangestellte Anspruch sei schon früher als eventueller erhoben. Die jetzige Umkehrung der Reihenfolge sei lediglich eine nach § 268 Ziff. 2 ZPO. zulässige Erweiterung des Klaganspruchs; man brauche deswegen auf § 268 Ziff. 3 nicht zurückzugreifen. Das Berufungsgericht habe zu Unrecht unterlassen, den Anspruch der Klägerin auf die vollen 5000 M. einer sachlichen Prüfung zu unterziehen.

Diese Beschwerde ist nicht begründet.

Die Klägerin hat mit der Klage auf Rechnungslegung die Klage auf Herausgabe dessen verbunden, was der Beklagte ihr aus dem zugrunde liegenden Rechtsverhältnisse schuldet. Soweit sie sich dazu imstande sah, hat sie schon in dem auf den Hauptanspruch bezüglichen Antrage die geschuldete Leistung bestimmt, nämlich die Einwilligung des Beklagten in die Auszahlung des Erlöses aus der Versteigerung der 14 Kühe. Die Bestimmung der weiter geschuldeten Leistung hat sie, wie es nach § 254 ZPO. zulässig ist, vorbehalten, bis die Rechnung gelegt sein werde. Der frühere eventuelle Antrag auf Verurteilung des Beklagten zur Zahlung von 5000 M. hat eine besondere Begründung nicht erhalten; diese Summe ist also ebenfalls nur als der Betrag gefordert, der aus dem Rechtsverhältnisse der Parteien vom Beklagten geschuldet werde. Nun ist über die erhobenen Ansprüche durch rechtskräftig gewordenes Teilurteil dahin entschieden, daß der Beklagte zur Rechnungslegung verurteilt worden ist. Auch die Zwangsvollstreckung aus diesem Teilurteil hat begonnen; sie hat aber die Klägerin nicht in die Lage gebracht, ihrem noch rechtshängigen Hauptanspruch die nach § 253 ZPO. für eine Leistungsklage erforderliche Bestimmtheit voll zu geben. Die Klägerin fordert hiernach die 5000 M. nicht als den aus dem Vollmachtsvertrage vom Beklagten ihr geschuldeten Betrag; sie macht nicht eine ergänzte Berechnung des letzteren auf, sondern sie stützt diesen Anspruch, wie auch die gegebene Begründung ausspricht, auf den Ungehorsam des Beklagten gegen das Teilurteil, und sie fordert jene Summe als das Interesse an dem Ausbleiben der Leistung, zu der der Beklagte bereits rechtskräftig verurteilt ist. Die Bezugnahme der Klägerin auf § 268 Ziff. 2 ZPO. ist mithin unzutreffend; denn sie fordert nicht aus dem früher schon geltend gemachten Rechtsgrunde eine erweiterte Leistung, sondern eine Leistung, die an die Stelle einer ihr bereits rechtskräftig zuerkannten Leistung treten soll. Es fragt sich aber, ob mit Rücksicht auf die besondere Gestaltung der Klage auf Rechnungslegung, wie sie sich aus § 254 ZPO. ergibt, die Vorschrift des § 268 Ziff. 3 ZPO. anwendbar, und nach ihr es zulässig ist, daß, nach der rechtskräftigen Erledigung des Hilfsanspruchs, in dem Verfahren über den Hauptanspruch das Interesse eingeklagt werden kann, das beim Ausbleiben der aus dem Teilurteil geschuldeten Handlung dem Gläubiger zu erstatten ist.

Die Frage ist mehrfach bejaht worden.

Vgl. Gaupp-Stein, ZPO. zu § 254 Bem. III 4a; Seuffert, ZPO. zu § 254 Bem. 4c; Remelé-Anger, ZPO. zu § 254.

Allein es ist Bedenken getragen, dieser Rechtsauffassung beizutreten.

Daß die Vorschrift des § 268 Ziff. 3 nicht unmittelbar anwendbar ist, ergibt schon die obige Darlegung. Denn die Klage auf Rechnungslegung ist durch rechtskräftiges Urteil erledigt; damit ist aber die rechtliche Möglichkeit ausgeschlossen, daß die Erhebung des Anspruchs auf das Interesse nur eine zulässige Aenderung der erhobenen Klage sei. Das Interesse der Klägerin an der urteilsgemäßen Rechnungslegung fällt aber auch nicht zusammen mit dem, was die Klägerin mit dem noch rechtshängigen Hauptanspruche verlangt. Jener Interessenanspruch ist dem Grunde nach und kann dem Betrage nach verschieden sein von dem, was die Klägerin vom Beklagten aus dem der Klage zugrunde liegenden Rechtsverhältnisse zu fordern hat.

Vgl. Urteil des erkennenden Senats vom 18. November 1895, Entsch. Bd. 36 S. 369 (376).

Die Vorschrift des § 268 Ziff. 3 würde darum nur im Wege der Analogie auf den hier zur Entscheidung stehenden Fall angewendet werden können; für solche Ausdehnung seiner Anwendbarkeit fehlt es aber an ausreichenden Gründen. Die Zweckmäßigkeitsrücksichten, die zu der Vorschrift des § 254 ZPO. geführt haben, lassen sich allerdings für die hier abgelehnte Ansicht geltend machen; allein ihnen stehen die Gründe gegenüber, aus denen das Verbot des § 529 Abs. 2 ZPO. erlassen ist. Die Regel dieses Verbots für die hier in Rede stehenden Fälle zu durchbrechen, ist um so weniger Bedürfnis, als § 893 ZPO. allgemein den Weg anweist, auf dem beim Ausbleiben einer durch Zwangsvollstreckung nicht unmittelbar erzwingbaren Handlung das Interesse einzufordern ist.

Das Berufungsgericht hat hiernach ohne Rechtsirrtum der Klägerin die Befugnis versagt, in diesem Prozesse noch in der Berufungsinstanz ihr Interesse an der Nichtbefolgung der Auflage des Teilurteils einzuklagen." . . .

RGZ. 65, 398

Wird durch die gerichtliche Geltendmachung eines Teils des Anspruchs die Verjährung auch in betreff des übrigen Teils wenigstens in dem Falle unterbrochen, daß nachmals die Teilklage auf das Ganze erweitert wird?

VI. Zivilsenat. Urt. v. 25. März 1907.

I. Landgericht Dresden. II. Oberlandesgericht daselbst.

Das Reichsgericht hat die vorstehende, in den Entsch. in Zivils. Bd. 57 S. 372 flg., 376 offengelassene Frage verneint aus folgenden

Gründen:

. . . „Der Kläger hat zwar in der mündlichen Verhandlung vor dem Berufungsgerichte . . . nach Ablauf der Verjährung den Klagantrag auf den ganzen Anspruch erweitert, und die Revision vertritt, im Anschlusse an Rehbein, BGB. Bd. 1 S. 319, die Ansicht, daß wenigstens in einem solchen Falle die Verjährung des ganzen Anspruches durch die Erhebung der Teilklage unterbrochen worden sei. Allein diese Ansicht . . . kann nicht für zutreffend erachtet werden. Sie wird auch — abgesehen von Rehbein — von keinem Bearbeiter des Bürgerlichen Gesetzbuchs geteilt; Dernburg (Bürgerliches Recht, 3. Aufl., Bd. 1 § 180 S. 594) bezeichnet sie als zweckmäßig, aber den Grundsätzen des Bürgerlichen Gesetzbuchs kaum entsprechend. Nach dem Bürgerlichen Gesetzbuche tritt eine Unterbrechung der Verjährung nur insoweit ein, als der Klaganspruch rechtshängig wird, und damit die Möglichkeit einer rechtskräftigen Entscheidung gegeben ist. Durch die Erhebung der Teilklage ist daher jedenfalls zunächst die Verjährung nur wegen des eingeklagten Anspruchteiles unterbrochen: wegen des Restes läuft sie weiter, und wenn nicht vor Ablauf der Verjährung die Teilklage auf das Ganze erweitert wird, ist der Restanspruch verjährt, der Verpflichtete also berechtigt, die Befriedigung des Berechtigten wegen des Restanspruches zu verweigern. Es ist völlig ausgeschlossen, daß diese Wirkung der bereits eingetretenen Verjährung durch eine an und für sich zur Unterbrechung der Verjährung geeignete Handlung des Anspruchsberechtigten nachträglich wieder wegfallen kann. Die Wirkung der Rechtshängigkeit des Restanspruches kann nicht zurückbezogen werden auf den Zeitpunkt, in dem der Teilanspruch rechtshängig geworden ist (§ 281. ZPO.)." . . .

RGZ. 65, 399 †

1. Rechtliches Interesse im Sinne des § 256 ZPO. bei einer Feststellungsklage auf Nichtigkeit eines Kaufvertrages wegen arglistiger Täuschung.

2. Enthält die Erhebung einer Klage auf Schadensersatz oder Preisminderung wegen arglistiger Täuschung immer eine Bestätigung des anfechtbaren Kaufvertrages?

3. Kann der Einwand fehlender Passivlegitimation in der Revisionsinstanz neu vorgeschützt werden?

4. Kann die Nichtigkeit eines Kaufvertrages wegen arglistiger Täuschung den mehreren Verkäufern gegenüber nur einheitlich festgestellt werden?

5. . . .

BGB. §§ 144, 123. ZPO. §§ 256, 477, 561.

II. Zivilsenat. Urt. v. 26. März 1907.

I. Landgericht Frankfurt a. M. II. Oberlandesgericht daselbst.

Durch notariellen Kaufvertrag vom 6. April 1904 verkauften der Beklagte und die Ehefrau A., beide zugleich namens und in Vertretung des A., der tags darauf seine Genehmigung erteilte, die Liegenschaft Zeil 27 in F. an den Kläger W. und dessen Ehefrau für 650 000 M. Frau A. war nach ihrer Angabe zur Hälfte Eigentümerin des verkauften Hauses. Die Eheleute W. erwarben das Grundstück als Gesamtgut der ehelichen Errungenschaftsgemeinschaft, woraus der Kläger als Ehemann gemäß §§ 1519 Abs. 2, 1443 BGB. seine Berechtigung zum Auftreten in eigenem Namen ableitete. Der Kläger focht den Kaufvertrag gemäß §§ 123, 124, 143 BGB. gegenüber dem Beklagten wegen arglistiger Täuschung an und erhob gegen ihn Feststellungsklage, daß der Kaufvertrag für nichtig erklärt werde.

Der Klagantrag war auf arglistige, durch den Beklagten verübte Täuschung gestützt. Die arglistige Täuschung wurde darin gefunden, daß der Beklagte bei den Kaufverhandlungen im Bureau des A. auf die an ihn gerichtete Frage, ob die Miete für das Café im ersten Stocke eingehe, und der Mieter sie einbringen könne, erwidert habe, der Mann komme sehr gut zurecht und zahle stets pünktlich. Dieses Café war damals von einem gewissen M. gemietet. Nach dem Vortrage des Klägers war ihm damals vom Beklagten versichert worden, M. zahle 7000 M. Miete jährlich; auch habe der Beklagte dem Agenten des Klägers, St., der den Abschluß vermittelte, eine dem entsprechende Aufstellung über die Rentabilität und den Wert des Hauses übergeben. Diese sämtlichen Angaben des Beklagten seien aber bewußt unwahr gewesen und zum Zwecke der Täuschung des Klägers abgegeben worden. Der Mieter M. habe nicht nur seit einem Jahre die Miete stets unpünktlich bezahlt und große Rückstände auflaufen lassen, sondern sei auch, wie dem Beklagten bekannt, trotz der größten Anstrengungen nicht imstande gewesen, die vertragsmäßige Miete aufzubringen. Der Beklagte, der das Haus vor sechs Jahren um 275 000 M. gekauft habe, habe es planmäßig auf eine Täuschung von Kaufliebhabern abgesehen, indem er scheinbar Mietverträge mit hohen Mieten abgeschlossen, die Mieten aber nachher nachgelassen habe. Insbesondere treffe dies bei der Miete des M. zu. Dessen Miete betrage nämlich nicht 7000 M., sondern nur 6000 M. Zur Verdeckung habe der Beklagte Zahlungen des M. in dessen Mietbuch eingetragen, die niemals gemacht worden seien, und die Eheleute M. ersucht, dem Kläger davon nichts zu sagen. Hätte der Beklagte ihn nicht in dieser Weise getäuscht, so würde er — so trug der Kläger vor — den Kauf nicht abgeschlossen haben.

Der Beklagte bestritt dieses Vorbringen und machte fürsorglich geltend, es sei dem Kläger gar nicht um Erwerbung eines Zinshauses zu tun gewesen. Der Kläger habe das Haus kaufen müssen, um sein Warenhaus zu vergrößern.

Das Oberlandesgericht legte dem Kläger durch bedingtes Urteil zwei richterliche Eide auf:

1. Der Beklagte hat auf meine bei der Verhandlung über den Ankauf des Hauses Zeil 27 in F. im Bureau des A. an ihn gerichtete Frage:

   ob die Miete für das Café im ersten Stock einginge, und der Mieter sie einbringen könne,

   erwidert: der Mann komme sehr gut zurecht, und zahle stets pünktlich.
2. Ich würde den Kaufvertrag über das Haus Zeil 27 in F. mit einem Kaufpreise von 650 000 M. nicht abgeschlossen haben, wenn mir der Beklagte nicht die vorerwähnte Auskunft gegeben hätte.

Die Revision des Beklagten wurde zurückgewiesen.

Gründe:

„Der Berufungsrichter hat aus den Aussagen des Zeugen St. und des Ehemannes M., aus den Briefen, aus der vom Beklagten dem Agenten St. übergebenen, für den Kläger bestimmten Rentabilitätsberechnung und aus dem Mietbuche des M. die Ueberzeugung gewonnen, daß der Kläger auf die richtige Ermittelung der Miete des M. und auf dessen Fortkommen in dem Café Wert gelegt hatte. Die peinliche Sorgfalt, die der Kläger dabei aufwendete, beweise dies. Nach der ihm angegebenen Rentabilität berechnete er den nachher bewilligten Kaufpreis des Anwesens. Auch auf die dauernde Ertragsfähigkeit kam es dem Kläger an, weil er das Haus zunächst noch als Rentenhaus benutzen und nur einen Laden seinem Warenhause zuschlagen wollte, so führt der Berufungsrichter aus. Deshalb habe der Kläger auch alle Mieten übernommen, ausgenommen die eines Ladens, den er sogleich für sich verwenden wollte.

Das alles sei dem Beklagten mitgeteilt worden. Der Beklagte habe aber gewußt, daß M., der Mieter des im ersten Stocke befindlichen Cafés, selbst bei einer Jahresmiete von 6000 M. nicht fortkommen könne und seit dem 1. April 1903 mit der Mietzahlung stets 4—5 Monate im Rückstande war. Dem M. habe der Beklagte so quittiert, wie wenn er 7000 M. jährlich bezahlt habe, während er tatsächlich nur 6000 M. während eines gewissen Zeitraumes bezahlt habe. Irgendein Entschuldigungsgrund für dieses Verfahren stehe dem Beklagten nicht zur Seite; denn er habe die Eheleute M. ersucht, dem Kläger von dieser Quittungsweise, die eigentlich nicht so vor sich gehen dürfe, nichts zu sagen.

Wenn der Beklagte dem Kläger bei der Kaufverhandlung auf dessen Frage, ob die Miete für das Café im ersten Stocke eingehe, und der Mieter sie einbringen könne, bejahende Auskunft gegeben habe, so stehe nach der ganzen Sachlage eine arglistige Täuschung des Klägers durch den Beklagten fest. Diese Sachlage schildert der Berufungsrichter eingehend. Er hält danach die arglistige Täuschung für nahezu erwiesen, hat aber um diesen Beweis zu vervollständigen, dem Kläger den richterlichen Eid über die von ihm gestellte Frage und über die soeben erwähnte, vom Beklagten angeblich erteilte Antwort auferlegt. Auch den ursächlichen Zusammenhang zwischen dieser Täuschung und dem Kaufabschlusse hält der Berufungsrichter nach der geschilderten Sachlage für nahezu erwiesen. Dem vollen Beweise stehe nur die einzige Möglichkeit entgegen, daß sich der Kläger wegen der äußerst günstigen Lage des Hauses auch bei Kenntnis der wahren Sachlage entschlossen hätte, es zum Preise von 650 000 M. zu kaufen. Zur Beseitigung dieser Möglichkeit hat der Berufungsrichter dem Kläger den richterlichen Eid auferlegt, daß er den Kauf ohne die obige, gleichfalls unter richterlichen Eid gestellte, Auskunft nicht zu einem Kaufpreis von 650 000 M. abgeschlossen hätte.

Gegen diese Ausführungen hat der Beklagte folgende Angriffe gerichtet:

1. Der Beklagte erachtet die Erhebung einer Feststellungsklage auf Nichtigkeit wegen arglistiger Täuschung für unzulässig, weil die Leistungsklage hätte erhoben werden können. Der Berufungsrichter hat die einzelnen Umstände, insbesondere die Ungewißheit der Lage hinsichtlich der Mietverhältnisse und die sehr bedeutenden Folgen der einen hohen Wert betreffenden Anfechtung, erwogen. Er hatte jedenfalls auch vor Augen, daß auf der Verkäuferseite noch eine Auseinandersetzung mit der Ehefrau A., der Miteigentümerin des verkauften Hauses, bevorsteht, der ein Vorwurf nicht gemacht ist. Solange der Kläger nicht Klarheit über sein Verhältnis zum Beklagten besitzt, läßt

sich die Gestaltung der Lage gegenüber Frau A. schwer übersehen. Damit ist das von § 256 ZPO. geforderte rechtliche Interesse an alsbaldiger Feststellung gegeben (vgl. Entsch. des RG.'s in Zivils. Bd. 61 S. 244, ferner Bd. 21 S. 388).

Damit fällt der erste Angriff.

2. Der Kläger verlangte in der Klage eine Entschädigung von 50 000 M., eventuell eine entsprechende Preisminderung. Gestützt war die Klage auf eine arglistige Täuschung, verübt durch die hier zur Entscheidung stehenden Tatsachen. Erst nachher (durch Schriftsatz vom 9. Februar 1905) hat der Kläger den Kaufvertrag gegenüber dem Beklagten wegen arglistiger Täuschung angefochten und die Nichtigerklärung des Vertrages nach §§ 123, 142 BGB. begehrt. In der zweiten Instanz hat der Beklagte diesen Uebergang von der Schadensersatzklage zur Nichtigkeitsklage als eine unzulässige Klagänderung gerügt. Der Berufungsrichter hat zutreffend entgegnet, es hätte die Rüge, der übrigens nach Ansicht des zweiten Richters auch § 264 ZPO. entgegengestanden hätte, gemäß § 269 ZPO. in der ersten Instanz vorgebracht werden müssen. Der Beklagte will diese in der zweiten Instanz vorgebrachte Rüge jetzt dahin verstanden wissen, es habe der Kläger dadurch, daß er auf Preisminderung geklagt, sich auf den Standpunkt der Vertragserfüllung gestellt und damit auf eine Anfechtung wegen arglistiger Täuschung verzichtet. Der Beklagte hatte eine derartige materiellrechtliche Rüge in den Vorinstanzen nicht vorgebracht. Der Berufungsrichter faßte die Rüge, wie er ausdrücklich hervorhebt, lediglich als die prozessuale Rüge der Klagänderung auf. Der Beklagte hat auch keine Berichtigung der tatbeständlichen Feststellung in diesem Punkte (wohl allerdings hinsichtlich anderer Punkte) versucht. Die neue Einrede einer Bestätigung des anfechtbaren Kaufes scheitert daher an der Vorschrift des § 561 ZPO. Uebrigens würde — hiervon abgesehen — der Beklagte mit dieser Einrede nicht durchdringen, weil die erhobene Klage keineswegs erkennen läßt, daß der Kläger trotz Kenntnis der Anfechtbarkeit des Kaufes bei diesem stehen bleiben und nur Schadensersatz auf Grund des Kaufvertrages hätte verlangen wollen.

Hiermit fällt der zweite Angriff.

3. . . .

4. Der Beklagte beanstandet erstmals in dieser Instanz, daß die Klage auf Nichtigerklärung des Kaufvertrages nicht nur gegen den einen Verkäufer, B., allein hätte erhoben werden dürfen; die Klage hätte auch gegen die Miteigentümerin des verkauften Hauses, also gegen sämtliche Verkäufer erhoben werden müssen, obgleich nur dem hier verklagten B. der Vorwurf arglistiger Täuschung nach § 123 BGB. gemacht werde.

Der Einwand, daß eine Anfechtung nur gegen alle Vertragsgenossen zur Durchführung gelangen dürfe, erscheint als die Geltendmachung eines rechtlichen Mangels in der Klagebegründung. Es soll gerügt werden, daß dem Beklagten die Passivlegitimation fehle, wenn nur er allein aus der Zahl der Verkäufer angegriffen werde. Der vom Beklagten erhobene Einwand ist daher in der Revisionsinstanz zuzulassen, weil er lediglich einen neuen rechtlichen Gesichtspunkt vorbringt (vgl. Reichsgerichtsentsch. bei Gruchot, Beitr. Bd. 41 S. 972). Die Vorschrift des § 561 ZPO., daß neue Tatsachen in der Revisionsinstanz nicht vorgebracht werden dürfen, bezieht sich hierauf nicht.

Zur Begründung dieses Einwandes mangelnder Passivlegitimation führt der Beklagte aus, es habe der Berufungsrichter am Schlusse seiner Gründe von den dem Kläger auferlegten Eiden ausdrücklich die Nichtigkeit des ganzen Vertrages, also auch soweit die Eheleute A. beteiligt sind, gemäß § 139 BGB. abhängig gemacht. Somit habe der Berufungsrichter gerade unter Mißachtung des Grundsatzes, daß die Nichtigkeit des Kaufvertrages nur allen Verkäufern gegenüber einheitlich festgestellt werden könne, über die Ansprüche der am Rechtsstreite gar nicht beteiligten Eheleute A. miterkannt.

Dieser letztere Einwurf ist nicht richtig. Die Rechtskraft des Urteils erstreckt sich nur auf die streitenden Parteien nach §§ 322, 325 ZPO. Sollte die angezogene Stelle der Gründe so zu verstehen sein, wie der Beklagte sie versteht, so würde sie zur Erhebung der Einrede der rechtskräftig entschiedenen Sache nicht verwendbar sein, weil Entscheidungsgründe nicht in Rechtskraft übergehen. Entschieden ist nur über das Verhältnis des Klägers und seiner von ihm nach §§ 1519 Abs. 2, 1443 BGB. vertretenen Ehefrau gegenüber dem Beklagten. Das ganze aus dem Kaufabschlusse entspringende Rechtsverhältnis ist aber kein solches, das eine verschiedene Entscheidung nach dem bürgerlichen Rechte nicht zuließe.

Es ist zuzugeben, daß ein (einheitlicher) Kaufvertrag vollständig nichtig ist, wenn auch nur einer der Verkäufer den Abschluß durch arglistige Täuschung des Käufers herbeigeführt, und sich diese Täuschung nur auf einen Teil der verkauften Gegenstände beschränkt hat. Die Nichtrechtsbeständigkeit dieses Teiles, der für sich allein nicht bestehen kann, ergreift den ganzen Vertrag (Entsch. des RG.'s in Zivils. Bd. 62 S. 184 flg.). Hieraus folgt jedoch nicht, daß eine Anfechtung wegen arglistiger Täuschung nur von allen Berechtigten oder gegen alle ausgeübt werden dürfte. Eine Gesetzesbestimmung, aus der sich eine notwendige Streitgenossenschaft des bürgerlichen Rechts herleiten ließe, ist nicht vorhanden. Auch die Gesetzesmaterialien geben keinerlei Anhalt dafür, daß der Gesetzgeber an einen derartigen Grundsatz gedacht hätte. Ueberall, wo der Gesetzgeber eine Unteilbarkeit eines Rechtes angenommen wissen wollte, hat er diesem Gedanken in besonderen Einzelbestimmungen Ausdruck verliehen (vgl. z. B. § 1066 Abs. 2, §§ 1082, 1258 BGB.). Insbesondere ist vorgeschrieben, daß beim Vorhandensein mehrerer Berechtigten das Rücktrittsrecht (§ 356 BGB.), die Wandelung (§ 467 BGB.), das Wiederkaufs- und Vorkaufsrecht (§§ 502, 513 BGB.) nur von allen und nur gegen alle ausgeübt werden darf. Diese Vorschriften sind dahin verstanden worden, als ob sie den Ausfluß eines allgemeinen Grundsatzes darstellten und deshalb entsprechender Anwendung fähig seien. Ihre Entstehungsgeschichte beweist das Gegenteil. Man wollte in diesen besonderen Fällen an ähnliche Vorschriften der früheren Partikulargesetze anknüpfen und eine Ausnahme von dem Grundsatze der Teilbarkeit der Leistung aufstellen (Motive Bd. 2 S. 284).

Daher steht nichts im Wege, daß einer der anfechtungsberechtigten Verkäufer für sich allein die Anfechtung erklärt und im Rechtswege durchführt (Entsch. des RG.'s in Zivils. Bd. 56 S. 423 flg.). Aber auch im umgekehrten Falle, wenn, wie hier, ein Käufer mehreren Verkäufern gegenübersteht, muß man es zulassen, daß der Käufer die Anfechtung nur dem Mitverkäufer gegenüber erklärt und durchsetzt, dem der Vorwurf arglistiger Täuschung gemacht werden kann.

Somit hatte der Kläger es nicht nötig, die Eheleute A. mitzuverklagen.

...

RGZ. 66, 186 †

1.—5.*) ...

6. Kann ein auf einen zivilrechtlichen Grund gestützter Anspruch auf Ersatz der Kosten des Beweissicherungsverfahrens (§§ 485 flg. ZPO.) mittels Klage als selbständige Forderung zusammen mit dem Hauptanspruch geltend gemacht werden, wegen dessen das Beweissicherungsverfahren stattgehabt hat?

II. Zivilsenat. Urt. v. 7. Juni 1907.

I. Landgericht Köln. II. Oberlandesgericht daselbst.

...

Endlich erscheint auch die letzte Revisionsbeschwerde als begründet, welche wegen der Abweisung des klägerischen Anspruchs auf Ersatz der Kosten des Beweissicherungsverfahrens erhoben ist. Zwar sind dann, wenn es wegen der Angelegenheit, die ein solches Verfahren veranlaßt hat, zu einem Prozesse kommt, die durch ersteres Verfahren entstandenen Kosten als zu den Kosten des Rechtsstreits gehörig anzusehen, so daß die in letzterem ergehende Kostenentscheidung ohne weiteres auch

*) Die Entscheidung ist abgedruckt unter „Handelsrecht HGB 3".

auf die durch das Beweissicherungsverfahren entstandenen Kosten zu beziehen ist (vgl. Entsch. des RG.'s in Zivils. Bd. 13 S. 325). Im übrigen hängt aber, sofern in dem Urteile nichts anderes bestimmt ist, die Erstattungsfähigkeit der letzteren Kosten davon ab, ob dieselben von dem Gerichte bei der Kostenfestsetzung als zur zweckentsprechenden Rechtsverfolgung oder Rechtsverteidigung notwendig erachtet werden (§§ 91, 104 ZPO.). Andererseits besteht aber allseitige Uebereinstimmung darüber, daß, wenn es nicht zum Prozesse kommt, der Anspruch auf Ersatz dieser Kosten auf Grund einer etwa nach bürgerlichem Rechte begründeten Verpflichtung des Gegners hierzu durch besondere Klage geltend gemacht werden kann, indem in den das Beweissicherungsverfahren betreffenden Vorschriften eine Entscheidung über die Kosten dieses Verfahrens nicht vorgesehen ist (vgl. Entsch. des RG.'s in Zivils. Bd. 13 S. 325). Im gegebenen Falle hat aber die Klägerin die von ihr geltend gemachte Verpflichtung des Beklagten zum Ersatz dieser Kosten auf einen zivilrechtlichen Grund, nämlich auf die vertragswidrige Beschaffenheit der von dem Beklagten gelieferten Ware gestützt, diesen Anspruch aber nicht mittels einer besonderen, ausschließlich diese Forderung betreffenden Klage, sondern zugleich mit anderen aus der vertragswidrigen Lieferung des Beklagten hergeleiteten Ansprüchen in der nämlichen Klage geltend gemacht und sich zur Begründung der letzteren Ansprüche auch auf das Ergebnis des Beweissicherungsverfahrens berufen. Es fragt sich daher, ob diese Umstände sowie die für die Klägerin gegebene Möglichkeit, im Falle der ausschließlichen gerichtlichen Geltendmachung der erwähnten Hauptansprüche auch zu einer gerichtlichen Anerkennung und Festsetzung des Anspruchs auf Ersatz der Kosten des Beweissicherungsverfahrens gemäß § 91 ZPO. zu gelangen, der auf einen besonderen zivilrechtlichen Verpflichtungsgrund des Beklagten gestützten Einklagung dieser Kosten als eines besonderen, selbständigen Klagepostens und dem Erlasse einer ausdrücklichen sachlichen Entscheidung in dem Urteile darüber entgegensteht, ob dieser Anspruch zivilrechtlich begründet sei. Diese Frage ist zu verneinen. Zwar geht bezüglich der Prozeßkosten als solcher die herrschende Meinung dahin, daß dieselben nicht mittels besonderer Klage gefordert werden können, sondern daß über die Verpflichtung zur Tragung derselben zunächst im Urteile des betreffenden Rechtsstreits im allgemeinen zu entscheiden ist, und daß auf Grund einer solchen Entscheidung in dem Kostenfestsetzungsverfahren die einzelnen zu erstattenden Kostenbeträge festzusetzen sind (vgl. §§ 308 Abs. 2, 104, 105 ZPO.). Dies wird hiermit begründet, daß die Prozeßkosten ihren Entstehungsgrund in dem Rechtsstreite haben, nach Existenz und Umfang von demselben abhängig sind und jeder eigenen Selbständigkeit entbehren (vgl. Entsch. des RG.'s in Zivils. Bd. 22

S. 423). Diese Gründe treffen zwar bezüglich der in dem Prozesse selbst, d. h. mit und nach Erhebung der Klage, entstandenen Kosten, für deren Tragung ja auch in der Regel kein anderer Verpflichtungsgrund als das Unterliegen der Partei in dem Prozesse besteht, nicht aber bezüglich der schon vor der Klagerhebung entstandenen Kosten zu, für welche der Gegner schon vor Einleitung des Prozesses aus einem zivilrechtlichen Grunde haftbar war. Denn wenn ein solcher zivilrechtlicher Anspruch, wie jeder andere derartige Anspruch, vom Zeitpunkte seiner Entstehung an von dem Gläubiger durch eine selbständige Klage geltend gemacht werden kann, so ist nicht einzusehen, weshalb eine Geltendmachung desselben dann, wenn diese mittels der zugleich wegen des damit zusammenhängenden Hauptanspruchs erhobenen Klage erfolgt, aus dem Grunde nicht zulässig sein sollte, weil im Falle der Erhebung der letzteren Klage und der Durchführung des Prozesses der Gläubiger in der Entscheidung über die Kosten des Prozesses vielleicht eine anderweite gerichtliche Festsetzung des ersteren Anspruchs als eines prozessualen Kostenanspruchs würde erlangen können. Es kommt hierbei in Betracht, daß sich auf dem letzteren Wege nur eine Entscheidung über die prozeßrechtliche, nicht aber auch über die zivilrechtliche Verpflichtung des Gegners zur Tragung der fraglichen Kosten erzielen läßt, eine Verpflichtung der letzteren Art aber auch dann begründet sein kann, wenn eine solche prozeßrechtliche Verpflichtung des Gegners deshalb nicht besteht, weil diese Kosten nicht gemäß § 91 Abs. 1 ZPO. als zur zweckentsprechenden Rechtsverfolgung oder Rechtsverteidigung notwendig zu erachten sind. Wollte man daher die ausdrückliche klageweise Geltendmachung eines solchen materiellrechtlichen Kostenanspruchs in dem wegen der Hauptforderung einzuleitenden Prozesse für ausgeschlossen halten, oder eine Verpflichtung des erkennenden Gerichts, in diesem Prozesse über einen solchen Kostenanspruch mittels Urteils materiell zu entscheiden, verneinen, so würde dies dem sich aus § 260 ZPO. ergebenden Grundsatze widersprechen, wonach mehrere Ansprüche eines Klägers gegen denselben Beklagten in einer Klage verbunden werden können, wenn für sämtliche Ansprüche das Prozeßgericht zuständig, und dieselbe Prozeßart zulässig ist. Eine Abweichung von diesem Grundsatze läßt sich namentlich bezüglich des hier in Rede stehenden, auf einem zivilrechtlichen Grunde beruhenden Kostenanspruchs jedenfalls deshalb nicht rechtfertigen, weil vielleicht die rechtliche Möglichkeit gegeben ist, auf dem oben dargelegten anderen Wege zu einer anderweiten gerichtlichen Festsetzung dieses Anspruchs gemäß §§ 91 Abs. 1, 308 Abs. 2, 104 und 105 ZPO. zu gelangen. In demselben Sinne hat auch der erkennende Senat in seinem Urteile vom 21. April 1896 (Entsch. in Zivils. Bd. 37 S. 49) bezüglich derartiger, vor Einleitung des Prozesses wegen der Hauptforderung gemäß Art. 348 HGB. a. F. entstandener Kosten entschieden.

Das Berufungsgericht hätte daher nicht aus den erwähnten, als rechtsirrtümlich zu erachtenden prozeßrechtlichen Gründen von der Entscheidung über den hier in Rede stehenden Anspruch der Klägerin absehen dürfen, sondern es hätte darüber entscheiden sollen, ob derselbe materiellrechtlich begründet ist." . . .

RGZ. 68, 163.

Ist die sog. abstrakte Schadensberechnung ausgeschlossen, wenn Ersatzansprüche wegen der Nichtlieferung von Maschinen erhoben werden, die nach einem neuen System zu fertigen und bisher noch nicht auf den Markt gebracht waren?

BGB. § 252. ZPO. § 287.

VII. Zivilsenat. Urt. v. 20. März 1908.

Die Entscheidung ist abgedruckt unter „Bürgerliches Recht, Schuldrecht 1".

RGZ. 69, 261,

Wird eine Eidesverweigerung dadurch schlechthin ungültig, daß der Eidespflichtige der Weigerung einen nicht stichhaltigen Grund hinzufügt? Unter welchen Voraussetzungen kann die in der Erklärung an sich vorliegende Eidesverweigerung angefochten werden?

BGB. §§ 783, 119. ZPO. §§ 464 Abs. 2, 290.

I. Zivilsenat. Urt. v. 10. Oktober 1908.

Die Entscheidung ist abgedruckt unter „Bürgerliches Recht, Allgemeiner Teil 2".

RGZ. 72, 143

Liegt bei der negativen Feststellungsklage unzulässige Klageänderung vor, wenn die Klage darauf gestützt war, daß der abzuwehrende Anspruch des Beklagten, weil ihm ein Scheingeschäft zugrunde liege, überhaupt nicht entstanden sei, später dagegen behauptet wird, der Anspruch sei zwar wirksam entstanden, jedoch durch Erfüllung erloschen?

V. Zivilsenat. Urt. v. 30. Oktober 1909.

I. Landgericht Dessau. II. Oberlandesgericht Naumburg a. S.

Gegenüber einer Klage auf Rückzahlung eines Darlehns von 50 M. und auf Zahlung des Preises für gelieferte Waren wandte der Beklagte ein, er habe das Geld und die Waren als Abschlagszahlung auf die Zinsen einer auf dem Grundstücke der Klägerin für ihn haftenden Hypothek von 6500 M. erhalten. Die Klägerin verlangte darauf im Wege der Inzidentfeststellungsklage die Feststellung, daß dem Beklagten gegen sie eine Forderung von 6500 M., insbesondere aus der für ihn auf dem klägerischen Grundstück eingetragenen Hypothek gleicher Höhe, nicht zustehe. Gestützt war die Feststellungsklage auf die vom Beklagten bestrittene Behauptung, daß die Hypothek nur zum Scheine, um das Grundstück dem Zugriffe der Gläubiger des klägerischen Ehemannes zu entziehen, bestellt worden und deshalb nichtig sei. Der erste Richter wies die Klage ab, indem er auf Grund der Beweisaufnahme für erwiesen erachtete, daß die Hypothek von 6500 M. zu Recht bestehe, und die Zahlung von 50 M. sowie die Lieferung der Waren zur Tilgung der Zinsforderung erfolgt sei. In zweiter Instanz behauptete die Klägerin unter Aufrechterhaltung ihrer erstinstanzlichen Anführungen auch noch, die streitige Hypothek bestehe deshalb nicht mehr, weil sie jedenfalls durch zwei Zahlungen, die ihr Ehemann an den Beklagten in Höhe von 7000 M. und 200 M. geleistet habe, getilgt worden sei. Diese neue Behauptung verwarf der Berufungsrichter auf Widerspruch des Beklagten als unzulässige Klageänderung. Im übrigen machte er die Entscheidung von einem dem Beklagten auferlegten richterlichen Eide abhängig. Auf Revision der Klägerin wurde das Berufungsurteil aufgehoben, aus folgenden

Gründen:

„Die Revision beschwert sich allein darüber, daß der Berufungsrichter in der der Klage nachträglich gegebenen anderweiten Begründung eine unzulässige Klageänderung gefunden hat, und dieser Beschwerde konnte der Erfolg nicht versagt werden.

Zur Rechtfertigung der Annahme einer unzulässigen Klageänderung wird in dem Berufungsurteil ausgeführt: während die ursprüngliche Klage auf Nichtigkeit der Hypothekenbestellung gestützt gewesen sei, werde mit der abgeänderten Klage geltend gemacht, daß die Forderung, wegen deren die Hypothek bestellt worden war, getilgt sei. Danach begehre die Klägerin jetzt, obwohl die Worte ihres Klageantrags unverändert geblieben seien, auch einen anderen Klagegegenstand. Der Charakter der Klage als einer negativen Inzident-Feststellungsklage sei für die zu entscheidende Frage bedeutungslos. Vielmehr komme es auf die mit der Klageabweisung verbundene Rechtskraftwirkung an. Diese aber sei, je nachdem die ursprüngliche oder die abgeänderte Klage von der Abweisung betroffen werde, eine verschiedene. Im ersteren Falle werde durch die Abweisung nur festgestellt, daß die Hypothekenbestellung wirksam (nicht zum Scheine) erfolgt sei. Die Rechtskraft des Urteils würde daher einer neuen Klage, die auf das Erloschensein der der Hypothek zugrunde liegenden Forderung gestützt wäre, nicht entgegenstehen. Unbeschränkte Rechtskraftwirkung würde nur bei einem Urteil Platz greifen, das die Klage wegen erfolgter Tilgung der Hypothek abwiese.

Diese Ausführungen sind rechtsirrig. Ihnen könnte im Endergebnis beigepflichtet werden, wenn die ursprüngliche Klage lediglich die Scheinnatur des dinglichen Hypothekenrechts zum Gegenstande gehabt hätte. Alsdann würde mit der nachträglichen Berufung auf Hypothekentilgung allerdings etwas wesentlich anderes geltend gemacht sein, nämlich nicht mehr die Nichtigkeit der Hypothek, die, abgesehen von dem Eingreifen der Gutgläubigkeitsvorschriften, jedermann gegenüber wirkt, bei der also die Hypothekenbestellung als nicht geschehen angesehen wird, sondern die Umwandlung der wirksam bestellten Hypothek in eine den Grundstückseigentümern angefallene Grundschuld. So ist aber die Klage nicht erhoben. Vielmehr ging der nach Fassung und Inhalt klare Klagantrag dahin, festzustellen, daß dem Beklagten gegen die Klägerin eine Forderung von 6500 M., insbesondere aus der auf dem klägerischen Grundstück . . . eingetragenen Hypothek von 6500 M. nicht zustehe. Handelt es sich danach in erster Linie um die durch die Hypothek gesicherte persönliche Forderung, so kommt für die Frage der Klagänderung die von dem Wesen der Leistungsklage und der positiven Feststellungsklage abweichende besondere Natur der negativen Feststellungsklage in Betracht. Sie empfängt die bei jeder Klage mit Rücksicht auf die Vorschriften über Rechtshängig- und Rechtskraftwirkung erforderliche Individualisierung nicht aus sich selbst, sondern durch die vom Beklagten erhobenen Ansprüche, die den Kläger, weil er sie bestreitet, zu seinem Feststellungsbegehren veranlassen.

Vgl. Entsch. des RG.'s in Zivils. Bd. 12 S. 361.

Demzufolge ist es zwar unzulässige Klagänderung, wenn an die Stelle des konkreten Anspruchs oder Rechtsverhältnisses, dessen Nichtbestehen nach der ursprünglichen Klagebitte festgestellt werden sollte, im Laufe des Rechtsstreits ein anderer Anspruch oder ein anderes Rechtsverhältnis mit dem Verlangen, nunmehr hierauf das negative Feststellungsurteil zu richten, gesetzt wird. Dagegen behält die negative Feststellungsklage ihre Individualität, wenn der streitige Anspruch oder das streitige Rechtsverhältnis unverändert gelassen werden, und nur hinsichtlich der tatsächlichen Behauptungen, aus denen sich das Nichtbestehen des Anspruchs oder Rechtsverhältnisses ergeben soll, gewechselt wird. In solchem Falle hat das neue Vorbringen den Charakter der Geltendmachung eines neuen Verteidigungsmittels gegenüber dem abzuwehrenden Anspruch, und wie der Kläger zum Wechsel in der Art seiner Verteidigung befugt gewesen wäre, wenn der Beklagte ihm in der Anhängigmachung des Rechtsstreits zuvorgekommen wäre, und er dadurch seinerseits die Beklagtenrolle erhalten hätte, so muß dasselbe für den Fall gelten, daß der Anspruchsprädendent nicht aus eigner Entschließung, sondern durch die negative Feststellungsklage des Gegners genötigt seinen Anspruch vor Gericht verfolgt.

Die Grundsätze über Rechtskraftwirkung stehen nicht, wie der Berufungsrichter meint, dieser Annahme entgegen, sondern im Gegenteil sie unterstützen sie. Wird das Bestehen eines Anspruchs durch Abweisung der erhobenen negativen Feststellungsklage rechtskräftig festgestellt, so ist der Anspruch dem Beklagten endgültig zuerkannt. Die Gründe, auf denen die Zuerkennung beruht, sind bloße der Rechtskraft nicht fähige Entscheidungsgründe. Selbst wenn daher die Entscheidung nur darauf gestützt war, daß das Rechtsgeschäft, aus dem der Anspruch hergeleitet wurde, kein Scheingeschäft sei, sondern volle Wirksamkeit habe, darf dennoch der unterlegene Kläger das Bestehen des Anspruchs nicht nochmals durch die neue Behauptung in Frage stellen, der Anspruch sei durch einen vor Erlaß des Urteils eingetretenen Tilgungsakt zum Erlöschen gebracht worden. Es greift vielmehr in dieser Hinsicht der sich aus dem begrifflichen Wesen der Rechtskraft ergebende allgemeine Grundsatz durch, daß die Parteien mit neuem Vorbringen in bezug auf den Anspruch, über den das rechtskräftige Urteil erkannt hat, ein für allemal ausgeschlossen sind, es müßten denn die Voraussetzungen des Wiederaufnahmeverfahrens oder der durch die §§ 323, 324 ZPO. zugelassenen Klage vorliegen, oder ein Fall des § 471 ZPO. gegeben sein." . . .

RGZ. 73, 306

Kann bei nicht abtretbaren Ansprüchen ein Dritter zur Prozeßführung dahin ermächtigt werden, daß er den Anspruch für den Ermächtigenden, aber im eigenen Namen und auf eigene Gefahr und Kosten gerichtlich geltend machen darf?

BGB. §§ 185, 1282. ZPO. §§ 835, 836.

V. Zivilsenat. Urt. v. 27. April 1910.

I. Landgericht Hannover. II. Oberlandesgericht Celle.

Durch Vertrag vom 27. Juni 1897 räumten eine Anzahl Grundbesitzer der Gemeinde K. dem Beklagten das Recht ein, auf ihren Grundstücken zu schürfen oder zu bohren und die hierbei etwa aufgeschlossenen Lager von Kali und sonstigen zu bergmännischer Ausbeute geeigneten Stoffen zu gewinnen und sich anzueignen. Nach den §§ 10, 14 sollte der Vertrag erlöschen, wenn Schürfungen oder Bohrungen nicht bis zum Jahre 1900 begonnen haben, oder wenn nach Erklärungen der Fündigkeit von Kali usw. der Schachtbau nicht bis zum 31. Dezember 1901 in Angriff genommen sein sollte. Durch ferneren Vertrag vom 16. März 1907 räumten dieselben und noch einige andere Grundbesitzer von K. die gleichen Rechte dem Kläger ein. In § 36 dieses Vertrages traten die ersteren Grundbesitzer alle ihre Ansprüche aus dem alten Vertrage mit dem Beklagten, insbesondere ihren Anspruch auf Feststellung des Nichtbestehens oder der Hinfälligkeit des Vertrages, an den Kläger ab. Dieser verpflichtete sich, auf seine eigene Gefahr und Kosten gegen die aus dem früheren Vertrage berechtigte Person . . . sofort eine Klage auf Feststellung der Hinfälligkeit des Vertrages zu erheben und solche mit aller Beschleunigung zu Ende zu führen. . . . Der Kläger klagte darauf gegen den Beklagten mit dem Antrage, festzustellen, daß der Vertrag vom 27. Juni 1897 nichtig, Schachtbau bis zum 31. Dezember 1901 von ihm nicht in Angriff genommen worden. Die Vorinstanzen wiesen die Klage ab. Der Revision des Klägers wurde stattgegeben.

Aus den Gründen:

. . . „Die Vorinstanzen nehmen an, daß der Kläger sowohl aus eigenem Rechte als auch aus dem ihm abgetretenen Rechte der Grundbesitzer, die mit dem Beklagten den Vertrag vom 27. Juni 1897 geschlossen haben, die Klage erhoben hat. Der erste Richter erachtet in ersterer Hinsicht die Klage als eine Feststellungsklage im Sinne des § 256 ZPO. für zulässig und läßt dahingestellt, ob der Kläger auch zufolge Abtretung der Rechte der Grundbesitzer in § 36 des Vertrages vom 16. März 1907 zu der Klage legitimiert wäre. Er gelangt zur Abweisung der Klage, weil der Vertrag vom 27. Juni 1897 weder nichtig noch nach dem Ergebnisse der Beweisaufnahme über die vom Beklagten getroffenen Maßnahmen erloschen sei. Der Berufungsrichter dagegen erklärt zunächst die Feststellungsklage insoweit für unzulässig, als sie eventuell, daß der Vertrag erloschen sei. Er berief sich für seine Aktivlegitimation und für sein Interesse an der alsbaldigen Feststellung des Nichtbestehens des Vertrages auf den Vertrag vom 16. März 1907, insbesondere dessen § 36, und behauptete, der Beklagte habe Schürfungen oder Bohrungen bis zum Jahre 1900 nicht vorgenommen, auch sei ein auf die dem Kläger von den Vertragsgegnern des früheren Vertrages mit dem Beklagten durch den neuen Vertrag an ihren Grundstücken eingeräumten Rechte gestützt ist." (Es wird ausgeführt, daß die Revision, soweit sie sich hiergegen richte, unbegründet sei, weil der Kläger auf Grund eigener Vertragsrechte kein rechtliches Interesse an Feststellung des Nichtbestehens des alten Vertrages habe; sodann wird fortgefahren:)

„Dagegen greift die Revision mit Recht die Entscheidung des Berufungsrichters an, durch die ein Klagerecht des Klägers auch auf Grund der Abtretung der beteiligten Grundbesitzer verneint wird. Der Berufungsrichter meint, es handle sich um Abtretung eines Feststellungsanspruchs. Ein solcher Anspruch sei aber nicht abtretbar, weil er keine Forderung des materiellen Rechtes, kein Anspruch auf Anerkennung gegen den Gegner sei, sondern ein gegen den Staat gerichteter Anspruch auf Rechtsschutz.

Es kann dahingestellt bleiben, ob die Abtretung des Rechtes auf Geltendmachung der Nichtigkeit eines Vertrages in dem Sinne zulässig ist, daß das Recht dem Zessionar als ein eigenes Vermögensrecht zusteht und aus der Machtbefugnis des Zedenten gänzlich ausscheidet. Vorliegend ist im § 36 des Vertrages vom 16. März 1907 zwar zunächst von einer Abtretung „insbesondere des Anspruchs der Grundbesitzer auf Feststellung des Nichtbestehens oder der Hinfälligkeit des alten Vertrages" die Rede. Demnächst aber verpflichtet sich der Kläger, auf seine eigene Gefahr und Kosten sofort gegen den Beklagten Klage zu erheben und diese mit aller Beschleunigung zu Ende zu führen. Ferner sollen die Grundbesitzer, falls durch Verschulden des Klägers eine Verzögerung des Rechtsssstreites eintritt, zum Rücktritt vom Vertrage berechtigt sein. Weiter soll der Kläger alle drei Monate den Grundbesitzern zu Händen des von ihnen zu wählenden Rechtsanwalts über den jeweiligen Stand des Rechtsstreites derart berichten, daß der Anwalt für die Grundbesitzer über die ordnungsmäßige und unverzügliche Durchführung des Rechtsstreites die Kontrolle ausüben kann. Daraus erhellt deutlich, daß dem Kläger von den Grundbesitzern die Ermächtigung erteilt worden ist, für sie, aber in eigenem Namen und auf eigene Gefahr und Kosten die Nichtigkeit des alten Vertrages im Prozeßwege zur Feststellung zu bringen.

Die Zulässigkeit einer solchen Ermächtigung zur Geltendmachung eines Rechtes des Ermächtigenden durch den Ermächtigten in eigenem Namen und auf eigene Gefahr und Kosten ist vom Reichsgericht sowohl nach früherem wie nach dem jetzt geltenden Rechte wiederholt anerkannt worden.

Vgl. Entsch. des RG.'s in Gruchot's Beitr. Bd. 35 S. 1014; Entsch. des RG.'s in Zivils. Bd. 10 S. 48, Bd. 53 S. 275, 411.

Sie ergibt sich aus dem, soweit nicht besondere gesetzliche Vorschriften entgegenstehen, geltenden Grundsatze der Vertragsfreiheit und findet auch ihre Bestätigung in Gesetzesvorschriften, welche die Einräumung ähnlicher Befugnisse zulassen, wie in § 1282 BGB., betreffend das Recht des Pfandgläubigers zur Einziehung der ihm verpfändeten Forderung in §§ 835, 836 ZPO., wonach durch Ueberweisung zur Einziehung der Pfändungsgläubiger zur Einziehung der Forderung des Schuldners in eigenem Namen ermächtigt wird, und in § 185 Abs. 1 BGB., wonach einem anderen im voraus die Zustimmung erteilt werden kann, daß er durch Rechtshandlungen, die er in eigenem Namen vornehmen werde, über ein Recht des Zustimmenden verfüge (vgl. Entsch. des RG.'s in Zivils. Bd. 53 S. 275). . . .

Vom Standpunkte desjenigen, gegen den sich das Recht richtet, ist ein Bedenken gegen die Zulässigkeit der Ermächtigung ebenfalls nicht zu entnehmen. Seine Rechtslage wird nicht dadurch beeinträchtigt, daß ihm der Ermächtigte als zur Geltendmachung des Rechts Befugter gegenübertritt. Rechtshandlungen zwischen ihm und dem Ermächtigten muß der Ermächtigende, weil er sein Recht durch den Ermächtigten geltend machen läßt, und er diesem die Legitimation dazu auch nach außen hin erteilt, ebenso gegen sich gelten lassen, wie wenn er sie selbst oder durch einen Bevollmächtigten mit dem Gegner vorgenommen hätte. Dies gilt im Falle der Prozeßführung auch hinsichtlich der Wirkung des ergehenden Urteils. Der Ermächtigende muß, weil er mit der Prozeßführung über sein Recht den Ermächtigten betraut hat, auch ein ungünstiges Urteil als gegen sich wirksam anerkennen und kann sich nicht etwa darauf berufen, daß er an dem Rechtsstreit nicht als Partei beteiligt gewesen sei (vgl. Entsch. des RG.'s in Zivils. Bd. 36 S. 55). Demnach ist vorliegend die vom Kläger ausdrücklich auf Grund des § 36 des Vertrages vom 16. März 1907, also aus dem Rechte der Grundbesitzer auf Grund deren Ermächtigung erhobene Klage auf Feststellung des Nichtbestehens des Vertrages vom 27. Juni 1897, entgegen dem Berufungsrichter, für zulässig zu erachten." . . .

RGZ. 75, 286 †

1. Bedeutung des Fallenlassens oder der Einschränkung eines Klagantrages für die Verjährung des darin geltend gemachten Anspruches.

2. . . .

ZPO. §§ 271 Abs. 1.

VI. Zivilsenat. Urt. v. 9. Februar 1911.

I. Landgericht Straßburg. II. Oberlandesgericht Colmar.

. . .

Aus den Gründen:

. . .

Der Kläger hat im Vorprozesse einen in früheren Verhandlungen gestellten Klagantrag später durch einen anderen, beschränkteren ersetzt, in welchem der Anspruch auf Gewährung einer dauernden Rente von jährlich 1500 M. ausfiel. Eine solche Einschränkung des Antrags kann, wie der erkennende Senat in einem Urteil vom 15. April 1907 (Entsch. in Zivils. Bd. 66 S. 12) ausgeführt hat, einen Verzicht auf den Teil des Klaganspruchs, der aus dem Klagantrage ausgeschaltet ist, also eine Aufgabe des Rechtes selbst, darstellen; sie kann auch eine teilweise Zurücknahme der Klage, also einen Verzicht auf die Verfolgung des Anspruchs in dem anhängigen Prozesse, bedeuten. Sie muß aber keines von beidem bedeuten, kann vielmehr auch lediglich den Sinn eines Liegenlassens, eines Nichtbetreibens des nicht mehr verlesenen Antrages haben. Ein wirksamer Verzicht auf das Recht selbst würde den Anspruch sachlich aufheben und führt prozeßrechtlich zur Abweisung des Anspruchs nach § 306 ZPO. (vgl. Warneyer, Rechtspr. des RG.'s 1911 Nr. 106). Die wirksame Klagezurücknahme beseitigt mit rückwirkender Kraft die Wirkung der Rechtshängigkeit, verpflichtet den Kläger, die Kosten des Rechtsstreits zu tragen (§ 271 ZPO.), und hat materiellrechtlich für die Verjährung des Anspruchs die Wirkung, daß die durch die Klagerhebung erfolgte Unterbrechung der Verjährung als nicht erfolgt gilt, aber wieder Wirkung gewinnt, wenn binnen sechs Monaten von neuem Klage erhoben wird (§ 212 BGB.). Das bloße Liegenlassen und Nichtbetreiben eines Antrages endlich hebt die Rechtshängigkeit nicht auf (vgl. Jur. Wochenschr. 1910 S. 827 Nr. 52), beendet für die Verjährung aber die Unterbrechung, die durch die Klagerhebung eingetreten war, und setzt eine neue Verjährung in Lauf (§ 211 BGB.; Entsch. des RG.'s in Zivils. Bd. 66 S. 12).

Das Berufungsgericht hat im gegebenen Falle in der vom Kläger in der Verhandlung des Vorprozesses vom 18. Mai 1908 bewirkten Aenderung seines Klagantrages in Verbindung mit der Erklärung, daß er sich seine weiteren Ansprüche vorbehalte, eine teilweise Klagezurücknahme erblickt. Diese Annahme ist rechtlich nicht zu beanstanden. Einen Verzicht auf den Teilanspruch selbst konnte die Nichtverlesung des früheren Antrages nicht bedeuten, weil sich der Kläger den Anspruch ausdrücklich vorbehielt. Ein bloßes zeitweiliges Nichtbetreiben hätte, nachdem ein Zwischenurteil über den Grund des Anspruchs nach § 304 ZPO. bereits erlassen, über den Betrag des Anspruchs Beweis schon erhoben war und der Rechtsstreit vor der Endentscheidung stand, der Vorbehalt demgemäß auch für den damaligen Prozeß gar keinen Erfolg mehr haben konnte, keinen Sinn gehabt. Die Nichtverlesung des Antrages auf Zahlung einer Rente konnte deshalb im vorliegenden Falle allerdings nur bedeuten, daß der Kläger für den schwebenden Prozeß auf die Verfolgung seines Anspruches verzichten, sich aber dessen Wiederaufnahme in einem anderen Prozesse offen halten wollte. Das war aber eine teilweise Zurücknahme der Klage.

...

RGZ. 77, 141

1. Liegt unzulässige Klagänderung vor, wenn der Kläger Forderungsteile geltend macht, die während des ersten Rechtszuges auf ihn zurückübertragen sind?

2. Kann der Forderungspfandschuldner gegen den Drittschuldner auf Zahlung „unbeschadet des Rechts des Pfandgläubigers", sowie auf Hinterlegung oder auf Zahlung an den Pfandgläubiger klagen?

ZPO. §§ 253, 264, 268, 835, 842, 843, 844.

III. Zivilsenat. Urt. v. 18. Oktober 1911.

I. Landgericht Stettin. II. Oberlandesgericht daselbst.

Von einer Provisionsforderung, welche die Klägerin als Rechtsnachfolgerin ihres Geschäftsführers geltend machte, waren vor der Klagerhebung 3500 M. und 2200 M. an verschiedene Personen abgetreten. Ferner war die Forderung vor der Klagerhebung gepfändet und zur

Einziehung überwiesen für den Kaufmann G. in Höhe von 917,50 M. und für die Firma D. zu einem Betrage, von dem noch 1832,50 M. in Betracht kommen. Die Klage ging ursprünglich auf Zahlung von 2000 M. an die Klägerin, unbeschadet der etwaigen Rechte der Firma D. Unter der Behauptung, während Anhängigkeit des Rechtsstreits im ersten Rechtszuge seien ihr die erwähnten abgetretenen Beträge der Forderung zurückübertragen, verlangte die Klägerin sodann Verurteilung der Beklagten zur Zahlung von 7700 M. an sie, zum Teil „unbeschadet der Rechte der Pfandgläubiger." Das Landgericht wies die Klage ab, weil nach Pfändung und Ueberweisung der Pfandschuldner nicht mehr beanspruchen könne, daß an ihn gezahlt werde, und weil im übrigen unzulässige Klagänderung vorliege. Im Rechtszuge der Berufung stellte die Klägerin den Antrag, in erster Reihe die Beklagten als Gesamtschuldner zu verurteilen, an sie 3500 M. und 2200 M., ferner an sie unbeschadet der Rechte des G. 917,50 M. und unbeschadet der Rechte der Firma D. 1832,50 M. je mit Zinsen von verschiedenen Tagen zu zahlen, hilfsweise, an sie 5700 M., an G. 917,50 M., an die Firma D. 1832,50 M. je mit Zinsen zu zahlen, äußerstenfalls, sie zu verurteilen, die ganzen 8450 M. nebst Zinsen für sie und alle Pfandgläubiger zu hinterlegen. Das Oberlandesgericht wies die Berufung mit der Begründung zurück, hinsichtlich der 3500 und 2200 M. sei die Klage nicht ordnungsmäßig erhoben; nach Pfändung und Ueberweisung der Forderung könne der Pfandschuldner weder Hinterlegung noch Zahlung an ihn noch an den Pfandgläubiger beanspruchen.

Die Revision rügt Verletzung des § 268 Nr. 2 ZPO.; nicht Klagänderung sondern zulässige Klagerweiterung sei gegeben. Unrichtig sei ferner die Annahme, daß die Klägerin durch die Pfändung ihrer Forderung verhindert sei, diese unbeschadet des Rechts der Pfändungspfandgläubiger einzuklagen.

Der Revision wurde — unter Zurückweisung im übrigen — teilweise stattgegeben aus folgenden

Gründen:

„I. Die Geltendmachung der zurückübertragenen Teile der Provisionsforderung im ersten Rechtszuge stellt sich entweder dar als die Erhebung eines neuen Anspruchs. Dann treffen die Gründe des Oberlandesgerichts gegen ihre Zulassung durchaus zu: die Beklagten brauchen sich nicht auf sie einzulassen, weil der Anspruch nicht in der Form des § 253 Abs. 1 ZPO. erhoben ist. Oder jene Geltendmachung bedeutet eine Erweiterung des ursprünglichen Klagantrags. Dann war sie der Rüge der Beklagten ungeachtet zuzulassen, aber nur, wenn sie ohne Aenderung des Klagegrundes erfolgte (§ 268 ZPO.), oder wenn durch die Aenderung die Verteidigung der Beklagten nicht wesentlich erschwert wurde (§ 264 ZPO.). Der Anspruch auf die Teilbeträge von 3500 M. und 2200 M. der Provisionsforderung wird darauf gestützt, daß die vor der Klagerhebung abgetretenen Teile nach der Klagezustellung zurückübertragen seien. Zur Klagebegründung gehören die Behauptungen, aus denen sich ergeben soll, daß der geltendgemachte Anspruch gerade in der Person des Klägers entstanden ist. Die Anspruchsberechtigung gerade der Klägerin war aber zur Zeit der Klagerhebung nicht vorhanden; sie entstand erst durch die im Laufe des Rechtsstreits bewirkte Rückübertragung der Forderung. Es handelt sich nicht, wie etwa bei nachträglich eintretender Fälligkeit um den Eintritt einer bloßen Voraussetzung für Ausübung des Anspruchs, sondern um den Rechtsgrund für das Bestehen des Anspruchs in der Person der Klägerin. Durch das Nachbringen der entsprechenden tatsächlichen Behauptungen wurde die Klage auf einen neuen Klagegrund gestützt. Die Annahme einer Klagänderung unter den gegebenen Verhältnissen entspricht der ständigen Rechtsprechung des Reichsgerichts.

Vgl. Jur. Wochenschr. 1893 S. 199, 1895 S. 504, 1897 S. 552 Nr. 34, 1898 S. 388 Nr. 12; Gruchot, Beitr. Bd. 42 S. 1181; Jur. Wochenschrift 1907 S. 87 Nr. 16; Entsch. des RG.'s in Zivils. Bd. 66 S. 419; Urteil vom 20. Februar 1900 II. 380/99, vom 1. November 1901 III. 243/01, vom 12. Mai 1910 VI. 217/09, vom 19. September 1911 III. 301/10.

Daß vorliegendenfalls die Klagänderung eine wesentliche Erschwerung der Verteidigung bedeutet, hat das Landgericht zutreffend ausgeführt. Nach alledem ist die Zulassung des Anspruchs auf Zahlung oder auch Hinterlegung der 3500 M. und 2200 M. in diesem Rechtsstreit mit Grund abgelehnt worden.

II. Die Frage, ob nach Pfändung einer Forderung und nach ihrer Ueberweisung der Forderungspfandschuldner noch berechtigt ist, zu verlangen, daß an ihn oder an den Pfandgläubiger gezahlt, oder der Forderungsbetrag hinterlegt werde, betrifft den sachlichen Inhalt des Forderungspfandrechts. Auch beim Pfändungspfandrechte bedeutet daher eine Verletzung der für die Berechtigung des Pfandschuldners maßgebenden Grundsätze nicht eine Gesetzesverletzung in bezug auf das Verfahren. Wenn sich also auch der Revisionsangriff nur gegen die Abweisung der auf „Zahlung an die Klägerin unbeschadet des Rechts der Pfandgläubiger" gerichteten Klage wendet, so unterliegt doch nach § 559 Satz 2 ZPO. auch die Abweisung der Klage auf „Hinterlegung" und auf „Zahlung an die Pfandgläubiger" der Nachprüfung durch das Revisionsgericht.

Den Anspruch auf Hinterlegung hat das Berufungsgericht zutreffend für nicht bestehend erachtet. § 432 BGB. kommt schon deshalb nicht zur Anwendung, weil es sich nicht um eine unteilbare Leistung handelt. Die Entsch. des RG.'s in Zivils. Bd. 17 S. 291 gibt dem Forderungspfandschuldner allerdings einen Anspruch, Hinterlegung zu fordern, aber nur mit Rücksicht auf allgemeine Grundsätze des Preußischen Landrechts. Der erste Zivilsenat des RG.'s hat sich in der Entscheidung vom 29. Februar 1888 (Seufferts Archiv Bd. 44 Nr. 69) ebenfalls dahin ausgesprochen, daß die Klage des Forderungspfandschuldners auf Hinterlegung nicht ausgeschlossen sei. Allein diese Entscheidung handelt nur von einer „im Wege der Zwangsvollstreckung oder des Arrests gepfändeten", nicht von einer zur Einziehung überwiesenen Forderung. Von den Schriftstellern will Neukamp ZPO. Anm. 1b βaa zu § 835 die Klage auf Hinterlegung zugunsten des Gläubigers dem Pfandschuldner zugestehen. Im übrigen herrscht in der Wissenschaft Uebereinstimmung dahin, daß die Klage auf Hinterlegung, für die ein Rechtsgrund nicht besteht, dem Pfandschuldner zu versagen ist.

Vgl. Gaupp-Stein ZPO. Anm. IV. 2 zu § 835; Petersen-Anger, Bem. 4b zu § 835; Struckmann u. Koch, Bem. zu § 835; Seuffert, ZPO. Bem. 3b zu § 835; Planck, Erl. 4 zu § 1282 des BGB.; Hellwig, „Klage und Anspruch" S. 188 Bem. 23.

Zur Begründung ihres Angriffs gegen die Abweisung der auf Zahlung an die Klägerin unbeschadet des Rechts der Pfandgläubiger gerichteten Klage beruft sich die Revision mit Unrecht auf das in dem früheren Rechtsstreits derselben Streitteile ergangene Reichsgerichtsurteil vom 20. März 1908 III. 475/07. Dieses Urteil enthält zwar den Satz, die Klägerin habe „durch die einschränkende Fassung des Klagantrags die streitigen Rechte der Pfandgläubigerin ausdrücklich zur Berücksichtigung gebracht." Damit ist aber noch nicht einmal die Zulässigkeit eines solchen Klagantrags anerkannt. Und jedenfalls steht die im gegenwärtigen Rechtsstreit vom Berufungsgericht ausgesprochene Nichtzulassung deshalb nicht im Widerspruch mit jenem Reichsgerichtsurteile, weil es sich bei diesem um eine Ueberweisung der Forderung während der Rechtshängigkeit handelte. In den Fällen des § 265 ZPO. mag die Fassung „unbeschadet der Rechte des Pfandgläubigers" zulässig sein, und mit Recht hebt das Berufungsgericht ihre Ueblichkeit im Gebrauche der Gerichte hervor. In jedem anderen Falle aber steht dem Antrag auf Verurteilung zur Zahlung an den Pfandschuldner, sei es auch mit der die Rechte des Pfandgläubigers berücksichtigenden Einschränkung, das Einziehungsrecht des Pfandgläubigers und das an den Drittschuldner nach § 829 der ZPO. erlassene Verbot, an den Schuldner zu zahlen, entgegen. Auch der Gedanke des Berufungsgerichts, daß mit der Verurteilung unbeschadet der Rechte anderer keine endgültige vollstreckbare Regelung gegeben werde, ist zu beachten.

Gegen die Zulassung der Klage auf Zahlung an den Pfandschuldner haben sich erklärt: Seuffert, ZPO. § 835 Anm. 3 Ib, ferner Gaupp-Stein, Petersen-Anger, Struckmann und Koch a. a. O., Hellwig a. a. O., auch wohl Neukamp, ferner Entsch. des RG.'s in Zivils. Bd. 49 S. 203; Jur. Wochenschr. 1901

S. 854 Nr. 42, Urteil vom 10. Februar 1905 III. 322/04, abgedruckt in Gruchot, Beitr. Bd. 49 S. 1061, Rechtspr. der OLG. Bd. 3 S. 157.

War insoweit dem Berufungsgericht im Ergebnisse beizutreten, so erscheint dagegen die Abweisung der Klage auf Zahlung an den Pfandgläubiger als eine Verletzung pfandrechtlicher Grundsätze. Mit seinen diese Abweisung begründenden Ausführungen setzt sich das Oberlandesgericht in bewußten Gegensatz zu Entscheidungen des Reichsgerichts, dessen VI. Zivilsenat in dem schon erwähnten Urteile vom 17. Oktober 1901, Entsch. Bd. 49 S. 201, ohne weitere Begründung diese Klage zugelassen hat, während der jetzt erkennende Senat in dem Urteile vom 10. Februar 1905, Rep. III. 322/04 (Gruchot, Beitr. Bd. 49 S. 1061) die Zulässigkeit eingehend begründet hat. Von seiner dort niedergelegten Auffassung abzugehen findet der Senat auch nach abermaliger Prüfung keinen Anlaß. Die Begründung der Auffassung ging im wesentlichen dahin: Der Anspruch des Pfandschuldners gegen den Drittschuldner besteht, wenn die gepfändete Forderung zur Einziehung überwiesen ist, fort; er bleibt im Vermögen des Pfandschuldners. Dieser Satz ist in Rechtsprechung und Wissenschaft anerkannt.

Vgl. Entsch. des RG.'s in Zivils. Bd. 63, 218; 65, 416; Seufferts Archiv Bd. 43 Nr. 249 und die dort Angeführten.

Der Pfandschuldner behält die ihm kraft des Anspruchs als Gläubiger zustehenden Rechte, soweit sie mit den Rechten des Pfandgläubigers vereinbar sind. Vgl. Planck, Erl. 4 zu § 1282 BGB. Zu seinen Befugnissen gehört auch, die Leistung an einen Dritten, den Pfandgläubiger, zu verlangen. Das Recht des Pfandgläubigers auf Befriedigung wird dadurch nicht beeinträchtigt. Auch die Stellung des Drittschuldners wird nicht verschlechtert. Muß er sich doch ohnehin, wenn die Rechtsschutzvoraussetzungen des § 256 ZPO. gegeben sind, die Erhebung einer Feststellungsklage gefallen lassen. Er kann sich ja auch durch Leistung an den Pfandgläubiger befreien. Anderseits hat der Pfandschuldner ein Interesse daran, von seiner Schuld befreit zu werden und seine Forderung zu verwirklichen. Bei Verzug des Pfandgläubigers mit der Einziehung ist die Schadensersatzforderung nach § 842 ZPO. kein genügender Schutz gegen anderweite Vollstreckung der Pfandforderung. Mit dem Reichsgerichte geben den Anspruch auf Zahlung an den Pfandgläubiger Seuffert, Petersen, Neukamp und für das vertragsmäßige Pfandrecht Planck a. a. O. und Kommentar von Reichsgerichtsräten Anm. 2 zu § 1282 des BGB. Die dagegen vom Berufungsgericht, von Gaupp-Stein IV. 2 zu § 835 der ZPO., Hellwig a. a. O., ferner in dem vor Erlaß des Reichsgerichtsurteils ergangenen Urteile des Oberlandesgerichts Hamburg (Rechtspr. d. OLG. Bd. 3 S. 157) geltend gemachten und etwa sonst sich erhebenden Bedenken können als stichhaltig nicht anerkannt werden. Zunächst könnte gegen die reichsgerichtliche Auffassung die Entstehungsgeschichte des jetzigen § 835 ZPO. ins Feld geführt werden. In der Reichstagskommission wurde in erster Lesung (Protokolle S. 401) der Antrag gestellt: „Ist dem Gläubiger eine Forderung zur Einziehung überwiesen, so steht dem Schuldner ein selbständiges Klagerecht gegen den Drittschuldner auf Bezahlung des schuldigen Betrags an den Gläubiger . . . zu.“ Der Antragsteller machte geltend, für den Fall der Verzögerung bestimme der Entwurf die Schadensersatzpflicht des Pfandgläubigers. Das Vorhandensein einer Verzögerung werde schwer zu erweisen sein. Ueberdies sei es unbillig, den Gläubiger zur Einklagung der gepfändeten Forderung zu zwingen. Der Direktor v. Amsberg erhob die Bedenken, wie es werden solle, wenn Schuldner und Gläubiger bei verschiedenen Gerichten klagten und abweichende Erkenntnisse erzielten, sowie welche Bedeutung es für den Gläubiger haben solle, wenn der Schuldner abgewiesen werde. Die Abgeordneten Bähr und Struckmann wiesen darauf hin, der Antrag verschlechtere die Lage des Drittschuldners, der sich sowohl vom Gläubiger als vom Schuldner müsse verklagen lassen. Der Antrag wurde abgelehnt, ob aus den von den Antragsgegnern geltend gemachten oder aus anderen Gründen, bleibt ungewiß. Jedenfalls aber steht das Gesetz der Annahme eines Anspruchs auf Zahlung an den Pfandgläubiger nicht entgegen; die Vorschriften des Gesetzes über den Inhalt des Pfändungspfandrechts schließen einen solchen Anspruch nicht aus. Und soweit das jetzt geltende Bürgerliche Recht den Inhalt dieses Pfandrechts bestimmt, kommt der Entstehungsgeschichte der Zivilprozeßordnung erst recht eine maßgebliche Bedeutung nicht zu. Gaupp-Stein bemerkt a. a. O., der Gläubiger sei jetzt zur Einziehung ausschließlich berechtigt, und eine Klage aus dem Rechte des Gläubigers bedürfe besonderer gesetzlicher Zulassung. Demgegenüber ist zu betonen, daß das Gesetz dem Gläubiger zwar das ausschließliche Recht auf Befriedigung gibt, dem Schuldner aber, der die Forderung trotz Pfändung und Ueberweisung in seinem Vermögen behält, alle Rechte beläßt, die dieses Befriedigungsrecht des Gläubigers nicht berühren. Danach handelt es sich nicht um eine Klage aus dem Rechte des Gläubigers. Der Schuldner klagt kraft eigenen Rechts und auf eigene Gefahr. Hellwig versagt den Anspruch, weil, abgesehen von § 1282 Abs. 1, dies daraus folge, daß der Gläubiger die Art bestimme, wie er das Pfandrecht verwirklichen wolle. Die Wahl könne der Schuldner nicht durch seine Maßnahmen durchkreuzen. § 1282 gibt dem Pfandgläubiger die Berechtigung zur Einziehung, nimmt sie aber dem Pfandschuldner nicht. Die Befugnis des Pfandgläubigers (§ 1282 Abs. 1 Satz 3), Abtretung an Zahlungs Statt zu verlangen, wird durch die Klage des Schuldners auf Zahlung an den Gläubiger nicht berührt. Beim Pfändungspfand muß er die Wahl, ob „zur Einziehung“ oder „an Zahlungsstatt“ überwiesen werden soll (§ 835 der ZPO.), vor der Ueberweisung getroffen haben. Die Voraussetzungen des § 844 ZPO. für den Antrag auf Anordnung einer anderen Verwertung sind jedenfalls vorliegend nicht gegeben. Auch diese Wahl muß übrigens der Pfandgläubiger treffen, ehe die Ueberweisung erfolgt. Sie kann also durch die Klage des Pfandschuldners nicht vereitelt werden.

Das Berufungsgericht hebt namentlich die angebliche (in Entsch. des RG.'s in Zivils. Bd. 49 S. 201 geleugnete) Verschlechterung der Stellung des Drittschuldners hervor. Man könne nicht annehmen, daß zwei klageberechtigte Gesamtgläubiger ihm vom Gesetze hätten „über den Hals geschickt" werden sollen. Die Möglichkeit der Feststellungsklage sei nicht entscheidend, da sie nur bei Vorhandensein des besonderen Feststellungsinteresses zulässig sei. Das sind aber Bedenken, die nach Lage der bestehenden Gesetzgebung als begründet nicht gelten können. Das Gesetz hat eben dem Schuldner alle das Recht des Gläubigers nicht beeinträchtigenden Befugnisse belassen. Wenn, wie das Berufungsgericht anführt, das Reichsgesetz über den Versicherungsvertrag für einen übrigens ganz anderen Tatbestand die Befugnisse anders geordnet hat, so läßt das keinen zwingenden Schluß auf die Rechte des Pfandschuldners zu.

Daß der Drittschuldner dem Schuldner eine vom Pfandgläubiger nach der Ueberweisung erteilte Befristung entgegenhalten kann, erscheint nicht zweifelhaft. Der Schuldner führt eben den Rechtsstreit auf eigene Gefahr; er muß es sich auch gefallen lassen, wenn der Pfandgläubiger nach der Klagerhebung auf sein Recht aus der Ueberweisung verzichtet (§ 843 ZPO.). Das Interesse des Schuldners an Verwirklichung seiner Forderung, an Befreiung von seiner Schuld besteht auch dann, wenn ein Ueberschuß nicht zu erwarten, Leistungsunfähigkeit des Drittschuldners nicht zu befürchten ist. Daß dieses Interesse durch die Möglichkeit des Schadensersatzanspruchs gegen den säumigen Gläubiger (§ 842 ZPO.) nicht genügend gewahrt ist, widerlegt das Berufungsgericht nicht. Die Schwierigkeit des Schadensnachweises, des Nachweises von Verzögerung und ursächlichem Zusammenhang bleibt bestehen und wird namentlich nicht dadurch beseitigt, daß der Schuldner mit dem nachgewiesenen Schadensersatzanspruch aufrechnen kann, wenn der Gläubiger anderweit vollstreckt (§ 767 ZPO.). Nur die Gewährung der Klage auf Zahlung an den Gläubiger wird dem Bedürfnisse des Pfandschuldners und seiner pfandrechtlichen Stellung gerecht, ohne Beeinträchtigung der Rechte des Pfandgläubigers und ohne eine vom Gesetze nicht gewollte Belastung des Drittschuldners.

Das angefochtene Urteil war, soweit es von dem Rechtsirrtum betroffen wird, aufzuheben, und die Sache insoweit an das Berufungsgericht zurückzuverweisen, während im übrigen die Zurückweisung der Revision erfolgen mußte. In der Sache selbst nach § 565 Abs. 3 ZPO. zu entscheiden ist das Reichsgericht nicht in der Lage, weil das Berufungsgericht die gegen die Forderung erhobenen Einwendungen (Anfechtung, Verjährung, Aufrechnung) noch nicht geprüft hat."

RGZ. 80, 262

1. Ist eine durch ein ausländisches Gericht ausgesprochene Entmündigung oder angeordnete Beistandsbestellung von dem inländischen Richter zu berücksichtigen?

2. . . .

3. Zur Auslegung der §§ 139, 293 ZPO.

VI. Zivilsenat. Urt. v. 24. Oktober 1912.

Die Entscheidung ist abgedruckt unter „Bürgerliches Recht, Einführungsges. z. Bürgerlichen Gesetzbuch".

RGZ. 84, 370†

1. Ist im Versäumnisverfahren bei einer gemäß § 254 ZPO. erhobenen Klage zunächst ein Teilversäumnisurteil über den Anspruch auf Rechnungslegung usw. zu erlassen? Umfang der Rechtskraft eines Urteils, durch welches das Bestehen eines Schadensersatzanspruchs festgestellt wird. Ist im späteren Rechtsstreit über den Betrag des Anspruchs die Einrede der Verjährung zulässig?

2. . . .

ZPO. §§ 254, 256, 322, 304.

I. Zivilsenat. Urt. v. 4. April 1914.

I. Landgericht I Berlin. II. Kammergericht daselbst.

Die Klägerin ist Inhaberin des deutschen Patentes Nr. 122 766, das eine Kühlvorrichtung für Kraftwagenmotoren betrifft. Auf denselben Gegenstand ist ihr ein schweizerisches Patent erteilt worden. Dieses wurde von dem Fabrikanten M. zu G. in der Schweiz durch die Herstellung einer großen Zahl der geschützten Kühler verletzt. Hierfür hat M. der Klägerin auf Grund rechtskräftiger Verurteilung durch das zuständige schweizerische Gericht Schadensersatz geleistet. Einen Teil der von M. hergestellten Kühler erwarb die Beklagte und baute die Kühler in Kraftwagen ein, die sie im Deutschen Reiche in Verkehr brachte. Die Klägerin erhob deshalb in einem Vorprozesse gegen die Beklagte Klage mit dem Antrage, ihr das Inverkehrbringen der M.'schen Kühler im Deutschen Reiche zu untersagen, die Rechnungslegung aufzugeben und sie zum Schadensersatze zu verurteilen, dessen Betrag nach der Rechnungslegung angegeben werden sollte. Diesem Antrag ist durch das rechtskräftige Versäumnisurteil vom 22. November 1910 in vollem Umfange entsprochen worden. Im jetzigen Rechtsstreite hat die Klägerin gegen die Beklagte auf Zahlung der ziffermäßig angegebenen Entschädigung Klage erhoben. Die Beklagte hat Klagabweisung beantragt und eingewendet, daß der Anspruch in Ansehung derjenigen Kühler, die früher als drei Jahre vor Erhebung der Klage des Vorprozesses in das Deutsche Reich eingeführt worden seien, verjährt sei und im übrigen die Klägerin auf ihre Schadensersatzforderung denjenigen Betrag anrechnen müsse, den sie mit Bezug auf dieselben Kühler bereits von dem Fabrikanten M. erhalten habe.

Das Landgericht erachtete diese Einreden für begründet. Auf die Berufung der Klägerin aber verurteilte das Kammergericht die Beklagte nach dem Klagantrage. Die Revision der Beklagten ist zurückgewiesen worden aus folgenden

Gründen:

„In erster Reihe rügt die Revision, daß das Berufungsgericht bei Verwerfung der Verjährungseinrede die §§ 304, 256, 322 ZPO. verletzt, insbesondere die Grenzen der Rechtskraft eines Urteils verkannt habe. Diese Rüge ist zwar insofern begründet, als das Berufungsgericht zu Unrecht annimmt, daß das im Vorprozeß erlassene, demnächst rechtskräftig gewordene Versäumnisurteil vom 22. November 1910 in seinen Wirkungen einem nach § 304 ZPO. erlassenen Zwischenurteil über den Grund des Anspruchs gleichzustellen sei. Zur Aufhebung des angefochtenen Urteils kann indes die Rüge nicht führen, da die Einrede der Verjährung sich aus anderen Gründen als hinfällig erweist.

Im Vorprozesse der Parteien hatte die Klägerin geltend gemacht, daß die Beklagte eine größere Anzahl von Kraftfahrzeugen, deren Kühler in das klägerische Patent 122 766 eingriffen, im Gebiete des Deutschen Reichs gewerbsmäßig in Verkehr gebracht hätte. Mit der am 5. Oktober 1910 zugestellten Klage hatte deshalb die Klägerin beantragt, die Beklagte zur Unterlassung weiterer Patentverletzungen, zur Rechnungslegung über die von ihr im Deutschen Reiche gewerbsmäßig in Verkehr gebrachten, feilgehaltenen oder gebrauchten Kraftfahrzeuge mit den bezeichneten Kühlern und zum Ersatze desjenigen Schadens zu verurteilen, der der Klägerin aus dem Inverkehrbringen, Feilhalten oder Gebrauchen jener Kühler entstanden ist und „dessen Höhe nach der Rechnungslegung genauer angegeben werden soll". Aus dieser Fassung des Antrags geht hervor, daß die Klägerin im Vorprozesse den durch § 254 ZPO. besonders geregelten Weg zur Durchführung ihrer Ansprüche einschlagen wollte, indem sie mit der Klage auf Rechnungslegung die Klage auf Herausgabe des Geschuldeten verband, sich aber die bestimmte Angabe des als Schadensersatz zu zahlenden Betrags bis zum Empfange der Rechnung vorbehielt. Bei einer derartigen Gestaltung der Klage ist, wie das Reichsgericht bereits mehrfach ausgesprochen hat (Entsch. des RG.'s in Zivils. Bd. 58 S. 59, Bd. 61 S. 405; Warneyer Rechtspr. 1908 Nr. 676), zunächst durch Teilurteil über die Verpflichtung des Beklagten zur Rechnungslegung zu entscheiden und erst, nachdem dieses Teilurteil, nötigenfalls im Wege der Zwangsvollstreckung, zur Ausführung gebracht worden ist, über den Anspruch auf die nunmehr bestimmt anzugebende Leistung zu verhandeln und zu erkennen.

Dieser Grundsatz ist auch im Versäumnisverfahren anzuwenden. Läßt sich der Beklagte im Verhandlungstermine nicht vertreten, so ist das Versäumnisurteil zunächst auf die Entscheidung über die Rechnungslegung zu beschränken, also nur ein Teilversäumnisurteil zu erlassen; erst nach dessen Ausführung ist später das Verfahren über den zu leistenden Schadensersatz fortzusetzen. Dies hat das Landgericht im Vorprozesse nicht beachtet, sondern sogleich durch Schluß- und Versäumnisurteil die Beklagte in vollem Umfange nach dem Klagantrage verurteilt. Da dieses Urteil die formelle Rechtskraft beschritten hat, so entsteht bei Prüfung seiner materiellen Wirkung die Frage, in welche Art der nach der Zivilprozeßordnung zulässigen Urteile es einzureihen ist. Maßgebend ist hierfür allein der rechtliche Charakter der Entscheidung, wie er sich aus dem Inhalte der Verurteilung ergibt (Entsch. des RG.'s in Zivils. Bd. 54 S. 342). Berücksichtigt man nun, daß die Klägerin bei Nachweis eines rechtlichen Interesses an alsbaldiger Feststellung des Rechtsverhältnisses von vornherein neben der Verfolgung des Rechnungslegungsanspruchs gemäß § 256 ZPO. auf Feststellung der Schadensersatzpflicht als solcher hätte klagen können (Warneyer 1909 Nr. 43, 1911 Nr. 179, 1912 Nr. 281) und daß in diesem Falle der Feststellungsauspruch — abgesehen vom Vorbehalte der späteren genaueren Angabe — den gleichen Inhalt, wie die Urteilsformel des vorerwähnten Versäumnisurteils in ihrem hier interessierenden Teile, gehabt haben würde, so erscheint es unbedenklich, die durch das Versäumnisurteil getroffene Entscheidung über den Schadensersatzanspruch als eine unter § 256 ZPO. fallende Feststellung der Schadensersatzpflicht der Beklagten aufzufassen. Hinsichtlich der materiellen Wirkung der Rechtskraft untersteht das auf Feststellung eines Rechtsverhältnisses lautende Urteil ebenso, wie jedes andere Endurteil, der Vorschrift des § 322 ZPO., wonach sich die Rechtskraft eines Urteils so weit erstreckt, als über den durch die Klage oder durch die Widerklage erhobenen Anspruch entschieden worden ist. Demgemäß wird durch ein rechtskräftiges Feststellungsurteil das zwischen den Parteien streitige Rechtsverhältnis unabänderlich so weit festgestellt, als es den unmittelbaren Gegenstand der Entscheidung bildet. In diesem Umfange ist es weiteren Einwendungen der Parteien entzogen und auch vom Richter bei späteren Entscheidungen ohne weitere Prüfung der Richtigkeit als maßgebend hinzunehmen (Entsch. des RG.'s in Zivils. Bd. 29 S. 346; Warneyer 109 Nr. 43). Zu den hiernach unzulässigen Einwendungen gehört auch die Einrede der Verjährung (Entsch. des RG.'s in Zivils. Bd. 66 S. 11), so daß der Verpflichtete des Rechtes, wegen Ablaufs der Verjährungsfrist gemäß § 222 BGB. die Leistung zu verweigern, verlustig geht.

Wendet man diese Grundsätze auf den vorliegenden Fall an, so steht infolge der Rechtskraft des Versäumnisurteils vom 22. November 1910 zwischen den Parteien unabänderlich fest, daß die Beklagte der

Klägerin denjenigen Schaden zu ersetzen hat, den sie ihr durch das gewerbsmäßige Inverkehrbringen, Feilhalten oder Gebrauchen der obenerwähnten Kraftfahrzeuge innerhalb des Deutschen Reichs zugefügt hat. Wenn sie trotzdem im jetzigen Rechtsstreite geltend macht, daß sie einen Teil des Schadens wegen Verjährung nicht zu ersetzen brauche, so setzt sie sich in unmittelbaren Widerspruch zu der rechtskräftigen und für die Parteien maßgebenden Entscheidung des Vorprozesses, durch die die Schadensersatzpflicht in vollem Umfange festgestellt worden ist. Mit der Einrede der Verjährung kann daher die Beklagte im jetzigen Rechtsstreite nicht gehört werden.

...

RGZ. 86, 229.

Kann der Beklagte die Einrede der örtlichen Unzuständigkeit des Gerichts unter Umständen auch noch nach Einlassung auf die Hauptsache geltend machen?

ZPO. §§ 39, 274 Abs. 3.

II. Zivilsenat. Urt. v. 9. Februar 1915.

I. Landgericht I Berlin, Kammer für Handelssachen. II. Kammergericht daselbst.

Die Frage wurde verneint aus folgenden

Gründen:

„Das Berufungsgericht ist zutreffend davon ausgegangen, daß das Landgericht I in Berlin für die Wechselklage gegen die in Posen wohnenden Eheleute H. nur dann zuständig war, wenn der in dem Bezirke dieses Gerichts wohnende, in der Klageschrift als Mitbeklagter aufgeführte L. wirklich mitverklagt war. Nach den Feststellungen ist aber dem L. die Klage vor Schluß des Verfahrens I. Instanz nicht zugestellt worden. Die Eheleute H. haben deshalb die Einrede der Unzuständigkeit des Gerichts erhoben, jedoch erst nach ihrer Einlassung auf die Hauptsache.

Das Berufungsgericht hat diese Einrede für begründet erachtet mit folgenden Erwägungen. Nach Lage der Umstände hätten die Eheleute H. glaubhaft gemacht, daß sie ohne ihr Verschulden nicht imstande gewesen seien, die Unzuständigkeitseinrede vor der Verhandlung zur Hauptsache geltend zu machen. Daher habe sie gemäß § 274 Abs. 3 ZPO. auch noch nach dem Beginne der mündlichen Verhandlung zur Hauptsache erhoben werden können. Der Anwendbarkeit des § 274 Abs. 3 stehe § 39 ZPO. nicht entgegen, der bestimmt: „Stillschweigende Vereinbarung ist anzunehmen, wenn der Beklagte, ohne die Unzuständigkeit geltend zu machen, zur Hauptsache mündlich verhandelt hat". Freilich bestehe in der Rechtslehre Streit über das Verhältnis des § 39 zu § 274 ZPO. Während nämlich mehrere Schriftsteller in dem § 39 ZPO. eine besondere Vorschrift erblickten, welche die Zuständigkeit des Gerichts begründe und die allgemeinen, auf sämtliche prozeßhindernden Einreden bezüglichen Bestimmungen des § 274 ausschließe, werde von andern mit Recht es für zulässig gehalten, die Einrede der Unzuständigkeit nachzuholen, wenn die Voraussetzungen des § 274 gegeben seien. Erstere Meinung müßte als verfehlt erachtet werden, weil nach den Vorschriften der einzelnen Bücher der Zivilprozeßordnung, die mit Gesetzeskraft ausgestattet seien, der § 39 zu den allgemeinen Vorschriften gehöre, während die besonderen Vorschriften von § 253 ab folgten und auch § 274 Abs. 3 zu ihnen gehöre. Es sei aber nicht angängig, den im zweiten Teile des ersten Buches der Zivilprozeßordnung mit der Ueberschrift „Gerichtsstand" gegebenen Vorschriften eine vornehmliche Bedeutung beizumessen, da sie sonst allen im besonderen Teile enthaltenen Gerichtsstandsvorschriften vorgingen und unhaltbare Antinomien erzeugen müßten, z. B. im Falle des § 603 ZPO. Daß derartige Antinomien, also auch zwischen den §§ 39 und 274 Abs. 3 ZPO. vorliegen sollten, sei bei der anerkannt sorgfältigen Abfassung des Gesetzes zu verneinen. Da der im besonderen Teile stehende § 274 Abs. 3 hinsichtlich der örtlichen Zuständigkeit keine Einschränkung im Hinblick auf den im allgemeinen Teile stehenden § 39 enthalte, könne dieser nach dem Willen des Gesetzgebers eine unwiderlegliche Fiktion nicht enthalten. Denn sei § 39 die allgemeine, § 274 Abs. 3 die Sondervorschrift, dann habe die gesetzliche Regelung, wie sie vorliege, einen Sinn, aber nicht umgekehrt. Mit dieser Ansicht stehe denn auch die Rechtsprechung des Reichsgerichts (Rep. VI. 228/1893, Jur. Wochenschr. 1894 S. 11 Nr. 20, und Rep. I. 316/1899, Gruchot Bd. 44 S. 1183) im Einklange.

Die Ansicht des Berufungsgerichts wird allerdings von einer Anzahl von Schriftstellern geteilt und noch damit begründet, die §§ 39 und 274 ZPO. rechtfertigen in ihrem engen Zusammenhange die Annahme, daß § 39 nur in der Einschränkung durch § 274 Abs. 3 Geltung habe. Seine Bedeutung beschränke sich darauf, daß die durch ihn begründete Rechtsvermutung nicht schon durch den bloßen Beweis des Nichtvorhandenseins eines Vertragswillens, eines Irrtums entkräftet werden könne, sondern daß hierzu noch das strengere Erfordernis gehöre, daß der Beklagte glaubhaft mache, er habe die Unzuständigkeitseinrede ohne Verschulden nicht früher geltend machen können.

Dieser Meinung kann jedoch nicht beigetreten werden. Nach seinem Wortlaute, seinem Sinne und nach seinem Zusammenhange mit § 38 enthält der § 39 die ausnahmslose und zwingende Vorschrift, daß eine stillschweigende Vereinbarung der Zuständigkeit des Gerichts anzunehmen ist, wenn der Beklagte, ohne die Unzuständigkeit geltend zu machen, zur Hauptsache mündlich verhandelt. Die vorbehaltlose Einlassung des Beklagten auf die Hauptsache wird in der Begründung des

Entwurfs (H a h n, Material. S. 162) als ein besonderer Fall der stillschweigenden Vereinbarung der Zuständigkeit des Gerichts hervorgehoben und damit begründet, daß dann, wenn der Beklagte, ohne die Unzuständigkeit geltend zu machen, zur Hauptsache mündlich verhandelt, die Annahme gerechtfertigt sei, er unterwerfe sich diesem Gerichte freiwillig. Somit enthält der § 39 für den darin vorgesehenen Fall die unwiderlegliche Vermutung einer stillschweigenden Vereinbarung, welche nach § 38 mit derselben Wirkung wie eine ausdrückliche Vereinbarung die Zuständigkeit des Gerichts begründet und jede Prüfung ausschließt, ob der Wille zur Vereinbarung wirklich vorhanden war oder wegen Irrtums über die Zuständigkeit gefehlt hat. Hieraus folgt ohne weiteres, daß im Falle des § 39 kein Raum bleibt für die Anwendbarkeit des § 274 Abs. 3. Denn diese Bestimmung setzt voraus, daß das angerufene Gericht nach wie vor unzuständig ist; sie bildet gewissermaßen eine Art Wiedereinsetzung in den vorigen Stand gegen die Nichterhebung einer prozeßhindernden Einrede vor dem Beginn einer Verhandlung zur Hauptsache, während der § 39 hierüber hinausgehend die Zuständigkeit des Gerichts begründet.

Mit dieser Auffassung stehen die von dem Berufungsgerichte bezogenen Urteile des Reichsgerichts nicht im Widerspruche. Ohne zu der gegenwärtigen Streitfrage besonders Stellung zu nehmen, besagen sie nichts weiter, als daß selbst die Voraussetzungen des § 274 Abs. 3 in den damals vorliegenden Fällen nicht gegeben waren.

Hiernach war, ohne daß es noch auf die weiteren Ausführungen des Berufungsgerichts ankommen konnte, das angefochtene Urteil wegen Verletzung der §§ 39 und 274 Abs. 3 ZPO. aufzuheben und auf die Berufung des Klägers unter Abänderung des landgerichtlichen Urteils die Unzuständigkeitseinrede der Beklagten zu verwerfen." . . .

RGZ. 87, 271

Ist die Verjährung einer Forderung wirksam unterbrochen, wenn, nachdem ein Gesuch um Erlassung eines Zahlungsbefehls innerhalb der Verjährungsfrist beim Gericht angebracht ist, die Zustellung nach Ablauf der Frist in mangelhafter Form stattgefunden, der Schuldner aber die rechtzeitige Rüge des Formmangels versäumt hat?

ZPO. §§ 295, 693. BGB. § 209.

II. Z i v i l s e n a t. Urt. v. 5. November 1915.

I. Landgericht Stargard. II. Oberlandesgericht Stettin.

Beide Vorinstanzen haben die Beklagte verurteilt. Auch die Revision hatte keinen Erfolg. Der Sachverhalt ergibt sich aus den

Gründen:

„Dem Berufungsgerichte war darin zuzustimmen, daß die Verjährung der Wechselforderung rechtzeitig unterbrochen ist.

Es handelt sich um einen Fall der § 693 Abs. 3 ZPO., wonach die Zustellung eines Zahlungsbefehls die Wirkung hat, daß die Verjährung als bereits mit Einreichung des Gesuchs beim Amtsgericht unterbrochen gilt.

Die Verjährungszeit endete im Streitfall am 25. November 1910. Der Kläger hat am 22. November ein Gesuch um Zahlungsbefehl eingereicht. Dieses ist durch das Amtsgericht zunächst am 9. Dezember 1910 der Beklagten zugestellt worden. War die Zustellung ordnungsmäßig, so hatte sie auf Grund der angeführten Gesetzesvorschrift die Wirkung, daß die Verjährung bereits am 22. November, also rechtzeitig unterbrochen war.

Mag nun auch, wie das Berufungsgericht annimmt und hier unterstellt wird, die Zustellung der Vorschrift des § 184 ZPO. nicht genügen und deswegen an sich der prozessualen Wirkung entbehren, so kann doch die Beklagte dies nicht mehr geltend machen, weil sie das Recht zur Rüge gemäß § 295 ZPO. verwirkt hat. Die Zustellung ist trotz des Mangels prozessual wirksam. Die Klage gilt gemäß § 696 ZPO. als mit der Zustellung des Zahlungsbefehls, also am 9. Dezember, erhoben. Das wird von der Revision nicht bestritten. Sie bestreitet nur, daß die an sich mangelhafte Zustellung, die erst nach Ablauf der Verjährungszeit durch Versäumnis der Prozeßrüge prozessual wirksam geworden ist, die in § 693 angeordnete Rückwirkung ausüben könne, die Verjährung also als mit der Einreichung des Gesuchs um Zahlungsbefehl, d. h. am 22. November, unterbrochen gelte. Die Revision beruft sich für diese ihre Meinung mit Grund auf den Inhalt der beiden Urteile RGZ. Bd. 14 S. 341 und Bd. 45 S. 427. Diese Urteile beruhen auf dem Ausspruche, daß an das Unterlassen der Rüge einer fehlerhaften Klagerhebung nicht der Verlust einer bereits erworbenen Einrede der Verjährung geknüpft sein könne. Der erkennende Senat vermag aber diesem Ausspruche nicht zuzustimmen und ist auch nicht durch § 137 GVG. gehindert, von ihm abzuweichen. Jene Urteile, die aus 1884 und dem Januar 1900 stammen, beruhen auf altem Rechte, insbesondere dem durch das Einführungsgesetz zum Handelsgesetzbuch aufgehobenen Artikel 80 WO., während jetzt auf Grund des Bürgerlichen Gesetzbuchs, insbesondere des § 209 und des durch die Novelle von 1909 in die Zivilprozeßordnung eingefügten Absatzes 3 des § 693 zu entscheiden ist. Wenn auch ähnliche rechtliche Gedankengänge zur Erwägung stehen, so ist die Entscheidung doch auf Grund völlig geänderter Gesetze zu treffen; deshalb ist die jetzt vorliegende Rechtsfrage nicht dieselbe wie die in den angeführten älteren Urteilen entschiedene.

Das Reichsgericht ist auch schon in dem Urteile des III. Zivilsenats RGZ. Bd. 86 S. 246, das einen dem hier streitigen sehr ähnlichen Fall betraf, von dem Grundsatze, den die früheren Urteile auf Grund des alten Rechtes aufgestellt hatten, abgewichen. Die dortigen Erwägungen werden von dem erkennenden Senat als auch für den jetzt zu entscheidenden Fall zutreffend erachtet. Nach § 209 BGB. wird die Verjährung durch die Zustellung eines Zahlungsbefehls unterbrochen, und zwar tritt diese Wirkung laut § 693 ZPO. bereits mit Einreichung des Gesuchs um Zahlungsbefehl ein. Die Zustellung des Zahlungsbefehls ist eine Prozeßhandlung; die Frage, ob sie rechtsgültig erfolgt ist, ist ausschließlich nach dem Prozeßrechte zu entscheiden. Das Prozeßrecht aber legt einer Zustellung, deren Mängel gemäß § 295 ZPO. durch Versäumnis der Prozeßrüge geheilt sind, genau dieselbe Wirkung bei, wie einer von Anfang einwandfreien Zustellung. Insbesondere tritt nach Prozeßrecht die Rechtswirkung solcher Zustellung mit dem Zeitpunkt ein, in dem sie stattgefunden hat, nicht erst mit dem Zeitpunkte, in dem sie in Kraft erwachsen ist. Das gilt nicht nur für die prozessuale, sondern auch für die materiellrechtliche Wirkung der Zustellung, weil das materielle Recht die Entscheidung darüber, ob eine wirksame Zustellung erfolgt ist, dem Prozeßrecht überläßt. Eine Scheidung in der Weise, daß eine Zustellung prozessual wirksam sei, der materiellrechtlichen Wirksamkeit aber entbehre, ist demnach ausgeschlossen.

Der hier fraglichen Zustellung vom 9. Dezember ist also, weil sie prozessual wirksam ist, auch die gemäß § 209 BGB. einer ordnungsmäßigen Zustellung zukommende materiellrechtliche Wirkung beizumessen. Das heißt, es wurde durch sie die Verjährung unterbrochen, und zwar gemäß § 693 Abs. 3 ZPO. mit Rückwirkung auf den 22. November.

Da hiernach die Einrede der Verjährung mit Recht verworfen worden ist, und die Entscheidung über den sachlichen Streit — ob nämlich der Wechsel durch Verrechnung getilgt ist — keinen Anlaß zu Bedenken gibt, die Beklagte zu diesem Streitpunkt auch keine Beschwerden geltend gemacht hat, so mußte die Revision zurückgewiesen werden."

RGZ. 88, 129

1. Zur Frage der Zulässigkeit der Klage auf Unterlassung beleidigender, schon durch das Strafgesetz mit Strafe bedrohter Behauptungen.

2. Bildet der Uebergang von der Klage auf Unterlassung beleidigender und kreditschädigender Behauptungen zur Klage auf Ersatz des Schadens aus diesen Behauptungen eine Klagänderung?

3. Erfordernisse der Klage auf Zurücknahme derartiger Behauptungen.

VI. Zivilsenat. Urt. v. 24. Februar 1915.

I. Landgericht III Berlin. II. Kammergericht daselbst.

Der Beklagte hat Ende 1914 Abschriften einer von ihm verfaßten Strafanzeige, in der er den ihm verfeindeten Kläger der Pfandhinterziehung, des Betrugs und eines Vergehens gegen das Gesetz über die Gesellschaften m. b. H. beschuldigt, an drei große Auskunfteien, einen Gläubiger und einen Bekannten des Klägers, nach des letzteren Angabe ferner an seine Bank und an Lieferanten von ihm gesandt und die Strafanzeige bei der Staatsanwaltschaft eingereicht. Der Kläger behauptet, die Bezichtigungen seien bewußt unwahr und bezweckten, seine geschäftliche Existenz zu vernichten; seine Ehre und sein Kredit seien dadurch schwer geschädigt worden. Er hat geklagt mit dem Antrage, den Beklagten zu verurteilen, es zu unterlassen, in Mitteilungen an dritte Personen dem Kläger die bezeichneten Vorwürfe zu machen.

Das Landgericht wies die Klage ab. In der Berufungsinstanz wiederholte der Kläger seinen landgerichtlichen Antrag und beantragte hilfsweise, den Beklagten zu verurteilen, seine Beschuldigungen zurückzunehmen; äußerstenfalls festzustellen, daß er verpflichtet sei, dem Kläger den daraus entstandenen und in Zukunft entstehenden Schaden zu ersetzen. Die Berufung des Klägers wurde zurückgewiesen. Auch seine Revision hatte keinen Erfolg.

Aus den Gründen:

. . . „Die beiden Vordergerichte haben, der Rechtsprechung des Senats (RGZ. Bd. 77 S. 217, Bd. 82 S. 59) folgend, die Zulässigkeit der Unterlassungsklage verneint, weil dem Kläger die Strafklage offen gestanden habe, für jene daher kein Rechtsschutzbedürfnis vorhanden sei. Der Kläger hat angeführt, daß ihn der Beklagte wider besseres Wissen verschiedener Vergehen bei der Staatsanwaltschaft beschuldigt und in Beziehung auf ihn unwahre Tatsachen behauptet und verbreitet habe, die geeignet seien, ihn verächtlich zu machen und in der öffentlichen Meinung herabzusetzen wie seinen Kredit zu gefährden. Mindestens habe er in Beziehung auf den Kläger ehrenrührige, nicht erweislich wahre Tatsachen behauptet und verbreitet. Sind die Anführungen des Klägers richtig, so hat sich der Beklagte eines Vergehens der falschen Anschuldigung und der verleumderischen Beleidigung, jedenfalls der übeln Nachrede gemäß §§ 164, 187, 186 StGB. schuldig gemacht. Der Kläger konnte ihn deswegen mittels Strafanzeige und Privatklage zur Rechenschaft ziehen und seine Bestrafung herbeiführen. Das Berufungsgericht stellt tatsächlich fest, es liege kein zureichender Anhalt dafür vor, daß der Beklagte auch nach einer Bestrafung die Beleidigungen des Klägers fortsetzen werde.

Der gegenwärtige Fall bietet keinerlei Besonderheit, die dazu führen könnte, ein Rechtsschutzbedürfnis für die Unterlassungsklage anzuerkennen. Namentlich hindert § 193 StGB. den Kläger nicht, wie die Revision einwendet, den Strafrichter mit Erfolg anzurufen. Zwar ist die von ihr bemängelte Erwägung des Berufungsgerichts bedenklich, der Kläger müsse seine Behauptung, daß der Beklagte in der Absicht, ihn zu beleidigen, und aus Rachegefühl gehandelt habe, gegen sich gelten lassen, und danach habe der Beklagte bei der Herabwürdigung des Klägers keine berechtigten Interessen wahrgenommen. Doch kommt hierauf nichts an. Denn es ist nicht ersichtlich und auch von dem hierzu verpflichteten Kläger nicht dargelegt worden, inwiefern dem Beklagten wegen der Versendung der beleidigenden Schriftstücke an die Auskunfteien und an sonstige Privatpersonen der Schutz des § 193 zur Seite stehen sollte, selbst wenn der Kläger den Beweis, daß der Beklagte ihn wider besseres Wissen beschuldigt habe, nicht führen könnte. Was die Strafanzeige bei der Staatsanwaltschaft anlangt, so ergeben das Vorbringen und die Anträge des Klägers nicht einmal bestimmt, daß er die Unterlassungsklage darauf erstrecken will. Jedenfalls entzieht sich in der Regel eine Strafanzeige, die in Ausübung eines staatsbürgerlichen Rechtes oder einer staatsbürgerlichen Pflicht erstattet zu werden pflegt, schon ihrer Natur nach der Unterlassungsklage, und nur unter ganz besonderen Umständen, von denen hier nichts erhellt, könnte eine solche wegen einer Strafanzeige zugelassen werden.

Die von der Revision in Bezug genommenen schriftstellerischen Angriffe gegen die Rechtsprechung des Senats geben ihm keinen Anlaß, davon abzugehen. Das Reichsgericht hat die Unterlassungsklage, soweit sie hier in Frage kommt, aus dem Gesetz entwickelt, um einem Rechtsschutzbedürfnis zu genügen. An dem Rechtsschutzbedürfnis muß sie auch ihre verständigen Schranken finden. Gerade der gegenwärtige Fall zeigt wieder, wie eine Rechtsverletzung, für welche das Strafgesetz Abhilfe gewähren soll und gewährt, ohne innere Nötigung vor den Zivilrichter gezogen wird. Der Kläger hat zur Rechtfertigung seines Verfahrens nur vorgetragen, es sei ihm nicht zuzumuten, wegen jeder Beleidigung, die ihm der Beklagte zugefügt habe oder zufügen könnte, Privatklage anzustrengen. Demgegenüber hat das Berufungsgericht bedenkenfrei das Rechtsschutzbedürfnis für die Unterlassungsklage verneint.

In dem fürsorglichen Schadensersatzanspruche des Klägers erblickt das Berufungsgericht eine beim Widerspruche des Beklagten unzulässige Klagänderung. Vergeblich bekämpft die Revision diese Auffassung. . . . An die Stelle des früheren Antrags ist ein anderer Antrag getreten. . . . Die Klage wird aber dann stets geändert, wenn der Antrag geändert wird, sofern nicht § 268 Nr. 2 oder Nr. 3 ZPO. einschlagen. Der Klagegrund ist bei dem Unterlassungsanspruche wie bei dem Schadensersatzbegehren derselbe: nämlich die unerlaubte Handlung des Beklagten. Beide Ansprüche leiten sich aus ihr ab. Sie sind aber ihrem Wesen nach verschieden. Der Unterlassungsanspruch bezielt die Abwehr künftigen unerlaubten Handelns, der Schadensersatzanspruch Erstattung des wenn auch erst künftig entstehenden Schadens aus dem vergangenen abgeschlossenen Handeln. Sie stehen also nicht in dem Verhältnis zueinander, daß der eine eine Erweiterung oder Beschränkung des anderen enthielte. Wird der eine durch den anderen ersetzt, so wird etwas anderes gefordert, und § 268 Nr. 2 ZPO. ist nicht anwendbar. Die Vorschrift des § 268 Nr. 3 scheidet schon deshalb aus, weil die Voraussetzung fehlt, daß Schadensersatz wegen einer später eingetretenen Veränderung verlangt wird. Die Unterlassungsklage ist nicht etwa nachträglich unmöglich geworden. Für ihre Möglichkeit und Zulässigkeit hat sich gegen früher nichts geändert. Ebensowenig hat der Kläger behauptet, daß die Unterlagen für seinen Schadensersatzanspruch andere geworden seien.

Aus den eben erörterten Gründen hätte auch der Hilfsantrag auf Zurücknahme der streitigen Behauptungen als Klagänderung zurückgewiesen werden sollen. Das Berufungsgericht hat jedoch angenommen, daß nur eine Klagerweiterung, keine Klagänderung vorliege, und diese Entscheidung ist nicht anfechtbar. Es betrachtet den Hilfsantrag als einen Unterlassungsanspruch auf Wiederherstellung, der voraussetze, daß durch die unerlaubte Handlung ein Zustand geschaffen sei, der durch den Zwang zur Unterlassung weiterer Störung beseitigt werden soll. Das Urteil des Reichsgerichts, auf das das Berufungsgericht Bezug nimmt (Seuff. Arch. Bd. 69 S. 196, Rep. VI. 349/13) befaßt sich nicht mit der Zurücknahme von Behauptungen, paßt also auf den Fall des Hilfsantrags nicht. Wenn auch der Zwang zur Unterlassung einer Handlung die Wiederherstellung eines durch eine frühere gleichartige Handlung beseitigten Zustandes zur Folge haben kann, so ist doch kaum abzusehen, wie der Anspruch auf Zurücknahme einer geschehenen Behauptung unter die Unterlassungsklage, die künftige Behauptungen verhüten will, eingereiht werden sollte.

Vielmehr kann eine Klage auf Zurücknahme ehrverletzender oder kreditgefährdender Behauptungen nur unter dem Gesichtspunkte zugelassen werden, daß die Zurücknahme den Zustand wieder herstellt, der bestehen würde, wenn jene Behauptungen nicht aufgestellt worden wären (§ 249 BGB.). Mit dem Anspruch auf Zurücknahme in diesem Sinne beschäftigt sich das Urteil RGZ. Bd. 60 S. 12 (vgl. auch Bd. 56 S. 286). An dem Standpunkte, der dort eingenommen wurde, ist festzuhalten. Danach darf die Zurücknahme keine als Strafe zu empfindende Demütigung des Beleidigers in sich schließen, namentlich nicht mit einer Abbitte verbunden sein. Sodann setzt die Klage einen durch die Kundgebung des Beklagten geschaffenen dauernden Zustand voraus, der sich als stetig neu fließende und fortwirkende Quelle der Ehrverletzung oder Vermögensschädigung darstellt und durch Zurücknahme der Kundgebung beseitigt werden kann. Ein solcher Zustand wird zumeist erst durch öffentliche Angriffe auf die Ehre und den Kredit eines anderen hervorgerufen werden, die vornehmlich geeignet sind, auf diese Rechtsgüter bei dem Publikum schädlich und so lange zu wirken, bis sie zurückgenommen oder als ungerechtfertigt erwiesen sind. Die Revision macht auch geltend, daß öffentliche Beleidigungen hier gegeben seien. Dies trifft jedoch nicht zu. Der Beklagte hat die beleidigenden Schriftstücke an ganz bestimmte Personen in beschränkter Zahl und nicht an einen unbestimmten Personenkreis gerichtet. Freilich kann auch durch Kundgebungen der bezeichneten Art, die sich nicht an die Oeffentlichkeit, sondern wie hier nur an bestimmte Personen wenden, jener Zustand herbeigeführt werden. Der Kläger hat sich indes jeder näheren Begründung des Antrags auf Zurücknahme enthalten und keine Tatsachen angeführt, aus denen abzuleiten wäre, daß er durch die fraglichen Mitteilungen sich unter dem Drucke eines Zustandes wie des erforderten befände. Insbesondere hat er nicht behauptet, und es liegt auch nichts dafür vor, diese Mitteilungen hätten bei den Auskunfteien, seinen Kreditgebern oder Lieferanten die fortdauernde Wirkung erzeugt, daß sein bürgerliches Ansehen gemindert, weniger gute Auskunft über ihn erteilt, sein Kredit gekündigt oder herabgesetzt wurde. Gerade dies hätte der Kläger darlegen müssen und sich nicht mit der leeren Angabe begnügen dürfen, seine Ehre und sein Kredit seien gefährdet. Aus dem Fehlen solcher Darlegung ist eher zu schließen, daß die Empfänger des Schriftstücks auf dessen Inhalt keinen Wert gelegt und ihm keinen Einfluß auf ihre Beurteilung der Persönlichkeit und Kreditwürdigkeit des Klägers eingeräumt haben. Auch das Verlangen des Klägers, dem Beklagten die Wiederholung seiner Kundgebungen zu verbieten, deutet darauf hin, daß nicht bereits ein Dauerzustand mit den genannten Wirkungen besteht.“ . . .

RGZ. 90, 177

1. Ist nach Erhebung des Widerspruchs gegen einen Zahlungsbefehl die Umwandlung des auf sofortige Zahlung gerichteten Anspruchs in einen betagten oder bedingten im ordentlichen Verfahren um deswillen unzulässig, weil ein solcher Anspruch im Mahnverfahren nicht zulässig gewesen sein würde?

2. Ist der Gläubiger an das Versprechen, den Schuldner bis zum Eintritt eines bestimmten Ereignisses in Ruhe zu lassen, auch gebunden, wenn der Schuldner vor dem Eintritt des Ereignisses die Gültigkeit der Forderung bestreitet?

3. Bildet die Uebernahme einer Bürgschaft eine Schenkung des Bürgen an den Gläubiger, wenn sie ohne Gegenleistung des Gläubigers erfolgt?

VI. Zivilsenat. Urt. v. 26. April 1917.

I. Landgericht Düsseldorf. II. Oberlandesgericht daselbst.

Der Kläger hat gegen die Beklagte auf Grund ihrer schriftlichen Bürgschaftsverpflichtung einen Zahlungsbefehl auf 17 700 M. erwirkt. Nach Erhebung des Widerspruchs stellte er, einem Einwande der Beklagten entsprechend, den Antrag, sie zu verurteilen, den schuldigen Betrag nach dem Tode ihres Vaters aus dessen Nachlasse zu bezahlen. Die Beklagte focht die Bürgschaft als durch arglistige Täuschung und wucherische Ausbeutung erpreßt an. Das Oberlandesgericht hat die Entscheidung von Eiden des Klägers über die Behauptungen der Beklagten abhängig gemacht.

Die Revision der Beklagten wurde zurückgewiesen.

Gründe:

„1. Die Revision wiederholt den Einwand, daß ein im Mahnverfahren unzulässiger Anspruch auch durch zulässige Klagänderung nicht weiter verfolgt werden könne. Sie meint damit, daß der von dem Kläger geänderte Antrag, weil er dem Mahnverfahren unzugänglich war, auch in dem sich anschließenden ordentlichen Verfahren nicht zugelassen werden durfte.

Die Rüge ist nicht begründet. Der jetzige Anspruch des Klägers ist betagt und bedingt, betagt, weil er erst nach dem Tode des Vaters der Beklagten fällig wird, bedingt, weil seine Erfüllung davon abhängt, ob die Beklagte oder ihre Erben den Vater überleben und aus seinem Nachlaß etwas erhalten. Ein solcher Anspruch kann, weil der Schuldner den Gläubiger nicht binnen einer Woche nach Zustellung des Zahlungsbefehls zu befriedigen braucht (§ 692 ZPO.), im Mahnverfahren nicht geltend gemacht werden. Dies ist hier auch nicht geschehen. Der Zahlungsbefehl lautete lediglich auf Zahlung von 17 700 M. Erst nach Erhebung des Widerspruchs hat der Kläger seinem Antrage die jetzige Fassung gegeben. Ob hierin, wie die Revision und das Berufungsgericht annehmen, eine Klagänderung liegt, kann auf sich beruhen. Ist die Klage geändert worden, so hat die Beklagte durch Unterlassung des Widerspruchs darin eingewilligt. Die Ansicht der Revision, daß, weil der Rechtsstreit mittels Zahlungsbefehls eingeleitet wurde, im ganzen Laufe des darauf folgenden ordentlichen Verfahrens das Klagebegehren keine Gestalt erhalten dürfe, die im Mahnverfahren unstatthaft sein würde, ist nicht zu billigen. Das Gesetz bietet dafür keinen Anhalt. Wird gegen den Zahlungsbefehl Widerspruch erhoben, so gilt die Klage als mit der Zustellung des Zahlungsbefehls erhoben. Der weitere Prozeßgang bestimmt sich nach den allgemeinen Vorschriften, soweit in den §§ 694 bis 703 ZPO. nichts anderes verordnet ist. Hätte das Gesetz gewollt, daß das nach dem Widerspruche gegen den Zahlungsbefehl einsetzende ordentliche Verfahren an die Schranken gebunden bleibe, die die §§ 688, 691, 692 für den Erlaß eines Zahlungsbefehls aufstellen, so wäre das sicherlich ausgesprochen worden. Eine solche fortwirkende Beschränkung, für die kein Interesse ersichtlich ist, würde der Prozeßökonomie zuwiderlaufen und eine Einschnürung und Verkümmerung des aus dem Mahnverfahren herauswachsenden ordentlichen Verfahrens zur Folge haben, die der Anwendung des Mahnverfahrens höchst abträglich sein würde. So dürfte nicht zum Feststellungsanspruch übergegangen, auch im Wege der Klageverbindung kein Anspruch eingefügt werden, der gegen die Erfordernisse des Mahnverfahrens verstieße.

Dies würde einer gesunden und zweckdienlichen Ordnung des Streitverfahrens nicht entsprechen.

2. Unstreitig hat der Kläger der Beklagten versprochen, sie bis zum Tode ihres Vaters in Ruhe zu lassen. Das Berufungsgericht erachtet dennoch die Klage aus § 259 ZPO. für zulässig, weil der Kläger infolge der Einwendungen der Beklagten gegen die Gültigkeit der Bürgschaft zu sofortiger Klage habe schreiten dürfen, um die Unsicherheit der künftigen Erfüllung zu beheben.

Die Revision bekämpft diese Auffassung. Sie zieht in Zweifel, ob § 259 ZPO. sich überhaupt auf bedingte und nicht bloß auf künftige Ansprüche beziehe. Wenn dies selbst zu bejahen wäre, so verkenne das Berufungsgericht das Wesen des vorliegenden pactum de non petendo. Der Kläger hätte den Rechtsstreit nicht anhängig machen dürfen, und es sei unerheblich, daß die Beklagte, nachdem sie verklagt worden wäre, auch andere Einwendungen erhoben habe. Zu ihrer Prüfung hätte das Berufungsgericht gar nicht gelangen dürfen, sondern wegen des pactum die Klage ohne weiteres abweisen müssen.

Der Angriff kann keinen Erfolg haben. Vielmehr war im Ergebnis dem Berufungsgerichte beizutreten. Richtig ist, daß die Klage abzuweisen gewesen wäre, wenn die Beklagte ihr alleinig das Versprechen des Klägers entgegengesetzt hätte, sie bis zum Tode ihres Vaters in Ruhe zu lassen. Das hat sie indes nicht getan, sondern neben der Berufung auf das Versprechen des Klägers die Bürgschaft wegen Betrugs und Wuchers angefochten. Welche von beiden Einwendungen sie an die erste Stelle gerückt hat, ist gleichgültig. Dem Gläubiger, der seinem Schuldner versprochen hat, bis zu einem gewissen Zeitpunkte keine gerichtlichen Schritte gegen ihn zu unternehmen, kann nicht verwehrt sein, vor Ablauf der Frist das Gericht anzugehen, wenn der Schuldner den Anspruch in irgendeiner Art bestreitet, und der Gläubiger in die Gefahr gerät, bei weiterem Zuwarten den Sachverhalt nicht mehr klarstellen zu können oder seine Beweismittel für die Gültigkeit des Anspruchs oder zur Entkräftung der Anfechtungsgründe des Schuldners zu verlieren. Dies trifft besonders dann zu, wenn der Schuldner die Leugnung des Anspruchs wie hier mit ehrenrührigen Beschuldigungen gegen den Gläubiger begründet, deren sofortige gerichtliche Widerlegung diesem angelegen sein muß. Eine Vereinbarung wie die gegenwärtige ist daher als unter dem stillschweigenden Vorbehalte des Gläubigers geschlossen anzusehen, daß der Schuldner die Gültigkeit der Forderung nicht in Frage stelle, und daß der Gläubiger, wenn es geschehe, berechtigt sei, eine gerichtliche Entscheidung über das Bestehen der Forderung herbeizuführen. Der Kläger war deshalb zur Klage befugt. Der § 259 ZPO., in dessen Form er sie gekleidet hat, eignet sich für Fälle wie den vorliegenden, weil nach dem Verhalten der Beklagten die Besorgnis gerechtfertigt ist, daß sie sich der künftigen Leistung entziehen werde. Daß

§ 259 sich auch auf bedingte Ansprüche erstreckt, ist vom Reichsgerichte wiederholt ausgesprochen worden (RGZ. Bd. 51 S. 243; 72 S. 22).

3. Die Revision behauptet schließlich, daß das Berufungsurteil auf einer irrigen Verteilung der Beweislast beruhe. Nach der eigenen Darstellung des Klägers habe die Beklagte die Bürgschaft ohne Gegenleistung übernommen. Dann bilde sie eine Schenkung, wofür er beweispflichtig sei. Das Berufungsgericht habe aber die Eidesauflage von der Beweislast abhängig gemacht.

Das letztere ist richtig. Im übrigen ist die Beschwerde völlig verfehlt. Die Klage stützt sich auf die Bürgschaftsurkunden, denen gegenüber die Beklagte zu beweisen hat, daß ihre Verpflichtung unwirksam sei. Die Uebernahme einer Bürgschaft kann eine Schenkung sein (RGZ. 54 S. 284). Dies ist sie aber nicht schon dann, wenn der Gläubiger dem Bürgen keine Gegenleistung i. S. der Revision macht, sondern erst, wenn der Gläubiger dadurch bereichert wird und beide Parteien über die Unentgeltlichkeit der Zuwendung einig sind, § 516 BGB. Davon war hier nach den Feststellungen des Berufungsgerichts keine Rede." . . .

RGZ. 91, 390

Ist derjenige, der vom Berechtigten ermächtigt ist, das Recht im eigenen Namen gerichtlich geltend zu machen, auch ohne eigenes Interesse zur Klage befugt?

BGB. §§ 185, 398. ZPO. § 253.

V. Zivilsenat. Urt. v. 5. Januar 1918.

Die Entscheidung ist abgedruckt unter „Bürgerliches Recht, Recht der Schuldverhältnisse 4".

RGZ. 92, 1

Kann das Recht zur Entziehung des Pflichtteils bei Lebzeiten des Erblassers Gegenstand einer Feststellungsklage sein?

BGB. §§ 2333 flg., 1611 Abs. 2, 1621 Abs. 2, 1513 Abs. 1, 2294.
ZPO. § 256.

IV. Zivilsenat. Urt. v. 10. Januar 1918.

Die Entscheidung ist abgedruckt unter „Bürgerliches Recht, Erbrecht 2".

RGZ. 92, 376 †

1. Steht die Möglichkeit der Erhebung der Leistungsklage der Zulässigkeit der Feststellungsklage auch dann entgegen, wenn es sich um

einen Anspruch auf wiederkehrende Leistungen gegen Reich oder Staat handelt?

2. Inwieweit wird der Verzug durch Rechtsirrtum ausgeschlossen?

3. Sind von öffentlichrechtlichen Verbindlichkeiten Verzugszinsen zu zahlen?

4. . . .

ZPO. §§ 256, 258.

III. Zivilsenat. Urt. v. 12. April 1918.

I. Landgericht Kassel. II. Oberlandesgericht daselbst.

Der Beklagte versagte der Klägerin, deren Ehemann als Unteroffizier der Reserve infolge einer im Felde erlittenen Verwundung gestorben ist, mit Rücksicht auf eine aus der Beamtenstellung ihres Ehemanns ihr zustehende Witwenpension die Auszahlung des auf der allgemeinen Versorgung beruhenden Witwengeldes des § 13 MHG., weil dieses nach § 31 Nr. 1 ruhe. Die Klägerin erhob deshalb Klage auf Zahlung rückständiger Beträge nebst Zinsen und auf die Feststellung, daß der Beklagte verpflichtet sei, ihr das Witwengeld des § 13 auch weiter zu zahlen.

Nach Erlaß des die Klage abweisenden Urteils des Landgerichts erkannte der Beklagte infolge des Urteils des Reichsgerichts vom 22. Dezember 1916 (RGZ. Bd. 89 S. 263) die Berechtigung der Klägerin zum Empfange auch der allgemeinen Versorgung grundsätzlich an und leistete Zahlungen, durch die der Leistungsanspruch bis auf die geforderten Zinsen befriedigt wurde. Das Berufungsgericht sprach der Klägerin Zinsen nur von der Klagerhebung ab zu, wies sie aber mit ihrem weiteren Zinsanspruche sowie mit dem Feststellungsanspruch ab. Auf die Revision der Klägerin wurden ihr die weiteren geforderten Verzugszinsen zugesprochen; auch die beantragte Feststellung wurde getroffen.

Aus den Gründen:

„1. Das Berufungsgericht verneint die Voraussetzungen des § 256 ZPO., weil die Klägerin in der Lage gewesen sei, gemäß § 258 ZPO. die Leistungsklage wegen ihres Witwengeldes auch für die Zukunft zu erheben. Die Regel, daß die Feststellungsklage da nicht statthaft sei, wo die Leistungsklage erhoben werden könne, gilt jedoch nicht ausnahmslos und kann hier keine Anwendung finden. Diese Regel findet ihren Grund darin, daß die Feststellungsklage die Möglichkeit offen läßt, daß trotz des Feststellungsanspruchs des Gerichts ein neuer Rechtsstreit behufs Erlangung des Vollstreckungstitels notwendig wird und daß dehalb der Leistungsklage, die im Falle ihres Erfolges auch die zwangsweise Durchführung des Anspruchs sichert, der Vorzug zu geben ist, wo sie statthaft ist. Dieser Grund entfällt bei Ansprüchen, wie dem hier geltend gemachten. Für die Maßnahmen der Reichs- und Staatsbehörden ist ein Urteil, das die Verpflichtung zur Zahlung feststellt, von der gleichen Bedeutung, wie ein solches, das die Verurteilung zu den künftig fällig werdenden Leistungen ausspricht. Ein Streit wegen des Vollstreckungstitels ist nicht zu besorgen, die Gefahr einer Verdoppelung des Prozesses ausgeschlossen. Der Unterschied zwischen dem Feststellungs- und dem Leistungsurteil ist in solchen Fällen ein wesentlich formaler, der nicht dazu führen kann, die Feststellungsklage wegen der Möglichkeit der Erhebung der Klage auf künftige Leistung für unzulässig zu erklären"*).

2. Den Zinsanspruch der Klägerin hat das Berufungsgericht nur so weit als begründet anerkannt, als er aus der Rechtshängigkeit des Hauptanspruchs nach § 291 BGB. hergeleitet werden kann, nicht soweit die Zinsen wegen Verzugs des Beklagten nach § 288 BGB. gefordert werden. Es verneint einen Verzug des Beklagten, weil dieser die Bestimmung des § 31 Abs. 2 Nr. 1 MHG.**) dahin ausgelegt habe, daß das Recht der Klägerin auf den Bezug des Witwengeldes ruhe, und er deshalb bis zum Erlasse des entgegenstehenden Reichsgerichtsurteils die Zahlung unterlassen habe. Die Rechtsauffassung des Beklagten sei an sich wohl zu begründen; in der Nichtzahlung könne daher eine Außerachtlassung der im Verkehr erforderlichen Sorgfalt nicht gefunden werden. Der Beklagte seinerseits bestreitet überhaupt die Anwendbarkeit der Bestimmungen des Bürgerlichen Gesetzbuchs über die Verzugszinsen auf die Ansprüche aus den Militär-Versorgungsgesetzen als öffentlichrechtliche Ansprüche und führt aus, daß eine Geldforderung der Hinterbliebenen erst mit der Festsetzung der Gebührnisse durch die Militärverwaltungsbehörde gemäß § 28 MHG. oder dem diese Festsetzung ersetzenden richterlichen Urteil entstehe. Dieser Auffassung des Beklagten kann nicht beigetreten werden.

Die Heranziehung der Bestimmungen des bürgerlichen Rechtes über die Verpflichtung zur Zahlung von Zinsen und insbesondere von Verzugszinsen bei öffentlichrechtlichen Ansprüchen, und zwar auch bei Versorgungsansprüchen von Militärpersonen, entspricht der ständigen Rechtsprechung des Reichsgerichts (vgl. RGZ. Bd. 72 S. 256 und S. 369). . . .

RGZ. 99, 125

Wie kann eine versäumte Klagezustellung nach dem ersten Verhandlungstermin und nach Anberaumung und Verkündung eines neuen Verhandlungstermins nachgeholt werden?

ZPO. §§ 214 flg., 253, 335.

VII. Zivilsenat. Urt. v. 1. Juni 1920.

I. Landgericht Hamburg. II. Oberlandesgericht daselbst.

Zwischen den Parteien war ein Werklieferungsvertrag über Zünderkörper zustande gekommen und die Beklagte hatte behauptet, daß ihr

*) Vgl. auch RGZ. Bd. 152 S. 193 (abgedruckt weiter unten in diesem Abschnitt).

**) Militärhinterbliebenenges. v. 17. Mai 1907 — RGBl. S. 214.

wegen verspäteter und mangelhafter Lieferung aus dem Geschäft ein Schadensersatzanspruch zustehe. Aus diesem Anlasse brachte die Klägerin in H. als dem Erfüllungsorte für den behaupteten Schadensersatzanspruch eine Klage auf Feststellung an, daß die Beklagte aus dem Werkvertrag einen Anspruch auf Zahlung von 77 507,40 M. gegen die Klägerin nicht hat. Im ersten, gemäß der richterlichen Terminsbestimmung auf der Klageschrift stattgehabten Verhandlungstermine vom 14. November 1918 war nur die Klägerin vertreten. Auf Antrag wurde ein neuer Verhandlungstermin auf den 5. Dezember desselben Jahres anberaumt. Im letzteren wurde wiederum auf Antrag des allein erschienenen Vertreters der Klägerin ein neuer Verhandlungstermin, und zwar auf den 9. Januar 1919 bestimmt und verkündet. In diesem Termine waren beide Parteien vertreten. In der Verhandlung vor dem Landgerichte rügte die Beklagte, daß eine ordnungsmäßige Klagezustellung nicht erfolgt sei, und erhob unter Verweigerung der Einlassung zur Hauptsache die Einrede der örtlichen Unzuständigkeit des Gerichts. Klägerin hat eine dem 14. November 1918 vorausgehende Zustellung der Klage nicht nachweisen können. Sie hat aber kurz nach dem 9. Dezember 1918 der Beklagten die Klageschrift ohne die erste richterliche Terminsbestimmung zusammen mit einer Ladungsschrift „zu dem von dem Herrn Vorsitzenden anberaumten Termin auf den 9. Januar 1919, vormittags 9½ Uhr", und ferner am 4. März 1919 ohne besondere Ladung die Klage mit der Terminsbestimmung des Vorsitzenden des Prozeßgerichts zum 14. November 1918 zustellen lassen. Das Landgericht erkannte durch Zwischenurteil auf Verwerfung der Einrede der Unzuständigkeit des Gerichts. Die Berufung der Beklagten wurde zurückgewiesen. Auch ihre Revision blieb erfolglos.

Gründe:

„Wiewohl die Verhandlung in der Vorinstanz auf die prozeßhindernde Einrede der Unzuständigkeit des Gerichts beschränkt war, hat der Berufungsrichter mit Recht vorweg die Streitfrage der Prüfung unterzogen, ob die Klage überhaupt ordnungsmäßig und gültig erhoben ist. Gemäß § 263 ZPO. bestimmt sich die Zuständigkeit des Prozeßgerichts nach den zur Zeit der Klagerhebung vorliegenden Umständen. Solange noch nicht feststeht, ob eine gehörige Klagezustellung (ZPO. § 253) stattgefunden hat, fehlt es somit an einer für die Entscheidung über die Zuständigkeit des Gerichts erforderlichen Unterlage (vgl. RGZ. Bd. 34 S. 392, Bd. 44 S. 351).

Hier war die Klage vor dem ersten Verhandlungstermine der Beklagten zwar zugegangen, aber nicht ordnungsmäßig zugestellt. Diesem Mangel konnte indes nachträglich abgeholfen werden, und es ist im wesentlichen Einklang mit dem Berufungsurteil anzunehmen, daß Klägerin den Mangel im Dezember 1918 durch Zustellung der Klageschrift ohne den seinerzeit darauf gesetzten Terminsvermerk, aber mit einer besonderen Ladungsschrift, lautend auf den vom Gerichtsvorsitzenden auf den 9. Januar 1919, vormittags 9½ Uhr, anberaumten Termin, wirksam abgeholfen hat. In Fällen solcher Art können zur Nachholung des Versäumten drei verschiedene Wege in Frage kommen, nämlich: a) Neueinreichung der Klageschrift zur Terminsbestimmung mit nachfolgender Zustellung, b) Beschaffung des Protokolls über die Gerichtsverhandlung, in welcher der neue Termin verkündet ist, in Ausfertigung oder beglaubigter Abschrift und Zustellung dieser Urkunde mit einer Ladung und der Klageschrift, c) Zustellung einer Ladung zu dem verkündeten Termine mit der Mitteilung, daß er vom Vorsitzenden des Gerichts anberaumt sei, sowie Zustellung der Klageschrift.

Die in jedem Falle zuzustellende Klageschrift braucht nicht mit der ursprünglich auf die Klage gesetzten, ersten Terminsbestimmung des Gerichtsvorsitzenden versehen zu sein, da dieser Vermerk durch die Ereignisse der Zwischenzeit, die Versäumung der Zustellung und den Ablauf des ersten Verhandlungstermins, überholt und verbraucht erscheint. Im übrigen gehen in der Rechtslehre die Meinungen darüber, wie die klagende Partei zu verfahren habe, auseinander. Insbesondere wird der Weg oben zu c), den vorliegend die Klägerin eingeschlagen hat, von manchen Rechtslehrern abgelehnt (vgl. namentlich Reincke, ZPO. 2. Aufl. Anm. 1 b zu §§ 300—302; Stein, Anm. 1 zu § 216 ZPO.; Förster-Kann, ZPO. 3. Aufl. Anm. 4 b zu § 214; Struckmann und Koch, ZPO. 9. Aufl. § 216 Anm. 1). Dagegen sind für den Weg zu c) namentlich eingetreten: v. Wilmowski und Levy, ZPO. 7. Aufl. § 193 Anm. 1, 2; Remelé und Anger (Petersen), ZPO. 5. Aufl. Anm. 6 zu § 214, Anm. 3 zu § 216; Seuffert, ZPO. 10. Aufl. § 335 Anm. 2; Skonietzki-Gelpcke, Anm. 1 zu § 216; Troll, Versäumnisurteil S. 51. Die Revision meint, der Kommentar von Skonietzki-Gelpcke spreche nur von der Ladung zu einem Termine, der in einem ordnungsmäßig anberaumten Termine verkündet sei, zu welchem eine ordnungsmäßige Ladung stattgefunden hätte. Dies trifft aber nicht zu. Die auch im Berufungsurteil angezogene Bemerkung jenes Kommentars ist auch auf Fälle zu beziehen, in denen der zur Verhandlung allein erschienene Kläger die Verkündung eines neuen Termins erwirkt, weil der Gegner zur Verhandlung nicht geladen war. In der Praxis ist vom Oberlandesgericht in Frankfurt a. M. (Frankf. Rundschau 1902 S. 166) die strengere, den Weg zu c) ausschließende, vom Oberlandesgericht in Stuttgart (Jahrb. d. Württemb. Rechtspflege 1895 S. 291) die mildere, den Weg zu c) zulassende Ansicht vertreten worden. Das Reichsgericht hat, soweit bekannt, einen dem vorliegenden gleichen Fragefall noch nicht entschieden. Die im Berufungsurteil an der Hand der in Jur. Wochenschr. 1884 S. 211 Nr. 4 und 1901 S. 750 Nr. 5 veröffentlichten Auszüge in Betracht gezogenen Urteile betreffen nicht den hier erheblichen Tatbestand, daß es im Verhandlungstermine, zu dem die beklagte Partei nicht ordnungsmäßig geladen war, auf Antrag der allein erschienenen klagenden Partei zur Verkündung eines neuen Verhandlungstermins gekommen ist.

Nach § 335 Abs. 2 ZPO., einer Ausnahmevorschrift von der Bestimmung des § 218, ist die im Verhandlungstermine nicht erschienene beklagte Partei zu dem verkündeten neuen Termine zu laden. Diese Ladung hat, wie nicht zweifelhaft ist, nicht von Amts wegen, sondern seitens der klagenden Partei zu erfolgen. Des näheren kommen wegen der Erfordernisse einer Ladung, die gemäß § 253 auch zu den notwendigen Bestandteilen einer Klageschrift gehört, die §§ 214—216 in Betracht. Die im § 216 vorgeschriebene Einreichung der Ladung bei dem Gerichtsschreiber dient indes nur dem Zwecke, eine Ergänzung der Ladung durch die richterliche Bestimmung des Verhandlungstermins herbeizuführen. Für die Klägerin kam dieser Zweck in Fortfall, da der Prozeßrichter den neuen Termin schon auf den 9. Januar 1919, vormittags 9½ Uhr, bestimmt und die Anordnung verkündet hatte. Unter solchen Umständen entfiel für die Klägerin auch rechtlich die Notwendigkeit, nach § 216 zu verfahren und somit den oben zu a) bezeichneten Weg einzuschlagen. Von den zwei übrigen in Frage kommenden Wegen entspricht der zu b) am nächsten dem in den Regelfällen eintretenden Verfahren, wo die richterliche Terminsbestimmung auf dem Schriftsatze zur Beurkundung gelangt; er ist daher als ganz bedenkenfrei zu erachten (vgl. RGZ. Bd. 44 S. 353). Einfacher erscheint aber der von der Klägerin gewählte Weg zu c); ihm steht auch keine der auf den vorliegenden Sonderfall anwendbaren Vorschriften (§§ 214, 215, 253, 335) entgegen, und er wird noch zur Genüge dem Gesichtspunkte gerecht, wonach es im Wesen einer Ladung liegt, daß der Ort, wohin, und die Zeit, auf welche geladen wird, bekanntgegeben werden (RGZ. Bd. 13 S. 335). Ladungen, in denen der vom Gerichtsvorsitzenden anberaumte Termin durch den Anwalt der ladenden Partei lediglich mitgeteilt wird, sind auch in der Prozeßpraxis nicht selten und werden beispielsweise im Falle der Zuladung von Streitgenossen als gültig behandelt (vgl. RGZ. Bd. 60 S. 269). Bedenken der beklagten Partei dahin, ab die Mitteilung des Anwalts der Gegenpartei von dem richterlich anberaumten Termine zutreffe oder nur vorgespiegelt sei, werden nur sehr selten und nur bei ganz besonders gearteter Sachlage vorkommen können. Zur Klärung steht dann der Weg einer Nachfrage bei Gericht offen. Vorliegend war übrigens für die Beklagte zu solchen Bedenken keinerlei Anlaß gegeben und fehlte ihr auch nicht die Ueberzeugung von der Richtigkeit der in der Ladung vom Dezember 1918 enthaltenen Terminsmitteilung. Sie bemängelte in den Vorinstanzen nur, daß die Ladung die richterliche Terminsbestimmung nicht im Wortlaute, nicht in Abschrift enthalten habe. Die Rüge entbehrt der Berechtigung. Es war genügend, daß die Ladung eine zuverlässige Mitteilung vom Inhalte der richterlichen Terminsbestimmung enthielt.

Darf sonach für den vorliegenden Sonderfall — der Terminsanberaumung durch verkündeten Gerichtsbeschluß — der in Ergänzung der Klageschrift mit dieser zu einer einheitlichen Urkunde verbundene Schriftsatz, der die Ladung zum richterlich anberaumten Termin und eine dem § 215 ZPO. entsprechende Aufforderung enthielt, als eine gültige Ladung beurteilt werden, so ist mit der Zustellung der beiden verbundenen Schriften der Mangel gehöriger Klagerhebung behoben worden."

RGZ. 99, 140

Werden Mängel der Urteilszustellung bei Einlegung eines Rechtsmittels durch Verabsäumung rechtzeitiger Rüge geheilt?

ZPO. § 295.

VII. Zivilsenat. Urt. v. 4. Juni 1920.

I. Landgericht Barmen, Kammer für Handelssachen.
II. Oberlandesgericht Düsseldorf.

Die Frage ist vom Berufungsgericht verneint. Die Revision des Klägers ist zurückgewiesen. Den Tatbestand ergeben die

Gründe:

„Die Beglaubigung der Abschrift des zuzustellenden Schriftstücks ist ein wesentliches Erfordernis des Zustellungsakts (§ 170 ZPO.); ohne diese Beglaubigung ist die Zustellung unwirksam. Das ist anerkannten Rechtes. Die hier nach § 198 ZPO. zugestellte Abschrift des landgerichtlichen Urteils ist von dem zustellenden erstinstanzlichen Anwalte des Klägers nicht beglaubigt. Dieser Mangel ist in dem auf die Berufung des Klägers anberaumten Verhandlungstermin von dem Anwalte der Beklagten nicht gerügt, sondern es ist zur Sache verhandelt. Zur Entscheidung steht, ob bei dieser Sachlage die Beklagten noch nachträglich den Mangel der Zustellung geltend machen und daraus die Unzulässigkeit der klägerischen Berufung herleiten können oder ob dies nach der Bestimmung des § 295 ZPO. nicht mehr zulässig ist.

Das Berufungsgericht stellt fest, daß der erstinstanzliche Prozeßbevollmächtigte der Beklagten den Mangel bereits vor dem Verhandlungstermin erkannt hat. Es nimmt zugunsten des Klägers an, daß diese Kenntnis zur Erfüllung der Voraussetzungen des § 295 Abs. 1 genügt haben würde, wenn auch dem zweitinstanzlichen Anwalte der Beklagten von dem Mangel erst später Mitteilung gemacht sei. § 295 Abs. 1 komme aber nicht zur Anwendung. Denn es handle sich hier um die Verletzung einer Vorschrift, auf deren Befolgung eine Partei wirksam nicht verzichten könne (§ 295 Abs. 2). Der Kläger könne sich daher nicht darauf berufen, daß der Mangel der Zustellung durch die nicht erfolgte Rüge und durch die Einlassung auf die Verhandlung zur Sache geheilt sei und deshalb nachträglich nicht mehr geltend gemacht werden könne.

Zu diesem Ergebnis ist das Berufungsgericht auf Grund einer eingehenden Erörterung der in Betracht kommenden rechtlichen Gesichtspunkte gelangt. Es erwägt, daß nach § 224 Abs. 1 ZPO. durch die Vereinbarung der Parteien Notfristen weder verlängert noch verkürzt werden können. Ob die Berufungsfrist begonnen habe oder nicht, sei keine Frage, die nur das Parteiinteresse betreffe, denn davon hänge die Rechtskraft des Urteils ab. Die formelle Rechtskraft eines Urteils sei aber als Grundlage der Zwangsvollstreckung Gegenstand des öffentlichen Rechtes. Nach § 516 ZPO. beginne die Berufungsfrist mit der Zustellung des Urteils, der Rechtsakt der Zustellung habe den Beginn der Frist zur unmittelbaren Folge. Diese Folge knüpfe sich an eine gültige Zustellung. Mache der Gegner eine ungültige Zustellung durch Verzicht oder Unterlassung der Rüge gültig, so führe er damit unmittelbar den Beginn der Frist herbei. Diese unmittelbare Einwirkung des Verzichts oder der unterlassenen Rüge aber widerspreche der ausdrücklichen Ausschließung der Parteivereinbarung über die Verlängerung oder die Abkürzung der Notfristen.

Den Angriffen der Revision, welche diese Beurteilung als rechtsirrig beanstanden und Verletzung der §§ 295, 516, 595 ZPO. rügen, war der Erfolg zu versagen.

Das Berufungsgericht befindet sich, indem es einen wesentlichen Mangel der Zustellung bei der Einlegung eines Rechtsmittels als durch Verzicht oder Unterlassung der Rüge für nicht heilbar erachtet und deshalb die Anwendung des § 295 Abs. 1 ZPO. hier ausschließt, in Uebereinstimmung mit der neueren Rechtsprechung des Reichsgerichts. Der gleiche Grundsatz ist ausgesprochen in RGZ. Bd. 15 S. 373, Bd. 30 S. 389; Jur. Wochenschr. 1902 S. 182 Nr. 6. In der Entscheidung des I. Zivilsenats vom 17. Juni 1916 (Gruchot Bd. 60 S. 1031) ist ausgeführt, der Wille der Parteien habe halt zu machen vor Vorschriften, die nach dem Willen des Gesetzgebers zwingenden Rechtes sind. Zu ihnen gehöre die Bestimmung des § 224 ZPO., deshalb stehe es nicht im Belieben der Parteien, wesentliche Mängel der für eine Notfrist maßgebenden Zustellung durch einen Rügeverzicht zu heilen.

Diese Rechtsprechung hält der hier erkennende Senat aufrecht. Aus den ausgesprochenen Rechtsgrundsätzen ergibt sich die Folgerung, daß die Zustellung des landgerichtlichen Urteils wegen eines wesentlichen Mangels, der fehlenden Beglaubigung der zugestellten Abschrift, wirkungslos ist. Dieser Mangel war durch Verzicht der Gegenpartei nicht heilbar, die Rechtsmittelfrist ist deshalb auch bei der nicht erfolgten Rüge durch die fehlerhafte Zustellung nicht in Lauf gesetzt. Danach ist die Berufung vor der Zustellung des Urteils eingelegt. Diese Einlegung ist nach § 516 Abs. 2 ZPO. wirkungslos, das Rechtsmittel war deshalb, wie dies in der Vorinstanz geschehen ist, als unzulässig zu verwerfen." . . .

RGZ. 99, 172†

1. Liegt eine Klagänderung vor, wenn zur Begründung eines negatorischen Anspruchs rechtsverletzende Tatsachen geltend gemacht werden, die sich erst im Laufe des Rechtsstreits ereignet haben?

2.—4. . . .

ZPO. § 268.

V. Zivilsenat. Urt. v. 19. Mai 1920.

I. Landgericht Magdeburg. II. Oberlandesgericht Naumburg a. S.

Die Klägerin entnimmt das Wasser für ihre Wasserleitung aus der Elbe. Sie hat in den Jahren 1857 bis 1859 mit Genehmigung der staatlichen Behörden am linken Stromufer ein neues Wasserwerk errichtet. Durch die staatliche Genehmigung will sie ein privates Recht auf Wasserentnahme aus der Elbe erworben haben. Auch durch Ersitzung soll ein solches Recht für sie begründet worden sein. Demgemäß erhebt sie Anspruch darauf, Wasser, das zum Trinken sowie zu hauswirtschaftlichen, gewerblichen und öffentlichen Zwecken brauchbar sei, aus der Elbe zu schöpfen und für ihre Wasserleitung zu verwenden. Die Beklagten leiten ihre Grubenwässer oder ihre Fabrikabwässer in die Elbe oder deren Zuflüsse. Nach Behauptung der Klägerin führen sie in ihren Abwässern der Elbe Salz in übermäßiger Menge zu und erhöhen dadurch den Salzgehalt des Elbwassers derart, daß es für die Wasserleitung der Klägerin ungeeignet wird. . . . Die Klägerin hat deshalb gegen die Beklagten Klage auf Herstellung von Einrichtungen erhoben, welche verhindern, daß das Wasser der Elbe bei Magdeburg durch Einleitung der Gruben- und Fabrikabwässer der Beklagten in die Zuflüsse der Elbe und in diese selbst verunreinigt werde. ... Das Landgericht zu Magdeburg wies durch Urteil vom 2. April 1909 gegenüber den Beklagten zu 2 bis 21 die Klage gänzlich ab. ...

Gegen dieses Urteil haben die Klägerin und die Beklagte zu 1 Berufung eingelegt. Die Klägerin verlangte wiederum Verurteilung der Beklagten zu Vorkehrungen gegen die Verunreinigung des Elbwassers durch Einleitung ihrer Abwässer. ...

Aus den Gründen:

...

„1. Klagänderung.

Der Berufungsrichter führt zur Abgrenzung des Klagetatbestands aus, daß die Klägerin den Beklagten in der Versalzung des Elbwassers eine fortgesetzte, ununterbrochen andauernde Handlung zum Vorwurfe mache. Abweichend vom Landgericht nimmt das Berufungsgericht in dieser Salzzuführung eine fortlaufende Reihe von Einzeltatbeständen an. Die Zuführungen von Salz, die bis zum Tage der Klagezustellung, dem 3. Mai 1895, stattgefunden hätten, bildeten den zusammengefaßten Klagegrund. Da spätere Zuführungen nicht im voraus zur Grundlage der Klage gemacht werden könnten, stelle ihre Verwertung im Prozeß eine unzulässige Klagänderung dar. Mit Rücksicht darauf aber, daß die Beklagten derselben im Laufe der ersten Instanz nicht widersprochen hätten, seien die Ergebnisse bis zur letzten mündlichen Verhandlung vor dem Landgericht, d. h. bis zum 26. März 1909, auch vom Berufungsgericht als Klagegrund zuzulassen und seiner Beurteilung zu unterwerfen. In der Berufungsinstanz hätten dagegen die Beklagten von vornherein jeder Klagänderung widersprochen; das Berufungsgericht sei deshalb nicht in der Lage, die Ereignisse seit dem 26. März 1909 in Betracht zu ziehen. Die Revision rügt hierzu Verletzung des § 268 Nr. 1 ZPO. Ene Klagänderung sei vom Berufungsrichter zu Unrecht angenommen; Klagegrund seien nicht die einzelnen Immissionen, sondern die Beschädigung, Entwertung und andauernde Gefährdung des Wasserwerks, welche durch die fortdauernde und sich beständig erneuernde Versalzung des Elbwassers eingetreten sei. Der Berufungsrichter hätte sich deshalb nicht auf die Feststellung der Versalzung bis zum 26. März 1909 beschränken dürfen, sondern auch auf die spätere Zeit eingehen müssen.

Dieser Revisionsangriff war für begründet zu erachten. Die Klagänderung erblickt der Berufungsrichter in der Aenderung der Klagebegründung insofern, als die Klägerin zur Rechtfertigung ihrer Ansprüche auch Tatsachen verwertete, die sich erst nach Erhebung der Klage im Laufe des Prozesses ereignet hätten. Hierbei faßt der Berufungsrichter aber den Begriff des Klagegrundes zu eng auf. Zum Grunde des erhobenen Anspruchs im Sinne von § 253 Abs. 1 Nr. 2 ZPO. gehören alle Tatsachen, die nach Maßgabe des bürgerlichen Rechtes an sich geeignet sind, den erhobenen Anspruch als in der Person des Klägers entstanden und zugleich als durch den Beklagten verletzt erscheinen zu lassen (Stein ZPO. § 253 III Nr. 3, Förster-Kann ZPO. § 253, Abs. 2 Nr. 1 d). Eine Klagänderung in bezug auf die Begründung der Klage kann also nur angenommen werden, wenn die zur Substantiierung der Klage geltend gemachten Tatsachen durch neues Vorbringen in einem wesentlichen Punkte abgeändert werden, so daß der Tatbestand als ein anderer erscheint. Solange der Gesamttatbestand derselbe bleibt, kann die Klägerin auch neue Einzeltatsachen vorbringen (Stein ZPO. § 268 III, Förster-Kann ZPO. § 268 Nr. 3). Das Klagevorbringen war hier dahin aufzufassen, daß der Klägerin durch die übermäßigen Salzzuführungen der Beklagten das brauchbare Elbwasser für ihr Wasserwerk entzogen werde. In den Jahren 1892 und 1893 habe die Versalzung zu schweren Störungen in der Versorgung ihrer Bevölkerung mit Wasser geführt. Durch die fortgesetzten Einleitungen der Beklagten entstehe die Gefahr einer Wiederkehr dieser Zustände. Dadurch sei eine Beschädigung und Entwertung ihres Wasserwerks eingetreten. Die Klägerin sei daher gezwungen gewesen, für die

Gewinnung andern Wassers zu sorgen. Die hierdurch entstandenen und noch entstehenden Kosten müßten ihr die Beklagten ersetzen; sie seien auch verpflichtet, Vorkehrungen gegen die weitere Verunreinigung des Elbwassers durch die Einleitung ihrer Gruben- und Fabrikabwässer zu treffen. Aus diesem Vorbringen ergab sich ohne weiteres, daß nicht nur die vor der Klageerhebung stattgefundenen Immissionen den Klagegrund bildeten, sondern daß die dauernde Gefährdung und die Entwertung des Wasserwerks durch die fortdauernden Salzzuführungen aus den Werken der Beklagten die Ansprüche der Klägerin auf Herstellung von Vorrichtungen gegen weitere Schädigungen ihres Wasserwerks und auf Schadensersatz rechtfertigen sollten. Es beruht deshalb auf Rechtsirrtum, wenn der Berufungsrichter grundsätzlich alle nach der Klagzustellung eingetretenen Erreignisse ausschalten zu müssen glaubte, und die im Laufe der ersten Instanz stattgefundenen Vorgänge lediglich wegen des unterlassenen Widerspruchs der Beklagten berücksichtigen zu dürfen meinte. Vielmehr hätten alle im Rahmen des ursprünglichen Klagevorbringens sich haltenden, bis zum Schlusse der letzten mündlichen Verhandlung vor dem Berufungsgericht eingetretenen und angeführten Tatsachen Berücksichtigung finden müssen. Bei der Geltendmachung eines negatorischen Anspruchs, als welcher sich der Klageanspruch auf Herstellung von Vorkehrungen darstellt, können auch rechtsverletzende Tatsachen, die sich erst im Laufe des Rechtsstreits ereignet haben, herangezogen werden (vgl. auch Struckmann-Koch ZPO. § 268, 2 Abs. 3). Die Einrede der Klagänderung steht dem nur entgegen, wenn die neuen Tatsachen außerhalb des Rahmens des ursprünglichen Klagvortrags fallen. Ueberhaupt genügt es, wenn die zur Begründung des Anspruchs erforderlichen Tatsachen zur Zeit der letzten mündlichen Verhandlung, auf welche das Urteil ergeht, vorliegen. Die Verurteilung hat daher zu erfolgen, wenn die Fälligkeit der geforderten Leistung zwar noch nicht bei der Klagerhebung, wohl aber bei der Erlassung des Urteils eingetreten war oder wenn die Bedingung, an deren Eintritt der geltend gemachte Anspruch geknüpft war, erst in diesem letzten Zeitpunkt erfüllt war (Motive zum Entwurf eines BGB. Bd. 1 § 190 S. 364)*). Hiernach hätte der Berufungsrichter auch die gesamten nach dem 26. März 1909 bis zum Schlusse der letzten mündlichen Verhandlung vor dem Berufungsgericht eingetretenen, von der Klägerin vorgebrachten Tatsachen seiner Entscheidung mit zugrunde legen müssen. Dies zu tun hat der Berufungsrichter aber abgelehnt. . . . Dieser Mangel des angefochtenen Urteils mußte aber zu dessen Aufhebung, soweit der Klage gegenüber allen Beklagten nicht stattgegeben ist, führen. Denn das tatsächliche Vorbringen der Klägerin, die auch für die Zeit nach 1909 eine dauernde übermäßige Versalzung der Elbe und eine Schädigung ihres Wasserwerks behauptet hatte, ist

*) Vgl. auch RGZ. Bd. 97 S. 164.

nicht erschöpfend gewürdigt und es ist nicht ersichtlich, wie die Entscheidung des Berufungsrichters ausgefallen sein würde, wenn er auch diesen Zeitraum in den Kreis seiner Feststellungen und Erwägungen einbezogen hätte. Die tatsächlichen Verhältnisse können sich hinsichtlich der Versalzung des Elbwassers in dieser Periode wesentlich anders gestaltet haben; die vom Berufungsrichter gefundene Erträglichkeitsgrenze kann in diesem Zeitraum auch von den Beklagten zu 2 bis 21 überschritten sein. Eine stärkere Versalzung kann auch auf das Wasser der rechten Elbseite stärker eingewirkt haben und Ansprüche der Klägerin, die nach den bisherigen Feststellungen für unbegründet erachtet worden sind, in anderem Lichte erscheinen lassen. Es kommt dazu, daß in die übergangene Periode noch das Inkrafttreten des neuen preußischen Wassergesetzes fällt und daher auch die hierdurch geschaffene Rechtslage zu einer besonderen Prüfung nötigte. Alle diese Fragen sind vom Berufungsrichter offen gelassen oder doch von der irrtümlichen Anschauung aus, daß die Zeit von 1909 bis 1918 außerhalb des Rahmens dieses Prozesses liege, nur beiläufig und ohne endgültige Stellungnahme gestreift, so daß es für die Nachprüfung des Revisionsgerichts insoweit noch an jeder Grundlage fehlt.

2. . . .

RGZ. 100, 123

1. Bedeutung des Antrags, die Hauptsache für erledigt zu erklären.

2. Fällt das Interesse an der negativen Feststellungsklage weg, wenn während ihrer Anhängigkeit der Beklagte mit der gleichen Behauptung, der sie entgegentritt, Vollstreckungsgegenklage gegen den Kläger erhebt?

VI Zivilsenat. Urt. v. 14. Oktober 1920.

I. Landgericht Köln. II. Oberlandesgericht daselbst.

Die Klägerin hat in den abgetretenen Rechten des Kaufmanns Paul G. für eine auf einer Provisionsforderung des G. beruhende Wechselschuld der Beklagten von 15 400 M. im November 1915 Zahlungs- und am 6. Dezember 1915 Vollstreckungsbefehl gegen sie erwirkt, auch auf Grund des letzteren, der rechtskräftig geworden ist, mehrfach Vollstreckungshandlungen gegen sie vorgenommen. Im Jahre 1918 behaupteten die Beklagten, daß ihnen gegen die Klägerin eine Gegenforderung von 4360 M. zustehe; am 1. Dezember 1915 habe nämlich G., als die Kantine, die die Beklagten gepachtet hatten, durch seine Vermittlung auf einen neuen Pächter überging, ihnen Papiergeld im Mindestbetrage von jener Summe weggenommen. Die Klägerin habe die Handlung des G., mit dem sie in wilder Ehe lebe und der ihr Generalvertreter gewesen sei, zu vertreten.

Daraufhin hat Klägerin Anfang 1919 Klage auf Feststellung erhoben, daß die Beklagten eine solche Forderung nicht haben und auf ihre Schuld an die Klägerin nicht verrechnen können.

Nach Erhebung dieser Klage haben die Beklagten Vollstreckungsgegenklage gegen die Klägerin angestellt mit dem Antrag, die Vollstreckung aus dem Vollstreckungsbefehl vom 6. Dezember 1915 für unzulässig zu erklären. Nach diesem Prozeß sind die Gegenforderung von 4360 M., aber auch noch andere angeblichen Zahlungen und Gegenforderungen der Beklagten streitig.

Im gegenwärtigen Prozeß beantragte nun die Klägerin im landgerichtlichen Termin vom 30. April 1919 mit Rücksicht auf die Vollstreckungsgegenklage, die Hauptsache für erledigt zu erklären und den Beklagten die Kosten aufzuerlegen. Die Beklagten, die die Abweisung der Klage beantragt hatten, stellten hierzu keinen Antrag. Das Gericht vertagte die Verkündigung einer Entscheidung. Mit Schriftsatz vom 2. Mai 1919 focht die Klägerin ihre Erklärung, daß die Hauptsache erledigt sei, wegen Irrtums an und hielt ihren ursprünglichen Klagantrag in der wieder eröffneten Verhandlung aufrecht. Das Landgericht wies die Klage ab, weil der Klägerin, nachdem die Vollstreckungsklage erhoben war, das rechtliche Interesse an der beantragten Feststellung fehle. Das Oberlandesgericht gab der Klage statt.

Die Revision der Beklagten ist zurückgewiesen worden.

Gründe:

Das Berufungsgericht hält die Behauptung der Beklagten, daß G. ihnen Geld entwendet oder veruntreut habe, für unerwiesen, daher die Klage für sachlich begründet. Dies wird von der Revision nicht angefochten. Zu prüfen ist mithin nur, ob der Antrag der Klägerin, die Hauptsache für erledigt zu erklären, der Fortführung der Klage entgegenstand, und ob die Klägerin kein rechtliches Interesse an der Klage mehr hatte, als die Beklagten die Vollstreckungsgegenklage erhoben. Beides ist zu verneinen.

1. Das Berufungsgericht stellt den Vorgang im Termine vom 30. April 1919, woraus die Beklagten den Verlust des Klagerechts ableiten wollen, des näheren wie folgt fest: Der Anwalt der Klägerin habe nach Verlesung des Klagantrags Aussetzung des Verfahrens bis zur Entscheidung über die Vollstreckungsgegenklage beantragt. Die Beklagten hätten der Aussetzung widersprochen und Abweisung der Klage beantragt. Nach Verhandlung zur Sache habe Klägerin Vertagung beantragt, und als die Beklagten der Vertagung widersprachen, erklärt, die Hauptsache sei erledigt, worauf die Sache zum Spruch vertagt worden sei. Die Erklärung der Klägerin sei durch die Bemerkung des Vorsitzenden veranlaßt worden, daß durch die Vollstreckungsgegenklage und den rechtskräftigen Titel der Klägerin die negative Feststellungsklage wohl erledigt sei.

Das Berufungsgericht untersucht die Bedeutung der Erklärung der Klägerin, die wegen Irrtums nicht angefochten werden könne, und kommt zu dem Ergebnis, daß die Klägerin keinesfalls das Bestreiten der Gegenforderung habe aufgeben wollen, daher auf den Klaganspruch nicht verzichtet habe. Ebensowenig bilde die Erklärung eine wirksame Klagerücknahme. Zwar bedeute sie, daß die Klägerin den Anspruch nicht mehr mit der erhobenen Klage verfolgen, also diese Klage zurücknehmen wollte. Die Beklagten hätten jedoch weder ausdrücklich noch durch schlüssige Handlungen in die Rücknahme eingewilligt, sondern die Abweisung der Klage beantragt. Der Prozeß habe also seinen Fortgang genommen, als hätte Klägerin die Erklärung nicht abgegeben, und sie sei in der Lage gewesen, den fallen gelassenen Klageantrag wieder aufzunehmen, was sie auch getan habe. Auch dem hätten die Beklagten nicht widersprochen.

Diese Ausführungen sind rechtlich einwandfrei. Der Antrag einer Partei, die Hauptsache für erledigt zu erklären, findet in der ZPO. nur eine ganz beschränkte Unterlage (so in §§ 98, 99 Abs. 2, § 628). Er bedarf daher der Auslegung und ist zumeist als Verzicht auf den geltend gemachten Anspruch (§ 306) oder als Rücknahme der Klage aufzufassen; letzteres auch dann, wenn der Kläger den Antrag stellt, weil er befriedigt worden sei oder sich mit dem Beklagten verglichen habe oder dergleichen. Beantragt der Kläger zugleich, dem Beklagten die Kosten aufzuerlegen, so kann es zweifelhaft sein, ob er von dem Prozeß abstehen will. Wenn hier das Berufungsgericht trotz dieses Antrags eine Klagerücknahme annimmt, so ist dies nach Lage des Falles nicht zu beanstanden. Daß die Klägerin auf ihren Anspruch nicht verzichten wollte, ergibt sich ohne weiteres daraus, daß sie der Meinung war, er müsse in dem Vollstreckungsprozeß zum Austrag kommen. Zutreffend nimmt das Berufungsgericht weiter an, daß die in dem Antrag enthaltene Klagerücknahme mangels Einwilligung der Beklagten gemäß § 271 ZPO. wirkungslos geblieben sei und von der Klägerin durch Aufnahme des Klagantrags beseitigt werden konnte.

Die Revision ist der Ansicht, das Berufungsgericht verneine mit Unrecht, daß Klägerin auf den geltend gemachten Anspruch verzichtet habe. Dabei sei nicht beachtet, daß sie keine Leistungs-, sondern Feststellungsklage angestrengt habe, und daß die Erklärung, diese sei in der Hauptsache erledigt, nur bedeuten konnte, daß der Feststellungsanspruch, weil infolge der Vollstreckungsgegenklage das Interesse daran weggefallen sei, seine Erledigung gefunden habe. Die Rüge geht fehl. Der Unterschied zwischen Klagerücknahme und Verzicht auf den Anspruch im Sinne des § 306 ZPO. besteht gerade darin, daß mit jener der eingeschlagene Prozeßweg, mit dem Verzicht aber das verfolgte (materielle) Recht aufgegeben wird. Bei der negativen Feststellungsklage, wie sie hier erhoben wurde, handelte es sich darum, ob die Gegenforderung den Beklagten zustand oder nicht zustand. Der Verzicht der Klägerin auf den geltend gemachten Anspruch konnte also nur in dem Anerkenntnis der Gegenforderung bestehen. Der Verzicht auf Feststellung in dem gegenwärtigen Prozeß, weil Klägerin nach Erhebung der Vollstreckungsgegenklage kein Interesse mehr daran habe, würde kein Verzicht auf den Anspruch, sondern nur ein Abstehen von der Rechtsverfolgung in diesem Prozeß, m. a. W. ein Rückzug der Klage gewesen sein, der der Einwilligung der Beklagten bedurfte.

2. Ob die Klägerin ein rechtliches Interesse an der beantragten Feststellung noch in dem maßgebenden Zeitpunkt der letzten mündlichen Verhandlung vor dem Berufungsgericht hatte, ist von Amts wegen zu prüfen, unabhängig davon, daß die Revision in diesem Punkt das Berufungsurteil nicht bemängelt. Bedenkenfrei hält das Berufungsgericht das rechtliche Interesse der Klägerin, dessen ursprüngliches Vorhandensein außer Streit ist, nicht dadurch für weggefallen, daß die Beklagten nachträglich die Vollstreckungsgegenklage angestrengt haben. Die Frage, ob grundsätzlich und schlechthin das rechtliche Interesse des Klägers an der negativen Feststellungsklage um deswillen erlischt und sie abgewiesen werden muß, weil der Beklagte mit der gleichen Behauptung, der sie entgegentritt, eine Vollstreckungsgegenklage erhebt, ist zu verneinen. Der gegenteiligen Ansicht steht schon entgegen, daß die Vollstreckungsgegenklage ein anderes Ziel hat als die Feststellungsklage; daß ihre Voraussetzungen unter Umständen eine weitläufige, den Prozeß in große Länge ziehende Prüfung erfordern; daß ohne zwingende Gründe dem Gläubiger sein Klagerecht, mit dem er zuerst auf den Plan tritt, nicht ohne weiteres durch eine spätere Klage des Schuldners entwunden werden sollte. Wohl vermag, wie der Senat in der Entscheidung RGZ. Bd. 71 S. 68 ausgesprochen hat, die Leistungsklage die negative Feststellungsklage aus den Angeln zu heben. Die Erwägungen, auf denen dieses Urteil beruht, treffen aber nur zum kleineren Teil auf das Verhältnis der negativen Feststellungsklage zur Vollstreckungsgegenklage zu. Daher ist nach der Lage des Einzelfalls, wonach sich überhaupt beurteilt, ob ein rechtliches Interesse an der Erhebung und Weiterverfolgung der Feststellungsklage vorhanden ist, zu untersuchen, ob die negative Feststellungsklage trotz der Anstellung der Vollstreckungsgegenklage ihre Berechtigung behält. Hier hat die Klage aus § 767 ZPO. nicht bloß das Bestehen der streitigen, sondern auch das anderer Gegenforderungen und Zahlungen zum Gegenstande. Der Klägerin kann nicht zugemutet werden, sich bis zum Austrag des Streites über alle diese Posten die Berühmung der Beklagten gefallen zu lassen, die den Makel auf sie wirft, daß sie mit einem Diebe unter einer Decke stecke und sich mit seiner Beute bereichert habe. Zudem war nach der Feststellung des Berufungsgerichts die Klage bereits zur Entscheidung reif, als die Beklagten in der Vollstreckungsgegenklage erstmalig streitig verhandelten, und auch deswegen konnte durch letztere

das rechtliche Interesse der Klägerin nicht ausgeräumt werden (vgl. JW. 1909 S. 417; Warneyer 1916 Nr. 106).

RGZ. 100, 279

1. Von welchem Zeitpunkt an kann im Falle der Testamentsvollstreckung eine Nachlaßforderung mit der Folge geltend gemacht werden, daß die sechsmonatige Verjährungsfrist des § 207 BGB. zu laufen beginnt?

2. . . .

V. Zivilsenat. Urt. v. 27. November 1920.

Die Entscheidung ist abgedruckt unter „Bürgerliches Recht, Allgemeiner Teil 4".

RGZ. 101, 197

1. Verhältnis des § 444 zu § 286 ZPO.

2. Ist als Partei im Sinne des § 444 auch ihr Rechtsvorgänger anzusehen?

IV. Zivilsenat. Urt. v. 3. Januar 1921.

I. Landgericht München II. II. Oberlandesgericht daselbst.

Der 1904 verstorbene K. hatte mit seiner Ehefrau im Jahre 1860 einen Ehe- und Erbvertrag geschlossen, auf Grund dessen er von ihr beerbt wurde. Die Frau starb 1916 und wurde von den Beklagten beerbt. Der Kläger behauptet, die Eheleute K. hätten in Abänderung des Erbvertrags ein eigenhändiges Testament errichtet, in welchem ihm ein Vermächtnis von 10 000 M. ausgesetzt sei, dann habe aber die Ehefrau das Testament kurz vor dem Tode des Mannes heimlich verbrannt.

In beiden Vorinstanzen ist der Klage auf Auszahlung des Vermächtnisses stattgegeben worden. Auf die Revision der Beklagten wurde das Berufungsurteil wegen Verletzung des materiellen Rechtes aufgehoben. Die auf Verletzung der §§ 286, 444 ZPO. gestützte Beschwerde wurde zurückgewiesen.

Aus den Gründen:

Das Berufungsgericht hat zunächst auf Grund von Zeugenaussagen einen dem Verlangen des Klägers entsprechenden Tatbestand festgestellt. Es hat dann die weitere Behauptung des Klägers, daß das spätere Testament den Formvorschriften der §§ 2231 Nr. 2 und 2267 BGB. entsprochen habe, nicht nur wegen arglistiger Beseitigung der Urkunde durch die Ehefrau K. für erwiesen erachtet, sondern in erster Linie auch deswegen, „weil der Ehemann K. längere Zeit Bürgermeister gewesen sei, als erfahrener Mann geschildert werde, bei dem sich die Leute gerade in letztwilligen Angelegenheiten Rat holten, und daher anzunehmen sei, daß er auch in eigener Sache mit aller Sorgfalt zu Werke gegangen, die erforderlichen Formvorschriften gewahrt und auch Sorge getragen habe, daß diese Vorschriften auch von seiner Frau eingehalten würden". Das Berufungsgericht hat dadurch hinlänglich zum Ausdruck gebracht, daß es seine Feststellung in erster Linie im Wege freier Beweiswürdigung nach Maßgabe des § 286 ZPO. treffe. Das läßt sich prozessual nicht beanstanden. Insbesondere war das Gericht nicht behindert, gemäß § 286 die Tatsache der arglistigen Vernichtung der Urkunde als beweisunterstützend zu verwerten, auch wenn die Ehefrau K. nicht als Partei im Sinne des § 444 ZPO. anzusehen ist.

Es ist aber auch darin der Revision nicht zu folgen, daß die unmittelbare Anwendung des § 444 ZPO. auf den hier vorliegenden Fall ausgeschlossen war. Diese Vorschrift enthält auch nichts weiteres als einen gesetzlich besonders geregelten Fall zulässiger freier Beweiswürdigung, insbesondere eine Anwendung des hierbei zu verwertenden und in der Rechtsprechung anerkannten Grundsatzes, daß, wenn eine Partei dem Gegner die diesem obliegende Beweisführung schuldhaft unmöglich macht, ihm gegenüber das in Frage kommende Anführen des Gegners regelmäßig als wahr anzunehmen ist, sofern sie nicht dessen Unrichtigkeit nachweist (vgl. RGZ. Bd. 60 S. 152). Die Rechtsprechung hat keine Bedenken getragen, die Grundsätze des § 444 ZPO. auch auf die schuldhafte Vereitelung der Beweisführung durch Augenscheinseinnahme zu übertragen, obwohl die Vorschriften über die Augenscheinseinnahme (§§ 371, 372 ZPO.) eine dem § 444 entsprechende Bestimmung nicht enthalten, und es ist deshalb auch in Literatur und Rechtsprechung weiter anerkannt, daß das Wort „Partei" im Sinne des § 444 nicht zu pressen ist, daß vielmehr auch das arglistige Verhalten eines Dritten in gleichem Sinne zu werten ist, wenn die Partei nach allgemeinen Rechtsgrundsätzen für dieses Verhalten verantwortlich zu machen ist, insbesondere wenn der Dritte auf Anordnung oder im Einverständnis der Partei tätig gewesen ist, mag dies im Laufe des Prozesses oder vor dessen Beginn geschehen sein.

Das gleiche muß aber auch in Ansehung der Rechtsvorgänger einer Partei gelten, sowie in Ansehung desjenigen, der nach den Bestimmungen der Prozeßordnung einem solchen Rechtsvorgänger gleich zu achten ist. So hat das Reichsgericht schon in der Entscheidung Bd. 87 S. 440 den (den Prozeß im eigenen Namen führenden) Konkursverwalter für die schuldhafte Beweiserschwerung seitens des Gemeinschuldners verantwortlich gemacht und aus diesem Grunde die Umkehrung der Beweislast zugunsten des Gegners in dem dort entschiedenen Falle gutgeheißen. Die Entscheidung kann in dem hier vorliegenden Falle einer Gesamtrechtsnachfolge nicht anders ausfallen, um so weniger, als diese den Eintritt des Nachfolgers in den gesamten Rechts- und Pflichtenkreis des Vorgängers bedingt. Das erscheint ohne weiteres überzeugend, wenn man annimmt, daß der Kläger rechtlich in der Lage war, seinen Vermächtnisanspruch schon zu Lebzeiten der Ehefrau K. im Wege der Feststellungsklage geltend zu machen, noch mehr, wenn er eine solche Klage bereits bei Lebzeiten der Ehefrau erhoben und nach dem Tode als Leistungsklage gegen die Erben fortgesetzt hätte.

RGZ. 102, 177

1. Ist der rechtsgeschäftliche Erwerber eines vermieteten Grundstücks im Sinne des § 265 ZPO. Rechtsnachfolger des Veräußerers auch in seiner Eigenschaft als Vermieter?

2. Ist ein vermietetes Grundstück, das während der Rechtshängigkeit einer Klage des Mieters aus § 536 BGB. an einen Dritten übereignet wird, im Sinne des § 265 ZPO. in Streit befangen?

III. Zivilsenat. Urt. v. 3. Mai 1921.

I. Landgericht III Berlin. II. Kammergericht daselbst.

Die Klägerin mietete durch schriftlichen Vertrag vom 9. Dezember 1913 von dem Beklagten in dessen in Ch. gelegenen Hause eine Zehnzimmerwohnung bis zum 1. April 1920. Am 1. April 1919 wurden die über der klägerischen Wohnung befindlichen Räume an den Verein Deutscher Maschinenbauanstalten zu Bürozwecken vermietet. Die Klägerin behauptet, daß in diesen Räumen von früh 6¼ Uhr an bis gegen 5 Uhr nachmittags ein solcher Lärm herrsche, daß sie in ungebührlicher Weise belästigt werde. Sie erhob daher im Mai 1919 Klage gegen den Vermieter mit dem Antrag, ihn zu verurteilen, dafür zu sorgen, daß in den über ihrer Wohnung gelegenen Räumen jeder ruhestörende Lärm unterlassen werde.

Der Beklagte kündigte das Mietverhältnis zum 1. April 1920. Das Mieteinigungsamt verlängerte es jedoch auf Antrag der Klägerin unter Erhöhung des Mietzinses bis zum 31. März 1921. Im Dezember 1919 wurde das Hausgrundstück vom Beklagten an die Firma R. veräußert und aufgelassen. Das Landgericht und das Kammergericht erkannten nach dem Klagantrage. Die Revision blieb erfolglos.

Aus den Gründen:

. . . Die Revision bemängelt in erster Reihe die Ueberzeugungskraft der Erwägungen, die den Berufungsrichter zu der Annahme der Fortdauer der Passivlegitimation des Beklagten geführt haben. Es ist zuzugeben, daß die Begründung des Kammergerichts nicht überall schlüssig und einwandfrei ist; das Ergebnis aber, zu dem es gelangt, läßt sich keinesfalls beanstanden. Aus der Entstehungsgeschichte und dem Wortlaute des § 571 BGB. (vgl. RGZ. Bd. 59 S. 188, Bd. 68 S. 12/13) folgt, daß der rechtsgeschäftliche Erwerber eines vermieteten Grundstücks die Rechte und Pflichten des bisherigen Vermieters nicht auf Grund einer aktiven und passiven Rechtsnachfolge überkommt, sondern daß sie für die Dauer seines Eigentums als Ausfluß eben dieses Eigentums kraft des Gesetzes in seiner Person nach Maßgabe des ursprünglichen Mietvertrags neu entstehen. Daraus ergibt sich aber weiter, daß der Vermieter, wie auch in der Kommission für die zweite Lesung des Entwurfs des Bürgerlichen Gesetzbuches (Prot. Bd. 2 S. 134 flg.) widerspruchslos zum Ausdruck gebracht wurde, mit der Uebertragung des Grundeigentums aus dem Mietverhältnis ausscheidet, daß er von diesem Augenblick an dem Mieter nicht mehr als Vermieter gegenübersteht und von ihm nicht auf Erfüllung der jetzt allein dem Grundstückserwerber obliegenden Vermieterpflichten in Anspruch genommen werden kann. Zwischen den beiden ehemaligen Mietvertragsparteien bleibt allerdings insoweit ein schuldrechtliches Band bestehen, als der Vermieter, wenn der neue Eigentümer seine Vermieterleistungen nicht ordnungsgemäß bewirkt und deshalb dem Mieter schadensersatzpflichtig wird, diesem für die Befriedigung seiner Schadensersatzforderung als selbstschuldnerischer Bürge haftet. Der Eigentumswechsel läßt also die prinzipale Haftung des Vermieters untergehen, er drückt sie zu einer akzessorischen herab und beschränkt sie lediglich auf die Leistung von Schadensersatz.

Unstreitig hat nun der Beklagte Ende Dezember 1919 sein Hausgrundstück veräußert und aufgelassen. Mit der Aufgabe des Grundeigentums endete somit auch eine etwaige frühere Verpflichtung des Beklagten, dafür zu sorgen, daß in den Räumen über der Wohnung der Klägerin fortan kein ruhestörender Lärm verursacht werde, erlosch demgemäß auch ein ihr entsprechender Anspruch der Klägerin, von ihm die dazu erforderlichen Maßnahmen zu verlangen. Diese im Laufe des Rechtsstreits eingetretene materielle Aenderung der Rechtslage würde daher dem Klagebegehren den Boden entziehen und zu seiner Abweisung führen müssen, wenn nicht § 265 Abs. 2 ZPO. eingriffe. Er will verhüten, daß die in Abs. 1 daselbst für unbeschränkt zulässig erklärte Veräußerung der streitbefangenen Sache, auf die der Prozeßgegner naturgemäß keinen Einfluß hat, dessen Rechtsstellung verschlechtere und die Quelle neuer Prozesse werde. Beides würde jedoch der Fall sein, wenn z. B. die Veräußerung der in Streit befangenen Sache durch den Beklagten den Kläger zwänge, unter Verzicht auf die bisherigen — ihm vielleicht günstigen — Prozeßergebnisse seinen Anspruch für erledigt zu erklären und einen neuen Rechtsstreit gegen den Sacherwerber zu beginnen. Würde sich dieser Vorgang dann bei einem häufigen Eigentumswechsel jedesmal wiederholen müssen, so würde das eine Hinausschiebung des von dem Kläger erstrebten materiellen Richterspruchs auf unabsehbare Zeit bedeuten. Derartigen unerträglichen prozessualen Folgen sollten § 265 Abs. 2 und der ihn ergänzende § 325 Abs. 1 ZPO. vorbeugen. „Die Veräußerung hat auf den Prozeß keinen Einfluß." Dieser soll also trotz der inzwischen erfolgten materiellen Rechtsänderung und ohne Rücksicht auf sie zwischen den Parteien, die ihn begonnen haben, weiter und zu Ende geführt werden können. „Der Rechtsnachfolger" des Veräußerers — so nennt § 265 ZPO. den Erwerber der in Streit befangenen Sache — ist abgesehen von dem Falle des § 266 a. a. O. weder verpflichtet noch ohne Zustimmung des Gegners auch nur berechtigt, in den Prozeß einzutreten. In Bezug auf das Mietverhältnis und die aus ihm sich ergebenden Rechte und Pflichten ist nun freilich die Firma R. nicht Rechtsnachfolgerin des Beklagten im gewöhnlichen Sinne des Wortes. § 265 a. a. O. versteht jedoch unter Rechtsnachfolge allgemein jede Nachfolge, mag sie nun das unmittelbare oder nur das mittelbare Ergebnis eines Rechtsgeschäfts oder eines anderen rechtserheblichen Vorgangs sein, mag sie durch Vermittelung eines Vorgängers oder ohne sie kraft Gesetzes in originärer Weise sich vollziehen (vgl. RGZ. Bd. 40 S. 333, 340). In diesem weiteren Sinne ist der Nachfolger im Eigentum des Mietgrundstücks aber auch Nachfolger hinsichtlich der Rechte und Pflichten des Vermieters. Die Entscheidung über die Anwendbarkeit des § 265 ZPO. hängt daher lediglich von der Beanwortung der Frage ab, ob bei einer Klage aus § 536 BGB. die Veräußerung des Mietgrundstücks als Veräußerung der in Streit befangenen Sache anzusehen ist.

In Streit befangen ist eine Sache im wesentlichen dann, wenn ihr Besitz oder Eigentum streitig ist oder wenn hinsichtlich ihrer ein dingliches oder ein sich gegen den jedesmaligen Eigentümer oder Besitzer als solchen richtendes persönliches Recht geltend gemacht wird. Die Ansprüche des Mieters aus dem Mietvertrage sind jedoch trotz des verschiedenartigen Inhalts, den sie haben können, stets schuldrechtlicher Natur. Der Vermieter wird als Vertragsgegner, nicht als Hauseigentümer in Anspruch genommen. Er kann Hauseigentümer sein, braucht es aber nicht zu sein. Sein Eigentum ist also kein wesentliches Tatbestandsmerkmal für einen Anspruch der vorliegenden Art. Die Sachlage ändert sich aber sofort, wenn der Vermieter tatsächlich Eigentümer des Mietgrundstücks ist und es an einen anderen veräußert und aufläßt. Denn während bei sonstigen rein schuldrechtlichen Ansprüchen der ursprüngliche Schuldner auch nach der Uebertragung des Eigentums, sei es der geschuldeten sei es einer mit der Schuld in irgendeinem rechtlichen Zusammenhange stehenden Sache, auf einen außerhalb des Prozesses stehenden Dritten in derselben Weise, wie bisher, schuldrechtlich gebunden bleibt, wird der Vermieter, sobald er das Mietgrundstück einem anderen übereignet, für die Zukunft von seinen schuldrechtlichen Verpflichtungen aus § 536 BGB. frei. Ihre Fortdauer ist also durch die Fortdauer seines Grundstückseigentums bedingt, und mit dessen Wechsel wechselt auch die Person des Schuldners, von dem der Mieter die Erfüllung des Mietvertrags verlangen und erzwingen kann. § 571 BGB. verknüpft daher die Rechte und Pflichten der sich als Vermieter und Mieter gegenüberstehenden Personen dergestalt mit dem Eigentum am Mietgrundstück, daß dieses bei Klagen aus § 536 BGB. als im Sinne des § 265 ZPO. streitbefangen jedenfalls dann gelten muß, wenn dessen Eigentümer, wie hier, den Mietvertrag geschlossen hat. Dem § 571 BGB. liegt der Gedanke zugrunde, den Mieter durch die Grundstücksveräußerung materiellrechtlich keinen Schaden leiden zu lassen, und § 265 ZPO. verfolgt, wie hervorgehoben, den Zweck, zu verhindern, daß die Veräußerung der in Streit befangenen Sache durch eine Partei der anderen prozessual zum Nachteile gereicht. Beide Paragraphen ergänzen sich also, und es steht nichts im Wege, zur Bestimmung des Begriffs der Streitbefangenheit im Einzelfall auch Vorschriften des materiellen Rechtes heranzuziehen. Gerade einen Fall, wie den vorliegenden, in welchem die Veräußerung einer Sache infolge der rechtlichen Beziehungen der einen oder der anderen Partei zu ihr das Schuldverhältnis so beeinflußt, daß sie die materielle Verpflichtung, deren Erfüllung verlangt wird, in der Person des Veräußerers zum Erlöschen und in der des Sacherwerbers neu zur Entstehung bringt und somit den bisherigen Beklagten materiellrechtlich nicht mehr als den richtigen Beklagten erscheinen läßt, will § 265 ZPO. treffen. Ihn von dessen Anwendungsgebiet ausschließen, hieße den Sinn und Zweck dieser Vorschrift verkennen und die Wohltat, die § 571 BGB. dem Mieter erweisen will, bedeutend einschränken oder gar vereiteln. Denn die Folgen wären, wie oben gezeigt, Prozeßvermehrung und Hinauszögerung der Entscheidung über den dem Mieter durch § 571 BGB. auch bei einer Veräußerung des Mietgrundstücks gewährleisteten Erfüllungsanspruch. Deshalb hat der Berufungsrichter zutreffend den von der Revision mit Unrecht bekämpften Gesichtspunkt hervorgehoben, daß die Klägerin fast schutzlos wäre, wenn man die Fortdauer der Passivlegitimation des Beklagten verneine. Denn auf die ihr von der Revision zugemutete Ueberleitung ihres Klagebegehrens in einen Entschädigungsanspruch (§ 571 Abs. 2 Satz 1 BGB., § 268 Nr. 3 ZPO.) braucht sie sich nicht verweisen zu lassen. Ein Schadensersatzanspruch hat wirtschaftlich eine ganz andere Bedeutung als ein Erfüllungsanspruch und kann diesen namentlich bei Mietverhältnissen nicht oder doch nur selten ersetzen.

Der VI. Zivilsenat hat der Veräußerung des Mietgrundstücks in einem Falle, in dem sie den Uebergang einer eingeklagten Mietzinsforderung, also eines Vermieteranspruchs, auf den neuen Grundstückseigentümer zur Folge hatte, keinen Einfluß auf die Prozeßlage eingeräumt (RGZ. Bd. 55 S. 294). Für die Begründung dieser Entscheidung kam freilich die Streitbefangenheit des Mietgrundstücks nicht in Betracht. Es wäre jedoch ein unbefriedigendes, von dem Gesetzgeber zweifellos nicht gewolltes Ergebnis, wenn dieselbe Ursache, die Grundstücksübereignung, da, wo sie den Eintritt des Grundstückserwerbers in Vermieterpflichten vermittelt, eine andere Wirkung auf den schwebenden Prozeß äußerte als diejenige, welche sie bei der Vermittelung seines Eintritts in die für ihn aktive Seite des Mietverhältnisses hat.

Der Einwand der mangelnden Passivlegitimation ist daher von dem Kammergericht mit Recht zurückgewiesen worden.

Auch die übrigen Angriffe der Revision sind unbegründet. (Wird ausgeführt.) . . .

RGZ. 105, 422 †

Zum Begriff der „demnächstigen Zustellung" in § 496 Abs. 3 ZPO.*)

III. Zivilsenat. Urt. v. 8. Dezember 1922.

I. Landgericht Dortmund. II. Oberlandesgericht Hamm.

Aus den Gründen:

Der durch das Ergänzungsgesetz vom 1. Juni 1909 neu geschaffene § 496 führte durch die Absätze 1 und 2 für den Amtsgerichtsprozeß hinsichtlich des Zustellungswesens an Stelle des Parteibetriebs den Amtsbetrieb ein. Bis zum Zeitpunkt des Urteilserlasses (§ 317 Abs. 1 ZPO.) sollen alle Zustellungen von Amts wegen vorgenommen werden. Im Anschluß daran bestimmt Abs. 3, daß die Wirkungen der Zustellung einer Parteierklärung, durch die eine Frist gewahrt oder die Verjährung unterbrochen werden soll, bereits mit deren Einreichung oder Anbringung bei Gericht eintreten, „sofern ihre Zustellung demnächst erfolgt". Denn da infolge des Amtsbetriebs die Zustellung jeder Einwirkung, insbesondere der Beschleunigung, durch die Partei entzogen ist, soll und darf ihr die Zeit, welche die Gerichtsschreiberei zur Durchführung der Zustellung gebraucht, nicht zum Nachteile gereichen (Begr. S. 32).

Im Schrifttum herrscht Streit darüber, welchen Sinn der Gesetzgeber mit dem Begriffe der demnächstigen Zustellung verbunden hat. Dieselbe Wendung wie in § 496 ZPO. findet sich noch in § 207 Abs. 1. Schon aus diesem ergibt sich, daß der Gesetzgeber die „demnächstige" Zustellung nicht einer alsbaldigen gleichstellen wollte. Denn daß die in dem § 207 Abs. 1 behandelten Auslandszustellungen namentlich bei Beurlaubung oder häufigem Aufenthaltswechsel des Zustellungsempfängers eine geraume Zeit in Anspruch nehmen oder wenigstens in Anspruch nehmen können, liegt auf der Hand. Die Richtigkeit dieser Auffassung wird aber auch durch die Entstehungsgeschichte des § 496 ZPO. bestätigt. Der erste veröffentlichte Entwurf eines Gesetzes betr. die Aenderung des GVG., der ZPO. usw. (RAnz. vom 5. Oktober 1907 Nr. 238) hatte nach dem Vorbilde des § 207 Abs. 2 ZPO. für den Eintritt der Rechtsfolgen des § 496 Abs. 3 verlangt, daß die Zustellung binnen einer

*) § 261 b Abs. 3 ZPO.

Frist von 2 Wochen, bei Zustellungen mittels Ersuchens anderer Behörden oder Beamten (im Auslande) oder mittels öffentlicher Zustellung binnen einer Frist von 6 Monaten durchgeführt sein müsse. Dieses Zeiterfordernis, das von verschiedenen Seiten bekämpft wurde, ließ man jedoch später wieder fallen. Bereits in dem dem Reichstage vorgelegten zweiten Entwurfe war dem Absatz 3 a. a. O. in Anlehnung an den § 207 Abs. 1 ZPO. diejenige Fassung gegeben, in der er schließlich Gesetz geworden ist. Damit hat der Gesetzgeber zu erkennen gegeben, daß der Weg der gesetzlichen Festlegung eines äußersten Zustellungstermins nicht gangbar sei, jedenfalls im Interesse der Parteien nicht eingeschlagen werden solle.

Dieser Umstand spricht aber zugleich auch gegen die Ansicht des Berufungsrichters und derjenigen Schriftsteller, welche wie Skonietzki-Gelpcke a. a. O. und Krämer, DJZ. 1911 Sp. 336, eine „demnächstige" Zustellung nicht mehr für gegeben erachten, wenn deren Verzögerung auf die Partei, welche sie veranlaßt hat, zurückzuführen ist. Sie wollen den Erklärenden trotz rechtzeitiger Einreichung seiner Erklärung bei Gericht der Wohltat des § 496 Abs. 3 a. a. O. immer dann verlustig gehen lassen, wenn es ihm nicht gelingt, die — selbst ohne Verschulden — falsch angegebene Adresse des Zustellungsempfängers innerhalb der zu wahrenden oder zu unterbrechenden Frist richtig zu stellen. Das kann jedoch im Einzelfalle zu höchst unbilligen, vom Gesetzgeber sicher nicht gewollten Ergebnissen führen und steht auch nicht im Einklange mit dem in der Rechtsprechung allgemein anerkannten Grundsatze, daß es zulässig sei, Ungenauigkeiten der in der Klageschrift enthaltenen Bezeichnung der Parteien, vorausgesetzt daß hinsichtlich ihrer Persönlichkeit keine Zweifel obwalten und nicht die Unterschiebung einer neuen Partei beabsichtigt wird, auf Grund des § 368 Nr. 1 ZPO. nachträglich zu beheben (JW. 1906 S. 394 Nr. 20, 1907 S. 81 Nr. 11). Der Ausdruck „demnächst" ist so farblos, daß aus ihm und aus dem Umstande, daß er in der amtlichen Begründung S. 32 in Anführungszeichen gesetzt ist, für die Notwendigkeit einer möglichst schnellen, selbst eine mäßige Verzögerung nicht duldenden Zustellung, die in den Fällen des § 207 Abs. 1 ZPO. häufig gar nicht möglich sein wird, nichts gefolgert werden darf. Für sie lassen sich auch nicht die Vorgänge in der Kommission bei Beratung des § 496 Abs. 3 ZPO. verwerten. Dort war nämlich beantragt worden, die Worte „sofern die Zustellung demnächst erfolgt" zu streichen. Es sollte also künftig die Verjährungsunterbrechung bereits mit dem Eingange der Unterbrechungserklärung bei Gericht ohne Rücksicht auf deren künftige Zustellung eintreten und somit für sie derselbe Grundsatz gelten, den die §§ 518 und 553 ZPO. hinsichtlich der Berufungs- und Revisionseinlegung aufgestellt haben. Der Streichungsantrag wurde jedoch abgelehnt, nachdem ein Regierungsvertreter ausgeführt hatte, daß die im § 496 Abs. 3 ZPO. vorgesehene Wirkung nicht eintreten dürfe, „wenn die Erklärung dem anderen Teile nicht zugestellt werden könne, weil z. B. der Antragsteller eine falsche oder überhaupt keine Adresse angegeben habe" (KommBer. S. 56). Diese Bemerkung enthält aber sachlich nichts weiter als eine Verwahrung gegen die vom Antragsteller beabsichtigte Wirksamkeit der bloßen Einreichung einer Erklärung, die dem Erklärungsempfänger überhaupt nicht zugestellt wird und nicht zugestellt werden kann, beschäftigt sich aber nicht mit der rechtlichen Bedeutung, die der demnächstigen Beseitigung des Zustellungshindernisses und der auf diese Weise ermöglichten Nachholung der Zustellung zukommt. Diese Frage muß nach anderen Gesichtspunkten entschieden werden.

In der Begründung des Gesetzentwurfs, der dem § 207 ZPO. den zweiten Absatz hinzufügte, wird ausdrücklich auf die wesentlichen Vorteile hingewiesen, die diese Vorschrift den Parteien insofern gewähre, als sie ihnen genügend Zeit lasse, „um Verbesserungen etwa vorgekommener Verstöße im Wege rechtzeitiger Wiederholung der Zustellung zu gestatten" (vgl. Drucks. des Reichstags 1897/98 Nr. 61 S. 567). Demgemäß haben der II., IV. und VI. Zivilsenat übereinstimmend ausgesprochen, daß bei Inanspruchnahme der Zustellungstätigkeit des Gerichtsschreibers die zu wahrende Notfrist — ohne Rücksicht auf anfängliche erfolglose Zustellungsversuche — im Sinne des § 207 Abs. 2 ZPO. immer dann als gewahrt anzusehen ist, wenn zwar nach deren Ablauf, aber innerhalb der vorgesehenen zweiwöchigen Frist überhaupt ein ordnungsmäßiger, vom Gesetze anerkannter Zustellungsakt erfolgt (Gruchot Bd. 45 S. 1099, RGZ. Bd. 46 S. 390, JW. 1905 S. 373 Nr. 16). Dem ist beizutreten. Derselbe Vorteil d. h. die Möglichkeit, auch nach Ablauf der Verjährung oder der zu wahrenden Frist einen der Zustellung des rechtzeitig eingereichten Schriftsatzes entgegenstehenden Mangel der Adresse zu beseitigen, muß aber für den Erklärenden erst recht in Fällen des § 496 Abs. 3 gegeben sein, der ebenso wie § 207 Abs. 1 eine Zustellungsfrist nicht kennt. Das hat auch der I. Zivilsenat für das Anwendungsgebiet des § 207 Abs. 1 anerkannt. Nach seinem Urteile vom 17. Januar 1909 (RGZ. Bd. 70 S. 291) liegen die Voraussetzungen dieser Vorschrift auch dann vor, wenn vor Erledigung des Zustellungsersuchens sich Gelegenheit zu einer anderen rechtsgültigen Zustellung unter einer von der des Ersuchens abweichenden Adresse bietet und erfolgreich benutzt wird.

Tritt man auf Grund der so gewonnenen Ergebnisse an die Auslegung des § 496 heran, so muß sie von dem Gedanken geleitet werden, daß die Bestimmungen der Zivilprozeßordnung nicht die Rechtsverfolgung erschweren, nicht Hindernisse schaffen wollen, an denen die materiellen Rechte der einen oder anderen Partei zum Scheitern gebracht werden, sondern im Gegenteil den Verfahrensweg weisen, auf dem in zweckmäßigster und schnellster Weise ein Rechtsstreit seiner sachlichen

Entscheidung zugeführt wird. Das materielle Recht soll und darf unter der Herrschaft der Prozeßvorschriften nicht oder doch möglichst wenig leiden. Diese Erwägung trifft auch auf den § 496 zu, der in allen seinen Teilen lediglich den Interessen der Parteien dienen und die Prozeßführung vereinfachen, verbilligen und erleichtern soll (Begr. S. 31). Eine Berichtigung der Adresse ist an sich etwas ganz Nebensächliches. Sie berührt den materiellen Inhalt des zuzustellenden Schriftstücks nicht und vermag dessen rechtliche Bedeutung nicht zu ändern oder abzuschwächen. Sie kann daher die Anwendung des § 496 Abs. 3 zugunsten der die Zustellung veranlassenden Partei nicht hindern, da unter der neuen Adresse dem Erklärungsempfänger dieselbe sachliche Erklärung zugestellt wird, die, wenn auch mit falscher Adresse versehen, rechtzeitig bei Gericht eingegangen ist. Dem Geiste, Sinne und Zwecke des § 496 Abs. 3 entspricht aber auch allein die weitere Annahme, daß der Gesetzgeber — worauf namentlich der Wegfall der im Vorentwurf vorgesehenen Zustellungsfrist deutet —, mit dem Ausdrucke „demnächst" dem pflichtmäßigen Ermessen des Richters die Entscheidung darüber überlassen wollte, welche Zustellung im Einzelfalle noch unter § 496 Abs. 3 falle. Etwaige erfolglose Zustellungsversuche sind deshalb unerheblich, wenn nur die Angabe der richtigen Adresse des Erklärungsempfängers und die Zustellung der sachlich unverändert gebliebenen Erklärung an ihn innerhalb einer nach den jedesmaligen Umständen zu bestimmenden angemessenen Frist erfolgen.

Bei dieser Auffassung wird auch der von Levin (a. a. O. S. 450) befürchtete Umstand vermieden, daß der Gläubiger es in der Hand habe, durch einen einseitigen Akt die Verjährung auf beliebige Zeit zu unterbrechen.

. . .

RGZ. 107, 352 †

1. Zur Abgrenzung der prozeßhindernden Einreden nach § 274 Abs. 2 Nr. 1, 2 und 3 ZPO.

2. . . .

VI. Zivilsenat. Urt. v. 1. November 1923.

I. Landgericht Dresden. II. Oberlandesgericht daselbst.

Der durch die Generaldirektion der Sächsischen Staatseisenbahnen in Dresden vertreten gewesene Sächsische Staatsfiskus, in dessen Rechte und Pflichten das klagende Deutsche Reich eingetreten ist, hatte unter dem 26. November/21. Dezember 1909 mit der verklagten Aktiengesellschaft einen allgemeinen Vertrag abgeschlossen, der ihre Rechtsbeziehungen nach verschiedenen Richtungen hin ordnete. Ein Nachtrag dazu wurde unter dem 28. Juni/6. Juli 1920 vereinbart.

Hierauf sich stützend verlangt der Kläger mit der im Dezember 1921 erhobenen Klage, die Beklagte zu verurteilen, ihm am 1. November 1922 die ihr gehörigen Anlagen, wie sie im § 16 des Hauptvertrags näher bezeichnet seien, nebst allen dann vorhandenen Erweiterungen und Verbesserungen gegen Gewährung des Buchwerts dieser Anlagen, wie sich dessen Berechnung nach den Bestimmungen im § 16 unter Nr. 2 ergebe, zu Eigentum zu überlassen.

Die Beklagte hat die prozeßhindernde Einrede vorgeschützt, daß die Entscheidung des Rechtsstreits durch Schiedsrichter zu erfolgen habe, und die Verhandlung zur Hauptsache verweigert.

Das Landgericht verwarf die Einrede durch Zwischenurteil; das Oberlandesgericht wies die Berufung der Beklagten zurück. Auch ihre Revision blieb im Ergebnis ohne Erfolg.

Gründe:

Die Beklagte leitet die von ihr vorgeschützte prozeßhindernde Einrede aus Vorschriften der Verordnung der Reichsregierung vom 1. Februar 1919 (RGBl. S. 135), teilweise neu gefaßt in der Verordnung vom 11. März 1920 (RGBl. S. 329), her, welche die Entscheidung gewisser Streitigkeiten einem Schiedsgericht zuweisen. Schon hieraus erhellt, daß es sich nicht um die Einrede nach § 274 Abs. 2 Nr. 3 ZPO. handeln kann. Denn diese steht mit den Vorschriften des zehnten Buches der Zivilprozeßordnung in engstem Zusammenhang und hat ein schiedsrichterliches Verfahren zur Voraussetzung, dem entweder ein Schiedsvertrag (§ 1025 ZPO.) oder eine letztwillige oder andere nicht auf Vereinbarung beruhende Verfügung (§ 1048 ZPO.) zugrunde liegt. Die Schaffung einer besonderen gerichtlichen Instanz durch Gesetz oder ihm gleichstehende Rechtsnorm (§ 12 EG. z. ZPO.) kann der Einrede niemals als Grundlage dienen; auch dann nicht, wenn diese Instanz als ein „Schiedsgericht" bezeichnet wird. Hierfür ist auch der Umstand bedeutungslos, daß im § 4 Abs. 1 der Verordnung vom 1. Februar 1919 den Parteien nachgelassen ist, über die Zusammensetzung des Schiedsgerichts Vereinbarungen zu treffen. Vielmehr ist der allein entscheidende Gesichtspunkt der, ob die Berufung der besonderen Instanz zur Schlichtung der Streitigkeit auf privatrechtlicher Abmachung (oder Verfügung gemäß § 1048 ZPO.) oder auf staatlichem Gesetzesbefehl beruht. Im letzteren Falle hat eine solche Berufung, wenn sie mit der Begründung ausschließlicher Zuständigkeit erfolgt, die Wirkung der Unzulässigkeit des Rechtsweges vor den ordentlichen Gerichten oder die ihrer sachlichen Unzuständigkeit.

Diese grundsätzliche Auffassung hat der erkennende Senat im Anschluß an die ältere Rechtsprechung des Reichsgerichts, in seinem Urteil VI 434/22 vom 9. April 1923 erneut ausgesprochen.

Gesetzliche Vorschriften wie die in Rede stehenden hat der Richter von Amts wegen zu beachten, und es hätte der Geltendmachung einer prozeßhindernden Einrede nicht bedurft. Die von der Beklagten vorgeschützte Einrede ist nach dem eingangs Ausgeführten als die im § 274 Abs. 2 Nr. 1 ZPO. bezeichnete anzusehen. Denn die durch die Verordnung vom 1. Februar 1919 eingesetzten „Schiedsgerichte" tragen den Charakter von Sondergerichten, da sie Streitigkeiten schlichten sollen, deren Entscheidung sonst Sache der ordentlichen Gerichte sein würde; der Gesetzesbefehl berührt also deren sachliche Zuständigkeit. Von der Unzulässigkeit des Rechtsweges wäre nur dann zu sprechen, wenn das Verhältnis als ein solches zwischen Gericht und Verwaltungsbehörde oder Verwaltungsgericht zu gelten hätte, was hier zu verneinen ist (vgl. über die Unterscheidung RGZ. Bd. 76 S. 176).

. . .

RGZ. 108, 135

Ist der Kläger an die nach der Einlassung des Beklagten zur Hauptsache erklärte Zurücknahme der Klage auch dann noch gebunden, wenn der Beklagte seine Einwilligung verweigert hat?

III. Zivilsenat. Urt. v. 25. März 1924.

I. Landgericht Braunschweig. II. Oberlandesgericht daselbst.

Der Kläger verkaufte im Januar 1921 dem Beklagten ein Fohlen zum Preise von 15 000 M. und ließ es ihm alsbald zuführen. Der Beklagte bezahlte jedoch den Preis nicht und behauptete, das Fohlen habe einen Fehler. Mit der Klage verlangte nun Kläger die Zahlung des Kaufpreises. Beklagter bat um Klagabweisung und erhob Widerklage mit dem Antrag, den Kläger zu verurteilen, das Fohlen zurückzunehmen und ihm ein anderes fehlerloses Fohlen gleicher Art zu liefern, sowie Futtergeld für das gelieferte Tier bis zu dessen Rücknahme zu bezahlen. Nachdem im Termin vom 24. März 1922 die Parteien ihre Anträge zu Klage und Widerklage gestellt und zur Sache verhandelt hatten, nahm Kläger mit dem zugestellten Schriftsatz vom 4. April 1922 die Klage unter Verzicht auf den Klaganspruch und unter Anerkennung der Kostenpflicht zurück und ersuchte den Beklagten um sein Einverständnis. Mit einem nicht förmlich zugestellten Schreiben vom 8. April 1922 verweigerte der Beklagte sein Einverständnis. Im Termin vom 5. Mai 1922 erklärte der Kläger, daß er die Klagzurücknahme nicht vorgetragen haben wolle, und hielt den Klagantrag aufrecht. Dagegen erklärte nunmehr der Beklagte sein Einverständnis mit der Klagzurücknahme und stellte den Widerklagantrag.

Das Landgericht verurteilte den Beklagten im Sinne der Klage. Das Oberlandesgericht hob auf, erklärte die Klage für zurückgenommen und verurteilte den Kläger zur Zurücknahme des Fohlens, und, Zug um Zug dagegen, zur Lieferung eines anderen fehlerlosen Fohlens gleicher Art. Ueber den Futtergeldanspruch ist noch nicht entschieden. Die Revision des Klägers hatte Erfolg.

Aus den Gründen:

Zur Hauptklage hat, wie die Revision mit Grund rügt, der Berufungsrichter mit Unrecht den Kläger an der erklärten Klagzurücknahme festgehalten.

Der Kläger hat die Klagzurücknahme in zugestelltem Schriftsatz, mithin rechtsförmlich erklärt (§ 271 Abs. 2 ZPO.). Da bereits streitig zur Hauptsache verhandelt worden war, bedurfte die Klagzurücknahme der Einwilligung des Beklagten. Der Beklagte hat diese zunächst in formlos mitgeteilter Zuschrift versagt. Der Berufungsrichter erachtet diese Versagung für rechtlich unerheblich, anderseits den Kläger auch über die Mitteilung des Beklagten hinaus für gebunden. Dem kann nicht beigetreten werden. Es mag auf sich beruhen, ob und wie lange der Kläger an die einmal erklärte Zurücknahme der Klage nach allgemeinen Prozeßgrundsätzen gebunden bleibt. Jedenfalls nachdem der Beklagte die erforderliche Einwilligung verweigert hatte, war auch Kläger nicht mehr an die Zurücknahmeerklärung gebunden, sondern konnte, wie er getan, im darauffolgenden Termin zur mündlichen Verhandlung den ursprünglichen Klagantrag wieder aufnehmen. Nicht durchschlagend ist der Hinweis des Berufungsrichters darauf, daß die schriftliche Erklärung des Beklagten, mit der dieser seine Einwilligung verweigerte, nicht zugestellt ist. Wie anerkannten Rechtens ist, konnte der Beklagte die Einwilligung formlos, selbst durch schlüssiges Verhalten und insofern stillschweigend erteilen; dann muß dasselbe aber auch von der gegenteiligen Erklärung gelten, mit der der Beklagte die Einwilligung versagt. Mit der versagten Einwilligung des Beklagten muß auch der Kläger seine Handlungsfreiheit zurückerhalten.

Demzufolge muß die Entscheidung des Berufungsrichters zur Klage aufgehoben, und die Sache zur anderweiten Verhandlung über die Klage an den Berufungsrichter zurückverwiesen werden. Nicht ohne Grund hat übrigens die Revision bemerkt, daß der Berufungsrichter von seinem eigenen Standpunkt aus noch zu prüfen gehabt hätte, ob nicht, nachdem die Klage, wie er meint, wirksam zurückgenommen war, der Widerkläger als Kläger zu betrachten gewesen, und das Verhalten des ursprünglichen Klägers, der auf seinem Klagantrag bestehen blieb und unverkennbar diesen Antrag der richterlichen Entscheidung unterbreitet haben wollte, als Erhebung einer Widerklage zu beurteilen gewesen wäre, so daß sich der Berufungsrichter auch aus diesem Grunde einer Entscheidung über den Antrag des Klägers nicht entziehen durfte. . . .

RGZ. 108, 350

Kann dem Eintritt des Grundstückserwerbers in den vom Vorbesitzer geführten Rechtsstreit vom Gegner unter Bezugnahme auf § 266 Abs. 2 ZPO. mit Erfolg widersprochen werden?

V. Zivilsenat. Urt. v. 10. Juli 1924.

I. Landgericht II Berlin. II. Kammergericht daselbst.

Der Architekt K. hat gegen die Beklagten auf Einwilligung in die Löschung eines für sie auf seinem Grundstück für alle Verkaufsfälle bis zum 31. Dezember 1921 eingetragenen dinglichen Vorkaufsrechts Klage erhoben. Nachdem er das Grundstück sodann an die A. B. Gr.-Gesellschaft verkauft hatte und diese Gesellschaft im Grundbuch als Eigentümerin eingetragen worden war, erhoben die Beklagten mit Bezugnahme hierauf in der Berufungsinstanz den Einwand der mangelnden Klagebefugnis des K. Darauf erklärte die A. B. Gr.-Gesellschaft, daß sie den Rechtsstreit an Stelle des bisherigen Klägers K. übernehme. Die Beklagten widersprachen dem Eintritt der Gesellschaft in den Rechtsstreit. Das Berufungsgericht ließ die Uebernahme des Rechtsstreits durch die Gesellschaft zu und verurteilte die Beklagten nach dem Klagantrage. Die Revision der Beklagten blieb ohne Erfolg.

Aus den Gründen:

Die Revision hat die Frage, ob die Zulassung der Uebernahme des Rechtsstreits durch die A. B. Gr.-Gesellschaft an Stelle des ursprünglichen Klägers K. zu Recht erfolgt sei, zur Nachprüfung gestellt, soweit diese Frage nach § 270 ZPO. überhaupt einer Nachprüfung unterliege. Nach § 270 ZPO. findet eine Anfechtung der Entscheidung, daß eine Aenderung der Klage nicht vorliege oder daß die Aenderung zuzulassen sei, nicht statt. Als Klagänderung ist nach feststehender Rechtsprechung auch der Eintritt einer neuen Person als Partei in den Rechtsstreit, sei es an Stelle des ursprünglichen Klägers oder Beklagten, sei es neben diesen, angesehen worden (RGZ. Bd. 19 S. 185; Bd. 49 S. 376; Bd. 58 S. 248; Bd. 66 S. 244, 417). Es könnte sich daher fragen, ob die Entscheidung des Berufungsgerichts, daß die A. B. Gr.-Gesellschaft nach § 266 ZPO. zur Uebernahme des Rechtsstreits an Stelle des K. berechtigt sei, als eine Entscheidung im Sinne des § 270 ZPO. über das Nichtvorliegen oder über die Zulassung einer Klagänderung aufzufassen ist. Das ist indessen zu verneinen. Die ZPO. hat für einige besondere Fälle die Frage der Zulässigkeit des Eintritts einer neuen Partei in einen anhängigen Rechtsstreit zum Gegenstand einer besonderen Regelung gemacht (vgl. §§ 76, 77, 239, 240, 265, 266, 856). Dabei ist die Zulässigkeit des Eintritts einer neuen Partei von dem Vorhandensein besonderer Voraussetzungen abhängig gemacht und nicht unter dem Gesichtspunkt einer Klagänderung, sondern im Hinblick auf die materielle Rechtslage geregelt worden. Bei der Entscheidung über die Zulässigkeit eines solchen Eintritts handelt es sich daher nicht um die Frage, ob eine Klagänderung vorliege oder zuzulassen sei, die auf Grund der §§ 264, 268 ZPO. zu entscheiden ist, sondern darum, ob die besonderen vom Gesetz aufgestellten Voraussetzungen für die Uebernahme des Rechtsstreits durch eine bisher daran nicht beteiligte Person als gegeben anzusehen sind. Wird auf Grund dieser Vorschriften der Eintritt einer Person als Partei zugelassen, so stellt sich diese Entscheidung nicht als eine solche im Sinne des § 270 ZPO. dar, daß eine Aenderung der Klage nicht vorliege oder daß die Aenderung zuzulassen sei. Die Vorschrift des § 270 ZPO. kann vielmehr nur auf Entscheidungen bezogen werden, die den Einwand der unzulässigen Klageänderung auf Grund der dafür gegebenen allgemeinen Vorschriften der §§ 264, 268, 269 ZPO. als unbegründet erklären.

Demnach steht § 270 ZPO. der Nachprüfung nicht entgegen, ob das Berufungsgericht die Uebernahme des Rechtsstreits durch die A. B. Gr.-Gesellschaft trotz des Widerspruchs der Beklagten mit Recht zugelassen hat. Diese Nachprüfung ergibt, daß zwar der Auslegung, die das Berufungsgericht dem § 266 Abs. 2 ZPO. gegeben hat, nicht beizustimmen ist, die Entscheidung des Berufungsgerichts sich aber im Ergebnis als zutreffend erweist.

Nach § 265 ZPO. schließt die Rechtshängigkeit das Recht der einen oder anderen Partei nicht aus, die in Streit befangene Sache zu veräußern oder den geltend gemachten Anspruch abzutreten (Abs. 1). Die Veräußerung oder Abtretung hat auf den Prozeß keinen Einfluß und der Rechtsnachfolger ist nicht berechtigt, ohne Zustimmung des Gegners den Prozeß als Hauptpartei an Stelle des Rechtsvorgängers zu übernehmen (Abs. 2). Hat der Kläger veräußert oder abgetreten, so kann ihm, sofern das Urteil nach § 325 gegen den Rechtsnachfolger nicht wirksam sein würde, der Einwand entgegengesetzt werden, daß er zur Geltendmachung des Anspruchs nicht mehr befugt sei (Abs. 3). Von diesen Vorschriften enthält § 266 ZPO. eine Ausnahme. Es soll nämlich, wenn über das Bestehen oder Nichtbestehen eines Rechts, welches für ein Grundstück in Anspruch genommen wird, oder einer Verpflichtung, welche auf einem Grundstücke ruhen soll, zwischen dem Besitzer und einem Dritten ein Rechtsstreit anhängig ist, im Falle der Veräußerung des Grundstücks der Rechtsnachfolger berechtigt und auf Antrag des Gegners verpflichtet sein, den Rechtsstreit in der Lage, in welcher er sich befindet, als Hauptpartei zu übernehmen (Abs. 1). Diese Bestimmung soll jedoch insoweit nicht zur Anwendung kommen, als ihr Vorschriften des bürgerlichen Rechts zugunsten derjenigen entgegenstehen, welche Rechte von einem Nichtberechtigten herleiten; in einem solchen Falle soll, wenn der Kläger veräußert hat, die Vorschrift des § 265 Abs. 3 Anwendung finden.

Die Voraussetzungen des § 266 Abs. 1 sind gegenwärtig insofern gegeben, als der Architekt K., der auf Löschung des auf seinem Grundstück für die Beklagten eingetragenen dinglichen Vorkaufsrechts geklagt hat, nach der Klagerhebung das belastete Grundstück an die A. B. Gr.-Gesellschaft veräußert hat, die zurzeit als Eigentümerin im Grundbuch eingetragen steht. Die Parteien streiten nur darüber, ob die Voraussetzungen des § 266 Abs. 2 vorliegen und deshalb die genannte Gesellschaft durch den Widerspruch der Beklagten an der Uebernahme des Rechtsstreits an Stelle des Veräußerers K. gehindert wurde, die Klage des K. vielmehr auf den von den Beklagten erhobenen Einwand der mangelnden Klagebefugnis hin abzuweisen war.

Das Berufungsgericht erachtet die Uebernahme des Rechtsstreits durch die Grundstückserwerberin für zulässig, indem es im Anschluß an die von Hellmann (Komm. z. ZPO. Bd. 2 S. 37) und Hellwig (System des Deutschen Zivilprozeßrechts Bd. 1 S. 370) vertretene Ansicht im Gegensatz zur herrschenden Meinung die Vorschrift des § 266 Abs. 2 nur auf die im Abs. 1 vorgeschriebene Uebernahmepflicht, nicht auch auf das dort bestimmte Uebernahmerecht des Grundstückserwerbers beziehen will. Das Berufungsgericht begründet diese Ansicht folgendermaßen:

Dem § 266 ZPO. liege der Gedanke zugrunde, daß das Grundstück selbst als das berechtigte oder verpflichtete Rechtssubjekt und der jeweilige Eigentümer nur als dessen Vertreter anzusehen sei. Daher trete durch die Veräußerung des Grundstücks eigentlich kein Wechsel in der Rolle des berechtigten oder verpflichteten Rechtssubjekts ein und deshalb solle der jeweilige Eigentümer das Recht und die Pflicht zur Uebernahme des Rechtsstreits haben, insoweit dem nicht Vorschriften zum Schutze des gutgläubigen Erwerbers entgegenständen. Solche Schutzvorschriften könnten aber nur einer Verpflichtung zur Uebernahme des Rechtsstreits, nicht auch der Uebernahmebefugnis, die sich gewissermaßen als ein mit dem Eigentum am Grundstück verbundenes Recht darstelle, „entgegenstehen". Vorschriften, welche den Schutz einer bestimmten Person bezweckten, könnten nicht dazu führen, dieser Person Rechte zu nehmen.

Dieser Auffassung von der Bedeutung der Vorschrift des § 266 Abs. 2 ZPO. kann nicht beigetreten werden. Weder der Wortlaut noch die Entstehungsgeschichte der Vorschrift rechtfertigen eine derartige einschränkende Auslegung, daß damit nur hinsichtlich der Pflicht, nicht auch hinsichtlich des Rechts zur Uebernahme des Rechtsstreits eine Ausnahme hat zugelassen, also lediglich zugunsten des Rechtsnachfolgers der veräußernden Partei ohne Rücksicht auf die Interessen des Gegners eine Einschränkung hat gemacht werden sollen. Nach dem Wortlaut „diese Bestimmung kommt insoweit nicht zur Anwendung" muß angenommen werden, daß darunter die gesamte Vorschrift des Absatzes 1, also auch die dort bestimmte Befugnis zur Uebernahme des Rechtsstreits hat verstanden werden sollen. Die Vorschrift des § 266 ist durch die Novelle von 1898 an die Stelle der §§ 237, 238 der alten Fassung gesetzt worden, wobei keine sachliche Aenderung beabsichtigt gewesen ist (Hahn, Mat. z. d. Reichsjustizgesetzen Bd. 8 S. 101).

Maßgebend für die dem § 266 Abs. 1 ZPO. entsprechende Vorschrift des § 237 der alten Fassung war die Erwägung, daß in den hier bezeichneten Fällen das Bedürfnis des Rechtsverkehrs gebieterisch eine Vorschrift über Recht und Pflicht zur Sukzession des Rechtsnachfolgers in das Prozeßverhältnis erfordere, weil es in hohem Grade zweifelhaft sei, ob ohne eine solche Vorschrift der anhängige Rechtsstreit zu Ende geführt werden, beziehungsweise zu einem den Veräußerer bindenden Ergebnisse gelangen könne, wobei auf die Uebereinstimmung der Vorschrift mit der schon im römischen Recht zum Ausdruck gebrachten Anschauung hingewiesen wurde, daß das Grundstück als das berechtigte oder verpflichtete Subjekt und der Besitzer als dessen Vertreter anzusehen sei (H a h n , Mat. Bd. 2 S. 262). Die Vorschrift des § 238 der alten Fassung, die dem § 266 Abs. 2 ZPO. entspricht, wurde als Einschränkung von der im § 236 Abs. 3 aufgestellten Regel, daß die Entscheidung in Ansehung der Sache selbst auch gegen den Rechtsnachfolger wirksam und vollstreckbar sei, aus Rücksicht auf Vorschriften des bürgerlichen Rechts für erforderlich erachtet und zur Vermeidung von Kollisionen mit den Vorschriften über den Erwerb auf Grund des Grund- und Hypothekenbuchs und über den Erwerb in gutem Glauben auch auf die Vorschrift des § 237 ausgedehnt (Hahn, a. a. O. S. 262). Bestimmend war dabei die Erwägung, daß insoweit, als es nach den Vorschriften des bürgerlichen Rechts für den rechtsgültigen, wirksamen Erwerb beweglicher oder unbeweglicher Sachen auf einen Mangel in dem Rechte des Auktors nicht ankomme, dem Erwerber auch der Umstand nicht entgegenstehen könne, daß der veräußerte Gegenstand im Streit befangen gewesen sei, daß also insoweit einer Wirksamkeit und Vollstreckbarkeit der Prozeßentscheidung gegen den Erwerber die Vorschriften des bürgerlichen Rechts entgegenständen. Nach den Vorschriften der §§ 236 bis 238 alter Fassung war hiernach der Rechtszustand derart geregelt, daß grundsätzlich das Urteil in Ansehung einer im Streit befangenen Sache oder eines streitigen Rechts auch gegenüber demjenigen, der die Sache oder das Recht während der Rechtshängigkeit erworben hatte, wirksam und vollstreckbar sein, daß daher bei einem Streit über ein für ein Grundstück in Anspruch genommenes Recht oder über eine auf einem Grundstück ruhende Verpflichtung bei einer Veräußerung des Grundstücks dessen Erwerber aus Verkehrsrücksichten zum Eintritt in den Rechtsstreit an Stelle des Veräußerers berechtigt und verpflichtet sein solle, daß aber diese Vorschriften dann nicht gelten sollten, wenn die Wirksamkeit und Vollstreckbarkeit des Urteils gegenüber dem Erwerber mit Vorschriften des bürgerlichen Rechts über den Erwerb an Sachen und Rechten in Widerstreit treten würde. Da die Novelle vom Jahre 1898 in Ansehung dieses Rechtszustandes nichts hat ändern wollen, so ergibt sich daraus für die Auslegung des § 266 Abs. 2 ZPO., daß in allen Fällen, in denen bei Durchführung des Rechtsstreits zwischen den ursprünglichen Prozeßparteien das Urteil im Hinblick auf Vorschriften des bürgerlichen Rechtes über den Rechtserwerb von einem Nichtberechtigten dem Grundstückserwerber gegenüber nicht wirksam sein würde, mangels eines Bedürfnisses für seinen Eintritt in den Rechtsstreit die Vorschrift des § 266 Abs. 1 nicht zur Anwendung kommen, es vielmehr bei der Regelvorschrift des § 265 Abs. 2 verbleiben soll, daß der Eintritt des Erwerbers nur mit seinem und des Gegners Einverständnis statthaft ist. Es ist rechtsirrig, wenn das Berufungsgericht annimmt, daß § 266 Abs. 2 ZPO. eine lediglich im Interesse des Grundstückserwerbers gegebene Vorschrift enthalten solle. Die Regelung der Uebernahme des Rechtsstreits durch den Grundstückserwerber ist vielmehr unter Berücksichtigung der Interessen sowohl des Erwerbers als auch des Gegners getroffen. Wirkt das gegen den Veräußerer ergehende Urteil gegen den Erwerber, so ist aus Zweckmäßigkeitsgründen diesem gestattet, durch Eintritt in den Rechtsstreit an Stelle des Veräußerers selbst die Führung des Rechtsstreits zu übernehmen, und anderseits auch dem Gegner die Befugnis zugesprochen, die Uebernahme durch den Erwerber zu verlangen. Ist das Urteil dem Erwerber gegenüber nicht wirksam, so fehlt es an einem hinreichenden Grunde nicht nur für eine dem Erwerber aufzuerlegende Verpflichtung, sondern auch für eine ihm zuzugestehende Befugnis, den Rechtsstreit an Stelle des Veräußerers zu übernehmen, die gerade in diesem Falle eine wesentliche Beeinträchtigung der Rechtslage des Gegners bedeuten würde, indem sie für diesen zum Verlust des dem Veräußerer gegenüber aussichtsvollen Rechtsstreits führen könnte, ohne daß dieses Ergebnis durch ein Interesse des Erwerbers innerlich zu rechtfertigen wäre, da ihn die gegen den Veräußerer ergehende Entscheidung nicht berührt. Mit Recht betont Wilmowski u. Levy (Anm. 1 Abs. 2 zu § 238 ZPO. a. F.) gegenüber der von Hellmann vertretenen Ansicht, daß die zivilrechtlichen Vorschriften dem Nachfolger kein Recht geben, zu verlangen, daß der Gegner seine ganz begründeten Ansprüche gegen die bisherige Partei aufgeben oder beschränken oder zum nochmaligen besonderen Prozeß vertagen solle und dafür einen Gegner als „Hauptpartei" annahmen müßte, der, wenngleich den Prozeß in seiner damaligen Lage übernehmend, dennoch darin zur Partei geworden seine eigenen Rechte geltend machen könnte. Die Vorschrift des § 266 Abs. 1 beruht nicht, wie das Berufungsgericht annimmt, auf der Erwägung, daß das Grundstück selbst als das berechtigte oder verpflichtete Rechtssubjekt und der jeweilige Eigentümer nur als dessen Vertreter anzusehen sei. Vielmehr war für sie ausweislich der oben mitgeteilten Begründung zu § 237 der alten Fassung lediglich das Bedürfnis des Rechtsverkehrs maßgebend und es wurde nur zur Rechtfertigung des Erlasses einer derartigen Vorschrift darauf hingewiesen, daß sie mit der im römischen Recht zum Ausdruck gelangten Auffassung des Grundstücks als des berechtigten oder verpflichteten Subjekts übereinstimme. Aus diesem Hinweis ist daher ebensowenig wie aus den Vorschriften des bürgerlichen Rechts eine die Prozeßlage des Gegners einseitig beeinträchtigende einschränkende Auslegung des § 266 Abs. 2 im Sinne des Berufungsgerichts zu rechtfertigen.

Es muß daher untersucht werden, ob im gegenwärtigen Falle die Voraussetzungen des § 266 Abs. 2 ZPO. gegeben sind, die eine Uebernahme des Rechtsstreits durch die A. B. Gr.-Gesellschaft gegen den Willen der Beklagten ausschließen würden. Diese Prüfung führt nicht zu einem der Revision günstigen Ergebnis. Es handelt sich um ein für die Beklagte eingetragenes dingliches Vorkaufsrecht, das ausweislich der im Eintragungsvermerk in zulässiger Weise in Bezug genommenen Eintragungsbewilligung (§ 874 BGB.) für die Zeit bis zum 31. Dezember 1921 für alle Verkaufsfälle eingeräumt ist. Dieses Recht hat nach § 1098 Abs. 2 BGB. Dritten gegenüber die Wirkung einer Vormerkung zur Sicherung des durch die Ausübung des Rechts entstehenden Anspruchs auf Uebertragung des Eigentums. Soweit daher die Beklagten das ihnen eingeräumte und durch die Eintragung gesicherte zeitlich begrenzte Vorkaufsrecht in wirksamer Weise dem damaligen Eigentümer K. gegenüber ausgeübt haben, ist ihnen gegenüber die von K. erfolgte Uebereignung des Grundstücks an die A. B. Gr.-Gesellschaft unwirksam und diese Gesellschaft verpflichtet, die Zustimmung zur Eintragung der Beklagten als Eigentümer des Grundstücks auf Grund der von K. zu erteilenden Auflassung zu erklären (§§ 883 Abs. 2, 888 BGB.; JW. 1922 S. 576 Nr. 2; Seuff. Arch. Bd. 66 Nr. 205). Die Beklagten sind daher zur Einwilligung in die Löschung des Vorkaufsrechts nur verpflichtet, wenn ihnen kein Anspruch auf Auflassung des Grundstücks dem K. gegenüber zusteht. Besteht aber ein derartiger Anspruch der Beklagten, so ist derselbe infolge der Eintragung des Vorkaufsrechts der Grundstückserwerberin gegenüber in gleicher Weise wirksam wie dem Veräußerer K. gegenüber. . . .

RGZ. 110, 56.

1. Ist das eine prozeßhindernde Einrede verwerfende Urteil auch dann in betreff der Rechtsmittel als Endurteil anzusehen, wenn das Gericht abgesonderte Verhandlung über die Einrede nicht angeordnet hat?

2. Ist ein die Einrede der örtlichen Unzuständigkeit verwerfendes Urteil mit der Berufung anfechtbar?

ZPO. §§ 275, 303, 512 a.

III. Zivilsenat. Beschl. v. 16. Januar 1925.

I. Landgericht Kiel. II. Oberlandesgericht daselbst.

Gründe:

Der Kläger hat Klage erhoben auf Zahlung von 12 128,35 M. nebst Zinsen als Vergütung für die Leitung eines Neubaues. Der Beklagte hat die Einrede der örtlichen Unzuständigkeit erhoben. Der Einzelrichter des Landgerichts hat durch Zwischenurteil die Einrede verworfen. Die vom Beklagten eingelegte Berufung hat das Oberlandesgericht durch Beschluß als unzulässig verworfen. Gegen diesen Beschluß richtet sich die frist- und formgerecht eingelegte Beschwerde des Beklagten.

Das Oberlandesgericht legt zunächst dar, daß die Entscheidung des Gerichts erster Instanz gemäß § 512 a ZPO. jeder Nachprüfung entzogen sei, und fügt dann hinzu, es komme deshalb im vorliegenden Falle nicht darauf an, ob sie schon aus dem Grunde der Berufung entzogen sei, weil der Einzelrichter hier ein Zwischenurteil gemäß § 303 ZPO. habe fällen wollen, wofür der Umstand spräche, daß er die abgesonderte Verhandlung laut Protokoll nicht besonders durch Beschluß angeordnet habe, oder ob der Einzelrichter ein Zwischenurteil gemäß § 275 Abs. 1 und 2 ZPO. habe erlassen wollen und die Anordnung der abgesonderten Verhandlung nur versehentlich unterlassen habe, so daß ein Verfahrensmangel vorläge. Dieser vom Vorderrichter hinsichtlich der Anwendbarkeit des § 275 Abs. 2 ZPO. gehegte Zweifel erledigt sich jedoch ohne weiteres dadurch, daß nach der Neufassung des § 303 ZPO. ein Zwischenurteil über ein einzelnes selbständiges Angriffs- oder Verteidigungsmittel nicht mehr zulässig ist. Ein Urteil, das eine prozeßhindernde Einrede verwirft, kann also seine Rechtsgrundlage nur noch in § 275 ZPO. finden und steht deshalb in betreff der Rechtsmittel einem Endurteil gleich, selbst wenn es unter Nichtbeachtung des Abs. 1 dieser Vorschrift erlassen ist. Es fehlt an einem Anhalt, daß der Einzelrichter des Landgerichts, der seine Befugnis, über die Unzuständigkeitseinrede zu entscheiden, nur dem nach seiner Wortfassung ersichtlich auf § 275 zurückverweisenden § 349 Abs. 1 Nr. 2 ZPO. entnehmen konnte, diese Rechtslage verkannt hätte. Er hat allerdings die Einrede durch Urteil verworfen, ohne daß zuvor abgesonderte Verhandlung über sie angeordnet war. Darin liegt aber, da sich infolge der erwähnten Gesetzesänderung die Annahme eines Zwischenurteils im Sinne des § 303 ZPO. verbietet, nur ein für die Zulässigkeit der Urteilsanfechtung unwesentlicher Prozeßverstoß, und zwar einerlei, ob der Einzelrichter abgesonderte Verhandlung über die Einrede selbst hätte anordnen dürfen, oder ob er sie der Zivilkammer hätte überlassen müssen. Da weder vom Einzelrichter noch von der Zivilkammer eine solche Anordnung ergangen ist, kann die in der Vorinstanz eingehend behandelte Frage, wer zu ihr befugt gewesen wäre, nicht weiter erörtert werden.

Das die Unzuständigkeitseinrede verwerfende Urteil des Einzelrichters des Landgerichts steht sonach gemäß § 275 Abs. 2 in Verbindung mit § 350 Abs. 2 ZPO. hinsichtlich seiner Anfechtbarkeit einem landgerichtlichen Endurteil gleich. Sie wird aber — und darin ist dem Oberlandesgericht beizutreten — durch § 512 a ZPO. ausgeschlossen. Nach dieser Vorschrift kann die Berufung in Streitigkeiten über vermögensrechtliche Ansprüche — ein solcher ist hier Gegenstand des Prozesses — nicht darauf gestützt werden, daß das Gericht erster Instanz seine örtliche Zuständigkeit mit Unrecht angenommen hat. Es können also, wenn die Bejahung der örtlichen Zuständigkeit in einem zur Hauptsache ergangenen Urteil ausgesprochen ist, in der Berufungsinstanz Angriffe gegen die Entscheidung in diesem Punkte nicht mehr erhoben werden. Ein Urteil aber, das lediglich die örtliche Zuständigkeit bejaht, ist durch diese Bestimmung der Berufung schlechthin entzogen. Sie ist gegen ein Urteil solchen Inhalts überhaupt unzulässig. Dem uneingeschränkten Wortlaute der Vorschrift gegenüber ist es unmöglich, ihre Anwendbarkeit zu begrenzen auf Urteile der erstgenannten Art, auf solche, die auch in der Sache selbst entscheiden. Es liegt kein innerer Grund vor, Urteile, welche lediglich die Einrede der örtlichen Unzuständigkeit verwerfen, der Anwendung des § 512 a ZPO. zu entziehen. Die höheren Instanzen sollen, wie die jetzt geltende Zivilprozeßordnung mit besonderer Deutlichkeit erkennen läßt, von Zuständigkeitsfragen möglichst verschont bleiben; diese sollen zudem mit tunlichster Beschleunigung erledigt werden. Dem dient für den Fall der Verneinung der Zuständigkeit durch das angegangene Gericht der § 276 ZPO., der die Verweisung an das zuständige Gericht durch unanfechtbaren Beschluß zuläßt. Für den Fall der Bejahung der örtlichen Zuständigkeit (für den Fall der Bejahung der sachlichen Zuständigkeit durch das Landgericht vgl. den bereits früher geltenden § 10 ZPO.) soll § 512 a ZPO. die Erreichung des angestrebten Zieles gewährleisten. Damit wäre eine Anfechtbarkeit auch nur der nach § 275 ZPO. erlassenen Urteile unvereinbar. Zutreffend hat das Oberlandesgericht bereits auf den § 549 Abs. 2 ZPO. verwiesen, der, durch die Novelle von 1905 geschaffen, schon früher für die Revision die Einschränkung gebracht hat, die jetzt § 512 a ZPO. für die Berufung einführt. Ihn hat das Reichsgericht (RGZ. Bd. 93 S. 351 und JW. 1916 S. 1022 Nr. 11) bereits ohne Bedenken auf Entscheidungen angewendet, die lediglich die Einrede der örtlichen Unzuständigkeit verworfen hatten. Es hat sie für unanfechtbar erklärt und eine Revision dagegen auch mit der Begründung nicht zugelassen, daß dem Vorderrichter ein Verstoß gegen andere Prozeßnormen als die Zuständigkeitsvorschriften zur Last falle. Für die Berufung muß nach § 512 a ZPO. dasselbe gelten.

Das Oberlandesgericht hat die genannte Vorschrift demnach mit Recht auf den vorliegenden Fall für anwendbar erklärt. Die Beschwerde des Beklagten ist als unbegründet zurückzuweisen.

RGZ. 113, 410

1. Steht die Möglichkeit, nach § 259 ZPO. auf künftige Leistung zu klagen, der Erhebung einer Feststellungsklage nach § 256 ZPO. entgegen?

2. Voraussetzungen der Zwischenfeststellungsklage des § 280 ZPO.

III. Zivilsenat. Urt. v. 11. Mai 1926.

I. Landgericht I Berlin. II. Kammergericht daselbst.

Durch schriftlichen Vertrag vom 13. Juni 1923 wurde der Kläger von der Beklagten als Leiter ihres Verkaufsbüros in Berlin angestellt; der Anstellungsvertrag sollte bis 30. September 1923 Geltung haben und das Abkommen sollte sich ohne weiteres jeweils um 1 Jahr verlängern, falls es nicht 3 Monate vor Ablauf durch Einschreibebrief gelöst werde. Die Bezüge des Klägers sollten sich aus festem Gehalt und Aufwandsentschädigungen, ferner Tarifzuschlägen, Teuerungszulagen und Beteiligung am Reingewinn zusammensetzen. Zum 30. September 1923 ist das Vertragsverhältnis nicht gekündigt worden. Im Frühjahr 1924 hat die Beklagte ihr Berliner Verkaufsbüro aufgelöst; sie hat dem Kläger bis zum 30. April 1924 Gehalt und Gewinnanteil gezahlt.

Der Kläger behauptet, die Beklagte habe ihm unberechtigterweise fristlos gekündigt; mit der Klage verlangt er 1. die Feststellung, daß er seiner Ansprüche aus dem Anstellungsvertrag vom 13. Juni 1923 nicht verlustig gegangen sei, daß dieser Vertrag vielmehr noch bis zum 30. September 1924 fortbestehe; 2. Verurteilung der Beklagten zur Zahlung eines Teilbetrages seines Gehalts für Mai 1924, sowie seines Gewinnanteils usw. aus 1922/23 und aus der 1. Hälfte des Geschäftsjahrs 1923/24 in Höhe von 5000 GM. nebst Zinsen. Die Beklagte hat eingewendet, der Kläger hätte auch nach der Umbildung ihrer Berliner Zweigniederlassung seine Stellung unverändert behalten können, dies sei nur durch das Verschulden des Klägers vereitelt worden. Das Landgericht hat durch Teilurteil festgestellt, daß der Anstellungsvertrag bis zum 30. September 1924 fortbestanden habe. Auf die Berufung der Beklagten hat das Berufungsgericht die Klage, soweit sie auf Feststellung gerichtet war, abgewiesen, da es die Voraussetzungen des § 256 und des § 280 ZPO. nicht für gegeben erachtete. Die Revision des Klägers hatte Erfolg.

Gründe:

Das Berufungsgericht stellt fest, daß bereits im Zeitpunkt der Erhebung der Klage — Juni 1924 — nicht nur der Anspruch des Klägers auf festes Gehalt und Aufwandsentschädigungen nebst Tarifzuschlägen und Teuerungszulage der Höhe nach für die Zeit bis September 1924 festgestanden habe, sondern daß das gleiche auch gelte von seinem Anspruch auf Anteil an dem sich durch die Bilanz des Berliner Verkaufsbüros ergebenden Gewinn und an dem über die jeweils gültigen Bruttoverkaufspreise hinaus erzielten Mehrerlös; auch diesen Anspruch sei der Kläger damals zu beziffern in der Lage gewesen, und habe nicht den Ablauf des 30. September 1924 und die Fertigung einer nach diesem Zeitpunkt aufzustellenden Bilanz abzuwarten brauchen.

Wenn das Berufungsgericht aus diesem festgestellten Sachverhalt die Rechtsfolge ableitet, das rechtliche Interesse des Klägers an der begehrten alsbaldigen Feststellung habe bereits zur Zeit der Klagerhebung im Juni 1924 gefehlt, weil der Kläger damals schon in der Lage gewesen sei, gemäß § 259 ZPO. auf künftige Leistung in vollem Umfange zu klagen, so kann ihm nicht beigetreten werden. Klage auf künftige Leistung „kann" nach § 259 ZPO. außer den Fällen der §§ 257, 258 erhoben werden, wenn den Umständen nach die Besorgnis gerechtfertigt ist, daß der Schuldner sich der rechtzeitigen Leistung entziehen werde. Diese erst durch die Novelle vom 17. Mai 1898 der Zivilprozeßordnung eingefügte Vorschrift bezweckte eine Erweiterung des bis dahin bestehenden Rechtsschutzes (Amtliche Begründung bei Hahn, Materialien, 2. Aufl. S. 103/104), und schon die Wortfassung „kann" läßt es als ausgeschlossen erscheinen, daß durch § 259 das Anwendungsgebiet der Feststellungsklage eingeschränkt werden sollte. Aus der bloßen Tatsache, daß eine Klage nach § 259 möglich ist, folgt nicht die Unzulässigkeit der an sich gegebenen Feststellungsklage; vielmehr muß dem Kläger ein Wahlrecht zugestanden werden, ob er von dem einen oder dem anderen ihm zustehenden Rechtsbehelf Gebrauch machen will, dies namentlich wegen der in § 259 verlangten besonderen Voraussetzungen. Die Frage, ob den Umständen nach die Besorgnis gerechtfertigt ist, daß der Schuldner sich der rechtzeitigen Leistung entziehen werde, ist der — im Ergebnis nicht vorhersehbaren — tatsächlichen und rechtlichen Würdigung durch die Gerichte unterworfen, und die Rechtsprechung hat beispielsweise darin geschwankt, ob diese Voraussetzung schon dann gegeben ist, wenn der Schuldner seine Verpflichtung zur Leistung vor Fälligkeit bestreitet. Dem Kläger kann nicht zugemutet werden, die Gefahr einer aus abweichender Beurteilung dieser Verhältnisse sich ergebenden Abweisung der Klage auf künftige Leistung auf sich zu nehmen, wenn er damit rechnen darf, daß die Feststellungsklage zum Ziele führen werde, zumal dann nicht, wenn er Grund zu der Annahme hat, daß die auf die Feststellungsklage ergehende gerichtliche Entscheidung den Streitstoff vollständig erledigen und die nachfolgende Erhebung einer Leistungsklage entbehrlich machen werde. Daß die besonderen Voraussetzungen des § 259 im vorliegenden Falle gegeben wären, hat übrigens das Berufungsgericht nicht festgestellt, jedenfalls nicht näher dargelegt. Die Möglichkeit, nach § 259 auf künftige Leistung zu klagen, stand also der Erhebung einer Feststellungsklage nach § 256 ZPO. nicht im Wege. In der reichsgerichtlichen Rechtsprechung ist auch anerkannt, daß, wenn bei der Klagerhebung ein Teil des Anspruchs bereits entstanden, die Entstehung weiterer Ansprüche aber noch zu erwarten ist, für den Kläger kein Zwang besteht, seine Klage in eine Leistungs- und eine Feststellungsklage zu teilen, vielmehr die Erhebung der letzteren Klage allein in vollem Umfange zuzulassen ist (RGZ. Bd. 108 S. 202 und die dort angezogenen Urteile). Die vorstehenden Ausführungen stehen im Einklang mit der früheren Rechtsprechung des erkennenden Senats sowohl zu § 259 (Urteil vom 8. Juni 1906 III 2/06) als auch zu § 257 ZPO. (Urteil vom 3. Oktober 1924 III 185/24).

Im Berufungsverfahren hat der Kläger seinen Feststellungsanspruch auch auf den § 280 ZPO. gegründet. Diesem Vorbringen hält das angefochtene Urteil entgegen, eine Zwischenfeststellungsklage nach § 280 stehe hier nicht in Frage; sie liege nur dann vor, wenn der Feststellungsantrag erst im Laufe des Prozesses gestellt werde; vorliegend aber sei dieser Antrag bereits in der Klageschrift enthalten. Auch diese Begründung ist rechtlich nicht haltbar; sie setzt sich in Widerspruch mit der Rechtsprechung des Reichsgerichts, wonach es der Zulässigkeit der Zwischenfeststellungsklage nach § 280 nicht entgegensteht, wenn das Rechtsverhältnis schon vor der Klage streitig war und der Feststellungsantrag bereits in die auf teilweise Leistung gerichtete Klage aufgenommen wird (RGZ. Bd. 41 S. 372, Bd. 73 S. 273/274; JW. 1908 S. 202 Nr. 20. Auch bedarf es bei der Zwischenfeststellungsklage des § 280 nicht des Nachweises eines rechtlichen Interesses an der alsbaldigen Feststellung, wie ihn § 256 verlangt. Dieser Nachweis wird durch die Abhängigkeit der Entscheidung des Rechtsstreits von dem streitigen Rechtsverhältnis ersetzt (RGZ. Bd. 29 S. 361, Bd. 73 S. 274, Bd. 95 S. 39). Voraussetzung der Zwischenfeststellungsklage ist lediglich, daß ein Rechtsverhältnis unter den Parteien streitig ist, und daß von der Feststellung dieses Rechtsverhältnisses die Entscheidung über die Hauptklage abhängt. Diese Voraussetzungen sind aber hier gegeben, denn vom Fortbestehen des streitigen Dienstverhältnisses bis zum 30. September 1924 hängt die Entscheidung über den Leistungsanspruch des Klägers zu einem wesentlichen Teile ab. Nun ist allerdings der in der Klageschrift erhobene Feststellungsanspruch des Klägers unverkennbar auf § 256 gestützt. Allein das schließt nicht aus, ihn, wenn er den Erfordernissen dieser Gesetzesstelle nicht entspricht, nach § 280 zuzulassen, wenn dessen Voraussetzungen gegeben sind. Der Kläger hat dies, wie bereits erwähnt, im Berufungsverfahren ausdrücklich geltend gemacht. Eine Klagänderung ist in dieser Art der Rechtsverfolgung nicht zu finden. Der Klagantrag zu 1 wäre daher selbst dann zuzulassen, wenn er nicht schon, wie oben dargelegt, nach § 256 ZPO. zulässig wäre.

RGZ. 118, 382

1. Wann ist § 286 ZPO. verletzt?

2. Wann beruht die Entscheidung im Sinne des § 549 Abs. 1 ZPO. auf der Verletzung eines Reichsgesetzes?

II. Zivilsenat. Urt. v. 8. November 1927.

I. Landgericht I Berlin. II. Kammergericht daselbst.

Die Parteien sind Eheleute. Der Ehemann hat Klage auf Ehescheidung erhoben. Er stützt sie unter anderem auf ehewidrige Beziehungen der Beklagten zu einem Arzte, der sie während ihres Aufenthalts in Lausanne in den Jahren 1918 und 1919 behandelt hat. Dieser Arzt wurde auf Ersuchen des Berufungsgerichts vom Distriktsgericht in Lausanne als Zeuge vernommen.

Beide Vorinstanzen haben die Klage abgewiesen. Die Revision des Klägers hatte keinen Erfolg.

Aus den Gründen:

Die Revision erhebt den prozessualen Angriff, das Berufungsgericht habe die Aussage des vom Kläger als Zeugen benannten Arztes in Lausanne unter Verletzung der §§ 357, 397 ZPO. zum Beweise dafür verwendet, daß solche Beziehungen zwischen beiden Personen nicht beständen und nicht bestanden hätten. Die Benutzung dieser vor dem Distriktsgericht in Lausanne uneidlich gemachten Aussage wird deshalb beanstandet, weil dem Anwalt des Klägers die Benachrichtigung von dem auf den 27. Oktober 1926 anberaumten Vernehmungstermin in Lausanne erst am 28. Oktober 1926 zugegangen und daher eine Vertretung in diesem Termin nicht möglich gewesen sei. Da der Anwalt vorher ausdrücklich erklärt habe, daß er auf Benachrichtigung vom Vernehmungstermin nicht verzichte, und da er deshalb auch sofort Widerspruch gegen die Verwertung jener Aussage eingelegt und die Wiederholung der Vernehmung beantragt habe, so sei die Aussage ungültig und habe nicht zum Nachteil des Klägers benutzt werden dürfen.

Der Angriff läuft darauf hinaus, daß die tatsächlichen Feststellungen des Berufungsgerichts auf der Berücksichtigung einer Zeugenaussage beruhten, die nicht hätte berücksichtigt werden dürfen. Damit ist dem Berufungsgericht ein Verstoß gegen § 286 ZPO. vorgeworfen, also gegen eine Vorschrift, auf deren Verletzung die Revision nach den Entlastungsgesetzen vom 21. Dezember 1925 und 17. Dezember 1926 zur Zeit nicht gestützt werden kann. Denn § 286 ZPO. behandelt ein

Doppeltes, nämlich die Entscheidungsgrundlagen wie auch die aus ihnen gewonnene richterliche Ueberzeugung. Die Verletzung dieser Vorschrift kann daher einmal dadurch geschehen, daß der Richter aus den formell ordnungsmäßigen Grundlagen, z. B. aus den formgerecht zustandegekommenen Zeugenaussagen, falsche Schlüsse zieht, oder dadurch, daß die Grundlagen unvollständig, z. B. die für erhebliche Tatsachen angebotenen Beweise abgelehnt worden sind, oder auch dadurch, daß die Grundlagen unter Verletzung gesetzlicher Vorschriften zustandegekommen sind. Dieser letzte Fall liegt hier vor. Die Rüge ist daher unzulässig.

Auf den gleichen Standpunkt hat sich der erkennende Senat im Falle der Rüge ungesetzlicher Beeidigung oder Nichtbeeidigung von Zeugen gestellt, ebenso in einem Falle, in dem gerügt worden war, das Berufungsgericht habe zu Unrecht, unterlassen, vor der Vernehmung eines Zeugen (Notars) die Genehmigung seiner vorgesetzten Dienstbehörde einzuholen. Das gleiche gilt aber auch gegenüber den Rügen, daß ein als Zeuge vernommener Rechtsanwalt und Notar von der Schweigepflicht nicht entbunden worden sei und daß eine Niederschrift über Zeugenaussagen der gehörigen Form entbehre (Urteil des erkennenden Senats vom 3. Juni 1927 II 518/26).

Die Auffassung der Revision, ihre Rüge sei zulässig, weil sie sich allein gegen die Verletzung der §§ 357, 397 ZPO., nicht aber gegen einen Verstoß wider § 286 ZPO. richte, ist unzutreffend. Maßgebend ist die Vorschrift des § 549 ZPO., wonach die Revision nur darauf gestützt werden kann, daß die Entscheidung auf der Verletzung eines Reichsgesetzes . . . beruht. Es kann also, falls nicht einer der absoluten Revisionsgründe des § 551 ZPO. vorliegt (was hier nicht der Fall ist), eine Gesetzesverletzung nur dann zur Aufhebung des angefochtenen Urteils führen, wenn die Entscheidung auf dem Mangel beruht, d. h. wenn wenigstens die Möglichkeit gegeben ist, daß ohne die Gesetzesverletzung anders erkannt worden wäre. Das Urteil beruht aber nicht auf der Verletzung des Gesetzes, wenn feststeht, daß auch ohne sie nicht anders entschieden worden wäre. Letzteres ist hier der Fall, wie die Begründung des Berufungsgerichts klar ergibt.

Die Verletzung der Vorschrift des § 357 in Verbindung mit § 397 ZPO., wonach den Parteien gestattet ist, der Beweisaufnahme beizuwohnen und Fragen an den Zeugen zu richten, begründet — entgegen der Ansicht des Klägers — für sich allein überhaupt nicht die Revision.

RGZ. 119, 356

Ist eine Klage auf Feststellung des Inhalts eines formwidrigen Grundstückskaufvertrags zulässig, wenn sie nur als Mittel zur Erreichung der behördlichen Genehmigung des Vertrags dienen soll?

ZPO. § 256. Preuß. Grundstücksverkehrsgesetz v. 10. Februar 1923 § 6.

V. Zivilsenat. Urt. v. 4. Januar 1928.

I. Landgericht III Berlin. II. Kammergericht daselbst.

Durch notariellen Kaufvertrag vom 10. November 1922 verkaufte der Beklagte sein in Berlin gelegenes Grundstück an den Kläger und ließ es ihm gleichzeitig auf. Im Kaufvertrag ist der Kaufpreis zu niedrig angegeben. Der Kläger ist am 17. Februar 1923 als Eigentümer ins Grundbuch eingetragen worden. Mit der Behauptung, der Beklagte habe sich geweigert, dem Bezirksamt eine Auskunft über die Kaufpreisvereinbarung zu geben, was zur Herbeiführung der Genehmigung des Kaufvertrags gemäß § 6 preuß. GVerkG. vom 10. Februar 1923 erforderlich gewesen sei, begehrt der Kläger Feststellung dahin, daß der zwischen den Parteien vereinbarte Kaufpreis nicht, wie im notariellen Vertrag beurkundet 120 000 M, sondern nach unmittelbar vorhergegangener mündlicher Vereinbarung 240 000 bis 250 000 M betrage, wovon der nicht beurkundete Betrag bar gezahlt sei, daß der Vertrag im übrigen die Parteivereinbarung vollständig enthalte, daß insbesondere der Vertragsinhalt in Verbindung mit der Kaufpreisberichtigung mit den tatsächlich getroffenen Vereinbarungen übereinstimme und keine weiteren Nebenabreden getroffen worden seien. Der Beklagte hält die Feststellungsklage für unzulässig, weil es sich um Feststellung unbestrittener Tatsachen handle; zudem bestehe für den Beklagten keine Auskunftspflicht, weil der Vertrag wegen unrichtiger Beurkundung nichtig sei.

Das Landgericht gab der Klage statt, das Kammergericht wies sie ab. Die Revision des Klägers blieb erfolglos.

Gründe:

Das Berufungsgericht hält das Feststellungsbegehren des Klägers für zulässig, obwohl es der Ansicht ist, daß rein tatsächliche Feststellungen getroffen werden sollen. Ein rechtliches Interesse an der Feststellung der wahren Kaufvereinbarungen wird, obwohl über diese kein Streit besteht, in dem Erfordernis einer schriftlichen Versicherung der Vertragsparteien gemäß § 6 GVerkG. vom 10. Februar 1923 gefunden. Verneint wird aber die rechtliche Möglichkeit, den Anspruch so, wie geschehen, geltend zu machen, weil beim Fehlen eines rechtsgültigen Vertrags und einer dadurch erzeugten schuldrechtlichen Bindung des Beklagten dem Kläger kein Anspruch darauf zustehe, daß der Beklagte ihm zur behördlichen Genehmigung des Kaufvertrags verhelfe. Eine andere Beurteilung könnte — so führt das Berufungsgericht weiter aus — nur dann in Fage kommen, wenn dem Beklagten Arglist vorzuwerfen wäre. In dieser Hinsicht habe jedoch der Kläger keine hinreichenden tatsächlichen Behauptungen aufgestellt.

Die Revision erachtet nicht das Bestehen eines Anspruchs auf Mithilfe beim Nachsuchen der behördlichen Genehmigung für ausschlaggebend, sondern allein die Frage, ob der mündliche Kaufvertrag, dessen Nichtigkeit heilbar und der deshalb nur schwebend unwirksam sei, ein Rechtsverhältnis im Sinne von § 256 ZPO. darstelle.

Dem Berufungsgericht ist im Ergebnis beizutreten.

Es kann dahinstehen, ob das Klageverlangen auf eine rein tatsächliche Feststellung gerichtet und schon aus diesem Grunde unzulässig ist. Auch braucht nicht erörtert zu werden, ob ein Rechtsverhältnis nach § 256 ZPO. dann vorliegt, wenn, wie hier, die festzustellenden Vertragsbeziehungen der Rechtswirksamkeit ermangeln und nur die Möglichkeit besteht, daß sie auf dem Weg über die Heilung der Formwidrigkeit gemäß § 313 Satz 2 BGB. im Verein mit der Genehmigung nach dem Grundstücksverkehrsgesetz dereinst wirksam werden. Ebensowenig bedarf es einer Entscheidung darüber, ob § 256 ZPO. unter allen Umständen erfordert, daß das festzustellende Rechtsverhältnis zwischen den Parteien streitig ist, oder ob sich nicht auch im Falle seiner Unstreitigkeit ein rechtliches Interesse an der Feststellung denken läßt.

Ausschlaggebend ist vielmehr zuungunsten des Klägers der Umstand, daß es hier nicht allein an einer schuldrechtlichen Bindung des Beklagten fehlt, sondern auch an einem verfahrensrechtlichen Anspruch des Klägers auf den Rechtsschutz durch Feststellung. Schon früher hat der erkennende Senat die Rechtsschutzwürdigkeit der Interessen einer an einem Schwarzkauf beteiligten Partei — abgesehen vom Falle der Arglist — verneint (RGZ. Bd. 115 S. 42, LZ. 1926 Sp. 696 Nr. 6). Mag auch im allgemeinen das Vorhandensein einer schuldrechtlichen Verpflichtung der Gegenseite für die Zulässigkeit der Feststellungsklage unerheblich sein, so muß doch in jedem Falle nachgeprüft werden, ob das rechtliche Interesse des Klägers an der begehrten Feststellung schutzwürdig ist. Für die Beantwortung dieser Frage wird es aber bedeutsam, daß durch die Klage nichts zwischen den Parteien Streitiges festgestellt, sondern nur der Beklagte gezwungen werden soll, beim Einholen der behördlichen Genehmigung mitzuwirken, wozu er nicht verpflichtet ist. Auch die für das Verfahren vor der Verwaltungsbehörde bestehenden Vorschriften rechtfertigen den Klaganspruch nicht. Als Grundlage für das Genehmigungsverfahren ist nach § 6 Abs. 1 Nr. 2 GVerkG. die schriftliche Versicherung der Vertragsteile erforderlich, daß der zwischen ihnen geschlossene Vertrag richtig und vollständig mitgeteilt sei und daß insbesondere der Vertragsinhalt mit den tatsächlich getroffenen Vereinbarungen übereinstimme und keine weiteren Nebenabreden getroffen worden seien. Zwar ist die Verwaltungsbehörde bei Anwendung dieser Vorschrift nicht an den Formzwang des § 313 Satz 1 BGB. gebunden; sie befindet vielmehr nach ihrem vom Gericht nicht nachzuprüfenden Ermessen darüber, welche Anforderungen sie an einen nach dem Grundstücksverkehrsgesetz zu beurteilenden Antrag stellen will. Anderseits gibt aber § 6 GVerkG. dem Gericht doch allen Anlaß, zu untersuchen, ob ein durch die bestehenden Normen gerechtfertigtes Interesse dafür vorliegt, daß dem Käufer das Anrufen der Gerichtsbehörden lediglich deswegen gestattet werde, weil er eines der Verwaltungsbehörde vorzulegenden Beweismittels bedarf, für dessen Erzwingung keine rechtliche Grundlage vorhanden ist. Ein derartiges Interesse muß verneint werden. Deswegen greift auch im gegebenen Falle zur Stützung des Vorgehens nach § 256 ZPO. nicht die sonst feststehende reichsgerichtliche Rechtsprechung ein, wonach ein rechtliches Interesse dann als vorhanden anzunehmen ist, wenn zu erwarten steht, daß durch die richterliche Feststellung eine gesicherte Grundlage für die Anerkennung des vor anderen Behörden zu verfolgenden Anspruchs geschaffen wird (RGZ. Bd. 92 S. 8, Bd. 106 S. 49; WarnRspr. 1915 Nr. 184). In der Entscheidung des erkennenden Senats vom 10. Februar 1926 (JW. 1926 S. 1427) ist auf die Feststellungsklage als Ersatzmittel für die nicht erzwingbare eidesstattliche Versicherung (§ 6 Abs. 1 Nr. 2 Schlußsatz des GVerkG.) ausdrücklich hingewiesen worden. Der Unterschied zwischen dem hier zu entscheidenden und jenem Fall besteht aber gerade darin, daß dort ein rechtsgültig zustande gekommener Kaufvertrag zu unterstellen und aus ihm die Pflicht zur Auskunft und zur Mitwirkung beim Genehmigungsverfahren abzuleiten war, während es sich hier unstreitig um einen Schwarzkauf handelt, aus dem keine bürgerlichrechtlichen Verpflichtungen entstanden sind.

RGZ. 121, 154

1. Ist eine Klage auf Feststellung eines an sich wirksamen, aber noch der behördlichen Genehmigung bedürfenden Verpflichtungsgeschäfts über einen Grundstücksverkauf zulässig, wenn sie dazu dienen soll, die behördliche Genehmigung zu erreichen?

2. Kann diese Klage als Widerklage auch dann erhoben werden, wenn der Verkäufer mit der Klage die Feststellung begehrt, daß dem Käufer keine Rechte aus dem Kaufvertrag zustehen?

ZPO. § 256. Preuß. Grundstücksverkehrsgesetz vom 10. Februar 1923 § 6.

V. Zivilsenat. Urt. v. 16. Mai 1928.

I. Landgericht I Berlin. II. Kammergericht daselbst.

Durch einen in Mährisch-Ostrau (Tschechoslowakei) mündlich abgeschlossenen und dort brieflich bestätigten Vertrag verkaufte der Beklagte am 20. Januar 1925 seine in Berlin gelegenen Grundstücke an den Kläger; der Kaufpreis ist gezahlt.

Mit der Klage verlangt der Kläger Rückzahlung des Kaufpreises und Feststellung, daß dem Beklagten aus der bezeichneten Vereinbarung keinerlei Rechte zuständen. Der Beklagte begehrt mit Widerklage die Feststellung, daß der — dem Magistrat der Stadt Berlin mit Antrag des Beklagten vom 26 Februar 1926 zur Genehmigung mitgeteilte — Vertrag richtig und vollständig mitgeteilt sei, insbesondere der Vertragsinhalt mit den tatsächlich getroffenen Vereinbarungen übereinstimme und keine weiteren Nebenabreden getroffen worden seien.

Die Widerklage ist auf die Behauptung gestützt, daß der Kläger nach dem gültigen, schwebend wirksamen Kaufvertrag verpflichtet sei, dazu mitzuwirken, daß der Vertrag die nach dem preußischen Grundstücksverkehrsgesetz erforderliche Genehmigung erhalte. Der Kläger wendet ein, daß der Kaufvertrag, ebenso wie die dem Beklagten am 20. Januar 1925 in Mährisch-Ostrau erteilte unwiderrufliche Vollmacht zum Verkaufe des Grundstücks der Form des § 313 BGB. ermangle, daß er aber auch deswegen gleichwie die Vollmacht nichtig sei, weil die nach dem Grundstücksverkehrsgesetz erforderliche Genehmigung nicht erteilt sei und weil mit ihm auch eine Umgehung steuerlicher Vorschriften bezweckt worden sei. Ferner sei der Vertrag wegen Irrtums und arglistiger Täuschung über den Grundstückswert angefochten. Dem Verlangen des Beklagten stehe schließlich die Einrede der Arglist entgegen; denn dem Beklagten, nicht aber dem Kläger, sei beim Vertragsschluß bewußt gewesen, daß die Aufwertung der persönlichen Hypothekenforderungen erfolgen werde. Jedenfalls könne der Beklagte aus dem Vertrag nur dann Rechte herleiten, wenn er einen Beitrag zur Aufwertung leiste. Der Beklagte hat erwidert, der Kläger habe das Aufwertungsrisiko ausdrücklich übernommen.

Auf Antrag beider Parteien ist zunächst über die Widerklage entschieden worden. Beide Vorinstanzen haben insoweit zugunsten des Beklagten erkannt. Die Revision des Klägers blieb erfolglos.

Gründe:

Der Revision kann nicht zugegeben werden, daß die Feststellungswiderklage wegen mangelnden rechtlichen Interesses an der Feststellung gemäß § 256 ZPO. schon deshalb unzulässig sei, weil ihr Antrag ein bloßes Bestreiten der negativen Feststellungsklage des Klägers darstelle. Mit der letzteren will der Kläger verneint wissen, daß dem Beklagten Rechte aus dem Kaufgeschäft zustehen; sie richtet sich mithin gegen den Rechtsbestand des Geschäfts nach dem bisherigen Sachverhalt. Im Gegensatz hierzu will der Beklagte den bisherigen Sachverhalt dadurch ergänzen und seine rechtliche Beurteilung dadurch abändern, daß er mit der von ihm erstrebten Feststellung ein noch nicht gegebenes Erfordernis der Rechtsbeständigkeit durch Richterspruch bestätigen läßt.

Darum enthält der Widerklagantrag nicht nur eine sachlich bedeutungslose Einkleidung des Antrags auf Abweisung der Feststellungsklage und ermangelt nicht des besonderen Rechtsschutzanspruches. Die Widerklage verteidigt vielmehr ein selbständiges, aus der Treupflicht des Klägers hergeleitetes Recht des Beklagten darauf, daß der Kläger, entsprechend richterlicher Feststellung, dasjenige dulde, was ihm noch zu dulden obliegt, damit der wider die Klage geltend gemachte Anspruch endgültig durchzudringen vermag.

Fraglich bleibt indessen und ist von Amts wegen zu prüfen, ob nicht das Vorliegen der Voraussetzungen des § 256 ZPO. aus anderen Gründen verneint werden muß. Diese Prüfung erfordert zunächst das Eingehen auf die Sachentscheidung des Berufungsgerichts über die Rechtswirksamkeit der streitigen Abmachungen. Denn der erkennende Senat hat in seinem Urteil vom 4. Januar 1928 (RGZ. Bd. 119 S. 356) die Rechtsschutzwürdigkeit eines Feststellungsbegehrens, welches dasselbe Ziel wie das gegenwärtige verfolgte, deswegen für ausgeschlossen erachtet, weil dort ein genehmigungspflichtiges Grundstückskaufgeschäft in Betracht kam, aus dem wegen Nichteinhaltung der im § 313 Satz 1 BGB. vorgeschriebenen Form erst dann bürgerlichrechtliche Pflichten hätten erwachsen können, wenn durch Hinzukommen der behördlichen Genehmigung die im Satz 2 des § 313 BGB. zugelassene Heilung der Formwidrigkeit eingetreten wäre. Eine Formwidrigkeit ist jedoch hier nicht festzustellen. Denn es ist dem insoweit von der Revision nicht angefochtenen Berufungsurteil beizupflichten, wenn es, im wesentlichen auf Grund der in OLG. Bd. 44 S. 152 niedergelegten Erwägungen, die Form des § 313 Satz 1 BGB. bei den in der Tschechoslowakei abgeschlossenen Rechtsgeschäften der hier fraglichen Art als entbehrlich ansieht. Namentlich bietet der vorliegende Sachverhalt keinen Anlaß für die Anwendung des Art. 30 EG. z. BGB.

Ebensowenig bestehen rechtliche Bedenken gegen die sonstigen Ausführungen, mit denen das Berufungsgericht die Rechtswirksamkeit jener Rechtsgeschäfte — abgesehen vom Genehmigungsmangel — anerkennt. (Wird näher dargelegt.)

Danach ist nur noch zu untersuchen, ob bei einem sonst wirksamen, aber noch der behördlichen Genehmigung bedürfenden Verpflichtungsgeschäft über einen Grundstückskauf ein rechtliches Interesse an alsbaldiger Feststellung des in der Widerklage Behaupteten als eines Rechtsverhältnisses besteht, und ob ein Recht des Beklagten auf diese Feststellung vom Berufungsgericht zutreffend aus den Parteiabreden entnommen worden ist. Beides muß bejaht werden. Der erkennende Senat hat schon in seiner Entscheidung vom 10. Februar 1926 (JW. 1926 S. 1427) aus Verträgen der fraglichen Art die gegenseitige Pflicht der Vertragsgegner hergeleitet, die im § 6 Abs. 1 GVerkG. vorgeschriebenen Versicherungen, nötigenfalls eidesstattlich, der zuständigen Verwaltungsbehörde gegenüber abzugeben, um dadurch das Genehmigungsverfahren in Lauf zu setzen. Er hat zwar die Abgabe der Versicherung aus Gründen, die auf der Natur einer derartigen Versicherung beruhen, für nicht im Rechtsweg erzwingbar gehalten, hat aber auf die Feststellungsklage als Ersatzmittel ausdrücklich hingewiesen. Hieraus geht die sachliche Rechtfertigung und die Rechtsschutzwürdigkeit des Widerklageanspruchs ohne weiteres hervor.

Als wesentlichstes Bedenken gegen die *verfahrensrechtliche* Zulässigkeit der Widerklage kommt der Zweifel in Betracht, ob es sich bei ihr um das Bestehen eines Rechtsverhältnisses handelt (d. h. der Beziehung einer Person zu einer anderen, woraus sich nach den Rechtsnormen Rechte und Pflichten ergeben), oder lediglich um die Richtigkeit von Tatsachen, die für ein solches Rechtsverhältnis möglicherweise erheblich sind. Im letzteren Falle wäre die Zulässigkeit der Feststellungsklage nach der ständigen Rechtsprechung des Reichsgerichts zu verneinen. Indessen wird ein Antrag, der wie derjenige der Widerklage darauf abzielt, sämtliche auf ein bestimmtes Rechtsverhältnis bezüglichen Parteiabreden klarzulegen, ausnahmsweise zugelassen werden müssen, auch wenn er bloß Tatsachen aufzählt, weil sich aus dem Bestehen eines Vertragsschlusses in seiner Gesamtheit das Rechte und Pflichten erzeugende Rechtsverhältnis als notwendige Folge unmittelbar ergibt (RG. bei Gruch. Bd. 49 S. 659). Das rechtliche Interesse des Beklagten an der Feststellung dieses Rechtsverhältnisses erhellt daraus, daß der Kläger zwar den mit der Widerklage behaupteten Vertragsinhalt nicht bestreitet, aber trotzdem den Vertragsanspruch des Beklagten nicht anerkennt. Die Feststellung ist auf Grund des § 6 GVerkG. vom 10. Februar 1923 bedeutsam, weil sie dem Beklagten die Aussicht eröffnet, die Verwaltungsbehörde werde auf eine dem Widerklagantrag willfahrende richterliche Feststellung Gewicht legen, deswegen die Genehmigung erteilen und damit die schwebend bedingte Wirksamkeit des Vertrags zu einer endgültigen gestalten. Ein rechtliches Feststellungsinteresse hat das Reichsgericht stets dann als vorhanden angesehen, wenn zu erwarten steht, daß durch den Richterspruch eine gesicherte Grundlage der Anerkennung eines vor anderen Behörden zu verfolgenden Anspruchs geschaffen werde (RGZ. Bd. 92 S. 8, Bd. 106 S. 49; WarnRspr. 1915 Nr. 184). Endlich geht die Notwendigkeit alsbaldiger Feststellung entsprechend der Widerklage daraus hervor, daß der Kläger mit seiner Klage Rechte aus der Unwirksamkeit des Vertrags herleitet, während mit der Widerklage die Wirksamkeit des Vertrags erstrebt wird, daß also durch die vom Beklagten verlangte Feststellung der Ausgang des Rechtsstreits zu seinem Vorteil beeinflußt werden soll.

RGZ. 122, 156 †

1. Ueber Rechtsnachfolge während des Rechtsstreits.

2. Wirkt das Urteil, welches das Nichtbestehen einer Hypothek rechtskräftig zuungunsten des Grundstückseigentümers verneint, gegen denjenigen, der das Grundstück in der Zwangsversteigerung ersteht, nur dann, wenn die Rechtshängigkeit im Versteigerungstermin angemeldet worden war, oder auch dann, wenn der Ersteher von der Rechtshängigkeit sonst Kenntnis erhalten hatte?

3. . . .

ZPO. § 265 Abs. 3, § 325 Abs. 4, § 301.

VII. Zivilsenat. Urt. v. 23. Oktober 1928.

I. Landgericht Stuttgart. II. Oberlandesgericht daselbst.

Der Beklagte und sein Bruder kauften am 1. Februar 1921 von dem Metzger W. ein Hausgrundstück für 124 000 M. Den Kaufpreis beglichen sie durch Uebernahme von Hypotheken im Betrage von 87 000 M und durch Abtretung einer dem Kläger zustehenden Grundschuld von 37 000 M. Dafür, daß der Kläger sich zur Abtretung dieser Grundschuld an den Verkäufer bereit fand, ließen die Käufer für ihn auf dem gekauften Grundstück eine Hypothek von 45 000 M eintragen. Der Kläger verlangte später von den Käufern die Umwandlung der Hypothek in eine Goldmarkhypothek und erreichte durch ein Abkommen vom 28. März 1924, daß für ihn an Stelle der Papiermarkhypothek eine Hypothek im Werte von 4839 Gramm Feingold, verzinslich zu 8 %, im Grundbuch eingetragen wurde.

Im Rechtsstreit fordert der Kläger vom Beklagten die Zinsen der Hypothek für die Zeit vom 1. April bis zum 1. Oktober 1924 im Betrage von 270 RM. Der Beklagte bestreitet die Rechtsbeständigkeit der Umwandlung in die Goldhypothek. Zusammen mit seinem Bruder hat er sowohl diese wie auch das ihr zugrundeliegende Abkommen vom 28. März 1924 wegen Irrtums angefochten. Der Beklagte verlangt widerklagend vom Kläger die Bewilligung, daß für diesen an Stelle der jetzt vorhandenen Hypothek eine solche zum Betrage von nur 814,50 GM eingetragen werde, indem er behauptet, daß die Papiermarkhypothek bloß auf diesen Betrag habe aufgewertet zu werden brauchen. Der Kläger bestreitet die Befugnis des Beklagten zur Widerklage, weil das Grundstück inzwischen zum Zwecke der Auseinandersetzung zur Zwangsversteigerung gekommen und vom Bruder des Beklagten ersteigert worden sei.

Das Landgericht hat unter Abweisung der Widerklage nach dem Klagantrag erkannt. Das Berufungsgericht hat durch Teilurteil die Berufung des Beklagten zur Klage zurückgewiesen und dann durch

Schlußurteil nach dem Hauptantrag der Widerklage erkannt. Die Revision des Klägers führte zur Aufhebung und Zurückverweisung.

Aus den Gründen:

Es ist rechtsirrig, wenn das Berufungsgericht meint, der Beklagte habe die Parteizuständigkeit in Bezug auf die Widerklage nicht dadurch verloren, daß er nicht mehr Eigentümer (richtig Miteigentümer) des belasteten Grundstücks sei, weil das Urteil nach § 325 Abs. 1 ZPO. auch für seinen Rechtsnachfolger wirke und er deshalb nach § 265 das. den Prozeß habe weiterführen dürfen. Denn dabei wird übersehen, daß es für die Anwendung des § 265 Abs. 3 ZPO. nicht darauf ankommt, ob das Urteil für den Rechtsnachfolger wirkt, sondern darauf, ob es nach § 325 ZPO. gegen den Rechtsnachfolger wirksam ist. Zwar kommt bei dem angefochtenen Urteil, weil es zugunsten des Widerklägers lautet, an sich nur eine Wirkung für den Rechtsnachfolger des Beklagten in Betracht. Aber das ist nicht entscheidend, weil § 265 Abs. 3 ZPO. nicht auf das ergangene Urteil abstellt, sondern darauf, ob das künftige Urteil, wenn es für den Kläger oder für den Widerkläger ungünstig lautet, auch gegen den Rechtsnachfolger wirksam wäre. Denn andernfalls müßte erst in eine sachliche Prüfung des Streitstoffs eingetreten werden, die durch § 265 Abs. 3 gerade vermieden werden soll und, falls die Klage oder die Widerklage nach dem Ergebnis der Prüfung sachlich abzuweisen wäre, diese Vorschrift auch überflüssig machen würde. Kam es aber darauf an, ob das ergehende Urteil, falls es für den Kläger oder für den Widerkläger ungünstig lautete, auch gegen den Rechtsnachfolger wirkte, so war zu beachten, daß der Bruder des Widerklägers (wie der Widerbeklagte ohne Widerspruch des Gegners behauptet hat) das belastete Grundstück im Wege der Zwangsversteigerung erworben hat. Und da § 325 Abs. 3 Satz 2 ZPO. auch dann Anwendung findet, wenn der Grundstückseigentümer die Feststellung des Nichtbestehens einer Hypothek verlangt (Stein-Jonas ZPO. 14. Aufl. Bem. V zu § 325), mußte ferner berücksichtigt werden, daß das Urteil gegen den Ersteher eines zwangsversteigerten Grundstücks nur wirkt, falls die Rechtshängigkeit im Versteigerungstermin vor der Aufforderung zur Abgabe von Geboten angemeldet worden ist. Daß dies geschehen wäre, hat das Berufungsgericht bisher nicht festgestellt. Allerdings wird davon ausgegangen werden können, daß der Bruder des Beklagten, der das Grundstück durch Zuschlag erworben hat, die Rechtshängigkeit des zwischen den Parteien schwebenden Rechtsstreits kannte; denn er wurde in diesem Verfahren als Zeuge vernommen. Aber eine solche Kenntnis genügt nicht, um die Rechtskraft des künftigen Urteils auch gegen ihn zu begründen. Denn das Gesetz macht die Wirksamkeit des Urteils gegen den Ersteher des Grundstücks nicht von dessen jedesmal festzustellender Kenntnis oder Unkenntnis der Rechtshängigkeit abhängig, sondern es will im Interesse der Rechtssicherheit die Rechtskraftwirkung gegen ihn an einen objektiv ein für alle Male feststehenden Tatbestand knüpfen. Aus diesem Grunde wurde die Anmeldung im Versteigerungstermin vorgeschrieben.

. . .

RGZ. 126, 18 †

1. Bedeutung des die negative Feststellungsklage abweisenden Urteils.

2. . . .

ZPO. §§ 256, 322.

VIII. Zivilsenat. Urt. v. 3. Oktober 1929.

I. Landgericht Dresden. II. Oberlandesgericht daselbst.

Die Beklagte hat dem Kläger durch Vertrag vom 24. Mai 1913 das in ihrem Grundstück in Dresden eingebaute Lichtspieltheater auf 10 Jahre zur Nutzung überlassen gegen einen zunächst mit 68 750 M angesetzten, noch im Jahre 1913 auf 70 750 M. erhöhten Jahreszins. Im März 1923 wurde die Vertragsdauer bis zum 31. Dezember 1933 erstreckt.

Im vorliegenden, im Oktober 1927 anhängig gewordenen Rechtsstreit hat der Kläger im ersten Rechtszug Feststellung verlangt, daß der Vertrag der Parteien als Pachtvertrag und nicht als Mietvertrag anzusehen sei, und ferner, „daß der Kläger verpflichtet sei, für die . . . Pachträume lediglich jährlich eine Pachtsumme von 30 000 GM. zu zahlen“. Das Landgericht hat auf Grund Anerkenntnisses der Beklagten dem ersten Antrag entsprochen, die Klage im übrigen aber abgewiesen, weil der Pachtzins jedenfalls mit mehr als 30 000 RM. anzusetzen sei. Von den Prozeßkosten wurde ein Viertel der Beklagten auferlegt, weil ihr Anerkenntnis kein sofortiges gewesen sei. Der Kläger hat Berufung eingelegt und vor dem Oberlandesgericht den Feststellungsantrag zur Höhe des Pachtzinses so gestellt, daß in erster Reihe festgestellt werden solle, der Kläger sei verpflichtet, für die Pachträume ab 1. Januar 1928 jährlich eine Pachtsumme von 30 000 RM. zu zahlen; hilfsweise aber hat er beantragt, die Höhe dieser Pachtsumme auf 31 000 RM., 32 000 RM., 33 000 RM. usw. mit Abständen von je 1000 RM. bis zu 56 475 RM. (dem letzten Hilfsverlangen) festzustellen. Die Beklagte hat sich der Berufung angeschlossen. Das Berufungsgericht hat unter Zurückweisung der Anschlußberufung auf die Klage, die es im übrigen abweist, festgestellt, daß der Kläger verpflichtet sei, für die Pachträume vom 1. Januar 1928 ab jährlich einen Pachtzins von 54 000 RM. zu zahlen. Die Revision der Beklagten führte zur Aufhebung und Zurückverweisung.

Aus den Gründen:

Die Bedeutung des Hilfsantrags der Revision (es solle festgestellt werden, daß der Kläger einen nach richterlichem Ermessen festzusetzenden Pachtzins, mindestens aber 100 000 RM. zu zahlen habe) läßt sich nur nach Feststellung des Sinnes der Klage erkennen. Dem Wortlaut nach trägt der Kläger auf eine positive Feststellung dahin an, daß er zu der oder jener Mietzahlung verpflichtet sei. Der Sinn der Klaganträge ist das aber nicht. Es kommt dem Kläger nicht darauf an, seine eigene Pflicht festgestellt zu sehen — das ist das Interesse des Gegners —, sondern auf die Begrenzung seiner Mietzahlungspflicht mit den von ihm angeführten Summen. Der aus dem sachlichen Streitstand ersichtliche Sinn der Anträge entspricht deshalb der im ersten Rechtszug vom Kläger gewählten Wendung, daß er „lediglich" 30 000 RM. usw. zu zahlen schuldig sei, oder besser, daß er nicht mehr als 30 000 RM. oder 31 000 RM. usw., schlimmstenfalls nicht mehr als 56475 RM., zu zahlen habe. Danach hat der Kläger in Wahrheit nicht eine positive, sondern eine negative Feststellungsklage erhoben. Auf diesen Standpunkt stellt sich auch der Hilfsantrag der Revision, der „auf die Klage" (des Gegners) eine positive Feststellung, und zwar die Festsetzung derjenigen Jahresmiete als geltend verlangt, die nach dem Standpunkt der Beklagten angemessen ist. Die Revision glaubt damit nur den Jnhalt des von der Beklagten in den Vorinstanzen allein gestellten, auch jetzt vorangestellten Antrags auf Abweisung der Klage zu erläutern.

Nach der ständigen Rechtsprechung des Reichsgerichts (RGZ. Bd. 74 S. 121, Bd. 78 S. 396, Bd. 90 S. 290) über die Rechtskraftwirkung des die negative Feststellungsklage abweisenden Urteils bedeutet die sachliche Abweisung der negativen Feststellungsklage in der Regel die positive Feststellung des Gegenteils. Das kann aber, wie das Urteil RGZ. Bd. 90 S. 292 zutreffend darlegt, nur dann im Sinn einer Anspruchsfeststellung gelten, wenn sich die in der Klage verlangte negative Feststellung gegen einen bestimmten Anspruch, einen bestimmten Rechtszustand richtet. In jener Entscheidung handelte es sich um die Tragweite der Rechtskraft eines früheren Urteils, das den Antrag auf Feststellung, daß dem Verletzten aus dem Unfall keine Schadensersatzansprüche zustünden, abgewiesen hatte. Damit war, wie das Urteil mit Recht ausführt, von den zur Zeit der Feststellung noch unbestimmten Schadensersatzansprüchen des Verletzten keiner positiv festgestellt, sondern nur das Gegenteil der abgelehnten negativen Feststellung, daß solche Ansprüche bestehen oder bestehen können. Auch im vorliegenden Fall war Ziel und Inhalt der Klage nicht, einem bestimmten Mietzinsanspruch der Beklagten entgegenzutreten, sondern zu verhindern, daß über die in der Klage gesteckten Grenzen hinaus irgendwelche Ansprüche der Beklagten erhoben werden könnten. Die

Beklagte konnte unter diesen Umständen den Erfolg, über die vom Kläger äußerstenfalls zugestandene Höchstsumme hinaus einen bestimmten Pachtzinsanspruch durchzusetzen, mit dem von ihr erstrebten Mißerfolg der vom Kläger begehrten Feststellung nur dadurch verbinden, daß sie diesen Pachtzinsanspruch ihrerseits — durch Widerklage — zur Feststellung führte. Eben diese Bedeutung hat der in der Revisionsinstanz hilfsweise gestellte Antrag, trotz seiner Fassung, daß diese positive Feststellung „auf die Klage" erfolgen soll. Hat die Beklagte damit der Sache nach einen in den Vorinstanzen fehlenden Widerklageantrag neu gestellt, so ergibt sich die Unzulässigkeit dieses Antrags schon aus der Natur des Rechtsmittels und außerdem daraus, daß die Widerklage nicht im Wege eines Hilfsantrags, bedingungsweise, erhoben werden kann. Der Hilfsantrag unterliegt deshalb ohne Rücksicht auf das Schicksal des Hauptantrags der Abweisung. (Es folgt eine Erörterung zur Erörterung zur Aufwertungsfrage, die hier nicht interessiert.)

...

RGZ. 126, 234

Ist Inzident-Feststellungswiderklage zulässig über einen bestimmten Lieferungsanspruch, von welchem der aus dem gleichen Vertragsverhältnis erhobene Klaganspruch auf Zahlung von Kaufpreis und der Widerklageanspruch auf Leistung von Schadensersatz abhängig sind?

ZPO. § 280.

II. Zivilsenat. Urt. v. 19. November 1929.

I. Landgericht Bremen. II. Oberlandesgericht Hamburg.

Der Kläger hat den Beklagten auf Zahlung von 30 472,78 RM. nebst Zinsen verklagt. Diesen Betrag fordert er für Lieferung von Metalldrahtlampen, die er nach den Vorschriften über den Verkauf von Altstoffen von der Deutschen Reichsbahn-Gesellschaft gekauft hatte. Der Beklagte hat die Klagforderung bestritten und Widerklage auf Schadensersatz in Höhe von 31 788,09 RM. nebst Zinsen erhoben. Er behauptet, er habe Anspruch auf Lieferung der in den eisenbahnamtlichen Listen verzeichneten Lampen, und zwar nicht nur der Stückzahl nach, sondern auch nach den in den Listen verzeichneten Typen, so daß er neben billigeren Stücken auch besonders wertvolle zu fordern habe; dafür habe er den nach diesen Listen berechneten Durchschnittspreis zu zahlen. Wegen Nichtlieferung der ihm verkauften wertvollen Lampentypen berechnet er einen Schadensbetrag von 55 508,83 RM., den er in Höhe der Klagforderung gegen diese aufrechnet, soweit er ihre Entstehung anerkennt; den überschießenden Betrag fordert er mit der Widerklage.

Im landgerichtlichen Verfahren hat der Beklagte Inzident-Feststellungswiderklage dahin erhoben, daß der Kläger nach dem Vertrag der Parteien vom 28. Februar/3. März 1927 an die eisenbahnamtlichen Listen gebunden und demgemäß verpflichtet gewesen sei, nicht nur die in den Stücklisten genannte Mindestzahl vom Lampen zu liefern, sondern auch die daselbst verzeichneten Typen. Das Landgericht hat diese Widerklage durch Teilurteil als sachlich unbegründet abgewiesen. Auf die Berufung des Beklagten hat das Oberlandesgericht dem Widerklageantrag stattgegeben. Die Revision des Klägers führte zur Wiederherstellung des ersten Urteils.

Aus den Gründen:

Das Berufungsgericht hält die Inzident-Feststellungswiderklage für zulässig und für sachlich begründet. Die Revision bekämpft das angefochtene Urteil in diesen beiden Richtungen.

Der Vorderrichter ist der Ansicht, die Frage, ob der Kläger nur die Stückzahl oder auch die Typen der Lampen entsprechend den Listen der Reichsbahn zu liefern gehabt habe, sei für die weitere Entwicklung des Rechtsstreits von grundlegender Bedeutung; es sei zweckmäßig und dem Sinne des § 280 ZPO. entsprechend, diese Frage vor Erörterung der übrigen Streitpunkte zu entscheiden. Von diesen übrigen Streitpunkten wird gesagt, sie bezögen sich nicht nur auf die Höhe der beiderseitigen Forderungen, sondern auch darauf, ob etwa der Beklagte durch nicht rechtzeitige Ausübung der Rügepflicht die Lieferungen genehmigt habe. An anderer Stelle des Urteils wird als offenbleibender Streitpunkt angeführt, ob der Beklagte Anspruch auf Lieferung nach den sämtlichen vorgelegten Listen habe oder ob etwa einzelne (andere) Listen an die Stelle von solchen getreten seien, die in Wegfall gekommen waren. Diese beiden Streitpunkte gehören als Einwendungen des Klägers wider die gegenüber dem Klaganspruch zur Aufrechnung gestellte, in der Haupt-Widerklage als Klagegrund geltend gemachte Schadensersatzforderung des Beklagten zum Grund sowohl des Klaganspruchs als auch des Widerklageanspruchs, und damit war vor ihrer Erledigung die Erlassung eines Zwischenurteils über den Grund der Klage wie der Hauptwiderklage nach § 304 ZPO. ausgeschlossen. Auf dem anderen Wege der Inzident-Feststellungswiderklage nach § 280 ZPO. erstrebt aber der Beklagte eine selbständiger Anfechtung zugängliche und eigener Rechtskraft fähige Vorentscheidung über einen Streitpunkt.

Hiergegen wendet die Revision ein, der § 280 ZPO. setze voraus, daß es sich um ein im Laufe des Prozesses streitig gewordenes Rechtsverhältnis handle, von dessen Bestehen oder Nichtbestehen die Entscheidung des Rechtsstreits ganz oder zum Teil abhänge. Das Rechtsverhältnis, um das sich der vorliegende Rechtsstreit drehe, sei aber der zwischen den Parteien geschlossene Vertrag, und sein Bestehen sei nicht streitig. Streit herrsche vielmehr nur über Inhalt und Umfang der aus diesem Vertrag dem Beklagten erwachsenen Rechte und dem Kläger obliegenden Pflichten, also nur über die Rechtsfolgen aus jenem Rechtsverhältnis. Das sei nicht der Fall des § 280. Ueber die Rechtsfolgen hätte vielleicht nach § 304 ZPO. entschieden werden können, wenn nur noch der Betrag der beiderseitigen Forderungen offen gelassen worden wäre, und vielleicht wäre früher der § 303 das. in seiner alten Fassung anwendbar gewesen, sofern man hätte annehmen können, es handle sich um ein selbständiges Angriffsmittel für die vom Beklagten erhobene Gegenforderung. Die jetzige Fassung des § 303 schließe aber ein solches Zwischenurteil aus.

Die Frage nach der Zulässigkeit einer Inzident-Feststellungsklage nach § 280 ZPO., die eine Parteihandlung, nämlich eine Erweiterung des Klagantrags durch den Kläger, oder die Erhebung einer Widerklage durch den Beklagten erfordert, beantwortet sich indessen nach anderen Gesichtspunkten als die Zulässigkeit von Zwischenurteilen im Rechtsstreit aus richterlicher Machtvollkommenheit. Für sie ist neben dem angeführten, hier erfüllten Erfordernis der Parteihandlung maßgebend: 1. ob ein im Laufe des Prozesses streitig gewordenes Rechtsverhältnis zum Gegenstand der richterlichen Feststellung gemacht werden soll, mag darüber auch schon vor dem Prozeß Streit unter den Parteien bestanden haben (RGZ. Bd. 73 S. 272, Bd. 113 S. 410), 2. ob von der Entscheidung hierüber die Entscheidung des Rechtsstreits ganz oder zum Teil abhängt. Ein besonderes Feststellungsinteresse, wie im Falle der selbständigen Feststellungsklage nach § 256 ZPO., ist daneben nicht erforderlich (RGZ. Bd. 9 S. 339, Bd. 29 S. 361, Bd. 73 S. 274, Bd. 95 S. 39, Bd. 113 S. 413). Daß hier von der Entscheidung über den zum Gegenstand der richterlichen Feststellung gemachten Streitpunkt das Schicksal der Klage- und der Widerklageforderung (ersteres vermöge der Aufrechnungseinrede) abhängt, wird von der Revision nicht beanstandet und ist nicht zweifelhaft. Es fragt sich daher nur noch, ob es sich dabei um ein Rechtsverhältnis im Sinne des § 280 ZPO. handelt. Begrifflich besteht in dieser Hinsicht keine Abweichung von dem „Rechtsverhältnis" des § 256 das. Die Revision faßt aber diesen Begriff zu eng auf, indem sie ihn dem Gesamtbestand des zwischen den Parteien eingetretenen Vertragsverhältnisses gleichsetzt. Ein „Rechtsverhältnis" sind auch Forderungsrechte und Ansprüche, die als Ausfluß eines umfassenderen Rechtsverhältnisses erwachsen, wie es ein Vertrag mit sich bringen kann.

Für den § 280 folgt aus der Abhängigkeit, in der die Hauptentscheidung von dem im Laufe des Prozesses streitig gewordenen Rechtsverhältnis stehen muß, nur eine Einschränkung: das festzustellende Rechtsverhältnis darf nicht derart auch den Gegenstand der Hauptentscheidung bilden, daß darüber schon mit dieser eine in Rechtskraft übergehende Entscheidung zu erlassen ist. Die Inzident-Feststellungsklage des § 280 soll nach dem Gang der Gesetzgebung einen Ersatz dafür bieten, daß nach der Vorschrift des § 322 ZPO. die sog. Elemente des Urteils nicht in Rechtskraft übergehen (vgl. Mot. zur ZPO. S. 205 flg. [207]; Prot. S. 107/108; RGU. vom 17. März 1908 III 328/07). Mit den Zahlungsansprüchen, die den Gegenstand der Klage und der Hauptwiderklage bilden, ginge aber nach § 322 Abs. 1 a. a. O. die Entscheidung darüber, welcherlei Lampen der Kläger dem Beklagten zu liefern gehabt hat, nicht in Rechtskraft über, sondern nur der typische Rechtsgrund des Anspruchs (Kauf oder Gesellschaft), über den die Parteien streiten, und in Ansehung der aufrechnungsweise geltend gemachten Gegenforderung wäre nach § 322 Abs. 2 ZPO. die Entscheidung, daß sie nicht bestehe, der Rechtskraft nur fähig bis zur Höhe des Betrags, für den die Aufrechnung geltend gemacht war. Im Falle des Urteils des III. Zivilsenats vom 14. Juni 1927 III 94/27, in dem nur über den Wert des Beschwerdegegenstands wegen der Zulässigkeit der Revision entschieden ist, handelte es sich lediglich um die rechtliche Feststellung der Vertragsart, ob Miete oder Pacht. Wenn dort eine Feststellungsklage darauf, daß das Rechtsverhältnis Miete und nicht Pacht sei, nicht sowohl für unzulässig erklärt, als vielmehr für gar nicht vorliegend erachtet worden ist, so stünde das der Bestätigung des angefochtenen Urteils nicht entgegen. Die Berechtigung der Unzulässig-Erklärung hätte sich daraus ergeben, daß sich die Entscheidung über den Klaganspruch auf Zahlung gerade auch auf diesen Anspruchsgrund erstreckte und insoweit Rechtskraft zu schaffen geeignet war. Das jetzt angefochtene Urteil trifft aber eine Feststellung, auf die sich die Rechtskraft des Urteils über die Zahlungsansprüche nicht erstrecken würde. Dementsprechend sind Inzident-Feststellungswiderklagen wegen Vorliegens eines präjudiziellen Rechtsverhältnisses als zulässig anerkannt worden gegenüber einem Leistungsanspruch aus dem Vertragsverhältnis der Parteien, z. B. bei Streit über die örtlichen Grenzen eines Geschäftsbezirks (RGZ. Bd. 50 S. 399 [403]). Dort ist als Hinderungsgrund für ein weiteres Feststellungs-Zwischenurteil nur der besondere Umstand erklärt worden, daß in jenem Rechtsstreit bereits ein das Gericht nach § 318 ZPO. bindendes und den Streit der Parteien hierüber ausschaltendes Zwischenurteil nach § 303 (a. F.) ZPO. über den Streitpunkt ergangen war. Ferner wurde die Zulässigkeit einer Inzident-Feststellungsklage anerkannt bei Streit über die Dauer des Vertragsverhältnisses (RGZ. Bd. 113 S. 410 [413]). Endlich wird sie in ständiger Rechtsprechung auch bei Einklagung von Teilforderungen als Widerklage auf das Nichtbestehen der Gesamtforderung zugelassen (JW. 1893 S. 306 Nr. 5; WarnRspr. 1918 Nr. 193), wiewohl es sich hierbei vom Standpunkt der Revision aus um dasselbe Rechtsverhältnis wie beim Klaganspruch handeln würde.

Demnach war es nicht unstatthaft, daß das Berufungsgericht das Inzident-Feststellungsurteil über einen für die Zahlungsansprüche präjudiziellen Lieferungsanspruch des Beklagten erlassen hat.

(In den folgenden Ausführungen wird dargelegt, daß die Inzident-Feststellungswiderklage sachlich unbegründet sei.)

RGZ. 128, 92 †

1. Kann auf Feststellung des Rechtsverhältnisses der einen Prozeßpartei zu einem Dritten geklagt werden?

2. . . .

ZPO. § 256. BGB. § 138. RVerf. Art. 142, 152.

VI. Zivilsenat. Urt. v. 24. März 1930.

Aus den Gründen*):

Mit Recht hat das Berufungsgericht in Uebereinstimmung mit dem Landgericht die Voraussetzungen einer Feststellungsklage nach § 256 ZPO. für gegeben erachtet. Ihrem Wesen nach ist die Klage auf die Feststellung gerichtet, daß ein aus dem Beschluß des Verwaltungsrates des Beklagten herzuleitendes Recht, seinen Mitgliedern die Zahlung einer höheren Vergütung als 1000 RM. für jeden Abend an die Kläger zu verbieten, nicht bestehe. Es soll also das Nichtbestehen eines entsprechenden Rechtsverhältnisses zwischen dem Beklagten und seinen Mitgliedern festgestellt werden, nicht eines solchen zwischen den Parteien.

Um das Bestehen eines Rechtsverhältnisses der letzteren Art braucht es sich aber im Falle des § 256 ZPO. auch nicht zu handeln; es können vielmehr auch Rechtsbeziehungen des Beklagten zu einem Dritten den Gegenstand einer Feststellungsklage bilden, wenn nur ein rechtliches Interesse des Klägers an der alsbaldigen Feststellung gegeben ist (Stein-Jonas ZPO. 14. Aufl. § 256 A. II 3; Sydow-Busch ZPO. 18. Aufl. § 256 Bem. 2; RGE. bei Gruch. Bd. 68 S. 333). Ein solches Interesse hält das Berufungsgericht mit Recht für vorliegend. Allerdings schafft das in dieser Sache ergehende Urteil keine Rechtskraft zwischen dem Beklagten und seinen Mitgliedern. Aber es ist ohne weiteres anzunehmen, daß sich diese in ihrem Verhältnis zueinander dem Urteil beugen und ihre Beziehungen dementsprechend gestalten werden. Die Kläger haben auch ein sehr wesentliches wirtschaftliches Interesse an der Feststellung, ob jene Bestimmung rechtswirksam ist oder nicht und ob sie daher bei ihren künftigen Vertragsverhandlungen mit den Mitgliedern des verklagten Vereins darauf Rücksicht zu nehmen haben oder ob sie diese auf die richterliche Feststellung der Nichtigkeit jener Bestimmung hinweisen und

*) Der Sachverhalt der Entscheidung ist abgedruckt unter „Bürgerliches Recht, Allgemeiner Teil 3".

so das Hindernis einer höheren Vergütung ausschalten können. Ein solches Interesse genügt für die Anwendung des § 256 ZPO. (Sydow-Busch § 256 Bem. 2 und 4). Es braucht daher nicht erörtert zu werden, welche Rechtsbeziehungen sich zwischen den Parteien ergäben, wenn der Beklagte einem rechtskräftigen Urteil zuwider seinen Mitgliedern die Zahlung einer höheren Vergütung als der vorgesehenen verbieten würde. Daß aber im übrigen die Kläger nach ihren persönlichen Verhältnissen und nach Lage der Umstände dieses Interesse haben, hat das Berufungsgericht rechtlich einwandfrei dargelegt. Angriffe hiergegen sind auch von der Revision nicht erhoben worden. Die von Amts wegen anzustellende Nachprüfung, ob die Voraussetzungen des § 256 ZPO. gegeben sind, führte aus den dargelegten Gründen zu dem auch vom Berufungsgericht gefundenen Ergebnis.

...

RGZ. 140, 211

1. Inwieweit kann bei Klagen auf Geldleistungen von ziffermäßiger Angabe des geforderten Betrags im Klagantrag abgesehen werden?

2. Welche Bedeutung kommt der Angabe eines Mindestbetrags der geforderten Zahlung zu?

ZPO. § 253 Abs. 2 Nr. 2.

V. Zivilsenat. Urt. v. 1. April 1933.

I. Landgericht Duisburg-Hamborn. II. Oberlandesgericht Düsseldorf.

Mit der Klage verfolgt der Kläger einen Anspruch auf Ersatz des Schadens der seinem Hausgrundstück durch Bergbau der Beklagten zugefügt sei. Indem er auf Grund eines Privatgutachtens den Kostenbetrag der erforderlichen Ausbesserungen auf 891 RM. angab, daneben aber als Schaden den verbleibenden Minderwert des Hauses geltend machte, den sein Gutachter auf 1350 RM. geschätzt hatte, faßte er den Klagantrag dahin, die Beklagte möge verurteilt werden, ihm allen durch ihren Bergbau entstandenen, der Höhe nach durch einen vom Gericht ernannten Sachverständigen festzustellenden Schaden und Minderwert an seinem Hause zu ersetzen, mindestens aber 600 RM. Das Landgericht erhob Beweis durch Einforderung eines schriftlichen Gutachtens über den Umfang der Schäden, über den erforderlichen Herstellungskostenbetrag und die Höhe des Minderwerts. Nachdem der Sachverständige das Grundstück besichtigt, aber noch bevor er sein Gutachten erstattet hatte, reichte der Kläger einen Schriftsatz ein, worin er angab, bei dem Ortstermin habe sich herausgestellt, daß sich die Schäden seit ihrer Aufnahme durch seinen Privatgutachter wesentlich vermehrt und verstärkt hätten, so daß dessen Aufstellung überholt sei. An Ausbesserungskosten seien jetzt etwa 1200 RM. und an Minderwertsentschädigung 1900 RM. erforderlich. Der gerichtliche Sachverständige schätzte die Ausbesserungskosten für die Bergschäden der letzten 3 Jahre vor Klagerhebung auf 665,16 RM. und den auf dieselbe Zeit entfallenden Anteil am Gesamtminderwert von 1300 RM. auf 200 RM. In der Schlußverhandlung stellte der Kläger den unveränderten Klagantrag. Das Landgericht folgte dem gerichtlichen Sachverständigen, sprach 865,16 RM. zu, wies im übrigen die Klage ab und legte die Kosten des Rechtsstreits beiden Parteien je zur Hälfte auf. Mit seiner Berufung beantragte der Kläger, unter teilweiser Abänderung des angefochtenen Urteils die Beklagte zu verurteilen, ihm 1000 RM. nebst 4 % Zinsen seit Klagzustellung zu zahlen, die Kosten erster Instanz anderweitig zu verteilen und die Kosten zweiter Instanz der Beklagten aufzuerlegen. In der Schlußfassung ging sein Antrag dahin, die Beklagte zum Ersatz allen durch ihren Bergbau entstandenen und der Höhe nach durch einen gerichtlichen Sachverständigen festzustellenden Schadens, mindestens aber zur Zahlung von 1000 RM. nebst 4 % Zinsen seit Klagerhebung zu verurteilen. Das Oberlandesgericht ordnete zunächst eine neue Begutachtung des Schadensumfanges durch den erstinstanzlichen Sachverständigen an, entschied sich aber später dahin, die Berufung des Klägers aus dem Rechtsgrund mangelnder Beschwerde als unzulässig zu verwerfen. Die Revision des Klägers führte zur Aufhebung und Zurückverweisung.

Gründe:

Das Oberlandesgericht versagt dem Kläger die Berufung, weil ihm das Landgericht alles zugesprochen, was er verlangt habe, so daß er durch die angefochtene Entscheidung nicht beschwert sei. Bei der Prüfung, ob dies zutrifft, ergibt sich zunächst, daß das Berufungsgericht dem erstinstanzlichen Antrag des Klägers eine andere Auslegung gibt, als es das Landgericht getan hat. Denn wenn schon das Landgericht der Meinung gewesen wäre, daß es dem Kläger alles zuspreche, was er gefordert habe, so hätte es weder in der Hauptsache zu einer Teilabweisung der Klage gelangen noch ihm die Hälfte der Kosten auferlegen können. Außerdem ergab der Beschluß, womit es am Tage der Urteilsverkündung den Streitwert auf 1965,16 RM. festsetzte, daß es den Antrag des Klägers im Sinn einer über die zugesprochenen 865,16 RM. hinausgehenden Forderung verstand.

Wenn hiernach jedenfalls die Auffassung des Klägers berechtigt war, daß das Urteil des Landgerichts ihn beschwere und deshalb eine Berufung zulässig mache, so muß auch objektiv die Auslegung, die das Landgericht dem Klagbegehren gegeben hat, als die zutreffendere anerkannt werden. Feststehender Rechtsprechung entspricht es zunächst, daß das Erfordernis eines bestimmten Antrags nach § 253 Abs. 2 Nr. 2 ZPO. auch bei Klagen auf Geldleistungen nicht unter allen Umständen eine ziffermäßige Angabe des geforderten Geldbetrags bedeutet. Vielmehr muß es in allen Fällen, wo die Bestimmung des Betrags (wie namentlich bei Klagen auf Schadensersatz in Geld) von einer Ermittlung der Schadenshöhe durch Beweisaufnahme oder durch gerichtliche Schätzung oder (wie bei Aufwertungsansprüchen) vom billigen Ermessen des Gerichts abhängt, genügen, wenn die zahlenmäßige Feststellung der Klagforderung dem Gericht überlassen wird, sofern nur dem Richter zugleich die tatsächlichen Grundlagen gegeben werden, die ihm die Feststellung der Höhe des gerechtfertigten Klaganspruchs ermöglichen. Es war demnach zulässig, daß der Kläger in der vorliegenden, auf Ersatz von Bergschaden gerichteten Klage seinen Antrag dahin stellte, daß die Beklagte verurteilt werde, allen durch ihren Bergbau entstandenen, der Höhe nach durch einen vom Gericht ernannten Sachverständigen festzustellenden Schaden und Minderwert an seinem Hause zu ersetzen. Daran, daß mit diesem Antrag ein Leistungsanspruch, nicht ein bloßes Feststellungsbegehren erhoben wurde, hatte mit Recht auch der Berufungsrichter keinen Zweifel.

Rechtsirrig war es aber, wenn das Berufungsgericht einen solchen Antrag dahin auslegen zu dürfen glaubte, daß der Kläger sich damit dem Gutachten des zu vernehmenden Sachverständigen, und zwar erster Instanz, unbedingt habe unterwerfen wollen, dergestalt, daß er erklärt habe, sich von vornherein durch die richterliche Bestätigung der vom Gutachter festgestellten Schadenshöhe als befriedigt zu bekennen. Die Unmöglichkeit einer solchen Auslegung ergibt sich daraus, daß sie notwendig zu der Folgerung führt, der Kläger habe sich durch keine ihm noch so ungünstige Begutachtung, ja selbst dann nicht beschwert fühlen wollen, wenn der Sachverständige zur völligen Verneinung eines Schadens gelangte und das Gericht dem beitrat. Eine dahingehende Auslegung haftet am bloßen Wortlaut des Antrags, wird aber seinem wirklichen Sinne nicht gerecht. Dieser muß vielmehr dahin festgestellt werden, daß der Kläger einen ihm angemessen erscheinenden Schadensersatz verlangte und nicht darauf verzichten wollte, gegen eine ihn nicht befriedigende Feststellung und Entscheidung mit den zulässigen Angriffsmitteln vorzugehen. Das Berufungsgericht meint nun freilich, daß der Kläger, wenn er sich mit dem vom erstinstanzlichen Sachverständigen festgestellten Schadensbetrag nicht zufrieden geben wollte, seinen ursprünglichen Klagantrag nicht hätte von neuem verlesen dürfen, sondern ihn hätte erweitern müssen; es will eine solche Erweiterung auch nicht als dadurch erübrigt anerkennen, daß der Kläger in einem Schriftsatz, der vor der Erstattung des Gutachtens lag, ausgeführt habe, seit der ursprünglichen Schadensaufnahme hätten sich die erforderlichen Ausbesserungskosten auf 1200 RM. und der Minderwert des Hauses auf 1900 RM. erhöht. Aber auch das ist unzutreffend. Wird von der noch zu erörternden Bedeutung des Zusatzes „mindestens aber 600 RM.“ zunächst abgesehen, so deckte der Klagantrag in der unveränderten Fassung auch eine erhöhte Schadensforderung. Um so weniger aber durfte als unbeachtlich die auch nach der Erstattung des Gutachtens vorgetragene und aufrechterhaltene Behauptung des Klägers außer Betracht gelassen werden, daß sein Schaden jetzt 3100 RM. betrage. Es ergab sich daraus trotz der unveränderten Beibehaltung des ursprünglichen Antragswortlauts, daß der Kläger sich mit der vom Sachverständigen begutachteten Schadenshöhe nicht für befriedigt erklären wollte. So hat denn auch das Landgericht Schlußvortrag und Klagbitte des Klägers aufgefaßt, wie sich aus seiner Entscheidung zweifelsfrei ergibt.

Nicht zu verkennen ist allerdings, daß bei solcher Auslegung unbezifferter Klaganträge die Feststellung dessen, was als wirkliche Forderung des Klägers anzusehen ist, und demgemäß die Streitwertfestsetzung Schwierigkeiten bereitet. Werden aber solche Anträge zugelassen, wie es die Billigkeit erfordert, so dürfen die Schwierigkeiten der Ermittlung des wirklichen Klagwillens nicht dahin führen, diesen abweichend von der ersichtlichen Wahrheit festzustellen. Die Schwierigkeiten sind auch keineswegs unüberwindlich. Ist vom Kläger selbst trotz Aufforderung eine klare Aeußerung über das Maß seiner Forderung, sei es auch nur durch Begrenzung nach oben, nicht zu erlangen, so muß er sich gefallen lassen, daß nach freiem richterlichen Ermessen (§ 3 ZPO.) festgesetzt wird, was als seine wirkliche Forderung erscheint. Auf diesem Weg ist das Landgericht bedenkenfrei dazu gelangt, die Klagforderung auf 1965,16 RM. zu bestimmen (vgl. auch Friedländer DGKG. [1928] Erl. 14 zu §§ 9 bis 15). Abzulehnen ist dagegen die Folgerung, daß sich der Kläger durch eine solche unbestimmte Fassung seines Antrags einer Abweisung zum Teile mit der entsprechenden Kostenfolge entziehen könne. Je nachdem die ergehende Entscheidung seinem festgestellten wahren Klagbegehren entspricht oder nicht entspricht, ist er auch der Kostenfolge nach Maßgabe der §§ 91, 92 ZPO. unterworfen.

Fraglich könnte dann nur noch erscheinen, ob sich etwa deshalb eine andere Betrachtung gebiete, weil der Kläger seinem Klagantrag die Worte hinzugefügt hat: „mindestens aber 600 RM.". Es ist die Ansicht vertreten worden, daß dadurch der Kläger seinen Klaganspruch auf die angegebene Summe selbst beschränkte, wobei dem — überflüssigen — Worte „mindestens" keine Bedeutung zukomme (außer etwa eines für den vorliegenden Rechtsstreit unbeachtlichen Vorbehalts späterer Nachforderung). Dem kann jedoch nicht beigetreten werden (dagegen auch Friedländer a. a. O. Erl. 23). Es erscheint nicht angängig, das mit Absicht beigefügte Wort „mindestens" als überflüssig unberücksichtigt zu lassen. Seine Ausschaltung führt sogar zu einer Verkehrung des Sinnes ins Gegenteil. Denn indem der Kläger auf die zahlenmäßig angegebene Summe beschränkt wird, ergibt sich die Folge, daß es so angesehen wird, als habe er nicht mehr als 600 RM., folglich „höchstens" so viel gefordert. Das kann nicht gewollt sein. Dem Einwurf aber, welchen Sinn denn überhaupt die Beifügung einer Bezifferung habe, wenn nicht den einer Begrenzung, ist entgegenzuhalten, daß sie, abgesehen von der Unterrichtung des Gerichts über die Mindestforderung des Klägers, ihre Rechtfertigung sehr wohl in den Bestimmungen über die sachliche Zuständigkeit der Gerichte oder die Höhe des erforderlichen Beschwerdegegenstandes finden kann.

Zu Unrecht hat hiernach das Berufungsgericht den Kläger gegen dessen eigene Auffassung als durch das Urteil des Landgerichts nicht beschwert angesehen. Seine Ausführung zum Kostenpunkt am Schluß der Berufungsbegründung war nur als Hilfserwägung zu verstehen. Da er das erste Urteil zugleich in der Hauptsache in Höhe von mehr als 100 RM. angegriffen hat, standen der Zulässigkeit seiner Berufung auch die §§ 511 a, 99 Abs. 1 ZPO. nicht entgegen.

RGZ. 142, 223

Können Aktionäre oder Genußscheininhaber gegen einen Dritten auf Feststellung der Nichtigkeit eines von ihm mit der Aktiengesellschaft geschlossenen Vertrags klagen?

ZPO. § 256.

II. Zivilsenat. Urt. v. 14. November 1933.

I. Landgericht Dessau. II. Oberlandesgericht Naumburg a. S.

Zwei Kläger sind Genußscheininhaber, die übrigen Kläger Aktionäre der jetzt in Liquidation befindlichen StCh.-Fabrik, vormals F. und G., Aktiengesellschaft in St. (im folgenden als StCh.-Fabrik bezeichnet). Diese hat am 9. Januar 1925 einen zunächst auf 15 Jahre bemessenen „Interessengemeinschaftsvertrag" mit der Beklagten abgeschlossen und sich dabei u. a. verpflichtet, ihr gesamtes Betriebsvermögen in die Interessengemeinschaft einzubringen mit Ausnahme eines bestimmten Postens Kuxe. Die Geschäfte sollten von der Beklagten auf deren Rechnung unter der Firma der StCh.-Fabrik und unter Mitwirkung der Organe der letzteren weitergeführt werden. Die Beklagte übernahm die Verpflichtung, die Anlagen stets in gutem Zustand zu erhalten, die erforderlichen Ausbesserungen, Erneuerungen und Ergänzungen auf ihre Kosten auszuführen und für alle Schäden aufzukommen, auch während der ersten zwei Betriebsjahre auf den Ausbau der Anlagen zum Zweck der „Modernisierung" und nutzbringenden Betriebsgestaltung 2 Millionen RM. aufzuwenden. Die Anlagen mußten ferner nach Ablauf des Interessengemeinschaftsvertrags von der Beklagten an die StCh.-Fabrik in ordnungsmäßigem, betriebsfähigem, dem Stande der Technik entsprechenden Zustand „unentgeltlich" zurückgegeben werden. Weiter verpflichtete sich die Beklagte, alle Schulden der StCh.-Fabrik zu bezahlen, in alle von dieser geschlossenen Verträge einzutreten und für etwaige Schadenersatzansprüche aufzukommen. Endlich hatte die Beklagte der StCh.-Fabrik eine jährliche feste Pachtsumme von 255 000 RM. zu entrichten und einen Gewinnanteil von 27 ½ % des erzielten Ueberschusses abzuführen. Um eine gedeihliche Zusammenarbeit der beiden Unternehmungen zu gewährleisten, sollten Mitglieder des Vorstands und des Aufsichtsrats der Beklagten in den Vorstand und Aufsichtsrat der StCh.-Fabrik und umgekehrt übernommen werden. Der Interessengemeinschaftsvertrag wurde alsbald verwirklicht. Durch Beschluß einer Generalversammlung der StCh.-Fabrik vom 15. Dezember 1926 wurde jedoch deren Vorstand ermächtigt, den Interessengemeinschaftsvertrag zu ändern und die Beklagte aus einem Teil der übernommenen Verpflichtungen, darunter derjenigen zur Entrichtung eines Pachtzinses und zur Leistung eines Ausbauaufwandes von 2 Millionen RM., ganz oder teilweise zu entlassen. Von den beiderseitigen Vorständen ist dann auch der Interessengemeinschaftsvertrag am 2. April 1927 entsprechend abgeändert worden.

Die Kläger halten diese Aenderungen für nichtig. Sie machen geltend, der Beklagten sei die Erfüllung der in dem rechtlich nicht angreifbaren Interessengemeinschaftsvertrag übernommenen Verpflichtungen lästig geworden; sie habe deshalb mit allen Mitteln versucht, sich ihrer zu entledigen; sie habe zu diesem Behuf die Mehrzahl der Aktien der StCh.-Fabrik aufgekauft, sich so die Stimmenmehrheit in den Generalversammlungen verschafft und unter gesetz- und sittenwidrigem Mißbrauch dieser Machtstellung und in ebensolcher Ausnützung des überragenden Einflusses ihrer Vorstands- und Aufsichtsratsmitglieder im Vorstand und Aufsichtsrat der StCh.-Fabrik zu deren Schaden wie auch zu dem der Minderheitsaktionäre und der Genußscheininhaber die Abänderung des Interessengemeinschaftsvertrags durchgesetzt. Der StCh.-Fabrik sei für die Preisgabe ihrer Rechte kein Gegenwert zugeflossen. Die beteiligten Vorstands- und Aufsichtsratsmitglieder der StCh.-Fabrik hätten hierbei in bewußtem und gewolltem Zusammenwirken mit den Organen der Beklagten absichtlich zum Nachteil der StCh.-Fabrik gehandelt und sie vorsätzlich und sittenwidrig in ihrem Vermögen geschädigt. Dies habe die Verwaltung der StCh.-Fabrik bisher nur deshalb nicht zugeben wollen, weil die Vorstands- und Aufsichtsratsmitglieder der Beklagten und der StCh.-Fabrik im wesentlichen personengleich seien und infolgedessen kein Interesse an einer Klärung der Rechtsverhältnisse zwischen den Parteien des Interessengemeinschaftsvertrags gehabt hätten. Aus diesem Grund nur habe auch die Verwaltung der StCh.-Fabrik in der Generalversammlung vom 20. Oktober 1931 erklären lassen, daß sie die Abänderung jenes Vertrags für gültig und ihn auch im übrigen für „loyal" erfüllt halte. Auf die gleichen Gründe und Zusammenhänge sei es ferner zurückzuführen, daß in der Generalversammlung vom 20. Oktober 1931 ein Antrag der Kläger abgelehnt worden sei, den Vorstand der StCh.-Fabrik zu beauftragen, gegen die Beklagte Klage auf Feststellung der Nichtigkeit des Abänderungsvertrags vom 2. April 1927 und auf Schadensersatz wegen nicht gehöriger Erfüllung des Interessengemeinschaftsvertrags zu erheben. Die Kläger hätten aber als Aktionäre und Genußscheininhaber wegen ihrer Beteiligungsrechte am Gewinn und an der Liquidationsmasse der StCh.-Fabrik wie auch wegen ihrer Schadensersatzansprüche gegen die Beklagte selbst ein erhebliches rechtliches Interesse an alsbaldiger gerichtlicher Klarstellung der Frage, ob der Abänderungsvertrag nichtig und im übrigen der Interessengemeinschaftsvertrag von der Beklagten gehörig erfüllt worden sei. Demgemäß haben sie beantragt, festzustellen, daß die am 2. April 1927 vorgenommene Aenderung des zwischen der Beklagten und der StCh.-Fabrik geschlossenen Interessengemeinschaftsvertrags nichtig sei und daß die ursprünglichen Vertragsverpflichtungen beider Teile fortbeständen.

Die Beklagte bestreitet ein rechtliches Interesse der Kläger an den begehrten Feststellungen, ebenso aber auch jedes gesetz- und sittenwidrige Verhalten ihrer Organe.

Die Kläger sind in beiden Vorinstanzen unterlegen. Ihre Revision blieb erfolglos.

Gründe:

Das Feststellungsbegehren der Kläger ist darauf gerichtet, daß gewisse rechtsgeschäftliche Abmachungen zu dem zwischen der Beklagten und der StCh.-Fabrik geschlossenen Interessengemeinschaftsvertrag nichtig seien, daß ferner der Beklagten aus diesem Vertrag gegenüber der StCh.-Fabrik gewisse Ansprüche nicht zuständen, wohl aber umgekehrt bestimmte Verpflichtungen oblägen. Es sollen mithin festgestellt werden „Rechtsverhältnisse" zwischen der Beklagten und der StCh.-Fabrik, die als Aktiengesellschaft eigene Rechtspersönlichkeit besitzt, also Rechtsbeziehungen zwischen einer der Prozeßparteien und einem Dritten, nicht etwa solche zwischen den Prozeßparteien selbst. Um den Bestand oder Nichtbestand von Rechtsbeziehungen der letzteren Art muß es sich indessen, wie auch der Vorderrichter zutreffend darlegt, im Fall des § 256 ZPO. nicht schlechthin und unter allen Umständen handeln. Vielmehr können an und für sich auch Rechtsverhältnisse zwischen einer der Prozeßparteien und einem Dritten zum Gegenstand einer Feststellungsklage gemacht werden. Hinzukommen muß aber, daß der Kläger ein rechtliches Interesse an alsbaldiger gerichtlicher Klarstellung jenes Rechtsverhältnisses gerade auch dem Beklagten gegenüber hat (RGZ. Bd. 128 S. 92 [94] mit weiteren Nachweisen aus Rechtsprechung und Schrifttum; Urteil des erkennenden Senats vom 8. Juli 1932 II 476/31 in M. u. W. 1932 S. 531). Ein solches Interesse hat hier der Vorderrichter vermißt und dies im einzelnen wie folgt begründet: Unter rechtlichem Interesse im Sinn des § 256 ZPO. sei allerdings auch ein rein wirtschaftliches Interesse mit zu verstehen, das sich in irgendeiner Weise auf die Rechtsverhältnisse des Klägers beziehe. Daraus ergebe sich, daß bei Prüfung des Feststellungsinteresses nicht „formalistische“, sondern „freie und weite“ Gesichtspunkte obwalten müßten. Anderseits hätten aber die Kläger den Nachweis zu führen, daß das „fremde“ Rechtsverhältnis „ihre Beziehungen zu der Beklagten berühre“, eine Rechtsauffassung, die gerade auch den von den Klägern selbst zur Rechtfertigung ihrer Auffassung angeführten Erkenntnissen in SeuffArch. Bd. 55 Nr. 109, Gruch. Bd. 68 S. 333 und RGZ. a. a. O. zugrunde liege. An diesem Nachweis fehle es aber; alles, was die Kläger vorgebracht hätten, sei — seine Richtigkeit unterstellt — nur geeignet, eine Gefährdung oder Unsicherheit in den Rechtsverhältnissen der Kläger zur StCh.-Fabrik und deren Verwaltung, nicht aber zur Beklagten darzutun. Ob aber die rechtlichen Beziehungen der Kläger zur StCh.-Fabrik gefährdet seien, könne in einem gegen die Beklagte gerichteten Rechtsstreit nicht erörtert werden.

Demgegenüber rügt die Revision Verletzung des § 256 ZPO.

Es kann dahingestellt bleiben, ob den Erwägungen des Berufungsrichters im einzelnen durchweg gefolgt werden könnte. Im Ergebnis ist ihm jedenfalls beizutreten. Den beiden Klägern, die Genußscheininhaber der StCh.-Fabrik sind, steht in dieser Eigenschaft, abgesehen von bestimmten Rechten im Fall der Kündigung durch die StCh.-Fabrik, nach deren Satzung ein Dividendenrecht, ferner bei Auflösung der Gesellschaft im Nachzug nach gewissen auf die Vorzugs- und Stammaktionäre entfallenden Beträgen ein Anrecht an einem alsdann noch verbleibenden Liquidationsüberrest zu. Aktionärrechte haben sie nach der ausdrücklichen Bestimmung des § 4 Abs. 6 der Satzung der StCh.-Fabrik nicht. Die übrigen Kläger sind Aktionäre der StCh.-Fabrik. Die Rechte, welche sie in Angelegenheiten der Gesellschaft, insbesondere in bezug auf die Geschäftsführung haben, sind regelmäßig nach § 250 HGB. durch Beschlußfassung in der Generalversammlung auszuüben. Gewisse weitere Rechte (§§ 254, 264, 266, 268 HGB.) sind an einen bestimmten Aktienbesitz geknüpft. Der einzelne Aktionär hat ferner nach § 271 HGB. noch das Recht, Beschlüsse der Generalversammlung wegen Verletzung des Gesetzes oder der Satzung anzufechten; weiterhin können die Aktionäre unter gewissen Voraussetzungen gegen solche Beschlüsse Nichtigkeitsfeststellungsklage erheben. Sonstige aus der Beteiligung an der Gesellschaft herzuleitende Rechte auf Eingriffe in die Verwaltung der gesellschaftlichen Angelegenheiten haben die einzelnen Aktionäre nicht. Insbesondere können sie die Gesellschaft nicht zur Vornahme von geschäftlichen Maßnahmen oder rechtlichen Handlungen zwingen, und zwar, wie der erkennende Senat in seinem Urteil vom 4. März 1927 II 231/26 (JW. 1927 S. 1677 Nr. 3) ausgesprochen hat, auch dann nicht, wenn Anzeichen dafür vorhanden sind, daß sich die Gesellschaftsorgane nicht innerhalb des gesetzmäßigen Rahmens bewegen. Ebensowenig stehen den Genußscheininhabern als solchen irgendwelche Rechte dieser Art zur Seite. Hier liegt nun aber der Fall so, daß sich die Kläger gegen bestimmte geschäftliche Maßnahmen wenden, welche von den geschäftsführenden Organen der StCh.-Fabrik im Wege der Vereinbarung mit der Beklagten getroffen worden sind. Und zwar wollen die Kläger diese Maßnahmen nicht einmal gegenüber ihrer Gesellschaft, sondern gegenüber der Beklagten als deren Vertragsgegnerin und Vertragsverpflichteten und -berechtigten zum Gegenstand positiven und negativen Feststellungsbegehrens machen. Zur Geltendmachung von Ansprüchen der StCh.-Fabrik selbst, und sei es auch nur im Wege der Feststellungsklage, sind aber die Kläger keinesfalls befugt. Sie stehen insofern, wie schon hervorgehoben, auch der Aktiengesellschaft als „Dritte" gegenüber, gleichviel, ob sie Aktionäre oder Genußscheininhaber sind. Zur Verfolgung der Ansprüche und Rechte der Gesellschaft sind nach dem Gesetz einzig und allein die Gesellschaftsorgane als solche berufen; sie und nur sie vertreten die Gesellschaft „Dritten" gegenüber. Daß etwa die Kläger hier auf Grund einer Ermächtigung der Aktiengesellschaft oder eines sonstigen besonderen Rechtstitels zur Wahrnehmung der Gesellschaftsinteressen gegenüber der Beklagten befugt wären, ist nicht ersichtlich. Sie berufen sich zur Rechtfertigung der Klage im Kern auch nur darauf, daß ihre Rechte gegenüber der Aktiengesellschaft, und zwar die ihnen gegen diese zustehenden vermögensrechtlichen Beteiligungs- und etwaige Gläubigerrechte, durch die streitigen Abmachungen zwischen der StCh.-Fabrik und der Beklagten in ihrem finanziellen Ertrag verkümmert und verkürzt würden. Es handelt sich also nicht etwa darum, daß diese Rechte selbst in ihrem Bestand, Inhalt oder Umfang von der Beklagten bestritten oder sonstwie in Zweifel gezogen würden.

Nun hat allerdings der erkennende Senat in dem Urteil RGZ. Bd. 115 S. 289 dargelegt, daß den Aktionären einer Aktiengesellschaft unter gewissen Voraussetzungen, nämlich wenn die Tatbestände des § 312 HGB. in Verbindung mit § 823 Abs. 2 und § 826 BGB. vorliegen, unmittelbare Schadensersatzansprüche gegen die an den unerlaubten Handlungen beteiligten Organe der Aktiengesellschaft zustehen. Es kann den Klägern ferner zugegeben werden, daß die Beklagte, falls sich ihre Organe an solchen Handlungen der Organe der StCh.-Fabrik mitbeteiligt hätten, hierfür gemäß den §§ 840, 823 Abs. 2, §§ 826, 31 BGB. von den Klägern für einen etwa ihnen selbst erwachsenen Schaden verantwortlich gemacht werden könnte. Indessen ist das Bestehen solcher Schadensersatzansprüche im vorliegenden Fall gerade nicht zum Gegenstand der Feststellungsklage gemacht worden; die Feststellungen, die mit der Klage begehrt werden, würden vielmehr, im Rahmen solcher Schadensersatzansprüche gesehen, nur einzelne Tatbestandselemente abgeben und abgeben können. Gewiß ist die Feststellungsklage nicht unter allen

Umständen und ohne jede Ausnahme unzulässig, weil die Leistungsklage zur Verfügung steht; das ist für Schadensersatzansprüche schon wiederholt ausgesprochen worden, so eben auch in dem Urteil des erkennenden Senats RGZ. Bd. 115 a. a. O. Allein, wie schon hervorgehoben, sind hier Ersatzansprüche der bezeichneten Art gerade nicht Gegenstand der Feststellungsklage, sondern bestenfalls nur einzelne Tatbestandserfordernisse solcher Ansprüche. Eine Feststellungsklage mit diesem Ziel läßt sich hier ferner weder durch den Hinweis auf eine so ermöglichte Vereinfachung der Sach- und Rechtslage noch durch die Zwecke einer vernünftigen Prozeßökonomie rechtfertigen. Ganz im Gegenteil würde sie aller Voraussicht nach gerade umgekehrt nur zu einer Vervielfältigung der Prozesse führen. Daran vermögen auch die gegenteiligen Ausführungen der Revision nichts zu ändern. Hieraus ergibt sich, daß mit dem Hinweis auf angebliche Schadensersatzansprüche der Kläger gegen die Beklagte oder gar gegen die Organe der StCh.-Fabrik ein rechtliches Interesse der Kläger an der hier gegenüber der Beklagten begehrten alsbaldigen gerichtlichen Feststellung nicht gerechtfertigt werden kann.

Ein solches Interesse ist aber auch sonst nicht dargetan. Schon zu Eingang der Gründe ist hervorgehoben, daß die Kläger weder als Genußscheininhaber noch als Aktionäre der StCh.-Fabrik zur Beklagten, von den schon erörterten angeblichen Schadensersatzansprüchen abgesehen, in unmittelbaren oder auch nur mittelbaren Rechtsbeziehungen stehen, daß ferner die ihnen kraft ihrer Eigenschaft als Genußscheininhaber oder als Aktionäre gegenüber der StCh.-Fabrik zukommenden Rechte als s o l c h e von der Beklagten nicht in Zweifel gezogen werden. Nach der eigenen Sachdarstellung der Kläger handelt es sich vielmehr nur darum, daß durch die zwischen der Beklagten und der StCh.-Fabrik geschlossenen Nachtragsabmachungen zu dem von den Klägern selbst nicht beanstandeten Interessengemeinschaftsvertrag und dessen Ausführung die geldlichen Beteiligungsrechte der Kläger angeblich in ihrem Ertr]ägnis beeinträchtigt werden. Das Interesse der Kläger an den begehrten Feststellungen ist demnach im wesentlichen ein wirtschaftliches, sofern der Ertrag ihrer Beteiligungsrechte bei der StCh.-Fabrik nach ihrer Behauptung erheblich größer wäre, wenn bei der Handhabung des Interessengemeinschaftsvertrags zwischen der Beklagten und der StCh.-Fabrik entsprechend dem Klagbegehren verfahren würde. Es kann den Klägern auch zugegeben werden, daß ein solches wirtschaftliches Interesse an und für sich zur Bejahung eines rechtlichen Interesses im Sinne des § 256 ZPO. ausreichen würde. Aber dieses rechtliche Interesse muß eben gerade hinsichtlich der verlangten Feststellung gegenüber der Beklagten begründet sein. Und daran fehlt es. Das auf die Feststellungsklage ergehende Urteil schafft keine Rechtskraft zwischen der Beklagten und der StCh.-Fabrik, ebensowenig eine solche zwischen dieser und den Klägern. Die Beklagte namentlich wäre trotz eines etwa in der Sache selbst zugunsten der Kläger ergehenden Urteils weder rechtlich noch tatsächlich gehindert, gegenüber der StCh.-Fabrik an der Gültigkeit der Nachtragsabmachungen zu dem Interessengemeinschaftsvertrag und an ihrer hier beanstandeten Handhabung festzuhalten. Dazu kommt die ebenfalls schon oben unter Hinweis insbesondere auf § 250 HGB. gekennzeichnete Rechtsstellung der Aktionäre in Bezug auf die Handhabung der Geschäftsführung in Angelegenheiten der Gesellschaft überhaupt. Insoweit ist auch die Rechtsstellung der beiden Kläger, die Genußscheininhaber sind, keine bessere. Dafür, daß sich die Beklagte im Verhältnis zur StCh.-Fabrik etwa einem zugunsten der Kläger ergangenen Urteil ohne weiteres beugen und ihre Rechtsbeziehungen dementsprechend gestalten würde, wie die Revision behauptet, fehlt es an allem und jedem ausreichenden Anhalt. Der Umstand, daß die Beklagte die StCh.-Fabrik beherrscht, spricht nicht für, sondern sehr viel eher gegen eine solche Wirkung des Urteils. Ebensowenig bietet hierfür der Umstand einen genügenden Anhalt, daß sich das Stammkapital der Beklagten in Händen einer Gesellschaft befindet, deren Kapital selbst wieder Staatsbesitz ist. Gerade vom Standpunkt einer vernünftigen Prozeßökonomie aus kann mithin gesagt werden, daß eine Feststellungsklage, wie sie hier erhoben worden ist, in der Tat nicht zu einer Vereinfachung und zur Vermeidung einer Häufung von Prozessen führen würde; vielmehr ist das Gegenteil anzunehmen. Wenn sich die Revision für ihre Auffassung im besonderen noch auf RGZ. Bd. 128 S. 92 bezieht, so war die Rechtslage in jenem Fall eine andere. Dort ist im besonderen ausdrücklich dargelegt, es sei ohne weiteres anzunehmen, daß sich der damalige Beklagte und seine Mitglieder in ihrem Verhältnis zu einander einem zugunsten der damaligen Kläger ergangenen Urteil fügen und ihre Beziehungen dementsprechend gestalten würden. Für eine solche Annahme im Verhältnis der Beklagten zur StCh.-Fabrik fehlt es aber an allen zureichenden Anhaltspunkten, und die Kläger könnten deshalb, so wie die Dinge liegen, auch keineswegs mit einiger Sicherheit darauf rechnen, daß die Beklagte ihre Rechtsbeziehungen zu der StCh.-Fabrik nach einem etwa zugunsten der Kläger ergangenen Urteil einrichten würden. Vielmehr müßte aller Voraussicht nach hierüber ein weiterer Prozeß zwischen der Beklagten und der StCh.-Fabrik geführt werden.

Nach alledem hat der Vorderrichter im Ergebnis das Feststellungsinteresse mit Recht verneint.

RGZ. 142, 291

1. Darf auf Feststellung der Verpflichtung zum Ersatz des noch entstehenden Schadens erkannt werden, wenn die Entstehung eines weiteren Schadens für die Zukunft ausgeschlossen ist?

2. Gehören die pfändbaren Beträge der nach Konkurseröffnung fällig werdenden Unfallrenten im Konkurse des Geschädigten zur Konkursmasse?

ZPO. § 256. KO. § 1.

VI. Zivilsenat. Urt. v. 20. November 1933.

I. Landgericht Münster. II. Oberlandesgericht Hamm.

Dem Kläger ist am 16. Mai 1928, als er bei einer Eisenbahnfahrt Zeitung lesend in einem Abteil der III. Wagenklasse saß, infolge eines durch das Undichtwerden der Luftdruckbremse verursachten ruckartigen Bremsens ein Handkoffer aus dem Gepäcknetz auf den Kopf gefallen. Er behauptet, sich hierdurch eine Schädelverletzung und eine Nervenerkrankung zugezogen zu haben, in deren Verlauf er erwerbsunfähig geworden sein will. Auch führt er den im Laufe des Rechtsstreits am 5. Juli 1929 über sein Vermögen eröffneten Konkurs darauf zurück, daß er sich infolge seiner Erkrankung nicht ausreichend um sein Fabrikunternehmen habe kümmern können. Er nimmt die verklagte Reichsbahn-Gesellschaft auf Ersatz seines Schadens in Anspruch und verlangt neben der Zahlung eines Geldbetrags die Feststellung der Verpflichtung der Beklagten zum Ersatz seines bereits entstandenen und noch entstehenden Schadens. Die Beklagte hat zunächst anerkannt, zur Entschädigung des Klägers im Rahmen des Reichshaftpflichtgesetzes verpflichtet zu sein, und hat ihm 2000 RM. gezahlt. Sie hat dann aber jede Schadensersatzpflicht mit der Begründung bestritten, daß der Kläger keine Verletzung erlitten habe und daß seine Arbeitsunfähigkeit nur die Folge einer ohne inneren Zusammenhang mit dem Unfall aufgetretenen Rentenneurose sei.

Das Landgericht hat die Beklagte durch Teilurteil zur Zahlung von 1200 RM. verurteilt und dem Feststellungsantrag des Klägers in vollem Umfang stattgegeben. Das Berufungsgericht hat die Klage zunächst unter Verneinung des ursächlichen Zusammenhangs der Nervenerkrankung des Klägers mit dem Unfall abgewiesen. Dieses Urteil ist aber durch das Urteil des Reichsgerichts vom 21. September 1932 IX 150/32 aufgehoben und die Sache an einen anderen Senat des Berufungsgerichts zurückverwiesen worden. Nunmehr hat dieses den Zahlungsanspruch des Klägers für erledigt durch die Zahlung der 2000 RM. erklärt und die Verpflichtung der Beklagten zum Ersatz des entstandenen und noch entstehenden Schadens festgestellt. Es hat zwischen der Zeit vor und nach der Konkurseröffnung unterschieden und ausgesprochen, daß der für die Zeit bis zur Konkurseröffnung geltend gemachte Schadensersatzanspruch im Umfang der Freigabeerklärung des Konkursverwalters festgestellt werde, daß der Anspruch für die Zeit nach der Konkurseröffnung aber nicht zur Konkursmasse gehöre. Die Revision der Beklagten führte zur Aufhebung und Zurückverweisung.

Gründe:

... Die Revision rügt mit Recht, daß die sachliche Begründung, mit der das Berufungsgericht dem Feststellungsantrag des Klägers entsprochen habe, von Rechtsirrtum beeinflußt sei. Das Berufungsgericht führt aus, daß die prozessualen Voraussetzungen der Feststellungsklage im Zeitpunkt der Klagerhebung bestanden hätten und daß es deshalb nicht darauf ankomme, ob der Kläger nachträglich zur Leistungsklage hätte übergehen können und ob ein Ersatzanspruch bei Erlaß des Berufungsurteils nicht mehr bestanden habe. Denn nach der ständigen Rechtsprechung des Reichsgerichts sei es für die positive Feststellungsklage erforderlich und genügend, daß der Kläger im Zeitpunkt ihrer Erhebung mit einer weiteren Schädigung aus der Unfallverletzung habe rechnen dürfen. Daß bei der Erhebung der Feststellungsklage die Schadensfolgen aus dem Unfallereignis noch nicht abgeschlossen gewesen seien, gehe aus den Gutachten von Dr. B. und Professor Dr. K. einwandfrei hervor.

Diese Begründung beruht auf einer irrtümlichen Auffassung der Sätze, die in der Rechtsprechung des Reichsgerichts für die Zulässigkeit von Feststellungsklagen entwickelt sind. Dieses hat in den vom Berufungsrichter angeführten Entscheidungen lediglich ausgesprochen, daß der Kläger, wenn die Voraussetzungen für die Erhebung einer Feststellungsklage im Zeitpunkt der Klagerhebung gegeben gewesen seien, nicht deshalb genötigt sei, ganz oder teilweise zu einer Leistungsklage überzugehen, weil er im Laufe des Verfahrens die Möglichkeit erhalten habe, die Höhe seines Schadens zu berechnen. Dagegen ist in keiner der Entscheidungen der Satz enthalten, daß es für die Entscheidung über eine Feststellungsklage ohne Bedeutung sei, ob ein Ersatzanspruch bei Erlaß des Feststellungsurteils nicht mehr bestehe. Wenn ein Ersatzanspruch beispielsweise deshalb nicht mehr besteht, weil der zum Schadensersatz Verpflichtete seiner Verpflichtung genügt und den Schaden voll ersetzt hat, ist auch für ein Feststellungsurteil kein Raum mehr, gleichgültig, ob ein Ersatzanspruch im Zeitpunkt der Klagerhebung bestanden hat oder nicht. Anders ist wohl auch das Berufungsurteil nicht zu verstehen. Anscheinend hat es nur darlegen wollen, der Erlaß eines Feststellungsurteils setze nicht notwendig voraus, daß nach Erlaß des Urteils eine Vergrößerung des bisher entstandenen Schadens eintrete und der Kläger aus diesem Grunde zur endgültigen Berechnung seines Anspruchs außerstande sei.

In der Tat kann ein Feststellungsurteil, das sich auf den Ausspruch der Verpflichtung zum Ersatz des entstandenen Schadens beschränkt, unter Umständen auch dann ergehen, wenn der Eintritt eines weiteren Schadens nicht mehr zu besorgen ist. Nun hat sich das Berufungsurteil aber nicht auf die Feststellung beschränkt, daß die Beklagte dem Kläger den bereits entstandenen Schaden zu ersetzen hat. Es hat vielmehr auch die Verpflichtung zum Ersatz des in Zukunft entstehenden Schadens festgestellt. Zuzugeben ist, daß schon die bloße Möglichkeit der Entstehung eines künftigen Schadens unter gewissen Voraussetzungen die Feststellung der Verpflichtung zum Ersatz dieses Schadens rechtfertigen kann (RGZ. Bd. 61 S. 171). Daraus kann aber nicht gefolgert werden, daß die Feststellung einer Verpflichtung zum Ersatz künftigen Schadens auch dann möglich wäre, wenn bei Erlaß des Feststellungsurteils bereits feststeht, daß ein Schaden in Zukunft nicht mehr entstehen kann, weil die Schadensfolgen bereits vollständig abgeschlossen sind. Daß sich das Berufungsgericht dessen bewußt gewesen wäre, kann seiner Begründung nicht entnommen werden. Es hat eine Feststellung, daß der Unfallschaden des Klägers auch in Zukunft noch zu weiteren Vermögenseinbußen für ihn führen könne, jedenfalls nicht getroffen, sondern im Gegenteil die Möglichkeit, daß ein weiterer Schaden nicht mehr eintrete, ausdrücklich offen gelassen. So durfte das Berufungsgericht angesichts der Einlassung der Beklagten nicht verfahren. Diese hat, nachdem sie dem Kläger zunächst nach Erlaß des Urteils des Landgerichts 2000 RM. gezahlt hatte, bestritten, daß ihm ein Schaden überhaupt entstanden sei. In dieser Einlassung war die Behauptung mitenthalten, daß der Kläger, soweit ihm wirklich ein gewisser durch die Zahlung der Beklagten abgegoltener Schaden entstanden sein sollte, weitere Ansprüche jedenfalls nicht mehr stellen könnte, weil er voll entschädigt sei und die Entstehung eines weiteren auf den Unfall zurückzuführenden Schadens für die Zukunft ausgeschlossen sei. Diese Behauptung durfte das Berufungsgericht nicht mit Stillschweigen übergehen, wenn es die Verpflichtung der Beklagten zum Ersatz des künftigen Schadens feststellen wollte. Keinesfalls aber durfte es die Möglichkeit, daß die Entstehung eines Schadens für die Zukunft ausgeschlossen war, offen lassen und gleichwohl die Verpflichtung der Beklagten zum Ersatz des künftigen Schadens feststellen. . . .

Von Rechtsirrtum beeinflußt ist auch die Art, in der das Berufungsgericht zwischen den für die Zeit vor und nach der Eröffnung des Konkurses über das Vermögen des Klägers geltend gemachten Schadensersatzansprüchen unterschieden hat. Es meint, daß die Ersatzansprüche des Klägers, soweit sie pfändbar und vor der Eröffnung des Konkurses (5. Juli 1929) entstanden seien, in die Konkursmasse fielen, daß dies aber für die Ersatzansprüche aus der Zeit nach der Eröffnung des Konkurses nicht zutreffe. Da die Frage der Pfändbarkeit nur für die dem Kläger nach §§ 3 a, 7 HaftpflG., § 843 BGB. zustehende Rente von Bedeutung ist, muß die Ausführung des Berufungsgerichts dahin verstanden werden, daß die vor der Konkurseröffnung fällig gewordenen Rentenbeträge in die Masse fielen, die späteren dagegen nicht. Diese Unterscheidung ist nicht berechtigt. Nach § 1 KO. umfaßt die Konkursmasse das gesamte einer Zwangsvollstreckung unterliegende Vermögen des Gemeinschuldners, welches ihm zur Zeit der Eröffnung des Verfahrens gehört. Der Zwangsvollstreckung unterliegt auch die dem Gemeinschuldner nach § 843 BGB. zustehende Geldrente, soweit sie nicht der Pfändung durch § 850 Abs. 3

ZPO. und die Vorschriften der Verordnung über Lohnpfändung vom 25. Juni 1919 (RGBl. S. 589) entzogen ist. Für die Konkurszugehörigkeit der der Pfändung unterworfenen Rentenbeträge ist es aber ohne Bedeutung, ob sie vor oder nach der Konkurseröffnung fällig werden. Entstanden ist der Rentenanspruch aus § 843 BGB. bereits mit der Aufhebung oder Minderung der Erwerbsfähigkeit des Verletzten. Die später fällig werdenden Rentenansprüche entstehen nicht jeweils von neuem. Sie sind vielmehr nur befristet, so daß nicht ihre Entstehung, sondern nur ihre Fälligkeit hinausgeschoben ist (vgl. RGZ. Bd. 87 S. 85). Insoweit unterscheidet sich der Rentenanspruch aus § 843 BGB. von den für die Leistung von Diensten zu zahlenden fortlaufenden Vergütungen. Der Anspruch auf die Vergütung für geleistete Dienste entsteht nicht schon mit dem Abschluß des Dienstvertrags, sondern erst mit der Leistung der Dienste (Jaeger KO. Anm. 55 zu § 1; Mentzel KO. Erl. 6, 1 in Nr. 1 zu § 1; RGZ. Bd. 12 S. 192). Dieser Gesichtspunkt trifft für den Rentenanspruch nach § 843 BGB. nicht zu. Auch kann aus der Lohnpfändungsverordnung nicht gefolgert werden, daß die Rentenforderungen aus § 843 BGB. vor Eintritt ihrer Fälligkeit nicht gepfändet werden könnten. Durch § 4 der genannten Verordnung ist zwar § 1 Abs. 1 bis 3 das., nicht aber auch Abs. 5 auf die Rentenansprüche aus § 843 BGB. für anwendbar erklärt worden (Stein-Jonas ZPO. Bem. III 3c zu § 850). Hieraus folgt, daß der Konkursverwalter nicht nur die vor, sondern auch die nach der Eröffnung des Konkurses fällig werdenden Rentenbeträge zur Masse zu ziehen hat. Allerdings kann er dies erst nach Eintritt der jeweiligen Fälligkeit, weil eine dem § 65 Abs. 1 KO. entsprechende Vorschrift für die Zugehörigkeit von Rentenansprüchen zur Konkursmasse nicht gilt (Jaeger a. a. O. Anm. 59 zu § 1). . . .

RGZ. 144, 54

1. Kann ein der Feststellung durch Urteil zugängliches Rechtsverhältnis auch dann vorliegen, wenn der Streit der Parteien ausschließlich die rechtliche Natur eines zwischen ihnen unstreitig bestehenden Vertragsverhältnisses betrifft?

2. Wann ist die Entscheidung des Rechtsstreits von dem Bestehen oder Nichtbestehen eines Rechtsverhältnisses ganz oder zum Teil abhängig?

ZPO. §§ 256, 280.

II. Zivilsenat. Urt. v. 27. Februar 1934.

I. Landgericht Lüneburg. II. Oberlandesgericht Celle.

Der Kläger, der in H. ein Raumkunst-Atelier betrieb, wurde vom Beklagten wiederholt zur Begutachtung von Bauentwürfen herangezogen. Im Laufe der Jahre entwickelte sich ein engeres geschäftliches Verhältnis zwischen den Parteien, das schließlich dazu führte, daß der Beklagte den Kläger im August 1928 bat, mit ihm in C. gemeinsam zu arbeiten. Der Kläger siedelte darauf am 4. September 1928 nach C. über und arbeitete dort mit dem Beklagten zusammen. Im September 1932 kam es zwischen den Parteien zu Meinungsverschiedenheiten, die dahin führten, daß der Kläger am 30. September 1932 die gemeinsame Arbeit aufgab.

Der Kläger ist der Ansicht, daß durch die Aufnahme der gemeinsamen Arbeit ein Gesellschaftsverhältnis zwischen den Parteien zustandegekommen sei. Er hat gegen den Beklagten Klage erhoben auf Rechnungslegung, fürsorglich auf Offenbarungseidleistung, ferner auf Mitwirkung bei der Vermögensauseinandersetzung und auf Zahlung des sich aus der Rechnungslegung für den Kläger ergebenden Gewinnanteils. Im Laufe des ersten Rechtszugs hat er seinen Anträgen den weiteren Antrag vorangestellt, festzustellen, daß zwischen den Parteien während der Zeit ihrer gemeinsamen Tätigkeit ein Gesellschaftsverhältnis bestanden habe.

Der Beklagte hat das Vorliegen eines Gesellschaftsverhältnisses bestritten. Er hat geltend gemacht, der Abschluß eines Gesellschaftsvertrags zwischen den Parteien sei zwar in Aussicht genommen worden, aber nicht zustande gekommen. In Wahrheit habe zwischen den Parteien ein Dienstvertrag bestanden; der Kläger sei bei ihm als Angestellter tätig gewesen.

Das Landgericht hat durch Teilurteil dem Feststellungsantrag des Klägers entsprochen. Auf die Berufung des Beklagten hat das Oberlandesgericht die Feststellungsklage abgewiesen. Die Revision des Klägers führte zur Aufhebung und Zurückverweisung.

Gründe:

Das Berufungsgericht hat die Frage, ob die Feststellungsklage, die allein den Gegenstand des Revisionsverfahrens bildet, als die gewöhnliche Feststellungsklage aus § 256 ZPO. oder als die sog. Zwischenfeststellungsklage aus § 280 ZPO. anzusehen ist, unbeantwortet gelassen. Es kommt ohne Sachprüfung zur Abweisung der Klage, weil es das für jede der beiden Feststellungsklagen geltende Erfordernis verneint, daß den Gegenstand der begehrten Feststellung das Bestehen oder Nichtbestehen eines Rechtsverhältnisses bilde. Es hat dazu erwogen: Die grundlegende Frage bei dem Streit der Parteien bilde nicht, ob überhaupt ein Vertrag zwischen ihnen vorgelegen habe; sie seien sich darüber einig, daß dies der Fall gewesen sei. Der Kläger behaupte das Vorliegen eines Gesellschaftsvertrags, der Beklagte eines Dienstvertrags. Die Parteien stritten deshalb nur über die Vertragsart, und es komme für sie daher in erster Linie auf die Klärung einer Rechtsfrage und nicht ihrer Rechtsbeziehungen an. Daß rechtliche Beziehungen zwischen ihnen bestanden hätten und welcher Art sie in tatsächlicher Hinsicht gewesen seien, habe im großen und ganzen festgestanden. Es habe nur die rechtliche Beurteilung gefehlt, und diese allein solle durch die begehrte Feststellung herbeigeführt werden. Eine zwischen den Parteien streitige Rechtsfrage könne aber nach der ständigen Rechtsprechung des Reichsgerichts nicht als ein „Rechtsverhältnis" angesehen werden, dessen Feststellung durch Erhebung einer Klage nach § 256 oder § 280 ZPO. begehrt werden könne.

Demgegenüber rügt die Revision Verletzung der §§ 256, 280 ZPO. Sie ist begründet.

1. Es ist zwar richtig, daß für den Begriff des „Rechtsverhältnisses" weder eine bloße — wenn auch rechtserhebliche — Tatsache noch eine Rechtsfrage genügt; erforderlich ist vielmehr eine durch den Sachverhalt auf Grund einer Rechtsnorm gegebene Rechtsbeziehung einer Person zu einer anderen Person oder zu einem Rechtsgut. Diese Voraussetzung ist hier aber auch, entgegen der Auffassung des Berufungsgerichts, erfüllt.

Um die Entscheidung einer Rechtsfrage im Gegensatz zur Feststellung eines Rechtsverhältnisses kann es sich immer nur dann handeln, wenn die Beurteilung nur gedachter rechtlicher Beziehungen, nicht die Beurteilung bereits gegebener konkreter Rechtsbeziehungen in Frage steht (vgl. RGZ. Bd. 84 S. 390, Bd. 107 S. 304). Nicht um bloß gedachte, sondern um konkrete Rechtsbeziehungen handelt es sich aber auch dann, wenn von dem Richter ein Ausspruch darüber verlangt wird, daß das unstreitig zwischen den Parteien bestehende Rechtsverhältnis bestimmter Art sei; es ist nicht ersichtlich, inwiefern in einem solchen Fall nicht ein Begehren auf Feststellung eines Rechtsverhältnisses vorliegen sollte.

Für den gegebenen Fall verkennt das angefochtene Urteil, daß aus einem Gesellschaftsvertrag, dessen Bestehen der Kläger festgestellt haben will, wesentlich andere Rechtsbeziehungen gegenüber dem Vertragsgegner erwachsen als aus einem Dienstvertrag, dessen Vorliegen der Beklagte behauptet hat. Als „Rechtsverhältnis" nach § 256 oder § 280 ZPO. sind nicht nur selbständige Rechtsverhältnisse im ganzen, sondern auch die einzelnen sich aus ihnen ergebenden Berechtigungen als Ausfluß der Gesamtrechtsverhältnisse anzusehen. Mit dem Begehren der Feststellung des Bestehens eines Gesellschaftsvertrags (und nicht eines Dienstvertrags) verfolgt der Kläger nach Sinn und Zweck des Antrags das Ziel, eine richterliche Feststellung darüber herbeizuführen, daß er dem Beklagten gegenüber gerade die sich aus einem Gesellschaftsvertrag ergebenden Rechte geltend machen könne. Daraus, daß unstreitig überhaupt zwischen den Parteien ein Vertragsverhältnis bestanden hat, ergibt sich nicht, welche Rechtsbeziehungen den Parteien daraus erwachsen sind. Daß es sich vorliegend bei dem Begehren des Klägers um die Feststellung des Bestehens eines Rechtsverhältnisses handelt, tritt besonders deutlich zutage, wenn der Fall in Betracht gezogen wird, daß sich der Kläger von vornherein darauf beschränkt hätte, gemäß § 256 ZPO. die Klage auf Feststellung des Bestehens eines Gesellschaftsvertrags zu richten (ohne zugleich Leistungsansprüche zu erheben). Es würde alsdann wohl kaum der Gedanke auftauchen, den Antrag als auf Entscheidung einer Rechtsfrage gerichtet um deswillen anzusehen, weil in den Antrag die konkrete Natur des behaupteten Vertragsverhältnisses aufgenommen worden ist, und es würde wohl sicherlich nicht von dem Kläger, um die Zulässigkeit der Klage zu begründen, verlangt werden, die Bezeichnung der konkreten Vertragsart aus dem Antrag herauszunehmen.

Zu Unrecht beruft sich das Berufungsgericht für seine Auffassung auf die Entscheidung des VIII. Zivilsenats des Reichsgerichts vom 6. Januar 1930 VIII 312/29, abgedr. JW. 1930 S. 1058 Nr. 1. In dieser Entscheidung, wo es sich darum handelte, daß der Kläger Zahlung eines Pachtzinses verlangte und der Beklagte widerklagend die Feststellung begehrte, daß das Vertragsverhältnis zwischen den Parteien ein Mietvertrag sei, hat der VIII. Zivilsenat nicht schlechthin eine Feststellung des bezeichneten Inhalts wegen Fehlens eines „Rechtsverhältnisses" für unzulässig erklärt; er hat vielmehr nur auf Grund des besonderen ihm vorliegenden Sachverhalts ausgesprochen, daß der Beklagte gerade nicht bestimmte konkrete Rechtsbeziehungen klargestellt haben wolle, sondern „in der vorliegenden Fassung des Antrags" die Entscheidung einer Rechtsfrage (auf Vorrat, d. h. also „in abstracto") begehre. So wird denn auch gerade dieses Urteil von Stein-Jonas in ihrem Erläuterungswerk zur Zivilprozeßordnung (§ 256 Note 32) als Beleg für die Auffassung angeführt, es könne eine Klage auf Feststellung dahin zulässig sein, daß ein Vertragsverhältnis einen Miet- und keinen Pachtvertrag darstelle.

Anklänge an den von dem Berufungsgericht vertretenen Standpunkt sind allerdings in dem vom VIII. Zivilsenat in der bezeichneten Entscheidung angeführten Urteil des III. Zivilsenats vom 14. Juni 1927 III 94/27 sowie in einer weiteren Entscheidung des VIII. Zivilsenats vom 3. Oktober 1929 VIII 215/29 (RGZ. Bd. 126 S. 18 [20]) enthalten. In diesen Entscheidungen, bei denen Klage auf Zahlung des Miet- (Pacht-) zinses erhoben worden war und im Wege der Zwischenfeststellungsklage nach § 280 ZPO. die Feststellung begehrt wurde, daß der Vertrag ein Miet- (oder Pacht-)vertrag sei, ist jedoch die Zwischenfeststellungsklage nicht wegen Fehlens eines Rechtsverhältnisses, sondern deshalb für unzulässig erachtet worden, weil sie nur zu dem Zweck erhoben worden war, um den geforderten Zins als aus einem bestimmten Rechtsverhältnis geschuldet zu bezeichnen, ohne daß weitere Ansprüche für die Parteien aus diesem Rechtsverhältnis in Frage kamen, und weil, um diesen Erfolg zu erreichen, die Leistungsklage für genügend erachtet wurde, deren Rechtskraft sich auch darauf erstreckt, daß der geforderte Zins aus dem bestimmten Rechtsverhältnisse (Miete oder Pacht) geschuldet werde. Die weitere Bemerkung in den genannten Entscheidungen, daß mit dem Feststellungsantrag die Entscheidung einer Rechtsfrage begehrt werde, ist nur beiläufig angefügt worden, ohne daß auf ihr die Entscheidungen beruhen, so daß ihnen gegenüber eine Anrufung der Vereinigten Zivilsenate gemäß § 136 GVG. nicht in Frage kommt.

Aus dem Gesichtspunkt des Fehlens eines Rechtsverhältnisses ist hiernach die Feststellungsklage von dem Berufungsgericht zu Unrecht für unzulässig erachtet worden.

2. Es bedarf deshalb der Prüfung, ob auch die weiteren verfahrensrechtlichen Voraussetzungen für die erhobene Feststellungsklage gegeben sind. Das ist nach dem vom Berufungsrichter festgestellten Sachverhalt für die Zwischenfeststellungsklage aus § 280 ZPO. zu bejahen, so daß es dahingestellt bleiben kann, ob auch die Erfordernisse der gewöhnlichen Feststellungsklage nach § 256 ZPO. gegeben sind.

Verfahrensrechtliche Voraussetzung für die Zwischenfeststellungsklage nach § 280 ZPO. ist es, daß von dem Bestehen oder Nichtbestehen des streitigen Rechtsverhältnisses die Entscheidung des Rechtsstreits ganz oder zum Teil abhängt, ohne daß daneben ein weiteres rechtliches Interesse an der alsbaldigen Feststellung des Rechtsverhältnisses erfordert wird, wie es die gewöhnliche Feststellungsklage nach § 256 ZPO. verlangt. Der Zweck der Zwischenfeststellungsklage ist die Ausdehnung der Rechtskraftwirkung auf den Grund der Klage; sie ist ein Ersatz dafür, daß die Elemente der Entscheidung nicht in Rechtskraft übergehen. Aus diesem Zweck der Zwischenklage ergibt sich zugleich eine Einschränkung ihrer Zulässigkeit. Für sie ist dann kein Raum, wenn bereits durch die Entscheidung auf die Hauptklage die Rechtsbeziehungen, die sich aus dem streitigen Rechtsverhältnis ergeben können, mit Wirkung der Rechtskraft erschöpfend klargestellt werden und deshalb die besondere Feststellung des Rechtsverhältnisses für den Feststellungkläger keine Bedeutung mehr haben kann. Wenn demgemäß mit der Hauptklage nur ein einziger Anspruch aus dem Rechtsverhältnis verfolgt wird und es feststeht, daß weitere Ansprüche aus diesem den Parteien nicht erwachsen sind, so fehlt für eine besondere Feststellung des Rechtsverhältnisses die Grundlage, weil durch die Entscheidung auf die Hauptklage bereits rechtskräftig klargestellt wird, ob der einzige aus dem Rechtsverhältnis erwachsene Anspruch aus diesem Rechtsverhältnis gegeben ist oder nicht. Anders liegt es schon, wenn mit der Hauptklage nicht ein einzelner Anspruch, sondern mehrere selbständige Ansprüche aus dem Rechtsverhältnis verfolgt werden, mögen sie auch in ihrer Gesamtheit die Ansprüche erschöpfen, die sich aus ihm überhaupt ergeben können. Alsdann ist nicht ohne weiteres die Bedeutungslosigkeit der begehrten Feststellung dargetan, und zwar deshalb nicht, weil die Möglichkeit — bei einer Stufenklage sogar die Notwendigkeit — besteht, daß über die mehreren Ansprüche nicht einheitlich, sondern in Teilentscheidungen erkannt wird, daß also nicht von vornherein die Rechtsbeziehungen, die sich aus dem Rechtsverhältnis ergeben, in einer einheitlichen rechtskräftigen Entscheidung zur Hauptklage ihre Erledigung finden. Der rechtskräftigen Feststellung des Bestehens oder Nichtbestehens des Rechtsverhältnisses kann in solchen Fällen eine grundlegende

Bedeutung für etwaige spätere Teilentscheidungen und für die Schlußentscheidung zukommen.

Aber auch wenn mit der Hauptklage nur ein einziger Anspruch aus dem Rechtsverhältnis verfolgt wird, ist die Klage auf Feststellung des Bestehens oder Nichtbestehens des Rechtsverhältnisses, von der die Entscheidung auf die Hauptklage im Sinne des § 280 ZPO. abhängt, immer dann zulässig, wenn auch nur die Möglichkeit besteht, daß aus dem streitigen Rechtsverhältnis den Parteien noch weitere Ansprüche erwachsen sind als derjenige, der mit der Hauptklage verfolgt wird.

Diese Auffassung liegt bereits der Entscheidung des erkennenden Senats in RGZ. Bd. 126 S. 234 (238) zugrunde; sie steht auch nicht in Widerspruch zu der Entscheidung des Reichsarbeitsgerichts vom 16. Januar 1932 (RAG. Bd. 10 S. 93), die einen Fall betrifft, wo neben der auf ein Vertragsverhältnis gestützten Leistungsklage im Wege der Zwischenklage nach § 280 ZPO. die Feststellung begehrt wurde, daß den Klagansprüchen ein zwischen den Parteien abgeschlossener Vergleich nicht entgegenstehe. Hier lag die Sache in der Tat so, daß das streitige Rechtsverhältnis durch die Entscheidung auf die Leistungsklage seine erschöpfende rechtskräftige Erledigung finden mußte; es konnte daneben der begehrten Feststellung, daß den Klagansprüchen der Vergleich nicht entgegenstehe, keine besondere, über den Rahmen der Leistungsklage hinausgehende Bedeutung zukommen.

Die Anwendung der vorstehenden Grundsätze auf den zur Entscheidung stehenden Fall ergibt, daß die Entscheidung des Rechtsstreits mindestens teilweise im Sinne des § 280 ZPO. von der begehrten Feststellung, daß zwischen den Parteien ein Gesellschaftsverhältnis bestanden habe, abhängig ist. Nicht ohne weiteres bejaht werden kann diese Abhängigkeit, soweit der Kläger mit der Leistungsklage Rechnungslegung, hilfsweise Offenbarungseidleistung, sowie Herausgabe des sich aus der Rechnungslegung für ihn ergebenden Gewinnanteils begehrt. Denn die Berechtigung dieser Ansprüche ist möglicherweise, sofern nämlich dem Kläger, wie er behauptet, eine Gewinnbeteiligung zugesichert worden ist, auch dann gegeben, wenn das Vertragsverhältnis zwischen den Parteien ein Dienstvertrag und nicht ein Gesellschaftsvertrag war. Unbedingt abhängig von dem Bestehen eines Gesellschaftsvertrags ist dagegen der auf § 730 BGB. gestützte Anspruch des Klägers auf Mitwirkung des Beklagten bei der Auseinandersetzung der Parteien. Wird diesem Anspruch stattgegeben, so steht zwar nach § 322 Abs. 1 ZPO. rechtskräftig fest, daß der Beklagte zur Mitwirkung bei der Auseinandersetzung aus dem Gesellschaftsvertrag verpflichtet ist; nicht aber würde darüber hinaus das Bestehen des Gesellschaftsvertrags in Rechtskraft übergehen. Diese von dem Kläger begehrte besondere Feststellung wird hier auch nicht mit der rechtskräftigen Entscheidung auf die Hauptklage bedeutungslos, da es keineswegs dargetan ist, daß dem Kläger aus dem behaupteten Gesellschaftsvertrag nicht noch weitere Ansprüche erwachsen sind als diejenigen, die mit der Leistungsklage verfolgt werden. Daß solche weiteren Ansprüche für den Kläger in Frage kommen können, folgt schon aus den rechtlichen Befugnissen, die auch nach Auflösung der Gesellschaft bis zur Beendigung der Auseinandersetzung einem jeden Mitgesellschafter zustehen (vgl. z. B. § 730 Abs. 2 Satz 2 BGB.). Der Kläger hatte ferner vor dem Berufungsgericht auf die urheberrechtlichen Ansprüche hingewiesen, die ihm als Mitgesellschafter aus den von den Parteien gemeinschaftlich gefertigten Bauentwürfen erwachsen seien. Es kommt hier in Betracht, daß die Eigenschaft des Klägers als eines mit dem Beklagten gleichberechtigten Mitgesellschafters in der Tat ohne weiteres für ihn Urheberrechte an den gemeinschaftlich gefertigten Entwürfen begründen würde (vgl. dazu § 8 KunstSchutzG.), während es zum mindesten erheblichen Zweifeln unterläge, ob und inwieweit ein urheberrechtlicher Schutz für den Kläger dann bestände, wenn er sich an den gemeinschaftlichen Entwürfen nur in der Eigenschaft als Angestellter des Beklagten beteiligt hätte (vgl. RGZ. Bd. 110 S. 393).

Die verfahrensrechtlichen Voraussetzungen der Zwischenfeststellungsklage nach § 280 ZPO. sind deshalb auch nach dieser Richtung gegeben.

RGZ. 144, 71

1. Kann der Kläger denselben einheitlichen (Zahlungs-)Anspruch auf zwei verschiedene, voneinander unabhängige und sich auch nicht ausschließende Klagegründe stützen?

2. Liegt eine Klagänderung vor, wenn der Kläger neben dem zunächst erhobenen Zahlungsanspruch nachträglich einen damit zusammenhängenden Anspruch auf Rechnungslegung geltend macht?

ZPO. §§ 253, 260, 268 Nr. 2.

III. Zivilsenat. Urt. v. 2. März 1934.

I. Landgericht I Berlin. II. Kammergericht daselbst.

Mit der Klage verfolgt der Kläger gegen den Beklagten einen Anspruch auf Zahlung von 7000 RM. nebst Zinsen. Zur Begründung des Anspruchs hat er sich zunächst auf die Abtretung einer Forderung von F. und daneben auf die Abtretung einer anderen Forderung von Scha. berufen. Das Landgericht hat die Klage abgewiesen. Es hat den Klagegrund der Abtretung F. sachlich beschieden und für unbegründet erachtet; den weiteren Klagegrund hält es nicht für prozeßgerecht in den Rechtsstreit eingeführt. Der Kläger hat Berufung eingelegt. Im Laufe des zweiten Rechtszugs hat er den Klagegrund F. fallen lassen; den Klagegrund der Abtretung Scha. hat er aufrechterhalten und insoweit neben der Zahlung noch Rechnungslegung verlangt. Das Berufungsgericht hat die Berufung zurückgewiesen. Die Revision des Klägers führte zur Aufhebung des angefochtenen Urteils und zur Zurückverweisung der Sache an das Berufungsgericht.

Gründe:

In den Rechtszug der Revision ist die Klage nur insoweit erwachsen, als der Kläger mit seinem Anspruch aus der Abtretung Scha. abgewiesen ist. Beide Richter haben diesen Anspruch nicht sachlich beschieden, sondern aus verfahrensrechtlichen Gründen abgewiesen. Nach den getroffenen Feststellungen stand der Klagegrund Scha. mit dem zunächst geltend gemachten Klagegrund aus der Abtretung F. in keinerlei Zusammenhang; er war durchaus selbständig und bildete nur eine weitere Begründung für die Forderung auf 7000 RM., welchen Betrag der Kläger nur einmal verlangte. Das halten beide Richter für unstatthaft. Sie haben bezweifelt, ob der Kläger die beiden Klagegründe nebeneinander, in gleichem Rang, gewissermaßen also zur Wahl des Gerichts geltend gemacht habe oder nacheinander und hilfsweise, dergestalt, daß der Richter über den Klagegrund Scha. nur zu befinden haben sollte, wenn er den Klagegrund F. nicht für durchgreifend erachtete. Indessen hatte der Kläger im Laufe des zweiten Rechtszugs unzweideutig erklärt, daß er den Klagegrund Scha. jedenfalls auch hilfsweise erhoben haben wollte. Demgemäß bedarf der erste der beiden genannten Fälle — Geltendmachung mit gleichem Rang zur Wahl des Gerichts — hier keiner Erörterung. Denn nachdem der Kläger den Klagegrund F. im zweiten Rechtszug nicht weiter verfolgt hat, ist jener Zweifel behoben, und ist vom Rechtsstandpunkt des Klägers aus der Klagegrund Scha. derjenige, der allein noch zur gerichtlichen Entscheidung stand.

Die Zulässigkeit einer solchen Hilfsklagebegründung hat der Berufungsrichter mit folgenden Erwägungen verneint: da die beiden Klagegründe sich nicht ausschlössen, sondern selbständig nebeneinander bestehen könnten, sei die zweite Klage unter einer willkürlich vom Kläger gesetzten Bedingung erhoben; eine unter einer Bedingung stehende Klagerhebung sei aber prozessual unzulässig.

Hierin ist dem Berufungsrichter schon insofern nicht zu folgen, als er angenommen hat, daß der Kläger die Klage bedingt erhoben habe. Daß eine bedingte Klagerhebung unzulässig ist, nehmen Rechtslehre und Rechtsprechung allgemein und mit Recht an. Mit der Aufgabe und den Zwecken des staatlich geordneten Prozeßverfahrens ist es unvereinbar, daß ein Rechtsstreit anhängig gemacht, geführt und zur richterlichen Entscheidung gebracht wird, der von Anfang an nach dem Willen des Klägers dergestalt unter einer Bedingung steht, daß die gesamten Rechtswirkungen der Klage und der Entscheidung je nach dem Eintritt oder Ausfall der Bedingung bei Bestand bleiben oder hinfällig werden. Freilich kommt es vor, daß infolge späterer Ereignisse ein

Rechtsstreit gegenstandslos wird („sich erledigt", § 99 ZPO.). Aber es geht nicht an, daß der Kläger durch seinen Willen (durch die hinzugefügte Bedingung) von vornherein den Rechtsstreit mit einer solchen Unsicherheit behaftet, etwa in der Form, daß er die Klage erhebe unter der Bedingung, daß ein Dritter zustimme. Damit würde der Kläger mit der gesetzlich geordneten und gewährleisteten Einrichtung des Prozesses Mißbrauch treiben; darin liegt der tragende Grund der Unzulässigkeit. Aber das trifft hier nicht zu. Der Kläger hat nicht durch eine willkürlich gesetzte Bedingung eine mit den Zwecken des Prozesses unverträgliche Unsicherheit geschaffen. Er hat den Klagegrund Scha. vorbehaltslos und bestimmt (positiv) der richterlichen Entscheidung unterbreitet. Allerdings hatte er zunächst und an erster Stelle auch den anderen Klagegrund F. zur Entscheidung gestellt. Hätte der Richter diesen andern Klagegrund für ausreichend gehalten, die Klage zuzusprechen, so hätte es der Entscheidung über den Klagegrund Scha. nicht mehr bedurft. Darin allein, ob der Richter den ersten Klagegrund für ausreichend halten würde, lag ein Moment der Unsicherheit, lag eine Art Bedingung. Aber die Entscheidung hierüber stand allein beim Richter. Der Richter befand über Eintritt oder Ausfall der Bedingung; sein Spruch konnte, einmal gefallen, nicht mehr nachträglich oder von außen her durch einen verfahrensfremden Umstand beeinträchtigt oder hinfällig gemacht werden. Einer der Schriftsteller, die die „Eventualklage" für unzulässig halten (Baumbach Anm. 2 B zu § 260 ZPO.), bespricht den — ein Gegenstück bildenden — Fall, daß der Kläger einen Anspruch für den Fall erhebt, daß ein anderer Anspruch zugesprochen werde; das wird für zulässig erklärt, mit der Begründung, daß hier nicht Haupt- und Hilfsanspruch vorliegen, sondern zwei Hauptansprüche; beide seien unbedingt erhoben. Allein die Rechtslage ist insofern die gleiche wie in dem hier in Rede stehenden Fall, als es auch dort lediglich von dem Ermessen des Richters abhängt, ob der zweite Anspruch zur Bescheidung kommt oder nicht. Liegt bei dem Gegenstück keine echte Bedingung vor, so liegt sie auch nicht beim wirklichen Eventualanspruch vor. Auch dem sachlichen Recht ist die Unterscheidung bekannt und geläufig, ob es sich um eine willkürlich von der Partei gesetzte, von außen her dem Rechtsgeschäft beigefügte Bedingung handelt, oder um eine Unsicherheit, die schon von Rechts wegen dem Geschäft innewohnt (condicio tacita, Rechtsbedingung). Die letztere folgt nicht den Regeln der §§ 158 flg. BGB., sondern ihren eigenen Regeln. Dieser Rechtsgedanke hat auch für das Prozeßrecht Bedeutung. Die vorbehaltlos abgegebene Erklärung des Klägers, daß er einen Anspruch der richterlichen Entscheidung unterbreite, ist nicht deshalb als bedingt zu werten, weil es von dem Ausfall der richterlichen Entscheidung zu einer Vorfrage abhängt, ob es noch zur Entscheidung über den zweiten Anspruch kommen werde.

Diesem Ergebnis steht die bisherige Rechtsprechung zum mindesten nicht entgegen (vgl. RGZ. Bd. 18 S. 385, Bd. 77 S. 120 und S. 206, Bd. 94 S. 351; WarnRspr. 1911 Nr. 287). Im Anschluß an die letzterwähnte Entscheidung will auch der Berufungsrichter die eventuelle Klagerhebung für den Fall zulassen, daß sich die beiden Klagegründe widersprechen (d. h. ausschließend bedingen). Von dem hier vertretenen Standpunkt aus bedarf es dieser Beschränkung jedoch nicht.

Das vom Kläger beliebte Vorgehen mag ungewöhnlich und befremdlich sein. War er seiner Ansprüche sicher, so konnte er auf Grund jedes einzelnen Anspruchs, also mehrfach, 7000 RM. verlangen. Man mag deswegen sein Vorgehen für nicht besonders schutzwürdig halten können. Aber ihm jedes Rechtsschutzinteresse abzusprechen, geht nicht an.

Nach alledem ist die Entscheidung des Berufungsrichters als rechtsirrig zu beanstanden. Dementsprechend ist das angefochtene Urteil aufzuheben und die Sache an das Berufungsgericht zurückzuverweisen, das nunmehr sachlich auf den Anspruch des Klägers aus der Abtretung Scha. einzugehen haben wird.

Auch dem Rechnungslegungsanspruch, den der Kläger im zweiten Rechtszug geltend gemacht hatte, ist der Berufungsrichter nicht gerecht geworden, indem er ihn kurzerhand als neuen Anspruch (§ 529 Abs. 4 ZPO.) zurückweist. Dabei hat sich der Berufungsrichter nicht mit § 268 Nr. 2 ZPO. auseinandergesetzt. Zu prüfen war, ob der Kläger nicht lediglich den Klaganspruch in bezug auf eine Nebenforderung erweitert hat. Mit dem Hauptantrag hatte der Kläger aus abgetretenen Rechten des Scha. Provision gefordert, die von gewissen Leistungen oder von dem Eingang gewisser Zahlungen in bezug auf eine Bauausführung abhing. Ueber diese Leistungen oder Zahlungen hat er Rechnungslegung begehrt. Das bedeutete nur einen Schritt vorwärts in der Richtung auf die Verwirklichung des Hauptklageziels (WarnRspr. 1911 Nr. 251). Nach fester Rechtsprechung enthält es keine Klagänderung, wenn der Kläger vom Leistungsanspruch, diesen fallen lassend, zum Rechnungslegungsanspruch übergeht und umgekehrt (RGZ. Bd. 40 S. 9; WarnRspr. 1918 Nr. 139). Diese Rechtsprechung legt es nahe, auch die Geltendmachung des Rechnungslegungsanspruchs neben dem Leistungsanspruch als bloße Geltendmachung einer Nebenforderung anzusehen.

RGZ. 146, 348

Ist im Fall des Widerrufs eines gerichtlichen Geständnisses, das ein Prozeßbevollmächtigter nach bestimmten Weisungen abgelegt hat, der Irrtum aus der Person des Prozeßbevollmächtigten oder der Partei oder desjenigen zu beurteilen, den die Partei zur Erteilung der Weisung bevollmächtigt hat?

ZPO. § 290. BGB. § 166.

VI. Zivilsenat. Urt. v. 21. Januar 1935.

I. Landgericht Essen. II. Oberlandesgericht Hamm.

Der Beklagte stand mit der Firma H. u. O. O. in B., die einen Handel mit Baustoffen betrieb, in Geschäftsverbindung. Inhaber dieser Firma waren die Brüder Heinrich und Otto O., die außerdem unter der Firma O. & Co. ein Bankgeschäft betrieben. In diesem Bankgeschäft war der Sohn des Beklagten, Hans F., als kaufmännischer Angestellter tätig. Die von der Firma H. und O. O. bezogenen Baustoffe bezahlte der Beklagte von seinem Guthaben, das er bei der Bankfirma O. & Co. hatte. In den Jahren 1928 und 1929 hat die klagende Bank in etwa 15 Fällen Wechsel diskontiert, die von der Firma H. und O. O. ausgestellt und mit dem Namen des Beklagten als Akzeptanten versehen waren. Die Wechsel sind am Verfalltag eingelöst worden. Am 6. November sowie am 13. und 31. Dezember 1929 händigte die Firma H. und O. O. der Klägerin wieder vier von ihr ausgestellte Wechsel aus, die den Namen des Beklagten als Akzeptanten trugen. Die Wechsel waren am 19. Januar, 19. Februar, 12. März und 20. März 1930 fällig und lauteten über 2165,50 RM., 1318 RM., 1914,50 RM. und 1605 RM. Als die Wechsel zu Protest gingen und die Klägerin den Beklagten um Zahlung ersuchte, teilte dieser ihr mit, daß die Unterschriften auf den Wechseln gefälscht seien. Die Klägerin erhob gegen den Beklagten Klage im Wechselprozeß, nahm diese Klagen aber im Juli 1930 zurück, nachdem der Beklagte in einem anderen Rechtsstreit, in dem er ebenfalls aus einem von der Firma H. und O. O. ausgestellten Wechsel als Akzeptant in Anspruch genommen wurde, am 30. Juni 1930 beschworen hatte, daß er weder den Wechsel selbst unterschrieben noch der Ausstellerin des Wechsels den Auftrag gegeben habe, den Wechsel für ihn zu unterschreiben, noch die Unterzeichnung ausdrücklich genehmigt habe.

Die Klägerin behauptet, der Beklagte habe von der Diskontierung eines jeden Wechsels in der bankübliche Weise Nachricht erhalten. Der Beklagte habe also von dem Vorhandensein der gefälschten Akzepte Kenntnis gehabt. Sie verlangt vom Beklagten Ersatz des erlittenen Schadens mit der Begründung, daß er es pflichtwidrig unterlassen habe, ihr von den Fälschungen Mitteilung zu machen. Der Beklagte habe ihr durch sein Schweigen in einer gegen die guten Sitten verstoßenden Weise vorsätzlich Schaden zugefügt. Bei rechtzeitiger Mitteilung der Fälschungen würde sie die Diskontierung der letzten drei Wechsel abgelehnt haben. Wegen des ersten Wechsels würde sie damals von der Firma H. und O. O., die erst Anfang 1930 zusammengebrochen sei, noch Ersatz bekommen haben.

Die Klägerin verlangt vom Beklagten Zahlung von 7003 RM. nebst Zinsen. Sie ist in beiden Vorinstanzen unterlegen. Ihre Revision führte zur Aufhebung und Zurückverweisung.

Gründe:

. . . Das Berufungsgericht führt aus: Der Schadensersatzanspruch könnte nur dann gerechtfertigt sein, wenn der Beklagte von der Fälschung der Wechsel Kenntnis erhalten und in dem Bewußtsein, daß die Klägerin durch die Fälschung Schaden erleiden könne, ihr von der Fälschung keine Mitteilung gemacht hätte. Den Beweis dafür, daß der Beklagte von dem Vorhandensein der gefälschten Wechsel Kenntnis gehabt, insbesondere die Mitteilungen über die Diskontierung der Wechsel erhalten habe, müsse die Klägerin erbringen. Dieser Beweis könne aber nicht als geführt angesehen werden. In dieser Richtung erwägt das Berufungsgericht folgendes:

Der Beklagte hat in der Klagebeantwortung unter anderem erklärt:

> Es kann nicht bestritten werden, daß die Klägerin der Firma H. u. O. O. in B., mit der sie in Geschäftsverbindung stand, in den Jahren 1928 und 1929 verschiedene Wechsel diskontiert hat, die seitens der Firma H. u. O. O. ausgestellt und seitens des Beklagten akzeptiert waren. Die Zahl dieser Wechsel ist dem Beklagten nicht mehr bekannt. . . . Nicht bestritten wird ferner, daß die Klägerin im November und Dezember 1929 der Firma H. u. O. O. die vier in der Klageschrift aufgeführten Wechsel diskontiert hat. Es kann endlich auch nicht in Abrede gestellt werden, daß die Klägerin der Beklagten über die Diskontierung dieser Wechsel brieflich Mitteilung gemacht und der Beklagte zu diesen Mitteilungen geschwiegen hat. Die sämtlichen vier Wechsel sind bei Verfall mangels Zahlung zu Protest gegangen. . . . Die Bedeutung der Mitteilungsschreiben der Klägerin über die im November und Dezember 1929 erfolgte Diskontierung der vier oben erwähnten Akzepte ist dem Beklagten nie zum Bewußtsein gekommen. Bei Eingang dieser Mitteilungsschreiben hat der Sohn Hans des Beklagten diesem jeweils auf die Frage, um was für Akzepte es sich handle, geantwortet, der Inhalt dieser Schreiben gehe nicht den Beklagten, sondern die Firma O. & Co. an, er nehme die Briefe an sich und es werde die Angelegenheit schon durch die Firma O. & Co. in Ordnung gebracht. Der Beklagte gab sich damit zufrieden. . . .

Das Berufungsgericht führt hierzu aus: Dies Geständnis habe seine Wirksamkeit gemäß § 290 ZPO. verloren, da der Beklagte es im zweiten Rechtszug widerrufen und bewiesen habe, daß es nicht der Wahrheit entsprochen habe. Das Berufungsgericht stellt fest, daß die Firma H. u. O. O. Wechsel mit dem Akzept ihrer Kunden versehen hat und angeblich von einzelnen Kunden dazu ermächtigt worden ist gegen die

Zusicherung, daß sie selbst die Wechsel einlösen werde. In diesem Sinne hat auch der Zeuge H. O. — ein Mitinhaber der Firma — mit dem Sohn des Beklagten, Hans F., gesprochen. Dieser hat sich nicht ernstlich dagegen gesträubt, aber erklärt, er dürfe seinem Vater nichts davon sagen, da dieser bestimmt seine Einwilligung nicht gebe. O. hat erklärt, das brauche der Beklagte auch nicht zu erfahren, und der Sohn des Beklagten hat dann keinen Widerspruch erhoben und das Verfahren der Firma O. geduldet. Das Berufungsgericht nimmt weiter an, daß der Beklagte keine Benachrichtigungsschreiben über Diskontierung von Wechseln gelesen hat, selbst wenn er einmal ein derartiges Schreiben in der Hand gehabt haben sollte. Hiermit hat es nach der Feststellung des Berufungsgerichts folgende Bewandtnis: Der Prozeßbevollmächtigte des Beklagten im ersten Rechtszuge, Rechtsanwalt N., hat die Auskünfte zur Prozeßführung von dem genannten Sohn des Beklagten erhalten. Dieser hat kurze Zeit vor seinem Tode — er hat einige Tage vor dem Termin, in dem er in dieser Sache als Zeuge vernommen werden sollte, Selbstmord begangen — dem Rechtsanwalt N. erklärt, daß er ihn „unbegreiflicherweise" vor der Klagebeantwortung in zwei Punkten falsch unterrichtet habe: Der Beklagte habe überhaupt nur ein Schreiben der Firma O. über die Diskontierung eines solchen mit dem Namen des Beklagten akzeptierten Wechsels zu Gesicht bekommen. Auf die Frage, welche Bedeutung diese Mitteilung habe, habe er geantwortet, der Inhalt dieses Schreibens gehe den Beklagten nichts an, sondern die Firma O. & Co. Die übrigen Mitteilungsschreiben habe sein Vater niemals gesehen, da er, Hans F., sie vorher abgefangen habe. Das Berufungsgericht stellt fest, daß es ihm möglich gewesen ist, so zu verfahren, da sein Vater regelmäßig auswärts gearbeitet, das Baugeschäft nur einen geringen Umfang gehabt hat und außer dem Beklagten nur 5 bis 6 Arbeiter beschäftigt worden sind. Das Berufungsgericht nimmt nach alledem und auch auf Grund der persönlichen Vernehmung des Beklagten an, daß er keine Kenntnis von den gefälschten Wechseln gehabt hat.

Mit Recht rügt die Revision, daß sich das Berufungsgericht mit der Frage, ob das Geständnis auf einem Irrtum beruht habe, überhaupt nicht befaßt hat. Nach § 290 ZPO. hat der Widerruf auf die Wirksamkeit des gerichtlichen Geständnisses nur dann Einfluß, wenn die widerrufende Partei beweist, daß das Geständnis der Wahrheit nicht entspricht und durch einen Irrtum veranlaßt worden ist; nur in diesem Fall verliert das Geständnis, wie das Gesetz noch hinzufügt, seine Wirksamkeit des gerichtlichen Geständnisses nur dann Einfluß, wenn die wäre es auf die Besonderheit gestoßen, welche die Irrtumsfrage gerade im vorliegenden Fall hat. Da das Berufungsgericht tatsächliche Feststellungen hinsichtlich der Fragen, die für den Irrtumsnachweis in Betracht kommen, nicht getroffen hat, kann endgültig auch vom Reichsgericht hierzu nicht Stellung genommen werden. Immerhin ist auf folgendes hinzuweisen:

Die Frage, welche Anforderungen an den Nachweis des Irrtums im Sinne des § 290 ZPO. dann zu stellen sind, wenn nicht nur die Partei, sondern auch ein Bevollmächtigter dieser Partei im Prozeß in Betracht kommt, ist von jeher in Rechtsprechung und Schrifttum zweifelhaft geblieben. Im vorliegenden Fall kommt hinzu, daß zwischen der Partei und dem Prozeßbevollmächtigten noch eine dritte Person steht, die der Beklagte nach seiner Darstellung „als geschäftsgewandter" mit der Unterrichtung des Anwalts über die Klageschrift beauftragt hatte. Es liegt nach den bisher vorliegenden Umständen nahe, daß dieser Dritte als Sohn des Beklagten an dessen Stelle bei den Mitteilungen treten, also insoweit Vertreter im Willen sein und nach seinem Ermessen die Willenserklärungen abgeben sollte; denn der Beklagte hat nach seiner Darstellung von der Wechselangelegenheit überhaupt keine Kenntnis gehabt, während sein Sohn im Büro des Bankgeschäfts O. & Co. tätig war und in einem Fall den Beklagten über die Bedeutung eines Schreibens der Klägerin hinweggetäuscht haben soll.

Das Reichsgericht hat wiederholt dahingestellt gelassen, auf wessen Seite der nach § 290 ZPO. zu beweisende Irrtum vorgelegen haben müsse, auf seiten der Partei oder des Vertreters oder beider zugleich (RGZ. Bd. 11 S. 405, Bd. 32 S. 407). Der in dem JW. 1902 S. 166 Nr. 16 abgedruckten Urteil behandelte Fall lag so, daß dem Bevollmächtigten der Partei, einem Patentanwalt, offenbar selbst die Entschließung über die Erklärung hinsichtlich der zugestandenen Behauptung zufallen sollte; denn es wird dort das entscheidende Gewicht darauf gelegt, daß der Patentanwalt das Geständnis abgegeben hat, ohne die in Rede stehenden Maschinen anzusehen. Es wird dort ausgeführt, daß die Unkenntnis des Patentanwalts von dem wahren Sachverhalt nicht dem Irrtum gleichstehe; vielmehr sei es erforderlich, die Entstehung der irrigen Meinung aus äußeren scheinbaren Tatsachen nachzuweisen, die geeignet seien, einen Irrtum zu erwecken. Hier liegt die Sache vielleicht so, daß die Partei selbst lediglich in Unkenntnis über die Rechtslage geblieben ist, sich aber nicht geirrt hat, und daß sich der Prozeßbevollbemächtigte gleichfalls in keinem Irrtum im Sinne des § 290 ZPO. befunden hat. Denn er hat als Prozeßerklärung das zum Ausdruck gebracht, was ihm vom Sohne des Beklagten mitgeteilt worden war; er hat nach bestimmten Weisungen gehandelt. Daraus ergibt sich eine Rechtslage, für die der Rechtsgedanke des § 166 Abs. 2 BGB. verwendet werden kann. Darüber, daß in einem solchen Fall ein Irrtum des Prozeßbevollmächtigten nicht beachtlich ist, scheint in der Rechtslehre Einmütigkeit zu bestehen: Hellwig Lehrbuch des Deutschen Zivilprozeßrechts Bd. 2 S. 448; Rosenberg Stellvertretung im Prozeß S. 926; Seuffert-Walsmann ZPO., 12. Aufl., Bem. 3 zu

§ 290; Stein-Jonas ZPO., 15. Aufl., Bem. I 2 zu § 290; Förster-Kann ZPO., 3. Aufl., Bem. 1b aa zu § 290; Skonietzki-Gelpcke ZPO. S. 768; Struckmann-Koch ZPO., 9. Aufl., Bem. 1 zu § 290; Wach Das Geständnis im ArchZivPr. Bd. 64 S. 253 (vgl. auch RGUrt. vom 30. Oktober 1934 VII 136/34 in WarnRspr. 1934 Nr. 191 und den Sachverhalt des RGUrt. vom 13. Juni 1918 VI 82/18 in Seuff-Arch. Bd. 73 Nr. 231). In einem solchen Fall kann nur der Irrtum der Partei oder desjenigen, den sie zur Unterrichtung des Prozeßbevollmächtigten bevollmächtigt hat, im Sinne des § 290 ZPO. in Betracht kommen, ohne daß es einer grundsätzlichen Stellungnahme zu der Frage bedarf, in wessen Person sonst der Irrtum im Sinne dieser Gesetzesvorschrift entstanden sein muß und ob hier bei der Verschiedenheit der Fälle die Aufstellung einer allgemeinen Regel möglich ist. Die vom Berufungsgericht vorzunehmende Prüfung, ob der Sohn des Beklagten Bevollmächtigter ohne bestimmte Weisungen über die Unterrichtung des Anwalts gewesen ist, erübrigt sich nicht etwa dadurch, daß nach der Feststellung des Berufungsgerichts der Sohn des Beklagten von diesem keine Vollmacht zur Eingehung von Wechselverbindlichkeiten erhalten hat, daß er seinen Vater nur in geringem Maße im Geschäft unterstützt und lediglich einzelne Schriftstücke für ihn auf der Schreibmaschine bei der Firma O. gefertigt hat. Denn es handelte sich bei den dem Anwalt zu erteilenden Weisungen um eine Angelegenheit, deren Schilderung durch den Beklagten es nahelegt, daß sie seinem Sohn zur eigenen Entschließung im einzelnen überlassen wurde. Dann aber würde ein im Sinne des § 290 ZPO. beachtlicher Irrtum überhaupt nicht vorliegen. Denn sein Sohn hat nach der eigenen Darstellung des Beklagten dem Prozeßbevollmächtigten N. — was nach der Sachlage auch naheliegt — absichtlich die Unwahrheit gesagt; hiermit steht wohl auch die Aussage des Zeugen N. im Einklang. Und die Erklärung seines Sohnes müßte der Beklagte nach dem Rechtsgedanken des § 166 Abs. 1 BGB. gegen sich gelten lassen.

Das Berufungsgericht hat sich auch nicht befaßt mit dem von der Revision betonten Umstand, daß Rechtsanwalt N. eine Abschrift der von ihm entworfenen Klagbeantwortung dem Beklagten zugesandt hat. Die Revision meint, der Beklagte habe bisher nicht behauptet, daß sein Sohn ihm auch diese Urkunde vorenthalten habe. Das trifft nicht zu, denn eine entsprechende Behauptung ist in einem Schriftsatz mitenthalten, da dort behauptet wird, der Beklagte habe von den Schriftsätzen in der Zeit bis zum Tode seines Sohnes keine Kenntnis erlangt. Ist dies richtig, dann kann durch die Mitteilung der Klagbeantwortung offenbar die Frage der Beachtlichkeit des Irrtums nicht beeinflußt werden. Aber auch wenn der Beklagte von dem Inhalt der Klagbeantwortung alsbald Kenntnis erhalten hat, so würde sich aus der Unterlassung eines Widerspruchs zwar ergeben, daß der Beklagte dem Prozeßbevollmächtigten gegenüber sein Einverständnis mit der Fassung der Klagbeantwortung zu erkennen gegeben hat. Für die Frage, welche Bedeutung der Willensrichtung des Sohnes des Beklagten beizumessen ist, würde das aber unerheblich sein, falls er Bevollmächtigter seines Vaters gewesen ist. Auch darüber wird abschließend erst auf Grund der vom Berufungsgericht zu treffenden Feststellungen geurteilt werden können.

Die Revision stellt zur Nachprüfung, ob die Feststellung der Unwahrheit des Geständnisses rechtlich einwandfrei getroffen ist, und macht geltend, daß die Lebenserfahrung für die vom Sohn des Beklagten früher gegebene Darstellung spreche. Diesen Bedenken kann in der Revisionsinstanz nicht nachgegangen werden, da es sich um einen Einzeltatbestand handelt, der von allgemeinen Erfahrungssätzen aus nicht gewürdigt werden kann. Erhebliche Bedenken könnten allerdings nach der Richtung bestehen, ob die Art, wie die vor dem Prozeßgericht abgegebene Aussage des schon früher vernommenen Zeugen O. verwertet worden ist, den Grundsätzen entspricht, wie sie der erkennende Senat in RGZ. Bd. 145 S. 390 entwickelt hat. In die Sitzungsniederschrift ist der Inhalt der Aussage nicht aufgenommen worden. In den Entscheidungsgründen beschäftigt sich das Berufungsgericht gerade mit diesem Teil der Aussage in einzelnen Sätzen, ohne daß der Zusammenhang dieser Aussage erkennbar ist. Eine dahingehende Revisionsrüge ist nicht erhoben. Auf die Frage, ob der Mangel von Amts wegen berücksichtigt werden müßte, braucht nicht eingegangen zu werden, da das Berufungsurteil bereits aus den dargelegten anderweitigen Erwägungen aufzuheben und die Sache an das Berufungsgericht zurückzuverweisen war.

RGZ. 147, 27 †

1. Kann ein Urteilsschuldner auf Feststellung der Tragweite eines Unterlassungsurteils klagen, wenn gleichzeitig vor dem Vollstreckungsgericht ein Straffestsetzungsverfahren wegen Zuwiderhandlung gegen das Urteilsgebot schwebt?

2. Zur Auslegung eines Anerkenntnisurteils im Patentverletzungsstreit.

ZPO. §§ 256, 307.

I. Zivilsenat. Urt. v. 2. Februar 1935.

I. Landgericht Berlin. II. Kammergericht daselbst.

Die Beklagte ist Inhaberin einer ausschließlichen Lizenz an dem DRP. 382 917 auf eine Selbstanschluß-Fernsprechanlage.

Sie hatte die Klägerin im Jahre 1929 wegen Verletzung dieses Schutzrechts auf Unterlassung, Rechnungslegung und Schadensersatz verklagt. Als Verletzungshandlung hatte sie in der Klage bezeichnet die Herstellung und den Vertrieb von Fernsprechanlagen mit einer Schaltungsanordnung, wie sie in den der Klage beigefügten Anlagen bildlich dargestellt seien. Der Klagantrag führte als verletzend auf: selbsttätige oder halbselbsttätige Fernsprechanlagen, in denen Wähler sowohl Verbindungen mit Ortsteilnehmerleitungen herstellen als auch aus einer Gruppe von Verbindungsleitungen nach Selbstanschlußämtern hin eine freie Leitung heraussuchen können, wenn beim Heraussuchen einer nach einem Selbstanschlußamt führenden Verbindungsleitung Stromspeisebrücken im Wähler abgeschaltet werden und eine ununterbrochene metallische Verbindung hergestellt wird (Anspruch 1 des Patents).

Am 28. Januar 1930 verglichen sich die Parteien: die Beklagte erklärte ihre Ansprüche auf Schadensersatz für erledigt und die Klägerin erkannte die Unterlassungsansprüche an. Auf Antrag erließ das Landgericht ein Anerkenntnisurteil, dessen Urteilsformel dem Klagantrage wörtlich entsprach.

Im Oktober 1932 beantragte die Beklagte, die Klägerin wegen Verstoßes gegen das Unterlassungsgebot des Anerkenntnisurteils in eine Geldstrafe zu nehmen. Als gegen das Unterlassungsgebot verstoßend bezeichnete sie eine von der Klägerin der Reichseisenbahn gelieferte Anlage mit einer „CAS 014/38" bezeichneten Schaltungsanordnung. Durch Beschluß vom 31. Oktober 1933 setzte das Landgericht eine Strafe von 1000 RM. fest. Die dagegen gerichtete Beschwerde wurde am 14. März 1934 zurückgewiesen.

Im Dezember 1932 erhob die Klägerin die gegenwärtige Klage. Sie vertritt darin die Auffassung, daß die Schaltungsanordnung CAS 014/38 nicht in den Schutzbereich des Patents 382 917 und nicht unter das Anerkenntnisurteil falle. Sie hat daher beantragt:

festzustellen, daß die Schaltung gemäß der Zeichnung CAS 014/38 das DRP. 382 917 nicht verletze,

hilfsweise:

festzustellen, daß sich das Anerkenntnisurteil vom 28. Januar 1930 nicht auf die Schaltung CAS 014/38 beziehe.

Die Beklagte hat um Klagabweisung gebeten und widerklagend einen auf Verletzung des Patents 382 917 gegründeten Rechnungslegungs- und Schadensanspruch geltend gemacht.

Die Vorinstanzen haben die Klage abgewiesen und dem Antrage der Widerklage entsprochen. Die Verletzungshandlung ist durch Hinzufügung des Satzes gekennzeichnet worden: „insbesondere wenn es sich um Einrichtungen nach dem Schaltungsschema CAS 014/38 handelt".

Die Revision der Klägerin führte zur Aufhebung und Zurückverweisung.

Aus den Gründen:

1. Der Zulässigkeit des Hilfsfeststellungsantrags stehen keine Bedenken entgegen.

Bereits in der Entscheidung RGZ. Bd. 48 S. 371 ist ausgesprochen worden, daß der aus einem Urteil als Schuldner in Anspruch Genommene bei einem Streit über die Tragweite des Urteils durch Klage eine Feststellung des Gegenstandes der Verurteilung herbeizuführen berechtigt sei. Die Entscheidung RGZ. Bd. 82 S. 161 (164) schließt sich dem im allgemeinen an (vgl. auch JW. 1889 S. 306 Nr. 11, 1900 S. 131 Nr. 6; Gruch. Bd. 44 S. 1193; MittPatA. 1931 S. 75), führt aber noch als weitere Voraussetzung auf, der Streit dürfe nicht durch Auslegung des Urteils durch die Vollstreckungsorgane zu beheben sein. Es kann dahingestellt bleiben, welche Bedeutung dieser Einschränkung in anderen Fällen beizulegen ist. Im vorliegenden Falle, wo die Urteilsschuldnerin die negative Feststellungsklage zeitlich ungefähr gleichzeitig mit dem Antrage auf Zurückweisung des Antrags auf Straffestsetzung wegen Zuwiderhandlung gegen das Urteil erhoben hat, können bei der Frage, ob die nunmehr angegriffene Schaltungsanlage der Klägerin unter das Urteil falle, Bedenken entstehen, die sich nicht ohne weiteres als unerheblich abtun lassen. Solchenfalls läßt sich der Zulässigkeit der Feststellungsklage nicht entgegenhalten, daß die Feststellung der Tragweite des Urteils in dem anhängigen Verfahren auf Straffestsetzung zu erwarten sei. Durch die Aussicht auf diese Entscheidung kann das aus § 256 ZPO. zu entnehmende Recht der Urteilsschuldnerin nicht beseitigt werden, den Streit darüber, ob das Verbotsurteil sich auch auf die nunmehr angegriffene Anlage erstrecke, im Wege des ordentlichen Streitverfahrens mit der diesem innewohnenden Rechtsgewähr entschieden zu sehen.

2. Besteht Streit über die Tragweite einer Urteilsformel und gibt diese ihrer Fassung nach zu Zweifeln Anlaß, so muß ihr wahrer Sinn durch Auslegung festgestellt werden. Im Falle eines Anerkenntnisurteils, in dem Entscheidungsgründe zur Auslegung der Urteilsformel nicht herangezogen werden können, ist zu beachten, daß das Gericht in dem Urteil nur zum Ausdruck gebracht hat, was die Parteien übereinstimmend gewollt und erklärt haben. Maßgebend für den Inhalt des Urteils ist daher nur das Klagvorbringen und die Anerkenntniserklärung. Zum Inhalt des Klagvorbringens gehören selbstverständlich die ihr angeschlossenen Anlagen. Mit Recht hat daher das Berufungsgericht auch die der früheren Klage beigefügte Schaltungsskizze der damaligen Verletzungsform zur Beurteilung der Tragweite des Anerkenntnisurteils mit herangezogen. Der Inhalt der Patentschrift kann dagegen nur insoweit in Betracht kommen, als er erforderlich ist, um den Sinn der Klaganträge festzustellen. Auf den aus ihr etwa zu entnehmenden Schutzumfang des Patents im allgemeinen kommt es jedoch nicht an. Vergleichsverhandlungen, die zu dem Anerkenntnis Veranlassung gegeben haben, können nicht zu einer Bemessung der Tragweite des Urteils über die bezeichneten Grenzen hinaus führen. Es ist daran festzuhalten, daß die Parteien auch im Verhältnis zueinander dem Richterspruch als solchem nicht anderen Inhalt verleihen können, als es nach

dem Streitstoff durch den Richter selbst möglich war (vgl. dazu RGZ. Bd. 46 S. 338). Im vorliegenden Falle kann also nicht als Urteilsinhalt angesehen werden, was die Parteien etwa in den Vergleichsverhandlungen über das Vorbringen im Rechtsstreit hinaus als von einem zu erlassenden Anerkenntnisurteil erfaßt besprochen haben sollten. Aus dem Gesagten ergibt sich ferner, daß es für die Tragweite des Anerkenntnisurteils ohne Bedeutung ist, welchen Schutzumfang die jetzige Klägerin und damalige Beklagte im Vorprozeß dem Patent zugestehen wollte. Für den Umfang ihres Anerkenntnisses ist allein maßgebend, welcher Inhalt dem Klagantrag, verstanden im Sinne des Klagvorbringens, beizulegen war.

...

RGZ. 151, 65

1. Kann die Klage auch dann noch ohne Einwilligung des Beklagten zurückgenommen werden, wenn dieser in erster Reihe eine prozeßhindernde Einrede erhoben, zugleich aber zur Hauptsache verhandelt hat?

2. Wann entfällt das Rechtsschutzinteresse für die verneinende Feststellungsklage, wenn der Beklagte anderweitig die Leistungsklage erhoben hat?

ZPO. §§ 256, 271 Abs. 1, § 274.

I. Zivilsenat. Urt. v. 25. März 1936.

I. Landgericht Chemnitz.

Der Beklagte nimmt verschiedene Patente für sich in Anspruch, welche die Klägerin zunächst in Deutschland und sodann in acht ausländischen Staaten teils angemeldet, teils bereits erhalten hat. Wegen Uebertragung der deutschen Patentanmeldung hat er beim Landgericht Berlin Klage erhoben. Dieser Rechtsstreit ist noch anhängig; er ist im ersten Rechtszug zugunsten des Beklagten, inzwischen aber — nach Einlegung der gegenwärtigen Revision — vom Kammergericht zu seinen Ungunsten durch Abweisung der Klage entschieden worden. Der Beklagte hat die Klägerin ferner auf Uebertragung der ausländischen Patente oder Patentanmeldungen und wegen Verletzung des ihm für Deutschland zustehenden Erfinderrechts auf Unterlassung in Anspruch genommen. Dieser beim Landgericht Berlin anhängig gemachten Klage gegenüber hat die Klägerin die prozeßhindernde Einrede der örtlichen Unzuständigkeit des Gerichts erhoben; sie hat aber im Termin vor dem Einzelrichter am 27. Juni 1935 auch zur Sache verhandelt. Im Termin vor der Kammer am 11. Juli 1935 ist dann auf Antrag der jetzigen Klägerin das Verfahren ausgesetzt worden bis zur rechtskräftigen Entscheidung des erstgenannten Rechtsstreits über die inländische Patentanmeldung. Hiergegen erhob der jetzige Beklagte Beschwerde. Die weiteren Vorgänge in dem zweiten

Prozeß — Aufhebung des Aussetzungsbeschlusses in der Beschwerdeinstanz, Erlaß eines Beweisbeschlusses und erneute Aussetzung des Verfahrens, diesmal im Einverständnis mit beiden Parteien — liegen nach der Schlußverhandlung im gegenwärtigen Rechtsstreit, die vor dem Landgericht Chemnitz am 31. Juli 1935 vor der Urteilsverkündung vom 21. August stattgefunden hat.

Die Klägerin hat nämlich kurz vor der zweiten Klagerhebung in Berlin bei dem Landgericht Chemnitz die jetzige Klage auf Feststellung erhoben, daß sie nicht verpflichtet sei, an den Beklagten die erwähnten ausländischen Patente oder Patentanmeldungen zu übertragen. Diese Klage hat das Landgericht Chemnitz durch das erwähnte Urteil wegen mangelnden Rechtsschutzinteresses abgewiesen. Die im Einverständnis mit dem Beklagten unmittelbar beim Reichsgericht eingelegte Revision der Klägerin blieb ohne Erfolg.

Gründe:

Die Parteien streiten darüber, ob die Voraussetzungen für die von der Klägerin erhobene verneinende Feststellungsklage nach § 256 ZPO. noch gegeben sind, nachdem kurz nach der Klagerhebung der Beklagte vor dem Landgericht Berlin die völlig entsprechende (sogar weitergehende) Leistungsklage anhängig gemacht hat. Durch die zur Klagabweisung führende Verneinung jener Voraussetzungen fühlt sich die Klägerin beschwert. Nun kann allerdings die gegen das Urteil eines Landgerichts unmittelbar beim Reichsgericht eingelegte Revision nach § 566a Abs. 3 ZPO. nicht auf Mängel des Verfahrens gestützt werden. Hiervon sind aber selbstverständlich ausgenommen die Mängel, die in jeder Lage des Verfahrens von Amts wegen zu berücksichtigen sind. Dazu gehören die Prozeßvoraussetzungen. Und so sind insbesondere auch die Voraussetzungen für eine Feststellungsklage noch in der Revisionsinstanz von Amts wegen zu prüfen (vgl. Sydow-Busch ZPO. § 559 Anm. 2, § 256 Anm. 6).

Es ist (im Anschluß an RGZ. Bd. 71 S. 68 [73]) feststehende Rechtsprechung, bildet den Ausgangspunkt des angefochtenen Urteils und wird insoweit auch von der Revision nicht bemängelt, daß ein Rechtsschutzinteresse an verneinender Feststellung grundsätzlich nicht mehr besteht, wenn die Partei, der gegenüber die Feststellung begehrt wird, ihrerseits die Leistungsklage erhoben hat und diese einseitig nicht mehr zurücknehmen kann. Im vorliegenden Fall hatte zur Zeit der für die Beurteilung maßgebenden Schlußverhandlung im gegenwärtigen Rechtsstreit die Klägerin als Beklagte auf die Leistungsklage des jetzigen Beklagten in der Verhandlung vor dem Einzelrichter die Einrede der örtlichen Unzuständigkeit des Landgerichts Berlin erhoben, zugleich aber zur Sache verhandelt. Und dann fand vor der Zivilkammer des Landgerichts Berlin eine Verhandlung über den Aussetzungsantrag der Beklagten (jetzigen Klägerin) statt mit dem Ergebnis, daß beschlossen wurde, das Verfahren bis zur rechtskräftigen Entscheidung des Vorprozesses auszusetzen. Mit dem Verhandeln vor dem Einzelrichter sind dieselben verfahrensrechtlichen Wirkungen verbunden wie mit dem Verhandeln vor dem Prozeßgericht (S y d o w - B u s c h ZPO. § 348 Anm. 4). Gegenstand der Verhandlung vor dem Landgericht Berlin ist also neben der prozeßhindernden Einrede tatsächlich auch schon die Hauptsache gewesen. Im übrigen trifft die Auffassung des Landgerichts zu, daß in Berlin eine bindende Entscheidung über die Zuständigkeit bis zur Schlußverhandlung des gegenwärtigen Prozesses noch nicht gefallen war und das Landgericht dort immer noch zum Ergebnis seiner Unzuständigkeit kommen könnte. Aber daneben ist die rechtlich nicht zu beanstandende Feststellung des angefochtenen Urteils festzuhalten, daß sich die Kammer des Landgerichts Berlin offenbar — ausweislich des Aussetzungsbeschlusses — für zuständig halte, da sie sonst statt der Aussetzung die Abweisung der Klage durch Urteil ausgesprochen haben würde, nachdem der Kläger einen Antrag auf Verweisung an das zuständige Gericht (nach § 276 ZPO.) nicht gestellt hatte. Hierdurch ändert sich allerdings insofern nichts, als die Revision darauf Wert legt, daß die in Berlin verklagte Klägerin in erster Reihe nach wie vor die Unzuständigkeit des dortigen Gerichts geltend macht und nur hilfsweise sich notgedrungen auf die Hauptsache eingelassen hat.

Ob in einem solchen Falle die klagende Partei bereits im Sinn des § 271 ZPO. dergestalt an die Klage gebunden ist, daß sie diese nicht mehr einseitig zurücknehmen kann, wird im Schrifttum verschieden beurteilt. Dieses hat sich überwiegend der von P l a n c k (Lehrbuch des deutschen Zivilprozeßrechts Bd. 1 S. 309, 6 a) entwickelten Lehre angeschlossen, daß bei Erhebung einer prozeßhindernden Einrede eine nur bedingte Verhandlung zur Hauptsache vorliege und deshalb in solchem Falle die Zurücknahme der Klage immer noch einseitig möglich bleibe, daß sie auch wieder einseitig möglich w e r d e , wenn der Beklagte nachträglich (nach § 274 Abs. 3 ZPO.) eine prozeßhindernde Einrede vorbringe. Das letzte kommt nun für die Unzuständigkeitseinrede überhaupt nicht in Betracht, da § 39 ZPO. die unwiderlegliche Vermutung einer stillschweigenden Vereinbarung der Gerichtszuständigkeit für den Fall enthält, daß der Beklagte, ohne die Unzuständigkeit geltend zu machen, zur Hauptsache mündlich verhandelt (RGZ. Bd. 86 S. 229 [231]). Im übrigen vermag sich aber der Senat der Auffassung der bedingten Verhandlung mit der daraus gezogenen Folgerung für das Rechtsschutzinteresse bei der verneinenden Feststellungsklage nicht anzuschließen. Entscheidend kann allein sein, daß der Beklagte, wie es in einer älteren Entscheidung des Reichsgerichts (JW. 1894 S. 515 Nr. 5) in anderem rechtlichen Zusammenhang ausgedrückt ist, „mit der Stellung" auch nur „des Eventualantrages" tatsächlich eben doch „zur Hauptsache verhandelt" hat, so daß damit bereits dem Kläger die Möglichkeit einseitiger Zurücknahme der Klage genommen ist. Das muß jetzt um so mehr gelten, als § 275 ZPO. in seiner heutigen

Fassung nicht mehr, wie früher, dem Beklagten gestattet, bei Vorbringen einer prozeßhindernden Einrede die Einlassung zur Hauptsache zu verweigern. Dafür muß sich auf der andern Seite auch der Kläger gefallen lassen, daß er fortan nicht ohne Einwilligung des Beklagten, den er zur Verhandlung über die Hauptsache gezwungen hat, die Klage zurücknehmen kann. Es würde mit dem heutigen Bestreben des Gesetzgebers nach möglichst straffer Zusammenfassung der Verhandlung nicht vereinbar sein und eine danach unerträgliche Unsicherheit bedeuten, wenn jede prozeßhindernde Einrede neben der Einlassung zur Hauptsache — da ja das Gericht nicht ausdrücklich abgesondert darüber zu entscheiden braucht, also immer noch entgegengesetzt seiner anfänglichen Stellungnahme die Einrede für begründet erklären kann — weiterhin die einseitige Klagerücknahme ermöglichen sollte. Für andere Einreden als die der Unzuständigkeit des Gerichts käme hier noch erschwerend die Möglichkeit hinzu, sie nach § 274 Abs. 3 ZPO. nachträglich geltend zu machen, wodurch dann die bereits eingetretene Bindung des Klägers an seine Klage wieder hinfällig werden würde. Demgegenüber ergibt sich eine klare Prozeßlage nur dadurch, daß der Kläger die Klage nicht mehr einseitig zurücknehmen darf, sobald der Beklagte in irgendeiner Weise zur Hauptsache verhandelt hat.

Dann hat, bei verständiger Würdigung der Gesamtlage und Abwägung der beiderseitigen Parteibelange, der in dem stets den Vorrang einnehmenden Leistungsrechtsstreit Verklagte keinen von der Allgemeinheit anzuerkennenden Grund mehr, nun auch noch ein zweites staatliches Gericht mit demselben Streitstoff zu befassen. Der Gesichtspunkt der sogenannten Prozeßökonomie, der möglichsten Vermeidung der Häufung von Rechtsstreitigkeiten ist in diesem Zusammenhange bereits öfters betont worden (vgl. JW. 1932 S. 3615 Nr. 9). Er zwingt allerdings auch da, wo eine Bindung des Klägers an die Leistungsklage anzunehmen ist, im Hinblick auf die verschiedene Lage jedes Einzelfalles zu der weiteren Prüfung, ob nicht gleichwohl noch ein Anlaß für den Beklagten gegeben sein könnte, seinerseits die verneinende Feststellungsklage zwecks Vereinfachung der Prozesse und Beschleunigung des Verfahrens weiter zu verfolgen. Das ist z. B. dann angenommen worden, wenn der Feststellungsstreit schon reif zur Entscheidung war (vgl. JW. 1909 S. 417) oder wenn sich etwa erkennen ließ, daß die Parteien die Leistungsklage ruhen lassen wollten (vgl. WarnRspr. 1917 Nr. 34). Dies letzte ist hier trotz des Aussetzungsbeschlusses des Landgerichts Berlin für den dortigen Prozeß nicht zu besorgen. Denn der jetzige Beklagte hat die lebhafteste Anteilnahme an der Berliner Klage bewiesen, insbesondere dadurch, daß er gegen den Aussetzungsbeschluß des Gerichts sofort Beschwerde eingelegt hat. (Was weiter geschehen ist, liegt nach der Schlußverhandlung des gegenwärtigen Rechtsstreits.) Und weiter hat nun auch das Berliner Gericht seine Zuständigkeit nach der Feststellung des angefochtenen Urteils ersichtlich angenommen, so daß nach Lage der Sache nicht mehr damit zu rechnen ist, daß es sich noch für unzuständig erklärt, wenngleich dies noch möglich ist. Diesen Tatsachen gegenüber kann nicht erheblich sein, was der Beklagte als Kläger im Leistungsstreit sachlich zur Begründung seiner Klage vorgebracht hat und ob die — in höherem Rechtszug nicht mehr nachprüfbare — Zuständigkeit vom Landgericht Berlin mit Recht angenommen zu werden scheint. Vielmehr kommt es allein darauf an, daß zur Zeit der Schlußverhandlung im gegenwärtigen Rechtsstreit anzunehmen war, der Berliner Rechtsstreit werde zur sachlichen Entscheidung führen. Die dortige Aussetzung des Verfahrens war mit einem verständigen Weiterbetriebe des Prozesses wohl vereinbar und würde ganz genau so für den gegenwärtigen Feststellungsstreit in Frage kommen, weil selbst bei Nichtübereinstimmung der Auslandspatente mit dem Inlandspatente, das die Klägerin angemeldet hat, zweifellos ähnliche Fragen in dem wegen dieses letzten anhängigen Vorprozeß zu klären sind. Die Mißbilligung der Aussetzung durch das Kammergericht liegt nach der maßgebenden Schlußverhandlung und ist überdies gerade vom Beklagten durchgesetzt worden. Daß beide Parteien schließlich durch ihre Zustimmung zu erneuter Aussetzung deren Zweckmäßigkeit anerkannt haben, mag immerhin erwähnt werden; doch liegt auch dies außerhalb des Streits zur Zeit der Schlußverhandlung.

Nach alledem kann die Klägerin verständigerweise nicht verlangen, daß noch ein zweites Gericht mit dem Streitstoff befaßt werde. Ihrem selbstverständlichen Bestreben, an ihrem Sitze Chemnitz zu prozessieren, hat sie durch die Einrede der Unzuständigkeit in Berlin Ausdruck gegeben. Auf mehr, als daß dort darüber entschieden wird, hat sie keinen Anspruch.

RGZ. 151, 103

1.—2. . . .

3. Ist ein nach der Klageerhebung eintretender Wechsel des Wohnsitzes des Beklagten im Rechtsstreit zu berücksichtigen?

ZPO. §§ 263, 606.

IV. Zivilsenat. Urt. v. 6. April 1936.

Die Entscheidung ist abgedruckt unter „Bürgerliches Recht, Allgemeiner Teil, EG. z. BGB.".

RGZ. 151, 193 †

1. Können die Parteien Entscheidung ohne mündliche Verhandlung unter dem Vorbehalt beantragen, daß beiderseits noch innerhalb bestimmter Frist Schriftsätze eingereicht werden dürfen?

2. Darf das Gericht in solchem Fall Schriftsätze berücksichtigen, die erst nach Fristablauf eingehen?

3.—4. . . .

Verordnung zur Entlastung der Gerichte vom 13. Mai 1924 (RGBl. I S. 552) — EntlVo. § 7.

III. Zivilsenat. Urt. v. 20. März 1936.

I. Landgericht München I. II. Oberlandesgericht daselbst.

Der Kläger, ein österreichischer Rechtsanwalt, fordert mit der Mitte Juli 1931 erhobenen Klage Vergütung für Anwaltsdienste, und zwar 30 000 RM. mit Zinsen aus einem schriftlichen Honorarversprechen vom 24. Juli 1928 für die bis dahin und 100 RM. mit Zinsen als Teilbetrag für die nach diesem Zeitpunkt geleisteten Dienste. Das Landgericht hat der Klage in der Hauptsache stattgegeben. Auf die Berufung des Beklagten hat das Oberlandesgericht durch sein „nach § 7 der EntlBek." erlassenes Urteil nur den Zinsanspruch ermäßigt, im übrigen aber das erste Urteil, mit einer auf der deutschen Devisengesetzgebung beruhenden, übrigens dem Antrag des Klägers entsprechenden Einschränkung bestätigt. Die Revision des Beklagten hatte keinen Erfolg.

Gründe:

I. Die erste Revisionsrüge macht geltend, das Berufungsurteil sei nicht gesetzmäßig erlassen worden. Sie gründet sich auf folgende Verfahrensvorgänge: Nach der Niederschrift über die mündliche Verhandlung vom 16. November 1934 stellten die Parteivertreter schriftlichen Antrag auf Entscheidung nach der Entlastungsverordnung in Aussicht. Am 17. November 1934 ging beim Oberlandesgericht folgende von den beiderseitigen Prozeßbevollmächtigten unterzeichnete Erklärung ein:

> Wir beantragen schriftliche Entscheidung, behalten uns aber noch Erklärungen vor, und zwar für den Beklagten binnen 2 Wochen ab Erhalt des Protokolls vom 16. November 1934, für den Kläger binnen 3 Wochen ab Erhalt des Schriftsatzes des Gegners.

Nach einem Vermerk der Geschäftsstelle des Oberlandesgerichts unter der Niederschrift vom 16. November 1934 ist den beiden Prozeßbevollmächtigten Abschrift dieses Protokolls am 22. November 1934 erteilt worden. Am 18. Dezember 1934 ging beim Oberlandesgericht der Schriftsatz des Beklagten vom 12. Dezember 1934 ein. Der Prozeßbevollmächtigte des Klägers erbat mit Schriftsatz vom 5. Januar 1935, eingegangen beim Oberlandesgericht an demselben Tage, Verlängerung der — wie es heißt — am 7. Januar 1935 ablaufenden Erklärungsfrist; der Vorsitzende verlängerte die Frist bis zum 10. Januar 1935. Schon am 7. Januar 1935 lief jedoch der Schriftsatz des Klägers vom 4. Januar 1935 beim Oberlandesgericht ein. Es folgten dann noch ein Schriftsatz des Beklagten vom 31. Januar 1935, Schriftsätze des Klägers vom 5. und 6. Februar, ein Schriftsatz des Beklagten vom 9. Februar, ein solcher des Klägers vom 14. Februar 1935 und schließlich noch ein Schriftsatz des Klägers vom 18. März 1935. Mit dem letztgenannten Schriftsatz wurde eine Bescheinigung des Präsidenten des Landesfinanzamts vom 18. März 1935 übergeben, wonach die Zahlung des Beklagten von 30 100 RM. zuzüglich Zinsen und Kosten an den Kläger unter näher bezeichneten, von dem Berufungsgericht demnächst in seine Urteilsformel aufgenommenen Bedingungen genehmigt wurde. Das angefochtene Urteil ist, wie in seinem Eingang angegeben, am 25. März 1935 beschlossen worden. Die Revision meint dazu:

Es möge — in sinngemäßer Anwendung des § 272 a ZPO. — zulässig sein, im Verfahren nach der Entlastungsverordnung einer Partei die Erklärung auf eine schon vorliegende Behauptung der Gegenseite vorzubehalten. Unzulässig aber sei es, daß die Parteien sich darauf festlegten, das Gericht solle auch etwaiges neues schriftliches Vorbringen bei seiner Entscheidung berücksichtigen dürfen. Unzulässig sei es auch, daß die Parteien ihre Einverständniserklärung in der Art befristeten, daß das Gericht erst nach Verlauf von mehreren Wochen zum Erlaß einer Entscheidung befugt sein solle. Schließlich könne diese Einverständniserklärung auch nicht wie hier unter einer Bedingung abgegeben werden, nämlich unter der Bedingung, daß die Parteien die Abschrift der Sitzungsniederschrift vom 16. November 1934 bei der Geschäftsstelle des Oberlandesgerichts beantragen und der Beklagte fristgemäß einen Schriftsatz einreichen würde. Das Berufungsgericht habe auch nicht festgestellt, daß der Schriftsatz des Beklagten vom 12. Dezember 1934 fristgemäß eingegangen sei; tatsächlich sei das nicht geschehen. Wenn auch durch die Berücksichtigung dieses Schriftsatzes der Beklagte an sich nicht beschwert sei, so müsse doch von Amts wegen geprüft werden, ob das Berufungsurteil gesetzmäßig erlassen sei; auch habe der verspätet eingereichte Schriftsatz des Beklagten nicht einen bei der Entscheidung zu berücksichtigenden Schriftsatz des Klägers auslösen können. Von diesem Schriftsatz des Klägers vom 4. Januar 1935 sei auch nicht festgestellt, ob er innerhalb der Dreiwochenfrist nach Eingang des Schriftsatzes des Beklagten vom 12. Dezember 1934 eingegangen sei. Die Verwertung der späteren Schriftsätze sei durch die Erklärung der Parteien vom 16. November 1934 überhaupt nicht gedeckt.

Diese Rügen sind unbegründet.

Es handelt sich hier, wie auch die Revision nicht verkennt, nicht um ein Verfahren nach § 272 a ZPO., sondern um ein Verfahren nach § 7 EntlVo. Danach kann das Gericht mit Einverständnis der Parteien eine Entscheidung ohne jede mündliche Verhandlung treffen. Daß, bevor dieses Einverständnis erklärt worden ist, schon eine mündliche Verhandlung stattgefunden hat, steht nicht im Wege; denn die Parteien können jederzeit vom mündlichen zum schriftlichen Verfahren übergehen. Die

Einverständniserklärung darf allerdings nicht unter einer Bedingung abgegeben werden. Eine solche Bedingung liegt aber hier nicht vor. Die Parteien haben sich lediglich vorbehalten, daß außer den schon vorliegenden Schriftsätzen noch je ein weiterer Schriftsatz jeder Partei berücksichtigt werden solle, die in gewisser Frist eingereicht werden sollten. Damit ist das Einverständnis im Sinn des § 7 EntlVo. zwar befristet, aber nicht bedingt worden. Gegen eine solche Befristung bestehen keine Bedenken. Dem Gericht ist damit nur untersagt, vor dem Eingang der vorbehaltenen Schriftsätze ohne mündliche Verhandlung zu entscheiden. Wenn das Prozeßgericht, was in seinem Ermessen liegt, überhaupt auf ein Verfahren ohne mündliche Verhandlung eingeht, können die Parteien auch bestimmen, wann sie ihren Schriftwechsel als abgeschlossen angesehen wissen wollen. Wenn sie im vorliegenden Fall außer den ursprünglich in Aussicht genommenen noch andere Schriftsätze eingereicht haben, so haben sie damit auch deren Berücksichtigung verlangt, und das Berufungsgericht hat durchaus im Sinn beider Parteien gehandelt, wenn es alle eingereichten Schriftsätze verwertet hat. Daß diese Schriftsätze auch neue Behauptungen enthalten durften, unterliegt keinem Zweifel, wie übrigens auch eine nach § 272 a ZPO. vorbehaltene Erklärung sehr wohl neue Behauptungen enthalten darf. Enthält der Vorbehalt, welcher der Parteienerklärung vom 17. November 1934 hinzugefügt war, wie gezeigt, nur ein Verbot an das Gericht, vor Eingang der vorbehaltenen Schriftsätze zu entscheiden, so war das Berufungsgericht, solange die Einverständniserklärung nicht widerrufen war, nicht gehindert, die vorbehaltenen Schriftsätze auch dann zu berücksichtigen, wenn sie nicht innerhalb der vorgesehenen Fristen eingegangen waren. Uebrigens muß darin, daß keine der beiden Parteien gegen die Berücksichtigung irgendeines von dem Gegner nachgebrachten Schriftsatzes Widerspruch erhoben hat, ein Rügeverzicht nach § 295 ZPO. erblickt werden.

II. . . .

RGZ. 152, 193

1. Kann bei der Klage auf Feststellung einer Schadensersatzverpflichtung das rechtliche Interesse an der alsbaldigen Feststellung des streitigen Rechtsverhältnisses damit begründet werden, daß über die Höhe des Schadens erst nach einer zeitraubenden Beweisaufnahme entschieden werden könnte?

2. Ist dieses Interesse zu bejahen, wenn sich ergibt, daß die Berechnung des Schadens zur Zeit nicht möglich oder untunlich ist?

3. Kann ein Feststellungsinteresse ohne weiteres dann als vorhanden angesehen werden, wenn der Gegner eine Körperschaft des öffentlichen Rechts ist?

ZPO. § 256.

III. Zivilsenat. Urt. v. 30. Juni 1936.

I. Landgericht Altona. II. Oberlandesgericht Kiel.

Der Hausmakler Sch. schloß im Auftrag von B., der Eigentümer eines Grundstücks in A.-B. war, und für diesen im Oktober 1930 mit dem Erstkläger und mit dem Erblasser der Zweitkläger auf den 2. Dezember 1930 Darlehnsverträge in Höhe von je 35 000 RM. ab. Für die Auszahlung der Darlehnsbeträge, die Sch. vornehmen sollte, war nach dem Inhalt der Schlußscheine u. a. die Bedingung aufgestellt, daß der auf dem Grundstück zu errichtende Bau gänzlich fertiggestellt sein müsse. Die Auszahlung erfolgte am 3. Dezember 1930.

Die Kläger behaupten, die Auszahlung sei, ohne daß die erwähnte Voraussetzung vorgelegen habe, arglistig durch die Vorlegung einer Gebrauchsabnahmebescheinigung herbeigeführt worden, die W., ein Beamter der verklagten Stadtgemeinde, als Leiter der Baupolizeibehörde in Kenntnis der Tatsache, daß sie der Geldbeschaffung dienen solle, wissentlich unrichtig ausgestellt habe. Ohne diese Bescheinigung würden die Gelder nicht ausgezahlt worden sein. Infolge der Auszahlung hätten die Kläger ihre Gelder aber verloren, weil die für sie — abredegemäß hinter 185 000 GM. — bestellten Hypotheken in dem bald darauf eingeleiteten Zwangsversteigerungsverfahren ausgefallen seien. Sie erblicken in dem Verhalten des W. die Verletzung einer ihm ihnen gegenüber obliegenden Amtspflicht und machen die Beklagte für ihren Verlust haftbar. In erster Instanz haben sie ihren Leistungsanspruch geltend gemacht, und zwar je zu einem Teilbetrag von 5000 RM., und demgemäß Verurteilung der Beklagten zur Zahlung dieser Beträge begehrt. Die Beklagte hat die Abweisung der Klage beantragt. Sie bestreitet, daß sich W. der Verletzung einer ihm den Klägern gegenüber obliegenden Amtspflicht schuldig gemacht habe, und behauptet, der mit der Auszahlung der Darlehnsbeträge beauftragte Hausmakler Sch. habe zur Zeit der Auszahlung genau gewußt, daß der Bau nicht „gänzlich fertiggestellt" sei. Sie wendet ferner ein, den Klägern sei kein Schaden entstanden, da sie das Grundstück in der Zwangsversteigerung so günstig erstanden hätten, daß durch den Wert des Grundstücks nicht nur ihre Darlehen gedeckt seien, sondern sie darüber hinaus, auch wenn man die weiter aufgewendeten Unkosten berücksichtige, noch einen erheblichen Gewinn gemacht hätten.

Das Landgericht hat der Klage stattgegeben. Gegen dieses Urteil hat zunächst die Beklagte unter Weiterverfolgung ihres Antrags auf Klagabweisung Berufung eingelegt. Die Kläger haben die Zurückweisung der Berufung beantragt. Später haben sie Anschlußberufung eingelegt und beantragt, unter Abänderung des angefochtenen Urteils festzustellen, daß die Beklagte verpflichtet sei, sie so zu stellen, als ob sie dem Grundstückseigentümer B. am 3. Dezember 1930 die Darlehen von je 35 000 RM. nicht gegeben, dagegen aber das Grundstück nicht in der Zwangsversteigerung erworben und keine Kapitalinvestierungen zur Fertigstellung der auf diesem Grundstück errichteten Gebäude vorgenommen hätten; hilfsweise, nach ihren Zahlungsanträgen zu erkennen. Gegenstand der mündlichen Verhandlung vor dem Berufungsgericht ist die Anschlußberufung der Kläger zunächst nur insoweit gewesen, als ihr Feststellungsantrag auch mit der Beschränkung gestellt war, daß jeder der Kläger aus dem erbetenen Feststellungsurteil nur Ansprüche bis zu 5000 RM. herleiten dürfe, während die Verhandlung über den weitergehenden Antrag der Anschlußberufung vertagt worden war. Die Beklagte hat die Zurückweisung der Anschlußberufung beantragt.

Das Oberlandesgericht hat auf die Berufung der Beklagten und die Anschlußberufung der Kläger zunächst durch Teilurteil nach dem auf eine Schadenshöhe von je 5000 RM. beschränkten Feststellungsantrag und dann durch Schlußurteil nach dem ursprünglichen unbeschränkten Feststellungsantrag der Kläger erkannt. Die von der Beklagten gegen die beiden Urteile eingelegten Revisionen blieben ohne Erfolg.

Aus den Gründen:

Das rechtliche Interesse der Kläger an der alsbaldigen Feststellung des streitigen Rechtsverhältnisses (§ 256 ZPO.) bejaht das Berufungsgericht, indem es in erster Reihe annimmt, den Klägern fehle im vorliegenden Falle die Möglichkeit, auf dem Wege der Leistungsklage zum selben Ziel zu kommen (vgl. RGZ. Bd. 128 S. 364); denn einerseits könne über ihren Antrag auf Verurteilung der Beklagten zur Zahlung einer Geldsumme — nicht nur der Höhe, sondern, da ein zu beziffernder Schaden noch nicht feststellbar sei, auch dem Grunde nach — erst nach einer zeitraubenden Beweisaufnahme über den Umfang des Gesamtschadens entschieden werden, die abzuwarten den Klägern nicht zuzumuten sei; anderseits aber lasse sich der Anspruch der Kläger auf Naturalherstellung (§ 249 BGB.) angesichts der obwaltenden besonderen Verhältnisse auf dem Wege einer Klage auf Zahlung einer bestimmten Geldsumme heute noch nicht vollständig verwirklichen. Die Revision hält diesen Gesichtspunkt für rechtsirrig. Sie meint, den Klägern bleibe, auch wenn das angefochtene Urteil rechtskräftig werden sollte, die zeitraubende Beweisaufnahme über den Umfang des Gesamtschadens nicht erspart, wenn es nicht zu einem Vergleich darüber kommen sollte. Auch die Grundlagen für Vergleichsverhandlungen würden aber ohne zeitraubende Feststellungen nicht getroffen werden können.

Das Feststellungsinteresse der Kläger kann allerdings — darin ist der Revision recht zu geben — nicht allein damit begründet werden, daß über die Höhe des Gesamtschadens erst nach einer zeitraubenden Beweisaufnahme entschieden werden könnte. Sobald durch eine, wenn auch zeitraubende, Beweisaufnahme über die Höhe des Gesamtschadens entschieden werden kann, ist die Annahme gerechtfertigt, daß die Kläger auch ihrerseits zur Bezifferung des Schadens in der Lage waren. Träfe das zu, so wäre die Erhebung der Leistungsklage rechtlich und tatsächlich möglich und dadurch das Feststellungsinteresse der Kläger ausgeschlossen. Wollte man allein wegen der Notwendigkeit einer länger dauernden Beweisaufnahme über die Schadenshöhe, die in Schadensersatzprozessen nicht selten gegeben ist, das Feststellungsinteresse bejahen, so müßte das in Fällen, in denen wie hier die Höhe des Schadens im Hinblick auf rechtlich erhebliche Einwendungen der Beklagten einen wesentlichen Streitpunkt zwischen den Parteien bildet, zu einer in der Regel nutzlosen Verdoppelung der Prozesse führen, wenn nicht gerade, was hier aber nicht unbedingt zutrifft, die Feststellung der Verpflichtung zur Schadensersatzleistung nach § 249 BGB. auch den Weg zur Vereinigung der Streitpunkte über die Schadenshöhe öffnet.

Die Revision irrt aber, wenn sie annimmt, das Berufungsgericht habe das Feststellungsinteresse der Kläger — abgesehen von seiner noch zu erörternden Hilfserwägung — lediglich auf die Notwendigkeit einer zeitraubenden Beweisaufnahme gestützt. Der wesentliche und für das Berufungsgericht ausschlaggebende Gesichtspunkt ist vielmehr, wie der Zusammenhang seiner Ausführungen ohne weiteres ergibt, der, daß bisher die Grundlagen für die endgültige Bemessung des den Klägern nach § 249 BGB. zustehenden Schadensersatzes nicht vollständig übersehen werden können. Das Berufungsgericht geht davon aus, daß die Kläger das Grundstück, auf dem die von ihnen hingegebenen baren Darlehen hypothekarisch gesichert waren, in der Zwangsversteigerung zur Verhütung größeren Schadens haben erstehen und das damals noch unfertige Gebäude unter Aufwendung weiterer Barmittel haben fertigstellen müssen und daß sie nunmehr auf Grund des Verlangens der Beklagten gezwungen sind, sich den Wert des Grundstücks auf ihre baren Aufwendungen anrechnen zu lassen. So kommt es zu dem Ergebnis, daß dieser Wert in einer der Sachlage und den Belangen der Kläger entsprechenden Weise nicht ohne die Abwicklung des Grundstückserwerbs festgestellt werden kann. Ein Rechtsirrtum ist dabei nicht ersichtlich, zumal die Kläger um bare Aufwendungen geschädigt sind, die ihnen ohne das schadenbringende Ereignis als flüssige Mittel zur freien Verfügung gestanden hätten, das Grundstück selbst nicht behalten wollen, wozu sie nach Lage der Sache der Beklagten gegenüber auch nicht verpflichtet sind, und durch das gemeinsame Eigentum voneinander abhängig und in der Verfügung darüber behindert sind. Da nach den weiteren Urteilsfeststellungen die Kläger bisher noch keinen Käufer gefunden haben, der einen angemessenen Preis für das Grundstück zu zahlen bereit wäre, und es tatsächlich ungewiß ist, ob sich ein solcher Käufer finden wird, würde die Gefahr dieser Ungewißheit, wie das Berufungsgericht mit Recht annimmt, den Geschädigten zugemutet.

Die Kläger wären mit anderen Worten gezwungen, sich bei der Vorteilsausgleichung einen angemessenen Preis für das Grundstück, also dessen gedachten Wert, auf ihren baren Schaden anrechnen zu lassen und sie müßten den Verlust, den sie beim Verkauf des Grundstücks etwa erleiden, wenn sie den angenommenen angemessenen Preis nicht erzielen können, selbst tragen. Das kann nicht der Sinn einer gerechten Vorteilsausgleichung sein. Hiernach ergibt sich: Infolge der von der Beklagten verlangten Vorteilsausgleichung kann ohne Abwicklung des Grundstückserwerbs die Schadensberechnung nicht erfolgen, ohne daß die Kläger Gefahr laufen, das, was ihnen nach § 249 BGB. zusteht, nicht zu erhalten; zum mindesten ist aus diesem Grunde eine Schadensberechnung zur Zeit untunlich. Keinesfalls läßt sich die Möglichkeit von der Hand weisen, daß nach der Abwicklung des Grundstückserwerbs im Hinblick auf den von den Klägern ohne schuldhaftes Verhalten erzielten Minderpreis trotz der Vorteilsausgleichung auf der Seite der Kläger ein Schaden verbleibt, den die Beklagte ihnen zu ersetzen hat. Das rechtliche Interesse der Kläger an der alsbaldigen Feststellung der Schadensersatzpflicht der Beklagten ist demnach durch die besonderen Umstände des Falles gerechtfertigt und um so mehr ausreichend dargetan, als zu erwarten ist, daß sich die Beklagte, wenn einmal ihre Ersatzverpflichtung rechtskräftig feststeht, verständigerweise bereit finden wird, zur Abwicklung des Grundstückserwerbs auf einem der vom Berufunggericht aufgezeigten Wege beizutragen und durch die Ermöglichung der endgültigen Schadensberechnung einem weiteren Rechtsstreit vorzubeugen. Aus der Tatsache, daß die Kläger ihren Antrag auf Verurteilung der Beklagten zur Zahlung von je 5000 RM. neben dem Feststellungsantrag hilfsweise haben bestehen lassen, kann gegen die Annahme des Feststellungsinteresses nicht abgeleitet werden, da der Zahlungsantrag nur einen Teilbetrag des Schadens betrifft und die Kläger wegen einer etwa bestehenden Möglichkeit, jetzt schon einen Teilbetrag ihres Schadens geltend zu machen, nicht gezwungen sein können, auf die Erhebung einer Feststellungsklage wegen des ganzen, noch nicht bezifferbaren Schadens zu verzichten.

Hiernach kommt es darauf nicht weiter an, ob das Feststellungsinteresse der Kläger auch durch die Hilfserwägung des Berufungsgerichts genügend dargetan erscheinen könnte, daß die Feststellungsklage auch dann, wenn die Kläger den Leistungsanspruch schon selbst geltend machen könnten, im Anschluß an die Rechtsprechung des Reichsgerichts (vgl. RGZ. Bd. 129 S. 34) dennoch zugelassen werden müßte, da zu erwarten sei, daß die verklagte Stadtgemeinde als Körperschaft des öffentlichen Rechts die Entscheidung auch ohne den Zwang der Rechtskraft anerkennen und zum Anlaß von Anordnungen machen werde, die im Interesse der Feststellungskläger lägen. Bemerkt sei aber, daß im vorliegenden Falle nicht zu ersehen ist, inwiefern die Eigenschaft der Beklagten als öffentlich-rechtlicher Körperschaft jene Erwartung in höherem

Maße rechtfertigen könnte, als sie erfahrungsgemäß gegenüber jedem verständig handelnden Beklagten gerechtfertigt erscheint. Die Fälle, in denen das Reichsgericht das Feststellungsinteresse mit Rücksicht auf das nach den besonderen Verhältnissen zu erwartende Verhalten des Beklagten ohne weiteres als gegeben angesehen hat, lagen wesentlich anders, sei es daß die Anerkennung des Feststellungsurteils ohne den Zwang der Rechtskraft, insbesondere bei Beamtenansprüchen auf Gehalt, Ruhegeld oder Hinterbliebenenversorgung, ohne weiteres zu ganz bestimmten Maßnahmen des Beklagten oder zu Rechtsfolgen führen mußte, über die weiter kein Streit bestand, sei es, daß, wie z. B. in dem in RGZ. Bd. 92 S. 8 entschiedenen Falle, durch den ein Feststellungsstreit über ein Rechtsverhältnis entschieden wurde, dessen Anerkennung von selbst die Grundlage für die endgültige Regelung der zwischen den Beteiligten streitigen Fragen ermöglichte (vgl. auch RGZ. Bd. 106 S. 49). Im vorliegenden Falle geht aber der Streit, was nicht zu übersehen ist, nicht nur um das Rechtsverhältnis als solches, sondern auch um die sich daraus etwa ergebenden Folgen. Würde man die Ansicht des Berufungsgerichts billigen, so müßte, mindestens wenn der Gegner eine Körperschaft des öffentlichen Rechts ist, in jedem Falle ohne weiteres statt der Leistungs- die Feststellungsklage zulässig sein. Das würde der Bedeutung und dem im Gesetz bestimmten Verhältnis dieser Rechtsschutzmittel nicht gerecht werden.

Unzweifelhaft müßte die Feststellungsklage als unbegründet abgewiesen werden, wenn sich ergäbe, daß die Kläger keinen Schaden erlitten haben. Eine solche Feststellung ist vom Berufungsgericht aber nicht getroffen worden und konnte von ihm wegen der Unmöglichkeit und der Untunlichkeit der Schadensbezifferung infolge der verlangten Vorteilsausgleichung gerade nicht getroffen werden. Für die Zulässigkeit der Feststellungsklage genügt aber die bloße Möglichkeit, daß ein zur Zeit nicht bezifferbarer Schaden entstanden ist oder in Fortwirkung des schädigenden Ereignisses entstehen oder sich ergeben wird. Diesem Erfordernis ist das Berufungsgericht, wie auch die Revision nicht beanstandet, nachgegangen. Es ist auch nicht richtig, daß der Beklagten mit der Verurteilung nach dem Feststellungsantrag der Kläger praktisch der ihr vom Gericht selbst zugebilligte Einwand der Vorteilsausgleichung genommen würde. Daß grundsätzlich Schaden und Nutzen auszugleichen sind, ergibt ohne weiteres die Fassung der Feststellung, die nicht nur die Schadensersatzverpflichtung der Beklagten, sondern, wenn auch nicht ziffernmäßig, zugleich den Umfang dieser Verpflichtung aufzeigt. Der Urteilsausspruch kann nur dahin verstanden werden, daß die Beklagte den Klägern die hingegebenen Darlehen und die für den Erwerb des Grundstücks in der Zwangsversteigerung sowie für die Fertigstellung und Erhaltung der Bauten aufgewendeten Beträge zu erstatten hat, während sich die Kläger die ihnen durch den Erwerb des Grundstücks zugeflossenen Vorteile anrechnen lassen müssen.

RGZ. 152, 248

Kann eine Partei, die trotz Obsiegens in der Hauptsache auf Grund von § 278 Abs. 2 ZPO. mit Kosten belastet worden ist, die Kostenentscheidung selbständig anfechten?

ZPO. § 99 Abs. 1, § 278 Abs. 2.

V. Zivilsenat. Beschl. v. 28. Oktober 1936.

I. Landgericht Essen. II. Oberlandesgericht Hamm.

Der Sachverhalt ergibt sich aus den

Gründen:

Der Kläger verlangte von den Beklagten Ersatz von Bergschäden, und zwar 30 000 RM. für Beschädigung eines Teiles seiner Grundstücke, des „Grundstücksblocks A", weitere 80 000 RM. für Schäden am „Grundstücksblock B" und 10 998 RM. als Erstattung von Gutachterkosten. Wegen der den Block A betreffenden Forderung und eines Teils von 3000 RM. der Gutachterkosten schwebten Vergleichsverhandlungen. Mit der den Block B betreffenden Forderung von 80 000 RM. und der Ersatzforderungen für die Auslagen an den Gutachter in Höhe von 7998 RM. wurde der Kläger durch Teilurteil des Landgerichts abgewiesen, wobei die Kostenentscheidung einem Schlußurteil vorbehalten blieb. Danach kam ein Vergleich zustande wegen der Restforderung des Klägers und der diesen Streitteil betreffenden Kosten, die nach einem Streitwert von 33 000 RM. berechnet werden sollten. Sodann legte das Landgericht im Schlußurteil vom 7. März 1936 von dem noch im Streit befindlichen Teil der Prozeßkosten, der nach einem Streitwert von 88 000 RM. zu berechnen sei, 3/5 dem Kläger und 2/5 den Beklagten zur Last. Den Beklagten wurde trotz Unterliegens des Klägers in der Hauptsache dieser Teil der Kosten auf Grund des § 278 Abs. 2 ZPO. auferlegt, weil sie die Verteidigung, auf Grund deren sie obgesiegt hatten, nach Ueberzeugung des Landgerichts schuldhaft verspätet vorgebracht hätten.

Gegen dieses Schlußurteil legten die Beklagten Berufung ein mit der Bitte, die gesamten Kosten dem Kläger aufzuerlegen. Die Berufungsbegründung enthielt Ausführungen darüber, daß trotz der Vorschrift des § 99 Abs. 1 ZPO. in diesem Sonderfall die Berufung oder doch wenigstens die sofortige Beschwerde zulässig sein müsse; sie suchte weiter die Verspätung im Vorbringen der Beklagten sachlich zu rechtfertigen. Das Oberlandesgericht verwarf durch Beschluß die Berufung als unzulässig, weil gegen das Urteil, in dem nach vorangegangener Entscheidung in der Hauptsache nur über die Kosten erkannt worden sei, kein Rechtsmittel gegeben sei. Hiergegen haben die Beklagten rechtzeitig sofortige Beschwerde eingelegt mit dem Antrag, den angefochtenen Beschluß aufzuheben und die Berufung für zulässig zu erklären.

Die sofortige Beschwerde ist zulässig, aber sachlich nicht begründet. Im Teilurteil des Landgerichts war eine Entscheidung in der Hauptsache auf Grund streitiger Verhandlung ergangen. Da gegen sie kein Rechtsmittel eingelegt wurde, so liegt — wörtlich genommen — der Fall des § 99 Abs. 1 ZPO. vor, wonach die Anfechtung der im Kostenpunkt ergangenen Entscheidung für sich allein unzulässig ist. Die Beschwerdeführer möchten dieser Folge aus dem Grunde entgehen, weil ihnen eine Anfechtung der ihnen günstigen Entscheidung in der Hauptsache mangels Beschwer nicht möglich gewesen sei, und ferner, weil der gesetzgeberische Grund für die in § 99 Abs. 1 ZPO. enthaltene Rechtsmittelbeschränkung — Vermeidung dessen, daß der höhere Richter bei selbständiger Nachprüfung der Kostenentscheidung mit der nicht mehr abzuändernden Entscheidung in der Hauptsache in Widerspruch geraten könnte — nicht zutreffe in einem Fall wie hier, wo die Kostenbelastung trotz Obsiegens in der Hauptsache auf Grund des § 278 Abs. 2 ZPO. getroffen worden sei.

Diese Erwägungen rechtfertigen jedoch kein Abweichen von der klaren gesetzlichen Regelung. Bedeutungslos ist zunächst der Umstand, daß hier die Entscheidung in der Hauptsache in einem früheren Teilurteil und die Kostenentscheidung für sich allein im Schlußurteil erfolgte. Die Sache läge nicht anders, wenn die Klagabweisung und die Belastung der Beklagten mit Kosten im selben Urteil geschehen wären. Das Wesentliche ist, daß überhaupt eine Entscheidung in der Hauptsache ergangen ist. Die von den Beklagten vertretene Ansicht, daß sich nach dem Grundgedanken des § 99 Abs. 1 ZPO. das Rechtsmittel nur dann nicht auf die Kostenentscheidung allein erstrecken dürfe, wenn ein Rechtsmittel auch in der Hauptsache gegeben sei, hat bereits der VI. Zivilsenat des Reichsgerichts im Beschluß vom 8. Juni 1936 (VI B 7/36 in JW. 1936 S. 2544 Nr. 14) verworfen. Daran ist festzuhalten. Ein Grund für die Bestimmung des § 99 Abs. 1 ist der, daß die Partei, welche sich mit einem ihr ungünstigen Urteil in der Hauptsache zufrieden gibt, nicht befugt sein soll, eine Abänderung der in der Regel von der Entscheidung in der Hauptsache abhängigen Kostenentscheidung allein herbeizuführen. Ein zweiter Grund ist aber, daß für eine Anfechtbarkeit nur im Kostenpunkt kein besonderes Bedürfnis anzuerkennen ist (vgl. Motive zum Entwurf der Zivilprozeßordnung S. 116). Der Gesetzgeber hat insoweit eine Rechtsmittelbeschränkung für sachdienlich gehalten. Dieser unterliegen die Beschwerdeführer, obwohl der erstbezeichnete Grund im vorliegenden Falle nicht zutrifft.

In den Absätzen 2 und 3 des § 99 sind Ausnahmen von der Regel des Abs. 1 enthalten, in denen doch selbständige Anfechtung der Kostenentscheidung zulässig ist. Im ebenerwähnten Beschluß vom 8. Juni 1936 ist das Reichsgericht auch dem Versuch entgegengetreten, aus diesen Bestimmungen auf einen allgemeinen Grundsatz zu schließen, daß überall da, wo ein Rechtsmittel gegen die Sachentscheidung nicht eingelegt werden k ö n n e, die Kostenentscheidung für sich allein anfechtbar sein müsse. Bei der Aenderung der Zivilprozeßordnung im Jahre 1898 wurde die Regel der Unanfechtbarkeit der Kostenentscheidung für sich allein aus praktischem Bedürfnis heraus für zwei Sonderfälle durchbrochen. Das rechtfertigt aber nicht, den Fall des § 278 Abs. 2 ZPO. diesen Ausnahmen gleichzustellen. Für die Richtigkeit der von den Beklagten geäußerten Ansicht, der Gesetzgeber habe ihn bei der Neufassung des Gesetzes im Jahre 1898 übersehen, ist kein Anhalt gegeben. Uebrigens hätte der Richter, selbst wenn dem so wäre, keine Veranlassung und auch keine Befugnis zu einer das Gesetz ändernden Ergänzung dieser Verfahrensvorschriften. Die Gesetzgebung ist an sich einer Rechtsmittelbeschränkung hinsichtlich der Kostenentscheidung geneigt. Das ist für den Fall des § 278 Abs. 2 ZPO. um so eher gerechtfertigt, als eine Belastung mit Kosten auf Grund dieser Bestimmung wesentlich von „freier richterlicher Ueberzeugung“ abhängt.

Hiernach war das von den Beklagten gegen das Schlußurteil des Landgerichts eingelegte Rechtsmittel weder als Berufung noch als Beschwerde zulässig.

RGZ. 154, 41

1.—3. . . .

4. Dürfen vorbereitende gutachtliche Aeußerungen, die Gerichtsmitglieder in einem Rechtsstreit abgegeben haben, in einem späteren Rechtsstreit bekannt gegeben und bei der Urteilsfindung verwertet werden?

BGB. §§ 126, 139, 249, 254, 611. ZPO. § 299 Abs. 3

III. Z i v i l s e n a t. Urt. v. 12. Februar 1937.

Die Entscheidung ist abgedruckt unter „Bürgerliches Recht, Allgemeiner Teil 3“.

RGZ. 155, 227 †

1. Müssen die Sachdienlichkeit einer Klagänderung und die Zulassung nachträglichen Vorbringens in den Urteilsgründen stets ausdrücklich erörtert und begründet werden?

2. . . .

ZPO. §§ 264, 529 Abs. 2.

III. Z i v i l s e n a t. Urt. v. 22. Juni 1937.

I. Landgericht Königsberg. II. Oberlandesgericht daselbst.

Der Kläger war als Direktor der Landwirtschaftsschule in B. lebenslänglich angestellter Beamter der Landwirtschaftskammer für die Provinz Ostpreußen, deren Rechtsnachfolgerin die Beklagte ist. Am 1. Juli 1932 ist er im Alter von 45 Jahren aus Gesundheitsrücksichten mit dem gesetzlichen Ruhegehalt in den Ruhestand getreten.

In erster Instanz hat der Kläger in Höhe von 1100 RM. nebst Zinsen Schadensersatzansprüche erhoben, die er folgendermaßen begründete: Im August 1925 habe er sich auf Anraten der Rechtsvorgängerin der Beklagten (im folgenden kurz Beklagte genannt) für dienstliche Zwecke einen Kraftwagen angeschafft, der 9000 RM. gekostet habe. Zur Ermöglichung der Anschaffung habe er von der Beklagten ein Darlehen von 6000 RM. erhalten. Zu den Unterhaltungskosten habe ihm die Beklagte Kilometergelder gewährt, jedoch nur in der völlig unzulänglichen Höhe von 10 Rpf. je Kilometer. Infolgedessen sei er nach und nach stark verschuldet, zumal er auch noch Versicherung und Steuern des Wagens habe tragen müssen. Die Folge der Verschuldung sei schließlich ein Nervenzusammenbruch gewesen, der dann zu seiner vorzeitigen Pensionierung geführt habe. Für diese Folgen sei die Beklagte verantwortlich aus dem Gesichtspunkt einer Fürsorgepflichtverletzung, da sie durch Zahlung angemessener Kilometergelder seine Verschuldung hätte verhindern müssen. Der eingeklagte Betrag werde gefordert als ein Teil des Unterschieds zwischen dem Ruhegehalt und dem bisherigen vollen Beamtengehalt. Die Beklagte hat jede Verletzung einer Fürsorgepflicht bestritten und um Klagabweisung gebeten. Daraufhin hat das Landgericht die Klage abgewiesen.

Im Laufe der zweiten Instanz hat der Kläger die bisherige Klagbegründung fallen lassen und folgendes geltend gemacht:

Der Preußische Minister für Landwirtschaft, Domänen und Forsten habe der Beklagten durch Erlaß vom 15. März 1926 zur Förderung der Landeskultur eine Reichs- und Staatsbeihilfe von 109 000 RM. bewilligt. Diese Mittel seien u. a. auch für Darlehen an Beamte zur Beschaffung von Kraftwagen zu dienstlichen Zwecken bestimmt gewesen. Bei solcher Anschaffung seien den Beamten nach dem Erlaß Kilometergelder bis zu 35 Rpf. zu zahlen gewesen. Weiterhin sei in dem Erlaß angeordnet, daß neben Kilometergeldern in der angegebenen Höhe auch noch die Steuern und die Versicherung des Wagens von der Beklagten zu tragen seien. Dadurch, daß die Beklagte die hier vorgesehenen Lasten ihm, dem Kläger, gegenüber nicht oder nicht vollständig übernahm, habe sie gegen ihre Fürsorgepflicht verstoßen. Dieser Verstoß verpflichte sie ihm gegenüber zum Schadensersatz. Der Anspruch sei übrigens auch aus dem Gesichtspunkte der ungerechtfertigten Bereicherung und der nützlichen Verwendung gerechtfertigt. Im einzelnen fordert der Kläger Nachzahlung von zu wenig gezahlten Kilometergeldern, Ersatz der von ihm gezahlten Steuern und endlich Ersatz von Ausgaben für Versicherungen. Hiervon hat er einstweilen einen Teilbetrag in Höhe von 6100 RM. nebst 5 % Zinsen seit dem 15. Juni 1935 eingeklagt.

Die Beklagte hat der Klagänderung widersprochen, auch gebeten, das neue Vorbringen als verspätet nicht zuzulassen. Im übrigen hat sie die Forderungen des Klägers nach Grund und Betrag bestritten und geltend gemacht, der Ministerialerlaß vom 15. März 1926 sei für sie nicht bindend gewesen, zumal der Darlehnsvertrag mit dem Kläger schon vorher, im Jahre 1925, zu anderen Bedingungen abgeschlossen gewesen sei. Auch beziehe sich der Erlaß nur auf die Anschaffung von Kleinautos, während der Kläger sich einen großen Wagen angeschafft habe. Schließlich hat sich die Beklagte noch darauf berufen, etwaige Ansprüche seien verjährt oder durch langes Zuwarten jedenfalls verwirkt.

Das Oberlandesgericht hat das Urteil des Landgerichts abgeändert und nach dem neuen Klagantrag erkannt; nur den Zinsanspruch hat es abgewiesen. Die Revision der Beklagten führte zur Wiederherstellung des ersten Urteils aus folgenden

Gründen:

I. Die Beklagte hatte der Klagänderung in der Berufungsinstanz und einer Berücksichtigung der dazu neu vorgebrachten Tatsachen wegen Verspätung widersprochen. Das Berufungsgericht hat die Klagänderung zugelassen und das neue Vorbringen berücksichtigt, ohne in den Urteilsgründen auf den Widerspruch der Beklagten einzugehen. Die Revision vermißt eine Begründung für die Zulassung der Klagänderung und des neuen Vorbringens und sieht deshalb die §§ 264, 529 ZPO. als verletzt an. Diese Verfahrensrügen sind jedoch unbegründet. Der Prozeßverlauf und der Gesamtinhalt der Urteilsgründe ergeben hinreichend klar, daß das Berufungsgericht die Klagänderung als sachdienlich angesehen und die Voraussetzungen einer Berücksichtigung des nachträglichen Vorbringens gemäß § 529 Abs. 2 ZPO. für gegeben erachtet hat. Solchenfalls bedarf es keiner besonderen Erörterung in den Urteilsgründen (RGUrt. vom 21. Dezember 1931 VI 360/31, abgedr. im Recht 1932 Nr. 109). Das vom Berufungsgericht anzuwendende freie Ermessen ist in der Revisionsinstanz nicht nachprüfbar.

II. . . .

RGZ. 156, 193

1. Ist auch der Minderjährige als Partei im Rechtsstreit anzusehen und so im Urteil zu bezeichnen, wenn sein allein als Partei bezeichneter Vater erklärt, daß er im eigenen Namen und als gesetzlicher Vertreter seines Sohnes klage?

2.—3. . . .

4. Setzt die Feststellungsklage aus § 256 ZPO. voraus, daß das ihren Gegenstand bildende Rechtsverhältnis zwischen den Parteien des Rechtsstreits besteht?

5.—6. . . .

ZPO. §§ 256, 313 Nr. 1.

VI. Zivilsenat. Urt. v. 21. Oktober 1937.

Die Entscheidung ist abgedruckt unter „Bürgerliches Recht, Schuldrecht 10".

RGZ. 158, 380

1. Darf eine Klage auf Feststellung des Nichtbestehens zweier Ansprüche mit der Begründung abgewiesen werden, daß mindestens *einer* dieser Ansprüche bestehe?

2. . . .

ZPO. §§ 256, 308.

IV. Zivilsenat. Urt. v. 1. Dezember 1938.

Die Entscheidung ist abgedruckt unter „Bürgerliches Recht, Familienrecht 1".

RGZ. 159, 58

Hat derjenige, der bereits rechtskräftig als Vater des unehelichen Kindes im Sinne des § 1717 Abs. 1 BGB. festgestellt und zur Unterhaltszahlung verurteilt ist, ein rechtliches Interesse an der alsbaldigen Feststellung, daß das Kind nicht von ihm abstamme?

ZPO. § 256.

IV. Zivilsenat. Urt. v. 19. Dezember 1938.

I. Landgericht München I.

Der Beklagte ist am 19. August 1933 von der Hausgehilfin S. außerehelich geboren worden. Er hat gegen den Kläger in einem früheren Rechtsstreit Klage auf die Feststellung, daß dieser sein Vater sei, und auf Zahlung einer Unterhaltsrente erhoben. Der Klage hat das Amtsgericht durch Urteil vom 24. Januar 1934 stattgegeben; die Berufung des jetzigen Klägers ist durch Urteil des Landgerichts vom 27. Juni 1934 zurückgewiesen worden. Auf Grund der eidlichen Aussage der Mutter des Kindes wurde als erwiesen erachtet, daß sie während der Empfängniszeit Geschlechtsverkehr nur mit dem jetzigen Kläger gehabt hatte. Der jetzige Kläger beantragte eine Blutgruppenuntersuchung, die nicht vorgenommen werden konnte, da die Mutter des Kindes die Blutentnahme an sich verweigerte. Später hat der jetzige Kläger gegen die S. Anzeigen wegen Meineides erstattet, das Verfahren wurde jedoch eingestellt, nachdem nunmehr der gesetzliche Vertreter des Kindes die Mitwirkung bei einer Blutgruppenuntersuchung verweigert hatte. Mit der gegenwärtigen Klage beantragt der Kläger die

Feststellung, daß er nicht der Erzeuger des Beklagten sei. Das Landgericht hat die Klage abgewiesen. Die an sich zulässige Sprungrevision des Klägers hatte keinen Erfolg.

Gründe:

I. Das Landgericht hat die Klage deshalb abgewiesen, weil der Kläger an der begehrten Feststellung kein rechtliches Interesse habe, wie es § 256 ZPO. erfordere. Dabei hat es die Frage offengelassen, ob das rechtskräftige Urteil des Vorprozesses nur die Zahlvaterschaft festgestellt und deshalb noch Raum für eine Feststellung der blutmäßigen Abstammung gelassen hat. Mindestens sei durch jenes Urteil rechtskräftig entschieden, daß der Kläger als unehelicher Vater des Beklagten im Sinne des § 1717 BGB. zu gelten habe und ihm den Unterhalt zahlen müsse. Diese beiden Gesichtspunkte könnten also kein Interesse an der neuen Klage begründen. Weitere Gesichtspunkte, die das Interesse ergeben könnten, lägen nicht vor. Der Kläger habe als unehelicher Vater nur ein allgemein menschliches oder verwandtschaftliches Interesse an Feststellung der Abstammung. Das genüge den Anforderungen des § 256 ZPO. nicht. Bedeutungslos sei der Hinweis auf § 1310 BGB., denn der Beklagte sei erst 4 Jahre alt. Das rechtliche Interesse könne auch nicht daraus abgeleitet werden, daß der Kläger ein obsiegendes Urteil oder den günstigen Ausgang einer Blutgruppenuntersuchung für einen Schadensersatzprozeß gegen die Mutter des Beklagten verwenden könne. Zwar sei die Lage des Klägers im gegenwärtigen Rechtsstreit günstiger als im Schadensersatzprozeß, da ein Zwang zur Duldung der Blutentnahme wohl im Familienrechtsstreit, nicht aber im Schadensersatzprozeß zulässig sei. Doch auch im vorliegenden Rechtsstreit könnten Mutter und Kind nach dem Gesetz über die Aenderung und Ergänzung familienrechtlicher Vorschriften und über die Rechtsstellung der Staatenlosen vom 12. April 1938 (RGBl. I S. 380) Art. 3 § 9 Abs. 2 aus einem triftigen Grunde die Entnahme von Blutproben verweigern. Deshalb sei es schon recht zweifelhaft, ob die Lage des Klägers tatsächlich im vorliegenden Rechtsstreit besser sei als im Schadensersatzprozeß. Die Feststellungsklage mit dem Ziele, dem Kläger die Unterlagen für einen Rechtsstreit gegen eine andere Person, nämlich die Mutter, zu verschaffen, sei auch rechtlich unzulässig. Wohl sei die Feststellungsklage bei Forderungsrechten nicht auf die durch das Rechtsverhältnis verbundenen Personen beschränkt, sondern sie könne sich auch gegen Dritte richten; es müsse aber dann stets ein rechtliches Interesse des Klägers dadurch begründet sein, daß der Beklagte irgendwie den Rechtskreis des Klägers störe. Daran fehle es hier. Deshalb sei eine Klage des unehelichen Vaters gegen das Kind auf Feststellung, daß er nicht der Erzeuger sei, grundsätzlich unzulässig.

II. Die Revision, die sachliche Rechtsfehler, insbesondere einen Verstoß gegen § 256 ZPO. rügt und darzutun versucht, daß der Kläger ein rechtliches Interesse an der alsbaldigen Feststellung hat, kann keinen Erfolg haben. In der Entscheidung des erkennenden Senats vom 14. Oktober 1937 IV 92/37 (JW. 1938 S. 245 Nr. 19) ist ausgesprochen, die Klage auf Feststellung, daß die eine Partei von der anderen blutmäßig abstamme oder nicht abstamme, sei zulässig, und ihre Voraussetzungen regelten sich nach § 256 ZPO. Damit ist einmal zum Ausdruck gebracht, daß die Abstammung als ein Rechtsverhältnis im Sinne des § 256 ZPO. zu gelten hat, sodann aber auch, daß nicht schlechthin jede Feststellungsklage wegen der Abstammung zulässig ist, sondern daß in jedem Einzelfalle geprüft werden muß, ob der Kläger bei dem von ihm begehrten Urteilsspruch an der alsbaldigen Feststellung des Rechtsverhältnisses (der Abstammung oder ihres Fehlens) das rechtliche Interesse hat, das § 256 ZPO. für die Zulässigkeit der Klage erfordert. Es ist deshalb sehr wohl möglich, daß, falls Parteien des Rechtsstreits ein uneheliches Kind und sein angeblicher Erzeuger sind, je nach der Parteirolle und nach dem Umstande, ob positive oder negative Feststellung der Abstammung gefordert wird, unter dem Gesichtspunkt des rechtlichen Interesses die Feststellungsklage jeweils zulässig oder unzulässig ist. Die Auffassung von Peter (JW. 1938 S. 1293), es könne bei Feststellung der Abstammung auf die Parteirollen nicht ankommen, mag vielleicht zutreffen, soweit es sich nur um eine positive Feststellungsklage handelt, findet aber in ihrer allgemeinen Fassung im Gesetz keine Stütze. Ihr angeschlossen hat sich Nebesky (DRpfl. 1938 S. 269) mit der Begründung, die hier erörterte Feststellungsklage betreffs Abstammung sei keine solche aus § 256 ZPO., sondern eine Statusklage, auf welche die §§ 640 flg. ZPO. entsprechend angewendet werden müßten. Zutreffend hebt Nebesky hervor, daß der erkennende Senat diese Klage in der Entscheidung vom 14. Oktober 1937 IV 94/37 (JW. 1937 S. 3041 Nr. 33) als Statusklage bezeichnet hat. Er übersieht aber, daß diese Bezeichnung nur als Gegensatz zu den Ansprüchen aus dem außerehelichen Beischlaf (§ 23 Nr. 2 GVG.) gewählt worden ist und daß damit keineswegs der Standpunkt des schon oben angeführten Urteils des Senats vom gleichen Tage (IV 92/37) verlassen worden ist, daß also die Zulässigkeit der Feststellungsklagen sich allein nach § 256 ZPO. regelt und die §§ 640 flg. ZPO. auf sie unanwendbar bleiben. Daran ist festzuhalten.

Hiernach bedarf es der Prüfung, ob der Kläger ein rechtliches Interesse an der alsbaldigen Feststellung hat, daß der Beklagte nicht von ihm abstamme. Dabei muß mit dem Landgericht unentschieden gelassen werden, ob etwa schon eine rechtskräftige Feststellung dieser Abstammung als Ergebnis des Vorprozesses vorliegt. Selbst wenn sie fehlt, ist das erforderliche Interesse nicht gegeben. Für die positive Feststellungsklage des unehelichen Kindes gegen den vermeintlichen Erzeuger hat der Senat (in der Entscheidung IV 92/37) das Interesse aus der Bedeutung hergeleitet, welche die blutmäßige Abstammung durch die

Gesetzgebung des Dritten Reiches erhalten hat. Es liegt darin, daß das Blut, das jemand in sich trägt, auf dem Gebiet des öffentlichen Rechts in mancherlei Richtungen von rechtlicher Bedeutung ist. Daraus geht ohne weiteres hervor, daß die damals angestellten Erwägungen ungeeignet sind, das rechtliche Interesse desjenigen zu erweisen, der die Feststellung begehrt, daß er nicht der Erzeuger eines unehelichen Kindes sei; denn die blutmäßige Zugehörigkeit dieses Klägers zu einer bestimmten Sippe wird mittels einer solchen Feststellung nicht geklärt. Ob trotzdem Ausnahmefälle denkbar sind, in denen sein Interesse am Nichtvorliegen der Abstammung aus dem Inhalt des öffentlichen Rechts hergeleitet werden könnte (vgl. Günther JW. 1938 S. 1699 zu III 1 d), braucht hier nicht erörtert zu werden, da solche besonderen Umstände im vorliegenden Rechtsstreit nicht geltend gemacht oder sonst ersichtlich sind. Kann das Interesse des Klägers demnach aus den auf die Blutzugehörigkeit abstellenden Gesetzen nicht entnommen werden, so fehlt es auch an sonstigen Gründen für seine Annahme. Die vermögensrechtlichen Folgen des Verhältnisses zwischen einem unehelichen Kinde und demjenigen, der nach § 1717 BGB. als sein Vater gilt, scheiden völlig aus, da sie nach dem Gesetz nicht auf der blutmäßigen Abstammung, sondern allein darauf beruhen, daß der Verpflichtete nach der angeführten Vorschrift als Vater gilt, dies aber zum mindesten durch das frühere, rechtskräftige Urteil zwischen den Parteien endgültig festgestellt worden ist. Diese rechtskräftige Feststellung könnte nur im Wege des Wiederaufnahmeverfahrens beseitigt werden. Der Wunsch, die Grundlagen für ein solches zu beschaffen, begründet aber kein rechtliches Interesse an der Klage. Es würde angesichts der rechtskräftigen Entscheidung keineswegs zulässig sein, daß der Kläger die damals getroffene Feststellung im verneinenden Sinne nochmals unter Anwendung des § 256 ZPO. zur Entscheidung stellte. Dann aber muß auch bei der wirklich erhobenen Klage, wenngleich sie die blutmäßige Abstammung verneint wissen will und in ihren Wirkungen daher weitergeht, die Verneinung des Bestehens der Zahlvaterschaft als Teil ihrer Wirkungen für die Begründung des rechtlichen Interesses völlig ausscheiden. Daß die Vorschrift des § 1310 BGB. (jetzt § 6 EheG.) das Interesse nicht begründen kann, die Feststellung alsbald herbeizuführen, hat das Landgericht zutreffend dargelegt. Daß durch den Tod eines Beteiligten im Laufe der Zeit die Blutgruppenuntersuchung als Beweismittel verloren gehen könnte, muß außer Betracht gelassen werden. Es kann dahin gestellt bleiben, ob zur Ausscheidung dieses Gedankens schon die Vorschriften über Sicherung des Beweises (§§ 485 flg. ZPO.) genügen. Keinesfalls ergibt das Bestreben, sich dieses Beweismittel zu erhalten, ein rechtliches Interesse an der Feststellung der blutmäßigen Abstammung. Junker (JW. 1938 S. 1225), der das Feststellungsinteresse des angeblichen Erzeugers aus §§ 1310, 1719 BGB. herzuleiten mit zutreffender Begründung ablehnt, glaubt es im Hinblick auf §§ 29, 30 des Personenstandsgesetzes vom 3. November 1937 (RGBl. I S. 1146) bejahen zu können, wobei er allerdings nur die positive Feststellungsklage des Erzeugers im Auge hat. Nach diesen Vorschriften ist es am Rande des Geburtseintrages zu vermerken, wenn der uneheliche Vater des Kindes oder der Ehemann der Mutter nach der Geburt des Kindes seine Vaterschaft in öffentlicher Urkunde anerkannt hat oder wenn die Abstammung eines Kindes mit allgemein bindender Wirkung festgestellt wird. Von diesen Fällen, die zum Randvermerk führen sollen, kann bei den Feststellungsklagen, welche die Abstammung betreffen, nur die Feststellung der Abstammung mit allgemein bindender Wirkung in Betracht kommen. Eine derartige Wirkung hat aber auch die positive Feststellung der Abstammung infolge einer Klage aus § 256 ZPO. nicht. Vor allem jedoch kann die hier allein zur Prüfung stehende negative Feststellungsklage niemals zu einem Randvermerk dieser Art führen, da sie nur zur Verneinung einer Abstammung, niemals aber zur Feststellung der Abstammung des Kindes von einem bestimmten Manne durch Urteil gelangen kann. Ob das auf sie ergehende Urteil geeignet sein würde, die Beseitigung eines solchen Randvermerks, der nach altem oder neuem Personenstandsrecht schon eingetragen ist, herbeizuführen, kann dahingestellt bleiben. Der Beseitigung einer solchen Eintragung dient die Berichtigung, die das Gericht anordnen kann, auf dessen Verfahren dabei die Vorschriften des Reichsgesetzes über die Angelegenheiten der freiwilligen Gerichtsbarkeit Anwendung finden (§§ 47, 48 des neuen Personenstandsgesetzes). Die Unrichtigkeit des Randvermerks kann also in diesem besonderen Verfahren geltend gemacht und nachgewiesen werden, für das auch die Ermittlungspflicht des Gerichts nach § 12 FGG. gilt. Dann aber kann der Umstand, daß ein nach § 256 ZPO. erzieltes Feststellungsurteil vielleicht den Erfolg im Berichtigungsverfahren erleichtern könnte, das erforderliche Feststellungsinteresse nicht erweisen; denn der Kläger bedarf des Urteils nicht zur Durchsetzung seiner angeblichen Rechte.

An der Rechtslage ändert auch Art. 3 § 9 des Gesetzes über die Aenderung und Ergänzung familienrechtlicher Vorschriften usw. vom 12. April 1938 (FamRAendG.) nichts. Dort ist in Absatz 1 bestimmt, daß Parteien und Zeugen in familienrechtlichen Streitigkeiten sich, soweit dies zur Feststellung der Abstammung eines Kindes erforderlich ist, erb- und rassenkundlichen Untersuchungen zu unterwerfen, insbesondere die Entnahme von Blutproben zum Zwecke der Blutgruppenuntersuchung zu dulden haben. Die Vorschrift beschränkt sich auf familienrechtliche Streitigkeiten und trifft selbst offensichtlich über die Zulässigkeit von Klagen zur Feststellung der Abstammung keine Bestimmungen; diese Zulässigkeit ist also auch weiterhin nach den bisherigen Vorschriften zu beurteilen. Nach ihnen aber ist sie für die vom Kläger verlangte Feststellung, daß der Beklagte nicht von ihm abstamme, zu verneinen. Das Landgericht hat noch erwogen, ob es beachtlich sei, daß der Kläger bei einer Schadensersatzklage gegen die Mutter des Beklagten keinen Anspruch auf Duldung der Blutentnahme hätte, während Art. 3 § 9 FamRAendG. ihm diesen Anspruch im Feststellungsstreit geben würde. Es hat dazu ausgeführt, daraus ergebe sich kein rechtliches Interesse des Klägers für eine Feststellung gegenüber dem Beklagten, denn der Beklagte verletze den Rechtskreis des Klägers nicht. Es kann dahingestellt bleiben, ob das entgegen der Meinung der Revision zutrifft. Der Gedanke an die Verschiedenheit der Beweismöglichkeiten des Klägers als Nachweis seines Feststellungsinteresses ist aus anderem Grunde überhaupt abzulehnen. Art. 3 § 9 FamRAendG. begründet die Pflicht zur Duldung der Blutuntersuchung nur für familienrechtliche Streitigkeiten. Sie besteht deshalb für Streitigkeiten anderer Art, insbesondere für rein vermögensrechtliche Angelegenheiten, nicht. Infolgedessen gerade könnte sich der Kläger ihrer nicht bedienen, wenn er die Mutter des Beklagten aus einer unerlaubten Handlung in Anspruch nähme. Wollte man aus diesem Grunde das Feststellungsinteresse bejahen, um ihm die günstigere Stellung in einem familienrechtlichen Streit zu verschaffen, so wäre eine zweckwidrige Anwendung des Art. 3 § 9 FamRAendG. die Folge. Die Bejahung würde also der gesetzlichen Regelung in dieser Vorschrift widersprechen und muß deshalb abgelehnt werden.

RGZ. 159, 186 †

Steht dem Beklagten der Arglisteinwand zu, wenn der Kläger sich zur Klagerücknahme vertraglich verpflichtet hat, den Rechtsstreit aber trotzdem fortsetzt? Wie ist in solchem Fall über die Klage zu entscheiden?

ZPO. § 271.

IV. Zivilsenat. Urt. v. 6. Februar 1939.

I. Landgericht Köln. II. Oberlandesgericht daselbst.

...

Aus den Gründen:

... Eine Vereinbarung zwischen den Parteien eines Rechtsstreits, durch welche die klagende Partei der beklagten die Zurücknahme der Klage verspricht, kann nach der herrschenden Rechtsprechung und der Auffassung im Schrifttum mit verpflichtender Wirkung abgeschlossen werden (RGZ. Bd. 102 S. 217 flg.). Auch zwischen den Parteien eines Eheprozesses muß die Wirksamkeit einer solchen Vereinbarung grundsätzlich anerkannt werden. Eine derartige Vereinbarung kann allerdings die Prozeßhandlung der Klagezurücknahme, die nur in der im § 271 ZPO. vorgeschriebenen Form erfolgen kann, nicht ersetzen; die Vereinbarung steht einer wirklichen Klagezurücknahme nicht gleich und erzeugt nicht die mit einer solchen verbundenen prozeßrechtlichen Wirkungen: Beseitigung der Rechtshängigkeit, kraft Gesetzes eintretende Verpflichtung des Klägers zur Tragung der Kosten des Rechtsstreits und Befugnis der beklagten Partei zur Verweigerung der Einlassung auf eine erneute Klage vor Kostenerstattung (§ 271 Abs. 3 und 4 ZPO.). Die von der klagenden Partei vertragsmäßig übernommene Verpflichtung zur Klagezurücknahme berechtigt jedoch den Beklagten zur Erhebung des Einwands der Arglist gegen die dem Versprechen zuwider erfolgende Fortsetzung des Rechtsstreits. Die Geltendmachung dieses Einwands muß dazu führen, daß die der Vereinbarung zuwider fortgesetzte Klage abgewiesen wird, da der Klageangriff in dem anhängigen Prozeß nicht mehr weiter durchgeführt werden kann. Diese Abweisung ist eine Abweisung angebrachtermaßen wie bei mangelhaft erhobener Klage. Sie ist keine Sachabweisung und hindert den Kläger nicht, die Klage von neuem geltend zu machen (RG. a. a. O.).

...

RGZ. 160, 338

1. . . .

2. Kann auf die Einrede der Rechtshängigkeit verzichtet werden oder ist sie von Amts wegen zu berücksichtigen?

3. Kann eine Partei auch in Punkten für beweisfällig erklärt werden, die von Amts wegen zu berücksichtigen sind?

WO. Art. 39. ZPO. §§ 263, 274 Abs. 2 Nr. 4.

II. Zivilsenat. Urt. v. 17. Mai 1939.

Die Entscheidung ist abgedruckt unter „Handelsrecht, Wechselrecht".

RGZ. 164, 281

Ueber die Beweislast, die Rechtskraftwirkung und die Klageanträge in Rechtsstreitigkeiten über die Feststellung der blutmäßigen Abstammung.

ZPO. §§ 256, 282, 322, 640 flg.

IV. Zivilsenat. Urt. v. 13. Juli 1940.

I. Landgericht Berlin. II. Kammergericht daselbst.

Die Klägerin ist am 5. Oktober 1912 außerehelich geboren. Sie hat am 19. Februar 1913 gegen den Beklagten, einen Juden, ein Anerkenntnisurteil auf Zahlung einer Unterhaltsrente bis zur Vollendung ihres sechzehnten Lebensjahrs erwirkt. Nunmehr behauptet sie, ihre Mutter habe in der gesetzlichen Empfängniszeit außer mit dem Beklagten auch noch mit einem anderen Manne Geschlechtsverkehr gehabt, aus dem sie stamme. Die Klägerin hat deshalb die vorliegende Klage erhoben und beantragt zu erkennen, daß der Beklagte nicht ihr wirklicher Erzeuger sei und daß sie blutmäßig nicht von ihm abstamme, hilfsweise: „Es ist nicht festzustellen, daß die Klägerin vom Beklagten abstammt". Der Beklagte hat um Abweisung der Klage gebeten.

Das Landgericht hat Gutachten eingeholt. Der Direktor des Universitäts-Instituts für gerichtliche und soziale Medizin in B. ist nach Untersuchung der Blutgruppen und Blutkörperchenmerkmale der Klägerin, ihrer Mutter und des Beklagten zu dem Ergebnis gelangt, daß die Erzeugung der Klägerin durch den Beklagten nicht offenbar unmöglich sei. Der Leiter der Poliklinik für Erb- und Rassenpflege in B.-Ch. hat sein Gutachten dahin erstattet, daß nicht mit Sicherheit zu entscheiden sei, ob die Klägerin vom Beklagten abstamme, daß aber dessen Erzeugerschaft, auf die eine Reihe von Merkmalen hinweisen, nicht unwahrscheinlich sei. Das Landgericht hat die Klage abgewiesen. Dagegen hat die Klägerin Berufung eingelegt mit dem Antrage festzustellen, daß es ungewiß sei, ob sie vom Beklagten abstamme. Dieser hat Zurückweisung der Berufung erbeten. Das Kammergericht hat die Berufung zurückgewiesen. Dagegen richtet sich die Revision der Klägerin mit dem Antrage, das angefochtene Urteil aufzuheben und die Sache zur anderweitigen Verhandlung und Entscheidung über den zu stellenden Hauptantrag des ersten Rechtsganges an das Berufungsgericht zurückzuverweisen, hilfsweise nach dem Berufungsantrage zu erkennen. Die Revision ist, entsprechend dem Antrage des Oberreichsanwalts, zurückgewiesen worden.

Gründe:

Das Kammergericht hat die Klage als „Statusklage" behandelt und den Sondervorschriften der §§ 640 flg. ZPO. unterstellt. In Uebereinstimmung mit der Aeußerung des Generalstaatsanwalts hat es den Berufungsantrag der Klägerin für unzulässig erachtet. Dem ist aus noch darzulegenden Gründen beizutreten.

In erster Reihe rügt die Revision Verletzung des § 139 ZPO. Sie führt aus, das Kammergericht hätte nach Bekanntwerden der Entscheidung des Reichsgerichts vom 15. Juni 1939 (RGZ. Bd. 160 S. 293) die Stellung des früheren Hauptantrages veranlassen müssen. Diese Bemängelung scheitert schon daran, daß die bezeichnete Entscheidung bereits in der Berufungsbegründung ausdrücklich erwähnt war. Das Kammergericht hatte keine Veranlassung, dem somit über die neue Rechtsprechung bereits unterrichteten Anwalt der Klägerin über die daraus zu ziehenden Folgerungen Ratschläge zu erteilen, insbesondere in der Richtung, ob es angesichts der Zweifelhaftigkeit der Rechtslage in diesem Rechtsstreit nicht ratsam sei, den Hauptantrag des ersten Rechtsganges wenigstens als Hilfsantrag aufrechtzuerhalten. Im übrigen hatte der Anwalt aber auch recht, wenn er dem Landgericht darin folgte, daß es den Hauptantrag der Klägerin abgewiesen hatte. Da nicht feststeht, daß die Klägerin nicht vom Beklagten erzeugt ist, kann ihre Nichtabstammung von ihm auch nicht durch Urteil festgestellt werden. Wenn demgegenüber die Revision geltend macht, der Beklagte müsse, wie bei jeder verneinenden Feststellungsklage, das von ihm in Anspruch genommene Rechtsverhältnis nachweisen, und wenn ihm das nicht gelinge, sei der Klage stattzugeben, so überträgt sie Grundsätze, die sich in der Rechtsprechung für gewöhnliche Feststellungsklagen über vermögensrechtliche Verhältnisse herausgebildet haben, auf ein Gebiet mit stark öffentlich-rechtlichem, insbesondere hier auch rassischem Einschlag, das Entscheidungen, die zur Irreführung und Verwirrung Anlaß geben könnten, keinesfalls verträgt.

In dem grundlegenden Urteil RGZ. Bd. 9 S. 337 ist ausgeführt, wer einen Anspruch geltend mache, habe die diesen begründenden Tatsachen zu behaupten und zu beweisen; dabei sei die Parteirolle im Rechtsstreit ohne Bedeutung; hieraus folge, daß, wenn die Klage auf die Feststellung des Nichtbestehens eines vom Beklagten in Anspruch genommenen Rechtsverhältnisses gerichtet sei, der Beklagte, sofern er überhaupt bei dessen Geltendmachung beharren wolle, seine Begründung zu beweisen habe; sonst könnte der Fall eintreten, daß bei Beweisfälligkeit beider Parteien nicht nur die verneinende Feststellungsklage, sondern auch die entsprechende bejahende Klage des Gegners abzuweisen wäre und sonach ein die Frage des Bestehens oder Nichtbestehens des Rechtsverhältnisses nach beiden Seiten hin erledigendes Urteil überhaupt nicht herbeigeführt werden könnte. In RGZ. Bd. 73 S. 276 (278 flg.) ist die verneinende Feststellungsklage sachlich als ein Abwehr-, nicht Angriffsmittel beurteilt worden; bei ihr bleibe der Beklagte der angreifende Teil; es handele sich um einen Anspruch, den der Beklagte für sich geltend mache und dessen tatsächliche Voraussetzungen die Klägerin leugne; daraus folge nach allgemeinen Grundsätzen, daß der Beklagte diese Voraussetzungen zu beweisen habe. Die einschlägige Rechtsprechung des Reichsgerichts ist also auf die Fälle zugeschnitten, in denen der Beklagte sich eines vermögensrechtlichen Anspruchs berühmt; sie paßt nicht auf die verneinenden Feststellungsklagen, mit denen die blutmäßige Abstammung der klagenden Partei geklärt werden soll, auch schon deshalb nicht, weil der Erzeuger eines unehelichen Kindes diesem gegenüber gar keine Rechte, sondern nur Pflichten haben kann. Der jeweils klagenden Partei kommt es nicht darauf an, einen Anspruch des Beklagten abzuwehren, sondern ihre eigene rassische und blutmäßige Einordnung klarstellen zu lassen. Das zeigt sich besonders deutlich darin, daß die Zulässigkeit und Durchführung einer solchen Klage grundsätzlich nicht von der Einstellung des Beklagten vor und in dem Rechtsstreit abhängt. So kann davon, daß der Beklagte sich berühme, die klagende Partei erzeugt zu haben, und daß deren verneinende Feststellungsklage der Abwehr hiergegen diene, keine Rede sein, wenn der Beklagte zur Unterhaltszahlung gegen seinen Widerspruch verurteilt worden war, seine Vaterschaft stets bestritten hat und den Feststellungsanspruch sofort anerkennt (was gemäß § 617 in Verbindung mit § 640 Abs. 1 ZPO. wirkungslos ist). Im vorliegenden Falle hat allerdings der Beklagte im Jahre 1913 den Anspruch der Klägerin auf Zahlung der Unterhaltsrente — nicht auch die Zahlvaterschaft, deren Feststellung gar nicht beantragt war — anerkannt, im gegenwärtigen Rechtsstreit aber seine Einlassung darauf beschränkt, er „müsse" den Vortrag der Klage „als unbekannt" bestreiten. Das Ergebnis eines Feststellungsstreites über die blutmäßige Abstammung darf nicht von dem zufälligen oder durch unsachliche Erwägungen bestimmten Verhalten oder der Untätigkeit einer Partei abhängen; vielmehr kann das Gericht die begehrte Feststellung, daß die Abstammung bestehe oder — im Falle der verneinenden Klage — nicht bestehe, nur treffen, wenn es sich von der Richtigkeit der Feststellung überzeugt hat; vermag es sich dagegen diese Ueberzeugung auch nach Ausschöpfung der von Amts wegen gebotenen Ermittelungen (§ 622 Abs. 1 ZPO.) nicht zu verschaffen, so muß es die Klage abweisen.

Hiergegen wendet die Revision ein, eine solche Abweisung würde im vorliegenden Falle, wenn das Urteil des Landgerichts rechtskräftig geworden wäre, die Erzeugerschaft des Beklagten rechtskräftig, und zwar nach Maßgabe des § 643 ZPO. mit Wirkung für und gegen alle, festgestellt haben; eine verfahrensrechtliche Abweisung, weil eine Feststellung weder nach der einen noch nach der anderen Richtung getroffen werden könne, wäre ebenso unmöglich wie in jedem anderen Rechtsstreit. Auch diesen Erwägungen kann nicht beigepflichtet werden. Die Frage der Tragweite eines Urteils über die Feststellung der blutmäßigen Abstammung steht in engem Zusammenhange mit der bereits erörterten Frage der Beweislast. In der angeführten Entscheidung RGZ. Bd. 9 S. 337 ist als erwünschte Folge aus der dort vorgenommenen Ueberbürdung der Beweislast auf den Beklagten aufgezeigt worden, daß nur so ein die Frage des Bestehens oder Nichtbestehens des Rechtsverhältnisses nach beiden Seiten hin erledigendes Urteil herbeigeführt werden könne. Da aber diese Regelung der Beweislast, wie oben dargelegt, für die verneinenden Feststellungsklagen über die blutmäßige Abstammung nicht gilt, trifft auch hier die Folgerung nicht zu, daß das Urteil das Bestehen oder Nichtbestehen des Rechtsverhältnisses in jedem Fall endgültig klären müßte. Vielmehr ergibt sich hier die Möglichkeit — wenn nämlich die streitige Abstammung sich nicht völlig aufhellen läßt —, daß sowohl die verneinende als auch die entsprechende bejahende Feststellungsklage, sei es des vermeintlichen Erzeugers, sei es des Kindes, der Abweisung verfallen muß. Die Rechtskraftwirkung eines solchen abweisenden Urteils kann nicht von der Verteilung der Parteirollen und von der Art der Klage — ob bejahend oder verneinend — abhängen, sondern findet ihre Grenze in den getroffenen tatsächlichen Feststellungen. Die Tragweite des eine — verneinende oder auch bejahende — Klage auf Feststellung der blutmäßigen Abstammung abweisenden Urteils muß also unter Heranziehung der Entscheidungsgründe ermittelt werden: Ergibt sich dabei, daß die Klage nicht deshalb abgewiesen worden ist, weil das Gegenteil der begehrten Feststellung als erwiesen angesehen wurde, sondern weil die streitige Abstammung ungeklärt ist, so ist diese nicht — bejahend oder verneinend — festgestellt, bleibt vielmehr im ungewissen.

Im vorliegenden Fall ist aus der Begründung des landgerichtlichen Urteils nicht deutlich zu ersehen, ob die Abstammung der Klägerin vom Beklagten unaufklärbar oder darüber hinaus vielleicht sogar feststellbar ist. Das Landgericht schließt sich den Sachverständigen an. Danach sei die Abstammung der Klägerin von dem Beklagten nicht unwahrscheinlich und hätten sich für die Erzeugerschaft eines zweiten, bisher unbekannten Mannes keine Anhaltspunkte ergeben. Die Mutter der Klägerin habe eidlich ausgesagt, daß sie am 8. Januar 1912 einmal Geschlechtsverkehr mit einem Manne gehabt habe, von dem sie aber nichts weiter angeben könne, als daß er schätzungsweise Ende der Zwanziger gewesen sei und sich als Schlächter von Beruf bezeichnet habe. Dieser Aussage stehe „auch" entgegen, daß die Zeugin früher den Beklagten als Vater angegeben und daß sie seine Inanspruchnahme und Verurteilung zur Zahlung von Unterhalt als unehelicher Vater der Klägerin habe geschehen lassen. Die Aussage der Mutter der Klägerin enthalte nichts für die Entscheidung des Rechtsstreits Ausschlaggebendes. Das gesamte Ergebnis der Beweisaufnahme rechtfertige es nicht, dem Hauptantrage der Klägerin stattzugeben; denn dies würde zu einer Verdunkelung des Sachverhalts führen. Hiernach bleibt offen, ob das Landgericht sich in der Lage gesehen hätte, die Vaterschaft des Beklagten festzustellen. Es besteht die Möglichkeit, daß es von einer solchen Feststellung (in den Entscheidungsgründen) abgesehen hat, weil es sie für entbehrlich hielt und der Mutter der Klägerin nicht den Vorwurf des Meineides machen wollte.

Auch mit einer solchen mehrdeutigen Begründung muß die Klägerin sich zufrieden geben. Sobald sich herausgestellt hatte, daß die mit dem ursprünglichen Hauptantrage der Klage begehrte Feststellung der Nichtabstammung der Klägerin vom Beklagten unmöglich ist, war die Klage reif zur Abweisung. Die Klägerin hat keinen Anspruch darauf, daß — sei es in der Formel oder auch nur in den Gründen des Urteils — festgestellt werde, auch die umgekehrte Feststellung, nämlich diejenige der Vaterschaft des Beklagten, sei nicht möglich. Die Zivilprozeßordnung läßt in ihrem § 256 Klagen auf Feststellung des Bestehens oder Nichtbestehens eines Rechtsverhältnisses zu. Zu den Rechtsverhältnissen gehören auch das in § 640 ZPO. besonders behandelte Eltern- und Kindesverhältnis und (JW. 1938 S. 245 Nr. 19) das Verhältnis der blutmäßigen Abstammung eines unehelichen Kindes von seinem Erzeuger. Bei allen diesen Rechtsverhältnissen kann entweder die Feststellung begehrt werden, daß das Verhältnis bestehe, oder aber die, daß es nicht bestehe. Nicht vorgesehen ist dagegen ein Antrag auf Feststellung, daß es ungewiß sei, ob das Verhältnis bestehe oder nicht bestehe. Gegen die Zulassung eines solchen Feststellungsbegehrens im Wege der Rechtsfortbildung bestehen erhebliche Bedenken, die als durchschlagend erachtet werden müssen. Im vorliegenden Fall ist es zwar vielleicht nicht mit Sicherheit feststellbar, aber doch zum mindesten wahrscheinlich, daß die Klägerin von dem Beklagten abstammt. Würde ihr bei solcher Sachlage gerichtlich bescheinigt werden, daß diese Abstammung ungewiß sei, so könnte dadurch insbesondere bei Verwaltungsbehörden und sonstigen Dienststellen ein irriger Anschein erweckt werden, der unter allen Umständen vermieden werden muß. Die Gerichte dürfen keinesfalls dazu mißbraucht werden, eine, wenn auch nur mögliche, jüdische Abstammung zu verdunkeln. Wollte man aber der klagenden Partei ein Recht darauf zugestehen, daß in dem Urteil etwa auch der Grad der bestehenden Wahrscheinlichkeit auszusprechen sei, so würde man nicht nur die in der Zivilprozeßordnung zugelassenen Arten von Feststellungsurteilen um eine unbestimmte Anzahl neuer vervielfachen, sondern auch von der Feststellung eines Rechtsverhältnisses immer mehr in rein tatsächliche Feststellungen abgleiten. Das, was hier die Klägerin in Wahrheit gerichtlich geklärt wissen möchte, ist die Frage, ob und mit welcher Bekundung ihre Mutter Glauben verdient, die früher nur den Beklagten als Erzeuger der Klägerin angegeben hatte, neuerdings aber ausgesagt hat, daß sie in der Empfängniszeit auch noch mit einem ungenannten Manne geschlechtlich verkehrt habe. Bei diesem behaupteten Mehrverkehr handelt es sich nicht um ein Rechtsverhältnis zwischen den Parteien, sondern nur um einen tatsächlichen Vorgang, welcher der urteilsmäßigen Feststellung nicht zugänglich gemacht werden kann.

Hiernach kann die Revision weder mit ihrem Haupt- noch mit ihrem Hilfsantrag Erfolg haben.

RGZ. 165, 236

1. . . .

2. Zur Frage des rechtlichen Interesses an alsbaldiger Feststellung einer an sich nicht bestrittenen Schadensersatzpflicht.

ZPO. § 256.

VI. Zivilsenat. Urt. v. 16. November 1940.

Die Entscheidung ist abgedruckt unter „Bürgerliches Recht, Nebengesetze 2“.

RGZ. 166, 175

1. Zur Frage der Notwendigkeit der Beschwerdesumme bei Nichtigkeitsfeststellungsklagen gegen Hauptversammlungsbeschlüsse der Gesellschaften und Genossenschaften und bei einer Zwischenfeststellungswiderklage zu einer vom Erfordernis der Beschwerdesumme befreiten Anfechtungsklage.

2. Zur Nichtigkeit und Anfechtbarkeit von Vertreterwahlen der Genossenschaft.

3. Ist zur Anfechtung ablehnender Beschlüsse einer Haupt- oder Vertreterversammlung ein schutzwürdiges Interesse erforderlich?

ZPO. §§ 280, 511 a, 547 Nr. 2. GenG. §§ 43 a, 51.

II. Zivilsenat. Urt. v. 28. Februar 1941.

Die Entscheidung ist abgedruckt unter „Handelsrecht, Handelsgesellschaften 4".

RGZ. 168, 47

Ist § 287 ZPO. auch auf die Frage des ursächlichen Zusammenhangs zwischen Unfall und Schaden anzuwenden?

VI. Zivilsenat. Urt. v. 13. November 1941.

I. Landgericht Saarbrücken. II. Oberlandesgericht Zweibrücken.

Am Vormittag des 6. Februar 1939 kam ein dem früheren Kläger D. gehöriger Lieferkraftwagen am Ortseingange von Sankt W. auf einer vereisten Stelle der von O. kommenden Straße ins Rutschen, stieß mit dem Vorderteil gegen einen am linken Straßenrande stehenden Baum und wurde beschädigt. Der Führer des Wagens und sein Beifahrer schoben den Wagen auf die rechte Straßenseite; von dort sollte er abgeschleppt werden. Einige Stunden später befuhr ein von dem Zweitbeklagten gesteuerter Kraftomnibus der Erstbeklagten dieselbe Straße in gleicher Richtung. Bei dem Versuch, an dem rechts haltenden Lieferwagen vorbeizukommen, rutschte der Postomnibus infolge des Glatteises mit der rechten Seite gegen den hinteren Teil des Lieferwagens, schob diesen schräg vorwärts auf den Gehsteig und drückte ihn mit dem rechten Vorderteil gegen einen Betonpfeiler der Garteneinfriedigung.

D. hat behauptet, durch den Anstoß an den Baum sei sein Lieferwagen nur so wenig beschädigt worden, daß er mit einem Kostenaufwande von kaum 60 RM. in wenigen Stunden hätte instandgesetzt werden können; durch das Auffahren des Postomnibus sei ein so schwerer Schaden an dem Wagen entstanden, daß seine Wiederherstellung wirtschaftlich nicht möglich gewesen sei und er nur noch einen Schrottwert von 250 RM. gehabt habe. D. hat die Beklagten als Halter und Führer des Postomnibus auf Schadensersatz in Anspruch genommen.

Die Beklagten haben bestritten, daß der Wagen durch das Auffahren des Postomnibus ausbesserungsunwürdig geworden sei. Sie haben behauptet, die Beschädigungen seien im wesentlichen schon bei dem Anfahren an den Baum entstanden; überdies habe der Kläger D. die durch den Postomnibus verursachte Beschädigung selbst zu vertreten, weil sein Wagen verkehrshindernd in die Fahrbahn hineingeragt habe.

Das Landgericht hat die Beklagten als Gesamtschuldner zum Schadensersatz verurteilt. Das Oberlandesgericht hat die Klage ganz abgewiesen. Die Revision des Nachlaßpflegers L. nach dem verstorbenen Kläger D. führte zur Aufhebung und Zurückverweisung.

Gründe:

Die Revision rügt mit Recht einen Verstoß des angefochtenen Urteils gegen § 287 ZPO. Diese Vorschrift ist, wie immer wieder betont werden muß, dazu gegeben, dem Geschädigten den Nachweis seines Schadens zu erleichtern, indem sie an die Stelle der sonst erforderlichen Einzelbegründung das freie Ermessen des Gerichts setzt; wenn es für das freie Ermessen nicht an allen Unterlagen fehlt, muß das Gericht nötigenfalls zu einer Schätzung greifen (RGZ. Bd. 148 S. 68 [70] und Bd. 155 S. 37 [39]). Wie das Reichsgericht in der zuletzt genannten Entscheidung und weiter in RGZ. Bd. 159 S. 257 (259) sagt, ist es einhellige Meinung und feststehende Rechtsprechung, daß die Frage des ursächlichen Zusammenhangs zwischen Unfall und Schaden unter die Vorschrift des § 287 ZPO. fällt und die Entscheidung nach § 287 ZPO. nicht von einer Beweislast abhängig ist. Das Berufungsgericht ist sich dieser ihm durch § 287 gegebenen freieren Stellung nicht bewußt gewesen und hat deshalb infolge Rechtsirrtums die Klage abgewiesen, weil der Kläger nicht bewiesen habe, daß der von ihm behauptete Schaden lediglich oder wenigstens in erheblichem Maße durch den Anstoß des Postomnibus verursacht worden sei, und er diesen Beweis nach Lage der Sache auch nicht führen könne. Auch im weiteren Verlaufe seiner Ausführungen enthält das angefochtene Urteil keine Feststellung über die Frage des ursächlichen Zusammenhangs. Es sagt, nach den Ausführungen des Sachverständigen sei „mindestens die Wahrscheinlichkeit" gegeben, daß die wesentlichen Beschädigungen des Lieferwagens schon durch den Anstoß an den Baum herbeigeführt worden seien, und es stellt auf Grund des Umstandes, daß die Beschädigungen vorn am Wagen lägen, während sich am hinteren Teil keine Schäden gezeigt hätten, fest, daß der Anstoß durch den Postwagen nicht sehr heftig gewesen sein könne. Es entscheidet sich aber auf Grund seiner Erwägungen weder zur Bejahung noch zur Verneinung des ursächlichen Zusammenhangs zwischen dem Anstoß des Postwagens und der Beschädigung des Lieferwagens, sondern sagt nur, die Erwägungen ließen „jedenfalls die für den Erfolg der Klage notwendige Feststellung nicht treffen und die Ueberzeugung nicht gewinnen", daß die Beschädigung des Lieferwagens durch den Anstoß des Postwagens verursacht worden sei. Auch die abschließende Begründung vermißt den Beweis für den ursächlichen Zusammenhang des Schadens mit dem Anstoß des Postwagens, nimmt sogar an, daß die Wahrscheinlichkeit für das Gegenteil spreche, stellt aber auch dieses Gegenteil nicht fest, sondern sagt nur, keineswegs seien die Zweifel zu beseitigen, die gegen die Verursachung des Schadens durch das Anfahren des Postwagens beständen, und diese Ungewißheit gehe zu Lasten des Klägers.

Was die Revisionsbegründung weiter geltend macht, sind unbeachtliche Angriffe gegen die im Revisionsverfahren auf ihre Richtigkeit nicht nachzuprüfende Würdigung der Zeugenaussagen und des Sachverständigengutachtens durch den Tatrichter. Aber nach § 287 ZPO. muß das Berufungsgericht darüber, ob und in welchem Umfange die Beschädigung des Wagens auf den Anstoß des Postwagens zurückzuführen sei und wie hoch sich der dadurch verursachte Schaden belaufe, unter Würdigung aller Umstände ohne Abhängigkeit von einer Beweislast nach freier Ueberzeugung entscheiden. Deshalb muß das angefochtene Urteil aufgehoben und die Sache zu neuer Verhandlung und Entscheidung an das Berufungsgericht zurückverwiesen werden (§§ 564, 565 Abs. 1 ZPO.).

RGZ. 168, 321

1. Kann auf künftige Leistung geklagt werden, wenn die Leistung infolge von Kriegsmaßnahmen zur Zeit unmöglich und noch völlig ungewiß ist, ob, wann und unter welchen Voraussetzungen sie wieder möglich sein wird?

2.—4. . . .

ZPO. § 259.

II. Zivilsenat. Urt. v. 14. August 1941.

Die Entscheidung ist abgedruckt unter „Bürgerliches Recht, Recht der Schuldverhältnisse 2".

RGZ. 170, 191

Wirkt bei einer zur Einziehung abgetretenen Forderung die Zurücknahme der Klage unter Anspruchsverzicht auch gegenüber dem Abtretenden als Verzicht auf den Anspruch?

ABGB. §§ 1392 flg.

VIII. Zivilsenat. Beschl. v. 17. Dezember 1942.

I. Landgericht Innsbruck. II. Oberlandesgericht daselbst.

Der Kläger hat am 7. Januar 1942 gegen die Beklagten auf Zahlung einer Mäklergebühr geklagt. Die Beklagten haben eingewendet, dem Kläger fehle die Befugnis zur Klage, weil er die angebliche Forderung an Anna W. abgetreten habe. A. W. hatte dieselbe Forderung eingeklagt, diese Klage aber am 23. Oktober 1941 unter Anspruchsverzicht zurückgezogen. Das Landgericht hat deshalb die Klage abgewiesen. Das Berufungsgericht hat dagegen angenommen: Der Kläger habe seine Forderung an A. W. nur zur Einklagung und Einziehung abgetreten; es liege somit ein Einziehungsauftrag vor. Der dem Kläger obliegende Beweis der Kenntnis der Beklagten, daß er die Forderung an A. W. nur zur Einziehung abgetreten habe, sei gelungen. Deshalb sei die Zurücknahme der Klage durch A. W. ihm gegenüber wirkungslos, könne also nicht zum Verlust seines Anspruchs führen. Das Berufungsgericht hat deshalb das Urteil des Landgerichts aufgehoben und die Sache an dieses zurückverwiesen.

Der dagegen von den Beklagten erhobene Rekurs führte zur Aufhebung des angefochtenen Beschlusses und zur Zurückverweisung der Sache an das Berufungsgericht zwecks neuer Entscheidung.

Aus den Gründen:

Anna W. war auch durch einen bloßen Einziehungsauftrag oder die sogenannte Abtretung zum Einzug, somit durch eine abgeschwächte Abtretung, zur Klageerhebung im eignen Namen befugt, wenn auch im inneren Verhältnis zwischen ihr und dem Uebertragenden nur ganz oder zum Teil für Rechnung des letzteren, also des jetzigen Klägers, gleichgültig, ob durch die abgeschwächte Abtretung die Forderung in seinem Vermögen verblieben ist oder nicht. Der Kläger hat ihr auch durch die Abtretung zur Einziehung eine Prozeßstandschaft eingeräumt, die durchaus nicht immer mit der wirtschaftlichen Vermögenslage übereinzustimmen braucht (RGZ. Bd. 133 S. 234 [241], Bd. 146 S. 398 [401], Bd. 160 S. 204 [210], Bd. 168 S. 115 [120]; Entscheidung des OGH. in Wien vom 29. März 1933 2 Ob 287/33 in „Die Rechtsprechung“ 1933 Nr. 294 S. 208; Palandt Bem. 7 zu § 398 BGB.; Jonas-Pohle Vorbem. I 1 b zu § 50 ZPO.).

Hatte aber die Uebernehmerin A. W. im vorausgegangenen Rechtsstreit das Verfügungsrecht über denselben Anspruch, die Einziehungs- und Klagebefugnis (RGZ. Bd. 146 S. 398 [401]), so standen ihr das Verfügungsrecht über den Klagegegenstand und somit alle Rechte eines Klägers, also auch das Recht auf Zurücknahme der Klage unter Anspruchsverzicht, wie jedem anderen Kläger zu. Mit der Uebertragung der Prozeßstandschaft auf den Uebernehmer der Forderung übernimmt der Uebertragende auch die Gefahr der Auswahl des Uebernehmers sowie die Gefahr, daß sich dieser nicht an die zwischen ihnen getroffene Vereinbarung über Beschränkungen der Verfügungsmacht hält. Denn der Uebernehmer hat dem Schuldner (und Beklagten) gegenüber mindestens jene Rechte, die auch einem Prozeßbevollmächtigten zukommen würden. Kommt es daher bei einer Abtretung behufs Einziehung zu einem klageabweisenden Urteil und damit zur Feststellung des Nichtbestehens der eingeklagten Forderung, so ist auch bei einer solchen Abtretung der abgetretene Anspruch nicht bloß für den Uebernehmer, sondern auch für den Uebertragenden endgültig verloren. Dies gilt auch dann, wenn der Uebernehmer im Rechtsstreit ausdrücklich vorgebracht oder darüber kein

Streit bestanden hat, daß ihm die Forderung nicht vollkommen, sondern nur zur Einziehung übertragen worden sei, wie dies z. B. bei Einklagungen sogenannter „Inkassobüros“ oder bei der Einbringung von Forderungen durch Berufsvereinigungen auch ohne besonderes Parteivorbringen im Rechtsstreit regelmäßig anzunehmen sein wird. Was aber für das Urteil gilt, gilt ebenso für jede andere Erledigung der Sache im Rechtsstreit, also auch für Vergleiche und für die Zurücknahme der Klage und die Folgen der Zurücknahme, insbesondere für den Anspruchsverzicht. . . .

RGZ. 170, 328 †

1. Zur Frage der Zulässigkeit einer auf die Feststellung eines Rechtsverhältnisses gerichteten Zwischenklage, wenn aus dem streitigen Rechtsverhältnis dem Kläger außer dem mit der Hauptklage verfolgten Anspruch auf Auflassung eines Grundstücks noch ein Anspruch auf Auskunft und Rechnungslegung zustehen kann.

2. . . .

ZPO. § 280.

VI. Zivilsenat. Urt. v. 20. Oktober 1942.

I. Landgericht Mainz. II. Oberlandesgericht Darmstadt.

In den Jahren 1929 und 1930 erhielt der Beklagte im Zwangsversteigerungsverfahren den Zuschlag auf zwei Hausgrundstücke in M. Er wurde als Eigentümer beider Grundstücke ins Grundbuch eingetragen. Der Kläger, ein Stiefsohn des Beklagten, behauptet, dieser habe die Grundstücke nur als Treuhänder für ihn erworben, sie hätten miteinander vereinbart, daß er, der Kläger, der wirkliche Eigentümer werden solle. Er begehrt mit der Klage die Verurteilung des Beklagten, ihm die beiden Grundstücke aufzulassen. Das Landgericht hat die Klage abgewiesen. Mit der Berufung hat der Kläger beantragt, 1. festzustellen, daß der Beklagte als Treuhänder das Eigentum an den erwähnten Häusern besitze, 2. den Beklagten zu verurteilen, daß er die beiden Grundstücke an den Kläger auflasse und dessen Eintragung ins Grundbuch bewillige.

Das Berufungsgericht hat durch Teilurteil festgestellt, daß der Beklagte die Häuser auf Grund eines Auftragsverhältnisses als stiller Stellvertreter für den Kläger besitze. Die Revision des Beklagten führte zur Aufhebung und Zurückverweisung aus folgenden

Gründen:

I. Das Berufungsgericht hat in dem im Berufungsverfahren gestellten Feststellungsantrag des Klägers eine Zwischenfeststellungsklage im Sinne des § 280 ZPO. erblickt und demgemäß die Voraussetzungen für ein Teilurteil über den Feststellungsantrag als gegeben angesehen.

Die Revision bittet um Nachprüfung, ob die Voraussetzungen einer Zwischenfeststellungsklage und eines Teilurteils gegeben seien. Sie meint, jedenfalls handle es sich nicht um ein im Laufe des Rechtsstreits streitig gewordenes Rechtsverhältnis.

Nach der ständigen Rechtsprechung des Reichsgerichts steht es der Zulässigkeit der Zwischenfeststellungsklage nach § 280 ZPO. nicht entgegen, wenn das Rechtsverhältnis schon vor der Klage streitig war. Voraussetzung der Zwischenfeststellungsklage ist nur, daß ein Rechtsverhältnis unter den Parteien streitig ist und daß von der Feststellung dieses Rechtsverhältnisses die Entscheidung über die Hauptklage ganz oder teilweise abhängt (RGZ. Bd. 113 S. 410 und Bd. 126 S. 234 [236 flg.]). Der Zweck der Zwischenfeststellungsklage ist die Ausdehnung der Rechtskraftwirkung auf den Grund der Klage. Sie ist ein Ersatz dafür, daß die Grundlagen der Entscheidung nicht in Rechtskraft übergehen. Aus diesem Zwecke der Zwischenklage und aus der Abhängigkeit, in der die Hauptentscheidung vom streitig gewordenen Rechtsverhältnisse stehen muß, ergibt sich eine Einschränkung der Zulässigkeit der Zwischenklage. Für diese ist dann kein Raum, wenn schon durch die Entscheidung auf die Hauptklage die Rechtsbeziehungen, die sich aus dem streitigen Rechtsverhältnis ergeben können, mit Rechtskraftwirkung erschöpfend klargestellt werden und deshalb die besondere Feststellung des Rechtsverhältnisses für den Feststellungskläger keinen Zweck mehr haben kann. Wenn also mit der Hauptklage nur ein einziger Anspruch aus dem Rechtsverhältnis verfolgt wird und es feststeht, daß andere Ansprüche daraus den Parteien nicht erwachsen sind, so fehlt für eine besondere Feststellung des Rechtsverhältnisses die Grundlage, weil durch die Entscheidung auf die Hauptklage schon rechtskräftig klargestellt wird, ob der einzige aus dem Rechtsverhältnis erwachsene Anspruch gegeben ist oder nicht. Wenn aber, wie hier, die schon vom Berufungsgericht festgestellte Möglichkeit besteht, daß aus dem streitigen Rechtsverhältnis dem Kläger noch ein andrer Anspruch als der mit der Hauptklage verfolgte, nämlich ein Anspruch nach § 666 BGB. auf Auskunft und Rechnungslegung erwachsen ist, dann kann der Kläger die Zwischenfeststellungsklage erheben (RGZ. Bd. 144 S. 54 [59]).

Das Zwischenfeststellungsbegehren hat neben dem sonstigen Klageantrag eine selbständige Bedeutung; die darüber gefällte Entscheidung stellt sich als Endurteil dar, und zwar, da sie nur einen Teil des Rechtsstreits erledigt, als Teilurteil im Sinne des § 301 ZPO. (RGZ. Bd. 102 S. 174 [175]). Hiergegen ist die Revision nach § 545 ZPO. zulässig.

II. . . .

Sachregister

(Die Ziffern bedeuten die Seitenzahlen dieses Bandes)

S

T

Gesetzesregister

(Die nicht fettgedruckten Ziffern bedeuten die Seitenzahlen dieses Bandes)

*) Die Paragraphen sind den Entscheidungen entnommen, von denen hier nur die Leitsätze abgedruckt sind.

Kolibri 360 GmbH
Ferdinand-Jühlke-Straße 7
99095 Erfurt, Deutschland
produktsicherheit@kolibri360.de